일반사회

이종수 · 박종관 외 공저

도서출판 대영문화사

머리말

사회과학을 전공하는 19명의 젊은 교수들이 2년여의 공동 연구를 거쳐 대학의 교양 교재 『일반사회』를 펴내게 되었다. 이 책은 법, 정치, 행정, 사회, 경제 등 사회과학의 여러 주제 분야를 포괄적으로 다루고 있다.

이 책은 두 가지 목적을 가지고 펴냈다.

그 하나는 사회과학 분야의 전공 기초 교재로 활용하기 위해서다. 오늘날의 학문 연구에서는 융합, 융복합, 통섭(通涉) 및 학제적 접근(multidisciplinary approach)이 강조된다. 학문의 지나친 세분화로 인해, 분야 간 소통에 장애가 발생하고 전체적 시각을 놓치게 되는 훈련된 무능력(trained incapacity) 현상을 교정하기 위해서다. 의학 부문에서 '가정의학(family medicine)'이라는 통합된 새로운 전공 분야가 등장하는 것도 같은 이유에서다. 이 책의 출간이, 학부 학생들이 사회 현상에 대해 폭넓은 시각(視角)을 형성하는 계기가 되기를 기대한다.

이 책의 두 번째 출간 이유는 공무원 시험 등 사회 진출을 준비하는 학생들의 발판을 마련해 주는 데 있다.

이 책이 사회과학 분야 입문자를 대상으로 광범한 내용을 포괄적으로 소개하는 교재로 집필된 만큼, 내용 출처를 일일이 언급하지 않고 참고 문헌을 장별로 정리・제시했음을 미리 밝혀둔다. 여러 학자의 공통 집필인 만큼 '통일성의 결여'와 같은 한계도 눈에 띌 것으로 생각된다. 제현(諸賢)의 기탄없는 질타와 애정 어린 충고를 기대한다.

2015년 초여름

저자 일동

차 례

제 3 부 경제

제 1 부
법과 정치

제 1 장　민주정치와 법
제 2 장　정치 과정과 참여
제 3 장　우리나라의 헌법
제 4 장　개인 생활과 법
제 5 장　사회 생활과 법
제 6 장　국제 사회, 국제 정치와 법

제 1 장
민주정치와 법

제 1 절 정치의 의미와 기능

1 정치의 의미와 관점

"정치란 무엇인가?"라는 질문은 인간이 공동체를 형성하고 살아오면서 끊임없이 제기해 온 오래된 질문의 하나다. 그동안 많은 동서양의 철학자와 정치학자들이 정치의 의미 내지 개념을 정의해 왔지만 하나의 통일된 견해가 정립되어 있다고는 할 수 없다.

정치의 의미는 시대 상황과 정치를 바라보는 관점에 따라 다양한 형태로 설명되고 있다. 정치의 의미에 관한 다양한 견해는 그 관점에 따라 일반적으로 전통적인 좁은 의미의 정치관과 현대적인 넓은 의미의 정치관으로 나눠 볼 수 있다.

1) 전통적 정치관: 좁은 의미의 정치

좁은 의미의 정치관은 정치를 국가와 권력 관계 중심으로 이해하는 사람들의 견해다. 국가의 목적, 기능, 그리고 존재 양식 등을 중심으로 정치를 이해하는 관점을 국가현상설이라고 한다. 한편 권력의 획득, 유지 및 확대와 관련된 인간 활동을 중심으로 정치를 이해하는 관점을 권력현상설이라고 한다.

정치(politics)의 어원이 고대 그리스의 도시국가 '폴리스(polis)'에서 온 것인 만큼 정치를 국가와 연관시켜 이해하는 정치관은 가장 전통적인 견해의 하나다.

정치학의 시조로 알려지고 있는 아리스토텔레스(Aristoteles)는 정치를 '폴리스의 행복'을 증진시키는 활동과 노력으로 이해했다. 또 많은 근대의 정치 사상가들은 정치를 국가의 법률과 같은 것으로 보았으며 정치가 국가를 떠나서는 있을 수 없다고 생각했다.

그러나 국가현상설적 관점을 따르더라도 정치의 주요 목적 및 기능에 대해서는 일치된 견해가 있다기보다는 다양한 관점이 존재한다. 예컨대 홉스(Thomas Hobbes)의 경우, 정치란 주로 국가의 질서를 유지하고 국민의 생명과 재산을 보존하는 일로 이해했다. 한편 벤담(Jeremy Bentham)은 국가 입법을 정치의 기본으로 삼았다. 그리고 국가와 시민사회의 관계 변화나 국가 발전 단계에 따라 국가와 정치를 바라보는 관점은 변해 왔다.

이러한 국가현상설적 정치관은 오늘날에도 정치의 중요한 측면을 설명해 주고 있다. 그러나 모든 국가 현상을 정치로 볼 수 있는지, 그리고 국가와 직접적으로 관련이 없는 정치적 현상은 존재하지 않는지 의문이 제기된다.

예컨대 현대 국가의 통치조직에서 하는 일에는 정치적 기능뿐만 아니라 관리적 측면이 중시되는 행정 기능도 포함된다. 정부 기능이 단순했던 근대국가 이전의 행정은 조직 및 기능적 측면에서 분화되지 못한 채 통치나 정치의 영역 안에 포함되는 것으로 이해됐다. 그러나 정부 기능이 확대되고 복잡해진 현대 국가에서는 정치와 행정의 영역을 개념상 구분해 이해하는 것이 일반적이다. 정치가 국민의 의사에 기초해 국가 운영의 방향과 주요 정책을 결정하는 것이라면, 행정은 기본적으로 정치의 영역에서 결정된 정책을 효율적으로 집행하는 기능으로 이해한다.

이렇게 정치와 행정을 구분해 이해하는 경우에 국가나 정부와 관계되는 모든 일을 정치라고 보는 견해는 수정되지 않을 수 없다. 국가 현상 속에서도 정치의 영역에 포함시키기 어려운 부분이 존재한다는 것이다.

반면에 국가나 정부와 같은 공적인 통치조직 이외의 조직에서도 정치적 현상이 존재할 수 있다는 반론이 있을 수 있다. 이러한 국가현상설적 정치관에 대한 의문에 대응해 정치를 국가에 국한시켜 이해할 것이 아니라 모든 사회에 공통된 지배·피지배의 관계로 파악하려는 견해가 나타났다.

이 견해는 정치의 본질적 측면을 권력 관계로 이해하는 견해로서 이른바 권력현상설적 정치관이라고 할 수 있다. 이 관점에 따르면 정치 현상은 권력 현상이며 정치는 권력의 획득, 유지 및 확대와 관련된 모든 인간 활동을 의미하게 된다. 권력이란 다의적 개념이지만 사회 구성원들 간의 지배·복종 관계를 강제할 수 있는 힘을 본질적 요소로 한다. 이러한 권력을 둘러싸고 벌어지는 인간 행위를 정치의 본질적 측면으로 파악하는 입장이 권력현상설적 정치관이라고 할 수 있다.

이러한 권력현상설적 정치관은 정치 현상을 국가라는 특정 대상에 국한시켜 이해하는 것이 아니라 권력 관계라는 인간 사회의 보편적 현상에 주목하고 있다. 이를 통해 국가 중심의 정치관의 문제를 극복할 수 있는 가능성을 제시했다고도 할 수 있다.

반면에 거의 모든 사회집단에서 발견될 수 있는 권력 관계를 정치 현상으로 파악함으로써 권력현상설적 정치관은 정치적인 것과 비정치적인 것의 구분을 어렵게 한다는 비판이 제기된다. 그런 이유에서 일반적으로 정치학에서는 주로 국가나 정부 조직이 행사하는 권력을 중심으로 정치의 개념을 구성해 왔다. 다시 말하면, 국가현상설과 권력현상설적 관점을 동시에 받아들여 정치의 개념을 국가의 권력 현상으로 이해하는 입장이 많다.

한편 권력현상설적 정치관은 지배자와 피지배자의 구별을 인정하지 않는 민주정치의 규범적 원리와도 상충되는 측면이 있다. 또한 전통과 관습이나 민주적 합의에 기초한 정치적 활동과 같은 권력 관계로 설명하기 어려운 정치 현상을 놓치는 문제점도 지적되고 있다.

2) 현대적 정치관: 넓은 의미의 정치

앞에서 본 바와 같은 국가나 권력 현상으로 정치를 이해하는 관점으로서는 정치의 다양하고 복합적인 측면을 파악하는 데에는 일정한 한계가 있다고 할 수 있다. 이러한 문제 의식에서 비교적 최근에 정치가 수행하는 사회적 기능에 초점을 맞춘 기능론적 견해가 등장했다.

이러한 기능론적 견해에 속하는 입장으로서는 집단현상설과 이스턴(David Easton)의 정치 개념이라고 할 수 있다. 집단현상설적 정치관은 모든 사회집단에서는 갈등이 발생하기 마련이며, 이러한 갈등을 조정하고 해결하는 과정을 정치로 이해하는 입장이다. 즉, 인간이 모여서 살아가는 사회에서는 희소한 가치와 자원을 좀 더 많이 획득하기 위한 갈등이 존재하기 마련이며, 이를 해결해 가는 과정 자체가 정치라는 것이다. 또한 그러한 갈등 해결 및 이해 관계의 조정을 정치의 주요한 기능으로 이해한다.

이렇게 집단현상설은 정치를 국가나 권력 관계에서뿐만 아니라 사회 집단 어디에서나 공통적으로 존재하는 갈등 해결의 과정 및 기능으로 파악한다. 이런 점에서 전통적인 국가현상설이나 권력현상설보다 정치를 더 포괄적이고 넓은 의미로 파악하는 견해라고 할 수 있다.

정치학에서 이러한 집단현상설적 관점을 정치적인 개념으로 더 발전시킨 것이 이스턴의 정치 개념이라고 할 수 있다. 이스턴은 국가나 권력 관계 중심의 전통적 관점의 한계를 비판하면서 '정치 체제(political system)'라는 개념적 분석 틀을 기초로 새로운 정치의 개념을 구성했다. 여기서 정치 체제란 사회를 위해 권위적으로 가치를 배분하는 일련의 활동과 관련된 복잡한 상호작용의 체제로 정의된다.

그는 인간의 정치적 삶이란 "한 사회의 권위있는 정책의 수립이나 그 집행에 중요한 영향을 미칠 수 있는 모든 종류의 활동"과 관련된 것으로 파악해 매우 포괄적인 시각에서 정치를 이해하고자 했다. 이러한 관점에서 그는 정치를 "한 사회의 가치들을 권위적으로 배분(the authoritative allocation of values for a society)"하는 것으로 정의한다.

여기서 '사회의 가치'란 부(富), 재화, 자원 등 물질적인 것과 함께 권력, 존경, 명예 등 비물질적인 것을 포괄하는 것으로서 기본적으로 인간의 욕구를 충족시켜 주는 수단이 된다. 이러한 가치는 일반적으로 모든 인간의 욕구를 다 충족시키기에는 그 양이 부족하기 때문에 이를 더 많이 차지하고자 하는 사회 구성원들 간에 서로 경쟁 대상이 된다.

이렇게 사회의 가치가 무제한적으로 존재하는 것이 아니라 희소한 형태로 존재하기 때문에 이를 둘러싼 갈등과 경쟁은 피하기 어렵다. 가치의 희소성이 크면 클수록 갈등과 경쟁은 치열해질 수밖에 없다. 이러한 갈등과 경쟁을 방치하게 되면 사회의 안정과 존속이 위협받을 수 있기 때문에 경쟁 관계를 원만하게 해결해야 할 필요가 있다. 그리고 이를 위해서는 어느 정도의 조정과 통제의 필요성이 생기게 된다. 가치의 '배분'이라는 것은 이러한 조정과 통제를 통해 특정 사회 구성원들에게 사회 가치를 나눠 주는 일체의 선택과 결정 또는 행동을 의미한다.

'권위적 배분'이란 이러한 가치의 배분 과정에 참여하거나 그 배분에 영향을 입는 사람들이 그 결정에 구속된다는 것을 의미한다. 배분 결정이 구속성을 갖게 되는 것은 권력 및 권위, 민주적 설득과 합의, 정치·경제적 타협과 절충 등 다양한 이유와 근거가 존재한다. 단순한 가치의 배분이 아니라 권위적으로 가치를 배분한다는 점이 정치 체제의 특징이다.

이러한 이스턴의 정치 개념은 국가의 권력적 측면 등과 같은 정치의 고유한 본질적 요소를 경시하고 있다는 비판이 없지 않지만 오늘날 포괄적인 정치의 개념으로 널리 받아들여지고 있다.

2 정치의 기능

정치가 수행하는 역할 내지 임무는 정치를 바라보는 관점에 따라 달리 이해될 수 있다. 앞에서 본 바와 같이 국가 중심으로 정치를 이해하는 사람들은 국가의 주요 활동을 정치 기능으로 파악한다. 한편 집단현상설적 관점에서는 사회적 갈등의 조정 및 해결, 그리고 이스턴의 정치체제론에서는 사회 가치의 권위적 배분이 정치의 주요 기능이 된다.

1) 정치 기능의 역사적 변천

국가 활동을 정치의 주요 기능으로 이해하더라도 시대 상황의 변화에 따라 국가나 정부의 역할을 바라보는 관점은 물론 실제의 국가 기능에도 변화가 있어 왔다.

고대 및 중세 때에는 정치 내지 통치의 기능은 외적의 침입으로부터 영토와 인민을 보호하는 일(국방), 자연재해로부터 농경을 지키는 일(치산치수), 범죄를 단속하는 일(경찰), 분쟁을 판가름하는 일(재판) 등에 국한됐다. 그런데 중세봉건제의 지배 체제가 무너지고 절대군주를 정치적 지배자로 하는 중앙집권 체제의 국민국가(nation state)가 형성되기 시작한 근세에 이르면 각지의 절대군주들은 경쟁적으로 중상주의(mercantilism) 정치사상에 입각해 부국강병에 앞섰다. 이 시기에 접어들어 국가의 기능은 경제 산업 기능을 중심으로 점차 확대되기 시작했다.

그러나 절대군주의 보호 아래 성장한 신흥 상공 계급은 자본주의 경제가 발달하자 국가에 의한 상공업 진흥정책이 오히려 자유로운 경제 활동의 제약 요인으로 작용한다고 비판하기에 이른다. 신흥 상공 계급, 즉 부르주아 세력에 의해 경제 생활에서 국가 권력의 간섭을 배제하고 자유를 확대하기 위해 자유방임주의(laissez faire)적 국가관이 팽배하게 됐다. 이들 신흥 시민계급이 17～18세기의 시민혁명을 주도해 정치적으로는 근대 민주주의 체제를, 경제적으로는 자유주의적 시장경제 체제의 발전을 위한 토대를 마련했다.

이렇게 근대로 이행하던 시기에는 정부의 기능은 최소한의 영역에 그쳐야 된다는 야경국가론 내지 소극적 정부관이 풍미해 근세 절대군주 체제에서 확대돼 가던 국가 기능에 제동이 걸렸다. 실제로 이 시기의 국가 기능은 상대적으로 제한적 범위 내에서 수행됐다.

그런데 서구의 여러 나라들은 19세기 중반부터 후반에 걸쳐 급격한 산업화와 도시화에 기인한 새로운 다양한 사회문제에 직면하게 됐다. 그런데 그런 사회 문제 및 도시 문제에 효과적으로 대응할 수 있는 조직체로서 정부 이외에 마땅한 존재가 없었다. 그래서 주택, 보건·위생, 교육, 육아 등 국가의 기능 범위는 다시금 확대되기 시작했다.

이렇게 서구 여러 나라에서는 근대 국가에서 현대 국가로 이행하는 시기에 국가의 역할에 대한 관점이 소극적 국가론에서 적극적 국가론으로 전환하게 된다. 그리고 20세기 전반에 일어났던 제1차 세계대전과 제2차 세계대전, 그리고 그 사이에 대공황 등을 겪으면서 정부의 개입 범위는 경제·산업 및 사회 각 영역에 걸쳐 지속적으로 확대돼 왔다. 이른바 현대 복지국가 시대의 시작이었다.

그런데 1970년대의 석유 위기에 따른 경제 불황과 재정 위기를 겪으면서 1980년대 이후부터 많은 나라에서는 '작은 정부, 큰 시장'을 지향하는 신자유주의 이념에 입각한 정부 활동의 범위를 축소하는 움직임이 다시 나타나기 시작했다. 이 시기에 여러 선진 국가에서 민영화, 규제 완화, 그리고 정부재정 지원의 감축 등을 주요 내용으로 한 행·재정개혁이 추진됐다.

한편 21세기에 접어들어서는 사회 양극화와 세계적 경제 침체 문제에 직면해 시장만능론적 시각은 비판을 받으면서 정부의 적절한 기능 회복이 필요하다는 견해가 다시 주목을 받게 됐다. 이렇게 국가 기능에 대해서는 관념적으로나 실제적으로 시대 상황의 변화에 따라 진자운동을 거듭하면서 오늘에 이르고 있다.

2) 정치 체제의 기능

일반체제이론(general system theory)을 정치학에 제일 먼저 도입한 이스턴은 앞에서 본 바와 같이 정치 체제를 "사회를 위해 권위적으로 가치를 배분하는 상호작용의 체제"로 정의했다. 그리고 정치 체제는 외부 환경의 다양한 요소에 의해 영향을 받는 동시에 환경에 영향을 미친다.

환경으로부터 나오는 요구와 지지가 정치 체제로 흘러 들어가 전환 과정을 거쳐 권위적인 정책 또는 결정으로 산출된다. 산출은 다시 환경에 영향을 미치고 그 결과가 새로운 요구와 지지의 형태로 정치 체제에 재투입된다.

여기서 정치 체제의 기본 기능을 일반체제이론에서 말하는 체제의 기능적 요건에 비춰 구성하면 ① 체제의 유지, ② 목표 달성, ③ 적응, ④ 통합으로 정리할 수 있다. 체제의 유지 기능이란 사회공동체의 가치문화의 존속과 승계, 그리고 법질서의 유지 등을 통해 공동체를 안정적으로 유지하는 일로서 가장 기본적인 기능이다. 목표 달성은 사회공동체의 존속과 발전을 위한 공통의 목표를 설정하고 달성하는 일이다. 적응 기능이란 체제의 존속과 목표 달성을 위해 필요로 하는 가용자원을 공급하는 일이다. 통합 기능이란 사회 구성원들 간의 갈등이나 충돌을 해소하고 결속을 유지하는 일을 말한다.

이러한 정치 체제의 기능을 제대로 수행해 사회공동체의 유지와 발전을 위해서 정치 체제는 희소한 가치를 권위적으로 배분하는 일을 주요한 임무로 한다는 것이다.

그리고 앨먼드(Gabriel A. Almond)도 투입-산출모형(inputs-outputs model)에 입각해 정치 체제는 네 개의 투입 기능과 세 개의 산출 기능을 수행한다고 말한다. 네 개의 투입 기능은 정치적 사회화 및 충원(political socialization and recruitment), 이익 표명(interest articulation), 이익 결집(interest aggregation) 및 정치적 커뮤니케이션(political communication) 기능이다. 그리고 세 개의 산출 기능은 규칙 제정, 규칙 적용, 그리고 규칙 심판인데, 이것은 종래의 입법, 행정, 사법부의 기능과 비슷하다.

제 2 절 민주주의의 원리와 유형

1 민주주의의 원리

1) 민주주의의 의미와 이념

(1) 민주주의의 의미

민주주의(democracy)는 바라보는 관점과 시대에 따라 다양한 의미로 활용되는 다의적인 개념이다. 일반적으로 민주주의의 의미는 정치 형태, 생활 양식, 그리고 이념의 관점에서 파악된다.

민주주의의 어원은 그리스어의 민중을 뜻하는 데모스(demos)와 지배하다는 뜻의 크라티엔(kratein)의 결합에서 나온 데모크라티아(demokratia)로서 민중이 지배하는 정치 형태를 의미했다. 이러한 어원이 갖는 의미에 충실할 경우 민주주의는 이념이나 생활 양식의 측면보다는 무엇보다 정치 형태 또는 정치 원리를 나타내는 개념으로 이해된다. 따라서 민주주의는 일반적으로 민주적 정치 형태(민주정치)로 받아들여지고 있다.

민주정치는 통상 "주권이 국민에게 있고 그 주권이 국민에 의해 선출된 국민의 대표에 의해 행사되는 정치 형태"로 이해된다. 그러나 오늘날 민주주의는 단순히 정치 형태에 관련된 개념으로만 사용되지 않으며 더 넓은 의미로 사용된다. 예컨대 인간의 존엄성과 자유, 평등을 중시하는 이념 내지 사상 체계를 의미하기도 한다. 한편 대화와 타협, 관용, 공동체 의식, 다수결의 원칙 등 공동체 생활에서 요구되는 민주적 행동 양식 및 생활 양식으로 이해되기도 한다.

(2) 민주주의의 원리

오늘날 민주주의가 넓은 의미로 사용되는 다의적 개념이지만 민주주의의 핵심적 의미는 역시 국민이 주인으로서 인정되고 주인의 지위에 걸맞은 역할을 담당하는 정치 형태, 즉 민주정치에 있다고 할 것이다. 민주정치의 개념 또한 일의적으로 정의하기 어렵지만 "국민의, 국민에 의한, 국민을 위한 정치(government of the people, by the people, for the people)"라고 한 미국 링컨(Abraham Lincoln) 대통령의 개념 정의 안에 민주정치의 핵심적 요소가 잘 포함되어 있다.

'국민의 정치'는 민주정치의 근원적 가치 요소를, '국민에 의한 정치'는 민주정치의 수단적 가치 요소를, 그리고 '국민을 위한 정치'는 민주정치의 목적 가치 요소를 각각 가리키는 것으로 이해할 수 있다. 좀 더 구체적으로 '국민의 정치'는 통치 권력의 소재가 국민에게 있고, 따라서 통치 권력의 정당성의 근원 역시 국민에게 있다는 점을 규범적으로 선언한 것이고, '국민에 의한 정치'는 권력의 행사가 국민에 의해 직접적으로 또는 국민의 대표에 의해 행사되어야 한다는 권력 행사 방식을 제시한 것이다. 그리고 '국민을 위한 정치'는 권력의 행사가 궁극적으로 국민의 이익 증진이라는 목적 달성을 위한 것이어야 한다는 통치의 목적을 천명한 것이다.

민주정치는 이 세 가지 요소의 적절한 조화를 필요로 한다고 할 수 있으나 '국민에 의한'과 '국민을 위한'은 '국민의'가 먼저 전제되어야 가능한 개념이다. 정치가 국민에 의해 한다거나 국민을 위한 것이어야 한다는 주장은 그 정치의 주인이 국민인 경우에만 정당화될 수 있기 때문이다. 결국 이 세 가지 요소 간의 관계는 '국민의 정치'는 '국민에 의한 정치' 및 '국민을 위한 정치'를 정당화시키는 근원적 가치다. 한편 '국민의 정치'가 추상적이며 근원적인 가치에 해당된다면 '국민에 의한 정치' 및 '국민을 위한 정치'는 민주정치의 실현 방식 및 목적과 관련한 가치 요소라고 할 수 있다(이승종 · 김혜정, 2011: 3-10).

이념으로서의 민주주의가 담고 있는 이것은 앞에서 간단히 언급된 바와 같이 인간 존엄성의 존중, 자유 및 평등이 가장 기본적이고 중요하다고 할 수 있다. 우선 민주주의는 인간이 지닌 존엄과 가치를 존중한다. 모든 사람은 인간이라는 이유 그 자체만으로 존중돼야 하며 타인의 지배를 받거나 다른 어떤 목적을 위한 수단으로 이용돼서는 아니 되고 그 자체가 목적으로 이해돼야 한다는 생각이다.

이러한 인간 존엄성 사상은 서구 근대 시민혁명의 사상적 기초가 된 계몽사상 및 사회계약론의 영향을 받으면서 등장했다. 이러한 인간 존엄성 사상은 모든 인간은 태어날 때부터 하늘로부터 받은 불가침의 권리를 가진다는 자연법상의 천부인권론으로 발전하게 된다. 천부인권론에 따르면 사람은 태어날 때부터 누구에게도 침해받지 않고 타인에게 양도할 수 없는 권리를 가진다. 따라서 타인은 물론 국가라고 하더라도 인간의 기본권을 침해할 수 없게 된다.

이렇게 인간 존엄성 사상은 자유와 평등을 비롯한 개인의 기본적 인권을 보장해야 한다는 인간의 기본권 보호 사상으로 발전했다. 그리고 근대 이후 민주주의 이념에서 강조되어 온 인간의 기본권으로서는 자유와 평등이 있다.

자유는 외부의 구속을 받지 않고 자신의 판단과 의지에 따라 스스로 선택하고 행동할 수 있음을 의미한다. 자유는 그 성격에 따라 소극적 자유와 적극적 자유로 나눠 볼 수 있다. 소극적 자유는 자신이 원하는 것을 추구할 때 어떠한 외부의 간섭이나 구속이 없는 상태를 말한다. 반면에 적극적 자유는 공동체 안에서 진정한 자아 실현을 목적으로 하고 이를 위해 공동체나 국가 운영에 참여할 수 있는 자유와 인간다운 삶의 보장을 요구할 수 있는 권리를 의미한다.

소극적 자유는 국가로부터 억압이나 구속을 받지 않는 것으로서 '국가로부터의 자유'를 의미한다. 반면 적극적 자유는 국가의 일에 적극적으로 참여할 수 있는 '국가에의 자유'와 인간다운 삶을 위해 국가의 개입을 요구하거나 국가가 자신의 자유를 구속하는 것까지 허용하는 '국가에 의한 자유'를 포함한다. 국가로부터의 자유는 시민혁명 이후 근대 국가에서 강조된 기본권이라고 할 수 있다. 한편 국가에의 자유와 국가에 의한 자유를 내포하는 적극적 자유는 참정권이나 사회권 등의 형태로 보장되는 자유로서 현대 복지국가에서 강조되고 있다.

다음으로 평등은 모든 사람을 차별하지 않고 똑같은 원칙에 따르거나 동등하게 대우하는 것을 의미한다. 특히 권력과 부(富), 그리고 명예나 기회 등 이른바 희소한 사회적 가치의 정당한 배분과 관련해 중요한 가치 이념이다.

그러나 어떠한 기준에 의한 배분이 평등한 것인지를 판단할 객관적이고 명확한 기준을 찾기가 쉽지 않다. 일반적으로 평등의 기준이나 관점은 크게 절대적 평등관과 상대적 평등관으로 나눌 수 있다. 절대적 평등관은 모든 인간은 평등하게 태어났고, 따라서 사회적 가치도 평등하게 배분돼야 한다는 입장이다. 결국, 어떠한 이유에서든 불평등한 취급은 용인되기 어렵고 결과적 평등까지 보장돼야 한다는 주장이다.

반면 상대적 평등관은 모든 사람이 정당하게 가질 권리가 있는 것들만을 소유하는 배분의 상태가 정의로운 것이라는 관점이다. 한마디로 정당한 근거에 입각한 차별을 인정하는 평등관이다. 노력, 능력, 기여도 등에 비례해 사회적 가치를 배분하는 것이 평등하다는 입장이기 때문에 비례적 평등(proportional equality)이라고도 한다. 이 입장은 결과적 평등보다는 기회의 평등 내지 절차적 평등을 더 중요시한다.

절대적 평등관은 자신의 능력을 최대한 발휘해 그에 대한 보상을 극대화하고자 하는 개인의 정당한 자유의 영역을 침해할 수 있다는 비판이 제기된다. 반면에 상대적 평등관은 사회적 가치를 취득할 수 있는 기회, 자격, 권리 등의 동등한 부여에 초점을 맞춤에 따라 결과적으로 나타나는 부당한 불평등을 인정하게 된다는 비판이 제기되기도 한다.

거꾸로 현대에 와서는 다른 것도 같게 취급해야 한다는 절대적 평등관이 오히려 능력과 여건을 무시한 형식적 평등에 그칠 수 있다는 비판이 제기되기도 한다. 똑같은 논리로 "같은 것은 같게, 다른 것은 다르게" 취급하는 상대적 평등관이 오히려 능력과 여건에 맞는 실질적 평등을 제고할 수 있다는 주장도 나온다.

이러한 민주정치의 가치와 이념을 실현하기 위해 국민 주권의 원리, 입헌주의의 원리, 권력 분립의 원리 등이 강조된다. 국민 주권의 원리란 말 그대로 국가의 의사를 최종적으로 결정할 수 있는 최고의 권력을 의미하는 주권이 국민에게 있다는 정치 원리다. 이는 주권을 행사해 지배하는 '치자(治者)'도 국민이고 치자에게 지배받는 '피치자(被治者)' 역시 국민으로서 양자가 동일하다는 것을 의미한다. 결국 국민 주권은 국가의 주인은 국민이기 때문에 국가는 국민에 의해 운영돼야 한다는 국민 자치의 원리를 내포하는 것으로 이해된다.

입헌주의는 국민의 기본적 인권을 보장하기 위해 국가 권력의 행사는 헌법에 따라 이뤄져야 한다는 정치 원리다. 이는 절대군주의 자의적인 권력 행사를 제한하기 위해 근대 서구 사회에서 시민혁명을 거치면서 성립된 정치 원리의 하나다. 입헌주의의 본질적 요소에는 국민의 기본권 보장, 권력 분리, 법치주의 등이 포함된다. 따라서 형식적인 헌법이 존재하더라도 국민의 기본적 인권이 보호되지 않거나 권력 분립 및 법치주의 등이 보장되지 않는 경우는 입헌주의를 따르고 있다고 할 수 없다.

권력 분립이란 국가 권력을 여러 개의 기관에 분담시켜 서로 견제와 균형을 이루게 함으로써 국민의 자유와 권리를 보호하려는 정치 원리다. 일반적으로 국가 권력을 입법권, 행정권, 사법권으로 분립시키는 것을 원칙으로 하고 있기 때문에 3권 분립이라고 한다. 절대군주에게 집중돼 있던 권력을 분산시켜 권력의 오남용을 방지하기 위해 고안된 정치 원리로서 앞에서 언급한 바와 같이 근대 입헌주의의 본질적 요소로 확립됐다.

2 민주주의의 유형

정치 형태로서의 민주주의 유형은 다양한 기준에 의해 분류 가능하지만 일반적으로 참여 방식과 지배적인 정치 이념에 따라 많이 나눈다.

1) 참여 방식에 의한 분류

(1) 직접민주제와 대의민주제

민주주의는 국가의 의사를 최종적으로 결정할 수 있는 최고 권력, 즉 주권이 국민에게 있는 국민 주권의 원리에 입각한 정치 형태다. 그런데 그 주권을 행사하는 방식에서 국민이 직접 참여해 행사하는 방식과 국민의 대표에게 위임해 행사하는 방식이 있을 수 있다. 전자가 직접민주제이며, 후자가 대의민주제(간접민주제)다.

직접민주제는 공동체의 정치적 의사를 국민들이 직접 결정하는 방식으로 고대 그리스 아테네(Athens)의 민회(民會, eclesia) 정치가 전형적인 예로 제시된다. 아테네에서는 20세 이상의 모든 자유 시민이 직접 민회에 나가서 토론을 통해 공동의 의사 결정을 함으로써 "모든 시민에 의한 정치"를 추구했다. 민회에서 시민들의 자유로운 토론을 통해 공동체의 규칙을 제정하고 과세를 결정하는 등 시민들이 직접 중요한 사항에 대해 결정을 내렸다.

고대 아테네의 직접민주제는 시민의 의사는 시민 자신이 직접 통치 과정에 참여할 경우에 가장 잘 반영될 수 있다는 믿음에 기초한다. 그렇지만 직접민주제는 소규모의 정치공동체에 한해 적용될 수 있다는 단점을 갖고 있다. 아테네가 직접민주제를 시행할 수 있었던 것은 우선 아테네가 작은 규모의 도시국가였기 때문이다.

게다가 고대 아테네의 경우 직접민주정치라고 하더라도 정치 참여의 범위를 보면 수많은 부녀자, 노예, 외국인 등을 제외한 20세 이상의 성인 남자 중 시민권을 부여받은 자들만의 귀족정치에 가까운 것이었다.

국가의 영토가 확대되고 인구도 증가한 오늘날에는 모든 국민이 한자리에 모여

토의한다는 것은 일단 물리적으로 불가능에 가깝게 됐다. 이러한 물리적 제약뿐만 아니라 사회가 다원화되고 복잡하게 됨에 따라 공공의 문제도 양적으로 팽창하고 복잡·다양화되면서 일반 국민이 직접 공공 문제 해결을 위한 정책을 개발하고 결정하는 일이 매우 어려워졌다. 이런 이유로 근대 이후 대부분의 민주국가에서는 간접민주제, 즉 대의민주제를 채택하고 있다. 오늘날에는 대의민주제가 보편적인 민주정치 형태로 자리 잡게 됐다.

대의민주정치는 시민의 직접 참여가 아니라 대표라는 매개체를 통해 이뤄진다는 점에서 '국민에 의한'이라는 민주정치의 원리에 완전히 부합하지 않는 것으로 볼 수 있다. 그러나 대표의 선출 행위가 국민 자신들의 자유로운 의사에 기초하는 한, 국민이 소유한 권력을 국민에 의해 선출된 대표가 국민을 위해 대신 행사하도록 한 이 대의민주제가 민주정치 원리에 위배되는 것은 아니다.

게다가 '국민에 의한 정치'가 '국민을 위한 정치'를 위한 수단 가치인 점을 고려한다면 대의민주정치가 직접민주제보다 항상 열위에 있다고 말하기 어렵다. 먼저 대의민주정치가 직접민주정치보다 시간과 비용이 절약될 수 있고, 공공 문제의 전문가라고 할 수 있는 대표들이 공공 문제를 처리하는 것이 더 효율적이기 때문에 결과적으로 국민에게 더 이익이 될 수 있기 때문이다. 결국 오늘날 대의민주정치가 보편적 민주정치의 형태로 채택되고 있는 것은 현실적인 불가피성 때문만이 아니라 대의민주정치가 직접민주정치보다 실질적으로 국민을 위한 정치가 될 수 있다는 판단에 따른 것이라고 할 수 있다.

(2) 대의민주제의 위기와 극복 방안

현대 국가의 보편적인 민주정치의 형태는 대의민주제라고 했다. 그런데 오늘날 대의민주제는 심각한 한계와 위기에 직면하고 있으며, 대의민주제의 결함을 보완하기 위해 주권자의 직접적 참여가 강조되고 있다.

대의민주제가 성립·발전하기 위한 여러 가지 전제 조건이 오늘날 현대 사회에서는 와해되거나 약화되고 있기 때문이다. 예컨대, 주권자들의 이해 관계가 동질적일 때 주인의 이익과 의사를 대표할 수 있는 대표자의 선출도 용이하고 대표자의 역할도 명확할 수 있다. 그리고 주권자와 대표 사이에 다른 매개체 없이 직접 연결될 때 주권자가 대표자의 활동을 통제하기가 용이할 수 있다.

그런데 오늘날 현대 사회에서는 보통선거제도에 의해 선거권이 확대된 데다가 사회적 분화에 따라 국민들 사이에서도 계층 및 직능에 따른 이해 관계가 복잡해지고 동질성이 약화됨에 따라 국민의 공통 이익과 의사를 파악하는 것 자체가 어려워지고 있다. 따라서 국민의 이익과 의사를 대표할 수 있는 대표자를 선출하는 일이나 대표자의 활동이 과연 국민의 이익을 반영하고 있는 것인지를 판단하기도 어려워지고 있다.

그리고 현대 정치는 정당(政黨, political party)이라는 임의적 정치조직을 중심으로 전개되는 특징을 보이고 있다. 정당정치의 속성상 주권자에 의해 선출된 대표들이 주권자들의 의사에 따르기보다는 소속 정당의 정책과 방침에 따르는 경향이 강해지고 있다. 그 결과 주권자들이 대표 활동을 통제하기 어려워지고 주인(principal)과 대리인(agent) 간의 괴리가 커지는 문제가 발생하고 있다.

이는 대표가 주권자를 대신해 그들의 의사에 따라 정책을 결정하고 주권자에게 책임을 진다라는 대의민주제의 전제가 현대 정치에서는 성립되기 어렵다는 사실을 의미한다. 이러한 정치 환경의 변화에 따라 대의민주제가 '국민에 의한 정치'를 구현하는 민주정치의 제도적 장치로서 제대로 기능하지 못하는 문제가 발생하고 있다.

이러한 대의민주제의 한계와 위기를 가져오는 또 다른 요인은 이른바 행정국가화 현상이다. 20세기에 접어들어 산업화, 도시화의 진전과 함께 사회 문제가 다양화되고 복잡하게 됨에 따라 전문성을 갖춘 행정부의 역할이 확대·강화돼 왔다. 특히 1945년 제2차 세계대전 이후 주요 서구 국가에서는 복지정책을, 개발도상국에서는 경제성장정책을 중심으로 행정부 기능이 대폭 확대돼 왔다.

또한 급속한 사회경제적 환경 변화에 대한 신속한 대응을 위해 일반적으로 주요한 정책의 기본적인 내용은 입법부에서 법률의 형태로 정하더라도 구체적인 내용은 행정부에서 각종 행정입법이나 시책으로 정하고 있다. 그런데 정책 당사자들의 이해 관계에 직접적으로 영향을 미치는 내용들은 일반 법률 규정보다 행정부에서 정하는 행정입법이나 시책에 포함돼 있는 경우가 많은 것이 현실이다.

물론 행정관료 조직은 국민의 대표 기관이라고 할 수 있는 입법부나 선출직 고위 행정 공무원들의 통제를 받는다. 그러나 정책 문제가 다양화·전문화되면서 행정관료 조직에 대한 외부 통제에는 일정한 한계가 따르는 데다 지나친 통제는 행정의 효율성을 저해하는 또 다른 문제를 야기할 우려도 있다.

이런 이유로 현대 국가에서 행정관료 조직의 역할 증대와 함께 재량성도 확대돼 왔다. 결국 국민들에게 중대한 영향을 미치는 주요 정책 사항을 국민들의 직접적 대표가 아닌 행정관료들이 결정하는 양상이다. 이는 국민의 대표를 통해 국민에 의한 정치를 구현하고자 하는 대의민주제의 기본 원리가 정치 과정에서 제대로 작동되지 않고 있다는 것을 의미한다.

이와 함께 정치에 대한 불신 및 무관심 등으로 인해 투표율이 낮아짐으로써 전체 국민을 대표하지 못하는 과소 대표성의 문제가 제기되기도 한다. 이러한 대표성의 문제는 대의민주제 자체의 정당성을 위협하고 정치 과정에서 국민의 의사가 왜곡될 가능성을 높인다. 그리고 오늘날 사회경제적 변화의 속도가 빨라지면서 정책 결정의 신속성이 요구되고 있다. 이러한 상황 변화도 대화와 타협의 절차를 중시하는 의회 중심의 대의민주제가 제대로 기능하지 못하고 형식화되는 요인이 되고 있다.

주요 서구 민주주의 국가에서는 이와 같은 대의민주제의 위기에 직면해 1960, 70년대부터 사회 문제 해결을 위한 시민사회단체의 수가 늘어나고 영향력도 증가되고 있다. 또한 대의민주제의 위기를 극복하는 방안으로 시민 참여 등 직접민주제적 요소의 도입을 옹호하는 이론들이 많이 등장하기 시작했다.

이러한 대의민주제의 위기 극복을 위한 실천적·이론적 논의 가운데에는 대의민주제를 완전히 직접민주제로 대체하자는 견해도 없지 않다. 그러나 현실적 불가피성과 대의민주제의 장점을 고려해 대의민주제를 근간으로 하면서 직접민주제의 부분적 도입과 적극적 활용을 강조하는 입장이 다수 견해라고 할 수 있다.

2) 이념에 의한 분류

앞에서 인간의 존엄성을 실현하는 가치로서 자유와 평등이 민주정치의 주요 이념에 해당된다고 했다. 그런데 현실적으로 자유와 평등은 상충되는 측면이 없지 않다. 민주정치는 기본적으로 이러한 자유와 평등의 조화로운 균형을 추구하는 정치 체제라고 할 수 있다.

그러나 같은 민주정치 체제라고 하더라도 추구하는 자유와 평등 간의 우선순위나 상대적 비중은 시대적 상황이나 정치 체제의 이념적 지향성에 따라 다를 수 있다. 이렇게 자유와 평등 간의 우선순위에 따라 민주정치의 유형을 크게 자유민주주의(liberal democracy)와 사회민주주의(social democracy)로 나눌 수 있다.

자유민주주의는 기본적으로 평등보다 자유를 상대적으로 우선시하는 민주정치의 이념적 형태라고 할 수 있다. 개인의 자유를 우선시해 개인의 자유로운 선택을 제한하는 모든 제도와 관행으로부터의 해방을 중시한다. 따라서 국가로부터의 간섭에 반대하고 개인의 자유 의지를 왜곡시킬 수 있는 '결과의 평등'보다는 중립적인 '기회의 평등'을 선호한다. 이에 따라 시민사회 내지 시장에 대한 정부의 개입을 필요 최소화하는 작은 정부를 지향한다.

한편 사회민주주의의 개념에 대해 통일된 견해가 있는 것은 아니지만, 기본적으로 자유를 중시하면서도 평등을 상대적으로 우선시하는 민주정치의 한 형태라고 할 수 있다. 그리고 실질적 평등을 강조해 '결과의 평등'까지도 중시한다. 따라서 불평등을 해소하고 실질적인 평등을 실현하기 위한 시장경제에 대한 일정한 국가의 개입을 허용한다. 그리고 소외집단을 돕기 위한 각종의 재배분정책 등 정부의 적극적인 사회경제적 역할을 지지한다.

이와 같이 자유민주주의와 사회민주주의는 민주정치에서 추구하는 양대 이념에 해당되는 자유와 평등, 그리고 시장 체제에 대한 정부의 역할 등에 대한 입장이 다르다. 역사적으로 보면 사회민주주의는 자유민주주의 하의 자본주의 시장 체제의 사회경제적 문제점을 민주주의의 원리 내에서 극복하기 위해 등장한 대안적 이념의 성격을 지닌다.

양자는 상충되는 측면도 없지 않지만 민주정치의 기본적 이념과 원리는 공통적으로 수용하고 있다. 결국 자유민주주의와 사회민주주의는 양자택일적 관계라기보다는 더 나은 민주주의를 위해 상호 보완적인 관계에 있는 것으로 이해하는 것이 더 타당하다.

실제로 오늘날 대부분의 민주주의 국가에서는 자유민주주의적 질서를 기본으로 하면서 사회민주주의 요소를 보완적으로 받아들이고 있다. 사회경제적 발달 단계 등을 감안하면서 국민적 합의 하에 양자 간의 적절한 균형점을 찾는 일이 현대 민주주의 국가의 과제라고 할 수 있다.

제 3 절 민주정치의 발전

1 민주정치의 기원

일반적으로 민주정치의 기원은 고대 그리스 아테네의 직접 민주정치에서 찾는다. 물론 오늘날의 민주정치와 비교한다면 여러 측면에서 한계가 존재했던 것은 사실이지만 시민이면 누구나 국정에 참여할 수 있는 제도가 마련된 것은 인류 최초의 민주주의로서 획기적인 것이었다.

고대 그리스 아테네의 민주정치는 도시국가 아테네의 성장과 함께 단계적으로 진화하는 과정을 거쳤다. 아테네 민주정치의 완성기라고 일컬어지는 시기는 페리클레스(Perikles, 기원전 495~429)의 집권기인 기원전 443년 이후 약 15년간이다. 이때의 민주정치를 토대로 아테네의 민주정치 체제의 주요 특징을 보면 다음과 같다.

아테네에도 오늘날과 유사한 입법부, 행정부, 사법부가 존재했다고 할 수 있다. 입법부에 해당되는 것이 민회(民會, ecclesia)였다. 민회는 시민들이 모여 전쟁 참여 여부, 조약과 동맹, 법 제정 및 과세, 선거와 시민권 부여 등 폴리스의 모든 중대사를 논의하고 결정하는 곳이다. 민회에 참석할 수 있는 사람은 20세 이상의 남성 시민이었다. 한마디로 민회란 아테네 민주정치에서 시민들이 주체가 된 최고 결정권을 가진 정치기관이었다.

민회 장소는 아고라(Agora) 광장에서 시작해 프닉스(Pnyx) 언덕으로 이동한 후 고정됐다. 민회의 의사 결정 방법은 대체로 만장일치로 의사를 결정했지만 의견 일치가 어려운 경우에는 다수결의 방법을 이용했다. 연 40회 이상 회의를 했고, 의결에 필요한 정족수는 6,000명이었다.

민회가 다수 시민이 모여 논의하는 비상설 총회라면, 원활한 민회의 운영을 위해 소규모 상설 회의의 성격을 지닌 500인 평의회를 민회 내에 두고 있었다. 500인 평의회는 지역별로 편성돼 있던 부족별로 50명씩 추첨으로 선발해 일정 기간 500

명으로 평의회를 구성했다. 이렇게 모든 시민이 평의원이 될 수 있는 자격을 동등하게 부여하는 한편 평의원을 지역별로 선발함으로써 평의회의 지역 대표성을 높이고자 했다. 또한 500인 평의회 의장도 매일 추첨으로 선출하는 방식을 택해 특정 개인 및 부족의 영향력을 배제해 공정하고 민주적으로 민회를 운영하도록 했다.

500인 평의회는 민회의 의안 준비 등 민회의 회의 관리, 행정관의 임용·탄핵과 함께 일부 일상 행정 업무를 직접 처리하는 기능을 담당했다. 오늘날의 행정부가 수행하는 역할에 가까운 기능을 맡았다고 할 수 있다. 또한 도시행정 업무를 담당하는 행정기구로서 추첨에 의해 총 10명의 행정관으로 구성되는 10인 회의가 설치돼 있었다.

그리고 사법부의 기능을 수행하는 시민 재판소가 있었다. 이 재판소는 매년 추첨으로 선출된 6,000명의 배심원 후보단에서 재판 당일 추첨에 의해 사건의 성격에 따라 최소 201명에서 1,501명까지 배심원의 수를 달리 구성해 재판을 진행했다. 이 시민 재판소는 아르콘(Archōn, 집정관)이 판결한 재판에 상고하는 경우나 판결이 내려지지 않은 경우에 활용됐다. 이렇게 법적 다툼을 다루는 재판의 경우도 일반 시민들이 참여해 영향을 미칠 수 있는 제도가 마련돼 있었다.

한편 아테네 민주정치에서 독특한 제도의 하나로 도편추방제(ostracism, ostracismos)라는 것이 있었다. 도편추방제는 말 그대로 도기 파편에다 민주정치를 위협할 인물의 이름을 시민들로 하여금 민회에 적어 내게 해서 6,000표 이상이 나온 인물이 있으면 그를 10년간 국외로 추방하는 제도다. 이 제도는 나중에 정쟁의 도구로 악용된 사례도 없지 않았지만, 기본적으로 민주정치를 파괴할 위험이 있는 인물의 등장을 사전에 예방함으로써 시민의 권리와 민주정치를 보호하기 위해 고안된 제도였다.

이렇게 민회를 중심으로 한 고대 그리스 아테네의 민주정치는 직접 민주정치의 원리에 충실했던 정치 형태로서 근대 민주정치의 기원이 된다고 할 수 있다. 그러나 오늘날의 관점에서 보면 여러 측면에서 한계와 문제점을 지적할 수 있다.

우선 정치 참여의 범위가 제한적이었고 참여의 접근성에 불공정한 측면이 있었다. 20세 이상의 남자 시민들에게만 정치 참여의 기회가 보장됐고, 여성·외국인·노예 등은 민회에 참석할 수 없었다. 당시 전체 주민의 1/6 이내의 사람만 정치 참여가 가능했다고 하니 참여의 범위가 매우 제한적이었다고 할 수 있다. 그리고 아테네 주민의 40퍼센트에 이르는 노예의 존재 없이는 아테네 민주정치가 유지될 수 없었던 점에 빗대어 노예제에 기생한 소수의 민주제라고 비난받는다.

또한 교통이 불편했던 당시의 상황에서 볼 때 거주 지역에 따라 참여의 용이성에 큰 차이가 있었던 점을 고려하면 참여의 기회가 지역별로 동등하게 부여되지는 않았다는 지적도 있다. 한편 500인 평의회 구성 시 지역별 인구뿐만 아니라 다른 정치적 요소도 감안됐기 때문에 평의회의 지역 대표성이 훼손될 우려가 있었다.

그리고 아테네의 직접 민주정치는 중우정치(衆愚政治)의 문제점을 야기한다는 비판을 받기도 한다. 플라톤(Platon)은 『국가론(*The Republic*)』에서 시민에 의한 직접 민주정치를 전문 항해사의 존재를 무시하고 선원들이 마음대로 항해하는 것에 비유한다. 그리고 소수의 선동가에 의해 시민들이 잘못된 판단과 결정을 할 우려가 있기 때문에 바람직한 정치 형태가 아니라는 것이다.

이러한 아테네 민주정치의 한계와 문제점에 대한 비판에도 불구하고 자유 덕목을 갖춘 시민이 주체가 되는 민주정치의 이상을 제시한 점에서 그 의의가 작다고 할 수 없다. 그리고 앞에서 본 바와 같이 오늘날 대의민주주의 한계를 극복하기 위한 대안으로서 직접 민주정치의 요소가 강조되는 가운데 아테네의 민주정치는 참여민주주의의 원형으로서 재조명되고 있다.

2 근대 시민혁명과 정치사상

고대 그리스 아테네에서 꽃피웠던 민주정치는 그 이후 인류 역사에서 사라지는 듯했다. 중세의 봉건 체제나 근대 초기의 절대군주 체제 하에서 민주정치의 이념은 실현되기 어려웠다. 민주정치가 사상 및 제도적으로 새롭게 부활한 것은 서구 근대 시민혁명을 통해서다.

국가마다 다소 차이가 있지만 유럽에서는 17~18세기에 접어들어 절대군주 하의 중상주의에 의해 상공업이 급격하게 발달하면서 신흥 상공인이 중심이 된 시민계급이 성장하기 시작했다. 시민계급은 원래 절대군주 세력의 보호와 지원 하에 성장했다. 그러나 이제 산업을 보호·진흥하기 위한 각종의 규제·개입 조치가 자신들의 자유로운 경제 활동에 걸림돌이 되고 자본주의 경제의 발전을 방해하는 것으로 비판하기에 이른다.

나아가 국가는 시민 생활과 경제 활동에 대한 불필요한 규제와 개입을 그만두고 시민사회의 자유로운 활동을 허용해야 한다는 자유주의적 사상을 강조했다. 이러한 주장이 경제 부문에서는 이른바 '보이지 않는 손'에 의한 시장의 자동 조정 기능을 중시하는 자유주의적 시장경제이론으로 발전하게 됐다. 한편 정치 부문에서는 18~19세기 시민혁명을 거치면서 법치주의 및 권력 분립 등을 주요 내용으로 하는 입헌민주주의 원칙으로 체계화되고 정치제도로 도입됐다.

이 시기에 절대군주의 일원적 지배의 이론적 근거를 허물기 위해 시민사회의 철학자들이 체계화시킨 것이 자연법 사상에 기초한 사회계약론이라고 할 수 있다. 사회계약론은 사상가들에 의해 그 내용에 차이가 없지 않지만 기본적인 주장은 사회 및 국가 성립의 역사적·논리적 근거를 평등하고 이성적인 개인들 간의 계약에서 찾고자 한 이론이다. 사회계약론은 17~18세기 홉스(Thomas Hobbes), 로크(John Locke) 및 루소(Jean Jacques Rousseau) 등의 자연법 사상자들에 의해 주창됐다.

사회계약론에 따르면 모든 사람은 국가가 성립되기 이전인 자연 상태에서 이미 생명·자유 및 재산에 대한 자연법상의 권리를 갖고 있었으며, 이러한 자연권을 확실히 보장하기 위해 그 사회 구성원들의 합의에 의한 계약에 따라 국가라는 조직을 성립시켰다는 것이다. 여기서 말하는 자연권이란 인간의 기본적 자유와 평등의 권리로서 천부인권(天賦人權)을 말한다. 사회계약론은 이와 같이 모든 사람은 태어나면서부터 어느 누구도 침범하지 못하는 권리를 하늘로부터 부여받았다는 천부인권 사상을 배경으로 한다.

따라서 만약 국가가 인민의 신탁을 배반하고 자연권을 침해하게 되면 인민은 국가에 저항해 국가를 다시 구성할 권리를 가진다고 주장한다. 이러한 사회계약설 이론은 절대군주의 전제적 지배를 타파하기 위한 시민혁명의 정당성을 뒷받침하는 사상적 근거로서 중요한 역할을 했다.

이러한 천부인권 사상, 사회계약설 등을 사상적 기초로 해서 17~18세기에 걸쳐 근대 시민계급이 절대왕정을 타파하고 정치·사회의 주도권을 잡기 위해 일으킨 혁명이 시민혁명이다. 시민혁명은 영국의 명예혁명(1688년)에서 시작돼 미국의 독립전쟁(1776년)을 거쳐 프랑스대혁명(1789년)에서 완성됐다.

영국의 명예혁명은 청교도혁명(1649년)에 의해 수립된 입헌군주제를 무시한 제임스 2세(James Ⅱ)의 전제 정치에 대항해 국민협의회가 중심이 돼 일으킨 혁명이다. 제임스 2세가 프랑스로 도망감으로써 무혈혁명으로 끝나게 되면서 명예혁명으로 불리게 됐다. 이 혁명을 통해 과세권 및 입법권의 의회 장악과 국민 청원권 보장 등을 내용으로 하는 권리장전(Bill of Rights)이 1689년에 제정됨에 따라 입헌군주 체제가 확립됐다. 권리장전은 영국의 절대 군주정을 종식시키고 의회정치 확립의 기초를 다진 점에서 영국 헌정사에서 큰 의의가 있다. 또한 미국의 독립선언, 프랑스 인권선언에도 많은 영향을 끼쳤다.

미국의 독립전쟁(American Revolutionary War)은 영국의 식민지 무역통상정책에 대해 불만을 품고 1775년 미국의 13개 식민주가 영국 본토에 대항해 일으킨 전쟁이다. 워싱턴(George Washington)을 독립군의 총사령관으로 추대해 1776년 독립선언문을 발표하고 독립을 선언함으로써 영국군에 항전했다. 프랑스를 위시한 유럽 제국의 지원을 받아가며 치른 7년간의 독립전쟁 끝에 1783년 파리조약에서 독립이 승인됐다.

제퍼슨(Thomas Jefferson)이 기초한 독립선언문은 로크 등의 계몽사상에 바탕을 두고 모든 인간은 생명·자유·행복추구권과 같은 천부인권을 갖는다고 주창하고 있다. 그리고 이러한 인간의 자연권 보장을 위해 피치자의 동의와 계약에 의해 정부가 조직되며, 그 정부가 인간의 기본권을 훼손할 때 국민은 그 정부를 해체할 권리를 보유한다고 인민 주권과 저항권을 천명하고 있다.

이런 의미에서 미국의 독립전쟁은 식민지 독립전쟁에 그치는 것이 아니라 절대왕정을 부정하고 천부인권과 시민 주권을 주창한 민주주의 혁명의 성격을 지녔다. 이러한 미국의 독립전쟁이 갖는 민주주의 정신은 프랑스혁명에도 크게 영향을 미쳤다.

한편 프랑스혁명은 부르봉 왕조의 절대주의적인 구제도를 타파하고 근대 시민사회를 이룩한 전형적인 시민혁명이라고 할 수 있다. 앙시앵 레짐(ancien régime, 구제도)의 불평등한 사회적 모순과 시민계급이 중심이 된 국민의회에 대한 국왕의 탄압에 항거해 파리 시민들이 전제정치의 상징인 바스티유 감옥을 습격함으로써 혁명은 폭발했다. 혁명의 불길이 전국으로 번져나가자 국민의회는 특권계급의 조세상의 특전, 영주 재판권 및 10분의 1세 등 일체의 봉건적 특권을 폐지해 봉건적

예속 관계를 해체시켰다. 그리고 인권선언으로 자유, 평등, 주권재민 및 사유재산의 불가침 원칙을 확인했다.

프랑스혁명의 성공으로 1791년 신헌법이 공포되고, 다음해에는 왕정이 폐지되고, 공화제가 성립돼 국민 주권의 원리가 도입됐다. 그리고 귀족의 면세 특권 등이 철폐되면서 불평등한 봉건적 질서가 와해되고 자유와 평등의 원리에 입각한 서구 근대 시민사회의 기초가 확립됐다.

이와 같이 근대 서구의 시민혁명은 천부적 인권으로서의 자유와 평등의 이념을 내세우며 절대 왕정을 타파하고 근대 입헌 민주주의를 확립하는 데 결정적 역할을 했다. 이러한 시민혁명의 큰 의미에도 불구하고 오늘날의 관점에서 보면 역시 정치 참여의 대상이 제한된 민주주의로서의 한계를 지니고 있었다. 이른바 '일정한 재산과 교양'을 갖춘 시민들을 제외한 다수 일반 대중은 참정권의 대상에서 배제됐기 때문이다.

가난한 노동자, 빈민, 여성 등에게도 선거권이 확대되기 시작한 것은 19세기 이후 전개된 선거권 확대 투쟁의 결과라고 할 수 있다. 다만 오늘날과 같은 일정한 연령 이상의 모든 남녀에게 선거권이 보장되는 보통선거제도는 영국에서도 1928년에 이르러서야 실현됐다.

제 4 절 정치 권력과 법치주의

1 정치 권력의 의미 및 정당성

1) 정치 권력의 의미와 특징

권력의 개념 자체가 다의적인 만큼 정치 권력의 의미 또한 관점에 따라 매우 다의적이다. 그러나 일반적으로 정치 권력이란 정치적 기능을 수행하기 위해 조직화된 강제력을 의미한다고 할 수 있다. 정치의 개념을 넓게 이해하는 입장에 따르면 정치 권력 현상은 국가 이외의 다른 사회집단에서도 발생하는 것으로 이해된다.

그러나 일반적으로 각종 사회집단의 권력은 사회 권력으로 불리고 국가 기구에 의해 제도화된 권력을 정치 권력이라고 부른다. 그런 의미에서 정치 권력은 일반적으로 공권력이라 불리기도 한다. 이러한 정치 권력은 일반적인 사회 권력보다 그 행사 범위가 더 보편적이고 광범위한 데다가 그 강도도 더 강한 특징을 지니고 있다. 예컨대 정치 권력의 행사 대상은 특정의 사회집단에 그치지 않고 국가 전체에 미친다. 그리고 강제력의 정도도 개인의 신체 및 재산에 대한 지배에서부터 생명의 박탈까지를 포함하는 광범위하고 강력한 강제성까지 행사할 수 있다.

한편 정치 권력이 항상 정통성과 합법성을 보유하는 것은 아니다. 그렇지만 민주정치의 이념상 민주정치 체제의 정치 권력은 합법성과 국민적 동의에 바탕을 둔 정통성이 요구된다. 합법성과 정통성이 결여된 부당한 정치 권력의 지배는 폭력적 지배에 다름아니다. 이러한 비민주적 부당한 정치 권력에 의한 국민의 기본권 침해에 대해서는 복종을 거부하고 저항할 수 있는 권리가 민주정치 체제에서는 인정된다. 이 점이 합법성이 결여된 단순한 물리적 강제력만을 의미하는 폭력과 민주정치 체제에서 요구되는 정치 권력의 차이라고 할 수 있다.

2) 정치 권력의 정당성

민주정치 체제의 정치 권력은 그 이념상 정당성(legitimacy)이 요구된다. 이러한 이념적 요구에서뿐만 아니라 정치 체제가 효과적으로 기능하기 위해서는 정치 권력이 정당성에 기초한 권위로 인정받을 필요가 있다. 이는 물리적 힘에 의한 강제나 지배는 단기적으로는 효과적이나 장기적으로 사용할 경우 점차 효과가 줄어들기 때문이다.

물론 정치 권력은 강제력을 배경으로 할 뿐만 아니라 현실 정치에서 물리적 힘에 의한 강제가 발동되는 경우도 적지 않다. 그러나 물리적 강제력에 주로 의존하는 정치 체제는 지배의 효과성이 떨어질 뿐만 아니라 국민적 저항에 부딪쳐 정치 권력 자체가 붕괴될 가능성이 매우 높아진다. 따라서 정치 체제에 대한 국민의 충성과 복종을 효과적으로 얻어내기 위해 정치 권력은 정당성의 토대 위에서 행사돼야 한다는 것이다.

정치 권력이 국민들로부터 정당성을 인정받기 위해서는 무엇보다 합법성과 도덕성이 요구된다. 우선 정치 권력의 획득 및 행사가 법에 근거한 원칙과 절차에 따라야 한다. 민주정치 체제의 정치 권력은 국민주권 이념을 전제로 국민들의 자발적인 지지와 동의에 의해 위임되고 행사되는 것이다. 국민들의 동의와 합의가 구체화된 것이 헌법과 법률 등을 포함하는 넓은 의미의 법이라고 할 수 있다.

정치 권력의 획득과 행사가 법에 근거해야 할 뿐만 아니라 그 내용이 법의 이념에 적합해야 된다. 법이란 근대 서구 국가에서 자의적인 국가 권력의 행사로부터 시민의 권리와 자유를 보호하려는 취지에 따라 시민의 대표로 구성되는 의회에서 정함으로써 국가 권력이 이를 따르도록 한 것이다. 따라서 비록 법에 근거를 둔 정치 권력의 행사라고 하더라도 법의 목적과 내용이 시민의 자유와 권리 보호라는 법의 이념에 부합하지 않는다면 그 정치 권력은 정당성을 인정받기 어렵다.

이렇게 정치 권력의 정당성은 형식적 합법성뿐만 아니라 법의 이념에 적합해야 하는 실질적 합법성까지 요구한다고 할 수 있다. 정치 권력의 도덕성은 이러한 실질적 합법성에 가까운 가치다. 이는 정치 권력의 행사가 인간의 존엄성과 국민의 기본권 보호라는 민주주의 근본 이념에 부합돼야 한다는 원리다. 정치 권력이 이러한 민주주의 근본 이념에 배치되는 방향으로 행사될 때는 비록 법에 근거했다 하더라도 그 정당성을 인정받지 못한다.

2 법치주의와 민주정치

1) 법치주의의 의미

법치주의는 모든 국가의 통치 행위는 법에 위반돼서는 아니 되고 국가가 국민의 자유와 권리를 제한하거나 새로운 의무를 부과하기 위해서는 법에 근거가 있어야 한다는 원칙이다. 이는 국민의 대표기구인 의회가 제정한 법에 의한 통치를 통해 자의적인 국가 권력의 행사나 위헌적인 정부 행위로부터 국민의 자유와 권리를 보호하기 위한 민주정치의 중요한 원리의 하나다.

여기서 법이라 함은 원칙적으로 의회에 의해, 또는 의회의 참여에 의해 제정된 법, 즉 법률이어야 한다는 것이 전통적인 법치주의의 요청이다. 이는 법치주의가 법률 우위의 원리와 법률 유보의 원칙을 주요 내용으로 한다는 설명과 일맥상통한다. 법률 우위의 원리는 헌법과 법률 등을 포함해 모든 법규는 국가 권력 행위에 우선하고 국가 통치 행위는 그 법규에 위반돼서는 아니 된다는 것이다. 한편 법률 유보의 원리는 국민에게 의무를 부과하거나 국민의 권리를 제한하는 정부 행위는 반드시 의회가 제정한 법률에 근거를 두고 법률의 규정에 따라 이뤄져야 된다는 것을 의미한다. 이러한 의미에서 원칙적으로 법에 의하지 않고서 국가는 국민에게 어떠한 명령이나 금지도 할 수 없다.

국민의 대표기구인 의회가 제정하는 법률이라는 것은 국민의 의사와 뜻이 구체화된 것으로 볼 수 있다. 결국 국민이 법의 구속과 지배를 받는다는 것은 국민 스스로의 지배, 즉 국민에 의한 정치를 구현한다는 것을 의미한다. 이렇게 법치주의는 민주정치를 실현하는 데에 필요한 핵심적인 제도이자 정치 원리의 하나다.

법치주의 개념에는 통치자뿐만 아니라 국민들도 법의 지배를 받아야 한다는 관념이 당연히 내포돼 있지만 통치자의 자의적 권력 행사에 대한 통제에 초점이 맞춰져 있다. 그런데 종종 법질서 유지와 법 집행에 대한 국민의 복종 의무를 강조하기 위해 법치주의를 내세우는 경우를 볼 수 있다. 이는 본질적 의미에서 봤을 때 법치주의가 형성된 역사적 맥락과 다소 거리가 있다고 할 수 있다.

반면에 법치주의의 의미를 형식화해 법률에 의하기만 하면 무엇이든 정당화될 수 있다는 형식적 법치주의 내지 법률지상주의적 사고도 경계돼야 한다. 역사적으로 법치주의는 국민의 자유와 권리 보호를 위해 통치자의 자의적인 권력 행사를 제어하기 위해 고안된 근대 입헌민주주의의 산물이다.

따라서 국민의 자유와 권리를 무시한 내용의 법 적용은 비록 형식적 합법성은 갖췄다 하더라도 법치주의의 내용적 요건을 충족했다고 보기는 어렵다. 형식적 법치주의는 단순히 법을 악용해 국민의 자유와 기본권을 억압하는 전체주의 내지 권위주의 정치를 합리화하는 수단으로 전락할 수 있다.

따라서 오늘날 법치주의는 법의 목적과 내용이 국민의 자유와 권리 보호라는 민주정치 이념에 부합돼야 한다는 실질적 의미의 법치주의로 파악하는 것이 일반적이다.

2) 우리나라의 법치주의

법치주의 원리는 비록 우리나라 헌법상 명시된 원리는 아니지만 우리나라에서도 최고의 헌법적 기본 원리의 하나로 보는 데에는 이론(異論)이 없다. 그리고 단순히 국민의 권리와 의무에 관한 사항은 법률로 정해야 된다는 형식적 법치주의에 그치지 않고 국민의 자유와 기본권 보호를 헌법의 최고 이념으로 명시함으로써 실질적 법치주의 이념을 구현하고 있다.

우리나라에서 법치주의 구현과 관련된 헌법상의 원칙 및 제도는 성문헌법주의, 기본권과 적법 절차의 보장, 권력 분립, 포괄적 위임입법의 금지, 행정에 대한 사법적 통제 등이 열거될 수 있다.

우리나라는 성문헌법을 채택하고 있고 헌법 개정에서도 반드시 주권자의 의사가 개입해야만 하는 경성헌법을 채택하고 있다. 이는 곧 헌법의 우위를 형식적으로 천명하면서 헌법적 이념과 규정이 국가 운영의 최고 기준임을 밝히고 있는 것으로 이해할 수 있다.

그리고 모든 국민은 인간으로서의 존엄과 가치를 가지며 국가는 개인이 가지는 불가침의 기본적인 인권을 확인하고 보장할 의무를 진다고 명시하고 있다. 또한 국민의 모든 자유와 권리는 국가 안전보장·질서 유지 또는 공공복리를 위해 필요한 경우에 한해 법률로써 제한할 수 있으며, 제한하는 경우에도 자유와 권리의 본질적인 내용은 침해할 수 없다고 규정하고 있다. 이는 국민의 자유와 권리 보장을 헌법의 기본 이념으로 제시하면서 이의 실현을 위한 법률 유보의 원칙과 적법 절차를 보장하고 있다.

한편 현대 국가의 행정국가화 경향으로 야기될 수 있는 입법권의 형해화(形骸化) 현상을 방지하기 위해 입법기관인 국회에서 제정한 법률에서 구체적으로 범위를 정해 위임받은 사항만이 정부 행정입법의 영역이며 포괄적 위임입법은 금지된다. 그리고 행정입법이나 행정행위가 법률에 위반될 때는 무효가 되거나 취소할 수 있게 함으로써 행정입법 및 행정행위에 대한 법률 우위 원칙을 보장하고 있다.

또한 이와 같은 법치주의 원칙과 제도를 사법적으로 보장하기 위해 헌법재판소의 위헌법률심사제를 통해 헌법의 최고 규범성을 구현하고 있다. 또한 행정입법이나 행정행위가 헌법이나 법률에 위반하는지 여부가 재판의 전제가 된 경우에는 대법원이 이를 최종적으로 심사할 권한을 가진다. 그것은 국회에서 제정한 법률도 헌법 정신에 부합돼야 함을 요구함과 동시에 법집행기관으로서의 정부도 법률에 반하는 행정입법이나 행정행위를 할 경우에는 사법적 통제의 대상이 됨을 밝힌 것이다.

그 밖에도 국가배상제도 등 국가기관의 위법·부당한 행정 행위에 대한 사법부에 의한 권리 구제 수단을 규정하고 있다. 이를 통해 국가기관의 위법·부당한 권력 행사로 인한 국민의 권리 침해를 구제하고 국가기관으로 하여금 법치주의의 원리를 충실히 이행하도록 촉구하고 있다.

제 5 절 민주정치와 정부 형태

1 민주정치와 정부 형태

정부는 정치 권력을 행사하는 통치 기구인 만큼 민주국가의 정부는 국가 권력의 주인인 국민의 의사에 따라 구성돼야 한다. 이는 정부 구성도 민주정치의 기본 원리인 국민주권주의에 기초해야 된다는 것을 의미한다. 그리고 정부는 국민의 자유와 권리를 보장하는 형태로 구성되고 운영돼야 한다. 이를 위해 민주국가에서는 권력 분립의 원리를 정부 구성의 기본 원리로 삼는다.

1) 국민주권주의

민주주의 국가에서 정부는 국민에 의해 구성돼야 한다는 것은 국민주권주의의 당연한 요청이다. 국민주권주의는 주권의 소재는 국민에게 있으며, 국가의 정치 형태와 구조를 최종적으로 결정하는 권력이 국민에게 있다는 민주정치 원리다.

국민 주권은 17세기 중반부터 18세기 중반에 있었던 홉스(Thomas Hobbes), 로크(John Locke)와 루소(Jean Jacques Rousseau)로 대표되는 사회계약설과 밀접하게 연관돼 있다. 사회계약설의 주된 내용은 지배의 정당성이나 법의 정당성은 피지배층의 합의로부터 나온다는 것이다. 국민주권주의는 시민혁명 이후 군주주권론에 대항해 형성된 근대 민주주의 정치 이념의 근간을 이룬다.

이러한 국민주권주의에 따르면 정부의 형태나 조직 구성 방식은 국민의 직접적 참여와 국민 대표 기구에 의한 헌법 및 정부조직 관련 법률의 제정을 통해 결정된다. 그리고 정부는 민주적 절차에 따라 선출된 국민의 대표와 그들이 임명한 공무원으로 구성된다. 이렇게 주권자인 국민이 직접 선거를 통해 정부를 구성함으로써 통치 기구로서 정부가 갖춰야 할 민주적 정당성이 확보된다.

우리나라 헌법 제1조 제2항은 "대한민국의 주권은 국민에게 있고, 모든 권력은 국민으로부터 나온다."라고 규정해 국민 주권을 직접 명시하고 있다. 이러한 국민주권주의를 정부 구성에 구현하기 위해 정부 형태나 조직 구성 방식은 국민투표에 의해 제정된 헌법과 국민 대표 기구인 의회에서 제정한 관련 법률에 따라 정하고 있다. 그리고 정부의 민주적 구성을 위해 보통·평등·직접·비밀의 선거 원칙에 입각한 선거권과 평등한 공무담임권을 국민의 기본권으로 보장하고 있다. 또한 국민주권주의의 실질적 목적을 달성하기 위해 뒤에서 언급될 권력 분립의 원리에 입각해 정부를 구성하고 있다.

2) 권력 분립의 원리

권력 분립의 원리란 국가 권력을 여러 국가 기관에 분산시킴으로써 권력 상호간의 견제와 균형의 원리에 입각해 정부조직을 구성하고 편성하는 원칙을 말한다. 권력 분립의 원리는 단순히 국가 권력을 나눠 정부조직을 형성하는 데에 그치는 것이 아니라, 이를 통해 국가 권력의 남용을 방지하고 국민의 자유를 보장하게 한다는 민주정치의 이념을 가지고 있다.

권력 분립의 원리는 17세기 말 영국의 로크(John Locke)에 의해 입법권과 집행권의 2권 분립론이 주창되고, 그것이 18세기 초에 프랑스의 몽테스키외(Charles de Montesquieu)에 의해 완성됐다고 할 수 있다. 로크는 입법권 우위의 권력 분립을 주장함으로써 영국의 의회민주주의제도의 이론적 기초를 마련했다. 한편 몽테스키외는 입법·사법·집행 3권의 분리, 권력 기관 상호 간의 견제와 균형(check and balance), 그리고 3권의 대등한 지위를 주장함으로써 현대적 의미의 3권 분립의 원칙을 완성했다고 할 수 있다.

이후 18세기 말에 이르러 1787년 미국 헌법과 1791년 프랑스 헌법에 채택된 후 세계 각국 헌법에 전파돼 근대 입헌주의 헌법의 본질적 요소 또는 기본 원리로 확립됐다. 서구 근대국가 이후 국가 권력을 일반적으로 입법부(의회), 사법부(법원), 집행부(행정부)로 분립시키는 것이 일반적이기 때문에 오늘날 권력 분립의 원리는 보통 3권 분립 원칙으로 불리고 있다.

3권 분립 원칙은 한 곳으로 집중된 권력은 반드시 오남용된다는 권력에 대한 불신에서 출발한다. 따라서 권력을 인위적으로 분립시켜 복수의 조직에 분담시키면 그들 권력 조직 상호간에 야심이 서로 충돌하게 되어 그 결과 권력 남용이 억제될 것이라는 논리에 기초하고 있다.

이와 같이 3권 분립 원칙은 절대 권력에 의한 자의적 권력 남용을 방지해 국민의 자유와 권리를 보장하기 위한 중요한 민주정치 원리의 하나다. 그리고 그 구체적인 방법으로 정부라는 통치조직을 3권으로 분립하고 그 담당 기구를 제도적으로 분할해 상호 견제와 균형의 원리에 입각해서 편성 · 운영하는 민주국가 정부 구성의 원리다.

3권 분립 원칙은 오늘날에서도 자유민주주의 국가에서 정부 구성의 기본 원리로 받아들여지고 있으나, 현대 사회로 접어들면서 고전적인 권력 분립의 원리는 적지 않은 변화를 겪고 있다. 고전적인 권력 분립 이론에서 상정했던 3권의 엄격한 분립과 상호 대등한 입장에서의 견제와 균형은 현대 국가의 실제 정치 행정에서는 찾아보기 어렵게 됐다. 행정부와 입법부 간의 권력 통합이나 최소한의 융화 현상, 그리고 행정부의 상대적 우위 현상은 일반화되고 있다.

현대 국가로 이행되면서 정부 기능이 지속적으로 확대되는 가운데 행정부의 기능과 권한이 강화돼 왔다. 입법부나 사법부보다 상대적으로 행정부의 권한이 광범위하고 강한 이른바 행정국가 현상이 일반적 현상이 되고 있다.

그리고 현대 민주주의 국가는 정당을 중심으로 정치 활동이 이뤄지는 정당제 민주주의가 발달하고 있다. 이러한 정당제 민주주의 하에서는 비록 권력 분립 원칙에 따라 정부조직이 제도적으로 분립 · 편성됐다 하더라도 정당에 의해 권력 융합 현상이 나타나고 있다. 즉, 의회의 다수 세력을 차지하는 집권 정당을 매개로 제도적으로 분립돼 있는 행정부와 입법부가 긴밀한 공조 체계 속에서 국정을 운영하는 경우가 일반적이다.

이와 같이 오늘날의 정치 현실은 전통적 권력 분립 원칙과는 작지 않은 거리가 있다. 게다가 현대 국가에서 정부가 해결해야 할 다양하고 복잡한 공공 문제를 효율적으로 처리하기 위해서는 통치조직 간의 엄격한 분리보다는 기능적 협력이 요구된다는 측면에서 이론적으로도 전통적인 권력 분립 원칙의 한계가 지적되기도 한다.

그렇다고 권력 기관 상호간의 견제를 통해 권력 집중을 방지하고 국민의 자유와 권리를 보장하고자 하는 권력 분립의 본질적 의미가 사라진 것은 아니다. 오히려 현대 국가에서 보이고 있는 정치 권력의 융합에 따른 권력의 일탈을 막고 권력에 대한 민주적 통제를 위해 현대적 정치 상황에 맞는 권력 분립 이론과 구현 방식을 찾는 노력이 필요하다.

2 민주국가의 정부 형태

일반적으로 정부 형태란 정부를 구성하는 통치기구 간의 기능 및 권한 배분, 그리고 운영 방식 등을 기준으로 한 정부 구성 방식의 실현 형태를 말한다. 이는 권력 분립의 원리가 정부 구성에 적용된 수준 및 형태와 밀접한 연관이 있다.

정부 형태는 권력 분립의 원리가 무시되는 전체주의나 독재국가의 권력 집중적 정부 형태와 권력 분립의 원리가 적용되는 민주국가의 정부 형태로 크게 나눌 수 있다. 다시 민주국가의 정부 형태는 입법부와 행정부의 관계에 초점을 맞춰 대통령제(presidential system)와 의원내각제(parliamentary cabinet system), 그리고 양자의 절충적 형태로서 이원정부제(dual executive system)로 구분할 수 있다.

민주국가의 양대 정부 형태라고 할 수 있는 대통령제와 의원내각제는 정부 구성 방식을 달리하면서 각기 다른 장단점을 지닌다. 그러나 어느 하나가 다른 하나에 비해 절대적으로 우월하거나 좋은 방식이라고 할 수는 없다. 각기 서로 다른 역사적 상황에서 형성된 제도로서 제도를 선택하는 국가가 처한 상황과 시대적 필요에 의해 그 효용성이나 가치는 달라지기 때문이다. 아울러 일반적으로 지적되는 정부 형태에 따른 장단점이라는 것도 절대적인 것이라기보다는 제도가 운영되는 상황에 따라 달라질 수 있는 가변적이고 상대적인 차이로 이해돼야 한다.

1) 대통령제

대통령제란 엄격한 권력 분립의 원리에 기초를 두어 행정부의 수반인 대통령이 의회로부터 독립해 지위를 유지하고 행정권을 행사하는 정부 형태를 말한다. 이

제도의 대표적인 국가는 미국이다. 그런데 현재 많은 국가에서 다양한 형태의 대통령제를 채택하고 있기 때문에 대통령제의 현실적 양상은 일률적이지 않다. 여기서 대통령제의 원형이라고 할 수 있는 미국식 대통령제를 중심으로 대통령제의 특징을 정리하면 다음과 같다.

첫째, 행정부는 그 성립과 존속에서 입법부로부터 독립돼 있다. 우선 행정부는 그 성립 또는 조직에서 입법부인 국회로부터 독립해 있는 것이 원칙이다. 즉, 행정부 수반인 대통령은 국민에 의해 선출되며 내각은 대통령의 자유 의사에 따라 조직되는 것이 원칙이다.

그리고 행정부는 그 존속이나 지위에서도 국회로부터 독립돼 있다. 즉, 대통령의 국회해산권이 없는 대신 국회의 대통령 불신임권을 인정하지 아니한다. 따라서 대통령은 중대한 위법 사항으로 인해 탄핵을 받는 경우를 제외하고 국회의 신임 여부에 관계없이 임기가 보장된다.

둘째, 권력기관 간 분립 또는 분리의 원리에 따라 입법부와 행정부의 조직 구성이나 운영에서 가능한 한 양자를 분리시키고 있다. 예컨대 국회의원과 행정부 공무원의 겸임이 인정되지 않는다. 직업공무원에 속하는 행정부 공무원은 물론이고 행정 각부의 장·차관과 같은 정치적 임명 공무원과 국회의원의 겸임도 금지되는 것이 원칙이다. 그리고 행정부의 법률제안권이 없고 행정부 공무원의 의회 출석발언권도 인정되지 않는 것이 원칙이다.

셋째, 의회와 행정부 양자 간의 분리·독립과 함께 견제와 균형이 강조된다. 예컨대 대통령은 의회가 의결한 법률안에 대한 거부권을 갖는 대신, 의회의 상원은 조약의 비준과 고급공무원 임명에 대한 동의권을 가진다. 또한 의회는 행정기관의 설치와 활동에 관한 법률 제정, 예산 심의, 국정조사, 탄핵 등을 통해 행정부를 견제하고 있다.

넷째, 행정부의 의사 결정 구조는 기본적으로 대통령 1인에게 권한이 집중되는 일원적 조직 형태를 취한다. 대통령에 소속하는 내각도 법적으로는 대통령의 단순한 보조기관이나 자문기관에 지나지 않는다.

이렇게 대통령제는 의회와 행정부 간에는 엄격한 견제와 균형의 원리를 적용하면서도 행정부 내에서는 국민에게 직접 책임을 지는 대통령에게 권한을 집중시켜 집행권을 독자적으로 행사하도록 하고 있다.

이와 같이 대통령제는 무엇보다도 행정부와 의회의 상호 독립 또는 분리, 즉 권력 분립을 그 본질적 요소로 한다. 그러나 현대 국가에서 행정부 기능의 확대와 함께 행정수반인 대통령의 권한과 역할이 강화됨에 따라 권력 분립의 양상도 변모되고 있다. 또한 정당정치가 발전함에 따라 집권 여당을 통해 의회와 행정부 간의 권력 융합 현상이 나타나고 있다.

그러나 이러한 대통령제 하의 권력 분립 양상의 변화는 어디까지나 현대 국가의 정치 현실의 변화에서 야기된 것으로서 법제도적 측면에서는 여전히 엄격한 권력 분립의 원리가 유지되고 있다. 또한 권력 분립의 현실적 양상에 일정한 변모가 있음에도 불구하고 의원내각제와는 여전히 근본적인 차이가 존재한다.

대통령제를 채택하고 있는 국가의 예로는 미국과 함께 필리핀, 한국, 그리고 라틴아메리카의 많은 국가가 있다. 그러나 이들 국가의 구체적인 정부 구성의 방식이나 운영 방식은 각기 상이하며 다양한 형태를 띠고 있다.

한편 뢰벤슈타인(Karl Loewenstein)은 대통령제의 변형된 형태의 하나로서 대통령에게 권력이 집중된 권위주의적 대통령제를 신대통령제(neo-presidentialism)라고 불렀다. 이러한 신대통령제는 권력 분립의 원리가 무력화된 대통령제의 변형으로서 민주정치가 제대로 발전하지 못한 제3세계 국가에서 많이 발견된다.

2) 의원내각제

의원내각제는 내각책임제라고 불리기도 하는데, 이는 행정부의 최고기관으로서 국정 전반을 통괄하는 내각이 의회에 의해 구성되며, 의회의 신임을 그 존립의 요건으로 하는 정부 형태를 말한다. 의원내각제는 영국에서 근대 시민혁명을 거치면서 형성된 후 19세기 이후 세계 각국으로 전파됐다. 오늘날 의원내각제는 다양한 형태로 존재하지만 의원내각제의 원형이라고 할 수 있는 영국식 의원내각제를 중심으로 그 특징을 정리하면 다음과 같다.

첫째, 행정권을 행사하는 내각의 성립과 존속은 의회의 신임에 기초한다. 수상이나 총리로 불리는 내각수반이 의회에서 선출되고 그가 내각을 구성하는 국무대신을 임명한다. 그리고 적어도 국무대신의 과반수는 국회의원으로 구성하는 것을 원칙으로 한다. 나아가 의회는 내각 불신임권을 갖고 있어 내각의 안정과 존속을 위해서도 의회의 신임을 요건으로 한다.

이렇게 집행권을 행사하는 내각의 구성과 존립을 의회의 신임에 의존하게 한 것은 의회 우위의 근대 의회민주주의 이념이 반영된 것으로 이해된다. 원래 의원내각제는 근대 시민혁명기의 영국에서 의회의 공화 세력이 입법권뿐만 아니라 왕권의 지배 하에 있던 내각의 행정권까지 장악하기 위한 정치적 의도에서 확립된 제도였다고 할 수 있다.

둘째, 의회와 행정부 간에는 권력 융합(fusion of power)에 토대를 둔 상호 의존적 협력 관계가 중시된다. 물론 의원내각제 하에서도 기본적으로 입법권과 행정권은 의회와 내각이라는 별개의 국가기관이 분담하고 상호 견제와 균형의 원리에 입각해 행사하는 권력 분립의 원리가 적용되고 있다.

그러나 대통령제에서와 같은 의회와 행정부 간의 엄격한 독립·분리의 원리가 적용되지 않고 권력 융합적 성격이 강하다. 우선 내각이 의회에 의해 구성됨에 따라 의회와 행정부는 내각을 매개로 해서 결합돼 입법권과 행정권이 조정·통합되는 형태다. 그리고 의회와 내각은 내각 불신임권과 의회 해산권을 통해 상호 균형의 원리에 입각해 서로 상대방의 성립과 존속에 개입할 수 있도록 하고 있다.

또한 내각이 국회의원들로 구성되기 때문에 각료와 의원의 겸직이 가능하고 행정부도 법률안 제출권과 각료의 의회 출석 발언권 등을 가진다. 이렇게 의원내각제에서는 의회와 행정부 양자 간에 권력 융합적 성격이 강한 제도적 장치를 통해 상호 의존적 협력 관계를 도모한다고 할 수 있다.

셋째, 내각의 의사 결정 구조는 합의제를 원칙으로 하고 수상과 각료들은 의회에 대해 연대 책임을 진다. 내각 내에서 수상이 다른 각료보다 우월한 위치에 놓이는 경우가 많으나 거의 동등한 지위를 갖는 경우도 있다. 그런데 수상의 상대적 지위와 관계없이 집행권을 행사하는 내각의 의사 결정은 수상을 포함한 내각 구성원의 합의에 따르는 것이 원칙이다. 또한 수상과 각료는 하나의 내각을 구성하는 일체성을 갖고 의회의 내각 불신임 등 의회에 대해 연대 책임을 진다.

그리고 수상은 내각의 수반일 따름이며 국가를 대표하는 국가원수의 지위를 가지지 않는다. 대통령제에서 행정부의 독임제 수장이며 국가원수의 지위를 갖는 대통령에 비하면 의원내각제의 수상은 그 권능이 제약된다고 할 수 있다. 그러나 의회의 지지를 항상 얻을 수 있다고 보장하기 어려운 대통령에 비해 의회 다수 세력의 지지를 받는 의원내각제의 수상이 대통령보다 더 강력한 정치적 영향력을 발휘할 수도 있다.

이와 같이 의원내각제의 정부 구성 방식은 의회를 중심에 둔 행정부와 의회 간의 권력 융합 및 상호 협력에 특징이 있다고 할 수 있다. 그러나 오늘날에는 행정국가화 현상과 정당제의 발달로 인해 집행권을 행사하는 내각과 다수당의 리더인 수상의 영향력이 강화되고 있다. 이렇게 의원내각제를 택하고 있는 국가에서도 내각 내지 행정부 우위의 현상이 일반화되고 있다. 이러한 내각 주도의 현상에 초점을 맞춰 '내각정부제'라고 부르기도 한다.

오늘날 의원내각제를 채택하고 있는 국가는 영국·캐나다·오스트레일리아 등과 같은 영연방국가들, 그리고 독일·일본 등이 있다.

3) 이원집정부제

이원집정부제는 의원내각제의 요소와 대통령제의 요소를 결합한 절충적 정부 형태라고 할 수 있다. 구체적으로는 대통령이 국가원수의 지위를 갖고 수상을 임명하는 권한을 갖는 한편 실질적 집행권은 수상과 대통령으로 이원화돼 행사되는 정부 형태다.

일반적으로 내란·전쟁 등의 비상시에는 대통령이 행정권을 전적으로 행사하나, 평상시에는 수상이 내정에 관한 행정권을 행사하며, 대통령은 외교·국방 등 외정의 권한만을 가진다. 대통령은 통상적으로 국민의 직접선거로 선출되며 수상은 의회 다수파에서 선출되지만 대통령이 임명권을 행사한다. 대통령은 의회 해산권을 갖는 경우가 많지만 의회는 대통령에 대한 불신임권이 없다. 또한 의원내각제처럼 의회는 내각 불신임권을 가지며 내각은 의회 해산권을 갖는다.

이러한 일반적 특징과 별개로 이원집정부를 구성하는 대통령과 수상 간의 집행권 공유 또는 분리 양태는 국가에 따라 다양하고 일률적이지 않다. 이원집정부제가 반(半)대통령제, 준(準)대통령제, 분권적 대통령제, 이원정부제, 반(半)의회제 등 다양한 명칭으로 불리는 이유이기도 하다.

일반적으로 대통령제나 의원내각제 가운데 어느 제도의 요소가 더 강한지, 그리고 대통령에게 배분된 권한의 상대적 크기 등을 기준으로 유형화가 시도된다. 대통령제에 가깝고 대통령의 권한이 강한 유형의 이원집정부제는 순수한 대통령제의 대통령보다 더 강력한 권한을 행사하기도 한다. 반면에 의원내각제에 가깝고 대통령의 권한이 약한 유형에서는 대통령의 권한 행사는 수상이나 의회로부터 상당한 제약을 받고 수상이 실질적인 행정수반의 기능을 수행한다.

그러나 특정의 국가가 어느 유형에 속하는지를 분류하는 일은 그리 간단한 일이 아니다. 유형 분류를 위한 객관적 기준을 설정하기도 어려운 데다 대통령 권한의 경우는 헌법상의 배분 상황과 실제의 권한 행사 양상이 다른 경우가 많기 때문이다. 특히 대통령의 소속 정당과 의회 다수당의 일치 여부, 그리고 대통령의 개인적 특성에 따라 대통령의 실제 권한 행사의 강도나 영향력은 크게 달라질 수 있다.

이러한 이원집정부제는 독일 바이마르공화국 헌법에서 처음 등장한 것으로 설명되고 있고, 현재 이 제도는 프랑스, 오스트리아, 아일랜드, 아이슬란드, 핀란드, 포르투갈 등에서 채택하고 있다.

3 우리나라의 정부 형태

우리나라의 정부 형태는 1948년 정부 수립 이후 오늘날에 이르기까지 제2공화국의 짧은 시기를 제외하고는 계속 대통령제를 기본으로 해 왔다. 다만 현재의 정부 형태를 포함해 순수한 대통령제라기보다는 의원내각제적 요소가 가미된 대통령제가 채택돼 왔다.

1) 우리나라 정부 형태의 변천 과정

대한민국 정부 수립 이후 현재까지 아홉 차례의 헌법 개정이 있었다. 대부분의 헌법 개정의 주된 목적과 의도가 정부 형태의 변화에 있었던 만큼 그리 길지 않은 헌정사에서 잦은 정부 형태의 변화를 경험해 왔다. 그러나 제2공화국의 9개월여를 제외하고는 줄곧 대통령제의 기본 골격에다 의원내각제의 요소를 부분적으로 가미하는 정부 형태를 유지해 왔다고 할 수 있다.

제1공화국의 제헌 헌법은 권력 분립의 원리와 함께 대통령이 행정부의 수반이자 국가원수의 지위를 갖는 대통령제를 기본으로 했으나 국무원제 및 국무총리제도를 두어 의원내각제적 요소를 가미하고 있었다. 국무총리는 대통령이 국회의 동의를 얻어 임명하도록 하고, 대통령의 국무에 관한 행위는 국무원의 의결을 거쳐야 하며 국무총리와 관계 국무위원의 부서가 필요했다. 또한 행정수반인 대통령이 국회에서 선출되는 한편 국회의원이 국무위원을 겸직할 수 있고 국무위원의 국회 출석발언권이 인정된 점 등도 의원내각제적 요소들의 예라고 할 수 있다.

그러나 국회는 국무총리에 대한 불신임권을 갖지 못했고 국무원도 국회 해산권을 가지지 못했다. 이는 권력 분립 원리가 적용된 것이자 국무총리는 대통령의 임명권에 종속되도록 한 행정부 조직 구성이었음을 의미한다. 이런 측면에서도 제헌 헌법은 대통령을 정점으로 한 행정권의 일원화를 지향하는 대통령제를 기본으로 하고 있다고 할 수 있다.

이후 1952년 7월에 발췌개헌이라고 불리는 제1차 개헌에 의해 대통령 직선제가 도입됨에 따라 대통령제적 요소가 강화된 반면, 의회를 양원으로 구성하고 민의원에 국무원 불신임권을 부여함으로써 의원내각제적 요소가 추가됐다. 한편 1954년 11월에 실시된 이른바 사사오입 개헌, 제2차 헌법 개정 시에는 국무총리제도 및 국무원의 연대 책임제를 폐지하는 등 발췌개헌 당시 대통령 직선제 개헌 반대 세력과의 타협을 위해 추가됐던 의원내각제적 요소가 대폭 축소되기도 했다.

1960년 4·19혁명으로 등장한 제2공화국 헌법에서는 우리나라 헌정사에서 유일하게 의원내각제를 도입했다. 행정권은 국무총리와 국무위원으로 구성되는 국무원에 속했고, 국무원을 대표하는 국무총리는 대통령이 지명하나 민의원의 동의를 필요로 했기 때문에 실질적으로는 민의원에서 선출하는 구도였다. 또한 민의원은 국무원 불신임권을 가졌고 국무원은 민의원 해산권을 가졌다. 대통령은 양원 합동회의에서 선출됐고 국가원수로서 상징적인 존재의 성격이 강했다.

제2공화국은 1961년 5·16 군사쿠데타에 의해 1년도 채 안 되는 단명으로 끝났다. 군사정부를 거쳐 탄생한 제3공화국 헌법은 대체로 미국식 대통령제에 가까운 대통령제를 채택했다. 그러나 국무위원 임명 제청권을 갖는 국무총리제도와 대통령의 국법상 행위에 대한 관계 국무위원의 부서제도 등 의원내각제적 요소가 가미된 대통령제였다.

유신헌법으로 불리는 제4공화국 헌법은 전체적으로 국가원수와 행정부 수반을 겸한 대통령이 막강한 권한을 행사하는 권위주의적 대통령제를 채택하고 있었다. 그러나 제4공화국 헌법 역시 국무총리제도와 대통령의 국회 해산권, 국회의 국무총리 및 국무위원에 대한 해임 의결권 등 의원내각제적 요소를 가미하고 있었다.

제5공화국 헌법은 유신헌법의 비민주적 조항을 상당수 제거하고 국회의 권한을 확대하는 방향으로 개정이 이뤄졌다. 그럼에도 불구하고 대통령은 유신헌법과 마찬가지로 간접선거제에 의해 선출되고 국회 해산권, 비상조치권 등 강력한 권한을 갖고 있었다. 정부 형태는 역시 대통령제를 바탕으로 하면서 의원내각제적 요소라고 할 수 있는 국무총리제도, 국무회의제도, 국회의 국무총리와 국무위원에 대한 해임 의결권, 정부의 법률안 제출권 등을 존속시키고 있다.

1987년 민주화운동의 결과로 탄생한 제6공화국 헌법은 대통령 직선제와 함께 대통령의 권한을 축소하고 국회의 지위를 강화하는 방향으로 개정이 이뤄졌다. 정부 형태는 여전히 대통령제를 기본으로 하면서 의원내각제적 요소를 가미한 형태다. 다만 유신헌법이나 제5공화국 헌법에 비하면 미국식 대통령제에 근접한 형태라고 할 수 있다.

2) 현행 우리나라 정부 형태의 특징

제6공화국 헌법은 대통령 직선제를 핵심 내용으로 한 국민들의 민주화 요구가 결실을 맺어 1987년 10월 제9차 헌법 개정을 통해 만들어졌다. 그리고 이 헌법은 오늘날까지 개정 없이 유지되고 있다.

제6공화국 헌법은 우선 국민의 기본권 보장을 강화하는 한편 대통령 직선제와 임기 5년의 단임제를 채택하고 있다. 또한 대통령은 국회 해산권을 가지지 않으며, 헌법적 효력을 갖는 비상조치권이 아니라 법률적 효력을 갖는 긴급명령권, 긴급재정·경제처분권을 갖는다. 이처럼 이전의 헌법과 비교할 때 대통령의 권한이 약화되고 국회의 국정감사권이 회복되는 등 국회의 지위가 강화됐다. 의회와 행정부간의 권한 배분 및 공유 관계에 비춰보면 제6공화국 헌법 역시 대통령제를 기본으로 하면서 의원내각제적 요소를 가미한 정부 형태라고 할 수 있다.

현행 우리나라 정부 구성 방식에 적용되고 있는 대통령제적 요소는 다음과 같다. 첫째, 대통령은 국가원수인 동시에 행정부 수반의 지위와 권한을 보유하고 행정권 행사의 최고의 권한과 최종적인 책임은 대통령에게 귀속돼 있다. 둘째, 대통령은 국민에 의해 직접 선출된다. 셋째, 대통령의 국회 해산권이 없는 동시에 국회의 대통령 불신임권이 인정되지 않는다. 대통령은 5년의 임기 동안 탄핵소추의 경우를 제외하고는 국회의 신임 여부에 관계없이 임기가 보장된다. 넷째, 대통령은 법률안 거부권을 통해 국회 입법권을 견제할 수 있다.

한편 의원내각제적 요소는 다음과 같다. 첫째, 국무회의를 설치해 행정부 권한에 속하는 중요한 사항을 심의하게 한다. 물론 국무회의는 의원내각제의 내각이 의결기관인 것과 달리 심의기관에 그친다. 둘째, 국무총리를 대통령이 임명할 때 국회의 동의를 얻게 하고 있다. 셋째, 국무총리는 대통령의 명을 받아 행정 각부를 통할하고 국무위원을 임명 제청하며 국무위원의 해임을 대통령에게 건의할 수 있다. 넷째, 국회는 국무총리와 국무위원에 대한 해임을 대통령에게 건의할 수 있다. 다섯째, 대통령의 국법상 행위에는 국무총리와 관계 국무위원의 부서가 있어야 한다. 여섯째, 정부도 법률안을 제출할 수 있다. 일곱째, 대통령 · 국무총리 · 국무위원 · 정부위원은 국회에 출석해 발언할 수 있다. 또한 국회는 국무총리 · 국무위원 등을 출석시켜 답변을 요구할 수 있다. 그리고 헌법상 국회의원의 국무위원 겸직 금지 조항이 없어 국회의원이 국무위원과 행정 각부의 장관을 겸직할 수 있게 하고 있다.

이렇게 현행 우리나라의 정부 형태는 의원내각제적 요소가 가미된 대통령제로 분류 가능하다. 그리고 권력 분립의 관점에서 보면 대통령은 긴급명령권 등과 같은 우월적 권한과 함께 행정부와 입법부 간의 권력 융합적 장치를 통해 의회에 대해 우위적 위치에 있다고 할 수 있다. 이러한 의미에서 대통령중심제라고 불리기도 한다. 일반적으로 의원내각제적 요소는 국회의 영향력을 증대시켜 입법부와 행정부 간의 균형 관계의 형성에 기여하지만 우리나라에서는 그것보다 대통령의 국회 개입을 확대해 행정수반으로서의 위상을 강화하는 방향으로 더 크게 작용하는 것이 특징이다.

참고 문헌

강신택(1999). 사회과학연구의 논리. 박영사.

강재호 역(2002). 일본의 행정과 행정학. 부산대학교출판부.

김명기 · 박연호(2000). 비교정부론. 한국방송대학교출판부.

김오진(2012). 한국의 정부형태 연구: 중임대통령제와 이원정부제의 적실성 분석을 중심으로. 한양대학교 정치학박사 논문.

김창성(2014). 사료로 읽는 서양사1. 책과함께.

문병기(2012). 정치학 개론. 한국방송대학교출판부.

변종순 · 김대근 · 조두기 (2014). 사과수 sagwasu 법과 정치Ⅰ. 도서출판 QP.
서울대 정치학과 교수 공저 (2013). 정치학의 이해. 박영사.
위종욱 (2014). 공단기 사회. 에스티엔북스.
이극찬 (2010). 정치학. 법문사.
이승종 · 김혜정 (2011). 시민참여론. 박영사.
이종수 (2013). 한국행정의 이해. 대영문화사.
이종수 · 윤영진 · 곽채기 · 이재원 외 (2014). 새행정학. 대영문화사.
이투스 (2012). 누드교과서(법과 정치). 이투스교육(주).
EBS (2014). 수능특강 사회탐구영역 법과 정치. EBS.

네이버 지식백과. http://terms.naver.com/

제 2 장 정치 과정과 참여

제 1 절 정치 과정의 의의

1 정치 과정의 의미

오늘날 정치는 거대한 대중사회의 성립을 배경으로 매우 복잡한 움직임을 보이고 있다. 복잡한 움직임 속에서 그에 따라 달라지는 정치의 본질을 이해하려면 제도나 기구의 정태적인 분석뿐만이 아니라 현실의 모습에서 이를 파악하는 동태적인 분석도 필요하다.

정치 과정이란 사회적 쟁점에 대한 사회 구성원들의 여러 가지 요구 및 지지를 토대로 정책결정자가 일련의 과정을 거쳐 하나의 정책을 만들어 시행하는 것을 의미한다. 사회에서 정치적 기관은 서로 관련을 맺으면서 정치 과정을 구성하는데, 그것을 어떻게 파악하느냐에 따라서 상이한 정치상이 만들어진다.

첫째, 전통적 입장에서의 정치 과정이란 입법 · 행정 · 사법기관의 상호작용 과정을 말하는 것으로, 일정한 기존 질서에서 정부의 여러 기관을 중심으로 하는 상호작용 과정이다. 이 관점에서는 정치 과정을 국가의 통치 행위로 보고 있다. 즉, 지배자의 통치 행위라는 측면에서 정치 과정을 이해하고 있다.

둘째, 현대에서의 정치 과정은 국가기관뿐만 아니라 이해 관계를 가진 여러 사회집단이 다양한 방식으로 참여할 수 있다는 것이 그 특성이 된다. 따라서 이들 간의 경합 내지 균형 과정을 통해 정책이 결정되고 시행되는 모든 것을 정치 과정으로 보고 있다. 이 관점에 따르면 현대 사회에서는 정책 결정 과정에서 고도화된 전문성을 요구하게 됐으며, 국가는 점점 행정국가로 변모하고 있음을 알 수 있다. 현대적 관점에서는 정치를 위로부터의 통치와 아래로부터의 반응이라는 역동적인 상호작용으로 이해하고 있다.

2 공공정책의 결정

공공정책은 공익의 실현을 위해 정부가 어떤 사회 문제를 해결할 목적을 위해 공식적으로 결정한 정책 목표와 정책 수단을 의미한다. 공공 정책의 구성 요소는 정책 목표, 정책 수단, 정책 대상이다.

첫째, 정책 목표는 정책의 존재 이유로서 정책을 통해 달성하려는 미래의 바람직한 상태나 방향을 말한다. 정책의 목표는 구체적이어야 하며, 정책 목표들 간에는 상호 모순이나 충돌이 없어야 한다. 예컨대 인간의 존엄성 추구라든가, 삶의 질 향상, 사회 통합, 정상화 등을 정책 목표로 제시할 수 있다.

둘째, 정책 수단 또는 방법이란 정책 목표를 달성하기 위한 구체적 방안이나 실질적 내용을 의미한다. 정책 수단에서는 효율성과 형평의 기준을 충족할 수 있는 수단이 강구돼야 한다.

셋째, 정책 대상은 정책이 적용되는 대상 집단으로서 비용 부담 집단이나 이익 향유 집단을 말한다. 즉, 정책 고객 또는 정책 환경을 의미한다. 예컨대 정책 대상은 국민이거나 사고 상황 등 물리적인 요소가 될 수 있다.

3 공공정책의 결정 과정

공공정책의 단계는 정책의제 설정→정책 결정→정책 집행→정책 평가로 이뤄진다.

첫째, 정책의제 설정이란 사회 내의 다양한 집단의 요구에 대해 정부가 진지한 관심을 기울이는 문제로 구체화돼 가는 과정을 말한다. 모든 사회 문제가 정책의제화로 되지는 않는다. 사회 문제 중에서 공적 문제로 취급돼 정부에서 해결을 위해 공식적으로 채택한 것만 정부의제가 될 수 있다. 정책의제 설정 과정은 콥(Roger W. Cobb)과 엘더(Charles D. Elder)의 모형을 들 수 있다 이 모형에서는 사회 문제→사회적 이슈→체제 의제→제도 의제순으로 정책의제가 채택된다고 보았다. 아이스턴(Robert Eyestone)은 정책의제의 형성 과정을 사회 문제→사회적 이슈→공중의제→공식(정책)의제로 제시했다.

둘째, 정책 결정이란 문제 해결 및 행정 목적에 일치되는 미래의 행동대안의 선택이다. 이는 공익을 위해 행동대안을 여러 동적 과정을 통해 정부가 선택하는 결정이다. 정책 결정 과정은 문제의 인지 및 목표의 설정, 자료·정보의 수집 및 분석, 대안의 작성 및 탐색과 평가, 최종 대안의 선택순으로 이뤄진다. 이러한 정책결정은 주로 대통령, 행정 각부 장관, 의회가 담당한다. 예컨대 국가 재난의 경우 의제로 설정한 것을 집행하기 전에 이를 확정하려는 단계를 형성하는 과정이라고 말할 수 있다.

셋째, 정책 집행이란 결정된 정책을 현실로 옮기는 과정으로서 권위 있는 정책 지시를 실현하는 과정 또는 사업 계획을 실천하는 활동을 의미한다. 즉, 정부가 결정한 정책 내용 및 정부 사업 계획을 실천해 가는 활동을 말한다. 이는 정치 과정의 산출 과정에 포함된다.

넷째, 정책 평가란 정책의 내용이나 집행, 그리고 그 효과 등을 평가하고 측정하며 검토하는 단계로서 정책 집행의 결과 또는 집행되고 있는 결과에 대한 사후평가 및 분석을 말한다. 정책 평가의 중요한 목적은 정책 결정의 환류 장치로서 행정 활동의 합리성과 일관성을 확보하는 데 있다. 대체로 정책 평가에서 정치가는 대응성과 체제 유지를 강조하나, 행정인은 능률성을 중시한다.

예컨대 4대강 개발 정책을 평가하는 경우에도 정치인들은 주로 정책 수행 과정의 합리성이나 주민 참여 등의 대응성을 중요하게 평가하는 데에 반해, 행정가들은 이 정책이 능률적으로 시행됐나에 평가 기준을 두고 있음을 볼 수 있다.

4 정치 참여

1) 정치 참여의 의의

정치 참여란 시민들이 정치적 의사 결정에 영향을 끼치거나, 지지와 반대의 입장을 표명하기 위해 취하는 모든 행동을 의미한다. 민주정치는 시민자치의 원리로서 시민들의 적극적인 관심과 참여를 통해 정치 권력의 독점이나 남용을 막고 시민들의 의사를 반영하는 것을 제1원리로 삼고 있다. 이는 민주정치 발전의 기초라 할 수 있다. 민주정치의 본질은 시민 스스로가 다스리는 동시에 다스림을 받는 정치 형태로 시민 각자가 자신의 문제를 스스로 해결하고 책임지는 것을 바탕으로 한다.

2) 정치 참여의 중요성

정치 참여란 실제로 정책 결정이 정부나 국회가 하는 것으로 보이지만 궁극적인 주체는 주권자인 국민이라는 점을 중요시한다. 따라서 정치 참여를 통해 사익 추구보다는 공익을 증진시키고 국가 발전을 도모해야 한다. 정치 참여는 개인의 권리 행사를 위한 수단만이 아닌, 공동체의 이익에 기여할 때 진정한 가치를 확보하게 된다. 또한 정치 참여는 정당한 절차를 통해 확정된 법률이나 정책을 준수하는 범위 내에서 이뤄져야 한다.

3) 정치 참여의 방법

정치에 참여하는 보편적이면서도 가장 기본적인 방법은 선거나 투표에서 주권을 행사하는 것이다. 선거에 참여한다는 것은 1차적 의미인 투표에 참여하는 경우에서부터 자신이 지지하는 정당이나 후보를 위해 선거운동원이 돼 활동하는 경우까지 포함한다. 또는 자신이 직접 후보자가 돼 공직 선거에 출마하는 경우도 포함된다. 선거에 참여하는 것은 정치 참여의 가장 보편적이며 중요한 방법이라 할 수 있다.

정치 참여의 방법은 개별적 참여와 집단적 참여로 구분할 수 있다. 개별적 참여의 방법은 행정관서에 보내는 진정이나 건의, 공직자와의 접촉, 또는 언론기관에의 투고, 전자우편을 통한 의사 전달, 공공기관의 주최로 열리는 공청회 참석, 부정부패를 저지른 정치인들의 고소 및 고발 등의 활동 등이 있다. 집단적 참여의 방법은 각종 시위나 집회에 참여해 정치적 의견을 전달하거나, 정치적 의견이 같은 정당이나 시민단체에 가입해 활동하는 방법, 또한 이익집단을 통한 방법으로 행정에 참여하는 방법 등이 있다.

다른 참여 형태로서 자발적 참여는 시민이 자발적 의지를 가지고 능동적으로 참여하는 것으로, 시민단체를 결성해 정책 결정에 영향력을 행사하는 행위, 주민소환, 주민감사 청구에 참여하는 것 등을 말한다. 비자발적 참여는 시민의 자발적인 의지가 없이 수동적으로 이뤄지는 참여로서, 정치적 모임 등에 강제 동원되는 경우로 선거운동에 동원되거나 선동에 의한 투표를 예로 들 수 있다.

4) 제도적인 정치 참여 장치

제도적인 정치 참여로는 몇 가지를 들 수 있는데 그중 하나가 선거다.

첫째, 선거는 대의정치와 정치 참여에서 가장 기본적이고 중요한 방법이다. 또한 헌법과 법률이 정한 범위에 따라 청원, 단체 활동 참가, 여론 형성 등 다양한 의사표시로 정치 참여가 가능하다.

둘째, 정보화 시대의 정치 참여로는 전자 민주주의를 들 수 있다. 이에 따라서 기존 선거의 시간적·공간적 제약을 극복할 수 있게 됐다.

셋째, 주민감사청구제도가 있다. 이 제도는 주민들이 주민을 위한 사무가 제대로 처리되는가를 조사하고 감사를 요구할 수 있는 제도로서 시·도에서는 주무부 장관에게, 시·군 및 자치구에서는 시·도지사에게 주민들이 감사 등을 요구할 수 있다.

넷째, 옴부즈만제도가 있다. 이는 국회가 임명한 조사관이 국민을 대신해 정부나 기업 등 각종 조직의 활동을 감시하는 제도다.

다섯째, 행정쟁송제도가 있다. 이 제도는 행정소송이나 행정심판을 통해 시민의 참여를 보장하고 부당한 공권력 행사를 견제하는 제도다.

여섯째, 공청회 및 설명회제도가 있다. 이 역시 공공기관의 중요한 정책에 대해 관계자나 전문가로부터 공개석상에서 의견을 청취해 많은 의견을 수렴하는 정치제도라 할 수 있다.

일곱째, 심의회, 위원회제도가 있는데 이는 시민의 의사를 정책 결정 과정에 적극 반영하는 제도다.

5 정치적 무관심

1) 정치적 무관심의 의의

정치적 무관심이란 정치적 상황에 대한 주체적인 인식・행동이 결여돼 있는 정치적 태도를 의미한다. 근대 이전의 사회에서 정치 권력은 소수 지배자의 수중에 있었으며, 다수의 피지배자는 정치적 관심을 가지지 않는 것이 보통이었고, 또한 적극적으로 관심을 가지는 것이 금지돼 있었다. 이를 '전통형 무관심'이라 부른다. 그러나 근대 이후 민주정치의 발전과 선거권의 확대를 통해 일반 국민이 정치에 참여할 수 있게 됐는데도 정치적 무관심이 확대돼 나갔다. 이를 '현대형 무관심'이라 부른다.

2) 정치적 무관심의 원인

정치적 무관심의 원인은 몇 가지 측면으로 요약할 수 있다.

첫째, 정치적 측면에서의 정치적 무관심은 현대 정치 과정의 거대화와 복잡화에 있다. 정치 과정의 거대화와 복잡화는 대중으로 하여금 무력감을 가지게 하는 요인이 되는데, 이러한 무력감이 정치는 정치인에게 맡기고 자신은 안락한 일상의 사생활에만 전념하겠다는 도피적인 태도로 나타난다.

둘째, 사회적 측면에서의 정치적 무관심은 사회의 조직화와 분업화를 그 원인으로 들 수 있다. 기계적인 일의 반복은 심한 피로감을 자아내어 휴식을 필요로 한다. 즉, 피곤한 사회 생활에서 개인의 사생활에로의 도피는 결국 정치적인 수동성을 심화시키게 된다.

셋째, 문화적 측면에서의 정치적 무관심은 대중문화의 영향으로 그 원인을 지적할 수 있다. 상업적인 언론이나 출판, 저속한 영화나 연극, 스포츠 같은 대중오락은 사람들의 관심을 비정치적인 영역으로 집중시킨다.

넷째, 경제적 측면에서의 정치적 무관심은 경제적인 번영을 들 수 있다. 대중소비경제의 발달로 생활이 안정돼 감에 따라 현대인은 생활에 만족을 느끼고 정치 문제에 무관심해진다.

3) 정치적 무관심의 유형

첫째, 무(無)정치적 무관심은 정치나 권력 이외의 다른 가치에 열중해 나타나는 무관심이다. 이는 전통적 무관심과 현대적 무관심으로 나뉜다. 전자는 정치는 모든 국민이 하는 행위가 아니라 일부 특권층만이 하는 행위라고 체념하는 데서 오는 무관심이고, 후자는 정치의 주체이면서 대중매체를 통해 많은 정치적 정보를 가지고 있음에도 불구하고 정치에 무관심한 경우를 말한다.

둘째, 탈(脫)정치적 무관심은 지난날 정치에 큰 기대를 가지거나 참여를 했다가, 그 기대나 욕구가 좌절된 탓에 심한 환멸과 무력감을 느끼게 된 데서 비롯되는 무관심을 말한다.

셋째, 반(反)정치적 무관심은 개인의 사상, 신념이 추구하는 가치가 정치와 충돌해 생기는 무관심이다. 개인주의적 무정부주의자나 종교적 신비주의자들에게서 이런 경향을 엿볼 수 있다.

우리나라의 경우, 전통형 무관심은 점점 줄어들고 현대형 무관심이 증가하고 있다. 또한 과거에 정통성이 결여된 정권들 아래서는 정치권과 정치인 모두를 대중이 크게 불신했으므로, 탈정치적 무관심도 상당했다고 볼 수 있다.

4) 정치적 무관심의 문제점

첫째, 정치 과정이 일부 소수 집단의 의사에 따라 작동해 공공의 의사 결정이 국민 전체의 의사와는 다른 방향으로 이뤄지게 한다.

둘째, 정부가 시민에 대해 무책임해지고, 정치 권력의 남용과 부정부패를 발생시키며 독재 권력이 등장할 우려가 있다.

셋째, 국민이 정치의 주체가 아닌 객체로 전락해 관객 민주정치를 초래할 수 있으며, 급기야 민주시민사회의 기반을 상실하게 할 수 있다. 정치적 무관심에 대한 긍정적 관점과 부정적 관점에 대해 살펴보면 아래 표와 같다.

긍정적 관점(옹호론)	부정적 관점(비판론)
• 일반 시민들은 정치에 대해 무지하고 수동적이며 합리적인 능력을 가지지 않았다고 본다. • 과도한 시민 참여의 확대는 중우정치로 흐를 수 있다. • 경솔한 정치 참여보다는 정치적 무관심이 더 좋은 결과를 가져올 수 있다. • 시민은 사회적 책임성이 결여된 충동적 행동을 하기 쉽다. • 정치적 무관심은 제도적 안전판으로 작용하며, 지나치게 당파적인 사람들에 대한 쿠션 기능을 수행할 수 있다.	• 정치적 비판의식이 약화된다. • 정당정치와 의회정치의 침체 요인이 된다. • 소수 정치 권력자에 의해 정치가 좌우될 수 있다. • 민주주의의 반동화를 초래하기 쉽다. 즉, 전체주의적 독재정치로 귀결될 위험이 있다. • 정치에 대한 대표성이 약화되어, 정치가 부패할 가능성이 커진다. • 의회의 국민 대표성이 약화되어, 책임정치의 구현이 어려워진다. • 국민이 정치의 주체가 아닌 객체로 전락하는 관객 민주정치를 초래할 수 있다.

5) 정치적 무관심 완화를 위한 대안

첫째, 민주시민 교육의 강화, 정치인의 청렴성 및 책임 의식 제고 등을 들 수 있다. 또한 지방자치 등 소규모 의사 결정 구조를 확대하거나 정당 · 이익집단 · 시민단체 등의 의사 대변 기능을 활성화시켜 정치적 대표자들의 권한을 약화시킨다.

둘째, 전자투표 도입을 통해 투표 참여의 물리적 제약을 최소화한다.

셋째, 정치 엘리트 충원 과정의 합리화를 통해 정치 혐오감을 최소화한다.

넷째, 정당 운영 과정에 국민의 참여를 확대시켜 정치 효능감을 제고한다.

제 2 절 선거와 참여

1 선거의 의의와 기능

1) 선거의 의의

선거란 다수인의 단체 또는 일정한 조직에서 그 구성원 중의 유자격자가 단체의 대표자 또는 간부를 투표로 선출하는 행위를 말하며, 그것은 임명이나 추천과는 구별된다.

대의민주주의 통치 구조에서 선거제도는 국민의 주권 행사 내지 참정권 행사의 과정이다. 이것은 국가 권력의 창출과 국가 내에서 행사되는 모든 권력의 정당성을 국민의 정치적 합의에 근거하게 하는 조직 원리다. 이러한 측면에서 볼 때, 일반적으로 선거란 "일정한 조직이나 집단에서 특정의 지위에 취임할 사람을 해당 조직이나 집단의 구성원들이 집합적인 의사에 의해 선정하는 행위"라고 할 수 있다. 선거는 국민이 주권의 원리를 실현하는 가장 기본적인 수단이며, 민주정치의 성패를 좌우하는 관건이 된다.

2) 선거의 기능

민주정치 과정에서 선거는 대표자 선출 기능을 비롯해 정치 과정의 참여 기능, 국민 통합 기능, 합법화 기능, 권력 통제 기능 등 다양한 기능을 수행한다. 선거는 정당 후보자 및 유권자가 선거 과정에 올바로 참여할 때 제대로 그 기능을 발휘할 수 있다.

첫째, 선거는 대표자 선출 기능을 가진다. 국민은 선거를 통해 국정을 담당할 대표자를 선출한다. 모든 과정이 복잡한 현대 국가에서는 전체 국민이 국정에 참여할 수 없기 때문에 대표자를 선출해 국가는 그들로 하여금 국정을 담당하게 하는 간접민주주의 형태로 운영된다.

둘째, 선거는 정치 과정 중 참여 기능을 갖는다. 민주주의 정치 체제에서 국민이 정치적 의사 결정에 참여할 수 있는 방법은 정당이나 이익단체를 통한 활동 또는 시위에의 참여 등 다양하다. 이들 중 가장 중요하고 기본적인 기능은 선거로서 이는 정치 과정에 직접 참여를 하는 것이다.

셋째, 선거는 국민 의사 통합의 기능이 있다. 선거는 선거 결과 경쟁적인 후보나 복수의 정책 대안 중에서 하나가 선택됨으로써 국민의 의사를 통합하게 된다. 그러나 선거 과정이 불법, 타락, 관권, 금권, 흑색선전, 지역주의 등으로 얼룩진다면 선거 결과에 대한 불복으로 국민을 분열시키는 역기능이 발생할 수 있다.

넷째, 선거는 정당성 부여 기능(합법화 기능)이 있다. 선거는 국민의 대표자가 행사하는 통치 권력에 정당성을 부여하는 기능을 수행한다. 통치 권력의 정당성은 선거를 통해 표출된 국민의 의사에 의해 창출되는 것이다.

다섯째, 선거는 권력 통제 기능을 갖는다. 권력을 남용하거나 자질이 부족한 대표자를 다음 선거에서 책임을 물어 교체할 수 있다는 점에서 선거는 대표자에 대한 권력 통제장치로서의 기능을 수행한다.

2 민주선거의 4대 원칙

선거는 다양한 국민의 의사를 모아 국민의 대표자를 선출하는 중요한 절차이므로 자유롭고 공정하게 실시돼야 한다. 이를 보장하기 위해서는 보통선거, 평등선거, 직접선거, 비밀선거의 4대 원칙이 반드시 지켜져야만 한다.

1) 보통선거와 제한선거

보통선거는 일정한 연령 이상의 국민에게 선거권을 부여하는 원칙을 의미한다. 성별이나 재산, 학력, 종교 등을 이유로 선거권을 제한해서는 안 된다는 원칙이다. 우리나라의 경우, 만 19세 이상의 국민에게 선거권이 주어진다. 다만, 판단 능력이 없는 정신박약자, 범죄행위에 의해 공민권을 상실한 자 등은 선거권이 인정되지 않는다. 그 반대의 개념으로 제한선거가 있다. 시민혁명 이전에는 재산이 있는 자에게만 선거권을 인정했고, 이러한 제한선거가 차티스트운동(Chartism)[1)]의 계기가 됐다.

2) 평등선거와 차등선거

평등선거는 한 사람에게 한 표씩 평등하게 선거권을 부여하는 선거 원칙을 의미하며, 신분이나 재산에 따라 투표권에 차등을 두어서는 안 된다는 원칙을 갖는다. 반면 신분이나 재산 등을 이유로 각 선거인의 투표권에 가치의 차등을 인정하는 선거를 차등선거라 한다.

---

1) 1838년 5월 런던의 급진주의자 윌리엄 러벳(William Lovett)이 기초한 법안인 인민헌장(People's Charter)의 이름을 딴 것이다. 인민헌장은 6개의 요구 조항을 담고 있는데 남성의 보통선거권, 균등한 선거구 설정, 비밀투표, 매년 선거, 의원의 보수 지급, 의원 출마자의 재산 자격 제한 폐지 등이었다. 차티스트운동은 그 성격과 규모 면에서, 영국의 새로운 산업 질서의 산물인 사회적 불의에 대항해 일어난 최초의 전국적인 노동계급 운동이었다.

3) 직접선거와 간접선거

직접선거는 선거권자가 대리인을 거치지 않고 자신이 직접 투표 장소에 가서 투표하는 선거 원칙을 의미한다. 간접선거는 선거인단을 통해 실시하는 선거로 직접선거에 대응하는 개념이다. 다만, 일종의 간접선거로 대리선거를 들 수 있는데, 대리선거는 이중선거 또는 단계선거라고도 일컬어진다. 간접선거는 국민과 대표자의 관계를 희박하게 만들 수 있고, 정치에 대한 국민의 통제력을 약화시킬 우려가 있다.

4) 비밀선거와 공개선거

비밀선거는 누구에게 투표했는지 다른 사람이 알지 못하게 하는 선거로서, 선거인이 다른 사람의 강제나 압력으로부터 영향을 받지 않고 자유 의사에 따른 투표를 보장하는 원칙이다(공직선거법 제167조 투표의 비밀 보장). 공개선거의 방법으로는 기립, 거수, 구두 투표 등이 있다. 공개선거는 기명 투표를 통해 투표자의 정치적 행위에 대한 책임 소재를 분명히 할 수 있는데 반해 비밀 투표는 국민의 무책임한 정치적 행위를 조장시키는 결과를 초래할 수 있다.

3 선거권과 피선거권

1) 선거권

(1) 선거권의 의의

선거권은 투표에 의해 공직자를 선출하거나 정치적 제안을 수용 혹은 거부하는 권리로서 주권자인 국민이 가지는 정치적 권리이며, 국민 주권 원리의 실현을 위한 중요한 요소다.

(2) 선거권 연령

선거일 현재 만 19세 이상의 국민(공직선거법)으로, 모든 선거에서 동일하게 적용된다.

(3) 외국인

대통령선거와 국회의원 선거권은 없다. 그러나 영주 체류자격 취득일 후 3년이 경과한 만 19세 이상의 외국인으로서 지방자치단체의 외국인 등록대장에 등재된 자는 지방자치단체의 장과 지방의회의원 선거에서 선거권을 가진다.

2) 피선거권

(1) 피선거권의 의미

피선거권은 선거에 후보자로 출마해 대통령, 국회의원 등에 당선돼 공직에 취임할 수 있는 자격과 권리를 의미한다.

(2) 피선거권 연령

선거일 현재 5년 이상 국내에 거주하고 있는 40세 이상의 국민은 대통령의 피선거권이 있다. 이 경우 공무로 외국에 파견된 기간과 국내에 주소를 두고 일정 기간 외국에 체류한 기간은 국내 거주 기간으로 본다(공직선거법 제16조). 국회의원, 지방자치단체장, 지방의회 의원은 25세 이상이다.

3) 선거권과 피선거권 결격 사유

(1) 선거권의 결격 사유

① 금치산 선고를 받은 자

② 금고 이상의 형의 선고를 받고 그 집행이 종료되지 아니하거나 그 집행을 받지 아니하기로 확정되지 아니한 자

③ 선거범, 「정치자금법」의 정치자금 부정수수죄와 선거비용 관련 위반 행위에 관한 벌칙에 규정된 죄를 범한 자 또는 대통령·국회의원·지방의회 의원·지방자치단체의 장으로서 그 재임 중의 직무와 관련해 「형법」의 「특정범죄 가중 처벌 등에 관한 법률」과 수뢰, 사전수뢰 및 알선수뢰와 알선수재에 규정된 죄를 범한 자로서, 100만 원 이상의 벌금형의 선고를 받고 그 형이 확정된 후 5년 또는 형의 집행유예의 선고를 받고 그 형이 확정된 후 10년을 경과하지 아니하거나 징역형의 선고를 받고 그 집행을 받지 아니하기로 확정된 후 또는 그 형의 집행이 종료되거나 면제된 후 10년을 경과하지 아니한 자

④ 법원의 판결에 의해 선거권이 정지 또는 상실된 자 등이다.

(2) 피선거권의 결격 사유

① 제18조(선거권이 없는 자) 제1항 제1호·제3호 또는 제4호에 해당하는 자

② 금고 이상의 형의 선고를 받고 그 형이 실효되지 아니한 자

③ 법원의 판결 또는 다른 법률에 의해 피선거권이 정지되거나 상실된 자 등이다.

4 선거구제도

1) 선거구제도의 의의

선거구란 지역의 대표를 선출하는 지역 단위로서 선거 절차상의 편의적·지역적 단위다. 지역적 대표제에서 전국을 지역적으로 분할해 선거구를 편제하고, 각 선거구는 독립해 선거를 실시해 의원을 선출시키는 것을 원칙으로 한다.

2) 선거구 획정의 3원칙

(1) 인구 대표성

선거구제도를 논의하는 의의는 무엇보다도 국회의원 선출을 위한 지역적 단위를 설정하는 데 있다. 국회의원 선거구 설정에서 오늘날 국회의원이 전 국민의 대표자라는 특성에 비춰 인구 비례에 따른 선거구를 획정한다. 결국 인구 대표성이란 유권자 수의 편차를 어느 정도 허용할 것인가의 문제로 귀결된다. 동시에 지역 대표성을 무시할 수 없기 때문에 지역적인 행정 단위에 입각한 선거구의 설정도 무시할 수 없는 중요한 사안이다.

(2) 지역 대표성

표의 등가성(等價性)에 따른 인구 대표성만을 강조하다 보면 지역 간의 불균형이 초래될 수 있으므로 지역 단위도 고려해야 한다. 이는 산업화 및 환경적 요인으로 인해 인구밀도가 상대적으로 낮은 농어촌 및 산간 지역에 거주하는 국민의 이익을 대표할 기회가 그만큼 줄어드는 문제점을 방지하기 위함이다. 지역 대표성에 의한 선거구 획정에서는 행정구역을 기초로 하나, 행정구역주의는 게리맨더링

(gerrymandering)을 방지하기 위해 선거구 분할의 기본 단위를 행정구역 중심으로 한다는 원칙이 있을 뿐이다. 한편 불리한 처지에 있는 집단을 구제하는 차원에서, 그들의 적정 의석 수를 사전에 예상하고 선거구를 분할하는 것을 '선의의 게리맨더링'이라고 한다. '선의의 게리맨더링'이 정당한가는 별도의 논의가 필요하다.

(3) 선거구 법정주의

선거구를 어떻게 정하느냐에 따라 선거 결과에 많은 영향을 받는다. 따라서 선거구는 특정한 정당이나 인물에 유리하게 정해지거나 변경돼서는 안 되며, 선거구간 선거인 수가 지나치게 차이가 나도록 획정해서도 안 된다. 즉, 선거구제도에서 국민 대표성과 지역 대표성이 일정한 연계를 형성하면서 동시에 평등선거의 원리에 부합하도록 하는 것이 기본 원리라 할 수 있다.

선거구 법정주의를 보완하는 행정구역주의는 구역이 역사적·자연적 지역과 일치하는 경우가 대부분이라는 점에서 유용하다.

3) 소선거구제

(1) 의의

소선거구제는 한 선거구에서 의원정수 1인의 대표를 선출하는 것을 방식이다. 소선거구제의 투표 방법은 당연히 단기투표제를 택할 수밖에 없으며, 당선자 결정 방법은 다수대표제만이 가능하고 소수대표제나 비례대표제는 적용이 불가능하다. 현재 우리나라 지역구 국회의원 선거제도는 소선거구, 상대적 다수대표제를 실시하고 있다. 소선거구제를 채택하는 국가는 미국, 영국, 캐나다, 프랑스, 호주 등이다.

(2) 소선구제의 장점

① 의석의 과반수를 차지하는 다수당의 출현을 용이하게 하는 효과가 있기 때문에 정부의 안정에 기여할 수 있다.

② 선거구의 범위가 좁기 때문에 후보자의 선거 비용이 적게 들고, 선거 관리가 용이하다.

③ 동일 정당 내에서 파벌 지향성이 강한 나라의 경우 후보자의 난립을 방지하고 파벌 지향성을 약화시키는 효과가 있다.

④ 후보자는 자기의 정견을 선거구민에게 고루 알릴 수 있고, 유권자들이 후보자를 잘 파악해 투표를 할 수 있다.

⑤ 유권자의 관심이 커서 투표율이 높아진다.

⑥ 양대 정당주의를 육성시킬 수 있다.

⑦ 보궐선거와 재선거 및 선거공영제 등의 실시를 간편하게 할 수 있다.

(3) 소선구제의 단점

① 사표(死票)의 가능성이 높고 큰 정당에게 부당하게 유리한 측면이 있기 때문에 평등선거의 원칙에 위배된다.

② 특정인 또는 특정 집단에 유리한 정략적인 선거구 획정(gerrymandering)의 위험성이 높다.

③ 지방 유력자에게는 유리하고 전국적인 큰 인물에 불리하게 돼 의원의 질적 저하를 가져올 우려가 있다.

④ 선거 간섭, 정실, 인연, 매수 등에 의한 부정 투표의 가능성이 많다.

⑤ 유권자의 관심이 선거구의 지역적인 문제에 집중되기 때문에 전국적인 정책보다는 지방적 이해 관계가 우선하는 투표가 되기 쉽다.

⑥ 후보자의 경쟁이 격화돼 잘못하면 선거가 끝난 후에도 지방민 사이의 융화를 해칠 우려가 있다.

4) 대선거구제

(1) 대선거구제의 의의

대선거구제는 원칙적으로 1선거구에서 2인 이상의 대표를 선출하는 제도를 말한다. 그러나 1선거구에서 2~5인을 선출하는 경우에는 이를 중선거제라 해서 대선거구제와 구별하는 경향도 있다. 대선거구제는 투표 방법에 따라 유권자 한 사람이 선거구에서 선출하는 의원 숫자만큼 투표하는 연기제 대선거구와 의원정수와 관계없이 한 표만을 투표하는 단기제 대선거구로 구분된다. 대선거구제는 소수대표제, 비례대표제를 적용하는 것이 일반적이다. 대선거구제를 채택하는 국가는 오스트리아, 벨기에, 덴마크, 핀란드, 그리스 등이다.

(2) 대선거구제의 장점

① 국민적 기반을 둔 인물이 당선되기 쉽고 유권자에게는 후보자 선택의 기회가 넓어진다.

② 소수대표제의 결과 사표(死票)가 감소한다.

③ 신진 인사나 새로운 정당의 진출이 용이하다.

④ 선거 간섭, 정실과 인연의 개재, 매수 등에 의한 타락선거가 비교적 어렵다.

(3) 대선거구제의 단점

① 군소 정당의 출현을 촉진시켜 정부의 불안정을 초래할 위험이 있다.

② 선거구역이 넓어 선거 비용의 부담이 크다.

③ 보궐선거, 재선거의 실시가 복잡하고 어렵다.

⑤ 유권자가 후보자에 대해 충분한 정보를 얻기가 쉽지 않다.

⑥ 유권자와 의원과의 사이에 괴리가 발생하기 쉽다.

5) 중선거구제

(1) 중선거구제의 의의

중선거구제는 1선거구에서 2~5인의 의원을 선출하는 제도다. 이는 소선거구제와 대선거구제의 중간 형태의 규모다. 한국에서도 제9대 국회의원 선거부터 제12대 국회의원 선거까지 중선거구제를 실시한 사례가 있다. 그리고 현재 다시 논의되고 있다.

대표 선출의 제한성과 다수의 사표가 발생하며 후보자 간의 과열 경쟁이 일어나는 소선거구제의 문제점을 극복한다. 또한 대선거구제에서의 비례대표제 대신 유권자들에게 대표를 직접 선출하는 기회를 부여하는 등 두 제도의 단점을 최소화하는 중간 형태를 취하고 있다.

(2) 중선구제의 장점

① 비교적 광범한 지역에 기반을 둔 인물의 진출이 가능하다.

② 대규모 정당이나 소규모 정당할 것 없이 공정한 진출이 용이하다.

③ 대선거구제와 소선거구제의 상대적 결점을 완화할 수 있다.

(3) 중선거구제의 단점

① 선거구당 후보자가 많아 유권자가 후보자에 대해 자세히 알기 어렵다.

② 선거 간섭, 정실, 매수, 기타 부정의 방지가 곤란하다.

③ 선거구의 범위가 넓어 선거 비용이 비교적 많이 소요된다.

④ 재선거나 보궐선거의 실시가 곤란하다.

⑤ 단기투표 방식(單記投票方式)을 취하면 부작용이 많다.

만일 중선거구제 하에서 단기투표제를 실시하면, 그 결과 후보자 상호간의 경쟁은 개인적인 경쟁으로 돼, 잘못하면 동일 정당에 속하면서 싸우는 일이 발생함으로써 정당 내의 질서를 문란시킬 우려도 없지 않다. 그렇게 된다면 선거인은 정당보다도 오히려 개인에게 중점을 두어 투표하게 될지도 모른다.

6) 대표제의 문제

(1) 다수대표제

다수대표제란 선거구 내의 선거에서 총유효투표의 다수를 얻은 후보자가 그 선거구 내의 의석을 독점하는 방식이다. 이것은 주로 의회에서 강력한 다수파의 형성을 목적으로 실시한다. 다수대표제는 당선자의 결정 절차가 복잡하지 않고, 시간이 절약된다는 장점이 있는 반면, 다수의 의견만이 채택돼 소수의 의견은 전혀 반영되지 못한다는 단점이 있다. 다수대표제의 종류는 득표율의 여하에 불구하고 최다 득표자를 당선자로 하는 상대다수대표제와 유효 투표 수의 과반수를 당선인으로 하는 제도로 결선투표제도 도입하는 절대다수득표제로 나뉜다.

(2) 소수대표제

소수대표제란 다수 정당의 의석 독점을 막고, 소수 정당도 어느 정도의 의석을 확보할 수 있도록 한 선거제도다. 유권자의 소수파에게도 약간의 의원을 낼 수 있도록 하기 위한 것이다.

이 제도는 소수 의견을 존중하고 사표를 방지한다는 장점이 있다. 대신 절차가 복잡하고 집권 여당의 동반 당선을 쉽게 만든다는 단점이 있다. 이러한 방법은 대선거구제를 전제로 한 투표제로 설명될 수 있다.

단기투표제는 1인 1표로 하되 중대 선거구에서 당선인 수까지 상대 다수 대표 방식으로 선출하는 것이다. 제한연기투표제는 연기 투표를 하나 의원정수보다 적게 한다(1인 2~6표 연기 가능). 누적투표제는 의원정수 범위 내에서 연기 투표를 하되 1인에게 모두 줄 수 있다(정수보다 적게 선출될 수 있고 유력 정당에서 당선자가 나오지 않을 수도 있다).

(3) 비례대표제

비례대표제는 정당의 득표율에 비례해 당선자 수를 결정하는 선거제도다. 국민의 의사를 가장 정확하게 의석에 반영하고자 생겨난 제도다. 이 제도는 다수대표제와 소수대표제에서 발생되는 모든 문제를 보완한다. 다수대표제의 경우, 제도 운영이 손쉽고 선거 비용이 적게 든다는 장점이 있으나 각 선거구별로 사표가 대량으로 발생하는 문제점을 야기했다. 이를 보완하고자 도입된 소수대표제 또한 소수 의견을 보장하기 위해 인위적·작위적 방법에 의존하는 문제점을 보였다. 이것을 보완하고자 생겨난 제도가 바로 비례대표제로, 이는 정당의 득표율과 의석률을 왜곡시키지 않고 최대한 일치시킬 수 있다. 또한 사표 발생을 최소화하고 소수파의 의석을 보장하며, 유권자 의사를 존중하는 여론의 복합성이 인정된다. 즉, 정당제도를 다당제로 유도한다. 그러나 비례대표제를 채택하면 군소정당이 무더기로 의회로 진출해 정국이 혼란해지는 경우도 발생한다.

비례대표제에서 대표적인 것은 정당명부식 방법과 단기이양식 방법이 있다. 정당명부식 방법은 다시 구속명부식(혹은 폐쇄형)과 비구속명부식(혹은 개방형)으로 나뉜다. 구속명부식의 경우에는 유권자가 각 정당에 대해서만 선호 표시를 할 수 있을 뿐, 각 정당이 제시한 명부에 기재된 후보의 선호도까지 표시할 수 없다. 그렇기에 후보자 명부에 정당 간부가 영향력을 끼치게 됨으로써 폐해가 발생하기도 한다. 반면에, 비구속명부식의 경우에는 각 정당에 대한 선호 표시뿐만 아니라 유권자가 개개 후보에 대한 선호 표시를 하는 것도 가능하다.

한편, 단기이양식 방법은 유권자들이 정당별 후보자의 이름이 모두 기재된 투표용지에 선호 순위를 기입하는 방식으로 투표가 이뤄진다. 그 뒤 총투표 수와 의석 총수를 기초로 당선 최저선이 결정되고, 이 당선 최소 득표 수를 획득한 후보자부터 당선자를 결정한다. 그리고 이 최소 득표수를 초과해 득표된 표들은 투표용지에 기재된 순위에 따라서 다른 후보자에게 이양된다.

(4) 직능대표제

직능대표제는 직업별로 선거인단을 조직해 의회에 그 대표자를 내보내는 선거제도다.

이 제도는 사회계층이나 직업을 고려하지 않고 지역만을 기초로 선출된 대표자가 진정한 국민대표일 수 없다는 입장에서 도입됐다. 20세기에 각종 직능단체가 확대되고 그 규모도 커짐에 따라 직능을 합리적으로 구분해 의원직을 배분하기 어렵게 됐다. 지역보다는 동일 직능 내에서의 공동 이익이 강하게 제기되고 노사 대립이나 단체 상호간의 경쟁이 격화되면서 근대 대의제를 수정할 필요성이 대두됐다.

그러나 어떠한 합리적인 방법으로 직능대표를 선출할 것인가가 문제가 된다. 또한 완전히 이해 관계가 대립된 대표자들이 어떻게 타협해 의견의 일치를 볼 수 있는가도 문제다. 따라서 직능대표제는 현실적으로 한계를 품고 있다.

–비례대표 의석 배분 방법(공직선거법)

제189조(비례대표 국회의원 의석의 배분과 당선인의 결정・공고・통지)

① 중앙선거관리위원회는 비례대표 국회의원선거에서 유효투표 총수의 100분의 3 이상을 득표하였거나 지역구 국회의원총선거에서 5석 이상의 의석을 차지한 각 정당(이하 이 조에서 "의석할당 정당"이라 한다)에 대하여 당해 의석할당 정당이 비례대표 국회의원선거에서 얻은 득표 비율에 따라 비례대표 국회의원 의석을 배분한다.

② 제1항의 득표 비율은 각 의석할당 정당의 득표 수를 모든 의석할당 정당의 득표 수의 합계로 나누어 산출한다.

③ 비례대표 국회의원 의석은 각 의석할당 정당의 득표 비율에 비례대표 국회의원 의석정수(이하 이 조에서 "의석정수"라 한다)를 곱하여 산출된 수의 정수(整數)의 의석을 당해 정당에 먼저 배분하고 잔여 의석은 소수점 이하 수가 큰 순으로 각 정당에 1석씩 배분하되, 그 수가 같은 때에는 당해 정당 사이의 추첨에 의한다.

④ 중앙선거관리위원회는 제출된 정당별 비례대표 국회의원 후보자명부에 기재된 당선인으로 될 순위에 따라 정당에 배분된 비례대표 국회의원의 당선인을

결정한다.

⑤ 정당에 배분된 비례대표 국회의원 의석 수가 그 정당이 추천한 비례대표 국회의원 후보자 수를 넘는 때에는 그 넘는 의석은 공석으로 한다.

⑥ 중앙선거관리위원회는 비례대표 국회의원선거에서 제198조(천재・지변 등으로 인한 재투표)의 규정에 의한 재투표 사유가 발생한 경우에는 그 투표구의 선거인 수를 전국 선거인 수로 나눈 수에 의석정수를 곱하여 얻은 수의 정수(1 미만의 단수는 1로 본다)를 의석정수에서 뺀 다음 제1항 내지 제4항의 규정에 따라 비례대표 국회의원 의석을 배분하고 당선인을 결정한다. 다만, 재투표 결과에 따라 의석할당 정당이 추가될 것으로 예상되는 경우에는 추가가 예상되는 정당마다 의석정수의 100분의 3에 해당하는 정수(1미만의 단수는 1로 본다)의 의석을 별도로 빼야 한다.

⑦ 비례대표 국회의원의 당선인이 결정된 때에는 중앙선거관리위원회 위원장은 그 명단을 공고하고 지체없이 각 정당에 통지하며, 당선인에게 당선증을 교부하여야 한다.

⑧ 제187조(대통령 당선인의 결정・공고・통지) 제4항의 규정은 비례대표 국회의원 당선인의 결정에 이를 준용한다.

제 3 절 정당, 이익집단과 시민단체

1 정당

1) 정당의 의의와 기능

(1) 정당의 의의

정당이란 어떤 것일까? 정당의 개념에 대해 많은 학자들이 개념 정의를 하고 있다. 먼저 영국의 버크(Edmund Burke)는 정당이란 "어떤 특정한 주의에 동의하는 사람들이 그 주의에 의거해 공동의 노력으로써 국민의 이익을 증진시키기 위해 결합된 단체다."라고 정의하고 있다.

맥키버(Robert M. MacIver)는 정당이란 "특정한 원리와 정책을 지지해 조직된, 그리고 입헌적 수단에 의해 그러한 원리와 정책을 정부의 결정적 요소로 만들려고 노력하는 단체다."라고 정의를 내리고 있다. 또한 프랑스의 뒤베르제(Maurice Duverger)는 정당은 "권력의 획득 또는 그 생사에의 참가를 목적으로 한다. 즉, 정당이 추구하는 것은 선거에서 승리해 국회의원이나 장관과 같은 공적 지위를 획득해 정부를 장악하는 일이다."라고 정의를 내리고 있다.

이상의 견해에 따른 정당을 정의하면, 정당이란 국민사회의 정치 통합의 실질적인 조직 매개체로서 동일한 정치적 견해를 가진 사람들이 정권을 획득·유지하며, 그 정치적 견해를 실현시키려고 만든 자주적이며 계속적인 단체다.

(2) 정당의 기능

현대 민주국가에서 정당은 다양한 기능을 수행하고 있다.

첫째, 이익의 표출 및 통합 기능으로 여론 형성 및 조직화 기능을 수행한다. 정당의 일차적 임무는 혼돈된 국민의 의사와 이익을 조직화시키는 일이다. 다양한 이익 및 의사를 집약해 정강정책(政綱定策)으로 국민에게 제시할 뿐만 아니라 사회에 잠재된 이익 및 의사를 여론으로 조직화해 표출시키는 기능을 수행한다. 이러한 이익의 표출·통합 기능은 일반적으로 복수의 정당이 서로 다른 정책을 제시함으로써 이것을 국민의 자유로운 선택에 일임하는 형식으로 행해진다.

둘째, 정치지도자(elite)의 충원 및 대표자를 배출한다. 정치적 충원이란 정치지도자를 양성하거나 배출하는 것을 말한다. 대통령선거, 국회의원선거, 지방선거 등 공직선거에 참여해 후보자를 추천하고, 그가 유권자의 지지를 얻어 정치지도자가 될 수 있도록 지원한다. 한편, 선출된 대표자들은 자신들의 공약과 정책을 통해 정부를 비판하고 견제하는 기능을 수행한다.

셋째, 정치교육 기능을 수행한다. 정당의 정치사회화의 기능으로서 일반적으로 정당의 교육적 기능을 의미한다. 정치적 사고 방식이나 활동 방식 등을 배우고 훈련하는 것이다. 정당은 당의 교육기관을 통해 연대 의식 강화와 지지 기반의 확충을 위해 당원 및 유권자를 상대로 정치교육을 실시한다. 또한 선거민들에게 정책의 의의를 설명해 그들의 관심을 정치에 집중시켜, 선거민들이 능동적으로 정치적 활동에 참여하게 하는 기능을 한다. 민중을 교화시키는 방법으로는 신문, 서적, 전단 살포, 강연회, 좌담회, 방송, 시위운동 등이 있다.

넷째, 갈등관리 기능을 갖는다. 갈등관리 기능은 정치 과정상의 조정 기능을 의미한다. 정당은 사회 문제에 대한 국민들의 불만을 신속히 파악해 정책에 반영함으로써 사회 갈등을 해소하는 기능을 수행한다.

2) 정당제도의 유형

(1) 일당제(단일 정당제)

일당제는 오직 하나의 정당만이 현실적으로 존재하며, 그리고 그 하나만의 존재가 법적으로 허용되고 있는 단일정당 구조다. 일당제의 국가는 정도의 차이는 있지만 억압적이며, 대항집단에 대해서는 비관용적이다.

일당제의 단점은 실질적으로 권력을 잡은 정당이 하나이므로 다른 정당으로 정권이 교체될 수 없어 국민이 정부를 선택할 수 없다. 즉, 민주적인 정권 교체가 불가능하다는 것이다. 일당제는 국민에게 단일 정책을 강요하며 정당이 정부기구를 통제해 국민의 다양한 의사 반영이 곤란하다. 또한 정책에 대한 견제 및 비판이 불가능하므로 독재정치를 할 가능성이 크다.

(2) 양당제(복수 정당제)

양당제는 두 개의 주요 정당이 더 많은 선거민의 지지를 얻어 정권을 장악할 수 있도록 서로 경쟁하는 제도다. 오늘날 대부분의 민주주의 국가에서는 일당제 대신 복수 정당제를 채택하고 있다. 이처럼 복수 정당제는 둘 이상의 정당이 자유롭게 경쟁할 수 있도록 정당의 설립과 활동의 자유를 보장한다. 그렇기 때문에 가치와 이념의 다양성을 인정하고 유권자의 선택의 기회를 존중하려는 민주주의 국가에서 복수 정당제를 채택하고 있다. 세력이 비슷한 두 정당 사이에서 정권 교체가 일어나는 형태의 정당제로서 미국과 영국이 양당제를 채택하고 있다. 이외에도 캐나다, 오스트레일리아, 뉴질랜드 등이 양당제를 실시하고 있다.

양당제의 장점은 첫째, 양당제에서는 의회의 과반수를 차지하는 정당이 있게 되므로 국가 의사의 구성이 매우 원활하고 빠르게 이뤄질 수 있다. 둘째, 단독내각을 조직할 수 있기 때문에 정치 능률을 올릴 수 있다. 셋째, 내각의 수명이 비교적 길어 정국 안정에 기여한다. 넷째, 강력한 정책 추진이 가능하다. 다섯째, 정당들의 정책 내용을 이해하기가 쉬워 유권자의 정당 선택이 용이하다.

양당제의 단점은 첫째, 양당제 하에서는 영향력을 가진 정당이 두 개이므로 국민들에게 주어지는 정치적 선택의 범위가 좁아 다양한 민의 반영이 곤란하다. 둘째, 집권한 정당이 의회의 과반수를 차지함으로써 이 거대 정당이 횡포로 소수의 이익을 무시할 수 있다. 셋째, 양당제 하에서는 두 정당 간의 갈등・대립이 발생했을 때 이를 중재하기가 어렵다.

(3) 다당제(복수 정당제)

다당제(multi-party system)란 세 개 이상의 정당이 정권을 획득하기 위해 존재하는 형식의 정치 형태로서, 어느 하나의 정당이 의회 내 과반수를 차지하기 어려운 유형을 말한다. 독일, 프랑스, 이탈리아, 일본, 우리나라가 다당제를 채택하고 있으며, 이외에도 스위스, 벨기에, 스칸디나비아 등에서 이 제도를 시행하고 있다.

다당제의 장점은 첫째, 다당제는 유권자의 선택 범위가 넓어, 다양한 민의(民意)를 정치 과정에 반영할 수 있다. 둘째, 정당 간 대립이 발생했을 경우 이의 중재가 용이하다. 정당 간에 마찰과 대립이 발생할 경우 비슷한 제3의 정당이 존재하기에 이를 중재할 수 있다.

단점은 첫째, 다당제는 거대 정당 및 의회의 과반수를 차지하는 정당이 없기에 규모나 세력이 작은 군소 정당의 난립으로 인해 정국의 불안정이 우려된다. 즉, 의회에서 중요한 사안을 처리할 때 의견의 일치가 어렵다. 둘째, 의회의 과반수를 차지하는 정당이 없기에 강력한 정책을 수행하기가 곤란하다. 셋째, 한 정당이 단독으로 정권을 획득하기 어려워 여러 개의 정당이 연합해서 정부를 구성하게 된다. 또한 여러 개의 정당이 함께 국정을 운영하는 연립정부 체제이므로 어떠한 문제가 발생했을 경우 정치적 책임의 소재가 불분명하다.

3) 우리나라 정당정치의 문제점

(1) 짧은 정당 수명의 문제

한국 정당은 반세기의 역사 속에서 국민의 선택과 필요에 의해 설립되지 않고 전적으로 선거에서의 승리와 직책 유지를 목적으로 급조됐다. 당명과 로고만 바꾼

외부적 변화만으로 국민들의 지지를 강요한 측면이 있다. 이러한 정당은 국민의 요구와 바람과는 상관없이 인물 중심의 유명한 엘리트 정치인과 지역주의를 바탕으로 정당이 세워졌다. 정치 권력을 획득하고 유리한 위치를 차지하기 위해 정치적 이해 타산과 이익을 위해 추진된 경우가 많다. 그로 인해 정치적 이해 관계로 분당, 합당, 해산, 창당을 반복하고 있다. 잦은 정당의 해체와 창당은 어느 정당이 어떠한 정책을 가지고 있으며, 그 정당의 이념과 사상이 무엇인지 알 수 없다. 당의 명칭과 구성원들의 잦은 변화는 당과 국민들과의 일체감을 저해시킨다.

(2) 지역주의 중심의 정당 활동

지역주의는 후보의 역량이나 정책 방안을 두고 자신의 지역에 도움이 되는 인물을 선택하는 것이 아니라 후보가 어느 정당에 속해 있느냐에 따라서 후보를 선택하는 성향을 의미한다. 고질적인 지역주의의 현실 속에서는 특징적 정책이나 사상에 기반을 둔 새로운 정당이 성장하기가 어렵다. 정책 경쟁보다는 인물을 중요하게 생각하는 성향으로 인해 선거의 당락이 결정되기 십상이다. 당은 국민들의 고충과 마음을 이해하려 하기보다는 지역의 유명 인사를 끌어들이기에만 급급한 현실을 목격하게 된다. 지역주의라는 고질적 문제는 출신 지역 이외의 다른 지역에 대한 적대감을 형성해 사회 갈등을 유발시키며 국민 통합을 위한 일체감 형성에 역기능으로 작용하고 있다.

(3) 정치자금의 음성화

정치는 국민의 생각과 의사를 듣고 실천하기 위해 전국적인 연락망과 광범위한 조직의 구성을 필요로 한다. 이러한 운영과 활동을 하기 위해서는 막대한 자금이 필요하다. 현재 우리나라 정당들은 당원들에게 당비 납부를 의무로 지정하고 있는데 당비의 납부율이 매우 낮은 것이 현실이다. 그만큼 후원금이나 기탁금에 대한 의존도가 높아질 수밖에 없다. 후원금이나 기탁금의 비중이 높을수록 정당은 정치자금을 제공한 기관이나 개인의 영향을 많이 받게 된다. 후원금이나 기탁금의 지원은 부당거래나 로비 등의 위법 행위를 하게 되며 정경 유착이나 정치자금의 음성화(陰性化) 등을 유발시킨다. 결국 올바른 정당의 이념 하의 정당 운영이 어려워진다.

(4) 정당 내부의 비민주성

한국 정치는 권위주의적인 통치와 이에 맞서 싸우는 투쟁의 정치였다. 민주화를 위한 투쟁을 효율적으로 하기 위해 소수 엘리트 정치가 활발해지게 됐고, 이는 수직적인 정당 질서를 정착시켰다. 소수의 지도부가 통제하는 과두 지배는 정당 내부의 비민주화를 야기했다. 정당 내 소수 엘리트들의 통치권의 획일적인 지시는 일반 당원들의 참여를 배제함으로써 당내 선의의 경쟁과 국민들의 의사 반영이라는 민주적 의사 결정 과정을 무시하게 됐다. 이는 다양한 의견을 수렴하지 못하고 하향적이고 수동적인 의사 소통으로 자리 잡게 됐다.

실제 당내 중요한 사항에 대한 결정은 일반 당원이 아닌 당의 중요 인사들이 결정한다. 이러한 정당의 비민주화 체제는 민주주의 사회의 정당이라 할 수 없다.

4) 민주적 정당정치의 실현 방안

(1) 정책 중심의 정당 구현

우리나라의 정당정치는 인물과 지역을 중심으로 정당 활동이 이뤄져, 국민 전체를 대표하는 정책을 마련하는 것이 쉽지 않다. 정당이 인물이나 지역을 중심으로 한 의사 결정이나 활동이 이뤄지지 않도록 하기 위해서는 정책 중심의 정당이 구성돼야 한다. 정책을 중심으로 구성된 정당은 의사 결정을 합리적으로 할 수 있다. 정책 역시 특정 집단이나 지역의 정책이 아닌 국민 전체를 위한 정책이 돼야 한다. 민주적 정당정치를 실현하기 위해서는 연고주의를 타파하고 국민 전체를 위한 정책을 개발하는 정당을 구성해야 한다.

(2) 당내 민주화

정당은 그 목적・조직과 활동이 민주적이어야 한다는 헌법적 의무를 가지고 있다. 이는 대외적인 활동의 민주성은 물론, 정당 내 조직의 민주성도 포함하고 있다.

우리나라 정당은 소수의 지도자들을 중심으로 정당이 운영돼 왔다. 정책 결정에 일반 당원들의 의견이 배제된 채 비민주적인 운영으로 당내 민주주의를 정착시킬 수 없었다.

정당의 민주화를 위해 정당 내부의 구조와 운영의 민주화를 꾀하고 일반 당원의 의사를 충분히 반영해야 한다. 또한 민주적인 운영을 위해 '상향식 공천제도'를 확립해야 한다.

상향식 공천제도란 당원과 국민들이 참여하는 경선을 통해 후보자를 정하는 것으로 당원의 의사가 충분히 반영되는 의사 결정 체제다. 정당의 주인인 당원들이 자유롭게 의사를 표출하고 이를 정당의 의사 결정 과정에 반영할 수 있는 제도적 장치가 마련돼야 한다. 또한 국민의 의사를 정책에 최대한 반영하기 위해 건전한 정책 대결을 벌여야 한다.

(3) 정치자금의 투명화

우리나라 정당은 당원들의 당비 납부율이 낮기 때문에 정치자금의 대부분을 후원금이나 기탁금 등에 의존하고 있다. 후원금이나 기탁금의 비중이 높아지면 정치자금을 제공한 기관이나 개인의 영향을 많이 받게 된다. 이 경우 정당의 운영이나 활동에서 정경 유착이나 정치자금의 음성화 등을 초래해 정당이 기관이나 개인에게 포획됨으로써 정당 운영이 비정상적으로 운영될 수 있다. 이러한 정치자금으로 인한 부정부패를 막기 위해서는 우선 정당 자금의 기초가 되는 당원들의 당비 및 국민의 자발적인 참여로 정당의 자금을 충족하는 것이 바람직하다. 또한 정당의 자금이 어떻게 사용되는지를 감시할 수 있도록 수입과 지출 내역을 투명하게 공개해야 한다.

(4) 시민운동의 활성화

2002년 이후, 우리나라는 정치 과정에 대한 시민 참여의 획기적 계기를 마련했다. 이는 정치 효능감(sence of political effectical)의 외부적 표출로서 선거 기능을 중시한 것으로 당 구성 시 이념보다는 다양한 계층의 지지를 확보한 것으로 나타난다. 정당정치의 실현을 위해서는 국민이 정치에 관심을 갖고 참여함으로써 정책을 감시하고 비판해야 한다. 이는 각 개인이 하는 것보다는 함께 하는 것이 더 효과적이다.

시민들이 공공의 이익을 실현하기 위해 자발적으로 참여해 구성한 단체가 바로 시민단체다. 시민단체의 역할은 정당 활동에 대해 감시하고 비판함으로써 정당이 공익과 공공선을 위해 활동할 수 있도록 하는 것이다. 민주적 정당정치의 실현을 위해서는 시민단체의 역할이 필요하다.

2 이익집단

1) 이익집단의 의의와 등장 배경

(1) 이익집단의 의미

이익집단이란 이해 관계를 같이하는 사람들의 결사체로서 특정 공동의 이익을 실현하기 위해 정치 과정에 영향력을 행사하는 자발적 집단이다. 정책 결정에 영향을 미쳐 '압력단체'라고도 한다. 규모는 직장 내의 비공식적인 소집단에서 국가적 규모의 단체에 이르기까지 다양하다.

벤틀리(Arthur F. Bentley)는 이익집단은 정치 체제에 자신과 관련된 특정한 요구를 표출하는 결합체라고 정의한다. 트루먼(David B. Truman)은 이익집단이란 어떤 한 집단이 공유된 태도에 의해 형성된 형태를 선정·유지·향상시키기 위해 사회 내 다른 집단에 대해 특정한 요구를 주장하는 집단이라고 보고 있다. 앨먼드(Gabriel A. Almond)는 이익집단을 "이익이나 관심의 결속에 의해 연계됐으며, 이러한 공유된 이익을 인지하고 있는 개인들의 결합체다."라고 정의하고 있다.

(2) 이익집단의 발생 배경

① 다원주의 사회와 이해 관계의 다양화, 세분화

현대 사회는 이해 관계의 다양화에 따른 다원주의 사회의 출현으로 다양한 집단의 욕구와 이해 관계가 분출됨으로써 특수 이익을 실현하려는 각종 조직 결성의 필요성이 증대됐다.

② 대의정치의 한계(지역대표제의 한계)

대의정치에서 지역대표만으로는 대표 원리를 충족할 수 없게 되자 지역 범위를 넘어서는 직능대표의 필요성이 증대된다.

③ 정당의 과두제화

현대 정치의 과두화로 인해 소수의 당 간부가 이익집단과의 결탁이 용이해짐으로써 이익집단 활동이 활성화되고 활성화된 이익집단은 정당 활동을 보완하는 기능을 발휘한다.

④ 국가의 통제와 정부의 간섭 증대

현대 국가의 역할이 확대돼 정책 결정이나 실현이 정부에 집중하게 되자 사회 구성원들이 단체를 구성해 집단적인 압력 활동을 전개한다.

⑤ 참여형의 정치 문화

민주와 참여적 정치 문화의 증대로 인해 전문적인 조직지도자들이 출현해 이익 표출 전략을 사용하고 있다.

2) 이익집단의 특징과 기능

(1) 이익집단의 특성

이익집단은 특정한 이익에 가치를 둔 사람들이 이익 실현을 위해 결성하는 단체다. 이익집단은 정치적 압력을 행사하기 위한 항구적인 조직이다. 이는 일시적으로만 형성됐다가 소멸하는 시민대회 등과는 구별되며. 또한 더 큰 정도의 형식적 조직을 가지고 있는 사회운동과도 구별된다.

또한 이익집단은 선거에서 공직 후보를 내세우는 등 정치 과정에 항시적이고 전면적으로 개입하지 않는다는 점에서 항구적 정치집단인 정당과 구별된다. 이익집단은 정부의 정책에 영향력을 행사하고자 하나, 그 결과에 책임을 지지 않는다는 점에서 정부기관과도 구별된다. 이익집단은 일반적으로 어떤 특정한 집단의 특별한 운동이나 이해 관계에 관심을 두고 있다는 점에서 전형적으로 협소한 문제에 초점을 두고 있다.

〈이익집단과 정당의 비교〉

구분		이익집단	정당
차이점	관심 대상	몇 개의 특수한 쟁점과 영역	사회의 모든 쟁점과 영역
	이익 추구	부분적	전체적
	정치 권력	추구하지 않음.	추구함.
	정책	단기적이고 특수적	장기적이고 보편적
정당과 관계		소수의 관련자	국민 일반
공통점		정부의 정책 결정 과정에 영향력을 행사한다.	여론을 형성하고 조직화한다.

(2) 이익집단의 순기능

① 이해 관계를 접목시키고 정당이 무시한 견해들을 진척시키며 선거를 치를 정부에 영향을 미치는 수단을 제공함으로써 대의제를 강화시킨다.

② 논의와 토론을 증진시키고 좋은 정보의 제공과 교육받은 우수한 유권자를 만들어 내며 공공정책의 질을 향상시킨다.

③ 관습적인 정당정치에 대한 하나의 대안을 제공하고, 민중의 행동주의를 위한 기회를 제공함으로써 정치 참여의 공간을 확장시킨다.

④ 정부 권력을 감시, 견제, 통제하고, 그 과정에서 국가가 활기차고 건강한 시민사회와 균형을 이루게 하는 것을 보장함으로써 자유를 보호한다.

⑤ 투입과 조화를 이루는 산출을 가져다 주는 정부와 국민 사이의 의사 소통 통로를 제공함으로써 정치 안정을 유지하는 데 기여한다.

⑥ 사회적 단결 의욕을 고취한다. 즉, 사회 구성원들은 이익집단에서의 활동에 참여하는 과정을 통해 급격한 사회 변화에 대한 공동적인 위기감이나 문제 해결에 대한 필요성 등을 체험하게 된다. 이로써 공통된 이익을 공유한 사회 구성원 간의 결합을 촉진시킨다.

⑦ 집단 구성원을 통해 정부의 정책 의지와 내용을 사회 각층에 전달함으로써, 정부 정책에 대한 국민의 이해와 협조를 도모한다.

⑧ 개인의 힘으로는 불가능한 일을 조직의 힘으로 관철시킴으로써 국민 개개인의 정치적 효능감을 증진시킨다.

⑨ 사회의 특정 부문의 의사를 결집해 정치 과정에 투입함으로써 국가의 정책적 대응성을 향상시킨다.

⑩ 국민이 여러 집단에 가입함으로써 대립을 완화시키고 정치제도의 안정을 실현시킨다.

(3) 이익집단의 역기능

① 부유한 특권층, 즉 재정적, 교육적, 조직적 혹은 다른 재원에 접근할 수 있는 계층의 목소리를 강화함으로써 정치적 불평등을 옹호한다.

② 일반적이 아닌 특수한 것과 관계를 가지며, 전체로서의 사회에 대해 소수의 이해 관계를 진척시킨다는 점에서 사회나 정치를 분열시킨다.

③ 정치가와는 달리 이 집단의 지도자들은 공적으로 책임을 지지 않고, 또한 그들의 영향이 대의제적 과정을 무시한다는 점에서 정당하지 않은 권력이라 말할 수 있다.

④ 공적인 정밀조사에 종속되지 않는 협상과 거래를 통해 영향력을 발휘함으로써 정책 과정을 폐쇄적이며 정당하지 못하게 만드는 경향이 있다.

⑤ 정부의 발의를 차단하고 정책을 실행할 수 없게 하는 확정된 이해 관계를 만들어 낸다는 점에서 사회를 통치할 수 없게 한다.

⑥ 이익집단이 추구하는 이익은 국민의 이익과 충돌할 수 있어 정부 결정에 혼란을 초래할 수 있다.

⑦ 이익 추구의 달성은 정치와 밀접한 관련이 있어 정치 권력과 부정한 결탁을 함으로써 서로의 이익을 도모할 수 있다.

⑧ 이익 추구가 정책 결정에 큰 영향을 미쳐 손해가 발생하더라도 정치적 책임이 없다.

⑨ 특정 집단의 이익을 위해 다른 집단의 제안을 거절하는 거부권 집단으로 변할 우려가 있다.

3 시민단체

1) 시민단체의 개념

시민단체는 공공의 이익을 실현하기 위해 시민들이 자발적으로 결성한 집단을 말한다. 현대 사회의 주역인 시민단체는 준(準)정부 조직보다 민간단체에 더 가까우며, 구성원의 이익에 관심을 두는 이익집단과도 다르고, 정치적 활동을 하는 정당과도 구별되는 순수 시민단체를 말한다. 넓은 의미로 볼 때 정부기구나 정치단체, 그리고 영리를 목적으로 하는 단체를 제외한 사회 내의 자발적 결사조직 모두를 시민・사회단체로 파악할 수 있다.

2) 시민단체의 특징

첫째, 공식적이다. 공식적 조직이란 어느 정도 지속성을 지닌 조직을 의미한다.

그 의미는 정기적 회의 활동, 사업 계획을 갖고 정관 혹은 회칙을 갖춘 조직들이라는 점이다. 따라서 이 조건에 맞는 조직은 정부기관에 등록된 조직뿐만 아니라 다른 민간조직도 여기에 포함된다.

둘째, 사적 영역의 사적 조직이다. 정부의 간섭을 받지 않는 비정부조직이다. 사적 조직이라는 것과 공·사가 혼합된 공·사조직이라는 것은 개념상 구분돼야 한다.

셋째, 비영리적이다. 조직 구성원들을 위해 이윤의 획득과 배분을 추구하지 않으며 공익을 추구한다. 때로는 기금 모금 등을 위한 수익사업을 할 수 있으나 수입은 조직의 대표에게 영리가 돌아가지 않고 조직의 사업에 직접 투입돼야 한다. 즉, 영리를 추구하지 않는 사적 조직들이다. 이타성(利他性), 무보수성, 편익의 비배분성을 특성으로 한다.

넷째, 자발적이며 자치적이다. 조직을 관리하고 정책을 결정하는 등 모든 절차가 내부 정관 혹은 규율에 따라 시행되며 외부의 간섭이나 압력을 받지 않는 조직이다.

다섯째, 자원적이다. 조직의 주요 사업, 활동, 조직 행정 등에 자원봉사자가 중심 역할을 하는 조직이다. 또한 조직의 운영자금의 상당 부분이 자선, 개인 기부, 기업 및 정부의 자원 등에 의존하는 조직이기도 하다.

여섯째, 비정치적이다. 조직의 목적이 특정 정치인 혹은 정당을 지원하거나 로비 등 정치 활동을 하기 위한 것이 아니다. 즉 인권, 사회 정의, 환경에 대한 정부 정책에 압력을 행사하거나 시민의 참여를 유도하는 등의 조직들은 제3섹터 조직에 포함된다.

3) 시민단체의 기능

첫째, 견제 기능을 갖는다. 시민단체의 중요한 기능 가운데 하나는 강제력과 독점력을 가진 국가의 권력을 견제하는 것이다. 또한 기회주의적 행동과 환경 파괴를 초래할 가능성이 있는 시장이 지닌 권력을 비판하고 감시한다. 즉, 국가와 시장의 힘을 견제해 사회개혁을 주동하고, 시민 권리를 보호하는 기능을 한다고 볼 수 있다.

둘째, 복지 기능이 있다. 오늘날 복지국가가 발달하게 됨에 따라 정부는 국민의 행복한 삶을 위해 각종 복지를 제공한다. 그러나 정부는 복지 서비스를 제공할 때 다수결 원리에 따라야 하고 관료제를 통해 획일적인 서비스를 제공해야 한다는 단점을 지니고 있다. 따라서 각종 시민단체는 정부와의 직접·간접적인 계약을 맺거나, 독자적인 인력과 재정을 가지고 정부가 제공할 수 없거나 무시할 수밖에 없는 사회 서비스를 제공한다.

셋째, 대변 기능을 한다. 다원주의 사회에서는 다양한 가치의 표출과 공존이 가능하다. 그러나 세력이 강한 거대 조직의 의견이 주로 정책 과정에 영향을 미치게 될 수 있다. 따라서 시민단체의 활동은 사회적 약자의 권익을 대변하는 기능과 밀접하게 관련돼 있다. 오늘날 인권과 복지가 강조됨에 따라 사회적 약자들뿐만 아니라, 선도적인 지식인들도 사회적 약자의 권익을 옹호하기 위해 활발하게 활동하고 있다.

넷째, 조정 기능이 있다. 현대 사회는 분화되고 전문화되면서 개인의 욕구도 다양하고 개인·집단 간의 갈등도 빈번하다. 집단 간의 갈등을 조정하거나 중재하기 위해서는 시민사회의 자율적인 조정 장치나 정부의 중재제도가 구비돼야 한다. 그러나 시민사회의 민주화 수준이 낮고 정부가 신뢰받지 못할 때에는 이러한 조정과 중재가 효과를 거두기 어렵다. 시민단체는 공익을 추구하는 대의명분을 가지고 있고, 상대적으로 신뢰도가 높으며, 구조적으로 커뮤니케이션·협력·신뢰와 같은 사회자본이 풍부하기 때문에 갈등 조정자로서 제 역할을 할 수 있다. 시민단체는 정부와 정부, 정부와 이익집단, 이익집단과 이익집단 간의 분쟁 발생 시에 조정자로 나서서 일반 시민의 피해를 줄이는 역할을 한다.

다섯째, 교육 기능이 있다. 시민단체는 시민의 자발적 참여와 연대에 의해 각종 사회 문제를 해결한다. 이 과정에서 공공 정책 과정에 참여하게 되고, 개인과 집단 사이에 활발한 의사 소통이 일어나게 된다. 개인은 각종 사회 문제에 대한 인식 능력과 비판적인 시각을 가지게 된다. 이러한 시민단체의 활동은 바로 시민들이 리더십을 학습하고 공동체 의식을 배양하며, 참여 민주주의를 배우는 실천 현장이다. 민주시민 교육은 개인의 자율에 근거해 현장에서 직접 실천하는 과정에서 효과적으로 이뤄질 수 있다.

4) 시민단체의 문제점 및 개선 방안

한국의 시민단체가 그간 범사회적으로 불특정 다수를 대상으로 직접적인 공적 재화의 서비스를 제공해 온 한편으로 국가 권력과 시장 권력에 대한 건전한 비판

세력으로서 역할을 충실히 해온 것은 사실이다. 그러나 많은 시민단체는 다음과 같은 문제점을 안고 있음을 지적할 수 있다.

첫째, 열악한 재정을 들 수 있다. 한 조직이 자체 역량을 강화해 국가 및 시장 권력에 대한 건전한 비판, 견제 세력으로서 활동하기 위해서는 무엇보다 자율성 확보가 최우선이다. 기부문화가 약한 한국적 상황에서는 정부의 제도적 지원 정책을 이끌어 냄으로써 시민단체에 대한 범사회적 인식 전환과 관심 및 자발적 참여를 유도하는 것만이 궁극적으로 건전한 재정 자립을 통한 자율성 확보로 가는 지름길이라고 할 수 있다. 현재는 정부 지원이나 기업 후원금 등 재정의 외부 의존도가 너무 높다. 따라서 회원 증대를 통해 재정을 충당함이 가장 바람직하다.

둘째, 시민 없는 시민운동을 들 수 있다. 한국 시민사회의 가장 큰 문제점은 바로 대중의 기반이 허약하다는 것이다. 대다수의 한국 시민단체가 설립 과정에서는 물론이고 오늘날에 이르기까지도 소수 명망가나 전문 직업인을 중심으로 활동이 전개되고 있다. 이는 시민사회의 성숙을 통한 사회 발전을 위해서도 별로 바람직한 상황이 아니다. 시민단체의 운영도 일부 지도층 중심으로 운영되거나, 의사 결정이 하향식으로 이뤄지는 경우가 많다. 따라서 일반 시민의 적극적인 참여를 유도하는 것이 필요하다.

셋째, 시민단체의 이익집단화를 지적할 수 있다. 시민단체는 조직 운영과 사업 추진, 운영자금, 정책 결정 전반에 걸쳐 투명성을 확보해야 시민들로부터 지지를 받을 수 있으며, 이는 시민사회 성숙의 중요한 선결 과제이기도 하다. 그러나 시민단체가 자신들의 이해 관계를 중시하는 경우도 나타나고 있다. 따라서 시민운동의 순수성과 도덕성을 회복하고 유지해야 한다.

넷째, 전문성 부족을 들 수 있다. 시민단체는 일반 시민들의 요구를 정확히 파악해 정부의 정책에 연결되도록 전문화된 체제의 구축이 필요하나 이 부분이 약하다. 즉, 합리적인 대안 제시 능력이 부족하다. 특히 상근 실무자의 전문성을 제고해야 한다.

제 4 절 여론과 언론

1 여론과 민주정치

1) 여론의 의의

여론이란 사회 구성원의 상당수가 공공 문제와 사회적 쟁점에 대해 표명하는 의견・태도・신념의 총체를 의미한다. 어의적으로 볼 때 공론(公論: 공중의 의견)이라 할 수 있다.

흔히 '민주정치는 여론에 의한 정치'라고 말한다. 이것은 민주정치는 국민에 의한 정치라는 민주정치 원리에서 '국민의 의사에 따른 정치'임을 말하는 것이다. 근대 이전의 정치 체제는 1인 또는 극소수에게 지배 권력이 전부 집중되어 있었으나 현대 민주정치는 어느 특정 개인에 의한 지배 체제가 아니다. '지배자'에서 '지배집단'으로 범위가 넓어졌을 뿐만 아니라 피지배집단, 즉 일반 국민도 정치 과정에 주요 활동자로 참여하는 것을 이상으로 하고 있다.

여론은 정책 결정의 방향을 제시해 주거나 결정된 정책을 변경시키기도 한다. 그동안의 예를 보면 영월동강댐 건설사업, 핵폐기물처리장 유치사업, 4대강 사업, 무상급식 등에 대해 각계각층의 시민이 참여해 정부의 사업에 대한 찬성과 반대운동을 벌여 정책이 진행되기도 하고 축소되기도 했다. 사안에 따라 각기 찬성하는 공중, 반대하는 공중으로 나뉘게 되며, 결국 이것은 정책결정자를 제외한 모든 사람과는 구별되는 특정 이슈에 관련해 어떤 의견을 갖고 있는 개인들을 지칭한다. 그렇다면 왜 이들은 서로 다른 생각을 갖게 되는 것일까? 궁극적으로는 개개인 서로에게 걸린 이익 때문이다. 여기에서 이익은 물질, 신념, 가치관 등 다양한 가치를 포함한다.

그런데 이러한 공중들은 특정 이슈에 따라 형성되며, 그 이슈가 소멸되면 그에 따라 소멸되는, 이른바 이슈와 공중은 독립변인과 종속변인의 관계를 형성한다. 공중은 특정 대상별로 구별되는 존재로서 '일시적이고 무정형적이며, 상대적으로 비구조적인 개인들의 결사'일 수밖에 없다. 이것은 공중이 '단일적 실체가 아니라 공통적 관심의 바탕에서 상호작용하고 공통적 이익을 공유하는 개인들의 집합체임을 의미한다.

2) 여론 형성 과정

(1) 여론의 형성 조건

민주주의는 여론의 존중을 기초로 하고 있기 때문에 민주주의가 제대로 기능하기 위해서는 여론이 형성될 수 있는 기본적 요건이 충족돼야 한다.

① 다수 공중의 존재

공중(公衆)은 사회의 다수 또는 집단이라는 말과 같은 의미로 쓰이기도 한다. 그러나 집단적 다수적 성격을 띤다고 해서 모든 집단이 공중이 될 수 있다는 것은 아니다. 어떤 문제나 논점에 공통적인 관심과 이해를 가진 집단은 여론의 기초가 되지만 그렇지 않은 집단은 여론의 기초가 될 수 없다. 이러한 측면에서 다수의 공중의 존재는 여론 형성의 조건이 될 수 있다. 즉, 공중으로서의 집단은 서로 얼굴을 맞대고 모이는 1차 집단이 아니라 간접적 접촉을 특징으로 하는 2차 집단의 성격을 띠고 있다. 유권자나 소비자 집단이 그러한 예라고 할 수 있다.

② 사회적 쟁점의 부상

여론 형성을 위해서는 사회적 쟁점이 존재해야 하며, 이것이 공표되고 공중의 의제로 가시화돼야 한다. 이러한 사회적 쟁점이 공표돼 공중 의제가 될 때 여론의 대상이 된다.

③ 쟁점과 이에 대한 의견을 가시화할 수 있는 채널

쟁점이 공중의 의제로 가시화되기 위해서는 매스미디어나 대인 간의 의사 소통 채널이 필요하다. 오늘날 여론 형성 과정에서 매스미디어의 역할은 점점 증가되고 있다.

④ 표현의 자유

인간이 아무리 좋은 생각을 가지고 있더라도 이를 자유롭게 표현하고 전달할 자유가 없다면 이는 여론이 될 수 없다. 따라서 여론은 자유롭고 공개적인 토의가 이뤄질 수 있는 시대, 즉 언론의 자유가 보장되는 시대에 가능하다. 여론이 매스미디어의 출현을 계기로 활발해지기 시작했다는 것은 매스미디어가 정치 권력에 의해 철저히 통제되고 있는 나라에서 진정한 의미의 여론을 기대하기 힘들다는 것을 의미한다.

(2) 여론의 형성 과정

여론의 형성 과정은 다음과 같이 제시되고 있다.

킹(Clyde King)의 여론 형성 과정을 보면, 첫째, 어떤 문제에 대해 불만과 대립이 나타나면서 문제가 쟁점화돼야 한다. 둘째, 이러한 쟁점이 매스미디어나 기타 커뮤니케이션 채널을 통해 널리 전달되어 공공의 관심사로 부각돼야 한다. 셋째, 이것이 언론에 의한 토론과 논쟁을 통해 구체화돼야 한다. 넷째, 대중의 판단과 결정을 해서 의견으로 구체화되는 단계를 거친다.

바우어(Jackson Bauer)의 여론 형성 과정을 보면 첫째, 여러 개인이 사회 문제에 관심을 갖게 된다. 둘째, 조직된 단체가 문제 해결을 제의하게 되면 이에 따라 공중이 형성된다. 셋째, 이에 반대하는 단체가 나타나면 공중은 완전히 형성됐다고 할 수 있다. 넷째, 이들 대립된 단체들이 조직을 강화하고 나아가서는 어느 편에도 가담하지 않은 사람들에게 지지를 호소한다. 다섯째, 이를 위한 토론과 논쟁으로부터 여론이 나타난다. 여섯째, 여론이 형성되면 정부는 결정에 호소하게 된다. 일곱째, 개개인이 결정이나 행위에 참여하게 된다.

3) 여론의 순기능과 역기능

(1) 여론의 순기능

① 국민적 통합과 사회적 안정

흄(David Hume)은 "인간은 기본적으로 자신의 의견을 숨기려는 경향이 있기 때문에 개인들 간의 의견의 합의점인 여론은 화합을 이루게 하고 이는 정부나 국가를 통치하는 근본이 된다."고 주장한다. 노이만(Noelle Neumann)은 "사람들은 그들 자신이 고립되는 것을 원치 않기 때문에 자기 자신을 사회적 지배 의견에 동조하게 만든다. 그 때문에 여론 형성 과정을 통해 사회가 각 개인의 이기심과 선호도에 따라 분열되는 것을 방지하고 사회적 화합과 안정을 이룰 수 있다."고 했다.

규범과 가치를 공유한다는 것, 즉 의견의 일치가 곧 여론인 것이다. 오늘날과 같이 복잡하고 거대한 현대 사회에서는 대중 매체의 힘이 이러한 다양한 성향의 사회 구성원들이 함께 공유할 수 있는 규범과 가치를 창출하는 데는 필수적이라 하겠다. 대중매체에 의존하지 않고는 사회 안팎에서 일어나는 소식을 폭넓게 전해 들을 수 없고, 수많은 사건 중에서 무엇이 중요한지도 알 수 없게 된다.

② 법률 제정과 정책 결정 기능(정치적 기능)

현대의 민주정치는 여론에 의한 정치라고 할 수 있다. 민주사회에서 여론을 무시하고는 어떠한 정책도 수행해 나가기 힘들기 때문이다. 여론은 법률 제정이나 정책 결정 등 정치적 결정에 중대한 영향을 미치는데, 이를 여론의 정치적 기능이라고 한다. 민주사회에서 여야가 어떤 문제를 놓고 심한 논쟁과 갈등을 벌이는 것도 모두 여론의 지지를 얻기 위한 것이며, 여론의 지지가 없으면 어떤 문제도 정책이나 법률로 구체화될 수 없다.

또한 여론은 법률과 정책의 제정과 폐지, 사회제도나 기관의 유지 등을 위해 필요한 기능을 수행한다. 국민의 지지를 받지 못하는 정책이나 법률은 실효를 거두기 어렵다. 국민들이 원하는 것은 사회가 변화함에 따라 변한다. 사회가 변하면 변할수록 국민의 일상 생활도 달라지고, 사람들의 요구도 수시로 바뀌게 된다.

법률은 어느 정도 시간이 경과하면 사회의 변화에 부응하지 못하고, 심지어 사회 발달의 저해 요인이 되기도 한다. 여론은 바로 이 같은 법률과 행정의 경직성을 감소시키는 역할을 한다. 여론을 통해 사회의 구성원들은 정부로 하여금 문제의 소재와 내용과 비중을 확인하게 만들며 정부로 하여금 적절한 조치를 취하도록 만든다.

③ 관습·풍속의 유지 및 변화

여론은 관습이나 풍습, 제도와 같은 문화적 측면에도 영향을 미친다. 여론은 관습과 풍속과 같은 사회적·도덕적 규범에 기초하고 있기 때문에 역으로 이를 유지하는 기능을 갖게 된다. 반면에 여론은 구체적인 논쟁점이나 문제에 대한 해결을 통해 정치적인 과정을 변화시키며, 동시에 종래의 관습이나 풍속 등 문화적인 분야에 대해서도 변화를 가져오게 하는 기능을 가지고 있다.

④ 사회조직에 대한 견제 및 집단 내 통일성 확보

오늘날 국민생활 과정의 정치화는 각종의 조직과 결사로써 드러난다. 특히 결사의 자유가 국민의 기본적 권리로서 보장되어 있는 자유민주주의 체제에서는 수많은 이익집단이 출현하게 된다. 모든 조직은 각기 추구하는 목표가 있으며, 그 목표를 최대한 실현하기 위해 노력한다.

각종 이익집단 속의 혼란과 무질서를 가라앉힐 수 있는 방법이 여론이다. 여론은 법률처럼 물리적 구속력은 없으나 도덕적 측면에서 조직들의 행동에 상당한 견제작용을 하고 있다.

⑤ 대중의 정서적 안정과 사기

여론은 집단 구성원에게 정서적인 안정감을 부여한다. 토론의 결과, 자신의 의견이 집단의 의견에 반영됐을 때에는 물론이고, 자기 의견과는 다른 의견이어도 그 의견이 집단의 믿음인 경우 개인은 안정감을 갖는다. 특히 그 의견이 집단적인 배경에 의해 뒷받침돼 있고 집단 구성원에 의해 공유됐다고 믿을 수 있는 한, 집단 구성원은 심리적 안정감을 가지고 그 의견을 향유하게 되는 것이다.

또한 여론은 대중의 안정감과 더불어 사기(士氣)를 진작시키는 데 크게 작용한다. 사기란 집단에 속해 있는 구성원들이 그 집단에 관해 많은 관심과 열의를 가질 때 일어난다. 관심과 열의는 각 구성원들이 자신도 무엇인가 그 집단을 위해 역할을 하고 있다는 의식을 갖게 됨으로써 가능하기 때문이다. 바로 이 점에서 여론의 자율성과 일체감은 국민의 사기와 밀접한 관계를 갖는다.

(2) 여론의 역기능

① 다수의 횡포

다수의 압력으로 인해 저속한 의견, 질이 낮은 의견들이 우세하게 될 위험성이 생겨나고 계속 유지될 수 있다는 것이다. 그 위험은 소수의 의견이 아무리 가치있고 중요할지라도 거대한 다수 앞에서 강하게 주장될 수 없다는 것이다.

시간이 지남에 따라 다수의 힘은 점점 문제가 될 것이라는 지적이 있다. 자기 자신의 의견이 다른 지배적인 의견과 합의점을 이루는 과정에서 개인은 자아를 상실할 우려가 있다. 소수 개인들이 다수 의견의 횡포로부터 법으로 보호돼야 한다. 개인의 자유로운 의사 표현을 통해 소수 의견이 다수의 의견으로 전환될 수 있어야 진정한 여론으로 발전될 수 있을 것이다.

② 의사(擬似)의 여론화

여론은 정부의 개혁 프로그램의 성공 여부에 크게 영향을 미칠 뿐만 아니라 전반적인 민주정치 과정에서 보편적이고 상시적으로 작용하고 있다. 그러나 이러한 여론의 본질이 호도됨으로써 의사 여론(사이비 여론)의 지지를 진정한 여론의 지지로 잘못 받아들이는 경우가 있다.

의사 여론은 사람의 편견, 아집, 선입관, 변덕과 같은 감정적 요소에 호소함으로써 형성되는 집단 의사이지만 그것은 정치 과정에서 여론의 하나의 모습으로 나타나는 경우가 많다. 여론이 인기 여론 등의 의사 여론으로 둔갑하는 것은 공중의 의견을 조사한 것이 아니고 일시적 기분에 치우치거나 감정의 노예가 된 군중의 의견에 의존하기 때문이다.

2 언론

1) 언론의 의의

언론은 신문, 잡지, 방송, 인터넷 등 기술적인 미디어 수단을 통해 불특정 다수의 대중에게 공적 메시지나 정보를 일방적으로 전달하는 과정 또는 그로 인해 여론이 형성되는 사회 현상을 말한다.

언론은 사회의 정치 · 경제 · 문화 등 여러 분야에서 일어나는 사건과 정보를 전달하는 보도적 기능을 한다. 또한 사건의 해설 · 논평 등을 통해 사회 현안에 대한 여론 형성에 영향을 끼치는 사회 지도적 기능도 수행한다. 언론이 여론 형성에 미치는 영향력은 막대해 여론 그 자체로 평가되기도 한다. 현대의 언론은 조직이 방대해지면서 독점의 위험이 커졌고, 국가의 통제에 휘둘리기도 쉽다. 과거 언론의 자유는 권력의 규제에서 자유롭게 의견을 발표하는 미디어의 자유를 의미했으나 오늘날 언론의 자유는 비대한 조직과 지나친 상업성 추구로 인해 공정 보도를 누릴 권리를 빼앗긴 국민의 입장에서 집중 논의되고 있다.

2) 언론의 자유와 책임

(1) 언론의 자유

언론의 자유는 구두에 의한 의사 표시의 자유를 의미한다. 이는 자신의 의사를 표현하고 전달할 수 있는 의사 표현의 자유, 일반적으로 접근할 수 있는 정보원으로부터 정보를 수집할 수 있는 정보의 자유(알 권리), 출판물 또는 전자 매체에 의해 의사를 표현하고 사실을 전달할 수 있는 보도의 자유, 그리고 매스미디어를 이용해 자신을 알릴 권리(액세스권) 등을 내용으로 한다. 언론의 자유에 대한 기능은 첫째, 개성 신장 또는 자아 실현 기능을 언급할 수 있다. 모든 문제에 관해 자신의 견해를 발표할 수 있는 것은 인간 존엄성의 측면에서 절대적으로 필요하다. 둘째, 진리 발견의 수단이다. 셋째, 민주적 통합의 기능을 한다. 정치적 의사 결정에 국민을 참여하게 함으로써 이를 통해 안정과 변화 사이의 균형을 가능하게 할 수 있다.

민주국가에서 언론의 자유란 다음과 같이 정의할 수 있다. 첫째, 권력으로부터의 자유로서 정부가 언론에 대한 간섭과 통제를 하지 말아야 한다. 둘째, 편집·편성권의 자유로서 언론의 편집·편성권의 독립이 보장되어야 한다.

언론의 자유를 보장하기 위해 다음과 같은 제도를 두었다. 첫째, 국가 기관에 대해 정보를 청구할 수 있는 권리 보장, 둘째, 명예 훼손이 이뤄진 보도라도 보도 내용이 진실하며 공공의 이익에 부합할 경우는 형사상 면책, 셋째, 취재원에 대한 증언 거부권 보장 등의 제도가 있다.

우리나라는 헌법 제21조에 언론의 자유에 관한 내용이 제시돼 있다.

① 모든 국민은 언론·출판의 자유와 집회·결사의 자유를 가진다. ② 언론·출판에 대한 허가나 검열과 집회·결사에 대한 허가는 인정되지 아니한다. ③ 통신·방송의 시설 기준과 신문의 기능을 보장하기 위하여 필요한 사항은 법률로 정한다.

(2) 언론의 책임과 역할

언론은 사회적 사실을 신속·정확하게 전달하고, 사회적 쟁점을 규정하며, 쟁점에 대한 해설과 비판을 제공해 여론 형성에 큰 영향을 미치는 역할을 수행한다.

언론의 속성을 보면 언론은 외견상으로는 객관적인 것 같지만 사실은 매우 주관적인 성향을 지니고 있다. 실제로 언론은 결코 객관적일 수 없고, 객관적인 것을 바라지도 않는다. 언론들은 객관성을 유지하기보다는 독자적인 정체성을 일반 대중에게 내보이는 게 중요하다고 생각한다. 각 사안별로 내용을 달리해 표현하면 사회적 논쟁의 핵심이 돼 긍정적 여론과 부정적 여론을 발생시켜 사회적 혼란을 야기하기도 한다. 따라서 언론은 사회에서 올바른 책임을 다해야 한다. 언론의 자유가 보장된다고 해서 언론이 주어진 사실을 자의적으로 판단하거나 왜곡해서 보도해도 된다는 뜻은 아니다.

언론은 공정하고 사실에 근거한 정확한 보도를 해야 하고, 특정 사익보다는 공익을 위한 보도를 해야 한다. 그러나 지나친 경쟁으로 인한 공정성 상실, 미확인 보도, 언론사의 이익을 위한 보도 등의 문제점이 나타나기도 한다. 이에 대한 법적 규제 장치로는 헌법 제21조 제4항을 들 수 있다.

3 정치 문화

1) 정치 문화의 의의

문화는 일반 대중이 널리 일상적으로 사용하는 그 사회 특유의 사물을 보는 관점에서부터 사고 방식에 이르기까지 그 사회에서 형성된 태도 및 가치 등을 말한다.

정치 문화란 일반 문화 속에서 정치 체제, 정치 과정, 정치 행태 등과 관계가 깊은 문화의 측면을 가리키는 용어다. 정치와 관계가 깊은 부분, 즉 정치 과정이나 정치 행동에 영향을 미치는 사고, 감정 및 판단 양식 등을 정치 문화라 할 수 있다. 즉, 그 사회의 정치제도, 정치와 관련된 시민들의 태도, 행동 방식을 지칭한다. 그러나 좁은 의미로 시민들의 정치 의식이나 행동 양식만을 의미하는 것으로 사용되기도 한다. 이러한 정치 문화는 그 사회의 역사적 배경과 정치적 경험, 그 사회가 추구하는 이상 등이 복합적으로 작용한 산물로서 의도적인 노력을 통해 변화될 수 있다.

정치 문화에 대해 버바(Sidney Verba)는 "정치 문화란 어떤 사회 안에서 정치 행동이 야기되는 상황을 규정하는 경험적 신념, 표현적 상징, 가치의 체계로 구성돼 있다."고 정의하고 있다. 그리고 앨먼드(Gabriel A. Almond)는 "정치 세계에 있는 모든 사물(事物)에 대한 정향의 유형"이라고 한다.

2) 정치 문화의 유형

정치 문화는 정치적인 것에 대한 관여 양식과 태도로 표명된다. 구체적인 정치적 대상에 대한 태도에 따라서 정치 문화의 성격이 결정되는데, 앨먼드와 버바는 정치 문화를 다음과 같이 세 가지 유형으로 분류하고 있다.

⑴ 향리형 정치 문화(parochial political culture)

원시사회나 봉건사회 등 대부분의 전통사회에서 볼 수 있는 유형이다. 이 사회의 사람들은 직접 접촉할 수 있는 지역과 주민에 대해서만 관심과 지식을 가질 뿐이다. 일정한 지역을 초월한 국가나 민족 또는 정치 체제에 대해서는 전혀 아무런 인식을 가지고 있지 않거나 또는 아무런 관계를 맺고 있지 않다. 이러한 사회에서 나타나는 정치 의식과 감정을 향리형 정치문화라 한다.

향리형 정치 문화의 특징은 정치 체제의 투입 기능과 산출 기능에 대해 국민들이 인식적, 감정적, 평가적 경향을 전혀 갖지 않는다는 점이다. 이러한 정치 문화는 교육을 전혀 받지 못했거나 특히 매스미디어와의 접촉이 전혀 없는 사람들 사이에 나타나는 유형이다.

⑵ 신민형 정치 문화(subject political culture)

정치 체제와의 관계에서 주민들이 수동적이고 복종적인 양상을 나타내며, 주민들은 중앙 정치 권위에 대해 복종할 의무가 있다는 것만을 알 뿐이다. 실제로 정치 체제는 주민들로서는 전혀 영향을 미치지 못하는 특정 사람들로 이뤄진 통치 체제로서 나타난다. 따라서 지배자와 피지배자 사이의 관계는 전제주의적 군주와 신하 사이의 관계와 같은 형태를 나타내어 무조건적으로 복종하는 것을 미덕으로 삼는다. 전근대적 정치 의식, 권위주의적 정치 의식이 특징적으로 나타나는 신생 제국이나 동구 제국에서 볼 수 있다.

신민형 정치 문화의 특징은 성원들이 정치 체제의 산출 기능에 대해서만 인식적 정향을 가질 뿐 투입 기능에 대해서는 아무런 정치적 정향을 갖지 못하는 것을 들 수 있다.

⑶ 참여형 정치 문화(participant political culture)

모든 정치적 대상에 대해 주민들이 긍정적이고 적극적 관심을 가지는 경우다. 이러한 유형이 나타나는 사회에서는 주민들이 정치 체제가 그들의 생활에 어떤 영향을 미치고 또 정책 결정이 어떠한 과정을 통해 이뤄지는지를 알고 있다. 따라서 어떤 방법으로 그들의 의사와 이익을 정책 결정에 반영시킬 수 있는가도 알고 능동적으로 정치에 참여한다.

참여형 정치 문화의 특징은 성원들이 정치 체제의 산출 기능뿐만 아니라 투입 기능에 대해서도 인식적, 감정적, 평가적 정향을 갖는 것이다. 미국, 영국, 스칸디나비아 국가 등 선진 민주국가에서 가장 이상적 형태로 나타난다.

〈정치 문화의 비교〉

구분	정치 체제	투입 과정	산출 과정	정치 주체
향리형 정치 문화	-	-	-	-
신민형 정치 문화	+	-	+	-
참여형 정치 문화	+	+	+	+

3) 한국 정치 문화의 특성

(1) 권위주의

권위주의는 일반적인 사실이나 상대의 의견은 무시한 채 기존의 권위에 기대어 사람을 대하거나 사태를 바라보는 사고 방식이나 행동 양식을 말한다. 권위주의의 형성은 고대의 샤머니즘적 신비주의, 신권적 통치 의식, 가부장적 전통, 군주주의의 전통, 관료적 엘리트주의로 나타난다. 이는 유교사상에 따른 위계적 사회구조와 계급 의식, 관의 지배와 민의 복종적 전통, 자본주의제도 도입에 따른 금전만능 배금주의 사상 등에서도 드러난다.

권위주의의 내용은 관료주의 의식, 권위에 대한 복종, 관존민비 의식, 지도자의 오만, 소수 권력층의 엘리트 의식, 지도자에 대한 신뢰와 복종적 태도 등을 포함하고 있다. 한국의 지배 문화 속에는 이러한 권위주의가 오래된 관습 속에 남아 있다.

(2) 시민성

시민성은 어떤 시민에게 공통적으로 나타나는 가치관, 행동 양식, 사고 방식, 기질 따위의 특성을 의미한다. 시민성은 조선 시대의 변혁주의적 실학사상 및 동학사상 등의 평등사상에서 싹이 텄다. 개항 이후의 각종 개화 및 개혁운동, 8·15 이후의 민주정치의 실현 속에서 시민성은 그 실체가 드러나기 시작했다. 이후 한국은 민주주의 교육의 실시, 각종 민주정치 운영에 대한 경험과 시련, 1960년대 이후 사회경제적 발전에 의한 국민 의식의 근대화 등에서 시민정신을 형성해 왔다. 시민성은 진보성, 혁신성, 높은 정치적 효능감을 그 속성으로 갖고 있으며, 민주주의 원리에 대한 높은 이해와 동정, 평등 의식을 갖고 실적주의를 표방한다.

(3) 공동체성

공동체는 운명이나 생활, 목적 등을 같이하는 두 사람 이상의 조직체를 말한다. 공동체의 형성 배경은 가문 또는 효(孝)를 중심으로 한 가족주의·품앗이 등의 풍습이 근간이 돼 나타난 것이다. 공동체성은 공동체 의식, 가문 또는 혈연의 유대로 영욕을 같이 하는 연좌적 집단책임제 등의 일차적 유대의 강조에서 나타나고 있다. 공동체는 유대, 정, 의리, 보은, 협동, 집단에 대한 충성 등을 그 속성으로 갖고 있다.

(4) 소외성

소외는 자신의 주변, 노동 및 노동의 산물, 자아로부터 멀어지거나 분리된 듯한 감정 상태를 의미하는 말이다. 소외성은 조선조의 소수 관인 지배 정치, 제한된 사회적 유동성 시대에 나타난다. 정부 수립 이후의 1인 또는 1당에 의한 권위주의 정치, 대중과 엘리트를 매개하는 사회집단의 미확립 등의 형성 배경을 지니고 있다. 소외성의 현실에서는 정치적 무관심, 냉소주의, 불신 의식, 정치인 및 공무원에 대한 불신감 등이 나타난다. 국가 사회에 대한 낮은 만족도, 낮은 정치 참여, 분배로부터의 소외 등이 소외성의 속성으로 드러난다.

(5) 분파성

분파성은 정당이나 학설 등의 주류에서 갈라져 나와 한 파를 이루는 것 또는 그렇게 나뉜 갈래를 의미한다. 분파성은 유교 의식과 명분론을 중심으로 한 갈등, 가문을 중심으로 한 혈연적 가족주의, 지연을 중심으로 한 파벌 등의 배경을 가지고 있다. 이의 현실적 속성은 정실에 의한 비제도화, 배타성, 정당 내의 인물 중심 파벌, 사람 중심의 정치적 경쟁 등으로 드러난다.

(6) 저항성

저항성은 정의감을 전제로 한 근본주의, 외세(外勢)의 침략에 대한 항거와 투쟁정신, 동학 등 민란의 대중 항거정신, 민족독립운동과 그 저항정신으로 나타난다.

불의 · 부정 · 독재에 대한 저항적 행동주의 등을 배경으로 형성되고 있다. 이러한 저항성의 속성은 부정 또는 불의에 대한 잠재적 저항 의식, 소수 위정자의 독재에 대한 대중의 투쟁 심리, 엘리트 정치 문화에 대한 지식인 · 대학생 · 야당인의 반대 심리 등을 포함하고 있다. 그러나 바람직한 정치 문화의 형성을 위해서는 시민의 적극적 참여, 높은 수준의 정치적 지식과 소양, 관용의 자세, 대화와 설득 등의 노력을 통해 민주적인 정치 문화를 형성해야 한다.

참고 문헌

문병기 (2012). 정치학개론, 한국방송통신대학교.

변종순 · 김대군 · 조두기 (2014). 사과수 법과 정치, 도서출판 QP.

서울대정치학과 교수 (2013). 정치학의 이해, 박영사.

위종욱 외 (2014). 공단기 사회(법과 정치), 에스티엔북스.

이극찬 (2010). 정치학, 법문사.

이투스 (2012). 누드교과서(법과 정치), 이투스교육(주).

조용상 (2013). 정치학의 이해, 법문사.

EBS (2014). 수능특강 사회탐구영역 법과 정치, EBS.

제 3 장 우리나라의 헌법

제 1 절 우리나라 헌법의 기초 이해

1 헌법의 의의

1) 헌법의 의미

국가의 근본법으로서 기본권, 통치구조와 같은 사항들을 담고 있으며, 모든 국가작용과 하위법을 통제하는 최고의 법이다.

2) 헌법이 갖는 의미의 발전

(1) 고유한 의미의 헌법

'헌법'이라는 것이 처음 생겨날 때에는 통치조직, 즉 국가의 구성에 관한 규정만을 담고 있었다.

(2) 근대 이후의 헌법

근대 이후의 헌법은 통치조직뿐 아니라 국민의 기본권(특히 자유권, 재산권 중심)을 규정하고, 법치주의와 권력 분립을 도입하는 등 국가 권력을 제한하는 규범

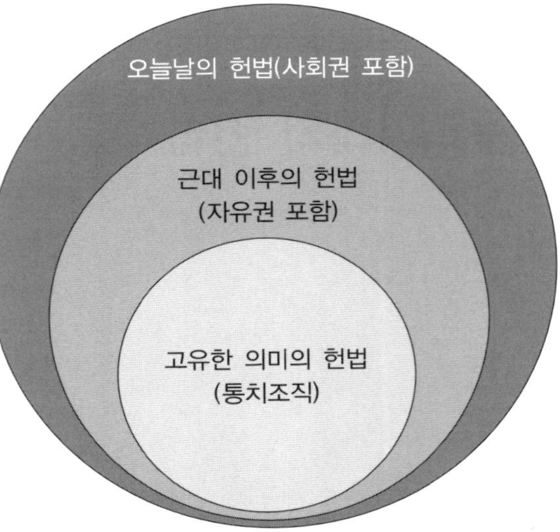

으로 나아갔다.

(3) 오늘날의 헌법

오늘날의 헌법은 국민들의 실질적인 자유와 평등을 실현하기 위해 생존권적 기본권(사회권)을 규정하며, 복지국가적 요소를 포함하게 됐다.

3) 입헌주의

(1) 입헌주의의 의미

입헌주의란 국민들의 기본권을 보장하기 위해 헌법에 의해 국가를 통치해야 한다는 것이다.

참고 입헌주의의 등장

왕이 국가를 다스리던 시절에는 모든 것을 왕의 뜻대로 할 수 있었다. 특히 왕권이 신으로부터 주어졌다는 '왕권신수설'은 왕의 통치를 정당화했다. 그러나 사람에게는 침해할 수 없는 자유와 권리가 있다는 생각이 널리 퍼지면서 헌법에 기본권 원칙을 담게 됐고, 국가의 통치는 헌법에 의해야 한다는 '입헌주의'가 등장하게 됐다. 왕이라 해도 국민들의 기본적인 자유를 침해할 수 없도록 한 것이다. 그뿐만 아니라 왕은 군림하되 통치하지 않고, 국민의 뜻에 따라 의회를 구성해 의회가 제정한 법률에 따라야 한다는 '법치주의'도 함께 나타났다. 이렇듯 '사람(왕)'에 의한 통치에서 점차 '헌법과 법률'에 의한 통치로 옮겨가게 됐다.

(2) 입헌주의의 의미 변화

① 근대(국가의 소극적 역할 강조): 국가가 국민의 자유를 침해하지 못하도록 하기 위해 자유권적 기본권이 헌법에 제시됐다.

② 현대(국가의 적극적 역할 강조): 국가가 국민들의 인간다운 생활의 보장을 위해 사회권적 기본권이 헌법에 제시됐다.

2 헌법의 기능

1) 국가 창설

헌법을 통해 국가조직이 이뤄지고 실질적인 국가의 틀을 갖추게 된다.

2) 정치[1]와 생활의 길잡이

정치 활동 및 국민 생활 전반에서 헌법 질서를 따르게 된다.

3) 사회 통합

국가의 모든 구성원이 같은 기본권 질서 안에 놓이게 되므로 사회가 안정되고 통합된다.

3 헌법의 특성

1) 최고 규범성

헌법은 법 중의 법이라 할 수 있다. 최고의 법이므로 모든 법령과 행정작용 등은 헌법에 위배되지 않도록 이뤄져야 한다.

---

1) 정치(政治): 나라를 다스리는 것. 좁은 의미로는 정치인들의 활동이나, 민주주의를 지향하는 우리나라에서 국민들의 정치 참여 또한 중요한 의미를 갖는다.

참고 **수직적 법 단계**

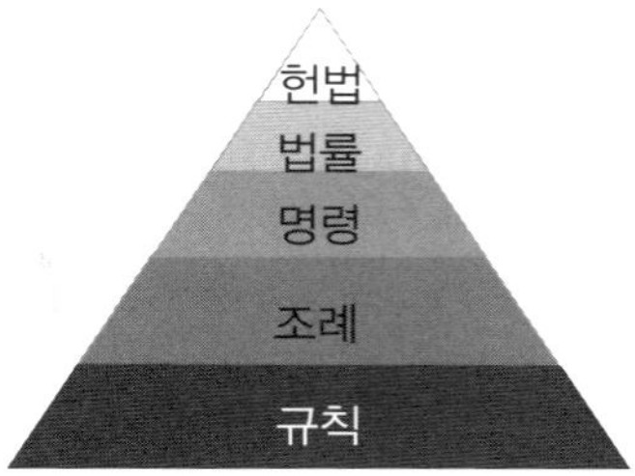

전체 법체계는 몇 단계로 계급을 나눌 수 있다. 헌법이 가장 상위의 법이며, 그 아래로 법률, 명령, 조례, 규칙이 차례대로 따른다. 상위법과 하위법이 충돌할 경우에는 상위법이 우선해야 한다. 결국 모든 법은 헌법에 합치돼야 한다.

2) 조직수권 규범성[2]

모든 국가조직은 헌법에 그 근거를 두고 있다. 이로부터 국가 권력의 정당성이 확보된다.

3) 권력 제한성

국민의 기본권을 침해할 수 있는 국가 권력에 대해 제한을 하고 있다. 국가 권력의 남용을 방지함으로써 기본권을 보장한다.

tip: 근대에 왕의 권력을 제한하기 위해 입헌주의가 도입됐다는 것을 앞에서 언급했다. 헌법이 '권력제한성'을 갖게 된 배경이다.

4) 역사성

헌법은 역사적 현실 속에서 국가의 탄생과 함께해 국민의 합의를 바탕으로 개정되기도 하며 국가공동체의 근본적 가치를 담게 되는 역사의 산물이다.

tip: 우리나라 헌법의 전문(前文)에는 "3·1운동으로 건립된 대한민국 임시정부의 법통과 불의에 항거한 4·19 민주 이념을 계승하고…"라고 선언하고 있다. 헌법이 역사적 산물임을 잘 나타내고 있는 것이다.

2) 조직수권규범(組織授權規範): 조직을 정하고 그 조직에 권한을 부여하는 규범.

4 헌법의 기본 원리

1) 기본 원리의 의미

헌법의 기본 원리란 헌법 전체를 관통하는 기본 가치를 말한다. 개개의 규정에 나타나 있기도 하고, 전체적 맥락을 통해 드러나기도 한다. 기본 원리는 헌법 개정의 대상이 될 수 없다.

2) 기본 원리의 내용

(1) 자유민주주의

① 의미

개인의 자유를 중시해 국가의 개입을 최소화해야 한다는 '자유주의'와 국민으로부터 국가 권력의 정당성이 창출된다는 '민주주의'를 합한 것이다.

② 실현 방법

- 국민주권주의(제1조 ②)

참고 '국민주권주의'와 '자유민주주의'

'국민주권주의'와 '자유민주주의'는 개념이 상당히 유사하다. 그러나 역사적으로 볼 때 약간의 차이가 있다.

먼저 '국민주권주의'는 왕정제에서 모든 권력이 왕으로부터 나온다는 것에 대항해 '국민'에게 그 권력이 있다는 의미로 등장했다. 그러나 국민주권주의를 인정하더라도 여전히 문제는 남아 있었다. 국민의 뜻을 앞세워 독재의 정당화에 이용하는 것이 문제될 수 있기 때문이다. 결국 실질적으로 국민의 뜻을 정치에 반영하는 질서가 확립돼야 한다는 생각과 함께 그러한 질서를 '자유민주주의'라는 이름으로 정착시키게 됐다.

즉, '국민주권주의'는 국가의 주권이 누구에게 있는가의 문제, '자유민주주의'는 국민들이 억압 없이 실질적으로 국가의 주권을 행사할 수 있는가의 문제에 대한 개념이다.

- 정당 설립의 자유, 복수정당제, 정당의 목적 · 조직과 활동의 민주성(제8조): 자유로운 정당의 운영을 통해 국민들의 다양한 뜻을 정치에 좀 더 잘 반영할 수 있도록 한다.

- 인간의 존엄과 가치 및 행복추구권(제10조), 기타 자유권적 기본권
- 경제 질서에서 개인의 자유와 창의 존중, 경제민주화 추구(제119조)
- 권력 분립, 법치주의의 확립을 통한 자유민주주의의 보장
- 대의제 및 선거제도를 통한 주권 실현: 현실적으로 모든 국민이 정치에 직접 참여하기는 어려우므로, 국민의 뜻을 반영하는 인물을 선출해 대신 의사 결정을 하도록 한다.

(2) 법치주의

① 의미

법에 따른 통치, 즉 국가의 작용은 법에 따라 이뤄져야 한다는 것이다. 자유민주주의 원리를 실현시키기 위해 자연스레 법치주의가 성립하게 됐다.

참고 형식적 법치주의와 실질적 법치주의

형식적 법치주의: 법 제정 절차의 합법성만을 강조하는 입장으로, 정해진 절차에 따라 만들어진 법은 항상 효력을 갖는다고 한다.

tip: 독일의 히틀러 집권 당시 제정된 「뉘른베르크법」은 유대인에 대한 불합리한 차별과 반인권적 내용을 담고 있었다. 그러나 이 법은 정해진 절차에 따라 통과됐으므로 효력을 갖고 있었다. 형식적 법치주의를 취하던 당시 독일은 이 법을 집행하는 데 아무런 문제가 없었다.

실질적 법치주의: 제정 절차의 합법성뿐 아니라 법의 내용까지 정당해야만 법으로서 효력을 갖는다는 입장이다.

tip: 오늘날 나치정권의 「뉘른베르크법」을 평가한다면 내용이 정당하지 않기 때문에 법으로서 효력이 없었다고 평가할 수 있겠다. 이러한 실질적 법치주의를 바탕으로 당시 부당한 법집행을 했던 전범들을 처벌할 수 있게 된 것이다.

② 실현 방법

- 권력 분립, 사법권의 독립: 국가 권력을 적절히 분배하고 헌법에 근거해 조직되도록 하며, 그 권력의 집행은 다시 법에 구속된다.
- 죄형법정주의 및 적법 절차 원칙(제12조 ①): 범죄와 형벌은 법으로 정하며, 국민의 권리를 제한하는 경우 적법한 절차에 따라야 한다.
- 재판을 받을 권리(제27조)

- 법률 유보의 원칙: 국민의 권리와 의무에 관한 사항, 국가의 통치조직과 작용에 관한 기본적이고 본질적인 사항은 반드시 법률로 정해야 한다는 원칙이다.

(3) 사회복지주의

① 의미

현대적 의미의 헌법과 관계가 깊은 원리로 국가가 국민의 인간다운 생활을 위해 노력해야 한다는 것이다. 과거 자유로운 시장 질서에만 의존했을 때 빈부의 격차가 심화되고 사회적 약자 발생 등의 문제가 생겼는데, 이러한 실질적 불평등을 해소하기 위해 국가가 복지를 수행해야 할 필요성이 대두됐다.

② 실현 방법

- 사회권적 기본권과 국가의 사회권 보장 의무 규정(제34조): 국가는 국민의 복지 향상을 위해 노력해야 한다.
- 환경권(제35조): 쾌적한 환경에서 생활할 권리
- 가족과 모성의 보호(제36조)
- 사회보장제도 확립 등

(4) 국제평화주의

① 의미

국가 간의 협력을 위해 노력하며 국제 평화를 지향한다는 원리다. 두 차례의 세계대전으로 전쟁의 참혹함을 겪고 난 뒤 전 세계는 평화에 대한 갈망이 커졌고 '국제연합'이 탄생하기도 했다. 이러한 염원을 헌법적 가치로 담은 것이 '국제평화주의'라 할 수 있다. 우리나라는 특히 분단 상황을 극복하고 평화적 통일을 추구한다

참고 외국인에게도 기본권이 보장될까?

헌법에서는 외국인의 지위에 대해 국제법과 조약이 정하는 바에 따라 그 지위가 보장된다고 규정하고 있다. 그런데 외국인에게도 우리나라 헌법이 규정하고 있는 기본권이 적용될까?

헌법상의 기본권은 본래 '국민의 권리'다. 그러나 기본권의 성격에 따라 외국인에게 인정되는 권리가 있다. 시대와 국가를 초월해 언제나 인정돼야 하는 가치, 즉 '인권'과 관련이 깊은 기본권은 일반적으로 외국인에게 인정된다(행복추구권, 자유권, 환경권 등).

그러나 국민의 권리로서의 성질이 큰 기본권은 외국인에게 인정되지 않는다. 가장 대표적인 것이 참정권이다. 그러나 예외적으로 지방자치선거에서는 일정 요건을 갖춘 외국인에게 선거권을 인정하고 있다.

는 '통일 지향의 원리'로도 나아갈 수 있다.

② 실현 방법

- 자유민주적 기본 질서에 입각한 평화 통일 목표(제4조)
- 침략 전쟁 부인(제5조 ①)
- 국제 법규의 승인과 외국인의 지위 보장(제6조)

(5) 문화국가주의

① 의미

국민들이 문화 생활을 향유할 수 있도록 국가가 문화의 보호와 진흥에 힘써야 한다는 원리다.

tip: 국가 문화재를 지정하는 일, 국가적 차원에서 한식을 널리 알리는 일 등은 문화국가를 실현하기 위한 것이라 할 수 있다. 외국의 문화와 구별되는 우리의 고유 문화를 지키고 누리는 것에서 나아가 우리나라의 국가 이미지를 제고하는 효과까지 얻을 수 있다.

② 실현 방법

- 국가의 문화 진흥 의무 규정(제9조)
- 종교의 자유(제20조), 학문·예술의 자유(제22조), 교육권(제31조)

제 2 절 기본권의 보장과 제한

1 기본권의 의의

1) 기본권의 개념

헌법에서 규정하고 있는 국민의 기본적 권리[3]를 '기본권'이라고 한다.

3) 권리(權利): 일정한 이익을 누릴 수 있으며 그것을 정당하게 주장할 수 있는 것.

tip: 기본권을 '인권'과 비슷한 개념으로 이해하면 쉽다. 특히 국가의 국민이 누리는 인권이다. 그러나 인권과 기본권은 완전히 같은 말은 아니다. 인간이라면 누구나 누리는 권리가 '인권'이라면, '기본권'은 헌법에 의해 국민에게 보장되는 권리이기 때문이다.

2) 기본권의 성격

기본권은 국가가 생기기 전부터 인간 누구나 누리던 '인권'을 그 내용으로 한다는 점에서 '자연법상의 권리'이기도 하지만, 국가가 생긴 후 헌법과 법률이 비로소 명문상으로 인정한다는 점에서 '실정법상의 권리'이기도 하다.

참고	자연법과 실정법

자연법: 시대와 공간을 불문하고 언제 어디서나 적용될 수 있는 보편적이고 정의로운 질서
실정법: 정해진 절차에 따라 입법권을 행사함으로써 만들어진 현실적인 법규범

3) 기본권의 역사

(1) 권리 보장의 시초

영국의 대헌장 및 권리청원[4]을 통해 국왕의 권력 남용을 방지하고 국민들의 권리를 보장하게 됐다.

(2) 천부인권 사상의 대두

미국 독립선언문[5] 및 프랑스 인권선언[6]을 통해 국가가 국민의 천부인권(자유권 중심)을 보장해야 한다는 선언이 이뤄졌다.

(3) 참정권 보장

19세기부터 20세기 초까지 참정권 운동의 전개로 모든 국민이 참정권을 보장받는 방향으로 나아갔다.

---

4) 영국 대헌장(Magna Carta, 1215): 왕의 권력 남용을 방지하기 위해 귀족들이 시민들의 지지를 얻어 영국왕 존에게 승인하도록 한 문서.
권리청원(1628): 당시 영국의 의회에서 국민의 여러 자유권, 조세의 제한 등의 내용을 왕에게 청원한 것.
5) 미국 독립선언문(1776): 인간의 천부적 권리, 정부의 정당성 등을 담았다.
6) 프랑스 인권선언(1789): '인간과 시민의 권리 선언'이라는 이름으로 인간이 누리는 천부적 권리를 담았다.

참고 **참정권의 역사**

오늘날과 같이 참정권이 모든 국민에게 동등하게 인정된 것은 얼마 되지 않은 일이다. 특히나 가장 늦게 참정권을 획득하게 된 것은 여성과 노동자였다.

영국에서는 1838년 '차티스트운동'을 통해 재산으로 인한 선거권의 차별을 철폐할 것을 요구했다. 이 운동을 통해 바로 선거권을 얻은 것은 아니었지만 이 일을 계기로 차츰 노동자들이 차별 없이 선거권을 획득하게 됐다.

여성은 그보다도 더 늦게 선거권이 인정됐는데, 미국과 영국 등에서 많은 참정권 운동이 일어났고, 20세기에 들어서는 세계적으로 남녀의 차별 없이 선거권이 인정되는 방향으로 나아갔다.

(4) 사회권 보장

독일 바이마르헌법(1919년)을 시초로 사회권적 기본권을 보장하고 복지국가를 추구하게 됐다.

2 기본권의 효력

1) 대(對)국가적 효력

기본권은 국가에 대해 효력을 가진다. 즉, 국가는 기본권을 존중해야 하며, 기본권 규범에 위배되는 입법, 사법, 행정 기타 모든 국가작용을 할 수 없다. 또한 국가는 국민의 기본권을 보호해야 할 의무가 있다.

tip: 예를 들어 국가는 국민의 신체의 자유를 마음대로 침해할 수 없다. 헌법과 법률에 따라 필요할 경우에 할 수는 있다. 영장을 발부받아 적법하게 범죄자를 체포하는 것은 괜찮지만 아무런 이유 없이 길을 가는 사람을 무작정 체포하는 것은 위법이다. 이것이 기본권의 대국가적 효력이라 할 수 있다.

2) 대(對)사인적 효력

기본권은 국가에 대해서만 효력이 있을 뿐 아니라 개인과 개인 간에도 효력을 미친다. 각 개인은 다른 사람의 기본권을 침해하면서까지 자신의 권리를 남용하지 못한다.

tip: 나에게 행동의 자유가 있기 때문에 마음대로 다른 사람을 때려도 될까? 이것은 정당한 자유권의 행사일까? 물론 아니다. 나의 자유권을 행사하겠다고 다른 사람의 기본권을 침해할 수는 없는 것이다. 이것이 기본권의 대사인적 효력이라 할 수 있다.

3 기본권의 내용

1) 인간의 존엄과 가치

천부인권 사상과 관계가 깊은 권리로 인간은 존엄하며 가치를 가진다는 것이다. 헌법 이념의 핵심이며 다른 개별적 기본권의 출발점이 된다.

2) 행복추구권

행복을 추구할 권리는 고통을 피할 권리, 인간답게 살 권리, 하고 싶은 것을 할 권리 등으로도 표현될 수 있다. 이처럼 포괄적인 성격을 갖는다는 점에서 행복추구권에서 '일반적 행동의 자유권'이 인정되기도 한다.

3) 자유권

(1) 의미

자유권은 국가로부터 개인의 자유를 침해받지 않을 권리로 시작됐다. 따라서 국가에 대한 방어적 · 소극적인 권리라 할 수 있다. 근대부터 시작된 가장 역사가 깊은 기본권이다.

(2) 내용

① 신체적 자유(제12조 내지 13조)

- 죄형법정주의: 범죄와 형벌은 법에 정한 것만을 따른다.
- 적법 절차 원칙: 체포 · 구속 · 압수 · 수색 및 심문과 같이 신체의 자유를 침해하는 국가작용은 적법한 절차에 의해야 한다.
- 영장주의: 체포 · 구속 · 압수 · 수색 시 영장을 제시해야 한다.

- 고문과 불리한 진술 강요의 금지
- 변호인의 조력을 받을 권리
- 구속적부심사 청구권: 이미 이뤄진 구속이 타당한 것인지에 대해 법원에 심사를 청구할 수 있다.
- 형벌 불소급의 원칙: 행위 시의 법률상 죄가 아닌 경우 형사소추되지 않는다.
- 연좌제 금지: 친족의 행위로 인한 불이익한 처우는 금지된다.

② 정신적 자유
- 양심의 자유(제19조)
- 종교의 자유(제20조)
- 언론·출판·집회·결사의 자유(제21조): 흔히 '표현의 자유'라 말하는 기본권은 바로 이 조항을 통해 인정된다.
- 학문·예술의 자유(제22조)

③ 거주·이전의 자유(제14조)

④ 직업 선택의 자유(제15조)

⑤ 주거의 자유(제16조): 주거생활을 침해받지 않을 자유로 주거를 압수하거나 수색할 때는 영장주의에 의한다.

⑥ 사생활의 비밀과 자유(제17조)

⑦ 통신의 비밀(제18조): 헌법상 통신의 '비밀'로 규정돼 있는데 비밀을 침해당하지 않을 자유이므로 자유권에 포함된다.

⑧ 재산권(제23조)

4) 평등권

(1) 의미

불합리하게 차별받지 않을 권리다. 다만 합리적 차별은 평등권에 위배되지 않는다. 예를 들어 사회적 약자를 위한 복지정책은 합리적 이유가 있는 차별 대우라 할 수 있다.

참고 **절대적 평등과 상대적 평등**

절대적 평등/형식적 평등/평균적 정의: '같은 것을 같게, 다른 것도 같게' 하는 것이다. 차별적 대우는 어떤 경우에도 인정되지 않는다.
상대적 평등/실질적 평등/배분적 정의: '같은 것을 같게, 다른 것을 다르게' 하는 것이다. 어떠한 차이가 있어 다르게 대해야만 하는 합리적 이유가 있다면 다른 대우를 할 수 있다.

(2) 내용

① 평등 원칙, 특수 계급 부인, 영전의 효력 제한(제11조)
② 균등하게 교육을 받을 권리(제31조 ③)
③ 여성 근로의 차별 금지(제32조 ④)
④ 양성의 평등에 기초한 혼인과 가족 생활(제36조 ①)
⑤ 평등선거(제41조 ①)

5) 참정권

(1) 의미

참정권은 정치에 참여할 권리로, 우리나라는 민주주의 국가이므로 주권을 갖는 국민 모두에게 참정권이 인정된다. 국가의 존재를 전제로 하기 때문에 자연법적 권리가 아닌 실정법적 권리라 할 수 있다. 국가의 의사 결정에 참여하는 '공권(公權)'이며 적극적 권리다.

(2) 내용

① 선거권(제24조)
② 공무담임권(제25조): 선거 및 공직에 나아갈 수 있는 권리
③ 대통령과 국회의원에 대한 투표권(제41조 ①, 제67조 ①)
④ 중요 정책의 국민투표(제72조)
⑤ 헌법 개정안의 국민투표(제130조 ②)

6) 사회권

(1) 의미

복지국가의 발전과 관계가 깊은 기본권으로, 인간다운 생활을 할 권리다. 이 권리는 국가에 대해 적극적으로 요구하는 성격의 기본권이다.

(2) 내용

① 인간다운 생활을 할 권리(제34조 ①)

② 환경권(제35조 ①): 쾌적한 환경을 누릴 권리

③ 보건권(제36조 ③): 보건에 관한 국가의 보호를 받을 권리

④ 교육권(제31조): 교육을 받을 권리

⑤ 근로권(제32조), 노동 3권(제33조)

참고 노동 3권

단결권: 근로자가 처우 개선, 임금 협상 등의 목적을 위해 서로 단결할 권리
단체교섭권: 단결권을 통해 결성된 노동단체가 사용자와 교섭할 수 있는 권리
단체행동권: 노동자들이 파업, 태업, 불매운동, 시위 등 노동쟁의를 할 수 있는 권리

〈단결권〉 〈단체교섭권〉 〈단체행동권〉

7) 청구권

(1) 의미

국가에 대해 일정한 행위나 급부를 청구할 수 있는 권리다. 다른 기본권들을 침해당했을 경우 이 청구권을 통해 구제받을 수 있다는 점에서 수단적 권리다.

(2) 내용

① 청원권(제26조): 국가기관에 문서로 청원할 권리

② 재판을 받을 권리(제27조)

③ 형사보상청구권(제28조): 형사상 구금됐던 자가 불기소 또는 무죄 판결을 받은 때 국가에 보상을 청구할 수 있는 권리

④ 국가배상청구권(제29조): 공무원의 직무상 불법행위로 손해를 받은 경우 배상을 청구할 권리

⑤ 범죄 피해자 구조 청구권(제30조): 범죄로 인해 피해를 입은 경우 국가에 구조를 청구할 수 있는 권리

4 기본권의 경합과 충돌

1) 기본권 경합

기본권 주체 한 사람이 동시에 두 가지 이상의 기본권을 국가에 주장할 경우 기본권의 경합이라고 한다. 예를 들어 종교 영화의 상영을 국가가 금지했다고 할 경우 기본권 주체는 '종교의 자유'와 '표현의 자유'를 함께 주장할 수 있다.

2) 기본권 충돌

(1) 기본권 충돌의 의의

사회가 점차 복잡해지고 다양화되면서 각 개인 간의 기본권이 충돌하는 경우가 많아졌다. 예를 들어 숲을 베어내고 건물을 짓고 싶어하는 사람과 쾌적한 환경을 누리기 위해 숲을 베지 말아야 한다고 주장하는 사람이 대립하는 경우가 생길 수 있다. 이때 자유권과 환경권이 충돌한다고 볼 수 있다. 이렇듯 개인 간의 기본권이 충돌할 경우 어떻게 해결해야 할 것인지의 문제가 생긴다.

(2) 기본권 충돌의 해결 방법

① 이익 형량

서로 충돌하는 기본권을 비교해 좀 더 중요한 가치를 갖는 기본권을 우선시키는

것이다.

② 규범 조화

충돌하는 기본권 중 하나를 우선시키는 것이 아니라, 최대한 조화를 이룰 수 있는 새로운 방법을 모색하는 것이다.

5 기본권의 제한과 한계

1) 기본권 제한의 근거

기본권은 최대한 보장돼야 하지만 불가피하게 제한될 경우도 있다. 헌법 제37조 ②는 국가 안전 보장·질서 유지 또는 공공복리를 위해 필요한 경우 기본권을 제한할 수 있음을 밝히고 있다.

2) 기본권 제한의 한계

기본권을 제한할 때에는 반드시 정해진 절차에 따라 법률을 제정해야만 하고, 또한 제한하더라도 기본권의 본질적인 내용을 침해할 수는 없다. 기본권의 본질적인 내용이란 각 기본권의 핵심적 요소로 그것마저 제한하면 기본권 자체의 의미를 잃게 되는 것이다.

참고 **기본권 충돌과 제한의 예시**

사례: 주거지역 인근에 공장을 세우려는 A기업과 환경오염을 우려해 건설을 반대하는 인근 주민 B의 경우

① 충돌하는 기본권: 자유권 및 재산권 vs 행복 추구 및 환경권

② 해결 방법

이익 형량: 공장 설립으로 인한 환경오염이 없거나 미미한 수준일 때 설립을 허가, 환경오염의 가능성이 클 경우 공익이 우선해 설립 불허가

규범 조화: 공장을 짓되 설립 규모를 제한하고 정화 설비를 반드시 갖추도록 하는 방법, 일정 지역에 그린벨트를 지정해 그 외의 지역에서만 설립하도록 하는 방법 등

③ 기본권 제한: 환경 보호를 위해 법률에 폐수 방출량을 제한하는 규정을 만드는 것

④ 기본권 제한의 한계: 환경권 보장을 위해 모든 공장의 폐수 방출을 아예 금지한다면 공장 자체를 세울 수 없다. 자유권 및 재산권 등의 과도한 침해라 볼 수 있다.

제 3 절 통치기구 1: 국회

1 헌법상 국회의 조직

1) 국회의 구성

(1) 단원제

우리나라 국회는 하나의 합의체로 구성돼 의사를 결정하는 단원제를 채택하고 있다.

국회의사당(국회 홈페이지)

출처 : http://www.assembly.go.kr/assm/assembly/assdata/assdata03/bbs/bbsView.do?bbs_seq_n=12&bbs_cd_n=46&currentPage=0&search_key_n=&search_val_v=&cate_n=&dept_v=

참고 단원제와 양원제

	단원제	양원제
개념	• 1개의 합의체	• 2개의 합의체
장점	• 신속한 의사 결정 • 책임 소재 명확 • 비용 절감	• 신중한 의사 결정 • 다수당의 횡포 방지 • 국회의 한 합의체가 정부와 대립할 때 나머지 합의체가 조정 가능
단점	• 신중하지 못한 입법의 가능성 • 다수당의 장악 • 국회와 정부가 대립할 때 조정이 어려움	• 급박한 사안의 신속한 처리가 어려움 • 책임 소재 불명확 • 비용 증가
채택 국가	• 우리나라, 대만 등	• 영국, 독일, 미국, 일본 등

(2) 국회의원

국회의원은 국민의 보통 · 평등 · 직접 · 비밀선거[7]에 의해 선출되며 임기는 4년이다. 선거구를 나눠 선출하는 지역구의원과 정당 득표율에 따라 선출되는 비례대표의원으로 이뤄진다.

(3) 국회의 조직

① 의장단: 의장 1인, 부의장 2인으로 구성

② 본회의: 국회의원 전원으로 구성되며 입법 등 주요 사항을 의결하는 국회의 최종적 의사 결정 기구다.

③ 교섭단체: 교섭단체는 국회 운영을 협의한다. 20인 이상의 의원이 있는 정당은 교섭단체로 인정되며, 다른 정당 또는 무소속 의원으로 구성된 20인 이상도 교섭단체가 될 수 있다. 교섭단체의 장을 원내대표라 한다.

④ 위원회: 국회의 운영을 효율적으로 하기 위해 설치된 것으로 본회의에 앞서 위원회를 통해 전문적인 심의를 하게 된다. 항상 운영되는 '상임위원회'와 필요할 때 운영되는 '특별위원회'가 있다. 우리나라 국회는 위원회에서 대부분 심의를 거치고 본회의에서는 의결을 위주로 진행하는 형식을 취하고 있다.

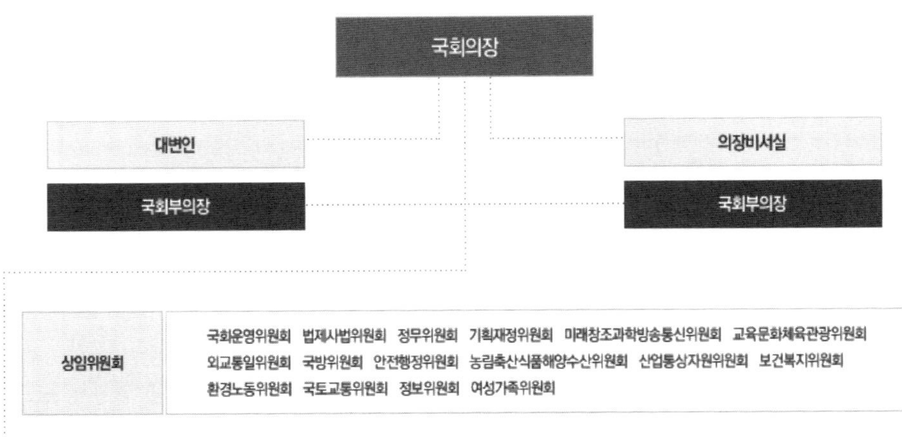

국회 조직도(국회 홈페이지)

7) 선거의 4원칙: 보통선거(일정 연령 이상의 국민은 누구나 투표권이 있음), 평등선거(국민이 행사하는 투표는 모두 동일한 효력), 직접선거(국민이 직접 선출), 비밀선거(어느 후보자에 투표했는지 비밀 보장).

2 국회의 운영

1) 회의의 운영

(1) 정기회

매년 한 번 열리며 100일을 초과할 수 없다. 국정감사와 예산안, 법안 등을 심의한다.

(2) 임시회

대통령이나 국회 재적 1/4 이상이 요구할 때 열리며 30일을 초과할 수 없다. 국정조사, 법안을 심의한다.

2) 회의 진행의 원칙

(1) 회의 공개의 원칙

국회 운영의 투명성과 민주성을 위해 회의는 공개함이 원칙이다.

(2) 회기 계속의 원칙

제출된 법안은 회기 중에 의결되지 못했다고 폐기할 수 없으며, 다음 회기에 이어서 심의 및 의결하게 된다. 법안 심의가 지연되는 것을 방지하고 신속하고 효율적으로 진행되도록 하는 원칙이다.

(3) 일사부재의의 원칙

한번 부결된 법안은 같은 회기 중에 다시 제출하지 못한다. 앞의 두 원칙이 헌법에서 규정된 것과는 달리 일사부재의(一事不再議)의 원칙은 법률(국회법)에서 규정하고 있다.

참고 '일사부재리의 원칙'과의 비교

한번 국회에서 부결된 법안이 같은 회기 중 다시 제출하지 못한다는 '일사부재의의 원칙'은 비슷한 이름인 '일사부재리(一事不再理)의 원칙'과 구별해야 한다. '일사부재리의 원칙'은 입법이 아닌 사법상의 개념이며 한번 판결이 확정된 사안에 대해 다시 소(訴)를 제기할 수 없다는 원칙이다.

3 국회의 권한

1) 입법권

(1) 법률 제·개정 절차

① 법률안 제출: 국회의원 10인 또는 대통령이 제출할 수 있다.

② 심의 및 의결: 상임위원회의 검토→본회의 상정→심의·의결(1/2 이상 출석, 출석의원 중 1/2 이상 찬성)

③ 공포: 대통령이 검토 후 15일 이내에 공포

④ 발효: 공포 20일 이후부터 효력 발생

참고 대통령의 법률안 거부권

국회에서 의결된 법률안이 정부로 이송되면 대통령은 15일 이내에 공포해야 하는데, 이때 대통령이 법률안을 거부하고 국회로 돌려보낼 수 있다. 이에 따라 재의결이 이뤄질 경우에는 국회의원 1/2 이상이 출석, 그중 2/3 이상이 찬성해야 한다. 재의결된 법률안은 법률로 확정되며 대통령은 5일 이내에 공포해야 한다.

한편 최초 의결 후 15일 내에 대통령이 공포하지 않거나 법률안 거부권을 행사하지 않으면 법률이 확정되며, 확정된 법률을 대통령이 기간 내에 공포하지 않을 경우 국회의장이 공포한다.

우리나라의 경우 대통령의 법률안 거부권이 많이 행사되는 편은 아니다. 최근 행사된 거부권은 2008년 「학교용지 부담금 환급 등에 관한 특별법」, 2013년 「대중교통의 육성 및 이용 촉진에 관한 법률 일부 개정법률안」, 2015년 「국회법 개정안」의 거부가 있었다.

(2) 헌법 개정 절차

① 개정안 발의: 국회 재적의원 1/2 이상 또는 대통령이 발의

② 공고: 대통령이 개정안을 20일 이상 국민에게 공고

③ 의결: 60일 내 국회의원 재적 2/3 이상이 찬성

④ 국민투표: 30일 내 실시하며 선거권자 1/2 이상 투표, 투표자 1/2 이상 찬성 시 개정 확정

⑤ 공포: 대통령이 즉시 해야 한다.

(3) 조약 체결 · 비준 동의권

국회는 중요 조약의 체결 · 비준에 대해 동의권을 갖는다.

2) 재정 권한

(1) 예산안의 심의 · 확정

국회는 회계연도마다 정부가 제출한 예산안을 심의하고 확정한다.

(2) 계속비 · 예비비의 의결권

한 회계연도를 넘어 계속 지출할 경우 및 예비비가 필요할 경우에는 국회의 의결을 얻어야 한다.

(3) 국채 모집 등의 의결권

국채를 모집하거나 예산 외에 국가에 부담이 되는 계약을 체결하려 할 때 정부는 국회의 의결을 얻어야 한다.

(4) 결산 심사권

감사원은 매년 세입 · 세출을 감사해 대통령, 국회에 보고해야 한다. 국회는 심사 후 징계 및 시정 요구 등을 할 수 있다.

3) 국정감시 및 견제 권한

국회는 행정부 등 다른 권력기관에 대한 견제 수단으로서 다음과 같은 권한들을 갖는다. 견제 수단을 통해 권력 분립이 제대로 유지될 수 있다.

(1) 국정 감사 · 조사권

국회는 국정을 전반적으로 감사하거나 특정한 사안에 대해 조사할 권한이 있다.

tip: '국정감사'는 정기적으로 국정 전반에 대해 알아보는 것이고, '국정조사'는 특정한 사안에서 행하는 부정기적인 조사다.

(2) 국무총리 · 국무위원 · 정무위원에 대한 출석 요구권

국회 및 위원회는 국무총리 등에 대해 출석을 요구할 수 있으며 질문을 할 수 있다.

(3) 국무총리 · 국무위원 해임건의권

국회는 국무총리와 국무위원의 해임을 대통령에게 건의할 수 있다.

(4) 탄핵소추의결권

국회는 대통령, 국무총리 등의 공무원이 헌법이나 법률을 위반할 경우 탄핵소추를 의결할 수 있다.

참고 **탄핵소추의 사례**

국회가 대통령의 탄핵소추를 의결한 사례는 딱 한 번 있었다. 지난 2004년 16대 국회에서 찬성 193표, 반대 2표로 노무현 대통령의 탄핵소추안을 의결했다. 탄핵의 주된 이유는 대통령의 '선거 중립 의무' 위반이었다. 의결된 탄핵소추안은 헌법재판소의 판단을 받게 되는데 당시 헌법재판소는 탄핵을 기각함으로써 결국 대통령은 탄핵되지 않았다.

(5) 대통령의 권한 행사에 대한 견제

① 대통령의 긴급명령에 대한 승인권

② 비상계엄 해제 요구권

③ 일반사면의 동의권

④ 선전포고, 국군 파견, 외국군 주류에 대한 동의권

4) 기관 구성권

(1) 임명 동의권

국회는 국무총리, 감사원장, 대법원장, 대법관, 헌법재판소장에 대해 임명 동의권을 갖는다.

(2) 선출권

국회는 헌법재판소 재판관 9명 중 3명, 중앙선거관리위원회 위원 9명 중 3명에 대해 선출할 권리가 있다.

참고	재미로 보는 우리나라의 의전 서열

대통령	국회의장	대법원장	헌법재판소장	국무총리	중앙선관 위원장

국가의 중요한 공식행사에서 어떤 사람이 어떤 자리에 앉을 것인지, 누가 먼저 에스코트를 받을 것인지에 대해 그 순서를 정해놓은 것을 '의전 서열'이라 한다. 국가 행사의 예절이라 할 수 있는 것인데, 우리나라의 경우 의전서열 1순위는 대통령이며, 그 뒤를 국회의장, 대법원장, 헌법재판소장, 국무총리, 중앙선거관리위원장이 잇는다. 의전 서열은 예우받는 순서를 정한 것일 뿐 반드시 헌법상 더 상위기관이거나 더 많은 권한을 갖는 사람이 서열이 높은 것은 아니다.

국무회의 진행 모습

출처: http://www.newsis.com/gallery/view.htm?cID=2&pID=1&page=1&s_skin=&s_date=&e_date=&s_k=&pict_id=NISI20130115_0007581360

5) 자율권

국회는 법률의 범위 내에서 의사와 내부 규율에 대한 규칙을 제정할 수 있다. 또한 의원의 자격을 심사하며 의원을 징계할 수 있다.

4 국회의원의 특권

국회의원의 자유로운 의정 활동을 보장하기 위해 헌법은 국회의원에 대한 특권을 인정하고 있다.

1) 불체포특권

국회의원은 회기 중에 국회의 동의 없이 체포 · 구금될 수 없다. 단, 현행범인 경우는 예외다.

2) 면책특권

국회의원이 국회에서 직무상 행한 발언과 표결에 대해 국회 밖에서 책임지지 않는다.

5 의회주의의 위기

1) 의의

행정부의 역할이 커짐으로써 상대적으로 의회의 역할이 축소되고 국민을 위한 입법 활동이 제대로 이뤄지지 않는 현상을 말한다.

2) 원인

사회가 복잡해지고 급변함에 따라 즉각적 대응이 가능한 행정부의 역할이 커졌다. 또한 국회는 그것에 대응할 만한 전문성이 부족했고, 특정 집단의 이익을 우선하는 경우가 많아지며 국민의 뜻을 반영하기 어려워졌다.

3) 해결 방안

(1) 국회의 전문성 강화

전문성을 갖춘 입법 활동으로 변화하는 사회에 대응해야 한다.

(2) 정당 민주화

폐쇄적인 정당정치를 벗어나 국민의 뜻을 반영하는 정당 운영이 이뤄져야 한다.

(3) 국민들의 의식 제고

국민들이 정치 의식을 갖고 국가의 주인으로서 입법 과정에 의견을 내고 투표권을 행사해야 한다.

제 4 절 통치기구 2: 행정부

1 행정부의 의의

근대에 입법, 사법, 행정으로의 3권 분립이 이뤄지면서 행정은 법을 집행하는 역할로 시작됐다. 그러나 오늘날에는 국가의 전반적인 업무를 맡아 처리하고 정책을 시행하는 적극적인 역할이 강조되고 있다.

2 행정부의 구성

1) 대통령

(1) 대통령의 선출

국회의원은 국민의 보통·평등·직접·비밀선거에 의해 선출되며, 임기는 5년 단임이다. 연임 및 중임을 할 수 없다.

참고 단임제와 연임제

우리나라는 과거 군사독재의 영향으로 8차 개헌부터 단임제를 유지해 오고 있다. 한번 대통령을 지내면 다시 대통령직에 나아갈 수 없게 함으로써 독재를 막기 위한 것이다. 그러나 오늘날은 어느 정도 민주주의가 정착됐고 국가의 장기계획 수립이 필요하다는 점에서 연임제를 도입해야 한다는 목소리도 나오고 있다. 이처럼 단임제는 독재를 방지하는 이점이 있으나 장기적인 정책 수립이 어렵고, 연임제는 장기적 정책 수립이 가능하지만 독재의 가능성이 남아 있게 된다.

(2) 국가 원수로서의 대통령

① 국가의 대표: 대통령은 국가의 대표로서 조약을 체결·비준하며 외교사절을 맞거나 파견하고, 전쟁의 선전포고와 강화(화해)할 권리가 있다.

② 국가와 헌법의 수호

- 긴급 재정·경제상 처분 및 명령권: 대통령은 국가 안보 및 공공의 질서를 위해 긴급한 경우 재정·경제상의 처분이나 명령을 발할 수 있다.
- 긴급 명령권: 대통령은 중대한 교전 상태에서 긴급할 경우 명령을 발할 수 있다.
- 계엄 선포권: 대통령은 전시·사변 등의 비상사태 시에 계엄을 선포할 수 있다.

참고	대통령의 긴급명령의 효력
원래 대통령령은 '명령'으로서 '법률'의 하위 단계의 효력을 갖는다. 그러나 긴급 재정·경제상 명령, 긴급 명령은 예외적으로 법률과 같은 효력을 갖게 된다.	

③ 국정 조정권

- 국회 임시회 소집 요구권
- 국회 출석·발언권
- 법률안 제출권
- 법률안 공포·거부권: 국회에서 의결된 법률안을 공포하거나 거부해 되돌려 보낼 수 있다.
- 국민투표 부의권: 중요 정책을 국민투표에 부칠 수 있다.
- 사면·감형·복권 명령권

④ 기관 구성권

대통령은 국무총리, 감사원장, 대법원장, 대법관, 헌법재판소장 등을 임명한다.

(3) 행정부 수반으로서의 대통령

① 행정부 지휘

② 국군 통수권: 국군에 대한 최고 지휘권이다.

③ 공무원 임면권: 헌법과 법률에 정한대로 공무원을 임명하고 해임할 수 있다.

④ 대통령령 발포권: 법의 수직적 단계에서 '헌법>법률>명령>조례>규칙'순으로

상위의 법규다. '대통령령'은 이 중 '명령'에 해당하며 법률에서 구체적으로 위임받은 사항과 법 집행을 위해 발한다.

(4) 대통령의 특권

대통령은 내란, 외환의 죄를 범한 경우를 제외하고는 재직 중에 형사 재판을 받지 않는다. 대통령의 지위를 보장하고 원활한 직무 수행을 하도록 하기 위한 것이다.

(5) 대통령에 대한 통제

① 국회의 통제 수단: 탄핵소추권, 국정감사·조사권, 대통령의 권한에 대한 여러 동의권 등

② 행정부 내부의 통제 수단: 국무회의의 심의, 행정 각부 및 기타 대통령 직속 기관의 자문 등

③ 사법부의 통제 수단: 처분 및 명령에 대한 사법심사, 탄핵심판 등

2) 국무총리

국무총리는 대통령을 보좌하며 대통령의 명을 받아 행정 각부를 통할한다. 국무총리는 '총리령'을 발할 수 있고, 대통령의 유사시에 대통령 권한을 대행하게 된다. 국무총리는 국회의 동의를 얻어 대통령이 임명할 수 있다.

참고 책임총리제

일명 '책임총리제'의 도입을 놓고 의견이 분분하다. 책임총리제란 국무총리가 헌법에 규정된 자신의 권한(국무위원 제청권 및 해임건의권)을 실질적으로 행사해서 내정에 대한 강한 권한을 갖는 것을 말한다. 원래 헌법에 국무총리의 권한이 명시되어 있지만 사실상 대통령의 뜻에 맡기고 권한을 행사하지 못하기 때문에 총리가 직접 이를 행사해야 한다는 것이다. 대통령에게 권한이 집중되어 있는 제왕적 대통령제의 문제점을 보완하고자 나타난 개념이다.

3) 국무회의

국무회의는 정부의 중요한 정책을 심의하는 기관이다. 국무회의는 대통령, 국무총리와 15~30인의 국무위원으로 구성된다.

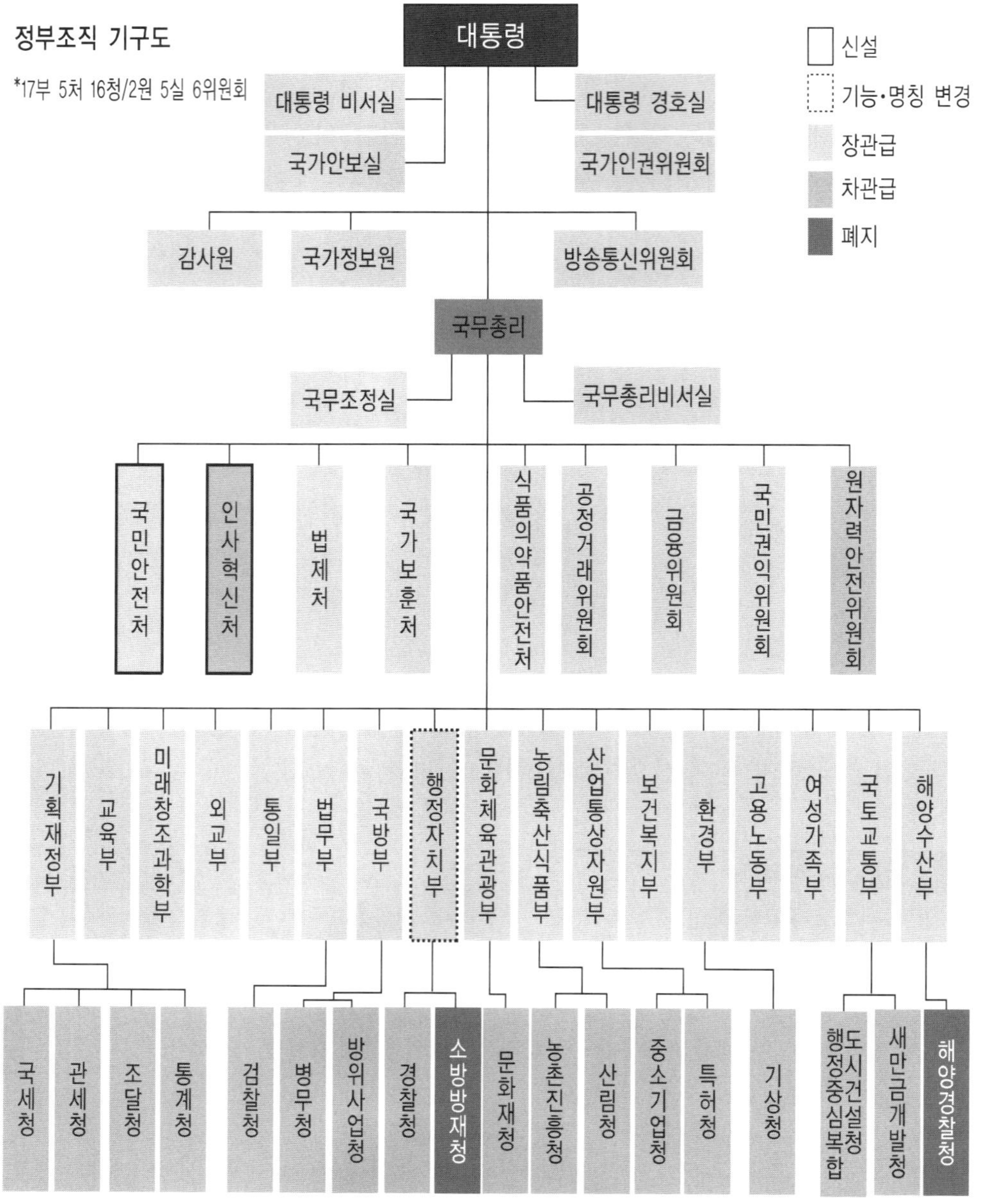

행정부 조직도(정부조직관리정보시스템)

출처: https://org.mospa.go.kr/org/external/chart/index.jsp

4) 행정 각부

행정 각부의 장은 국무위원 중에서 국무총리의 제청으로 대통령이 임명한다. 행정 각부의 장은 '부령'을 발할 수 있다.

5) 감사원

감사원은 국가의 세입·세출 결산, 회계검사 및 행정기관의 감찰을 위한 기관이다. 감사원장은 국회의 동의를 얻어 대통령이 임명하며 5~11인의 감사위원으로 구성된다.

tip: 감사원과 같이 권력에 대한 견제 기능을 수행하는 감찰기관은 무엇보다도 '독립성'이 중요하며, 다른 국가기관으로부터 영향을 받지 않아야 공정한 감사가 가능하다.

제 5 절 통치기구 3: 법원과 헌법재판소

1 사법부의 의의

1) 사법의 의미

법을 만드는 '입법부', 법을 집행하는 '행정부'와 구별되는 '사법부'가 하는 일을 '사법작용'이라 한다. 사법은 구체적 사안에서 법에 따라 판단·적용해 분쟁을 해결하고 법질서 및 국가 질서를 유지해 나가는 작용이다.

2) 사법권의 독립

(1) 의미

'사법권의 독립'이란 사법작용에서 법관이 어떠한 외부의 영향이나 압력을 받지 않고 독립해 심리·판결하도록 하는 것을 말한다. 국민의 기본권을 보장하기 위해 지켜져야 할 원칙으로 강조된다. '법원의 독립'과 '법관의 독립'으로 나눌 수 있다.

(2) 법원의 독립

① 법원의 조직: 법원은 법관으로 구성된 독립된 기관이다.

② 법원의 운영: 대법원은 법률에 반하지 않는 범위 내에서 소송 절차, 법원 내부 규율 및 사무 처리에 관한 규칙을 만들 수 있다.

(3) 법관의 독립

① 재판의 독립: 법관은 헌법과 법률에 의해 그 양심에 따라 독립해 심판한다.

② 신분의 독립: 법관의 자격은 법률에 정하며 임기제와 정년제를 두는 등 신분이 보장된다.

2 법원의 구성

1) 법원의 조직과 담당

(1) 대법원

사법부의 최고법원으로, 대법원장 및 대법관으로 구성돼 있다. 상고·재항고사건 재판, 선거소송 재판, 명령·규칙·처분 심사권 등을 담당한다.

(2) 고등법원

대법원 바로 아래의 법원으로 항소·항고사건을 담당한다.

(3) 지방법원

지방법원은 3인의 법관으로 구성돼 재판하는 '합의부' 사건과 법관 1인이 재판하는 '단독'사건으로 나눠 재판을 담당한다. 합의부가 재판하도록 법률에 정해진 사건, 1심에서 단독판사가 판결한 사건의 항소심 등을 합의부가 맡는다.

(4) 가정법원

지방법원과 마찬가지로 합의부와 단독판사로 구성된다. 가사소송 및 소년사건을 담당한다.

(5) 특허법원

합의부가 심판을 행하며 특허 관련 소송을 담당한다.

(6) 행정법원

합의부, 단독판사로 구성되며 행정소송을 담당한다.

(7) 군사법원

군사재판만을 관할하는 특별법원이다.

2) 법관의 임용

법관의 자격과 정년은 법률로 정하고 있다. 법관은 탄핵·금고 이상의 형을 받는 경우가 아니면 파면되지 않으며, 징계에 의한 것이 아니면 불리한 처분을 받을 수 없다. 대법원장과 대법관의 임기는 6년, 일반 법관의 임기는 10년이다. 대법원장과 대법관은 대통령이, 일반 법관은 대법원장이 임명한다.

3 재판제도

1) 재판의 종류

(1) 민사재판

개인과 개인 간의 분쟁이 일어났을 때 이를 해결하기 위한 재판이다.

tip: 예컨대 갑이 을에게 돈을 빌려주었으나 을이 약속한 때 갚지 않아 갑이 소송을 제기한다면 민사재판에서 그 판단이 이뤄진다. 이혼소송과 같은 가사소송도 크게는 민사재판에 속한다.

(2) 형사재판

범죄와 형벌에 관한 재판으로, 국가를 대표하는 검사와 범죄의 혐의를 받는 피고인이 당사자가 되는 재판이다.

tip: 갑이 물건을 훔친 혐의로 검사로부터 절도죄로 기소된다면, 형사재판을 통해 유무죄 및 양형을 결정하게 된다. 민사재판에서는 양 당사자가 모두 국민인 반면 형사재판에서는 국가를 대표하는 검사가 국민인 피고인을 상대로 기소한다는 점이 가장 큰 차이이다.

(3) 행정재판

행정청에 의해 권익이 침해당했다고 주장하는 국민이 국가에 대해 소송을 할 경우 이뤄지는 재판이다.

(4) 선거재판

당선의 유·무효, 선거 자체의 효력 등을 다투는 재판이다.

2) 심급제도

(1) 의미

심급제도는 재판의 공정성을 위한 제도로, 당사자가 결과에 불복할 경우 급이 다른 법원으로 하여금 몇 차례 다시 재판을 받을 수 있도록 하고 있다. 재판 결과에 불복해 상급 법원에 다시 재판을 청구하는 것을 '상소'라고 한다. 우리나라의 심급제도는 이러한 상소가 2번까지 이뤄질 수 있도록 하는 것을 원칙으로 하고 있다(3심제). 다만 예외적으로 특허법원은 2심제, 군사법원은 단심제를 채택하고 있다.

(2) 상소의 명칭

① 항소: 1심 법원의 판결에 불복해 상소하는 것(2심 청구)
② 상고: 2심 법원의 판결에 불복해 상소하는 것(3심 청구)
③ 항고: 1심 법원의 결정·명령에 불복해 상소하는 것
④ 재항고: 2심 법원의 결정·명령에 불복해 상소하는 것

참고 **법원의 판단 종류와 상소**

판결: 중요한 사항, 유·무죄 판단 등의 종국적 판단
결정: 비교적 경미한 사항, 절차에 관한 판단 등
명령: 경미한 사항에 대해 개별 법관이 행하는 것

판결에 대해서는 항소와 상고, 결정과 명령에 대해서는 항고와 재항고가 이뤄진다.

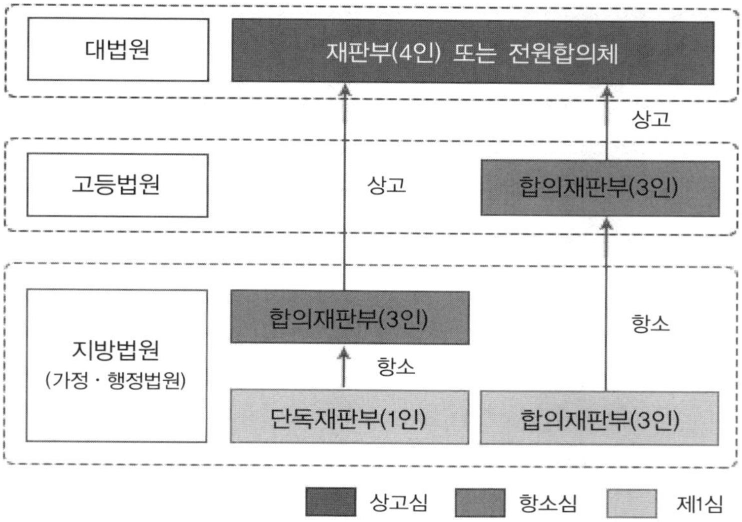

심급제도(대법원 홈페이지)

출처: http://www.scourt.go.kr/supreme/sup__deci/process/process01/index.html

3) 재판의 원칙

(1) 공개재판주의

재판의 투명성을 위해 재판은 원칙적으로 공개해야 한다. 다만 공개하는 것이 국가의 안보 및 안녕 질서를 방해할 염려가 있을 경우에는 심리를 공개하지 않을 수 있다.

(2) 증거재판주의

재판에 증거로 채택된 것만을 가지고 법관이 판단해야 한다는 원칙이다. 즉, 법관의 선입견이나 추측, 증거로 채택되지 않은 사실 등에 근거해 판단할 수 없다.

(3) 일사부재리의 원칙

한번 재판을 받아 선고가 확정된 경우에는 다시 소(訴)를 제기할 수 없다. 다만 예외적으로 재심 청구가 가능한 사유가 있는 경우에는 재심을 청구할 수 있다.

4 헌법재판소

1) 헌법재판소의 의미

헌법재판소는 헌법의 해석에 대한 최종적 권한을 갖는 기관이다. 헌법은 우리나라의 입법, 사법, 행정이 이뤄지는 기준이 되며, 국민의 기본권을 보장하는 최고의 법이기 때문에 헌법을 어떻게 해석해야 하는지의 문제는 매우 중요하다. 특히 정치적 문제에서 이해 관계를 떠나 철저히 헌법 규범에 따라 판단을 내리고, 헌법 해석에 대한 선례를 만든다는 점에서 헌법재판소의 역할은 매우 중요하다.

2) 헌법재판소의 지위

(1) 헌법보장기관
헌법재판을 통해 국민의 기본권을 보장하고 헌법을 수호하는 기관이다.

(2) 정치적 사법기관
정치적 문제에서 헌법 해석으로 접근하는 사법기관이다.

(3) 국가권력 통제기관
권력기관이 권력을 행사할 때 헌법에 위반하지 않도록 통제하는 역할을 한다.

3) 헌법재판소의 구성

헌법재판소는 9인의 헌법재판관으로 구성되는데, 헌법재판소의 독립성을 위해 3인은 대통령이, 3인은 국회에서, 3인은 대법원장이 각각 지명한다. 이 중 헌법재판소장은 대통령이 임명한다. 헌법재판관의 임기는 6년이며 신분이 보장된다. 재판관은 정당에 가입하거나 정치에 관여할 수 없다.

4) 헌법재판소의 권한

(1) 위헌 법률 심판
법원이 맡은 사건에서 적용하고자 하는 법률이 위헌인지의 여부를 알기 위해 헌법재판소에 위헌 법률 심판을 제청하면 헌법재판소가 해당 법률이 헌법에 위반되는지의 여부를 심사하는 것이다. 위헌으로 결정되면 해당 법률은 효력을 잃는다.

(2) 탄핵 심판

국회가 고위공무원에 대해 탄핵의 소를 제기할 경우 이를 심판하는 것이다. 받아들여질 경우 해당 공무원은 파면된다.

(3) 헌법 소원

① 권리구제형 헌법 소원: 공권력에 의해 기본권이 침해됐다고 주장하는 국민이 직접 구제를 요청하는 것이다. 단, 법원의 재판 결과에 대해서는 헌법 소원을 청구할 수 없다.

② 위헌심사형 헌법 소원: 법원에서 재판 중인 국민이 법원에 위헌 법률 심판의 제청을 신청했는데 이것이 받아들여지지 않아 위헌 법률 심판을 받지 못할 경우 직접 헌법 소원을 청구할 수 있다.

tip: 위헌 법률의 심사는 원래 법원에서 신청하는 것이다. 소송 당사자가 법원에 위헌 법률 심사를 신청해 달라고 했으나 법원이 이를 기각했다면, 당사자는 헌법재판소의 판단을 받지 못하게 된다. 그래서 위헌심사형 헌법 소원을 통해 다시 한 번 심사를 청구할 수 있도록 하는 것이다. 법원의 재판에서 심급제도를 통해 항소하는 것과 비슷하다.

(4) 권한 쟁의 심판

국가기관 및 지방자치단체 사이의 권한을 확정하기 위한 심판이다.

(5) 정당 해산 심판

정당의 활동 및 목적 등이 헌법에 위배될 경우 정부는 위헌 정당 해산 심판을 청구할 수 있다. 이러한 청구에 의해 해당 정당을 해산할 것인지의 여부를 심판한다.

제 6 절 통치기구 4: 지방자치제

1 지방자치제의 의의

1) 지방자치제의 의미

각 지역의 주민들이 지방정부의 구성원을 선출해 지방정부로 하여금 지역의 사무를 자주적으로 처리하도록 하는 제도다.

tip: '지방선거'는 대통령선거, 국회의원선거 등에 못지않게 중요한 선거다. 바로 지방자치단체의 장과 지방의회 의원을 선출하는 선거이기 때문이다. 지방선거 때는 지역마다 후보자가 다르다. 이처럼 그 지역의 주민이 지방선거를 통해 지역의 대표를 선출하게 된다.

2) 지방자치제의 형태

(1) 주민자치

지방자치제도의 기원이라고도 할 수 있는 이념으로 지역주민이 자신이 속한 지역의 행정에 직접 관여하는 것이다. '민주주의' 이념에 초점이 맞춰져 있다.

(2) 단체자치

법률에 의해 일정 지방기관이 지역사무를 위임받아 행정을 처리하는 것이다. 중앙정부로부터의 통제에서 자유롭지 않으며 '지방분권(地方分權)'에 초점이 맞춰져 있다.

tip: 우리나라의 지방자치제도는 주민자치와 단체자치의 특성이 함께 나타난다. 주민에 의해 구성되고 주민의 통제를 받지만 중앙정부나 상급 기관의 감독도 받는다.

2 지방자치단체의 조직

1) 종류

(1) 광역자치단체

특별시, 광역시, 도, 특별자치시, 특별자치도는 광역자치단체를 둔다. 특별시장, 광역시장, 도지사가 단체의 장이 된다. 현재 우리나라는 17개의 광역자치단체를 두고 있다.

(2) 기초자치단체

시, 군, 구는 거초자치단체를 둔다. 시장, 군수, 구청장이 단체의 장이 된다.

2) 기관

(1) 지방의회

지방자치단체의 의결 기구로 지역주민이 선출한 지자체 의원으로 구성된다. 조례를 제정할 수 있다.

(2) 지방자치단체의 장

지역주민이 직접 선출하며 지자체를 이끌고 규칙을 제정한다.

3 지방자치단체의 권한

1) 자치 입법권

지방의회는 조례를, 지방자치단체장은 규칙을 제정할 수 있다.

tip: 앞서 배운 법의 단계를 기억하는가? 헌법 〉 법률 〉 명령 〉 조례 〉 규칙순으로 상위의 법이다. 여기에서 조례를 지방의회가, 규칙을 자방자치단체장이 만드는 것이다.

2) 자치 행정권

(1) 고유 사무

지역주민의 복리를 위한 사무로 지자체가 경비를 전부 부담하고 국가의 간섭이 거의 없다.

(2) 단체위임사무

국가나 다른 지방자치단체로부터 위임받은 사무로 경비는 위임한 주체가 부담하며, 해당 사무에 대해 어느 정도 감독을 할 수 있다.

(3) 기관위임사무

국가나 다른 지방자치단체로부터 지방자치단체의 장에게 위임된 사무로 위임받은 기관은 위임한 기관의 전면적 감독을 받는다.

3) 자치 재정권

지방세를 부과하고 재정을 유지하는 등 자율적으로 재정 운용을 할 수 있다.

4) 주민투표 부의권

지방자치단체장은 주요 사항에 대해 주민투표에 부칠 수 있다.

4 지방자치에 대한 통제

1) 상급 행정기관

대통령, 행정 각부 장관, 상급 지방자치단체 등에 의해 감독받거나, 사무를 보고해야 하는 등의 통제를 받는다.

2) 입법부

국회가 지방자치단체에 관한 사항을 법률로 정함으로써 통제하게 된다.

3) 사법부

위법적인 처분에 대해 행정소송 등의 재판으로 통제하게 된다.

5 주민의 직접적 참여제도

1) 주민소환제

지방자치단체의 처분 등에 문제가 있다고 판단할 경우 직접 투표를 통해 지방자치단체장 및 지방 의원을 해임할 수 있다.

2) 주민투표제

지방자치단체의 주요 사항에 대해 결정하기 위해 주민투표를 시행할 수 있다.

3) 그 밖의 참여제도

조례에 대한 발안, 청원, 진정, 공청회 등의 제도를 통해 지역주민이 지방자치제도에 직접 참여할 수 있다.

참고 문헌

계희열 (2002). 헌법학(상). 박영사.

이준일 (2013). 헌법학강의. 홍문사.

이투스 (2012). 누드교과서(법과 정치), 이투스교육(주).

허영 (2010). 한국헌법론. 박영사.

제 4 장
개인 생활과 법

제 1 절 민법의 기초 이해

1 민법의 기본 원리

인간은 사회적 동물이라고 한다. 우리는 혼자서는 살아갈 수 없다. 책이며 옷이며, 식량, 학교 등 우리가 필요로 하는 것들을 우리가 자급자족해 생활할 수 없다. 그리하여 사회 생활 속에서 우리는 타인들과 생활 관계를 맺게 된다. 친구 관계, 선후배 관계, 부모자식 관계, 이웃 관계, 물건을 사는 사람과 파는 사람의 관계 등 수많은 생활 관계 중에서 법이 규율하는 생활 관계를 법률 관계라 한다.

법률 관계는 권리의무 관계다. 예컨대, A가 B에게 주택에 대한 매매 계약을 체결했다고 하면, A는 주택을 B에게 넘겨주어야 할 의무가 있고, B는 A에게 주택을 넘겨달라고 할 권리가 있다. 다른 한편으로는 A는 B에게 매매대금을 달라고 할 권리가 있으며, B는 A에게 매매대금을 지불해야 할 의무가 있다. 이와 같이 일반적으로 권리와 의무는 동전의 앞뒷면처럼 결합돼 있다. 개인과 개인 사이의 일상적인 법률 관계, 즉 권리의무 관계를 규율하는 법규범이 민법이다.

근대 민법은 일반 시민들의 사유재산을 보장하고, 개인들 간의 자유로운 물건

교환을 가능하게 하며, 개인의 자유로운 활동을 보장하려는 이념을 담고 있다. 이를 구체적으로 사유재산권 존중의 원칙, 계약 자유의 원칙, 과실 책임의 원칙으로 부른다.

첫째, 근대 민법은 개인의 재산권을 보호한다. 이것을 사유재산권 존중의 원칙이라 하며, 재산권 불가침의 원칙 또는 소유권 절대의 원칙이라고도 부른다. 이것은 구체적으로 타인은 물론 국가권력기관도 개인의 사유재산을 침해할 수 없다는 것으로서, 헌법 제23조 제1항의 "모든 국민의 재산권을 보장된다. 그 내용과 한계는 법률로 정한다."는 선언을 법률적으로 뒷받침하는 의미를 가진다.

그러나 사유재산권의 존중에 지나치게 치우치다 보면, 예컨대 주거지역 내 공장의 과도한 소음과 공해물질 배출을 규제할 수 없고, 국가가 필요로 하는 도로나 산업단지, 택지 개발 등이 불가능하다. 그리하여 사유재산권도 앞에서 본 바와 같이 "그 내용과 한계"를 법률로 정해 제한할 수 있으며, 헌법 제23조 제2항에 "재산권의 행사는 공공복리에 적합하도록 하여야 한다."고 하여 공공복리 차원에서 제한할 수 있도록 하고 있다. 그리하여 민법의 사유재산권 존중 원칙도 일정한 범위 안에서는 제한을 받는다.

둘째, 계약 자유의 원칙이란 물건의 자유로운 교환이나 처분을 보장하기 위한 원칙으로서, 개인은 자유롭게 계약 체결 여부, 계약 내용, 계약 방식을 결정할 수 있다는 원칙이다. 계약을 스스로 자유롭게 결정한다는 의미에서 사적 자치(私的自治)의 원칙이라고도 부른다.

계약 자유의 원칙 아래에서 자본주의 사회는 경제적으로 많은 발전을 이룩했으나, 빈부 격차의 문제가 발생했다. 따라서 공공복리를 위해 또는 계약 관계에서 강자가 약자에게 불공정한 거래를 하거나 폭리를 취하는 것 등을 방지하기 위해 계약 자유도 제한을 받는다.

계약 자유는 개인들에게 많은 이익과 편안함을 가져다 주지만, 고의 또는 과실로 다른 사람에게 손해를 야기한 경우에는 그 손해를 배상해야 한다. 자유로운 거래를 보장하는 대신 그 결과에 대해서도 책임을 지는 것이 공평하기 때문이다.

셋째, 과실 책임의 원칙이란 고의 또는 과실이 없으면 손해배상 책임을 부담하지 않는다는 원칙을 말한다. 고의 또는 과실이 있으면 책임을 부담해야 한다는 의미에서 자기 책임의 원칙이라고도 부른다.

그렇다면 예컨대, 공장에서 환경오염이 배출돼 피해가 발생했지만 그 공장에 고의나 과실이 없는 경우에 그 환경오염으로 인한 피해는 누가 배상할 것인가? 현대 산업사회에서는 많은 영역에서 고의나 과실 없이 피해를 야기한 경우가 발생한다. 그리하여 일정한 경우에는 고의나 과실 없이 손해를 발생시킨 경우에도 손해를 배상하도록 함으로써 과실 책임의 원칙의 적용을 완화시키고 있다.

2 권리 능력과 행위 능력

1) 권리 능력

권리란 특별한 이익을 누릴 수 있는 법률상의 힘이다. 법률상의 힘이란 자신의 이익을 침해당한 자는 법률의 보호를 받아 자신의 권리를 실현할 수 있다는 것을 의미한다. 다시 말하면, 법원에 소송을 제기해 자신의 권리를 실현할 수 있는 보호를 받는다는 것이다. 예컨대, 물건을 매매한 자가 물건 값을 받지 못한 경우에, 그는 물건을 매수한 자를 상대로 법원에 소송을 제기해 물건 값을 받아낼 수 있다.

권리를 누릴 수 있는 자격을 권리 능력이라 한다. 우리 민법 제3조에[1] 따라 말한다면, 권리와 의무의 주체가 될 수 있는 자격이라고 할 수 있다. 그렇다면 누가 이러한 권리를 누릴 수 있는 자격을 가질까? 위에서 본 민법 제3조에 따라 사람은 권리 능력을 가진다. 또한 민법 제34조에[2] 따라, 법인도 권리 능력을 가진다. 법인이라는 말에 대비시켜 살아 있는 사람을 자연인이라고도 부른다. 요컨대, 권리 능력을 가지는 자는 자연인과 법인이라고 할 수 있다. 법인에는 일정한 목적을 위해 결합한 사람들의 단체인 사단으로서 일정한 요건을 갖춰 설립한 사단법인과 일정한 목적을 위해 제공된 재산을 관리하기 위해 일정한 요건을 갖춰 설립한 재단법인이 있다.

자연인과 관련해 한 가지 덧붙이면, 아직 어머니의 뱃속에 있는 아이, 즉 태아는 원칙적으로 권리 능력을 가지지 못한다. 그러나 태아도 상속을 받는 데는 권리 능

1) 민법 제3조(권리 능력의 존속 기간) 사람은 생존한 동안 권리와 의무의 주체가 된다.
2) 민법 제34조(법인의 권리 능력) 법인은 법률의 규정에 좇아 정관으로 정한 목적의 범위 내에서 권리와 의무의 주체가 된다.

력을 인정받는 등 법률의 규정에 따라 예외적으로 권리 능력을 인정받는 경우가 있다. 그리고 사람인 한 성별, 나이, 재산, 능력, 장애 여부에 관계없이 누구나 평등하게 권리 능력을 가진다.

2) 행위 능력

부모의 사망으로 상속받은 어린이가 상속받은 재산을 처분할 수 있을까? 만약 처분이 허용된다면, 아직 세상 경험이 없는 어린이는 심한 불이익을 당할 것이다. 따라서 상속받은 재산에 대한 권리를 가질 수 있는 자격, 즉 권리 능력은 인정되지만, 그 어린이를 보호해야 할 필요성이 있음을 알 수 있다. 그리하여 민법은 권리 능력 외에 행위 능력이라는 개념을 사용하고 있다.

앞에서 권리란 특별한 이익을 누릴 수 있는 법률상의 힘이라 했다. 이러한 권리가 발생하거나 변경되거나 소멸되는 것을 권리 변동이라 부른다. 즉, 권리 변동이란 권리의 발생 · 변경 · 소멸을 총체적으로 부르는 말이다.

그렇다면 권리 변동은 어떤 원인에 의해 일어날까? 거기에는 다양한 원인이 있다. 매매 계약에 의해 소유권이 변동될 수도 있고, 상속에 의해 부모의 재산이 자식에게로 상속재산에 대한 권리가 이전될 수도 있다. 권리 변동의 여러 가지 원인 중 매매 계약이나 상속과 같이 권리를 변동시키려는 자연인의 마음속 의사(예컨대, 매매)를 표시하는 행위로써 권리가 변동되는 경우가 가장 많다. 여기서 권리를 변동시키려는 마음속의 의사를 표시하는 행위를 의사 표시라고 부른다. 어떤 물건을 팔겠다는 의사 표시와 사겠다는 의사 표시가 서로 합치되면 매매 계약이 성립되고, 물건을 넘겨주고 매매대금을 지급함으로써 물건에 대한 권리가 변동되는 것이다. 이와 같이 의사 표시를 핵심 요소로 해서 이뤄지는 행위들, 예컨대 매매 계약이나 유언 등을 법이 규율하는 행위, 즉 법률행위라고 부른다. 요컨대, 권리의 발생 · 변경 · 소멸을 권리 변동이라고 총칭해 부르고, 의사 표시 행위를 통해 권리 변동을 일으키는 행위들(예컨대, 매매 계약이나 유언)을 법률행위라고 부른다는 것이다.

이러한 법률행위를 할 수 있는 능력, 좀 더 자세히 말하면 혼자서 유효한 법률행위를 할 수 있는 능력, 예컨대 매매 계약을 체결할 수 있는 능력을 행위 능력이라 부른다. 결국 행위 능력이란 법률행위 능력을 줄여서 부르는 말이다. 그렇다면 위에서 예로 든 어린이는 행위 능력, 즉 법률행위 능력이 있을까? 다시 말하면 상속받은 재산을 매매 계약을 통해 처분할 수 있을까?

민법은 만 19세가 되지 아니한 미성년자, 또는 정신적 제약으로 사무 처리 능력이 결여되거나 부족한 자에 대해서는 행위 능력에 제한을 두고, 법으로 정한 대리인을 통해 그들의 법률행위를 대신해 주거나 보호하도록 하고 있다. 여기서 법으로 정한 대리인을 법정대리인이라고 부른다. 예컨대, 미성년자에 대해서는 그 부모가 법정대리인이 된다.[3] 그리고 정신적 제약으로 사무 처리 능력이 결여되거나 부족한 자에 대해서는 후견인을 두어 보호하도록 하고 있다. 여기서 미성년자 또는 정신적 제약으로 사무 처리 능력이 결여 혹은 부족해 후견을 받는 자를 제한 능력자라 부른다. 행위 능력을 제한받는 자라는 의미다.

지금까지 권리 능력과 행위 능력에 대해 살펴보았는데, 여기에 한 가지 능력 개념을 더 고려해야 한다. 예컨대, 미성년자가 아닌 성인이 병이나 사고로 갑자기 혼수 상태에 빠져 정신이 혼미해졌다고 가정해 보자. 이 성인은 권리 능력과 행위 능력이 있으니 혼자서 유효한 법률행위를 할 수 있을까? 이러한 상태에 있는 성인은 자신이 하는 행위의 의미나 결과를 합리적으로 판단할 수 있는 정상적인 정신 능력이 있다고 볼 수 없을 것이다. 이러한 능력, 즉 자신이 하는 행위의 의미나 결과를 합리적으로 판단할 수 있는 정상적인 정신 능력을 의사 능력이라고 한다. 법률행위를 하려면 의사 표시 행위를 해야 하는데, 행위 능력이 있더라도 의사 능력이 없다면 혼자서 유효한 법률행위를 할 수 없을 것이다. 의사 능력이 없는 자는 의사무능력자라 하며, 이들이 한 법률행위는 원칙적으로 무효로 하고 있다.

덧붙여, 권리 능력이나 행위 능력에서 '능력'이라는 말은 자격을 의미하나, 의사 능력에서의 능력은 '일을 감당할 수 있는 힘'이라는 일상적인 의미다.

---

3) 민법 제911조(미성년인 자의 법정대리인) 친권을 행사하는 부 또는 모는 미성년인 자의 법정대리인이 된다.

제 2 절 계약과 불법행위

1 계약의 의미와 한계

1) 계약의 의미

권리란 특별한 이익을 누릴 수 있는 법률상의 힘이다. 이러한 권리에는 어떤 물건에 대한 권리가 있다. 예컨대, 책을 소유하고 있다면 그 책이라는 '물건'에 대한 소유권을 가지고 있는 것이다. 이러한 권리를 민법에서는 '물건에 대한 권리'라는 의미에서 물권이라고 부른다.

권리에는 물건에 대한 권리, 즉 물권(物權)뿐만 아니라, 누군가에게 금전 등 무언가를 청구할 수 있는 권리도 있다. 예컨대, 예금한 금전을 은행에서 청구한다든지, 빌려준 돈을 돌려달라고 하는 등의 권리도 있다. 이와 같이 누군가에게 무언가를 청구할 수 있는 권리를 채권(債權)이라고 부른다.

우리가 일반적으로 재산권이라고 부르는 것은 대개 위의 물권과 채권을 함께 합쳐서 부르는 말이다. 예컨대, 우리가 책을 소지하고 있다면 책에 대한 소유권이라는 물권을 가지고 있는 것이다. 그러나 그 책을 누군가에게 팔았다면, 책을 그에게 주고 책값을 달라고 청구할 권리가 있는 것이다. 따라서 당신이 책 두 권을 가지고 있다가 한 권을 팔았다면, 당신이 가지고 있는 책 한 권에 대한 물권과 팔아버린 책에 대한 책값을 청구할 수 있는 권리인 채권을 동시에 가지고 있는 셈이다.

그렇다면 채권, 즉 누군가에 무언가를 청구할 수 있는 권리는 어떤 경우에 생기게 될까? 가장 일반적으로는 당사자 사이에 서로의 의사 표시의 합치에 의해 계약이 성립되고, 그 계약에 따라 각 당사자는 상대방에 대해 무언가를 청구할 수 있는 권리, 즉 채권이 생기게 된다.

예컨대, 책을 가진 A와 책을 사려는 B가 서로 간에 팔려는 의사 표시와 사려는 의사 표시를 함으로써 합의에 도달할 때 계약이 성립되고, 그럼으로써 A에게는 책값을 청구할 수 있는 권리가 생기고, B는 책을 달라고 할 수 있는 권리가 생기는 것이다.

요컨대, 계약이란 당사자 사이에 서로 대립되는 두 개의 의사 표시가 그 내용에서 합치함으로써 성립한다. 계약은 법률 용어로서 일반사회에서의 약속 또는 약정이라는 말과도 통한다.

2) 계약 자유의 원칙

근대 민법은 당사자들이 자유롭게 서로 의사 표시의 합치를 통해 계약을 체결하는 것을 보장하는 것을 기본 이념으로 하고 있다. 이것을 계약 자유의 원칙이라고 한다. 이에 따라 개인들은 계약을 체결할지 안 할지를 자유롭게 선택할 수 있고, 누구와 계약을 체결할지를 자유롭게 선택할 수 있으며, 말로 계약을 체결하든 계약서를 작성하든 다양한 계약 방식 중에서 원하는 방식을 자유롭게 선택할 수 있고, 계약의 내용도 자유롭게 결정할 수 있다.

책을 사고파는 경우를 예를 들면, 책을 팔지 안 팔지를 자유롭게 결정할 수 있고, 책을 사고파는 데 계약서를 쓸 것인지 그냥 말로 할 것인지를 자유롭게 선택할 수 있으며, 누구에게 팔지도 파는 사람 마음대로 결정할 수 있고, 가격이라든가 파는 조건 등 계약의 내용도 자유롭게 결정할 수 있는 것이다.

3) 계약 자유의 원칙의 한계

계약 자유의 원칙은 근대 민법의 기본 원칙이지만, 계약 자유의 원칙을 무제한 인정하면 바람직하지 못한 결과를 초래할 수도 있다. 예컨대, 아직 사회 경험이 없는 미성년자와 성인이 계약을 체결하게 되면 공정하지 못한 계약을 체결할 가능성이 크고, 밀수품의 거래 계약을 계약 자유의 원칙에 따라 인정하게 되면 상거래 질서가 무너지게 될 것이다.

그리하여 계약 자유의 원칙은 법률에 따라 일정한 제한을 받는다. 선량한 풍속, 기타 사회 질서에 위반되는 계약은 무효로 한다든지, 사회 생활 경험이 없는 것을 이용해 체결한 현저하게 불공한 계약을 무효로 한다든지, 만 19세가 되지 아니한 미성년자 또는 정신적 제약으로 사무 처리 능력이 결여되거나 부족한 자를 보호하기 위해 이들에게는 계약 자유를 제한하기도 한다.

미성년자일 경우 계약에 대해 좀 더 살펴보기로 하자. 미성년자가 계약을 체결하고자 할 때에는 법정대리인인 부모님의 동의를 얻도록 하고, 동의를 얻지 않고 혼자서 불리한 계약을 체결한 경우에는 그 계약을 취소할 수 있도록 법이 보호하고 있다.[4] 그러나 세뱃돈을 받는 것과 같이 권리만을 얻거나 또는 빌린 돈을 갚을 의무를 면제받는 것과 같이 의무만을 면하는 계약은 미성년자라도 자유롭게 체결할 수 있다. 또한 용돈처럼 법정대리인이 처분을 허용한 재산도 자유롭게 사용할 수 있다.

한편 미성년자를 보호하기 법정대리인의 동의 없이 미성년자 혼자서 체결한 계약을 취소할 수 있도록 하는 것은 미성년자와 거래한 상대방은 언제 취소당할지 몰라 불안한 상태에 놓이게 한다. 그리하여 미성년자와 거래한 상대방을 보호하기 위해, 주민등록증 위조와 같이 미성년자가 적극적으로 속임수를 써서 자신을 성년자로 믿게 하거나 부모의 도장을 몰래 훔쳐 찍어서 법정대리인의 동의가 있는 것으로 믿게 한 때에는 계약을 취소할 수 없도록 하고 있다.

지금까지 살펴본 계약 자유의 원칙의 제한 외에, 각종 법률에서 계약 자유의 원칙을 제한하는 강행규정들도 있다. 예컨대, 「이자제한법」에서는 일반적으로 사회적 약자인 돈 빌리는 사람들을 보호하기 위해 개인들 사이에 돈을 빌릴 때의 이자율을 연 25%로 제한하고 있다.

2 불법행위의 이해

1) 불법행위의 개념

누군가에게 무언가를 청구할 수 있는 권리, 즉 채권은 대부분의 경우 계약을 통해 발생함을 앞에서 살펴보았다.

그렇다면 주택가에서 공놀이를 하다가 옆집 유리창을 깨뜨린 경우에 옆집 주인은 어떤 근거로 유리창 깨진 것에 대한 손해배상을 청구할 수 있을까?

---

4) 민법 제5조(미성년자의 능력) ① 미성년자가 법률행위를 함에는 법정대리인의 동의를 얻어야 한다. 그러나 권리만을 얻거나 의무만을 면하는 행위는 그러하지 아니하다. ② 전항의 규정에 위반한 행위는 취소할 수 있다.

계약에 의한 청구권은 누구든 계약, 예컨대 매매 계약을 체결함으로써 발생함을 알 수 있다. 그러나 위의 유리창 사례에서는 유리창을 깨뜨린 사람(가해자)과 옆집 주인(피해자) 사이에는 아무런 계약이나 약속이 없었음을 알 수 있다. 민법 제750조는 이런 경우를 위해 규정을 두고 있다.[5] 이 규정에 따르면 고의 또는 과실로 인한 위법행위로 타인에게 손해를 가하는 행위를 불법행위라고 한다. 그리고 불법행위로 타인에게 손해를 가한 자는 그 손해를 배상하도록 하고 있다. 따라서 유리창을 깨뜨린 사람과 옆집 주인 사이에 계약이 없었더라도, 민법 제750조에 의해 옆집 주인은 유리창을 깨뜨린 사람에게 손해배상을 청구할 수 있는 권리가 발생하는 것이다.

이와 같이 법률의 규정(여기서는 제750조)에 따라 발생하는 청구권, 즉 채권을 법정채권이라고 한다. 이에 반해, 법률의 규정이 아니라 당사자 사이의 자유로운 계약에 따라 발생하는 청구권, 즉 채권을 약정채권이라고 한다.

2) 불법행위의 성립 요건

어떤 행위(예컨대, 유리창을 깬 행위)가 불법행위인지를 판단하기 위해서는 다음과 같은 몇 가지 요건이 충족돼야 한다.

첫째, 가해자의 행위에 고의 또는 과실이 있어야 한다. 손해가 발생하리라는 것을 알면서도 그 행위를 한 것을 고의라 하고, 손해가 발생할 수 있으므로 주의를 해야 함에도 불구하고 주의를 게을리한 것을 과실이라고 한다. 예컨대, 학교 앞에서 과속 운전 중, 공을 주우려고 갑자기 도로로 뛰어든 어린이에게 교통사고가 발생한 경우, 운전자는 고의로 교통사고를 유발한 것은 아니지만 학교 앞에서는 서행하면서 주의를 기울여야 함에도 주의를 게을리한 것으로 과실이 있는 것이다.

둘째, 가해자의 행위에 위법성이 있어야 한다. 가해자의 행위가 법질서에 반하는 행위이면 위법성이 있는 것이다. 따라서 다른 사람이 나를 해치려고 해서, 이를 방위하기 위해 부득이 그 사람에게 손해를 가한 행위를 한 경우에는(이러한 행위를 정당방위라고 한다.) 위법성이 면제된다. 왜냐하면 법질서에 반하는 행위를 막으려는 행위이기 때문이다.

---

5) 민법 제750조(불법행위의 내용) 고의 또는 과실로 인한 위법행위로 타인에게 손해를 가한 자는 그 손해를 배상할 책임이 있다.

셋째, 가해자에게 가해행위에 대한 책임 능력이 있어야 한다. 책임 능력이란 권리 능력, 행위 능력, 의사 능력 중 의사 능력과 같은 개념으로서 불법행위에서 사용하는 개념이다. 가해행위에 대해 책임을 판단할 수 있는 능력이 없는 자는 손해배상 책임을 면제받는다. 책임 능력이 없는 자를 책임 무능력자라고 하는데, 책임 무능력자의 경우에는 그의 감독 의무자가 책임을 진다.

넷째, 가해행위와 발생된 손해 사이에 인과 관계가 있어야 한다. 다시 말하면, 발생된 손해가 가해행위에 의해 발생됐어야 한다는 것이다. 따라서 책임 능력이 있는 자의 고의 또는 과실로 인한 위법행위가 있었더라도, 손해가 발생하지 않았거나 또는 손해가 발생했더라도 가해자의 가해행위와 그 손해 사이에 상당한 인과 관계가 없다면 가해자는 불법행위에 따른 손해배상 책임을 지지 않는다.

한편 불법행위가 동시에 범죄행위에도 해당되는 경우에는 손해배상 책임(민사책임)과 별도로 형사책임(형사 처벌)을 지게 된다. 예컨대, 타인을 때려 상처를 입힌 경우에는 치료비 등 손해배상책임(민사책임)을 지는 외에도 형법상 상해죄로 형사 처벌을 받는다.

3) 불법행위와 손해배상

불법행위로 인해 손해가 발생한 경우에, 가해자는 그 손해를 배상해야 한다. 그렇다면 가해자가 배상해야 할 손해는 어디까지일까?

불법행위로 인해 발생한 손해배상의 범위는 가해자의 가해행위와 인과 관계에 있는 손해다. 이러한 인과 관계가 있는 손해 중에는 일반적으로 예상할 수 있는 통상 발생하는 손해와 피해자의 개별적인 사정 때문에 발생하는 손해가 있을 수 있다. 전자를 통상손해라 하고, 후자를 특별손해라고 한다. 불법행위로 인한 손해배상은 채무 불이행(계약 불이행)으로 인한 손해배상에 관한 규정을 그대로 적용하므로 채무 불이행을 예로 들어 보자. 세일 기간 중에 컴퓨터를 싼 값에 구입하기로 계약했으나 제품 품절로 인해 결국 구입할 수 없게 돼 나중에 비싸게 다른 컴퓨터를 구입할 때 추가 비용이 들었고 교통비 등의 비용이 든 경우 계약대로 이행됐더라면 다른 컴퓨터를 구입하는 데 든 추가 비용과 교통비 등이 추가되지 않았을 것이다. 이것은 계약을 제대로 이행하지 않음으로 인해 발생한 통상손해라 할 수 있다. 한편 앞의 사례에서 컴퓨터를 구입해서 A에게 이윤을 붙여 팔려고 했는데, 구입할 수 없게 됨으로써 얻지 못한 이윤이라든가, A와의 계약을 지키지 못함으로써 물게 된 위약금 등은 특별손해라 할 수 있다.

불법행위로 인한 손해배상의 범위는 통상손해를 원칙으로 한다. 그러나 특별손해의 경우는 가해자가 피해자의 구체적·개별적인 사정을 알았거나 알 수 있었을 경우에만 배상하도록 하고 있다.

이러한 불법행위에 대한 손해배상은 고대에는 직접적 보복이었다. '눈에는 눈, 이에는 이'가 바로 그것이다. 그러나 화폐제도가 도입되고, 오늘날 이러한 보복적인 배상 방법에 대한 부당성과 불만이 높아지자 금전을 통한 손해배상이 일반화됐다.

불법행위로 인한 손해배상의 방법에 관해서는 금전 배상의 방법과 원상 회복의 방법 등이 있으나, 당사자 사이에 특별한 약정이 없는 한 우리 민법은 금전 배상을 원칙으로 하고 있다.[6] 예외적으로 명예훼손의 경우에 한해 명예훼손 기사의 취소 광고 등 금전 배상이 아닌 방법을 취한다.

4) 특수한 불법행위

앞에서 살펴본 불법행위를 일반적인 불법행위, 즉 일반불법행위라 한다. 이러한 일반불법행위 책임은 자신이 저지른 행위에 대해 성립한다. 그렇지만 예외적으로 다른 사람이 저지른 불법행위에 대해 책임을 져야 하는 경우도 있는데, 이를 특수불법행위라 한다. 책임 무능력자의 불법행위로 인한 손해배상 책임을 그 책임 무능력자를 감독할 의무가 있는 감독자(예컨대, 부모·선생 등)가 지도록 한다든지, 종업원이 업무상 행위로 타인에게 손해를 가한 경우에 사용자(예컨대, 사장·사업주 등)가 손해배상 책임을 지도록 한다든지, 또는 담이 무너져 행인이 다친 경우에 그 집에 세들어 살고 있는 사람 대신 집 주인이 손해배상 책임을 진다든지, 자기가 기르는 동물이 타인에게 손해를 끼친 경우에 동물 주인이 손해배상 책임을 지는 경우 등을 예로 들 수 있다.

위의 경우들은 자신이 저지른 행위에 대해서만 책임을 진다는 근대 민법의 과실책임의 원칙에 반하는 것이지만, 법률로 특별한 규정을 두어 피해자 보호를 강화

6) 민법 제394조(손해배상의 방법) 다른 의사 표시가 없으면 손해는 금전으로 배상한다.

하기 위한 것이다.

특수불법행위에는 위 사례들 외에도 여러 사람이 공동의 불법행위로 타인에게 손해를 가하는 행위가 있는 이를 공동불법행위라고 한다. 이 경우는 과실 책임의 원칙에 반하지는 않지만, 피해자 보호를 강화하기 위해 여러 공동불법행위자가 연대해 손해배상 책임을 지도록 하고 있다. 연대해 책임을 진다고 함은 여러 공동불법행위자가 각각 손해배상액 전부에 대해 책임을 져야 한다는 것으로, 피해자는 여러 공동불법행위자 중 경제적 능력이 있는 자에게 손해배상액 전부를 청구할 수 있다는 것이다. 이렇게 함으로써 손해배상액을 여러 공동불법행위자가 분할해 부담하는 경우보다 피해자에게 유리하게 하는 것이다. 덧붙여, 공동불법행위를 조장한 자 또는 불법행위의 현장 근처에서 망을 보는 등 방조한 자도 공동불법행위자로 본다는 점을 유의해야 한다.

제 3 절 개인 간의 분쟁 해결

1 민사소송의 이해

다양한 사람들로 구성된 사회에서는 여러 가지 이유로 분쟁이 발생하기 마련이다. 약속을 지키지 않았다든지, 계약을 이행하지 않았다든지, 혹은 불법행위로 타인에게 손해를 끼쳤다든지 하는 등 수많은 이유로 분쟁이 발생하게 된다. 이러한 분쟁의 해결을 당사자들에게만 맡기게 되면 사회는 약육강식의 무질서한 사회가 되고 말 것이다. 그리하여 이러한 분쟁을 해결하기 위해 법을 만들고, 이러한 법을 가지고 분쟁 당사자들의 분쟁을 해결하기 위해 법원이 존재하게 된 것이다.

개인들 간의 분쟁을 해결하는 절차를 정한 법이 민사소송법이다. 개인 간의 권리 침해로 인해 발생한 분쟁에 대해 한 당사자가 법원에 소송을 제기하면, 법원의 판사들은 민사소송법이 정한 절차에 따라, 민법의 규정들을 기준으로 해서 개인들 간의 분쟁을 해결해 판결을 내리는 것이다. 이 경우에, 소송을 제기한 당사자를 원고라 하고, 그 상대방을 피고라고 한다.

그러나 일반 시민들은 민사소송의 법적 절차에 대해 알기 어렵고, 또한 큰 비용이 들어서 쉽게 소송을 제기하기 어렵다. 이러한 경우를 위해 우리나라는 다양한 기관들이 일반 시민들에게 법률적 도움을 주는 활동을 펼치고 있다.

대표적인 법률구조기관은 대한법률구조공단이다. 비영리 공익법인인 대한법률구조공단은 전 국민을 대상으로 무료 법률상담을 제공하며, 생활이 어려운 사람들의 소송 절차를 도와주고 있다.

민간 법률구조법인으로는 한국가정법률상담소가 있다. 가정 문제를 기본으로 법률 문제 전반에 관한 법률상담, 교육, 그리고 법률구조사업을 한다. 또한 대한변호사협회도 대한변협법률구조재단을 설립해 공익적 차원에서 법률구조사업을 진행하고 있다. 대한변호사협회는 이 기관에 다양한 변호사들을 파견해 법률 상담, 변호사 선임, 기타 다양한 법률적 지원을 한다. 따라서 분쟁이 발생했을 때, 이러한 기관들을 활용해 법률적 조언을 받는다면 시간과 비용을 절약할 수 있을 뿐만 아니라 신속하고 적절한 분쟁 해결을 도모할 수 있을 것이다.

2 민사분쟁의 간편한 해결 절차

개인들 간의 분쟁을 해결하기 위한 가장 일반적인 제도가 민사소송이지만, 민사소송 외에 당사자들이 자율적으로 해결하도록 하는 제도도 있다. 이것을 자주적 분쟁 해결제도 또는 대안적 분쟁 해결 방식이라고도 한다. 소송은 그 절차가 복잡하고 시간도 많이 소요될 뿐만 아니라 비용이 많이 들기 때문에, 이러한 대안적 분쟁 해결 방식을 이용해 시간과 비용을 절약할 수 있다. 대안적 분쟁 해결 방식에는 화해, 조정, 중재 등이 있다.

첫째, 화해란 분쟁 당사자들이 서로 양보해 그들 사이의 분쟁을 끝낼 것을 약정하는 해결 방식이다. 이러한 화해는 다시 분쟁 당사자들이 자율적으로 화해 내용을 결정해 분쟁을 끝내기로 약정을 하는 재판 외 화해와 판사 앞에서 판사의 개입하에 분쟁 당사자들이 분쟁을 해결하는 재판상 화해로 나눌 수 있다. 이것을 간략한 예를 가지고 생각해 보자. 경미한 자동차 접촉 사고의 경우에 가해자와 피해자 사이에 손해배상 금액에 대해 당사자들이 자율적으로 합의해 분쟁을 끝내기로 약정하는 것이 재판 외 화해다. 그러나 당사자들이 자율적으로 합의에 이르지 못해 한쪽 당사자가 법원에 화해 신청을 함으로써 법원(판사)의 개입 하에 화해가 성립되는 경우는 재판상 화해다. 요컨대, 화해는 기본적으로 당사자들 사이의 자율적인 의사에 따라 분쟁을 해결하는 방식이다.

둘째, 조정이란 법원이나 조정위원회가 분쟁 당사자들 사이에 개입해 화해를 유도하는 절차다. 조정은 당사자들이 자율적으로 분쟁을 해결하지 못하는 경우에 법관이나 조정위원회가 주도적으로 화해를 이끌어 낸다는 점에서 기본적으로 자율적인 해결 방식인 화해와는 구분된다. 조정에는 법원에 의한 조정과 각종 행정위원회에 의한 조정이 있다. 민사분쟁의 당사자가 소송을 제기하기 전에 먼저 법원에 조정을 신청함으로써 조정 절차가 개시된다. 한편 소비자분쟁조정위원회, 의료분쟁조정위원회, 환경분쟁조정위원회 등과 같은 각종 행정위원회가 당사자 간의 분쟁을 조정하는 경우도 있다.

셋째, 중재란 분쟁 당사자들이 합의해 중재인(제3자)을 선출해 그 선출된 중재인이 분쟁에 관한 중재 판정을 하도록 하고, 당사자들이 그 중재 판정에 복종함으로써 분쟁을 해결하는 제도다. 중재 판정은 중재인(제3자)에 의한 판정이라는 점에서 법관에 의한 판정인 민사소송과 구별된다.

3 민사소송의 절차

민사소송을 좀 더 효과적으로 수행하기 위해서는 소장을 법원에 제출하기에 앞서 공정증서, 가압류, 내용증명우편 등의 조치를 취해두는 것이 좋다. 이러한 조치를 취하지 않아도 민사소송을 제기하는 데 문제는 없지만, 민사소송 집행 과정에서나 민사소송에서 이긴 후의 조치를 취할 때 아주 긴요하게 이용될 수 있다.

공정증서란 개인들 간에 작성해야 할 문서를 공증인, 합동법률사무소, 또는 법무법인이 공증 업무로서 작성한 문서를 말한다. 예컨대, 공증사무소를 방문해 공증인으로 하여금 계약서를 작성하게 하거나 개인 간에 작성한 문서에 공증인의 공증을 받아두는 것이다. 공증이란 공적으로 증명한다는 의미다. 이러한 공정증서는 개인간의 문서인 사문서가 아니라 공문서이므로, 분쟁이 발생한 경우에 확실한 증거의 효력이 있다.

돈을 빌린 사람이 돈을 갚지 않는 경우에는 법원에 민사소송을 제기해, 승소한 판결 결과에 기초해 돈을 빌린 사람의 재산에 대해 강제집행(경매)을 통해 돈을 회수할 수 있다. 그러나 소송에서 질 것을 염려해 소송이 끝나기 전에 돈을 빌린 사람이 자신의 재산을 처분해 버리면, 나중에 재판에서 이기더라도 강제집행할 재산이 없어져서 돈을 회수할 수 없게 된다. 이러한 경우에 대비해 돈 빌린 사람의 재산을 처분하지 못하도록 임시 조치를 취해 둘 필요가 있다. 법원에 이러한 임시 조치를 취하도록 신청해 처분이 금지되는 것을 가압류라고 한다. 가압류란 나중에 집행하기 위해 임시로 재산을 압류(처분 금지)시키는 것을 말한다.

빌린 돈을 언제까지 반환하라든가 상대방의 의사 표시 등에 관해 전화로 하거나 직접 만나서 얘기할 수도 있지만, 자칫 감정을 상하기 쉽고 나중에 소송이 제기됐을 때 상대방이 자신이 이전에 말했던 것을 부인하는 등 어려움이 발생할 수 있다. 이러한 경우에는 내용증명우편이라는 방식을 이용하면 편리하다. 편지를 3통 작성한 다음, 우체국을 방문해 내용증명우편을 신청하면 1통은 내용증명 확인을 해서 본인에게 돌려주고, 1통은 우체국이 보관하며, 나머지 1통은 상대방에게 발송해 준다. 우체국에 1통이 보관돼 있으므로 증거의 효력이 강하며, 내용증명우편이 상대방에게 발송되면 분쟁의 상대방은 이제 분쟁이 소송 등의 공식적인 절차에 들어갔음을 알려 심리적인 압박을 받게 하는 효과도 있다. 내용증명우편보다 더 확실한 방법은 배달증명우편이다. 이 제도는 내용증명에 배달증명까지 해 주는 제도로서, 내용증명우편이 상대방에게 도달한 날짜를 기재한 엽서를 우체국에서 보내주므로 증거로써 좀 더 강력한 수단이 된다. 왜냐하면 일반적으로 의사 표시는 상대방에게 도달해야 효력이 발생하기 때문이다.

민사소송 절차에는 통상적인 소송 절차와 특별한 소송 절차가 있다. 통상적인 소송 절차에는 판결 절차와 강제집행 절차, 부수 절차 등이 있다. 특별한 소송 절차는 특수한 민사사건에 적용되는 절차로서 소액사건심판 절차, 독촉 절차, 가사소송 절차, 회생 절차, 파산 절차, 개인회생 절차 등이 있다. 이 가운데 중요한 몇 가지를 살펴보면 다음과 같다.

1) 판결 절차

원고가 피고를 상대로 법원에 소송을 제기해 일정한 권리나 법률 관계를 주장하면, 법원은 원고와 피고의 주장을 듣고 민법 규정을 바탕으로 그 분쟁 사항에 대해 판결로써 재판하는 절차가 판결 절차다. 일반적으로 민사소송이라 함은 판결 절차를 말한다. 예컨대, 갑이 을에게 금전을 빌려주었는데 을이 정해진 기한에 돌려주지 않아 갑이 을을 상대로 민사소송을 제기한 경우에 법원은 원고인 갑과 피고인 을의 주장을 듣고 증거를 참고로 민법에 따라 판단해 갑에게 돈을 돌려받을 권리가 있는지에 대한 판결을 내리게 된다.

2) 강제집행 절차

위의 사례에서 갑이 돈 받을 권리를 법원 판결로 인정받은 경우, 갑은 어떻게 을로부터 돈을 받아낼 수 있을까? 판결에 따라 을이 자발적으로 돈을 갚으면 문제가 없지만 만일 을이 갚지 않는다든가 또는 갚을 돈이 없는 경우에는 어떻게 해야 할 것인가?

이 경우에는 판결문을 가지고 을을 상대로 법원에 강제집행을 신청하면 법원에 속한 강제집행기관에서 갑을 대신해 을의 재산에 대해 강제집행을 해서 빌려준 돈을 회수할 수 있게 해 준다. 이와 같이 강제력을 발동해 빌려준 돈을 회수하는 절차를 강제집행 절차라고 한다. 여기서 강제집행을 신청할 수 있는 근거 문서인 판결문을 집행 권원이라고 부른다. 왜냐하면 그것이 강제집행을 할 수 있는 권리의 근거(근원)이기 때문이다. 집행 권원에는 판결문 외에 공증인의 공증을 받은 문서인 공정증서 등도 있다. 그리고 강제집행은 보통 경매를 통해 이뤄진다.

한편 갑이 소송을 제기하려고 준비하는 사이에 을이 자신의 재산에 대해 갑이 강제집행을 신청할 것을 예상해 미리 자신의 재산을 다른 사람에게 팔아버리면, 갑은 강제집행을 신청해도 자신의 돈을 회수할 수 없게 된다. 이러한 경우를 대비해 갑은 어떠한 조치를 취할 수 있을까?

갑은 소송을 제기하기 전에 먼저, 을이 자신의 자동차나 주택 등의 재산을 처분하지 못하도록 할 필요가 있다. 이러한 방법으로는 가압류라는 방법이 있다. 가압류란 임시 압류라는 의미로 소송을 제기하기 전에 임시로 을의 재산을 압류해 놓는 조치를 말한다. 압류란 앞에서 말한 집행 권원을 가지고 법원에 신청해 을이 자신의 재산을 처분하지 못하도록 금지시키는 것을 말한다. 아직 소송이 완료되지 않아 집행 권원이 없는 경우에는 압류를 신청할 수 없으므로, 집행 권원을 받아 정식으로 압류할 때까지 을이 재산을 처분하지 못하도록 법원에 임시 압류를 신청할 수 있는데, 이러한 압류를 가압류라 한다. 가압류가 돼 있다면, 을은 자신의 재산을 처분할 수 없으므로 후에 갑이 민사소송에서 승소하면, 가압류돼 있는 을의 재산에 대해 강제집행을 신청할 수 있게 된다.

3) 소액사건 심판 절차

통상적인 소송 절차에 비해 간소한 절차인 소액사건 심판 절차는 소송 금액이 2천만 원 이하의 소액인 사건을 간략하게 처리하기 위한 절차다. 소액사건 심판 절차는 통상적인 소송 절차를 간소화하기 위해 「소액사건심판법」에서 몇 가지 특별한 절차를 규정하고 있다. 그 가운데 중요한 몇 가지를 살펴보면 다음과 같다.

소액사건은 소장을 제출해 소송을 제기하는 대신 구두로 소송을 제기할 수 있도록 하고 있다. 또한 소송이 제기된 경우에 법원은 특별한 사정이 없는 한 원고가 청구한 대로 이행할 것을 피고에게 권고할 수 있는데, 이를 이행권고 결정제도라 한다. 피고가 이 권고에 이의신청이 없으면 이 이행권고 결정은 집행 권원이 돼 이를 근거로 강제집행을 청구할 수 있다. 그 밖에도 법원은 가능한 한 1회의 심리로 사건 심리를 마치도록 하고, 필요한 경우에는 근무 시간 외 또는 공휴일에도 사건 심리를 할 수 있도록 하고 있다.

제 4 절 생활 속의 법 1: 가족 관계와 법

사람의 통상적인 일생을 살펴보면 부모로부터 태어나 성장해서 사랑하는 사람을 만나 결혼(혼인)을 해서 가정을 이루고 살아가며, 때로는 가정 불화로 이혼을 겪기도 한다. 그러다가 나이가 들어 사망해 일생을 마치게 된다. 나이가 들어 사망하는 경우도 있지만 나이와 관계없이 사고로 사망하기도 한다. 사망하게 되면 자신의 재산이 자녀나 배우자 혹은 부모 등 상속인에게 상속되는데, 이러한 상속재산에 관해 유언을 할 수도 있다. 아래에서는 출생, 결혼(혼인), 이혼, 사망, 상속 등과 관련된 법적인 문제들을 살펴본다.

1 출생

사람(자연인)은 살아 있는 동안 법적인 권리와 의무의 주체가 된다. 즉, 권리 능력을 가진다. 그렇다면 살아 있는 동안이라는 것은 무엇을 말하는가? 그것은 태어나서 사망하기까지를 말하는 것이다. 민법에서는 출생 시점에 관해서는 어머니 몸에서 분리되는 순간을 출생 시점으로 보는 완전 노출설이 일반적인 견해다. 참고로 형법에서는 어머니가 출산의 진통을 겪는 때부터 사람으로 보는 진통설을 취한다.

따라서 태아는 사람(자연이)이 아니다. 그런데 만일 아버지가 사망한 경우를 가정하면, 어머니 뱃속의 태아는 몇 달 뒤에 태어났다는 사실 때문에 상속에서 제외돼 태어난 후 성장하는 과정에서 많은 어려움을 겪을 수 있다. 그리하여 사람이 아닌 태아에게도 상속 등의 경우에는 예외적으로 권리 능력을 법으로 인정하고 있다. 교통사고 등 불법행위로 아버지가 사망한 경우에는 비록 태아라도 가해자에 대한 손해배상청구권을 가지는데, 이 경우에는 어머니가 법정대리인으로서 태아의 권리를 대신 행사하게 된다. 그 밖에도 태아는 유언에 의한 재산 증여를 받을 수 있으며, 태아의 아버지는 태아에 대해 인지도 할 수 있다. 인지란 결혼(혼인) 이외의 관계에서 태어난 자녀(이를 혼외자라 부른다)를 아버지가 자기 자녀임을 인정함으로써 법적으로 자기의 친자녀로 받아들이는 것이다. 인지는 아버지가 하는 것이 보통이나 잃어버렸던 자기 아이를 나중에 발견한 경우에는 어머니도 인지할 수 있다.

한편 다른 가정에서 태어난 아이를 입양이라는 절차를 통해 가족 관계를 형성할 수도 있는데, 합법적인 입양 절차를 거쳐서 입양된 아이(이를 양자라 부른다)는 친자녀(이를 친자 또는 친생자라 부른다)와 동등한 법적 권리와 의무를 가진다.

사람이 태어나면 몇 가지 법적인 문제가 생긴다. 먼저 출생신고를 해야 한다. 출생신고는 거주지 주민센터에 출생증명서를 제출해야 하며, 출생신고가 완료되면 가족관계등록부 및 주민등록부에 기재돼 법적으로 가족과 사회의 구성원으로서 인정받게 된다. 출생신고를 하기 위해서는 태어난 아이의 이름을 지어야 하는데, 이때에는 한글로 짓든가 또는 대법원규칙으로 정해놓은 한자를 이용해 이름을 지어야 한다. 그리고 성(姓)을 제외하고 이름의 글자 수는 다섯 글자 이내여야 한다.

2 결혼(혼인)

사람이 성장해 일정한 시기가 되면 이성을 만나 결혼(민법에서는 혼인이라고 칭한다. 따라서 이하에서는 혼인이라고 쓴다)을 하는데, 혼인도 일종의 계약이기 때문에 계약 자유의 원칙에 의해 자유롭게 혼인할 수 있다. 그러나 가족 관계의 책임과 의무의 중대성을 고려해 일정한 제한을 하고 있다.

권리 능력은 사람이라면 누구나 가지지만 혼인은 만 18세 이상이어야 할 수 있다. 이 경우에도 만 18세의 경우에는 법정대리인인 부모의 동의를 얻어야 유효한 혼인을 할 수 있으며, 만 19세 이상이면 부모의 동의 없이도 본인들의 의사만으로 자유로이 혼인할 수 있다. 또한 혼인 당사자들의 자유로운 혼인 의사가 있어야만 유효한 혼인이 된다. 혼인 의사가 없는 혼인은 무효다.

한편 당사자들의 자유로운 혼인 의사의 합치에 의해 결혼식을 올리고 함께 가정을 이뤄 살고 있다고 하더라도 법적으로는 부부로 인정받지 못한다. 예컨대, 당사자 일방이 사망해 상속을 받아야 할 경우에 법적 부부로 인정받지 못하므로 상속을 받을 수 없게 된다. 법적으로 유효한 혼인이 되기 위해서는 당사자들의 자유로운 혼인 의사의 합치뿐만 아니라 「가족 관계의 등록에 관한 법률」에 따라 혼인신고라는 절차를 밟아야 한다. 혼인 의사의 합치가 있어서 함께 가족을 이뤄 살지만 아직 혼인신고를 하지 아니한 혼인을 사실혼이라고 부르는데, 이러한 사실혼의 경우에는 상속을 받을 수도 없고, 법적인 친족 관계도 인정받지 못한다. 그 밖에 8촌 이내의 혈족과의 혼인 등도 혼인으로서의 효력이 없다.

혼인이 유효하게 성립해 가족 관계가 형성되면, 부부 사이에는 혼인하기 전과는 다른 여러 가지 변화가 생긴다. 우선 남편은 아내의 가족들과 새로운 가족 관계가 형성되고, 아내는 남편의 가족들과 친족 관계가 형성된다. 또한 부부 사이에는 서로 동거, 부양, 협조 의무와 정조를 지킬 의무가 발생한다. 그리하여 예컨대 부부 일방이 부양 의무를 이행하지 아니하면 다른 일방은 법원에 부양료를 청구할 수 있다.

끝으로 한 가지 덧붙여 민법에 따르면, 사람은 만 19세에 이르면 성년이 돼 권리 능력뿐 아니라 법률 행위 능력, 즉 행위 능력을 가지게 된다. 그렇다면 부모의 동의를 얻어 혼인한 만 18세 미성년자가 자신의 자녀에 대해 부모로서의 권리를 행사할 수 있을까? 민법에서는 혼인한 만 18세 미성년자에게는 예외적으로 행위 능력을 인정하고, 그 자녀에 대한 부모로서의 권리를 인정하고 있다. 그러나 이것은 민법상의 권리여서 청소년기본법이라든가 근로기준법 등 다른 법률 관계에는 적용되지 않는다.

3 부부의 가정 생활

혼인이 이뤄지면 그 부부 간에는 그들의 개인 재산이나 공동재산을 어떻게 처리할 것인가, 가정 생활에 필요한 물건의 구입이나 비용의 지출 등을 어떻게 공동으로 처리할 것인가 등의 문제가 발생하게 된다. 이에 대해 살펴보자.

1) 부부공동체의 재산에 관한 문제

외국에서는 부부공동체의 재산에 관해 계약서를 작성하는 경우가 많다. 후에 분쟁이 생길 때를 대비해 미리 재산 관계를 명확히 밝혀놓는 것이다. 우리 민법에서도 '부부재산계약'이라는 규정을 두어 계약서를 작성할 수 있다. 이러한 계약은 혼인 신고를 하기 전에 해야 하며, 이렇게 계약서를 작성해 놓으면, 혼인 중에는 변경할 수 없다. 예컨대, 결혼 전에 여성이 직장 생활을 해서 이미 아파트를 가지고 있었는데 혼인신고 전에 남편 될 남성과 '이 아파트는 여성 본인 개인 것으로 한다'고 계약서를 작성해 놓으면, 결혼 후에는 이 계약을 변경할 수 없으므로 만약 후에 이혼하는 경우에 재산 분할 대상이 되지 않는다. 만약 정당한 이유가 있을 때에는 법원의 허가를 얻어서 변경해야 하므로, 변경을 어렵게 함으로써 고유재산을 보호해 주고 있다.

비록 '부부재산계약'이라는 법적 제도가 있지만, 우리나라에서는 거의 활용되지 않고 있다. '부부재산계약'이 없는 경우에는 민법에 따라 부부공동체의 재산이 구분되고 처리된다. 부부의 재산은 크게 특유재산과 공유재산으로 나눈다. 특유재산이란 혼인 전부터 가지고 있던 재산(이를 고유재산이라 한다)과 혼인 중에 자기 명의(이름)으로 취득한 재산을 합쳐서 일컫는 말이다. 남편과 아내 각각의 특유재산은 각자가 관리하고 처분할 수 있다. 부부의 재산 중 특유재산이 아닌 재산은 공유재산으로 본다. 남편의 재산인지 아내의 재산인지 구별하기 곤란한 재산도 공유재산으로 취급된다.

우리나라에서는 남편이 돈을 벌어오면 아내가 그 돈을 저금하기도 하고, 투자하기도 해서 돈을 불려 아파트를 사는 경우에, 일반적으로 아파트를 남편의 이름(명의)으로 하는 경우가 많다. 그렇다면 이 아파트는 남편의 아파트이고(남편의 특유재산), 아내에게는 이 아파트에 대해 아무런 권리가 없는 것일까? 그렇게 보게 되면 재산 형성에서 아내의 노력을 무시하는 것이 된다. 따라서 맞벌이 부부로서 함께 돈을 모아 재산을 형성했거나 남편이 돈을 벌었더라도 아내가 재산을 늘리는 데 적극적인 역할을 한 경우에는 비록 그 재산이 남편 이름으로 돼 있다 하더라도, 남편의 특유재산이 아니라 부부의 공유재산으로 본다. 공유재산은 만일 부부가 나중에 이혼하는 경우에는 재산 분할의 대상이 된다.

이와 같이 부부의 재산을 특유재산과 공유재산으로 나눠 구분하는 것을 부부별산제라 한다. 부부의 재산을 개인별로 분리해 계산한다는 의미다.

2) 가정 생활의 일상적인 가사의 처리 문제

가정 생활을 유지하기 위해서는 의식주에 필요한 물품을 사기도 하고, 가족의 의료비, 자녀의 교육비 지출 등 여러 가지 일상적인 가사를 처리하지 않으면 안 된다. 일상적인 가사를 일상가사라 하는데, 가정은 부부공동체이므로 이러한 일상가사를 처리할 때 원칙적으로는 부부의 동의가 필요할 것이다. 그러나 사소한 일상가사에 대해 부부가 서로 동의를 구해야 한다면 생활에 많은 불편이 따를 것이기 때문에 일상가사에 관해 부부 간에는 서로 일을 대신해 줄 수 있도록 하고 있는데 이것을 부부의 일상가사대리권이라고 부른다. 이러한 일상가사대리권이 있기 때문에 남편의 이름으로 된 아파트의 관리비나 세금을 아내가 대신 낼 수도 있고 아내가 구입한 식품의 비용을 남편이 대신 낼 수도 있는 것이다.

그러나 일상가사라는 말이 의미하듯이, 일상가사대리권은 일상적인 가정 생활과 관련되는 활동과 관련되는 것이기 때문에 일상적인 아닌 것의 대리권은 인정되지 않는다. 예를 들면, 아내가 남편 명의의 아파트를 매매한다든지, 지나치게 많은 돈을 이웃으로부터 빌린다든지 하는 경우에는 남편의 동의를 얻어야 한다. 왜냐하면 그러한 것들은 가정 생활의 일상가사라고 볼 수 없기 때문이다.

일상가사대리권이 있기 때문에 아내가 자녀의 학원비를 내느라 이웃으로부터 빌린 돈에 대해서는 부부 양쪽이 연대해 (공동으로) 책임을 진다. 다시 말하면, 아내가 빌린 학원비에 대해 아내가 갚지 않으면 남편이 갚아야 한다는 것이다. 여기서 주의할 점은 일상가사에 해당되지 않는 경우에는 연대해 책임지지 않기 때문에, 그러한 경우에는 그 행위를 한 아내 또는 남편이 혼자서 책임을 져야 한다는 것이다.

4 이혼

가정 생활은 부부공동체이자 부부의 자녀와 부부의 부모를 포함한 여러 가족의 공동체이기도 하다. 따라서 화목한 가정 생활을 이뤄 부부 간에 화목하고, 바르게 자녀의 양육이 이뤄지고, 부부의 부모를 비롯한 여러 가족 간에 효도와 우애가 넘치는 것이 바람직하다. 그러나 결혼 생활을 하는 가운데 특별한 사정이 발생하는 경우에는 이혼이라는 바람직하지 못한 사태가 발생하게 된다.

이혼의 유형에는 두 가지가 있다. 하나는 부부가 서로 이혼하기로 동의함으로써 이뤄지는 협의상 이혼이 있다. 협의상 이혼을 원하는 경우에는 가정법원에서 쌍방의 이혼 의사 확인서를 받아 이혼신고를 해야 한다. 이때 가정법원은 꼭 이혼해야 하는지 다시 한 번 부부가 심사숙고할 수 있도록 하는 기간을 주는데, 자녀가 없는 경우에는 1개월, 자녀가 있는 경우에는 3개월을 준다. 자녀가 있는 경우에는 좀 더 신중히 고려하라는 뜻이다. 이러한 기간을 이혼숙려기간이라고 부른다. 이혼을 심사숙고해 고려하는 기간이라는 의미다.

다른 하나는 부부의 일방이 이혼하고자 하나 상대방은 동의하지 아니하는 경우에는 법원에 이혼소송을 제기함으로써 이뤄지는 재판상 이혼이다. 그러나 상대방이 동의하지 않는다고 무조건 법원에 이혼소송을 제기할 수 있는 것은 아니다. 민법은 부정행위가 있었다거나, 부부 일방이나 그의 부모님에게 심히 부당한 대우를 하는 경우, 가족을 돌보지 아니하는 경우, 집을 떠나 3년 이상 생사가 불분명한 경우, 기타 혼인을 계속하기 어려운 중대한 사유가 있을 경우에만 이혼소송을 제기할 수 있도록 규정하고 있다. 이혼 재판이 확정되면, 1개월 이내에 시청이나 구청 등에 이혼 신고를 해야 한다.

부부가 이혼을 하게 되면 부부라는 가족 관계가 없어지므로 다른 사람과 다시 합법적으로 결혼할 수 있다. 그리고 부정행위 등의 이혼 원인을 제공한 부부 일방에 대해서는 재산적·정신적인 손해배상을 청구할 수 있다. 또한 부부 공동 생활 속에서 형성된 재산에 대해 재산 분할을 신청할 수 있다.

그러나 무엇보다도 심각한 문제는 부부 사이에 자녀가 있는 경우다. 가족이 붕괴됨으로써 미성년 자녀의 양육이나 정서적 안정에 좋지 않은 영향을 끼칠 것이 분명하기 때문이다. 그리하여 이혼을 하는 경우에는 누가 자녀양육비를 낼 것인가 등의 양육에 관한 사항과 누가 부모의 권리(이를 친권이라 한다)를 행사할 것인지 등에 관해 협의상 이혼의 경우에는 부부가 합의로 결정하고(협의가 안 되면 가정법원이 결정함), 재판상 이혼의 경우에는 가정법원이 결정한다. 또한 친권자나 양육권자가 아닌 아빠나 엄마는 자녀를 직접 만나거나 편지를 보내 서로 안부를 묻는 등 자녀와 만나거나 연락할 수 있는 권리가 있는데, 이를 면접교섭권이라고 부른다.

5 사망과 상속

1) 사망

사람은 살아 있는 동안에만 권리와 의무의 주체로서 자연인이 된다. 그렇다면 언제 자연인으로서의 권리를 잃는가? 즉, 어떤 시점을 사망이라 할 것인가? 사망 시점에 관해서는 일반적으로 호흡과 심장이 멈춘 시점을 사망 시점으로 인정하고 있다. 요즈음에는 장기 이식을 필요로 하는 경우도 많아서 인공심장박동기로 심장이 아직 뛰고 있더라도 또는 인공호흡기에 의해 아직 숨을 쉰다 할지라도 뇌 기능이 돌이킬 수 없게 손상된 상태를 사망으로 보자는 견해도 제시되고 있다. 이러한 견해를 뇌사설이라고 부른다.

2) 상속과 유언

사람이 사망하면 그가 가지고 있던 재산이 그의 배우자나 자녀 또는 부모 등에게 이전되는데, 이를 상속 또는 재산상속이라고 부른다. 이러한 상속은 사망자가 유언으로 지정한 바에 따라 상속된다. 만약 유언으로 지정한 바가 없다면, 민법의 규정에 따라 상속이 이뤄진다. 아래에서는 유언에 관해 몇 가지를 살펴보고, 이어서 민법의 규정에 따른 상속에 관해 간략히 살펴보기로 하자.

사망자는 말이 없고 상속재산을 둘러싸고 분쟁이 발생하는 경우가 많기 때문에 민법은 유언에 대해 법으로 엄격한 요건을 정하고 있다. 이러한 요건 내지 형식을 갖추지 아니한 유언은 법적인 효력이 없고, 이 경우에는 유언이 아니라 민법의 규정에 따라 상속이 이뤄지게 된다.

민법이 정하고 있는 유언의 방식에는 자필유언, 녹음, 공정증서, 비밀증서, 구수(口授)증서 등 다섯 가지가 있다. 일반적으로 자필증서와 공정증서 방식이 많이 이용된다. 자필증서 방식은 유언 내용, 작성 일자, 성명을 직접 손으로 쓰고 도장을 찍어야 한다. 공정증서 방식은 유언하고자 하는 자가 증인 2명과 함께 공증사무실을 찾아가 공증인 앞에서 유언을 말하면 공증인이 그 내용을 기록하는 방식이다. 공정증서 방식이 가장 명확하고 확실한 방식이라 할 수 있다.

유효한 유언이 없는 경우에는 민법 규정에 따라 상속이 이뤄진다. 상속재산을 받을 수 있는 자격이 있는 사람을 상속인이라고 부른다. 상속의 경우에는 태아도 민법 규정에 따라 상속인의 자격이 인정된다. 민법은 상속인들의 순위를 정해놓고 있다. 1순위는 사망자의 자녀, 2순위는 사망자의 부모, 3순위는 사망자의 형제자매, 4순위는 삼촌이나 사촌이다. 사망자의 배우자는 1순위가 있으면 1순위와 함께 상속재산을 나눠 받고, 1순위는 없고 2순위가 있으면 2순위와 함께 상속재산을 나눠 받는다. 이 두 경우에 배우자와 1순위 또는 2순위 상속인 사이에는 1 : 1로 상속재산을 나누는 것이 아니라, 1.5 : 1의 비율로 나누도록 하고 있다. 즉, 사망자와 함께 살아온 배우자는 1순위나 2순위보다 0.5만큼(50%) 더 받을 수 있도록 배려하는 것이다. 예를 들어 아빠와 엄마와 아들이 있는 가정에서 아빠가 5천만 원을 남기도 돌아가셨다면 엄마 : 아들 = 1.5 : 1 = 3 : 2의 비율로 나누게 되고(계산의 편의상 소수점을 없애기 위해 2를 곱한 것이다), 그러면 엄마는 5분의 3인 3천만 원, 아들은 5분의 2인 2천만 원을 상속받게 된다.

그런데 1순위도 없고, 2순위도 없다면 어떻게 될까? 그때에는 배우자가 상속재산을 전부 상속하게 된다. 그리고 1순위도 없고, 2순위도 없고, 배우자도 없다면 그때에는 3순위가 상속받고, 3순위도 없다면 4순위 상속인이 상속받게 된다.

상속에서 주의할 점이 있다. 상속인은 사망자의 상속재산을 상속받지만, 사망자의 빚(채무)도 상속받는다는 점이다. 따라서 상속을 받고자 할 때에는 사망자에게 빚이 없는지를 살펴볼 필요가 있다. 상속재산보다 빚이 더 많은 것이 확실하면 상속을 포기해야 하고 상속재산이 더 많다면 상속을 받으면 좋다.

그러나 사망자의 빚을 확실히 알 수 없는 경우가 있다. 이때에는 혹시 나중에 빚이 있는 것이 밝혀지면, 상속받은 재산의 범위 내에서만 그 빚을 갚겠다고 법원에 신고해야 한다. 이를 한정 승인이라고 부른다. 예컨대, 5천만 원을 상속받으면서 한정 승인 신고를 했는데 후에 사망자의 빚 7천만 원이 밝혀졌다면 상속인은 7천만 원을 모두 갚을 책임이 있는 것이 아니라 5천만 원만 갚으면 된다는 것이다. 한정 승인 신고를 하지 않았다면, 상속인은 사망자의 빚 7천만 원을 모두 갚아야 한다. 한정 승인 또는 상속 포기의 신고는 사망자의 사망을 안 날로부터 3개월 이내에 해야 한다. 그러나 사망자의 빚을 잘 알아보아 빚보다 상속재산이 많아서 상속을 받았는데도, 나중에 상속재산보다 더 많은 빚이 밝혀진 경우에는 그것을 안 날로부터 3개월 이내에 한정 승인 신고를 할 수 있도록 하여 민법은 상속인을 이중으로 보호하고 있다.

제 5 절 생활 속의 법 2: 부동산 관련법

1 등기

민법에서는 물건을 동산과 부동산으로 나눈다. 동산이란 부동산이 아닌 것이다. 부동산이란 토지와 토지 위에 고정돼 있는 정착물을 말한다. 따라서 부동산이란 토지와 정착물로 나눌 수 있는데, 나무 또는 집 등의 건축물 등은 정착물이다. 이러한 부동산 중에서 계약과 거래가 가장 많이 이뤄지는 부동산은 토지와 주택이다.

어떤 물건, 즉 동산이나 부동산이 누구의 것인가를 어떻게 알 수 있을까? 동산의 경우에는 특별한 경우가 아니라면 그 동산을 가지고 있는 사람이 주인임을 알 수 있다. 그러나 토지나 주택의 경우에는 그것이 누구의 것인지 어떻게 알 수 있을까? 예컨대, 집 근처에 있는 산은 누구의 것인지 어떻게 알 수 있으며 어떤 주택의 주인이 누구인지를 어떻게 알 수 있을까? 주택의 경우, 주인이 그 주택에 살고 있는 경우도 있고, 다른 사람이 세 들어 살고 있는 경우도 있는데 현재 살고 있는 사람이 주인처럼 보이지만 그는 집주인이 아니다. 그리고 부동산은 일반적으로 가격도 동산과는 비교할 수 없을 정도로 비싸다. 그래서 부동산에 관해서는 이것이 누구의 것인지 등을 다른 사람들이 알 수 있도록 하고 있는데, 이를 공시(公示)라 한다. 공개적으로 표시한다는 의미다.

그렇다면 부동산의 소유권 관계를 어떻게 공시하는가? 그것은 법원에 소속된 등기소에 등기부라는 문서를 비치해 그 등기부에 소유권 관련 사항들을 기재해 놓고, 누구나 그 등기부를 보거나 등기부를 발급받을 수 있도록 하고 있다. 따라서 부동산을 사고자 하는 사람은 등기부(등기부 등본)를 발급받아 보고 그 부동산의 소유권 관계를 자세히 검토해 본 다음, 매매를 하거나 빌려야 나중에 어려움을 겪지 않게 된다. 등기부 등본은 대법원 인터넷 등기소(http://www.iros.go.kr)에서도 발급받을 수 있다.

등기부 등본을 발급받았을 때, 그 내용이 어떻게 구성돼 있는지를 알아야 부동산의 소유권 관계를 제대로 파악할 수 있다. 등기부는 크게 표제부, 갑구, 을구라는 세 부분으로 구성돼 있다. 아래의 '건물에 관한 등기부 등본'의 예를 살펴보면서 알아보기로 하자.

표제부에는 부동산(토지 또는 건물)의 소재지, 용도, 구조 등이 기재돼 있다. 위

등기부 등본 (현재 유효사항) - 건물

서울특별시 강남구 삼성동 555-6 　　　　고유번호 1143-1996-231411

①[표 제 부] (건물의 표시)

표시번호	접 수	소재지번 및 건물번호	건 물 내 역	등기원인 및 기타사항
1 (전 1)	1984년7월11일	서울특별시 강남구 삼성동 123-4	철근콘크리트조 평슬래브지붕 3층 근린생활시설 1층 148.68㎡ 2층 148.68㎡ 3층 148.68㎡ 지하1층 148.68㎡ 옥탑 14.14㎡	도면편철장 제2책제419장

②[갑 구] (소유권에 관한 사항)

순위번호	등 기 목 적	접 수	등 기 원 인	권리자 및 기타사항
1 (전 1)	소유권보존	1984년7월11일 제25682호		소유자 홍길동 401010-1111111 서울 서초구 서초동 123-4 동아아파트 1동 101호

③[을 구] (소유권 이외의 권리에 관한 사항)

순위번호	등 기 목 적	④ 접 수	⑤ 등 기 원 인	권리자 및 기타사항
1	⑥ 전세권설정	1995년6월12일	1995년2월3일	전세금 220,000,000원정

• 실선으로 그어진 부분은 말소사항을 표시함. • 등기부에 기록된 사항이 없는 갑구 또는 을구는 생략함.

발행번호 11420011403192063010962211SLR0314202A0G111040411111 　1/2 　발행일 2002/06/21

① 표제부 — 부동산의 표시와 구조에 관한 사항(지번, 지목 지적)을 확인할 수 있다.

② 갑구 — 갑구에서는 소유권에 관한 사항을 확인할 수 있다.
현재소유자와 과거의 소유자 그리고 가압류, 가처분, 압류(경매), 가등기, 예고등기 등과 이름 권리의 변경등기, 말소 및 회복등기가 있다면 갑구에 나오게 된다.

③ 을구 — 소유권 이외의 권리인 저당권, 전세권, 지역권, 지상권 등이 기재된다.

④ 접수 — 해당등기소의 접수된 날자를 나타냄

⑤ 등기원인 — 매매 · 증여 · 시효취득 · 전세권 또는 저당권의 설정계약 · 등기의 오기 · 계약의 무효 · 상속 · 토지의멸실 등의 내용과 일자를 나타냄

⑥ 전세권설정 — 건물에 임차하여 있는 세입자가 전세금을 설정하여 등기함.

의 경우에는 우리는 표제부에서 등기소에 등기를 신청한 날짜를 '접수'란에서 확인할 수 있고, 기타 이 토지의 소재지, 면적, 그리고 등기하게 된 원인을 파악할 수 있다.

갑구에는 소유권에 관한 사항이 등기소에 접수된 날짜순으로 기재돼 있다. 따라서 마지막에 기재된 사람이 그 부동산의 소유자이며, 부동산 거래나 임대차(전세・월세) 계약을 맺으려면 상대방이 등기부에 기재된 소유자인지를 확인해 봐야 한다. 위의 경우에는 갑구에서 소유권자와 그의 주소, 소유권을 취득한 원인 등을 확인할 수 있고, 또한 경매가 신청돼 있다는 것을 알 수 있다. 경매에 관해서는 아래에서 간략히 살필 것이다.

을구에는 소유권 이외의 권리에 관한 사항들이 기재돼 있다. 여기에는 소유권을 제한하는 사항들이 기재된다. 소유자가 부동산을 담보로 돈을 빌리고 담보를 설정했을 경우에는 저당권 등기가 돼 있으며, 기타 경매 사항이나 지상권, 전세권, 압류 등 다양한 제한 사항들이 기재돼 있으므로 부동산 거래나 임대차 계약을 할 때에는 이 사항들을 자세히 살펴볼 필요가 있다. 왜냐하면 소유자가 맞다 하더라도 소유권을 제한하는 사항들이 많으면 소유권이 유명무실해지기 때문이다. 또한 갑구와 을구에 기재된 사항들의 우선순위도 중요하다. 경매 등의 문제가 발생했을 때에는 우선순위에 따라 처리되기 때문에, 후순위인 경우에는 크게 불이익을 볼 수 있기 때문이다. 우선순위는 '접수'란에 기재된 날짜로 정해진다. 위의 경우에는 저당권의 일종인 근저당권과 그 토지의 지상을 사용하기 위한 권리를 확실히 하기 위해 설정된 지상권이 기재돼 있으며, 날짜를 살펴 우선순위를 알 수 있을 뿐만 아니라, 그 소유권을 제한하는 권리들에 관한 구체적인 사항을 파악할 수 있다.

여기서 저당권이란 돈을 빌리는 사람이 그 돈의 반환을 확실하게 하기 위해 담보로 제공한 부동산에 설정하는 것으로서, 후에 돈을 갚지 못하면 돈을 빌려준 사람은 이 저당권을 근거로 법원에 경매를 신청해 법원을 통해 매각하고, 매각 대금 중에서 자신이 빌려준 돈을 우선순위에 따라 반환받게 된다. 그리고 경매 또는 법원 경매란 법원의 일정한 장소에서 경매 신청된 부동산에 대해 여러 사람이 매입가격을 써서 제출하면, 법원은 그 가운데 가장 높은 가격을 제시한 사람을 매수자로 결정하는 것을 말한다. 결국 경매란 부동산을 사고 싶어하는 여러 사람을 대상으로 경쟁을 통해 매수자를 선정해 매각한다는 의미다.

2 주택임대차보호법

일정한 대가를 지불하고 부동산을 빌려서 일정 기간 사용하고, 그 기간이 끝나면 그 부동산을 돌려주는 것을 부동산 임대차라고 한다. 부동산을 빌릴 때에는 그 대가로서 일반적으로 임대료, 월세, 보증금, 전세금 등을 지불한다.

부동산 중에서도 아파트나 단독주택을 빌리는 경우를 생각해 보자. 주택을 빌려주는 사람을 임대인이라 하고 빌리는 사람을 임차인이라고 하는데 임차인이 사회적 약자인 경우가 많다. 따라서 이러한 사회적 약자를 보호하기 위해 「주택임대차보호법」이라는 법이 제정됐다. 타인의 주택을 빌려서 살고 있는데, 그 주택이 경매로 다른 사람에게 팔리는 경우에 보증금이나 전세금을 안전하게 돌려받을 수 있는 방법 등 여러 가지 임차인 보호제도를 규정하고 있다.

이러한 보호를 받기 위해서는 주택을 임대차하는 경우에, 그 주택에 들어가 살면서 그 주택으로 주소를 옮기고(실제로 그 주택에 살기, 주민등록 이전하기), 임대차계약서를 지참하고 주민센터나 등기소 또는 공증사무소를 방문해 '확정 일자'라는 확인 도장을 받아 놓는 것이(확정 일자 받기) 가장 중요하다. 그렇게 해 두면, 후에 집 주인이 집을 담보로 돈을 빌렸는데, 그 돈을 갚지 않아 그 주택이 경매돼 다른 사람에게 팔리더라도 보증금이나 전세금을 모두 돌려받을 수 있는 것이다. 물론 주민등록을 이전하기 전에 이미 집 주인이 많은 돈을 빌려서 은행 등의 저당권이 설정돼 있었던 경우에는 주민등록 및 확정 일자가 저당권 날짜보다 늦기 때문에 보호받을 수 없다.

저당권이란 부동산을 담보로 돈을 빌릴 경우에, 돈을 빌려주는 사람이나 은행이 등기소에 신청해서 돈 빌리는 사람의 부동산의 등기부에 돈 빌린 사실과 금액 등을 기록(등기)해 놓은 것을 말한다. 따라서 아파트나 주택 등을 임대차하기 전에 먼저 등기부 등본을 발급받아 현재까지 어떤 저당권이 등기부에 기재돼 있는지 등을 꼼꼼히 살펴야 하며, 의심스러울 때에는 공인중개사나 법무사의 도움을 받는 것이 좋다.

다만, 임대한 주택에 들어가 살면서 주민등록까지 옮겨 놓았으나 모르고 확정 일자를 받지 않은 경우라 하더라도 소액 임차인은 일정 금액까지 보호받도록 하고 있다. 소액 임차인이란 서울특별시의 경우에는 보증금이 7천 5백만 원 이하인 경우를 말하며, 다른 지역의 경우에는 「주택임대차보호법 시행령」 제3조와 제4조를 찾아보면 된다. 보호받는 일정 금액이란 서울특별시의 경우에는 2천 5백만 원까지다. 예를 들면, 서울특별시에서 임대차 보증금 7천만 원을 내고 주택을 임대차한 경우에 확정 일자를 받지 않았더라도 경매로 팔린 가격에서 보증금 7천만 원 중 2천 5백만 원은 돌려받을 수 있다는 것이다. 소액 임차인은 사회적 약자 중에서도 더욱더 약자라고 가정해 최우선적으로 보호해 주는데, 보증금 전체를 돌려받지 않는다는 사실에 주의해야 한다.

참고 문헌

강대성 (2013). 새 법과 생활(제2판). 탑북스.
고용철 외 (2002). 생활법률. 형설출판사.
김도협 (2014). 현대생활과 법. 진원사.
김명수 · 이봉림 (2014). 현대생활과 법. 소통과 공감.
법무부 (2013). 한국인의 법과 생활.
원영철 (2014). 법과 생활: 이론과 사례연구. 삼영사.
원영철 · 임윤수 (2014). 생활과 법률(제4판). 삼영사
이보영 (2013). 현대인의 법과 생활. 동방문화사.
이투스 (2012). 누드교과서(법과 정치), 이투스교육(주).
전경근 (2009). 생활법률(개정판). 박영사.
전용득 (2013). 생활법률(제2판). 형지사.
전주일 · 조성종 (2011). 포커스 법과 생활. 삼영사.
정재길 (2014). 생활법률. 오래.

제 5 장 사회 생활과 법

제 1 절 범죄의 성립과 형사 절차

1 형법과 형벌

1) 형법의 개념

(1) 형법의 의의

형법은 범죄행위에 관한 법률 요건을 충족하는 경우 그 범죄행위에 대해 형사적 제재를 가하는 법규범이며, 일반적으로 형법이라고 하는 것은 범죄에 대해 규정한 법률을 의미하며, 협의로는 「형법」이라는 단행법을 말한다.

이러한 형법은 인간이 사회 생활을 하면서 발생한 규범으로 지켜야 할 존재 규범에 해당한다. 즉, 인간은 태초로부터 자연적으로 지켜야 할 규범을 가지고 있는데 그러한 규범을 자연법이라고 하며, 이에 반해 사회의 발달에 따라 지켜야 할 규범을 새로이 만들어 지키도록 하는 것을 실정법이라고 한다. 일반적으로 자연법으로는 형법을, 실정법으로는 행정법・사회법 등을 들 수 있다. 형법은 인간이 당연히 지켜야 할 규범인 자연법에 가장 가까운 규범에 해당한다.

(2) 형법의 기능

형법의 기능은 형법이 존재하게 되므로 인해 발생하는 부수적 역할을 의미한다. 이러한 형법의 기능으로는 보호적 기능, 보장적 기능, 규제적 기능, 예방적 기능 등을 들 수 있다.

보호적 기능은 형법이 범죄를 규정해 그 범죄행위를 한 자를 처벌하게 되면 일반 국민이 사회에서 평온한 생활을 영위할 수 있게 하므로 개인과 사회를 보호하는 역할을 한다.

보장적 기능은 형법이 범죄자를 처벌해 개인과 사회를 보호하는 반면에 범죄자(피의자)에 대해 형법이 존재하게 되므로 인해 마음대로 처벌하지 못하게 하는 기능을 가지게 되는 범죄자(피의자) 등의 자유와 권리를 보장하는 역할을 수행하게 된다. 이러한 보장적 기능은 형법이 범죄자(피의자) 입장에서는 "범죄자의 마그나 카르타(권리헌장)"라고 부르게 되는 기능을 가진다.

규제적 기능은 형법에서 범죄에 대해 규정하고 있으며 범죄행위자를 처벌하는 규정을 가지고 있어 범죄행위에 대해 사후적으로 진압하는 기능을 가지게 된다. 이러한 범죄행위에 대해 처벌하는 것을 규제적 기능이라고 한다.

예방적 기능은 형법에서 범죄에 대해 처벌 규정을 두게 되므로 인해, 범죄자(피의자)들은 범죄행위에 의해 처벌을 받게 된다. 이러한 처벌 규정을 두는 것은 범죄행위자와 행위를 하려는 자에게 범죄를 억제하도록 하는 기능을 발생시킨다.

2) 형벌의 개념

(1) 의의

형벌은 형법에서 규정하고 있는 범죄행위로 인해 받게 되는 처벌을 의미한다. 형벌은 형법에서 규정하고 있는 제재 조치로 그 목적은 범죄자를 교화해 사회에 복귀시켜 정상적인 사회 생활을 하도록 하는 것이다. 범죄자를 교화해 사회에 복귀시킴으로써 개인의 사회화와 사회의 안전을 확보하는 것이 주된 목적이다.

(2) 종류

형벌의 종류는 시대와 사회에 따라 달리 정해져 왔으며, 특히 현대 국가에 와서는 형벌의 종류를 형법에서 구체적으로 규정하고 있다. 현재 우리나라의 경우 형벌에 대해 형법 제41조에서 형의 종류로 규정한 사형, 징역, 금고, 자격 상실, 자격 정지, 벌금, 구류, 과료, 몰수 등으로 정하고 있으며, 이를 다시 생명형, 자유형, 재산형, 명예형으로 구분해 볼 수 있다.

① 생명형

생명형은 인간의 생명을 앗아가는 형으로 형벌 중에 가장 중한 형이다. 우리나라는 생명형으로 사형제도를 두고 있다.

이러한 사형은 판결에 의해 생명을 박탈하는 것으로 인간의 권리를 침해한다는 논란의 소지도 있어 현재 존폐 논란이 있으나 현행 법률은 사형제도를 유지하고 있다.[1] 사형 폐지에 대해서는 이탈리아의 베카리아(Cesare B. M. di Beccaria)가 『범죄와 형벌』(1764)에서 사형을 폐지할 것을 주장했으며, 하워드(John W. Howard), 리프만(Walter Lippmann), 서덜랜드(Edwin H. Sutherland) 등도 사형 폐지를 주장했다. 이에 반해 사형 존치론자는 계몽주의 철학자인 루소(Jean Jacques Rousseau), 로크(John Locke), 칸트(Immanuel Kant) 등이 있다.

② 자유형

자유형은 범죄자를 일정한 시설에 구금해 인신의 자유를 제한하는 형벌이다. 자유형은 신체를 구속하는 것으로 형법상 징역, 금고(禁錮), 구류 등이 이에 해당한다.

자유형 중 징역과 금고의 차이는 징역은 노역 의무가 있으나, 금고는 노역의 의무가 없다는 점이다. 형법 제42조에 의해 징역과 금고는 유기 시 1개월 이상 30년 이하로 하며, 형을 가중할 경우에는 50년까지로 정할 수 있도록 규정하고 있다.

구류는 형법 제46조에 의해 1일 이상 30일 미만으로 할 수 있다.

③ 재산형

재산형은 범죄행위를 한 자에 대해 금전으로 그 처벌을 하는 형벌제도다. 재산형으로는 벌금, 과료, 몰수 등이 있다.

벌금은 형법 제45조에 따라 5만 원 이상으로 하며, 감경하는 경우에는 5만 원 미만으로 할 수 있다. 과료는 형법 제47조에 의해 2천 원 이상 5만 원 미만으로 하도록 규정돼 있다.

---

1) 우리나라에서 법률제도상 사형제도는 있으나 김대중 정부 이후 사형을 집행하고 있지 않아 실질적으로 사형 폐지 국가로 분류돼 있다.

몰수의 경우는 형법 제48조(몰수의 대상과 추징)와 제49조(몰수의 부가성)에서 규정하고 있는바 범죄행위에 제공됐거나 제공하려 한 물건, 범죄행위로 인해 발생했거나 이로 인해 취득한 물건과 범죄 대가로 취득한 물건에 대해 전부 또는 일부를 몰수할 수 있도록 정하고 있다. 물건 몰수가 불가능할 경우는 그 가액을 추징하며 문서, 도화, 전자 기록 등 특수 매체기록 또는 유가증권의 일부가 몰수에 해당하는 때에는 그 부분을 폐기한다고 규정하고 있다. 이러한 몰수는 다른 형에 부가해 과하며, 단 행위자에게 유죄의 재판을 아니할 때에도 몰수의 요건이 있는 때에는 몰수만을 선고할 수 있도록 규정하고 있다.

④ 명예형

명예형은 행위자의 명예를 상실하거나 제한해 벌하는 제도다. 명예형으로는 자격 상실, 자격 정지를 규정하고 있다.

자격 상실은 형법 제43조에서 사형과 무기징역 또는 무기금고의 판결을 받은 경우(공무원이 되는 자격, 공법상의 선거권과 피선거권, 법률로 요건을 정한 공법상의 업무에 관한 자격, 법인의 이사, 감사 또는 지배인 기타 법인의 업무에 관한 검사역이나 재산관리인이 되는 자격)을 상실하며, 자격 상실은 그 자격을 잃는 것을 의미한다.

자격 정지는 유기징역 또는 유기금고의 판결을 받은 자는 그 형의 집행이 종료되거나 면제될 때까지 자격(공무원이 되는 자격, 공법상의 선거권과 피선거권, 법률로 요건을 정한 공법상의 업무에 관한 자격)이 정지된다. 이러한 자격 정지는 자격의 전부 또는 일부에 대한 정지로 그 기간은 1년 이상 15년 이하로 하며, 유기징역 또는 유기금고 시에 자격 정지를 함께 병과할 때에는 징역 또는 금고의 집행을 종료하거나 면제된 날로부터 정지 기간을 기산하도록 하고 있다.

3) 기타 형사 제재

범죄에 대해 처벌하는 것은 범죄 성립 요건에 해당하는 경우 법원의 선고에 의해 처벌하는 것으로 생명형, 자유형, 재산형, 자격형(명예형)이 있으나 이외에도 형벌제도의 보완책인 보안처분 등이 있다. 또한 형벌에 대한 유예제도와 사회복귀를 돕기 위한 가석방제도 등이 있다.

(1) 보안처분

① 의의

보안처분은 기존의 형벌 대신 새로운 제재로 개인의 자유를 박탈하거나 제한해 형벌의 목적을 달성하는 제도다. 즉, 범죄행위를 한 자에 대해 보안처분을 할 수 있는 것이지 범죄행위 이전에 보안처분을 하는 것은 허용되지 않는다. 이러한 보안처분은 행위자의 행위에 의해 비례성의 원칙을 준수해 행위에 대한 위험성이 있는 경우 비례성에 의해 부과하는 것이지 비례성을 결여한 경우에는 부과할 수 없다.

② 종류

보안처분의 종류로는 치료감호와 보호관찰이 있다.

치료감호는 치료감호법에서 규정하고 있으며, 이 법 제1조에서 "심신장애 상태, 마약류·알코올이나 그 밖의 약물 중독 상태, 정신성적(精神性的) 장애가 있는 상태 등에서 범죄행위를 한 자로서 재범(再犯)의 위험성이 있고 특수한 교육·개선 및 치료가 필요하다고 인정되는 자에 대하여 적절한 보호와 치료를 함으로써 재범을 방지하고 사회복귀를 촉진하는 것을 목적으로 한다."고 정하고 있다. 치료감호는 치료감호시설에 수용해 치료를 하도록 하며, 그 기간은 최장 15년을 초과할 수 없도록 하고 있다(치료감호법 제16조).

보호관찰은 치료감호법 제32조 이하에서 규정하고 있으며, 치료 위탁된 피치료 감호자를 감호시설이 아닌 곳, 즉 사회에서 일상 생활을 하면서 피치료 감호자에 대한 보호관찰을 하는 것을 의미한다. 보호관찰 대상은 "피치료 감호자에 대한 치료감호가 가종료됐을 때, 피치료 감호자가 치료감호시설 외에서 치료받도록 법정대리인 등에게 위탁됐을 때" 등이며, 보호관찰 기간은 3년으로 하도록 규정하고 있다.

(2) 유예제도

형의 유예제도는 형법 제51조(범인의 연령, 성행, 지능과 환경, 피해자에 대한 관계, 범행의 동기, 수단과 결과, 범행 후의 정황)에 의해 그 형의 선고와 집행을 유예함으로써 범죄인이 사회에 적응하도록 하는 데에 그 목적이 있다.

형법에서 유예제도는 선고유예와 집행유예제도를 규정하고 있다.

① 선고유예

선고유예는 경미한 범죄자에 대해 일정 기간 동안 형의 선고를 유예하는 것으로 선고유예 기간이 경과하면 면소되는 것으로 간주하는 제도다. 선고유예의 요건으로는 "1년 이하의 징역이나 금고, 자격정지 또는 벌금의 형을 선고할 경우에 제51조의 사항을 참작하여 개전의 정상이 현저한 때에는 그 선고를 유예할 수 있다. 단, 자격 정지 이상의 형을 받은 전과가 있는 자에 대하여는 예외로 한다"(형법 제59조).

선고유예의 효과는 선고유예를 받은 날로부터 2년이 경과할 경우 면소된 것으로 간주한다고 규정하고 있다(형법 제60조).

선고유예를 하는 경우에는 재범 방지를 위해 지도 및 원호가 필요한 때에는 보호관찰을 받을 것을 명할 수 있으며, 그 보호관찰 기간은 1년으로 하도록 규정하고 있다(형법 제59조의2).

② 집행유예

집행유예는 유죄를 인정해 선고한 형의 집행을 일정 기간 유예해 그 유예 기간이 지나게 되면 그 선고의 효력을 상실토록 하는 제도다. 집행유예의 요건으로는 "3년 이하의 징역 또는 금고의 형을 선고할 경우에 제51조의 사항을 참작하여 그 정상에 참작할 만한 사유가 있는 때에는 1년 이상 5년 이하의 기간 형의 집행을 유예할 수 있다. 다만, 금고 이상의 형을 선고한 판결이 확정된 때부터 그 집행을 종료하거나 면제된 후 3년까지의 기간에 범한 죄에 대하여 형을 선고하는 경우에는 그러하지 아니하다"(형법 제62조).

집행유예의 효과는 집행유예 선고의 실효 또는 취소됨이 없이 유예 기간을 경과한 때에는 형의 선고는 효력을 상실하게 된다(형법 제65조). 만약 집행유예의 선고를 받은 자가 유예 기간 중 고의로 범한 죄로 금고 이상의 실형을 선고받아 그 판결이 확정된 때에는 집행유예의 선고는 효력을 상실하게 된다(형법 제63조).

이러한 형의 집행을 유예하는 경우에는 보호관찰을 받을 것을 명하거나 사회봉사 또는 수강명령을 할 수 있다. 보호관찰의 기간은 집행을 유예한 기간으로 하나 법원은 유예 기간 범위 내에서 보호관찰 기간을 정할 수 있다. 또한 사회봉사명령 또는 수강명령은 집행유예 기간 내에 이를 집행하도록 하고 있다.

(3) 가석방제도

가석방제도는 자유형을 받은 자가 형 집행 중 그 수감 생활이 양호하고 범죄에 대해 뉘우치는 것이 현저할 때에는 일정한 행정처분으로 가석방을 하는 제도다. 형법 제72조는 가석방의 요건으로 "징역 또는 금고의 집행 중에 있는 자가 그 행상이 양호하여 개전의 정이 현저한 때에는 무기에 있어서는 20년, 유기에 있어서는 형기의 3분의 1을 경과한 후 행정처분으로 가석방을 할 수 있다." 징역과 금고형에서 벌금 또는 과료를 함께 부과했을 경우에는 그 벌금과 과료를 완납해야만 가석방할 수 있도록 하고 있다.

가석방의 기간은 무기형에서는 10년으로 하고, 유기형에서는 남은 형기로 하며, 그 기간은 10년을 초과할 수 없도록 하고 있다. 가석방된 자는 가석방 기간 중 보호관찰을 받도록 하고 있다. 단, 가석방을 허가한 행정관청이 필요없다고 인정한 때에는 보호관찰을 하지 않을 수 있다.

가석방 처분을 받은 후 그 처분이 실효 또는 취소되지 아니하고 가석방 기간을 경과한 때에는 형의 집행을 종료한 것으로 본다.

가석방이 실효되는 경우로는 가석방 기간 중 금고 이상의 형의 선고를 받아 그 판결이 확정된 때(단, 과실로 인한 죄로 형의 선고를 받았을 때에는 예외로 한다)이고, 가석방이 취소되는 경우로는 가석방 처분을 받은 자가 감시에 관한 규칙을 위배하거나 보호관찰의 준수 사항을 위반하고 그 정도가 무거운 때에는 가석방 처분을 취소할 수 있다. 만약 가석방이 실효되거나 취소되는 경우에는 가석방 중의 일수는 형기에 산입하지 아니한다.

2 죄형법정주의

1) 의의

죄형법정주의는 "법률이 없으면 범죄와 형벌도 없다."로 정의될 수 있다. 법률 없이는 죄와 형을 정할 수 없는 것으로 법률에 근거해 죄와 형벌을 부가해야 한다는 것을 의미한다. 현대적 의미에서는 헌법적 가치를 가치에 부합하는 법률에 의해 적법 절차 등을 규정한 법률 등에 의해 범죄와 형벌을 규정해야 한다는 것을 의미한다.

이러한 죄형법정주의는 18세기 이전 절대왕권 시대에 군주 등의 자의적 행위로 인한 인권이 침해당해 왔던 것을 계몽주의 사상 등에 의해 국민의 권리를 보호해야 한다는 목적에서 발달했다.

죄형법정주의는 1215년 영국의 대헌장(Magna Charta)에서 기원해 1628년 권리청원, 1679년 인신보호법, 1689년 권리장전, 그 후 미국의 1774년 권리선언, 1776년 버지니아권리선언과 미합중국 헌법 등에서 수용했다. 그러다가 1789년 프랑스의 인간과 시민의 권리선언에서 명문으로 선언됐고, 그 이후 각 국가들은 헌법 또는 형법에 죄형법정주의를 규정하게 됐다(손동권, 2006: 24).

2) 원칙

죄형법정주의에 관한 원칙은 관습형법 금지, 유추해석 금지, 소급효 금지, 절대적 부정기형 금지 등이 있다. 이러한 원칙은 전통적 견해에서 주장되는 것이며, 현대적 의미에서는 이외에도 적정성의 원칙과 명확성의 원칙을 들 수 있다.

① 관습형법 금지의 원칙

형법과 형벌은 성문법에 의해야 하며, 관습에 의한 형법에 의해 형벌 등으로 처벌할 수 없다는 것을 의미한다. 의회가 제정한 의미의 형법이 아니면 형법으로 인정될 수 없다는 것이다. 즉, 과거 자의적인 관습형법에 의해 처벌하던 것을 배제함으로써 인간의 권리를 보호하기 위해 도출된 이론이다.

② 유추해석 금지의 원칙

법률이 가지는 입법 취지의 한계를 넘어 해석하는 것을 금지하며, 법문언대로 해석해야 한다는 것을 의미한다. 즉, 법을 해석하는 자가 자의로 해석하는 것을 막음으로써 피의자 또는 피고인의 권리를 보호하기 위한 것이다.

그러나 피의자와 피고인에 유리한 경우에는 유추해석이 가능하도록 하는 것이 현대적 의미의 죄형법정주의다. 과거 죄형법정주의에서는 입법의 문언에 한정됐으나, 피의자와 피고인에 유리하게 해석할 수 있는 경우에는 유추해 해석하는 것이 법의 실질적 적정성에 부합한다고 보고 있다.

③ 소급효 금지의 원칙

형법은 처벌할 때 행위시법에 의해 처벌하는 것을 원칙으로 하고 있다. 즉, 행위시에 처벌하는 근거 조항이 없거나 형벌로 규정하지 않았는데, 이후에 법률 제정으로 인해 행위를 처벌하도록 규정을 두는 것은 행위시법 원칙에 반하는 것으로 인정될 수 없다는 것이다. 즉, 형벌 등은 행위시법에 의해 죄와 벌을 부가하는 것이지, 행위시에 규정하지 않았다가 후에 법률 제정으로 소급해 처벌하도록 하는 것은 법적 안정성과 사회안정성, 그리고 인권을 침해하는 것으로 인정될 수 없다.

그러나 피의자와 피고인에게 유리할 경우에는 소급효가 가능하다. 즉, 행위시에는 중한 형이었으나 후에 법률 개정으로 죄가 되지 않거나 형이 경(輕)해지는 경우에는 사후 입법을 적용하는 것이 피의자 또는 피고인에게 유리하므로 소급 적용이 가능하다.

④ 절대적 부정기형 금지의 원칙

형법은 하한과 상한을 명확히 정해 처벌하도록 규정하고 있다. 즉, 예측가능성과 법적 안정성 등을 위해 형기에 대해 규정하고 처벌하도록 하고 있다. 따라서 형기를 정하지 않고 처벌하는 것은 지나친 인간의 권리를 침해하는 것으로 인정될 수 없다.

그러나 현행 법률에서는 예외적으로 소년법에서 상대적 부정기형을 예외적으로 인정하고 있다. 소년법 제60조는 부정기형으로 "장기 2년 이상의 유기형에 해당하는 죄를 범한 경우에는 그 형의 범위에서 장기와 단기를 정하여 선고한다. 장기는 10년 단기는 5년을 초과하지 못한다."고 규정해 상대적 부정기형을 인정하고 있다.

⑤ 적정성의 원칙

형벌 법규 등은 합리적으로 규정되고 처벌돼야 한다는 것을 의미한다. 즉, 형벌 법규의 내용이 실질적으로 정당하고 합리성이 있어야 한다는 것으로 형식적 법정주의를 넘어 실질적으로 권리를 보호할 수 있도록 규정돼 있어야 한다는 것이다. 이러한 적정성은 필요성과 보충성의 원칙, 책임 원칙, 균형성과 과잉금지 원칙, 인도성의 원칙 등을 포함하고 있다. 즉, 형벌 법규는 기본적 권리를 보호할 수 있도록 규정되고 적용돼야 한다는 것이다.

⑥ 명확성의 원칙

형법 법규는 누가 봐도 이해할 수 있게 구체성을 가지고 명확하게 규정돼야 한다는 것이다. 형법 법규가 모호해서 이를 일반인이 이해할 수 없게 규정돼서는 아니 된다는 것이다. 현대 민주주의 사회에서 법률은 구체성을 가지고 일반 사회 평균인이 이해할 수 있도록 규정돼야 한다는 것을 의미한다.

3 범죄의 의의

1) 범죄의 의의

범죄는 형법에서 규정한 내용을 범한 경우로서 법률에서 보호하고 있는 이익을 침해하는 것을 의미한다. 즉, 범죄 개념은 형법에서 규정한 개별적 구성 요건과 위법성, 책임성에 의해 정해진다. 범죄는 구성 요건은 해당성, 위법성, 책임성, 행위의 4개 요소에 의해 결정된다. 일반적으로 범죄라고 하는 것은 형식적 의미에서 형법에서 규정한 행위를 의미한다.[2)]

2) 범죄의 성립 요건

범죄가 성립하기 위해서는 구성 요건 해당성, 위법성, 책임성이 있어야 한다.

(1) 구성 요건 해당성

구성 요건 해당성이라고 하는 것은 형법에서 범죄로 규정한 구성 요건에 해당돼야 한다. 형법 제250조 제1항은 살인죄에 대해 규정하고 있는데 "사람을 살해한 자는…" 즉 구성 요건으로 '사람을', '살해한' 등이 모두 객관적 구성 요건에 해당된다. 객관적 구성 요건은 행위 주체, 행위 객체, 행위 결과로 구성된다. 이에 반해 주관적 구성 요건은 행위자의 주관적 인식이 구성 요건에 해당된다. 주관적 구성 요건은 고의, 과실이 이에 해당된다.

(2) 위법성

위법성은 형법에서 보호하고 있는 가치를 위반하는 것을 의미한다. 위법성은 불법적인 개념보다 더 포괄적으로 법이 보호하고 있는 가치를 침해하는 것이며, 단지 당해 규정에서 규정한 의미의 가치에 한정하지 않고 법적 질서 전체의 가치를

---

2) 실질적 의미의 범죄라고 하는 것은 형식적 형법을 떠나 사회적 반가치성을 가지는 행위 등을 포괄하는 것으로 지나치게 범죄의 개념을 확대하는 문제가 발생할 수 있다. 따라서 범죄라고 하는 것은 성문화된 형법에서 정한 행위인 형식적 의미만을 일반적으로 의미한다.

침해하는 것을 의미한다. 따라서 범죄가 성립하기 위해서는 위법성이 결여돼서는 아니 된다.

이러한 위법성이 결여되는 위법성 조각 사유로 현행 형법은 "정당방위, 긴급피난, 자구행위, 피해자의 승낙, 정당행위"를 규정하고 있다. 위법성 조각 사유에 해당되면 범죄 구성 요건에 해당되지 않기 때문에 범죄가 성립되지 않는다.

〈위법성 조각 사유〉

정당행위(20조)	법령에 의한 행위 또는 업무로 인한 행위, 기타 사회 상규에 위배되지 아니하는 행위는 벌하지 아니한다.
정당방위(21조)	① 자기 또는 타인의 법익에 대한 현재의 부당한 침해를 방위하기 위한 행위는 상당한 이유가 있는 때에는 벌하지 아니한다. ② 방위행위가 그 정도를 초과한 때에는 정황에 의하여 그 형을 감경 또는 면제할 수 있다. ③ 전항의 경우에 그 행위가 야간, 기타 불안스러운 상태하에서 공포, 경악, 흥분 또는 당황으로 인한 때에는 벌하지 아니한다.
긴급피난(22조)	① 자기 또는 타인의 법익에 대한 현재의 위난을 피하기 위한 행위는 상당한 이유가 있는 때에는 벌하지 아니한다. ② 위난을 피하지 못할 책임이 있는 자에 대하여는 전항의 규정을 적용하지 아니한다.
자구행위(23조)	① 법정절차에 의하여 청구권을 보전하기 불능한 경우에 그 청구권의 실행 불능 또는 현저한 실행 곤란을 피하기 위한 행위는 상당한 이유가 있는 때에는 벌하지 아니한다. ② 전항의 행위가 그 정도를 초과한 때에는 정황에 의하여 형을 감경 또는 면제할 수 있다.
피해자의 승낙(24조)	처분할 수 있는 자의 승낙에 의하여 그 법익을 훼손한 행위는 법률에 특별한 규정이 없는 한 벌하지 아니한다(그러나 피해자의 승낙이라고 하여도 법률에 특별한 규정이 있으면 처벌할 수 있다: 예) 살인의 경우 피해자 승낙이 있어도 살인으로 처벌할 수 있다.

(3) 책임성

범죄가 성립하기 위해서는 구성 요건 해당성, 위법성 그리고 책임성이 있어야 한다. 즉, 행위자에 대해 비난 가능성이 있어야 한다. 책임성은 비난 가능성이라고 하며, 그 행위에 대한 책임을 부담할 수 있는 능력이 있어야 한다. 만약 책임성이 조각되는 경우는 범죄가 성립되지 않는다.

이러한 책임 조각 사유로는 형법에서 형사미성년자(만 14세 미만자),[3] 심신상실의 책임 무능력자일 때, 정당한 이유 있는 법률의 착오에 있을 때, 저항할 수 없는 정도의 강요된 행위 등이다.

형사미성년자(9조): 만 14세 미만자	14세 되지 아니한 자의 행위는 벌하지 아니한다.
심신장애자(10조 1항)	심신장애로 인하여 사물을 변별할 능력이 없거나 의사를 결정할 능력이 없는 자의 행위는 벌하지 아니한다.
강요된 행위(12조)	저항할 수 없는 폭력이나 자기 또는 친족의 생명, 신체에 대한 위해를 방어할 방법이 없는 협박에 의하여 강요된 행위는 벌하지 아니한다

4 형사 절차와 구제

1) 수사 절차와 권리 구제

(1) 수사의 진행

수사는 형사사법기관에서 진행하며, 수사기관이 피해자의 고소, 제3자의 고발 등을 통해 범죄 신고를 받을 수 있으며, 또한 수사기관이 범죄 사실을 알고 있을 경우 수사를 진행할 수 있다. 단, 친고죄와 반의사 불벌죄의 경우에는 수사를 해서 처벌하는 데에 한계가 있다.[4)]

① 고소

고소는 범죄의 피해자 또는 일정한 범죄 피해와 관련이 있는 고소권자가 수사기관에 범죄 사실을 신고해 범인의 처벌을 구한다는 의사 표시를 의미한다.

② 고발

고발은 직접적인 범죄 피해자가 아닌 제3자로 고소권이 없는 자가 범죄 사실을 신고해 범인을 처벌해 달라고 구하는 의사 표시다.

---

3) 단, 행정법상에서는 형사미성년자라고 해도 책임이 조각되지 않는 경우가 있다.

4) 친고죄의 경우는 고소권자가 고소를 해야만 공소를 제기할 수 있는 범죄로 '사자(死者)의 명예 훼손, 모욕죄, 비밀침해죄, 업무상 비밀 누설, 강제추행죄' 등이 있다. 그러나 친고죄의 경우 피해자가 미성년자인 경우 피해자가 고소를 취소했더라도 부모 등 법정대리인이 피의자의 처벌을 원할 때에는 피해자의 의사와 관계없이 고소를 제기할 수 있다. 반의사 불벌죄는 고소권자의 의사에 반해 처벌할 수 없는 범죄로 '폭행죄, 명예훼손죄, 출판물에 의한 명예 훼손(§309)' 등이 있다.

③ 범죄 사실 인지

수사기관이 고소, 고발이 없어도 범죄 사실을 인지하거나 내사를 통해 범죄 사실을 확인할 경우에 수사를 진행할 수 있다. 즉, 수사기관이 고소와 고발이 없이 직권으로 범죄 사실을 조사하는 것을 의미한다.

(2) 권리 구제

① 피의자 및 피고인의 권리 보호

형사피의자 및 피고인의 권리를 보호하기 위해 무죄 추정의 원칙, 진술거부권(묵비권), 변호인의 도움을 받을 권리(변호인 조력권), 구속적부심사제도 등을 두고 있다.

무죄 추정의 원칙은 법원에 의한 유죄 확정 판결이 있기 전까지는 무죄로 추정한다는 원칙이다(헌법 제27조 제4항).

진술거부권(묵비권)은 피의자가 진술을 강요당하지 않을 권리이며, 헌법 제12조 제2항에서 규정하고 있다. 즉, 형사상 자기에게 불리한 진술을 강요당하지 아니한다.

변호인의 도움을 받을 권리(변호인 조력권)는 누구든지 체포 또는 구속을 당한 때에는 즉시 변호인의 조력을 받을 권리를 가지며, 형사 피고인이 스스로 변호인을 구할 수 없을 때에는 법률이 정하는 바에 의해 국가가 변호인을 붙이도록 하고 있다(헌법 제12조 제4항).[5]

구속적부심사제도는 누구든지 체포 또는 구속을 당한 때에는 적부의 심사를 법원에 청구할 권리를 가진다(헌법 제12조 제6항).

② 국민참여재판

국민참여재판은 사법의 민주적 정당성과 신뢰를 높이기 위해 국민이 형사재판에 참여하는 제도를 의미한다. 국민참여재판은 형사재판에만 도입돼 있으며, 형사재판에 참여하는 사람을 배심원이라 하고, 배심원이 참여하는 재판을 형사재판이라고 한다(국민의 형사재판 참여에 관한 법률 제2조).

---

5) 필요적 국선변호인이 선정되는 사유: 구속영장이 청구되고 영장 실질 심문 절차에 회부된 피의자에게 변호인이 없는 때, 피고인이 구속된 때, 미성년자인 때, 70세 이상인 때, 농아자인 때, 심신장애의 의심이 있는 자인 때, 사형・무기 또는 단기 3년 이상의 징역이나 금고에 해당하는 사건으로 기소된 때 등의 경우다.

국민참여재판은 미국의 배심원제도와 달리 유죄와 무죄에 대한 평결에 대한 구속력이 발생하지 않는 것이 차이가 있다. 즉, 배심원은 국민참여재판에서 사실의 인정, 법령의 적용 및 형(刑)의 양정(量定)에 관한 의견을 제시할 권한이 있는 것이지, 배심원이 제시한 평결과 의견은 법원을 기속하지 아니한다(국민의 형사재판 참여에 관한 법률 제46조 참조).

배심원이 결정한 의견은 재판부인 법원에 권고의 효력이 있을 뿐, 판사는 이에 기속되지 않으나 단지 배심원의 의견을 최대한 존중하고 참고해 판결하도록 하고 있다.

2) 형사재판

형사재판은 피해자의 고소와 제3자의 고발, 그리고 수사기관의 직권에 의한 수사를 통해 공소권을 가진 검사가 수사 주체가 돼 경찰을 지휘하고 수사를 진행하며 수사 후 범죄 사실이 인정되면 법원에 기소를 통해 재판을 청구하게 된다.

형사재판이 진행되면 범죄 가해자는 피고인이 되며, 피고인은 구속 수감이 될 경우 구치소에 신병이 수감된 상태에서 재판을 받게 된다. 재판은 1심(지방법원) →2심(고등법원, 지방법원 본원합의부) →3심(대법원)을 거쳐 최종 판결이 확정된다. 최종 판결이 유죄로 확정되면 피고인은 교도소로 수감돼 형집행이 실행된다.

3) 범죄 피해자 구조제도

범죄 피해자 구조제도는 타인의 범죄행위로 인해 생명·신체에 대한 피해를 받은 국민은 법률이 정하는 바에 의해 국가로부터 구조를 받을 수 있는 제도다(헌법 제30조).

범죄 피해자 구조제도는 사람의 생명·신체에 해를 끼치는 범죄행위로 인해 피해를 당했으나 가해자로부터 피해에 대한 배상을 기대하기 어려운 경우 국가에서 일정한 범위 내에서 피해자 또는 그 유가족 등에게 구조금을 지급하는 제도를 의미한다. 즉, 구조 대상 범죄 피해는 대한민국 영역 안에서 또는 대한민국 영역 밖에 있는 대한민국의 선박이나 항공기 안에서 행해진 사람의 생명 또는 신체를 해치는 죄에 해당하는 행위로 인해 사망하거나 장해 또는 중상해를 입은 것을 말한다. 단, 형사미성년자의 행위, 심신장애자의 행위, 강요된 행위, 긴급피난의 행위에 의해 처벌되지 아니하는 행위와 정당방위와 정당행위에 의해 처벌되지 아니하는 행위와 과실로 인한 행위는 구조받지 못한다.

제 2 절 법치행정과 행정구제

1 행정과 통치행위

1) 행정의 의의

(1) 형식적 의미의 행정

형식적 의미의 행정은 행정기관이 하는 행정을 모두 행정으로 보는 것을 말한다. 즉, 행정기관의 행위가 내용상 행정이냐를 불문하고 행정기관이 하는 것을 행정으로 보고 있다. 행정입법, 행정사법도 모두 행정으로 포함시키는 견해다.

(2) 실질적 의미의 행정

행정을 내용적으로 구분하고 있다. 행정기관뿐만 아니라 사법기관, 입법기관이 하는 행위여도 행정 사항이면 이를 행정으로 구분하고 있다. 형식적 기관을 불문하고 행위의 성격상 행정이면 이를 행정으로 보고 있다.

2) 통치행위

(1) 의의

통치행위는 행정행위 중 고도의 정치성을 가진 행위로 사법부의 판단이 가능하나 사법부가 판단을 회피하거나 사법부의 법논리적 판단이 어려운 행정행위를 말한다. 통치행위는 행정의 재량성과 권력 분립에 따라 인정될 수 있으나 이를 지나치게 확대해 인정하면 법치행정에 반하는 결과를 가져올 수 있다.

(2) 학설과 판례

통치행위에 대해 학설과 판례는 긍정설 입장에 있으며(김철용, 2014), 긍정설 중 내재적 한계설과 재량행위설을 함께 취하고 있다. 통치행위를 인정할 경우에도 이를 지나치게 확대할 것이 아니라 제한적인 범위에서 인정해야 한다는 것이 일반적인 학설이다.

헌법재판소에 따르면, "긴급재정명령은 국가긴급권의 일종으로 고도의 정치적 결단에 의하여 발동되는 행위이고 그 결단을 존중하여야 할 필요성이 있는 행위라는 의미에서 통치행위에 속한다."[6)]

(3) 통치행위로 볼 수 있는 예

대통령의 외교행위, 사면권 행사, 영전수여권, 긴급명령권 또는 긴급재정경제명령권, 국회의원의 징계 및 제명처분권 등이 있다.

3) 행정법의 기본 원리

행정법의 기본 원리(이념)로 권력 분립 원리, 민주행정 원리, 법치국가 원리, 사회국가(복리국가) 원리, 지방자치(지방분권) 원리 등을 들 수 있다.

(1) 권력 분립 원리

입헌민주주의 국가에서 가장 기본적인 것이 권력 분립이다. 입법은 의회에, 행정은 행정부에, 사법은 사법부에 권한을 부여하는 것이다. 우리 헌법도 "입법권은 국회에 속한다(40조), 행정권은 대통령을 수반으로 하는 정부에 속한다(66조 4항), 사법권은 법관으로 구성된 법원에 속한다(101조 1항)"고 하여 권력 분립 원리를 규정하고 있다. 권력 분립 원리는 입법, 사법, 행정을 분리해 각 기관에 권한을 부여함으로써 견제와 균형의 원리를 통해 법치를 달성해 국가의 통치권을 분립하도록 함으로써 민주국가를 확립하려는 것이다.

(2) 민주행정 원리

행정법의 기본 원리로 민주행정 원리를 들 수 있다. 민주행정 원리는 행정조직을 민주화하는 것과 행정의 책임행정, 그리고 공무원제도의 직업공무원화를 그 예

---

6) 헌법재판소, 1996.2.29. 93헌마186결정.

로 들고 있다. 민주적이라고 하는 것은 현대 사회에서 다수인이 수긍할 수 있도록 조직과 행위를 합리적 타당성을 가지고 하도록 하는 것을 말한다.

(3) 법치국가(행정) 원리

법치국가 원리는 현대 입헌민주주의 국가에서 당연히 인정되는 원리로 국민의 기본권을 보호하기 위해 나온 최소한의 원칙이다. 과거의 봉건영주나 군주의 자의적 침해를 배제해 기본권을 보호하려는 의도에서 비롯됐다. 법치국가는 법치행정과 같은 개념으로 법률에 따라 행정행위를 하도록 하는 것을 의미한다.

(4) 사회국가 원리

20세기에 들어오면서 국민의 기본권에 대한 보장을 구현해야 한다는 주장이 강하게 제기됐다. 1919년 바이마르(Weirmar)헌법에 의해 최초로 사회보장에 대한 내용을 헌법에 구체화시켰다. 그 후 제1차, 제2차 세계대전을 거치면서 입헌민주주의 국가에서는 복지에 대한 관심을 가지고 이를 제도적으로 보장하기 위해 다양한 형태로 제도 등에 의해 구현하고 있다. 사회국가 원리는 복리국가 원리와 같은 개념이다.

(5) 지방자치(분권) 원리

행정법의 기본 원리 중 하나가 지방자치(분권)다. 지방자치는 지역의 특성에 따라 지역주민의 자주적인 의사 결정에 따라 행정을 하도록 하는 것이다. 각 지역별로 지역주민이 자주적 의사 결정을 통해 자치를 실현하는 것이다. 지방자치는 현대 입헌민주주의 국가에서 채택하는 것으로 지역민의 권리를 보호하도록 함으로써 지역의 균형적 발전을 도모하고자 한다. 우리 헌법도 지방자치에 대해 제도적으로 보장하고 있다.

(6) 사법국가 원리

사법국가 원리는 행정행위 등에 대해 사법부가 재판을 하도록 하는 것을 의미한다. 행정행위에 대해 행정재판소가 아닌 행정부와 독립된 사법부가 재판함으로써 공정하고 객관적인 구제를 하고자 하는 것이다. 현행 우리 행정소송은 행정법원을 두고 있으나, 이러한 행정법원은 법원의 1심 법원인 것이지 프랑스와 같은 행정재판소가 아니다. 즉, 사법부의 1심 법원인 행정법원인 것이지 행정기관이 아니다.

따라서 대다수의 국가는 행정재판에 대해 독립한 사법부가 판단하도록 함으로써 권리를 보호하고 행정의 위법한 처분에 대한 시정을 통해 견제와 균형의 원리를 달성하도록 하고 있다.

2 법치행정

1) 법치행정의 의의

행정은 법률에 따라 하도록 하는 것을 의미한다. 즉, 행정행위를 할 경우 법률에 근거 조항을 두고 법률에 따라 집행하도록 함으로써 행정기관의 자의적인 집행을 배제해 국민의 권익을 보호하도록 하는 것이다.

2) 법치행정의 원칙

법치행정은 과거 봉건영주나 군주 등의 자의적인 행정에 의해 침해를 배제하고 법률에 의한 지배를 통한 국민의 권익을 보호하고자 나온 원칙이다. 이러한 원칙은 마이어(Otto Mayer)에 의한 법률의 지배 중 법률 우위 원칙, 법률 유보 원칙, 법률의 법규 창조력 원칙을 들고 있다. 이외에 영미의 경우는 영국의 다이시(Albert Venn Dicey)의 법의 지배로 불문법의 지배를 들 수 있다.

① 법률 우위의 원칙

의회가 만든 성문법률은 행정과 사법보다 우선한다는 원칙이다. 의회가 만든 법률은 국민의 대표기관으로 어떠한 행정과 사법보다 우선돼야 하며, 민주적 정당성을 가진 의회가 제정한 의미의 성문법률에 의할 경우 국민의 권익이 보호받을 수 있다는 것이다.

② 법률 유보의 원칙

행정기관이 행정행위를 할 경우에는 의회가 제정한 의미의 성문법률에 그 근거 조항을 규정해야 한다는 것이다. 법률에 구체적인 근거 조항이 없는 경우에는 국민에 대한 강제력을 행사할 수 없다.

③ 법률의 법규 창조력 원칙

국민의 권리를 제한하거나 의무를 부과할 경우에는 의회가 만든 성문법률에 의해서만 가능하다는 것을 의미한다. 국민의 권리를 제한하거나 의무를 부과하는 행위는 침익적 행정으로 반드시 의회가 제정한 성문법률에 그 근거해 할 수 있도록 하고 있다.

3) 현대의 법치행정

현대적 의미에서 법치행정은 단순히 형식적 법치를 의미하는 것이 아니라 실질적으로 국민의 기본권을 보호하는 것을 의미한다. 실질적 법치행정을 위해 법치행정의 원칙 중 법률 유보와 법률의 법규 창조력에서 의회가 제정한 성문법률뿐 아니라 행정입법에 의해서도 행정행위를 할 수 있도록 하고 있다. 즉, 행정입법의 경우 상위법에 위임받아 국민의 권리를 제한하거나 의무를 부과할 수 있는 법규범을 만들 수 있다.

현대적 법치행정에서의 법치행정 원리는 실제적으로뿐 아니라 절차적으로도 보장돼야 한다. 또한 헌법적 가치 질서를 침해하는 경우에는 성문법률에 의한 행정행위라도 인정되지 않는다. 즉, 위헌 법률 심판과 적합성 등의 원칙에 의해 국민의 기본권을 침해하는 행정행위는 인정될 수 없다.

3 행정구제

행정행위에 대해서는 침해가 발생하거나 발생하기 이전에 권리를 구제하는 제도를 행정구제라고 한다. 일반적으로 행정구제라고 하는 경우는 행정청의 행정행위로 인해 발생한 피해에 대해 그 시정·변경이나 재산적 보호를 구하는 제도다. 이러한 행정구제에는 행정행위가 있기 이전에 하는 사전구제와 행정청의 행위가 있은 후 발생한 피해에 대해 권리를 구제하는 사후구제제도가 있다. 그러나 실질적으로 행정구제라고 할 경우에는 일반적으로 행정청의 행위에 대한 피해 구제로 사후구제를 의미한다.

1) 사전구제

행정청의 행정행위에 의한 피해가 발생하기 이전에 구제하는 제도로, 이러한 사전구제는 피해 발생 이전에 하는 것으로 권리 구제적인 측면이 가장 강하다. 사전 구제제도는 행정행위 이전에 피해를 사전에 예방하는 것으로 행정절차와 행정청의 행정통제 등이 있을 수 있다.

(1) 행정절차

행정절차는 국민의 행정 참여를 도모함으로써 행정의 공정성과 투명성 및 신뢰성을 확보하고 국민의 권익을 보호함을 그 목적으로 하고 있다. 이러한 행정절차는 권력적 행정뿐 아니라 비권력적 행정에서도 적용된다.

우리나라는 1997년부터 행정절차법이 시행돼 오고 있으며, 행정절차법에서는 행정처분, 신고, 행정상 입법예고, 행정예고, 행정지도, 행정응원, 국민 참여의 확대, 청문회, 공청회 등에 대해 규정하고 있다. 또한 행정절차법에서는 신의성실과 신뢰보호의 원칙을 규정하고 있다.

① 행정처분

행정처분은 행정청이 행하는 구체적 사실에 관한 법 집행으로서의 공권력의 행사 또는 그 거부와 그 밖에 이에 준하는 행정작용을 의미한다. 즉, 행정처분은 행정기관이 행하는 권력적 행위를 의미한다.

② 행정지도

행정지도는 행정기관이 그 소관 사무의 범위에서 일정한 행정 목적을 실현하기 위해 특정인에게 일정한 행위를 하거나 하지 아니하도록 지도, 권고, 조언 등을 하는 행정작용으로 비권력적 행정작용이다. 행정지도가 성립하기 위해서는 상대방이 동의해야만 한다. 그리고 행정지도는 목적 달성을 위한 필요한 최소 한도에 그쳐야 한다.

③ 청문

청문이란 행정청이 어떠한 처분을 하기 전에 당사자 등의 의견을 직접 듣고 증거를 조사하는 절차를 의미한다.

④ 공청회

공청회는 행정청이 공개적인 토론을 통해 어떠한 행정작용에 대해 당사자 등 전문지식과 경험을 가진 사람, 그 밖의 일반인으로부터 의견을 널리 수렴하는 절차를 말한다.

⑤ 행정상 입법예고

행정상 입법예고는 법령 등을 제정하거나 개정 또는 폐지하려는 경우에는 해당 입법안을 마련한 행정청은 이를 예고하도록 하고 있다. 예고 방법에는 입법안의 취지, 주요 내용 또는 전문을 관보・공보나 인터넷・신문・방송 등을 통해 공고하도록 하고 있다. 입법예고 기간은 예고할 때 정하되, 특별한 사정이 없으면 40일 이상(자치법규는 20일)으로 하도록 하고 있다.

⑥ 행정예고

행정청은 "국민 생활에 매우 큰 영향을 주는 사항, 많은 국민의 이해가 상충되는 사항, 많은 국민에게 불편이나 부담을 주는 사항, 그 밖에 널리 국민의 의견을 수렴할 필요가 있는 사항 등"에 대해 정책, 제도 및 계획을 수립하거나 시행 또는 변경할 경우 예고하도록 하고 있다.

(2) 행정통제

행정통제는 행정청의 행위에 대해 상급 행정청 또는 처분청이 행정행위를 시정하거나 변경하는 것을 의미한다. 행정통제는 주로 사전적 통제로 행정청이 스스로 통제하는 것으로 행정 피해 이전에 이를 구제하는 제도다.

행정통제로 볼 수 있는 것이 행정청의 직권 취소, 행정청의 지도 및 감독 등이 이에 해당한다.

2) 사후구제

행정구제는 일반적으로 행정청의 행위에 의한 피해가 발생했을 때 이를 행정청이나 법원에 의해 구제를 받는 제도다. 이러한 행정구제에는 옴부즈만제도와 행정심판, 행정소송, 그리고 재산적 피해 등에 대해 구제받는 손실보상과 손해배상이 있다.

(1) 옴부즈만제도

옴부즈만제도(ombudsman system)는 행정청의 처분 등에 대해 행정기관이 아닌 제3의 기관인 의회 등에서 행정청의 처분 등에 대해 시정・변경 등을 통해 권리를 구제하는 제도다. 옴부즈만은 주로 의회 공무원이 되며, 권한은 행정청의 행위에 대해 시정권고권만을 가지고 있다. 즉, 행정청의 처분에 대해 명령강제할 수 있는 권한을 가지고 있지 않다.

우리의 옴부즈만제도로 볼 수 있는 것이 국민권익위원회의 고충처리제도다. 현재 국민권익위원회는 행정청의 행위에 대해 시정권고권을 가지고 있다.

(2) 행정심판

① 의의

행정심판은 행정청의 위법한 처분 또는 부당한 처분이나 부작위 등에 대해 행정기관인 행정심판위원회에서 그 시정·변경을 통해 권리를 구제하는 제도다. 행정심판에 대해 행정심판법이 있으며, 행정심판법상 행정심판의 목적은 위법 또는 부당한 행정청의 처분과 부작위 등으로 인해 국민의 권리가 침해된 경우 그 권리 또는 이익을 구제하고 행정의 적정한 운영에 있다.

② 대상

행정심판의 대상으로는 행정청의 처분 또는 부작위로 그 위법성이 있거나 재량성을 그르치는 부당한 행위가 그 요건이 된다. 즉, 위법 또는 부당한 행위로 인한 행정청의 처분과 부작위를 그 대상으로 하고 있다.

③ 종류

행정심판법에서는 행정심판의 종류로 항고심판에 대해서만 규정하고 있다. 항고심판은 행정청의 위법 또는 부당한 처분이거나 부작위로 인해 침해를 받은 경우 그 피해자가 그 처분과 부작위에 대한 시정·변경을 구하는 심판으로 주관적 심판에 해당한다.

이러한 항고심판에는 취소심판(행정청의 위법 또는 부당한 처분을 취소하거나 변경하는 행정심판), 무효 등 확인심판(행정청의 처분의 효력 유무 또는 존재 여부를 확인하는 행정심판), 의무이행심판(당사자의 신청에 대한 행정청의 위법 또는 부당한 거부처분이나 부작위에 대해 일정한 처분을 하도록 하는 행정심판) 등이 있다.

④ 심판기관

행정심판기관으로는 행정심판위원회가 설치돼 있으며, 중앙행정심판위원회와 지방행정심판위원회로 구분해 볼 수 있다.

이외에 별도로 행정심판법 제6조 제1항에서 별도로 정하고 있는 행정기관(감사원, 국가정보원장 등 대통령 소속기관의 장, 국회 사무총장, 법원행정처장, 헌법재판소 사무처장 및 중앙선거관리위원회 사무총장, 국가인권위원회, 진실·화해를 위한 과거사정리위원회 등 대통령령으로 정하는 행정청)의 경우는 행정청에 행정심판위원회를 설치하고 있다.

⑤ 재결기관

행정심판위원회가 심리하고 재결하도록 하고 있다. 즉, 행정심판위원회는 심리기관인 동시에 재결기관이 된다.

⑥ 행정심판 제기 기간

행정심판은 행정청의 처분 또는 부작위에 대해 처분 있음을 안 날로부터 90일, 있은 날로부터 180일 내에 제기해야 한다.

⑦ 특징

행정심판을 제기해도 행정청의 집행은 정지되지 않으며(집행부정지 원칙), 행정심판을 제기하지 않은 사항에 대해 심리하고 재결하지 못한다(불고불리의 원칙).

(3) 행정소송

① 의의

행정소송은 행정청의 위법한 처분, 그 밖에 공권력의 행사·불행사 등으로 인해 국민의 권리 또는 이익의 침해에 대해 법원이 판단해 구제하는 제도다.

② 대상

행정소송의 대상으로는 행정청의 처분 또는 부작위로 그 위법성이 있는 경우만이 그 대상이 된다. 즉, 법률상 보호 이익이 침해된 위법한 행위로 인해 권리가 침해돼야 한다. 위법한 행위로 인한 침해는 행정청의 처분 또는 부작위가 그 대상이 된다.

③ 종류

행정소송법에서는 행정소송의 종류로 항고소송, 당사자소송, 민중소송, 기관소송을 모두 들고 있다. 항고소송(행정청의 처분 등이나 부작위에 대해 제기하는 소송), 당사자소송(행정청의 처분 등을 원인으로 하는 법률 관계에 관한 소송 그 밖에 공법상의 법률 관계에 관한 소송으로서 그 법률 관계의 한쪽 당사자를 피고로 하는 소송), 민중소송(국가 또는 공공단체의 기관이 법률에 위반되는 행위를 한 때에 직접 자기의 법률상 이익과 관계없이 그 시정을 구하기 위해 제기하는 소송), 기관소송(국가 또는 공공단체의 기관 상호간에 있어서의 권한의 존부 또는 그 행사에 관한 다툼이 있을 때에 이에 대해 제기하는 소송. 다만, 헌법재판소법 제2조의 규정에 의해 헌법재판소의 관장 사항으로 되는 소송은 제외한다.)를 규정하고 있다.

④ 재판기관

행정소송은 법원이 되며, 일반적으로 행정법원이 있는 경우는 1심인 행정법원이 되나, 행정법원이 없는 지역에서는 지방법원본원 합의부가 1심 법원이 된다. 즉, 사법부가 행정사건에 대한 재판기관이 되나, 행정재판은 2심제와 단심제를 취하는 경우가 있어 일반적인 민사재판이나 형사재판의 3심제와는 차이가 있다. 대통령 선거소송의 경우는 1심이 대법원으로 단심제로 종료된다.

⑤ 소송 제기 기간

행정소송은 행정청의 처분 또는 부작위에 대해 처분 있음을 안 날로부터 90일, 있은 날로부터 1년 이내에 제기해야 한다.

⑥ 특징

행정소송을 제기해도 행정청의 집행은 정지되지 않으며(집행부정지 원칙), 행정소송을 제기하지 않은 사항에 대해 재판하지 못한다(불고불리의 원칙).

일반적으로 행정청의 재량 사항에 대해서는 판단할 수 없으나, 재량처분이 재량권의 한계를 넘거나 남용이 있는 때에는 법원은 이를 취소할 수 있다. 즉, 재량의 남용, 유월, 일탈, 해태의 경우에는 재판의 대상이 된다.

(4) 손해배상과 손실보상

손해배상과 손실보상은 행정청의 행위로 인한 피해에 대해 재산으로 그 피해를 구제받는 제도다. 손해배상은 일반법으로 국가배상법이 있으나 손실보상은 일반법이 없고 각 개별법에서 이를 규정하고 있을 경우에 보상을 받을 수 있다.

① 손해배상

손해배상으로 공무원의 직무행위 또는 영조물의 설치 하자로 발생한 피해에 대해 배상해 주는 제도다. 이러한 손해배상에 대해 그 법적 근거로 헌법 제29조에서 규정하고 있다. 제1항은 "공무원의 직무상 불법행위로 손해를 받은 국민은 법률이 정하는 바에 의하여 국가 또는 공공단체에 정당한 배상을 청구할 수 있다. 이 경우 공무원 자신의 책임은 면제되지 아니한다.", 제2항은 "군인 · 군무원 · 경찰공무원, 기타 법률이 정하는 자가 전투 · 훈련 등 직무 집행과 관련하여 받은 손해에 대하여는 법률이 정하는 보상 외에 국가 또는 공공단체에 공무원의 직무상 불법행위로 인한 배상은 청구할 수 없다."고 하여 이중배상 금지 원칙도 규정하고 있다.

국가배상에 관해서는 일반법으로 국가배상법이 있다. 국가배상법에서 손해배상은 제2조인 공무원의 직무상 불법행위, 제5조 영조물 설치 · 관리상의 하자에 의한 책임으로 구분하고 있다.

공무원의 직무상 위법행위에 대해서는 "국가나 지방자치단체는 공무원 또는 공무를 위탁받은 사인(이하 "공무원"이라 한다)이 직무를 집행하면서 고의 또는 과실로 법령을 위반하여 타인에게 손해를 입히거나, 「자동차손해배상 보장법」에 따라 손해배상의 책임이 있을 때에는 이 법에 따라 그 손해를 배상하여야 한다. 다만, 군인 · 군무원 · 경찰공무원 또는 향토예비군 대원이 전투 · 훈련 등 직무 집행과 관련하여 전사(戰死) · 순직(殉職)하거나 공상(公傷)을 입은 경우에 본인이나 그 유족이 다른 법령에 따라 재해보상금 · 유족연금 · 상이연금 등의 보상을 지급받을 수 있을 때에는 이 법 및 「민법」에 따른 손해배상을 청구할 수 없다(이중배상 금지 원칙). 또한 공무원에게 고의 또는 중대한 과실이 있으면 국가나 지방자치단체는 그 공무원에게 구상(求償)할 수 있다."고 규정해 공무원이 고의나 중과실이 있는 경우에는 국가는 구상권을 할 수 있는 근거 조항을 확보하고 있다. 이러한 공무원의 위법행위에 대한 배상책임에 대해 판례는 중간설적인 입장에서 공무원이 고의나 중과실이 없는 경우에는 국가가 자기 책임을 부담하는 자기책임설에 있으며, 단지 공무원이 고의와 중과실이 있는 경우는 국가가 대신 책임을 부담하고 구상할 수 있는 대위책임설적 입장에 있다.

영조물 설치관리상의 하자(공공시설 등의 하자로 인한 책임)로 인해 발생한 피해에 대해 국가 등이 그 손해를 배상하도록 하고 있다. 국가배상법 제5조는 "도로 · 하천, 그 밖의 공공의 영조물(營造物)의 설치나 관리에 하자(瑕疵)가 있기 때문에 타인에게 손해를 발생하게 하였을 때에는 국가나 지방자치단체는 그 손해를 배상하여야 한다."고 규정하고 있다. 영조물 설치관리상의 하자로 인한 책임은 무과실책임주의에 있으며, 하자에 대한 판단 기준도 객관설적 입장에서 그 피해를 널리 구제하고자 하고 있다.

② 손실보상

손실보상은 행정기관 등의 공공 필요에 의해 적법한 행위로 인해 발생한 재산적 피해에 대해 보상을 청구하는 제도다. 손실보상에 대해서는 법적 근거가 헌법 제23조 3항에서 규정하고 있으며, 일반 법률은 없고 각 개별법에서 규정하고 있다. 헌법 제23조 3항은 "공공 필요에 의해 재산권 수용, 사용, 제한할 경우 법률로 하되 정당한 보상을 지급하여야 한다."고 규정함으로써 재산권에 한정해 보상을 하도록 하고 있다.

이러한 손실보상에 대해 일반법이 없으며 개별법에 의해 보상을 받도록 하고 있으며, 판례는 만약 개별법이 없는 경우 헌법을 근거로 해서 손실보상 청구는 불가능하다는 위헌무효설 입장을 취하고 있다.

손실보상에 대한 사상적 배경은 단체주의, 사회적 공평주의에 의한 특별한 희생에 의한 피해보상이다.

〈손해배상과 손실보상의 이동점〉

구분	의의	일반법	배상 절차	연원	성격	양도, 압류	기타
손해 배상	위법행위	국가배상법	임의적 전치주의	개인주의, 도덕적 책임주의	사법으로 민사소송으로 (판례)	금지	이중배상 금지
손실 보상	적법행위	개별법	협의→재결	단체주의, 사회적 공평주의	사법으로 민사소송으로 (판례)	가능	특별희생

제 3 절 청소년의 권리와 학교 생활

1 청소년의 지위와 권리

1) 청소년의 법적 지위

청소년은 국민의 한 사람으로 국민이 누려야 할 모든 권리를 가진다. 단지, 청소년은 아직 성년이 아니므로 성년이 가지는 여러 가지 권리가 제한돼 있다. 즉, 대표적으로 참정권과 민법상 행위 능력 등이 제한을 받고 있다. 이러한 청소년은 아직 성숙되지 않은 단계로 많은 보호를 필요로 하고 있다. 따라서 법률에서는 청소년의 권리를 보호하기 위해 제도적 장치를 두고 있다.

(1) 청소년 보호 관련 법제

청소년의 권리를 보호하기 위해 청소년기본법과 청소년보호법, 청소년의 성 보호에 관한 법률 등을 두고 있다.

청소년기본법은 청소년의 권리와 책임을 정하고 청소년 육성정책에 관한 사항을 정하는 것을 목적으로 하고 있다. 이 법에서 청소년의 연령은 9세 이상 24세 이하인 사람을 그 대상으로 하고 있다.

청소년보호법은 청소년을 유해한 환경으로부터 보호·구제함으로써 청소년이 건전한 인격체로 성장할 수 있도록 보호하는 것을 목적으로 하고 있다. 이 법에서 청소년은 19세 미만인 사람을 의미하며, 만 19세가 되는 해의 1월 1일을 맞이한 사람은 제외하도록 하고 있다.

(2) 성년의제

① 의의

성년의제라고 하는 것은 만 18세 이상인 미성년자가 부모 등의 동의를 얻어 혼인을 하게 되면 성년으로 보게 된다는 것을 의미한다.

② 근거 및 행위 능력

민법 제4조는 성년의 연령을 만 19세로 구분하고 있어, 만 19세가 되는 경우 성년으로 보고 있다. 성년이 될 경우 법률행위를 할 수 있으며, 그 제한이 없다. 그러나 만 19세가 되지 않을 경우는 민법상 미성년자로 보아 법적 행위 능력이 제한된다. 이러한 미성년의 경우는 법정대리인을 통해 법률행위를 할 수 있게 된다.

민법상 미성년이라 해도 18세가 된 사람은 부모나 미성년 후견인의 동의를 받아 약혼할 수 있다. 또한 만 18세가 되는 경우에는 미성년이라 해도 혼인할 수 있다. 만 18세가 되어 혼인을 하는 경우에도 부모의 동의를 받아야 하며, 부모 중 한쪽이 동의권을 행사할 수 없는 때에는 다른 한쪽의 동의를 받아야 하며, 부모 모두가 동의권을 행사할 수 없는 경우에는 미성년 후견인의 동의를 받아야 한다. 또한 미성년자가 부모 등의 동의를 얻어 혼인하는 경우에는 성년자로 본다고 규정하고 있다. 성년자로 보는 경우는 미성년이라 해도 법적 행위에서 성년으로 보아 혼인한 미성년자가 독립적으로 법률행위를 할 수 있다.

그러나 민사 관계 외에 선거법 등 다른 공법에서는 성년의제가 적용되지 않고, 미성년자일 경우는 미성년으로 본다.

(3) 미성년자의 법률행위

① 의의

민법 제5조는 미성년자의 법률행위는 법정대리인의 동의를 구한 경우에 가능하다. 즉, 미성년자의 법률행위는 단독으로 행사할 수 없고, 법정대리인의 동의를 구한 경우에 가능하다. 그러나 권리만을 얻거나 의무만을 면제받는 경우는 미성년자가 단독으로 할 수 있다.

② 제한

미성년자의 법률행위는 단독으로 할 수 없어, 법정대리인이 동의를 하는 경우에 가능하다. 미성년자가 법정대리인의 동의를 얻지 않고 한 행위는 취소할 수 있다.

그러나 법정대리인이 범위를 정해 처분을 허락한 재산은 미성년자가 임의로 처분할 수 있다. 법정대리인이 미성년자에게 재산처분이나 법률행위에 대한 동의를 했으나 미성년자가 아직 그 행위를 하기 이전에는 법정대리인이 그 재산처분에 대한 동의와 법률행위에 대한 동의 등을 취소할 수 있다.

또한 미성년자가 법정대리인으로부터 특정한 영업에 대해 허락을 얻은 경우에는 그 영업에 관해 성년자와 동일한 행위 능력을 가지게 된다.

이처럼 미성년자의 법률행위는 권리만을 얻거나 의무만을 면제받는 경우가 아닌 한 법정대리인의 동의를 얻어서만 법률행위를 할 수 있다.

2) 청소년의 권리

(1) 청소년 근로 보호

① 의의

청소년의 근로는 만 15세 미만인 자는 근로 관계를 맺지 못하도록 보호하고 있다. 이는 우리 헌법 제32조 제5항에서 "연소자의 근로는 특별한 보호를 받는다."고 규정해 청소년의 근로에 관해서는 근로기준법에서 엄격히 제한해 보호하고 있다.

청소년에 대한 권리를 보호하기 위해 청소년보호 종합대책을 여성가족부 장관은 3년마다 관계 중앙행정기관 장 및 지방자치단체 장과 협의해 청소년 유해환경으로부터 보호하기 위한 종합대책을 수립해 시행하도록 하고 있다.

청소년에 관한 기준 연령

- 청소년기본법: 9세 이상 24세 이하
- 청소년보호법: 만 19세 미만
- 소년법: 19세 미만
- 민법: 만 19세 미만(결혼할 수 있는 능력 만 18세 이상)
- 선거법: 19세 미만(19세 이상 선거권 가짐)
- 주민등록법: 17세 이상(주민등록증 발급 대상)
- 도로교통법: 18세 이상(운전면허 가능, 단 원동기장치 자전거의 경우 16세 이상 가능)
- 형법: 14세 미만(형사 미성년자)
- 근로기준법: 15세 미만(근로자로 취업 불가: 중학교 재학 중인 자는 18세 미만). 단, 취직 인허증을 받을 수 있는 13세 이상 15세 미만자는 취직이 가능하며, 예술 공연 참가를 위한 경우는 13세 미만인 자도 취직 인허증을 받을 수 있음.

② 보호 내용

청소년의 근로는 법률에 의해 보호받고 있으며, 근로기준법에 의해 취업 최저 연령과 취직인허증제도를 두어 위법한 근로로부터 보호하고 있다.

미성년의 근로는 근로계약 시에 직접 근로계약을 작성해야 하며, 친권자나 후견인이 근로계약을 대리할 수 없도록 하고 있다.

미성년자는 독자적으로 임금을 청구할 수 있도록 하고 있으며, 근로 시간은 15세 이상 18세 미만자는 1일 7시간, 1주일에 40시간을 초과할 수 없도록 하고 있다. 다만, 당사자 사이의 합의에 따라 1일 1시간, 1주일에 6시간을 한도로 연장을 할 수 있다.

18세 이상 여성 근로는 오후 10시부터 오전 6시까지 시간 및 휴일 근로를 시키려면 근로자의 동의를 받도록 하고 있다. 또한 18세 미만자를 오후 10시부터 오전 6시까지 시간 및 휴일에 근로시키지 못하도록 하고 있으며, 18세 미만자가 동의하는 경우 등에서는 고용노동부 장관의 인가를 받은 경우 야간 및 휴일에 근로가 가능하다.

18세 미만 자를 갱내에서 근로시키지 못하도록 규정하고 있다.

(2) 청소년 범죄 처리

청소년의 범죄는 일반 성인 사건과 달리 소년법의 적용을 받도록 하고 있다. 소년법상 소년은 19세 미만인 자가 그 대상이 된다.

소년보호사건의 관할은 소년의 행위지, 거주지 또는 현재지로 한다. 가정법원소년부 또는 지방법원소년부에서 사건을 재판하며, 심리와 처분 결정은 소년부 단독 판사가 한다.

소년보호사건은 소년부의 보호사건으로 심리하며, 이 경우 대상은 "죄를 범한 소년, 형벌 법령에 저촉되는 행위를 한 10세 이상 14세 미만인 소년, 10세 이상인 소년(집단적으로 몰려다니며 주위 사람들에게 불안감을 조성하는 성벽이 있는 것, 정당한 이유 없이 가출한 것, 술을 마시고 소란을 피우거나 유해환경에 접하는 성벽이 있는 것)의 경우다.

형법상 형사미성년자인 14세 미만자의 경우는 형법에 의해 처벌하지 않고, 보호처분의 대상이 된다. 14세 이상 19세 미만의 경우 보호처분 및 형벌의 대상이 된다.

2 학교 생활

1) 학생의 권리와 의무

(1) 근거

학생의 권리는 교육을 받을 권리를 가지고 있다. 이러한 권리는 헌법의 교육권에서 발생하며, 이에 따라 교육의 권리는 학습을 받을 권리로 교육기본법에 의해 보호받고 있다.

(2) 교육 이념

교육기본법은 홍익인간(弘益人間)의 이념 아래 모든 국민으로 하여금 인격을 도야하고 자주적 생활 능력과 민주시민으로서 필요한 자질을 갖추게 함으로써 인간다운 생활을 영위하게 하고, 민주국가의 발전과 인류 공영의 이상을 실현하는 데 이바지함을 교육의 목적으로 두고 있다.

(3) 학습권

학생의 권리로는 학습권이 있다. 학습권은 학생이 민주적 시민으로 인간다운 생활을 영위하고 행복을 추구하기 위해 가지는 교육에 관한 권리다. 따라서 학습권은 모든 국민은 평생에 걸쳐 학습하고, 능력과 적성에 따라 교육받을 권리를 가진다고 교육기본법 제3조에서 규정하고 있다. 교육기본법은 청소년 학생뿐 아니라 성인까지 포함해 평생교육을 받을 권리를 보장하고 있다.

이러한 학생은 사회적 신분과 종교 등으로부터 차별받지 않고 개인의 능력에 따라 교육의 받을 수 있는 권리를 가진다. 학습권은 청소년이면 누구나 자신의 능력에 따라 교육을 받을 권리를 가진다. 이러한 학습권은 어떠한 경우에도 차별하거나 침해해서는 아니 된다.

(4) 학생의 의무

학생은 교육을 받을 권리로 학습권이 있는 대신 의무로 학교 내에서 교육을 방해하지 않고, 학습자로서 윤리 의식을 준수하고, 학내의 질서를 준수할 의무를 가지게 된다. 학생의 의무는 학교 내외에서 학생으로서 가져야 할 기본적인 의무를 준수해야 한다. 즉, 다른 학생의 학습을 방해하지 않아야 하며, 학교 내의 질서를 유지해 학습을 방해하는 행위를 해서는 아니 되는 의무를 가진다.

또한 일정한 연령까지는 학생으로서 교육을 받아야 할 의무를 가지게 된다.

2) 학교 폭력과 법

(1) 근거

학교 폭력을 예방하기 위해 「학교 폭력 예방 및 대책에 관한 법률」을 제정해 시행하고 있다. 이 법의 목적은 "학교 폭력의 예방과 대책에 필요한 사항을 규정함으로써 피해 학생의 보호, 가해 학생의 선도·교육 및 피해 학생과 가해 학생 간의 분쟁 조정을 통하여 학생의 인권을 보호하고 학생을 건전한 사회 구성원으로 육성함을 목적으로 한다."고 하여 학생 인권을 보호하는 것을 그 목적으로 하고 있다.

(2) 학교 폭력의 의의

「학교 폭력 예방 및 대책에 관한 법률」에서 "학교 폭력이란 학교 내외에서 학생을 대상으로 발생한 상해, 폭행, 감금, 협박, 약취·유인, 명예훼손·모욕, 공갈, 강요·강제적인 심부름 및 성폭력, 따돌림, 사이버 따돌림, 정보통신망을 이용한 음란·폭력 정보 등에 의하여 신체·정신 또는 재산상의 피해를 수반하는 행위를 말한다."고 광범위하게 규정하고 있다.

따돌림이란 "학교 내외에서 2명 이상의 학생들이 특정인이나 특정 집단의 학생들을 대상으로 지속적이거나 반복적으로 신체적 또는 심리적 공격을 가하여 상대방이 고통을 느끼도록 하는 일체의 행위를 말한다."고 규정하고 있으며, 사이버 따돌림이란 "인터넷, 휴대전화 등 정보통신기기를 이용하여 학생들이 특정 학생들을 대상으로 지속적, 반복적으로 심리적 공격을 가하거나, 특정 학생과 관련된 개인정보 또는 허위 사실을 유포하여 상대방이 고통을 느끼도록 하는 일체의 행위를 말한다."고 규정함으로써 학교 폭력, 따돌림, 사이버 따돌림을 정의하고 있다.

(3) 가해 학생과 처벌

① 가해 학생

가해 학생은 가해자 중에서 학교 폭력을 행사하거나 그 행위에 가담한 학생으로 학교 폭력에 가담한 학생 모두를 지칭한다.

② 처벌

가해 학생에 대한 처벌은 형법과 소년법 등에 의해 처벌될 수 있다. 즉, 가해행위에 따라 그 적용 법조가 달라지며, 또한 형사 미성년자의 경우 형사 처벌을 받지 않으나 소년법상 보호처분을 받을 수 있다.

(4) 학교 폭력 예방

① 예방교육

학교 폭력을 예방하기 위해 전문 상담교사를 학교에 배치하도록 하고 있으며, 학교 폭력 예방교육을 학기별로 1회 이상 실시하도록 하고 있다.

또한 학교 폭력 예방교육을 교직원 및 학부모에 대한 교육도 학기별로 1회 이상 실시하도록 하고 있다.

② 피해 학생 보호

학교 폭력으로 인해 피해를 받은 학생에 대해 보호하기 위해 학교폭력대책자치위원회를 학교에 설치해 심리상담 및 조언, 일시 보호, 치료 및 치료를 위한 요약, 학급 교체, 그 밖에 피해 학생의 보호를 위해 필요한 조치 등을 하고 있다.

③ 가해 학생 조치

가해 학생에 대해 학교폭력대책자치위원회는 피해 학생에 대한 서면 사과, 피해 학생 및 신고·고발 학생에 대한 접촉, 협박 및 보복행위의 금지, 학교에서의 봉사, 사회봉사, 학내외 전문가에 의한 특별 교육 이수 또는 심리치료, 출석 정지, 학급 교체, 전학, 퇴학 처분 등의 조치를 취하도록 하고 있다.

제 4 절 소비자의 권리와 법

1 소비자의 권리와 책무

1) 소비자 권리

(1) 소비자 권리의 의의

사업자가 제공하는 물품 또는 용역을 소비 생활을 위해 사용하는 자를 소비자라 하며, 이러한 소비자는 물품 등으로부터 보호받을 권리를 가지고 있다.

(2) 법적 근거

소비자 권리에 관해서는 「소비자기본법」을 규정해 권리를 보호하고 있다. 소비자는 사업자가 제공하는 물품 등으로부터 안전과 물품 사용 선택 등의 권리를 가지고 있다.

(3) 소비자의 권리

소비자는 기본적으로 8개의 권리를 가지고 있다. 이러한 소비자 권리는 「소비자기본법」 제4조 1호에서 8호까지 규정하고 있다.

① 안전할 권리: 물품 또는 용역(이하 "물품 등"이라 한다)으로 인한 생명・신체 또는 재산에 대한 위해로부터 보호받을 권리

② 알 권리: 물품 등을 선택함에 있어서 필요한 지식 및 정보를 제공받을 권리

③ 선택할 권리: 물품 등을 사용함에 있어서 거래 상대방・구입 장소・가격 및 거래 조건 등을 자유로이 선택할 권리

④ 의견 반영권: 소비 생활에 영향을 주는 국가 및 지방자치단체의 정책과 사업자의 사업 활동 등에 대하여 의견을 반영시킬 권리

⑤ 피해보상권: 물품 등의 사용으로 인하여 입은 피해에 대하여 신속・공정한 절차에 따라 적절한 보상을 받을 권리

⑥ 교육받을 권리: 합리적인 소비 생활을 위하여 필요한 교육을 받을 권리

⑦ 단체조직 활동권: 소비자 스스로의 권익을 증진하기 위하여 단체를 조직하고 이를 통하여 활동할 수 있는 권리

⑧ 소비할 권리: 안전하고 쾌적한 소비 생활 환경에서 소비할 권리

2) 소비자 책무

소비자는 소비를 할 때 기본적 권리를 정당하게 행사하는 등 권리와 함께 소비자로서의 지위에서 정당한 책무를 가진다. 이러한 책무를 살펴보면 다음과 같다.

첫째, 소비자는 사업자 등과 더불어 자유시장 경제를 구성하는 주체임을 인식해 물품 등을 올바르게 선택하고, 소비자의 기본적 권리를 정당하게 행사해야 한다.

둘째, 소비자는 스스로의 권익을 증진하기 위해 필요한 지식과 정보를 습득하도록 노력해야 한다.

셋째, 소비자는 자주적이고 합리적인 행동과 자원 절약적이고 환경 친화적인 소비 생활을 함으로써 소비 생활의 향상과 국민경제의 발전에 적극적인 역할을 다해야 한다.

2 소비자 보호

소비자의 권리는 보호되며, 이러한 보호를 위해 국가 및 지방자치단체의 책무를 규정하고 있다. 또한 사업자는 피해 보상 등을 하도록 하고 있다.

1) 국가 및 지방자치단체의 책무

국가 및 지방자치단체는 소비자의 기본적 권리를 실현하기 위해 "관계 법령 및 조례의 제정 및 개정·폐지, 필요한 행정조직의 정비 및 운영 개선, 필요한 시책의 수립 및 실시, 소비자의 건전하고 자주적인 조직 활동의 지원·육성"을 하도록 책무를 규정하고 있다.

2) 사업자 책무

사업자는 물품 등으로 인해 소비자의 권리를 보호할 수 있는 조치를 강구해야 한다. 이러한 사업자 책무는 「소비자기본법」 제19조에서 사업자의 책무에 대해 규정하고 있다.

① 위해 방지 조치 의무: 사업자는 물품 등으로 인해 소비자에게 생명·신체 또는 재산에 대한 위해가 발생하지 아니하도록 필요한 조치를 강구해야 한다.

② 정당한 거래 조건, 거래 방법 사용 의무: 사업자는 물품 등을 공급할 때 소비자의 합리적인 선택이나 이익을 침해할 우려가 있는 거래 조건이나 거래 방법을 사용해서는 아니 된다.

③ 물품정보 성실 제공 의무: 사업자는 소비자에게 물품 등에 대한 정보를 성실하고 정확하게 제공해야 한다.

④ 개인정보 보호 의무: 사업자는 소비자의 개인정보가 분실·도난·누출·변조 또는 훼손되지 아니하도록 그 개인정보를 성실하게 취급해야 한다.

⑤ 피해보상 의무: 사업자는 물품 등의 하자로 인한 소비자의 불만이나 피해를 해결하거나 보상해야 하며, 채무 불이행 등으로 인한 소비자의 손해를 배상해야 한다.

3) 한국소비자원

한국소비자원은 소비자의 권익과 관련된 제도와 정책 및 피해 구제를 위해 설치돼 있다. 이러한 한국소비자원의 업무는 「소비자기본법」 제35조에서 업무에 대해 규정하고 있다.

소비자원의 업무는 "소비자의 권익과 관련된 제도와 정책의 연구 및 건의, 소비자의 권익 증진을 위하여 필요한 경우 물품 등의 규격·품질·안전성·환경성에 관한 시험·검사 및 가격 등을 포함한 거래 조건이나 거래 방법에 대한 조사·분석, 소비자의 권익 증진·안전 및 소비 생활의 향상을 위한 정보의 수집·제공 및 국제 협력, 소비자의 권익 증진·안전 및 능력 개발과 관련된 교육·홍보 및 방송사업, 소비자의 불만 처리 및 피해구제, 소비자의 권익 증진 및 소비 생활의 합리화를 위한 종합적인 조사·연구, 국가 또는 지방자치단체가 소비자의 권익 증진과 관련하여 의뢰한 조사 등의 업무, 그 밖에 소비자의 권익 증진 및 안전에 관한 업무"로 규정하고 있다.

4) 소비자의 피해 구제 방법

소비자가 피해를 받았을 경우 그 피해에 대한 구제는 당사자 간 합의, 소비자단체 및 한국소비자원에 의한 해결, 행정기관 등에 의한 해결, 소송에 의한 해결 등으로 할 수 있다.

(1) 당사자 간 합의

소비자는 물품 등을 구매하거나 사용했을 경우 피해를 입은 경우 사업자(물품을 제조, 가공 또는 포장, 수입·판매하거나 용역을 제공하는 자)와 합의에 의한 해결을 할 수 있다. 이러한 해결은 시간과 낭비를 방지하고 합리적으로 해결하는 것으로 신속한 피해 구제로 볼 수 있다.

(2) 소비자 단체 및 한국소비자원에 의한 해결

소비자가 피해를 입은 경우 당사자 간 합의가 원활히 이뤄지지 않을 경우 소비자단체를 이용해 피해를 구제받거나, 한국소비자원에 피해 구제 신청을 통해 피해를 구제받을 수 있다. 한국소비자원은 소비자분쟁조정위원회에서 소비자의 분쟁을 조정할 수 있다.

(3) 행정기관 등에 의한 해결

소비자가 피해를 입은 경우 국가나 지방자치단체 등에 대해 그 피해 구제를 신청할 수 있다. 국가 및 지방자치단체는 소비자 피해 구제를 위한 기구를 설치하고 있다.

(4) 소송에 의한 해결

소비자가 피해를 입은 경우 마지막으로 할 수 있는 권리 구제 방법이다. 즉, 법원에 소송을 제기해 민사상 판결 등으로 구제를 받을 수 있다. 이러한 피해 구제 방법은 최후의 수단으로 사용되며, 시간과 비용이 많이 필요하다는 점에서 다른 방법보다 시간과 비용 면에서 비경제적인 방법이라 할 수 있다.

제 5 절 근로자의 권리와 법

1 근로자의 권리와 의무

1) 근로자의 권리

(1) 근로자의 개념

① 의의

근로자라고 함은 「근로기준법」 제2조에서 "직업의 종류와 관계없이 임금을 목적으로 사업이나 사업장에 근로를 제공하는 자"로 정의하고 있다. 즉, 근로자라고 함은 노동력을 제공해 그 대가로 급여 등을 받아 경제 생활을 영위하는 자를 의미한다.

이러한 근로자에는 정신노동자 및 육체적 노동자를 모두 포함한다. 따라서 공무원도 근로자의 개념으로 포함되나, 공무원의 경우는 근로권이 일정한 제약을 받고 있다.

② 법적 근거

근로자에 대해서는 「헌법」 제32조에서 근로의 권리를 규정하고 있으며, 제33조는 근로자의 근로(노동) 3권을 규정하고 있다. 단, 공무원인 근로자는 법률이 정하는 자에 한해 근로(노동) 3권을 가진다고 하여 근로(노동) 3권이 제한된다.

또한 근로자의 근로 조건의 기준을 정한 법으로 「근로기준법」이 있으며, 이 법은 근로 조건의 기준을 정함으로써 근로자의 기본적 생활을 보장하고 향상시키며, 균형있는 국민경제 발전을 목적으로 하고 있다.

(2) 근로자의 권리(노동(근로) 3권)

근로자는 근로 조건의 향상을 위해 「헌법」 제33조 제1항에 의해 자주적 단결권, 단체교섭권, 단체행동권을 가진다.

① 단결권

근로자가 근로 조건을 유지, 개선하기 위해 단결할 수 있는 권리를 의미한다.

② 단체교섭권

근로자의 단체(노동조합)가 사업주와 근로 조건의 유지·개선에 관해 교섭할 수 있는 권리를 의미한다. 그러나 사용자의 경영권이나 인사권에 대해서는 단체교섭 대상이 아니다.

③ 단체행동권

근로자가 근로 조건의 유지·개선을 위해 사업주에 대항해 단체적인 행동을 할 수 있는 권리를 의미한다.

단체행동권은 노동조합의 쟁위행위이며, 이러한 쟁의행위는 법령, 기타 사회 질서에 위반해서는 아니 된다. 만약 사회 질서 등을 침해하는 경우는 불법 쟁위행위에 해당돼 민사상·형사상 책임을 부담하게 된다.

2) 근로자의 의무

근로자는 근로의 권리를 가짐과 동시에 근로의 의무를 동시에 가진다. 근로의 의무는 단순히 선언적 국민의 의무에 해당된다.

이외에 근로자는 근로권을 행사할 때 정당한 법질서와 사회 질서를 준수해야 할 의무가 있다.

2 근로 관련법

1) 근로기준법

(1) 목적

헌법에 따라 근로 조건의 기준을 정함으로써 근로자의 기본적 생활을 보장, 향상시키며 균형있는 국민경제의 발전을 꾀하는 것을 목적으로 하고 있다.

(2) 주요 내용

① 최저 기준: 이 법에서 규정하고 있는 근로 조건은 최저 기준이며, 근로 관계 당사자는 이 기준을 이유로 근로 조건을 낮출 수 없다.

② 근로 조건 결정: 근로 조건은 근로자와 사용자가 동등한 지위에서 자유 의사에 따라 결정해야 한다.

③ 근로 조건의 준수: 근로자와 사용자는 각자가 단체협약, 취업규칙과 근로계약을 지키고 성실하게 이행할 의무가 있다.

④ 균등한 처우: 사용자는 근로자에 대해 남녀의 성(性)을 이유로 차별적 대우를 하지 못하고, 국적·신앙 또는 사회적 신분을 이유로 근로 조건에 대한 차별적 처우를 하지 못한다.

⑤ 강제 근로의 금지: 사용자는 폭행, 협박, 감금, 그 밖에 정신상 또는 신체상의 자유를 부당하게 구속하는 수단으로써 근로자의 자유 의사에 어긋나는 근로를 강요하지 못한다.

⑥ 폭행의 금지: 사용자는 사고의 발생이나 그 밖의 어떠한 이유로도 근로자에게 폭행을 하지 못한다.

⑦ 중간 착취의 배제: 누구든지 법률에 따르지 아니하고는 영리로 다른 사람의 취업에 개입하거나 중간인으로서 이익을 취득하지 못한다.

⑧ 공민권(公民權) 행사의 보장: 사용자는 근로자가 근로 시간 중에 선거권, 그 밖의 공민권 행사 또는 공(公)의 직무를 집행하기 위해 필요한 시간을 청구하면 거부하지 못한다. 다만, 그 권리 행사나 공(公)의 직무를 수행하는 데에 지장이 없으면 청구한 시간을 변경할 수 있다.

2) 노동조합 및 노동관계조정법

(1) 목적

헌법에 의한 근로자의 단결권·단체교섭권 및 단체행동권을 보장해 근로 조건의 유지·개선과 근로자의 경제적·사회적 지위의 향상을 도모하고, 노동 관계를 공정하게 조정해 노동쟁의를 예방·해결함으로써 산업 평화의 유지와 국민경제의 발전에 이바지함을 목적으로 하고 있다.

(2) 주요 내용

① 노동쟁의

노동조합과 사용자 또는 사용자단체 간에 임금·근로 시간·복지·해고·기타 대우 등 근로 조건의 결정에 관한 주장의 불일치로 인해 발생한 분쟁 상태를 말한다. 이 경우 주장의 불일치라 함은 당사자 간에 합의를 위한 노력을 계속해도 더 이상 자주적 교섭에 의한 합의의 여지가 없는 경우를 말한다. 이러한 주장의 불일치에 의해 노동쟁의를 할 수 있다.

② 쟁의행위

쟁의행위란 파업·태업·직장 폐쇄·기타 노동 관계 당사자가 그 주장을 관철할 목적으로 행하는 행위와 이에 대항하는 행위로서 업무의 정상적인 운영을 저해하는 행위를 말한다.

③ 근로자의 쟁의행위

근로자의 쟁의행위는 파업, 태업, 불매운동, 감시행위(피케팅) 등이 있다.

파업은 근로자가 노동 제공을 거부하는 행위로 파업 참여 시 사용자는 임금 지급 의무가 없다.

태업은 의도적으로 작업 능률을 저하시키는 행위다.

불매운동은 사용자의 회사에서 생산된 제품의 구입 및 시설 이용 등을 거부하는 행위다.

감시행위는 근로 희망자들의 사업장 또는 공장 출입을 저지하고 파업에 협력할 것을 요구하며 피켓을 들고 하는 행위다.

④ 사용자의 쟁의행위

근로자의 쟁의행위에 맞서 사용자가 할 수 있는 쟁의행위로는 직장 폐쇄를 들 수 있다. 직장 폐쇄는 사용자가 유일하게 하는 행동권으로 근로자의 단체행동권에 대해 사용자가 자신의 주장을 관철할 목적으로 근로자들이 다니는 직장, 즉 사업장을 폐쇄해 근로자의 출근 등을 봉쇄하는 행위다.

3 임금과 근로 시간

사용자는 근로계약을 체결할 때 근로자에게 "임금, 소정 근로 시간, 휴일, 연차 유급휴가, 근로 조건" 등에 대해 계약서에 명시해야 한다.

1) 임금

(1) 의의

「근로기준법」에 의해 임금은 "사용자가 근로의 대가로 근로자에게 임금, 봉급, 그 밖에 어떠한 명칭으로든지 지급하는 일체의 금품"을 의미한다.

(2) 내용

임금은 통화로 직접 근로자에게 전액을 지급해야 하며, 단 법령 또는 단체협약에 특별한 규정이 있는 경우는 임금의 일부를 공제하거나 통화 이외의 것으로 지급할 수 있다. 임금은 매월 1회 이상 일정한 날짜를 정해 지급해야 한다. 단, 임시로 지급하는 임금, 수당, 그 밖에 이에 준하는 것은 예외로 할 수 있다.

2) 근로 시간

(1) 의의

근로 시간은 근로자가 일정한 노동력을 제공하는 시간을 의미한다. 이러한 근로 시간은 일정한 법정 시간을 「근로기준법」에서 정하고 있다.

(2) 근로 시간

① 기준

1주간의 근로 시간은 휴게 시간을 제외하고 40시간을 초과할 수 없으며, 1일의 근로 시간은 휴게 시간을 제외하고 8시간을 초과할 수 없다. 또한 근로 시간을 산정할 때 작업을 위해 근로자가 사용자의 지휘·감독 아래에 있는 대기 시간 등은 근로 시간으로 본다.

② 탄력적 근로시간제

사용자는 취업규칙에서 정하는 바에 따라 2주 이내의 일정한 단위 기간을 평균해 1주 간의 근로 시간이 40시간을 초과하지 아니하는 범위에서 특정한 주에 특정한 날에 1일 8시간을 초과해 근로하게 할 수 있으며, 특정한 주의 근로 시간은 48시간을 초과하지 않는 범위에서 정할 수 있다.

③ 선택적 근로시간제

사용자는 취업규칙에 따라 업무의 시작 및 종료 시각을 근로자의 결정에 맡겨 근로를 할 수 있게 하는 제도로, 1주간 근로 시간이 40시간을 초과하지 않는 범위에서 1주간에 40시간의 근로 시간을 1일에 8시간을 초과하지 않는 근로 시간을 정해 근로하게 할 수 있다.

참고 문헌

김철용(2014). 행정법. 고시계사.

손동권(2006). 형법총론. 율곡출판사.

이투스(2012). 누드교과서(법과 정치). 이투스교육(주).

헌법재판소. 1996.2.29. 93헌마186결정.

제 6 장 국제 사회, 국제 정치와 법

제 1 절 국제 사회의 이해

21세기 국제 환경에서 개방화는 선택이 아니라 필수이다. 국경으로 외부와 차단하고 그 속에서 우리만의 세계를 구축할 수는 없다. 모든 정보는 국경을 자유롭게 넘나든다. 이러한 개방 체제에서는 문화 교류가 국경을 자유롭게 넘나들면서 이뤄진다. 또 국가만이 세계 질서의 주된 구성 요소로 인정받던 베스트팔렌 체제는 중대한 변화를 겪고 있다.

초국가적 국가연합인 국제연합(UN), 지역국가연합체인 유럽공동체(EU)와 같은 새로운 구성체가 등장하고, 각국의 비정부기구(NGO)들이 연합해 이뤄 내는 특이한 다층 복합 질서도 등장한다. 그리고 21세기에는 더 이상 부국강병 정책이 예전처럼 통용되지는 않게 된다. 무력 사용의 한계와 강병으로 부국을 이룩할 수 없게 됐기 때문이다. 21세기에는 폭력보다 경제적 영향력과 이념적 우월성 등이 더 중요한 힘이 된다(이상우, 2005: 390-394). 21세기에는 국제 사회에 대한 이해가 무엇보다 앞서야 한다.

1 국제 사회의 형성과 변화

1) 국제 사회의 의의와 특징

(1) 의의

국제 사회는 다수의 주권 국가를 기본 구성 단위로 하여 상호 교류하면서 성립되는 사회다. 국제 사회는 주권 국가의 형성으로부터 시작된다. 1648년 독일의 종교전쟁인 30년 전쟁을 종결시킨 베스트팔렌조약(또는 웨스트팔리아조약)을 체결하게 되는데, 베스트팔렌조약은 유럽 최초의 국제 회의로, 민족 단위의 주권 국가가 국제 사회의 중요한 정치적 단위로 등장해 국제 사회 형성의 계기가 됐다. 이로 인해 교황의 권위 하에 있지 않은 신교 국가가 정식 승인을 받았고, 국가는 교황으로부터 독립적으로 자신만의 의사로 외국과 동맹 등 조약을 맺을 권리가 인정됐다. 중세 때는 민족국가 개념이 존재하지 않았다. '주권론'[1]의 발달이 근대 국제법을 잉태시키는 배경이 되는데, 근대 초기 '주권' 개념은 군주의 왕권을 강화하기 위해 고안됐다. 즉, 주권론은 종교전쟁으로 인한 혼란과 왕권에 대립하는 지방 영주의 저항을 통제하기 위해 고안됐다.

(2) 특징

국제 사회는 평등한 주권을 가진 개별 국가를 기본 단위로 구성된다. 강제력을 가진 중앙정부(세계정부)가 존재하지 않아, 특정 국가의 불법 행위에 대해 제재가 어렵다. 그리고 규범과 힘의 논리가 공존하며 국제법 · 세계 여론 · 도덕 규범 등을 존중하고 국제기구나 다국적기업 등 국제 행위 주체들이 활발하게 활동하지만 자국의 정치적 목적을 위해 무력이 사용되기도 하는 사회이며, 모든 국가가 세계 평화를 강조하나 세계 평화와 자국의 이익이 충돌할 때 후자를 더 우선시한다.

이러한 국제 사회는 전 세계가 하나라는 공동의 가치 관념이 희박한 사회다. 사회구성원들이 공동체 의식을 갖고 있지 않다. 즉, 공동 규범으로서 국제 도덕이 존재하지 않는다. 전체가 부분에 우선해야 한다는 원칙이 잘 지켜지지 않는 사회이

1) 이를 최초로 체계화한 보댕(Jean Bodin)의 주권 개념의 요지는 "군주는 누구의 동의 없이도 자신의 의지에 따라 법을 제정할 수 있다"는 것이다.

며, 전 세계가 인류가 직면한 문제를 해결하기 위한 가치 관념이 희박한 사회다.

〈국내 사회와 국제 사회의 비교〉

구분	국제 사회	국내 사회
행위 주체	주권 국가, 국제기구(비정부조직 포함) 등	개인, 집단, 정부
권력 관계	평등한 수평적 권력 관계	수직적 권력 관계(중앙정부의 존재)
정치적 영향력의 범위	정치가 두 나라 이상의 국가 관계에서 발생하며, 그 영향이 다른 나라에도 미침.	정치가 미치는 영향이 한 나라 안에 한정됨.
갈등 해결 방법	국제법, 전쟁, 외교 등	국내법, 정부의 공권력 행사 등

국내 사회와 국제 사회의 차이는 권력의 관점에서 보면 양적인 차이로 국내 사회에서는 지배와 피지배의 종적 권력 관계가, 국제 사회에서는 주권 국가와 주권 국가라는 횡적인 권력 관계가 지배적으로 된다. 현대의 국제 관계는 국가뿐만 아니라, 다국적기업이나 UN의 비정부조직 등 그 구성 주체가 확대되는 경향에 있다.

〈국제 정치와 국내 정치의 상이점과 유사점 비교〉

구분	상이점	유사점
정치의 목적	국내 정치는 기존 국가 권력을 중심으로 전개되나, 국제 정치는 새로운 통합적 권력을 수립하는 데 목적이 있음.	양자가 추구하는 목적은 권력이라는 정치적 가치임.
정치의 수단	국내 정치는 평화적 수단만 인정되나, 국제 정치는 무력 사용이 인정됨.	국내 정치에서는 투쟁 수단으로서 폭력이 잠재적이라면, 국제 정치에서는 현재적임.
정치의 주체	국내 정치의 주체는 개인인데 반해, 국제 정치 주체는 국가임.	국가가 직접적·항구적 주체라면, 개인은 간접적·일시적 주체임.
권력 관계의 성질	국내 정치는 일반적으로 권력 우열 관계로 나타나지만, 국제 정치는 국가 상호간의 관계임.	현실주의적 관점에서 볼 때 국제 정치 역시 국내 정치와 마찬가지로 힘을 매개로 하는 역학 관계가 주를 이룸.
체제의 차이	국내 정치는 법률이 있고, 이를 변경하는 정치기구, 집행하는 집행기관, 분쟁을 해결하는 법원이 존재하나, 국제 정치에는 공통 법률이 없고 이런 기관들이 없다고 할 수 있음.	국내 정치와 마찬가지로 국제 정치 체계에도 모든 국가를 규제할 수 있는 기관은 존재한다고 보며, UN총회는 입법부, UN 본부는 행정부, 재판부는 사법부라고 할 수 있음.

국제 정치도 국내 정치와 마찬가지로 힘을 매개로 하는 역학 관계가 주를 이룬다는 점에서는 양자가 동질적이다. 그러나 위 〈표〉에서 보는 것처럼, 국제 정치는 국내 정치와 달리 법률이 없고, 이를 변경하는 정치기구도 없으며, 또 집행기관도 없다. 다만 사법기관의 역할을 하는 국제사법재판소(ICJ)가 있으나, 이것 역시 엄격한 의미의 강제력을 갖고 있지는 않다. 또 국내 정치에서는 정치적 목적을 위해 개인이나 단체의 부조리한 행동은 원칙적으로 금지하고 있으며 평화적인 수단만을 인정하고 있다. 그러나 국제 정치에서는 정치적 목적을 달성하기 위해 무력이 사용되는 것을 현실적으로 용인하고 있다.

2) 국제 사회를 보는 관점

국제 정치 현상을 바라보는 관점에는 크게 두 가지가 있다. 현실주의(realism)와 이상주의(idealism)다. 이 둘의 가장 기본적인 차이점은 국제 관계의 본질에 대한 가정의 차이이다. 즉, 현실주의는 정치를 힘(권력)의 추구와 보존이라고 보고 힘을 정치의 본질로 보는 보는데 반해, 이상주의는 도덕·윤리·법 등 규범적 측면을 강조한다.

〈국제 사회를 보는 관점〉

구분	현실주의	이상주의
사상적 배경	홉스, 마키아벨리	계몽사상
주창자	카, 모겐소	윌슨, 레이몽 아롱
기본 전제	인간은 이기적 존재 국가는 자국의 이익을 우선 추구함.	인간은 이성적 존재 국제 사회에도 도덕·윤리·법 존재
내용	국제 사회는 무정부 상태로 주권 국가가 자국 이익 추구, 힘의 우위 확보	국제 사회를 하나의 인류공동체로 인식
평화 보장 방법	힘의 균형, 군사동맹을 통해 질서와 평화 유지	집단안보 체제
한계	강대국의 행동은 옳고 비난할 수 없다는 '강자의 논리'로 전락할 가능성	국제 관계를 낙관적으로 보고 현상 유지적 성향을 가짐.

이렇게 국제 관계를 보는 관점에 현실주의와 이상주의가 서로 대립하고 있는 바, 현실주의자들은 국가 간의 문제는 대부분 힘에 의해 해결될 수 있다고 보는 한

편, 이상주의자들은 국제 관계가 인간의 이성적 판단과 행동에 의해 자연스러운 조화를 이룰 수 있다고 본다. 이상주의를 정당화하는 근거로 PLO와 이스라엘 간 평화 협정 체결, 리우데자네이루에서의 유엔환경개발회의 개최, 국제원자력기구(IAEA)에 의한 핵사찰 실시 등을 들 수 있다.

한편 국제 정치의 현실주의와 이상주의 양분법을 처음 시도하면서, 권력이 정치의 본질이라는 점에 동의하면서도, 그 이면에는 도덕이 공존한다고 보는 절충주의를 주장한 카(Edward H. Carr)도 있다. 그는 올바른 정치이론은 이상과 현실, 권력과 도덕적 가치를 공유해야 한다는 입장을 취했다.

3) 국제 사회의 발전

(1) 세계대전과 국제기구

19세기와 20세기 초는 산업화에 성공한 유럽 국가들이 아시아, 아프리카를 침략해 식민지 확보 경쟁이 이뤄졌던 제국주의 시대라 할 수 있다. 제국주의 국가들의 대립으로 제1차 세계대전이 발생했고, 제1차 세계대전 후 침략 전쟁 방지와 국가 간 갈등의 평화적 해결을 위해 국제연맹이 창설됐다(1920년). 그러나 국제연맹은 미국의 불참, 독일과 일본의 탈퇴로 실질적 영향력을 행사하지 못했다.

1929년 세계대공황의 발생과 전체주의 국가(독일, 일본 등)의 등장으로 마침내 제2차 세계대전이 발발했다. 제2차 세계대전 후 국제 사회는 국제연맹의 한계를 보완해 1945년 국제연합(UN)을 창설했다.

(2) 양극 체제와 다극 체제

전후 국제 사회는 자유 진영과 공산 진영으로 나뉘어 대립하는 냉전(cold war)이 시작됐다. 냉전 체제는 미국 중심의 자유 진영과 구소련 중심의 공산 진영으로 양분해 대립하는 양극 체제로, 열전(hot war)과 같이 무력을 직접 사용하지 않고 대립했다. 전후 반세기 가깝게 냉전 시대의 '긴 평화'가 유지된 것은 정찰위성과 기술혁명이 상대방 능력의 정확한 평가를 통해 기습 공격의 모험을 감소시키고 군비 통제의 합의도 가능하게 했으며, 핵의 공포는 정치지도자로 하여금 신중하게 했다. 소련의 팽창정책에 대응해, 미국은 봉쇄정책을 펴나갔다. 공산화 위협에 직면한 그리스와 터키에 대한 경제 원조와 군사적 지원을 내용으로 한 것이 트루먼 독트린

(1947년)이고, 공산주의 팽창을 막기 위해 서유럽에 경제 원조를 한 것이 마셜 플랜이다. 이어 북대서양조약기구(NATO)가 1949년에 창설됐다.

한편 1970년을 기점으로 공산 진영이 다원화되고(중소 분쟁과 동구의 반소 운동), 제3세계[2]가 등장했으며, 자유 진영 내 프랑스가 독자 노선을 추구했고, 중국과 일본이 부상하는 등 다극 체제로 전환돼 갔다. 제3세계의 등장으로 국제 사회는 동서 문제(자유 진영과 공산 진영 간 이념 대립)로부터 남북 문제로 이행돼 갔다. 남북 문제는 한반도 남북 문제가 아니라 선진국이 많은 북반구와 저개발국이 많은 남반구 간 경제 격차의 문제를 말하며, 남북 문제 해결을 위해 10년 이상 많은 채무를 진 국가의 빚을 탕감해 주자는 주빌리 2000운동[3]이 있었다.

(3) 탈냉전 체제

국제 사회에서 냉전이 약화되는 계기는 다음과 같다. 먼저 미국의 아시아 국가에 대한 군사 개입의 자제를 표명한 미국 닉슨 독트린(또는 괌선언, 1965년)이 있었다. 구소련은 나름대로의 개혁(페레스토로이카)·개방(글라스노스트) 정책(1985년)을 추진했고, 제3세계 비동맹 국가들의 국제적 지위도 향상됐다.

냉전의 해체에 결정적으로 작용한 것이 몰타선언(1989년)[4]이다. 이는 부시와 고르바초프가 냉전 종식을 공동으로 선언한 것이다. 이어 동유럽 국가들도 공산주의를 포기하기 시작했고, 동서독으로 분단됐던 독일이 통일됐으며(1990년), 사회주의 종주국이었던 구소련도 해체됐다(1991년).

탈냉전 시대에는 이념보다 경제적 실리가 중시되고, 국제기구와 국제적 시민단체 및 다국적기업의 역할이 증대되고 있다. 다만 탈냉전으로 국지전의 위험성이 커지고, 국제적 테러(예컨대 9·11 테러)와 문명의 충돌(헌팅턴은 이념의 갈등이

---

2) 제1세계(미국과 서유럽을 중심으로 한 자본주의 진영), 제2세계(소련과 동구를 중심으로 한 사회주의 진영), 제3세계(양 진영에 속하지 않은 아시아 아프리카 남미의 저개발 동맹국), 제4세계(자원도 없고 후진적인 국가들).

3) 주빌리 2000운동은 2000년 말까지 세계 최빈국의 부채를 탕감하고 가난으로 고통받는 사람들을 구하자는 국제 연대운동으로, 모세의 인도로 가나안에 들어간 유대인이 50년마다 채무자의 빚을 탕감해 주고 노예를 풀어준 데 기원을 두고 있다.

4) 몰타 미·소 정상회담은 미국의 부시 대통령과 소련 공산당 서기장 고르바초프가 1989년 12월 지중해 몰타에서 가진 정상회담으로, 두 정상은 공동 기자회견에서 "동서가 냉전 체제에서 새로운 협력 시대로 접어들고 있다."고 선언하면서, 핵무기 감축 등 군축 협정 체결을 위한 논의에 진전을 보았으며, 지역분쟁 해결 원칙에 합의했음을 밝혔다.

문명의 갈등으로 부활한다고 보며, 특히 기독교 서구 문명과 이슬람 문명의 충돌)의 가능성은 높아지고 있다.

2 국제 사회의 문제

1) 국제 사회의 문제

국제 사회에서 발생하는 문제를 거시적으로 크게 분류해 본다면 첫째, 전쟁과 테러의 문제를 들 수 있다. 냉전 해체 이후 이념 대립으로 인한 분쟁은 줄었으나, 민족・인종・종교에 의한 분쟁은 증대됐다. 종교의 차이는 극단적 대립으로 치닫기 쉽다. 특히 헌팅턴(Samuel P. Huntington)은 그의 저서 『문명의 충돌』에서 국제 정치에서 가장 심각한 분쟁이 문명 간의 충돌이라 주장한다. 헌팅턴에 의하면 세계의 문명권은 기독교권, 정교권, 이슬람권, 유교권, 불교권, 힌두권 등으로 나뉜다고 보았다. 그중에서도 기독교 문명과 이슬람 문명의 충돌을 주목했는 바, 9・11 테러, 이스라엘과 팔레스타인 간 분쟁 등이 그 예다.

둘째, 환경과 보건의 문제가 있다. 우주의 한 행성인 지구별에서 발생하는 지구 온난화, 엘니뇨 현상, 황사 현상, 기상이변 속출 등은 한 국가 단위를 넘어 전 세계적으로 심각한 영향력을 미친다. 지구환경 보전을 위해 리우 회의[5]가 개최됐고, 온실가스 감축을 목표로 교토의정서[6]가 채택됐다. 인류 보건 문제로 에볼라, 에이즈, 조류독감 등 전염병의 등장과 전염 범위가 지구적으로 확대되고 있다. 또 UN 산하에 지구환경 문제를 다루기 위해 국제연합환경계획(UNEP)이 있고, 1992년 리

5) 1992년 브라질 리우데자네이루에서 각국 대표들과 민간단체들이 지구 환경 보전을 위해 실시한 회의로서, 정부 대표가 중심이 된 유엔환경회의(UNCED: 일명 Earth Summit)와 각국 민간단체가 중심이 된 지구환경회의(Global Forum '92)가 함께 개최됐다. 유엔환경회의는 리우선언・의제 21(Agenda 21)・기후변화협약・생물다양성보존협약・산림 원칙 등을 채택했고, 지구환경회의는 지구헌장・세계민간단체협약 등을 채택했다. 이 중 리우선언에서 **지속 가능한 개발**과 환경 보전에서 국제적인 협력 관계를 이상으로 하고 있다.

6) 지구 온난화의 주범인 이산화탄소 등 온실가스 배출을 줄이기 위한 기후변화협약의 실천을 위해 10년 동안의 국제적 논의 끝에 1997년 12월, 일본 교토(京都)에서 유엔 기후변화협약 제3차 당사국 총회를 개최한 데에서 붙은 이름이다. 미국・유럽연합(EU) 등 선진국들은 의무 감축 국가로 지정돼 2012년까지 각각 6~8%로 지정된 의무 삭감량을 지켜야 하며, 초과 배출분에 대해서는 온실가스 배출권을 사고파는 거래를 통해 할당량을 충족시킬 수 있다.

우 유엔환경개발회의에서 세계 환경정책의 규범으로 환경을 파괴하지 않으면서 경제 개발을 한다는 '환경 친화적인 지속 가능한 개발(Environmentally Sound and Sustainable Development: ESSD)' 개념을 채택했다.

셋째, 빈곤 문제가 심각하다. 특히 아프리카의 기아 문제와 북한의 식량난 등이 시급한 현안 과제다.

넷째, 인권 문제를 들 수 있다. 개인의 자유에 대한 탄압, 언론과 출판의 자유에 대한 제한, 여성 학대 문제, 그리고 북한 탈북자 문제, 중국의 소수민족 탄압, 이슬람 국가의 명예살인 등이 국제 사회에서 제기되는 인권 문제들이다.

〈동서 문제와 남북 문제의 구별〉

구분	내용
동서 문제	○ 소련을 중심으로 하는 사회주의권과 미국을 중심으로 하는 자본주의권 사이의 정치·군사적 대립을 기조로 하던 이념 문제
남북 문제[7]	○ 선진국이 많은 북반구와 저개발 국가가 많은 남반구 간의 경제적 격차의 문제 - 해결 방안: 주빌리 2000운동 등

2) 국제 문제의 특징

이러한 국제 사회의 문제는 특정 국가만의 문제가 아니고, 국경을 초월해 발생한다. 예컨대 황사는 중국과 몽골에서 시작해 우리나라에까지 영향을 미치고, 국제 하천은 국가 간 국경을 이루거나 여러 나라의 영토를 흘러 수자원 분쟁이 발생하기도 한다.

문제에 따라서는 그 영향력이 다음 세대에까지 미치기도 한다. 체르노빌 원전사고는 1986년에 발생했지만, 지금도 당시 방사능에 노출된 사람들은 암과 기형아 출산으로 고통받고 있다.

그리고 피해가 발생했을 때 적절한 보상을 받기가 어렵다. 오존층 파괴로 자외선이 차단되지 못하고 지구로 침투해 피부암을 유발할 수 있는데, 프레온 가스를 배출한 사람들에게 피해 배상을 청구하기란 쉽지 않다.

7) 영국 로이드은행 총재 프랑크스(Oliver Franks)는 제2차 세계대전 후 14년이 지난 시점(1959)에서 세계 동향을 볼 때, 세계의 중심 문제는 자본주의 국가군과 사회주의 국가군의 대립을 가리키는 동서 문제가 아니라, 북쪽의 선진 공업국과 남쪽의 저개발 국가들과의 경제적 격차를 문제로 하는 남북 문제에 있다고 보았다.

3) 국제 문제의 발생 원인

국제 문제가 발생하는 원인에는 여러 가지가 복합적으로 작용하지만, 크게 나눠 보자면 첫째, 국가 이익을 둘러싼 갈등이 그 원인이다. 석유와 같은 지하자원을 둘러싼 분쟁(중일 간 센가쿠열도 분쟁), 국제하천을 둘러싼 수자원 분쟁, 곡물 등 식량무기화 문제가 그것이다. 둘째, 민족, 종교, 인종 등의 차이로 인해 국제 문제가 발생하기도 한다. 9·11 테러는 이슬람 원리주의 테러조직인 알 카에다의 영향을 받은 무슬림에 의해 유발됐다.

4) 국제 문제의 다양한 해결 시도

이러한 국제 사회의 문제를 해결하기 위해 다양한 시도가 이뤄져야 한다. 먼저 국제 사회의 공조 체제 구축이 필요하다. 국제 사회에서 발생하는 문제를 특정 국가가 독자적으로 해결하기는 어려우므로 국가 간 협력을 확대하고, 세계 각국의 적극적인 협력을 가능케 하는 공조 체제의 구축이 필요하다.

국제 분쟁은 법률이나 사실에 관한 국가 간의 의견 불일치, 즉 법률적 견해나 이해 관계의 충돌이다. 모든 국제 분쟁이 국가 간의 견해나 이해 충돌로 인해 발생하는 것은 아니다. 개인 간의 분쟁, 개인과 국가 간의 분쟁도 소속국이 자신의 분쟁으로 여기면 국제법상 국가 간의 분쟁으로 발전한다. 국제 분쟁의 발생이 바람직한 것은 아니지만, 국제 관계에서 일정 수준의 분쟁 발생은 피하기 어려운 필연이라고 해도 과언은 아니다(정인섭, 2012: 839). 과거 국제 분쟁은 종종 국가 간 무력 충돌을 야기했다. 분쟁은 당사국 간의 직접 교섭으로 해결되는 것이 가장 바람직하다. 그러나 당사국 간의 해결이 어려운 경우에는 제3자의 개입을 통해 해결이

〈국제 분쟁의 해결 방법〉

구분	내용
평화적 해결 방법	○ 정치적 해결 방법 - 외교적 수단에 의한 해결(직접 교섭, 주선, 중개, 조정 등), 국제 조직을 통한 해결(UN, 지역적 협정 또는 기관에 의한 해결) ○ 사법적 해결 방법 - 중재재판, 사법재판, 지역적 사법재판에 의한 해결
강제적 해결 방법	○ 국제법상 위반 행위를 한 국가에 대해 자발적 제재와 UN에 의한 제재로 국제법의 실현을 강제하는 방법

시도된다.

국제법에서 분쟁의 해결 방법에는 평화적 해결 방법과 강제적 해결 방법이 있다. 평화적 해결 방법에 대해서 보면, 국제법상의 위반 행위를 국가에 대해 정치적 또는 사법적 성격의 평화적 방법으로 국제법을 실현시켜 분쟁을 해결하는 것이다. UN헌장은 국제 분쟁을 평화적인 방법으로 해결할 것을 규정하고 있을 뿐만 아니라, 실질적으로도 강제적 해결 방법이 종래의 분쟁을 일시적으로 해소했을 뿐, 분쟁 자체를 근원적으로 해결한 사례는 매우 드물다는 점을 고려할 때 평화적 해결 방법이 모든 국제 분쟁의 근본이라고 할 것이다.

강제적 해결 방법은 국제법상의 위반 행위를 한 국가에 대해 자발적 제재와 UN에 의한 제재로 국제법의 실현을 강제하는 방법이다. 이런 강제적 제재 제도가 없다면 국제법은 법으로서의 요소를 갖추지 못한 것이므로 진정한 의미의 법이라고 할 수 없다. 그래서 국제법에서 강제적 해결 방법은 필수적인 것이라고 할 수 있다. 강제적 해결 방법에는 복구와 자위(自衛) 같은 자발적 제재와 UN 안전보장이사회의 조치와 총회의 조치와 같은 UN에 의한 제재가 있다.

제 2 절 국제 관계와 국제법

1 국제 행위 주체

국제 사회의 기본 단위는 국가이지만, 양차 세계대전 후에 나타난 국제연맹, 국제연합을 물론 코민테른 등과 같이 국제조직으로 발전한 계급과 정당이나 가톨릭 교회 등 국가 이외의 국제기구나 단체도 제한적이기는 하지만 국제 정치의 주체라 할 수 있다.

1) 국가

국가는 국제 사회를 구성하는 기본 단위다. 국가는 국민 · 영토 · 주권(통치조직)·국제 관계 설정 기능이 있어야 한다. 즉 첫째, 국가는 그 유지 존속을 위해 정주하는 국민(인민)을 필요로 한다. 둘째, 국민이 거주하는 일정한 영역이 있어야 한다. 셋째, 국가는 영역 내에서 최고 능력을 행사하는 통치 조직을 필요로 한다. 다시 말해 국가는 대내적으로 최고권력자이며 대외적으로 타국으로부터 독립해 국권을 행사할 수 있어야 한다. 넷째, 국제법상의 국가는 통치 조직을 통해 외부 세계와의 관계를 설정할 권능이 있어야 한다.

2) 초국가적 행위체

초국가적 행위체는 국가를 구성원으로 하거나, 국경을 넘어 국제적인 영향력을 미치는 행위 주체를 말한다. 그 유형은 아래 〈표〉에서 보는 바와 같이, 정부간 국제기구, 비정부 국제기구, 다국적기업으로 유형화해 볼 수 있다.

정부간 국제기구를 통상적인 국제기구라고 한다. 근대 국제기구는 19세기 다자간 국제회의 체제[8]로부터 시작했지만, 제1차 세계대전 후 국제연맹의 탄생은 국제기구 발전의 새로운 장을 열었고, 제2차 세계대전 후 UN의 탄생과 수많은 국제기구의 등장으로 현대를 국제기구의 시대라 해도 지나친 말은 아니다. 정부간 국제기구(Inter-Govermental Organization: IGO)는 다자조약에 의해 설립되고, 회원자격은 국가에 한정됨이 원칙이며, 국제기구 자체가 회원국과 별도의 법인격을 갖고, 상설 사무국을 유지하며, 국제기구의 운영비는 회원국이 분담하고, 국제기구는 총회/제한된 수의 국가만이 참여하는 집행기구/상설 사무국을 통해 운영된다(정인섭, 2012: 663-4). 비정부 국제기구(Non-Governmental Organization: NGO)는

〈초국가적 행위체의 종류〉

구분	예시
정부간 국제기구	국제연합(UN), 유럽연합(EU), 세계무역기구(WTO), 국제통화기금(IMF), 동남아시아 국가연합(ASEAN), UN 평화유지군 등
비정부 국제기구	그린피스, 국경 없는 의사회, 국제올림픽위원회(IOC), 국제사면위원회, 국제적십자사 등
다국적기업 (초국적기업)	세계 각지에 계열 회사를 거느리고 국제적 규모로 생산 판매 활동을 하는 대기업

8) 예컨대 나폴레옹 전쟁을 처리하기 위한 1815년의 비엔나 회의, 크림전쟁 이후의 1856년 파리 회의, 아프리카 분할을 위한 1878년 베를린 회의 등이 그 예다.

국가 간 조약이 아닌 민간단체 또는 민간인들이 결성한 기구이며, 보통 본부가 소재한 국가의 국내법인으로서의 지위를 갖는다.

정부간 국제기구 중에서 대표적인 것이 UN(국제연합)이다. UN의 등장 배경을 보면, 제1차 세계대전 후 국제 평화 달성을 위해 국제연맹을 창설했으나 강대국의 불참과 회원국 간 의견 대립으로 국제 분쟁 해결 능력이 미흡해 제2차 세계대전 후 국제평화기구가 필요성이 대두됐고, 미국 등 강대국이 주도하고 신생 독립국이 대거 참여함으로써 설립됐다. UN은 국제 평화 유지, 군비 축소, 국가 간 우호와 협력 증진을 목적으로 한다. UN의 주요 기구로는 안전보장이사회, 경제사회이사회, 유네스코, 국제사법재판소가 있다.

먼저 안전보장이사회는 국제 평화와 안전 유지를 목적으로 하는 UN의 주요 기구로서 핵 확산 방지나 군비 축소, 테러 국가에 대한 국제적 제재를 논의한다. 안보리는 거부권을 갖는 5개 상임 이사국(미국, 영국, 프랑스, 중국, 러시아)과 2년 임기로 선임되는 10개 비상임 이사국으로 구성돼 있다. 그리고 경제사회이사회(ECOSOC)는 UN의 경제・사회・문화 분야 활동을 지원하며, 유네스코(UNESCO)는 UN 교육과학문화기구다.

국제사법재판소(ICJ)는 국제 분쟁을 사법적으로 해결하기 위한 UN 산하 기구로서, UN총회와 안전보장이사회에 의해 선출된 각기 다른 국적을 가진 15명의 판사로 구성된다. UN 회원국은 당연히 ICJ의 당사국이 되며, ICJ의 재판은 당사국이 합의해 분쟁 해결을 요청한 경우에 대해서만 이뤄지고, 분쟁이 있어도 스스로 직권 개입해 판결을 내릴 권한은 없다. 즉, 강제적 관할권이 아닌 임의적 관할권을 가진다. ICJ의 결정은 소송 당사국만 구속하고, 힘의 원리가 지배하는 국제 정치 현실상 판결의 실효성이 없는 권고에 불과해 법적 구속력이 없으며, 강대국이 ICJ 판결을 지키지 않더라도 강제력 수단은 없다. ICJ의 재판은 국제협약, 국제 관습, 문명국에 의해 일반적으로 인정된 법의 일반 원칙을 준칙으로 한다. 그리고 안보리는 ICJ의 상소심이 아니므로 ICJ는 UN의 다른 기관들이 채택한 결정이 UN헌장에 위반되는지 여부를 심사할 수 없고 다른 기관들의 상소심도 아니다.

3) 국가 내부적 행위체

국가 내부적 행위체는 한 국가의 일부이지만, 독자적 영역을 갖고 국제적으로 활동하는 행위 주체를 말한다. 지방자치단체, 소수민족(인종), 각종 사회 세력 등이 그 예시다.

4) 국제적으로 영향력 있는 개인

개인임에도 불구하고 국제적으로 영향력을 미치는 탁월한 사람들이 있다. 예컨대 UN 사무총장, 강대국의 국가원수, 세계적 석학 등이 그 예다.

2 국제법의 법원

국내법과 달리, 국제법은 국제 사회의 다양한 정치 체제들의 행위를 규율하는 법이다. 이러한 국제법의 존재 근거는 조약, 국제관습법, 법의 일반 원칙으로 이뤄진다.

〈국제법 법원의 종류〉

구분	내용
조약	○ 국가 간에 명시적 합의에 의해 성립된 규범 - 중요 조약의 비준에는 국회의 동의를 필요로 하고, 국회 동의를 얻은 조약은 법률과 동일한 효력이 있음. - 조약 이외에 협약, 협정, 의정서, 헌장, 규약, 규정 등의 용어도 사용 ○ 조약 체결·비준권은 대통령의 권한임. ○ 한미상호방위조약, 한일어업협정, 한미 FTA 등은 국회 비준을 거쳐 국내법과 동일한 효력을 가짐. - 1948 UN 인권선언, 포츠담선언, 신사협정 등은 국제법규로 인정되지 않아 국내법적 효력이 없음. ○ 효력 발생 시기: 당사국에 별도 합의가 없는 한, 조약은 비준서의 교환 또는 기탁의 일자에 성립하며, 조약의 효력도 이때부터 발생
국제관습법	○ 국제 사회에서 오랜 기간 동안 관행적으로 인정되어 법적 확신을 얻은 규범 - 국제 사회의 모든 구성원을 구속함 - 예컨대 외교관의 면책특권, 내정불간섭의 원칙, 포로의 인도적 대우, 민족자결의 원칙 등
법의 일반 원칙	○ 여러 문명국에서 통용되는 법의 일반 원칙 - 예컨대 신의성실의 원칙, 권리 남용 금지의 원칙, 금반언(禁反言)의 원칙 등

3 국제법의 특징

1) 국제법과 국내법의 비교

〈국제법과 국내법의 비교〉

구분	국제법	국내법
제정	국가 간 협상이나 합의에 의해 제정, 일정한 법 제정기관이 없음.	국민 의사를 대표하는 입법기관에서 제정
집행	강제적 집행 절차 미비	중앙정부가 강제적으로 집행
구속력	개별 국가 의사를 무시하고 강제될 수 없으며, 강제적으로 집행할 기구가 없어 구속력이 약함.	국가 내의 모든 개인에게 효력을 미치고, 법을 위반하면 처벌받으므로 구속력이 강함.
적용	국제사법재판소도 당사국의 동의를 전제로 재판함.	법원에 의해 강제적으로 적용
규율 대상	국제 사회의 행위 주체	개별 국가 내의 국민과 단체

2) 우리나라에서 국제법과 국내법의 적용 관계

우리나라는 국제법을 국내법으로 수용하고, 우리 헌법이 국제법(조약 등)보다 상위의 지위에 있다. 조약과 일반적으로 승인된 국제 법규(즉 국제관습법)는 헌법 제6조 규정처럼 특별한 국내 입법 절차 없이도 국내적인 효력을 당연히 갖는다.

〈헌법에 나타난 조약 관련 규정〉

조문	내용
제6조	① 헌법에 의하여 체결·공포된 조약과 일반적으로 승인된 국제 법규는 국내법과 같은 효력을 가진다. ② 외국인은 국제법과 조약이 정하는 바에 의하여 그 지위가 보장된다.
제60조	① 국회는 상호원조 또는 안전보장에 관한 조약, 중요한 국제조직에 관한 조약, 우호통상항해조약, 주권의 제약에 관한 조약, 강화조약, 국가나 국민에게 중대한 재정적 부담을 지우는 조약 또는 입법 사항에 관한 조약의 체결·비준에 대한 동의권을 가진다. ② 국회는 선전포고, 국군의 외국에의 파견 또는 외국 군대의 대한민국 영역 안에서의 주류에 대한 동의권을 가진다.

우리나라를 포함해 대부분의 국가는 특별한 입법 조치 없이 공포만으로 조약의 국내법적 효력이 인정된다. 국내법과 저촉되는 조약의 국제적 효력은 국제법과의 관계에 따라 유효 또는 무효가 된다.

〈국제법과 국내법의 관계〉

구분	내용
일원론	○ 의미: 국제법과 국내법이 하나의 법질서에 공존 ○ 국내법 우위 일원론: 국제법과 국내법 상충 시 국내법 우선 ○ 국제법 우위 일원론: 국제법과 국내법 상충 시 국제법 우선
이원론	○ 국제법과 국내법이 별개의 법질서로 독립적으로 존재 - 국제법을 국내법에 적용하기 위해서는 매개체가 필요

국제법과 국내법의 관계는 일원론, 이원론과 같은 이론적 대립을 떠나 국제법의 국내법에 대한 일반적 태도 및 각국의 법질서, 특히 헌법 체계에 대한 탐구를 통해 실증적 규명을 하는 것이 더 유용하다.

국내법을 위반한 국제법(위헌조약)은 절차 위반의 경우 동의가 조약 체결에 관한 국내법 규정에 반했다는 이유만으로 동의의 무효를 주장할 수 없으나 절차 위반이 중대 명백한 경우에는 무효 주장이 가능하며, 내용 위반의 경우 통치행위이론을 원용해 국제법 우위가 확보되고 있다.

국제법 위반의 국내법은 조약법협약 제26조에 의해 당사국은 발효된 조약을 성실히 이행할 의무를 지지만, 국제법을 위반한 국내법을 무효로 할 수 없으며 국가책임의 문제가 발생할 뿐이다.

3) 국제법의 한계

국제법은 국회와 같이 강제력이 있는 입법기관이 없으므로 국제 사회에 전반적으로 적용되는 조약을 체결하는 것이 어렵고, 원칙적으로 분쟁 당사국의 동의 없이는 국제사법재판소에서 재판이 이뤄지지 않기 때문에 재판 규범으로서 한계가 있으며, 강제적 법집행 절차도 없어 국제법을 위반한 국가를 제재하는 데도 한계가 있다.

그러나 국제 사회에서 나름대로 국제법을 국가 간의 관계를 규율하는 필수적인 규범으로 인정하고, 이를 준수하려고 노력하고 있다.

제 3 절 국제 문제와 외교

1 우리나라의 국제 문제

우리나라에서 발생하고 있는 국제 문제는 통일 문제, 환경 문제, 경제 문제, 문화 문제로 나눠 볼 수 있다.

1) 통일 문제

통일은 남북한만의 문제가 아니라, 미국 · 일본 · 중국 · 러시아 등 주변 국가들과의 복합적인 국제 문제다. 북핵과 북한 인권 문제는 그동안 한반도와 동북아 정세의 불안정 요소로 작용해 온 만큼 통일은 한반도 평화뿐만 아니라 동북아 지역의 안정과 세계 평화에 기여할 것이다. 남북 통일이 주변 국가에도 큰 이익이 될 수 있음을 설득해 국제 사회의 적극적인 협력의 확보가 필요하다. 박근혜 대통령도 "통일은 우리 경제가 도약할 수 있는 기회라는 점에서 대박"임을 밝혔다.

2) 환경 문제

황사, 비산먼지, 산성비, 지구온난화, 핵폐기물 투기 등과 같이 환경 문제는 국가 단위를 넘어 주변국의 환경 문제로 피해를 입는 국제적인 문제다. 생물다양성협약 등과 같은 국제환경협약에 참여하고 국제적인 환경 보호에 앞장서는 등 국제적인 협력을 도모하고, 주변 국가들의 환경오염 유발행위에 대해 대응해야 한다.

3) 경제 문제

현 국제 사회는 세계무역기구(WTO) 체제 하에 있고, 경제적 자유방임 원리를 추구하는 신자유주의 관점에 따라 점차 무역장벽 철폐와 관세 축소, 교역 증가를 추구하는 추세다.

우리나라도 한·칠레 FTA를 기점으로 한·미 FTA, 한·EU FTA 등을 체결했는 바, 수출무역에 크게 의존하는 한국 경제의 성장에 영향을 주고 대기업의 해외시장 진출에 기여하나 농어민과 영세민 등의 피해를 야기하고 있다. 신자유주의적 대외개방 정책은 대내적으로 자국 기업과 소비자의 이익과 상충되기도 한다. 따라서 맹목적인 세계화 추진보다는 전 세계가 함께 상생할 수 있는 방안을 모색해야 한다.

4) 문화 문제

한류와 K-POP에서 보는 것처럼 한국의 문화가 전 세계에 영향을 미칠 수 있는 문화의 세계화가 진행되고 있다. 단군 이래 한국 문화를 전 세계에 가장 강력하게 전파한 싸이의 '강남스타일'이 대표적인 예다. 문화는 흐르는 것이며, 국제 교류를 통해 인접 국가에 영향을 주고 받는다. 세계화로 문화의 다양성이 확대되고, 이제 한국은 단일민족 국가가 아니고 다문화사회로 변화하고 있다. 우리는 다문화가족, 외국인 근로자, 탈북한 새터민 등에 대해 열린 자세가 필요하다. 한편 문화의 세계화는 자칫 문화의 획일화, 문화 주권의 침해를 유발하기도 한다. 자기 문화의 우월성에 빠지는 자문화 중심주의나 문화사대주의를 지양하고 열린 포용적인 자세로 다른 문화에 접근하며 서로 존중하는 태도가 필요하다.

2 바람직한 외교정책

1) 외교의 의미와 주체

외교는 한 국가가 자국의 이익을 위해 국제 사회에서 평화적인 방법으로 펼치는 대외 활동을 일컫는다. 외교 활동은 국가원수 간에 이뤄지는 공식외교와 국가를 대표하는 외교사절인 외교관을 통해서도 이뤄지고, 최근에는 이러한 공식외교 외에도 스포츠나 문화 등 다양한 주체를 통한 교류가 많아지고 있다.

2) 외교 활동의 중요성

자국의 대외적 위상을 높이고, 정치경제적 이익을 획득할 수 있으며, 외교 활동을 원활하게 수행하지 않으면 국익의 손실과 국제 사회에서의 고립을 초래할 수 있다.

3) 우리나라 외교정책의 변화

〈우리나라 외교정책의 변화〉

구분	내용
해방~1960년대	○ 반공 이데올로기, 미국과 자유 진영에 의존하는 외교정책 추구
1970년대	○ 6·23선언(1973년)을 통해 공산권 국가에도 문호를 개방함. - 남북한의 상호 내정 불간섭, UN 동시 가입 추진, 비적대적인 공산국가에 대한 문호 개방 등이 담겨 있음. - 이때도 미국 중심의 외교정책은 유지하되, 공산권 국가에도 문호를 개방
1980년대	○ 동구권 나라들과 친분을 맺는 북방 외교정책이 주류를 이룸. ○ 1980년대 후반까지는 미국 중심의 외교정책이 계속됐고, 냉전 종식 이후부터는 실리외교를 표방하며 공산국가와도 수교를 맺음.
2000년대 이후	○ 경제·문화·체육 등 다각적인 외교 추진 ○ 2000년 6월 15일(김대중)과 2007년 10월 4일(노무현) 두 차례 남북정상회담을 개최하는 등 평화 통일을 위한 다각적인 외교적 노력을 경주함.

3 국제 사회의 법적 문제

1) 국제 사회의 변동에 따른 법적 문제의 종류

자유무역협정(FTA)은 국가 간의 교역에 관한 협정이므로, FTA는 국내 문제는 물론 국제적인 문제도 발생할 수 있고, 상대 국가와의 무역 분쟁을 예방하기 위해 관련 법규를 정비할 필요가 있으며, 관세를 둘러싼 분쟁을 해결하기 위한 방안도 모색해야 한다.

지구 온난화 규제와 방지를 위해 1997년 교토에서 체결되고 2005년 발효된 교토 의정서에 의하면, 선진국은 1990년을 기준으로 2008~2012년까지 평균 5.2%의 온실가스를 감축해야 한다.

최근 삼성과 애플 간 특허 소송에서 보듯이 지적재산권과 관련된 국제 분쟁이 증가하는 추세이므로 국내 관련 규정을 국제적인 기준에 부합하도록 보완할 필요

2) 국제 사회 변동에 따른 법적 문제의 해결 방안

국제 교류가 증가함에 따라 법적 분쟁이 증가하는 것이 자연스러운 현상이므로 이에 대비해 법조 전문인력을 양성하고 소송제도를 완비해야 한다. 나아가 소송의 비경제성에 대응하기 위해 소송에 대체하는 협상·조정·중재 등과 같은 대체적 분쟁 해결제도(Alternative Dispute Resolution: ADR)에 대한 이해를 높여야 한다. 대체적 분쟁 해결제도는 전통적 재판절차를 대체함을 뜻한다(서순복, 2010: 6-7). 엄격한 절차와 엄정한 법 해석을 기본으로 하는 법원을 통한 전통적인 분쟁 해결 방법과 다른 신속하고도 간이한 방식의 분쟁 해결 절차의 도입이 점증적으로 확대되는 이유는 당사자들의 점증하는 권리 의식에 부응해 다양한 권리 구제 수단의 선택을 제공해야 한다는 법적 현실의 변화가 놓여 있는 것이다. 무엇보다도 이러한 다양한 권리 구제 수단의 선택을 허용해 신속하고도 간이하게 분쟁의 해결을 도모한다면 사회의 불필요한 갈등을 조기에 수습하고 해결함으로써 사회 통합과 안정에 기여할 것이기 때문이다.

3) 바람직한 세계 시민의 자세

현대 시민은 지구촌 공동체의 구성원이라는 인식 하에 세계에서 발생하는 문제들에 대해 관심을 갖고 참여가 필요하며, 국제 평화를 추구하고 보편적인 인권 존중 의식을 함양해야 한다.

참고 문헌

서순복(2010). 대체적 분쟁해결론. 조선대학교출판부.
이상우(2005). 국제정치학 강의. 박영사.
이철형(1999). 국제정치학. 법지사.
이투스(2012). 누드교과서(법과 정치). 이투스교육(주).
정영진(1999). 제3판 국제법. 신조사.
정인섭(2012). 신 국제법 강의. 박영사.
표명선(2004). 법학통론. 홍익재.

제2부
사회 · 문화

제 1 장 사회 · 문화 현상의 탐구

제 1 절 탐구 대상으로서 사회 · 문화 현상

1 사회 현상의 의미와 특징

1) 사회 현상의 의미와 양상

(1) 사회 현상의 의미와 다양한 양상

역사적으로 보면, 인간은 크든 작든 공동체, 즉 사회를 이루고 살아왔다. 간단히 말하면, 사회란 개인들이 모여 구성한 공동체다. 그런데 인간과 사회는 서로가 서로를 형성하는 독특한 관계에 있다. 인간은 사회를 만들어 왔고, 사회는 인간을 만들어 왔다. 내가 한국 사람이 된 것은 한국에서 태어나 한국에서 자랐기 때문이다. 그런데 이러한 한국 사회는 우리가 함께 발전시켜 온 것이기도 하다. 하나의 공동체를 이루고 있는 우리는 함께 서로서로를 형성한다. 서로가 상대의 사고와 행동과 삶의 방식에 영향을 미친다.

이론적 논의에 앞서 실제 사회에서 어떤 일이 일어나고 있는지 상식적인 차원에서 돌이켜보자. 사회 현상에서 가장 쉽게 확인할 수 있는 것은 시대와 사회에 따라 너무나도 다르다는 점이다. 어떤 사회에서는 종교가 사실상 삶의 거의 전부를 지배하고 있지만, 어떤 사회에서는 종교의 영향력이 상당히 쇠퇴하고 있다. 가령, 미국 사람들은 더 이상 예전처럼 열심히 교회를 가지 않고 있다. 1987년 성인 10명 중 6명이 종교가 자신의 일상 생활에서 매우 중요하다고 했던 것이 2000년대 들어서면서 이 비중이 급격히 줄어들고 있는 것이다. 반면, 한국 사회에서도 유교적인 전통의 의미는 크게 달라졌다. 여성의 인권과 정치적 권리 역시 사회에 따라 큰 차이를 보이고 있다. 어떤 사회에서는 여성이 자전거를 타거나 운전을 하는 것이나 심지어는 학교 교육을 받는 것까지도 인정하려 하지 않지만 다른 사회에서는 남성과 거의 완전히 동일한 권리를 누리고 있다.

정부 현상 역시 매우 천차만별이다. 영국의 런던과 같이 유럽의 일부 국가에서는 지방자치의 역사가 거의 1천 년에 이르는 곳도 있다. 그러나 어떤 사회에서는 아래로부터 자율적으로 자치공동체가 만들어지기를 기대하기는 매우 어려운 혼란에 빠져 있다. 또 어떤 나라의 권력은 오로지 특정한 권력집단의 이익을 위한 도구에 불과하지만 다른 나라에서는 다수 국민의 이익을 위한 도구가 되기도 한다.

(2) 사회 현상의 다양한 전개 이유

사회 현상이 다양하게 전개될 수밖에 없는 이유는 사회 구성원들이 자신의 삶의 여건에 대해 스스로 이해하고 대응할 수 있는 인식 능력과 사고 능력에 따라 각각 다른 선택을 하고 있기 때문이다. 각 공동체가 각자의 상황에서 각자의 현실을 고려해 행동의 방식을 정하고 언어도 발전시키고 있기 때문에 서로 달라질 수밖에 없다.

이런 점에서 사회 현상을 이해하려면 인간에 대한 이해가 필요하다. 인간이 다른 동물과는 달리 독특한 문화와 과학을 발전시킬 수 있었던 것은 인간 자신이 이런 것을 가능하게 할 수 있는 능력을 가지고 있기 때문이다. 예를 들어 어떤 공동체나 언어를 가지고 있다. 그런데 이를 가능하게 하는 것은 상징이나 기호에 불과한 소리나 문자에 의미를 부여해 해석할 수 있는 인간의 의식 능력이다. 인간만이 수학과 기하학을 가지고 있다. 이 역시 현실의 세계 자체에는 그 어디에도 주어져 있지 않은 수의 의미를 이해할 수 있는 인간의 의식 능력에서 기원한다. 인간만이 법을 만들고 있다. 이 역시 언어에 불과한 것에 약속이나 협약의 의미를 부여할 수 있는 인간의 의식 능력에서 기원한다. 우리는 우리가 원하는 대로 모임을 만들 수도 있고, 이런 모임을 통해 우리가 원하는 바를 함께 추구해 갈 수도 있다. 사회 세계는 이와 같은 인간이 가지고 있는 독특한 의식의 능력에 기초해 창조된 세계다. 그래서 얼마든지 다른 삶의 방식이 형성될 수 있고, 다양한 사회 현상이 발생하고 발전할 수 있게 된다.

(3) 사회 세계를 가능하게 하는 인간의 의식 능력

현상학자들은 인간이 가지고 있는 이와 같은 의식의 능력을 지향성이라 부르고 있다. 지향성이란 우리의 의식은 항상 '무엇' 또는 '어떤 것'에 관한 의식, 즉 어떤 것을 지향하는 의식이라는 의미다. 우리는 평면에 그려진 선분의 집합을 보고도 3차원의 정육면체에 관한 것으로 인식한다. 하나의 돌을 보고 그것 자체가 가지고 있지 않는 문진(文鎭), 장난감, 무기의 기능을 부여해 그런 것으로 이용할 수도 있다. 또한 "좋은 아침!"이라는 말을 듣고는 그것이 지금의 날씨에 대한 서술이 아니라 아침 인사인 것으로 이해할 수 있다.

이런 이해는 주어진 자료나 대상 자체가 가지고 있지 않은 의미를 우리가 우리의 의식 능력을 이용해 구성하고 이해할 때 발생한다. 인간은 이런 의식 능력을 이용해 언어를 발전시키고, 언어에 기초해 주변 세계에 대한 지식을 서술할 뿐 아니라 서로가 서로의 행동에 영향을 미치면서 행동의 방식을 함께 형성해 왔다. 언어에 기초해 약속하고 계약하고 공동체적인 협약을 발전시켜 왔다. 유럽인들이 일찍부터 발전시켰던 자치공동체 역시 자신들이 일상적으로 이용하던 언어에 기초해 공동체 구성원들이 공동체 협약을 수립해 스스로 창조하고 발전시킨 것이다.

이런 의식 능력과 언어 능력에 기초해 조직을 만들고 국가와 정부와 법을 만들어 왔다. 각 사회의 구성원들이 자신의 의식 능력을 이용해 자신들이 원하는 대로 사회와 제도를 발전시켜 왔기 때문에 서로 다양한 모습을 보이고 있는 것이다.

2) 사회 · 문화 현상의 특징

(1) 사회 현상의 존재는 현상에 대한 인식에 의존함

사회 · 문화 현상의 가장 큰 특징은 인간의 생각이나 의도에 의해 창조된 주관적이고 상대적인 현상이라는 점이다. 인간은 각자가 주관적인 생각의 주체들이다. 내가 스스로 생각하고 판단할 수 있는 능력을 가지고 있다. 사회 구성원들이 자신들의 의식 능력에 기초해서 법에 대해, 전통 관습에 대해, 행동 방식에 대해, 언어에 대해 특정한 의미를 부여할 때 이런 현상들이 발생할 수 있게 된다.

돈이 돈이 되는 이유를 알기 위해 아무리 지폐를 관찰해도 소용이 없다. 우리는 생각의 창조물이기 때문이다. 어떤 부패한 정부가 정치적인 목적으로 돈을 마구 찍어내면 돈은 돈으로서의 가치를 상실한다. 어떤 정부에 대해 모든 국민이 더 이상 정당한 정부로 인정하기를 거부한다면 그 정부는 무너진다. 이집트의 무바라크 정부와 시리아의 알사드 정부는 이런 이유로 무너졌다. 사람들의 생각이 달라지면 전통 역시 달라진다. 어떤 사람이 나의 아내인 이유는 내가 그 여성에게 나의 아내라는 독특한 의미를 부여하기 때문이다. 같이 살고는 있지만 전혀 이런 마음을 가지고 있지 않다면 상대방은 결코 진정한 의미의 나의 배우자가 될 수 없다.

자연 현상은 그렇지 않다. 내가 달이라는 이름을 붙이지 않아도 달은 있고, 내가 눈이 멀어서 달을 전혀 볼 수 없다고 하더라도 여전히 달은 있다. 자연 대상의 존재는 우리들의 인식에 의존하지 않는다. 그래서 자연 현상을 알기 위해서는 굳이 그것에 대한 사람들의 생각을 알아야 할 필요가 없다. 그러나 사회 현상은 그렇지 않다. 그것을 알려면 반드시 그것을 창조하고, 그런 것으로 의미를 부여하며, 또 그렇게 행동하고 있는 사람들의 생각을 알아야 한다.

(2) 사회 현상은 가치를 반영하고 있음

인간이 동물과 다른 점은 나름의 바람직함에 대한 견해를 갖고 공동체를 구성하며, 공동체의 규칙 역시 이런 바람직함을 반영해서 마련한다는 점이다. 단군신화에 등장하는 8조 금법이나 구약성서에 나오는 십계명은 모두 공동체 운영의 기본 원칙으로서의 가치를 천명한 것이다. 이렇게 인간은 자신이 생각하는 옳은 방식으로 사회의 질서를 마련해 스스로 이를 준수할 수 있는 능력을 가지고 있다.

이런 능력에 기초해 사회 구성원들이 자신들의 공동체를 함께 형성해 간다면 공동체마다 자신들이 중시하는 가치를 반영한 나름의 규칙을 가지고 있을 것임은 두말 할 필요가 없다. 행동의 방식을 형성하든, 언어 예절을 형성하든 사회 구성원들에 의해 함께 만들어진 것이라면 그들이 원하는 가치를 반영하고 있을 것이다. 예를 들면, 미국 사람들이 수립한 법과 정부와 조직들은 그들이 중시하고 있는 어떤 가치인 개인의 자유와 권리, 재산권을 반영해 만들어질 수밖에 없다. 반면 가족의 가치를 좀 더 중요하게 생각하는 사회에서는 결혼 상태를 파괴하는 일탈행동에 대해 강력한 처벌을 할 수 있는 규범을 두고 있기도 하다.

(3) 사회 현상은 지향적 인과에 의해 작동함

사회 세계에서 일어나고 있는 현상들은 인간의 인식과 생각에 기초하고 있다. 여기서 발생하는 인과 관계가 지향적인 인과다. 즉, 우리가 그렇게 생각한다는 것이 어떤 현상의 원인이라는 것이 지향적 인과다. 각각의 사회 세계가 서로 다른 방식으로 형성되고 작동하고 있는 이유 역시 이 때문이다. 지향적 인과의 가장 큰 특징은 어떤 원인이 갖는 인과적인 영향력이 자연 세계에서처럼 법칙적이고 안정적이지 않다는 점이다. 가령 예수가 약 2천 년 전에 전한 천국과 일상의 삶의 방법에 대한 교훈들은 로마와 서구의 역사를 바꿔놓았다. 그 자체로 보면 한 사람의 말에 불과하다. 이런 역사적인 영향을 가질 수 있었던 것은 그의 말에 대해 그의 제자들과 따르던 무리들이 부여했던 의미 때문이다. 원인이 되는 어떤 현상과 더불어 그에 대해 사람들이 어떤 의미와 해석을 부여하는지에 따라 원인 현상의 의미가 크게 달라지는 것이 지향적 인과인 것이다.

인간은 주변 세계의 대상들이 갖는 의미에 대해 끊임없이 해석하고 대응한다. 나의 해석이 나의 행동에 결정적인 영향을 미친다. 이것이 지향적인 인과다. 자연 세계에서 1+1은 2다. 그러나 사회 세계에서는 아닐 수도 있다. 우리가 어떤 의미를 부여하느냐에 따라 달라진다. 우리의 전통 관습에 대해 우리가 더 이상 그런 의미를 부여하지 않는다면 이 전통은 한국인들의 사고와 행동에 대해 과거와 같은 원인이나 동기가 되지 못한다.

(4) 사회 현상은 필연적 법칙에 의해 작동하지 않음

사회 세계에서는 어떤 원인이든 필연적 결과를 초래하는 경우는 없다. 자연계에서는 해가 저물면 밤이 되고, 물은 위에서 아래로 흐르는 등 필연의 법칙이 쉽게 관찰되지만, 사회에서는 필연적으로 어떤 원인과 결과가 쌍을 맺고 있는 경우는 존재하지 않는다. 우리가 흔히 어떤 사회 현상의 원인으로 드는 내용은 필연의 것이라기보다는 고작해야 개연성이 높음에 불과하다. 따라서 사회에서 만일 어떤 원인이 비교적 공통된 결과를 가져왔다면 그 원인에 대한 사람들의 생각과 대응 행동이 비슷했기 때문일 뿐이다. 예를 들어, 경제학에서 제시하고 있는 소비자들의 행동에 관한 이론들이 비교적 보편적인 설명력을 가지는 것은 모든 인간이 공통적으로 가지고 있는 욕구와 대응 방식에 기초하고 있기 때문이다. 그러나 공통된 인간의 욕구에 대해서도 얼마든지 서로 다른 해석이 있을 수 있고, 실제의 행동 양상 역시 달라질 수 있다. 실제 부모가 어린 자식을 키우고, 자식이 연로한 부모를 부양하는 행위조차도 논자에 따라서 인간의 이타심을 그 원인으로 삼기도 하고, 정반대로 이기심을 원인으로 삼기도 한다. 부모가 자신을 희생해 자식을 키우는 것은 그 자체로 이타심의 발로일 수도 있지만, 부모로서는 자식을 잘 키워놓아야만 나이가 들었을 때 부양을 받을 수 있기 때문이라는 이기심에서 그 원인을 찾기도 하는 것이다.

(5) 사회 현상은 보편적인 법칙을 발견하기 어려움

사회 현상에서는 시간과 장소를 떠나 어디에서나 적용될 수 있는 공통된 법칙을 찾기 어렵다. 정부가 작동하는 방식, 법이 작동하는 방식, 종교가 삶에서 갖는 의미, 기업 활동이 이뤄지는 방식, 권력이 행사되는 방식, 사람들이 상호 관계를 형성하는 방식 등이 천차만별인 것을 보면 명확하다. 원인은 간단하다. 각자가 자신들의 여건을 참고해 자신들의 세계를 형성하고 있기 때문이다.

사회 현상에서 상대적으로 보편성이 높은 법칙을 찾는다면 그것은 인간의 의식에 의해 만들어진 결과물인 사회 현상들이 아니라 이런 현상들을 창조하는 인간의 의식 능력과 이런 능력에 기초해 사회 현상들을 발전시키는 발생적인 원리에 관한 것이 될 것이다. 설사 결과는 달라도 이 모든 결과는 결국은 인간이 가지고 있는 의식 능력과 그들이 함께 수립한 사회와 역사의 산물이기 때문이다.

사회학의 아버지라 할 수 있는 베버(Max Weber)에 따르면 서구 사회는 다른 사회와는 달리 과학도 발전시키고, 기업도 발전시키고, 예술도 발전시키고, 민주주의와 자본주의도 발전시킬 수 있었다. 어느 사회의 구성원들이나 이런 것을 발전시킬 수 있는 의식의 능력은 가지고 있었다. 그런데 왜 유독 서구 사회에서만이 이런 발전이 가능했는가? 『프로테스탄티즘의 윤리와 자본주의 정신』에서 제시한 베버의 답은 종교, 즉 기독교 정신, 그중에서도 개신교에 있다. 서구 사회의 기독교 정신이 서로 간의 정직한 협력을 촉진했으며, 이런 협력에 기초해 기업도 발전하고 정부도 발전하고 과학도 발전할 수 있었다는 것이다.

한편, 한국 사회가 가난과 빈곤에서 벗어날 수 있었던 것은 경제개발정책을 추진하던 1960~1970년대의 독특한 정치·경제적인 여건 때문이다. 자유무역과 경제원조가 가능한 국제 정치적인 여건과 강력한 지도자가 이끄는 중앙집권적인 정부라는 독특한 요소들이 작용했기 때문이다.

어떤 사회에서는 종교가, 어떤 사회에서는 정부가 사회의 발전에 핵심적인 역할을 한 것이다. 이렇게만 보면 이 두 현상에서 보편적인 법칙은 없다. 그런데 발생적으로 보면 하나의 공통된 원인이 등장한다. 서구 사회가 이룩한 사회 발전과 한국 사회가 이룩한 경제 발전을 가능하게 한 것은 인과적으로는 다 같이 지향적인 인과의 산물이다. 사회 구성원들이 기업, 정부, 법, 정치, 권력, 학문에 대해 어떤 방식으로 의미를 부여하고 그렇게 행동한 결과물이다. 이런 지향적인 해석의 차원에서 보면, 서구 사람들은 자신의 직업을 하나님이 준 소명처럼 소중히 여기고 직업의 귀천을 따지기보다는 주어진 일을 성실히 수행하는 것을 소중히 여겼다. 한국의 정치인과 경제인들 역시 기업의 중요성을 인식하고 국제적인 경쟁력을 가진 기업으로 발전시키고자 했다. 설사 자신들의 정치적·경제적 이익을 고려했다고 하더라도 기업을 발전시키고자 했던 것은 인정할 수 있다. 이는 당시 사회 구성원들이 가지고 있던 공통된 가치, 공통된 신념, 공통된 목표의 산물이라는 것이다. 사람들의 생각과 가치에 기초한 지향적 인과의 산물이라는 점에서는 공통적이다.

3) 사례 탐구

(1) 사례 탐구: 미국

사회 세계는 사회 구성원들이 가지고 있는 공통된 생각과 가치관에 근거해 창조적으로 발생되고 발전돼 간다. 이러한 공통된 인식에 기초한 지향적인 인과가 사회 구성원들의 생각과 행동을 제어하고 사회제도들의 형성과 진화의 경로에 결정적인 영향을 미친다. 도대체 이것이 무슨 의미인지 역사적인 사례를 통해 생각해보자.

19세기 초 미국을 여행하고 연구했던 프랑스 정치학자 토크빌(Alexis de Tocqueville)은 자신이 쓴 『미국의 민주주의』라는 책에서 "미국 전체의 운명이 해변에 첫발을 디딘 첫 번째 청교도들에게 달려 있었다."고 기록하고 있다. 이 말을 조금 더 풀어서 설명하면 이들 청교도들이 가지고 있는 새로운 사회에 대한 비전

(vision)이 오늘의 미국식의 민주주의와 자본주의를 가능하게 한 근원이라는 것이다. 사회 구성원이 자신들의 미래에 대해 어떤 공통된 비전을 가지고, 이를 향해 얼마나 진지하고 정직하게 함께 노력하느냐에 따라 어떤 사회의 미래가 결정된다는 의미다. 미국을 연구한 대부분의 역사가들은 식민지 개척 초기부터 미국의 생활과 사상에서 청교도주의가 하나의 지속적인 요인으로 확립됐으며, 후손들은 다양한 방법으로 청교도 정신을 계승했기 때문에 청교도 정신은 미국 사회의 발전에 지배적인 역할을 했고, 따라서 청교도주의를 이해하지 않고는 미국을 이해할 수 없다고 말하고 있다.

어떻게 하나의 종교에 불과한 것처럼 보이는 것이 어떤 사회의 역사를 결정할 수 있게 되는가? 내가 어떤 사람을 진정으로 사랑하게 되면 나는 그 사람을 위해 나의 일생을 바칠 수 있다. 그뿐만 아니라 나의 행동도 달라지고 나의 언어도 달라지며 내가 가진 것들을 사용하는 방법도 달라진다. 사람이 어떤 생각이나 신념을 가진다는 것은 이런 의미다. 그 사람의 삶 전체를 바꿔놓을 수도 있고, 그로 인해 그 사람의 사람됨을 결정하는 것이 그가 가지고 있는 신념과 가치다.

마찬가지로, 어떤 생각이나 믿음을 사회 구성원들이 공유하게 되면 이런 신념 역시 사회 관계 전체 속에 표출된다. 그들의 말 속에 스며들고, 그들의 행동 방식에 스며든다. 이런 정신에 기초해 학교도 만들 수 있고, 병원도 세울 수 있으며, 대학과 사회봉사조직도 만들 수 있다.

정부와 법 역시 이런 가치를 실현하기 위한 수단으로 수립될 수 있다. 이런 조직들은 그들이 공유하고 있는 기독교적인 정신의 산물들이다. 헌팅턴(Samuel P. Huntington)은 『우리는 누구인가』라는 책에서 미국은 여전히 기독교적인 사회임을 설명하고 있다. 즉, 교회에 출석하든 하지 않든 상관없이 일상의 삶의 방식 속에 이미 기독교적인 사고와 행동 방식이 스며 있기 때문에 미국은 여전히 기독교적인 사회라는 것이다.

미국의 사립대학과 한국의 사립대학이 설립되고 경영되는 방식에는 매우 큰 차이가 있다. 미국의 사립대학 설립자들은 많은 경우 설립은 하지만 대학의 경영은 대학 구성원과 관계자들에게 맡긴다. 그래서 사회 구성원들이 함께 대학을 경영해 간다. 반면, 한국의 사립대학들에서 설립자 가족의 영향력은 매우 크고 지속적이다. 미국의 기업들은 경영학자들이 연구하고 제안하기도 전에 이미 소유와 경영을 분리하는 전문경영을 실시했다. 하지만 한국에서는 분명 그렇지 않다. 일본의 도요타 자동차에는 일본 사람들의 문화가 그대로 스며들어 있고, 한국의 현대자동차와 삼성전자에는 우리들의 사고와 행동의 방식이 그대로 반영되어 있다. 이슬람 국가에서 일어나고 있는 많은 갈등은 종교적인 정파 간의 갈등이다. 종교가 그들의 삶을 결정적으로 지배하고 있는 것이다. 우리를 남북으로 갈라놓고 있는 민주주의와 사회주의적인 정치제도 역시 이에 대한 우리들의 신념의 산물이다.

(2) 공유한 가치와 신념의 중요성

사회 변화의 경로를 결정하는 가장 핵심적인 요인은 그 사회 구성원들이 공유하고 있는 신념과 가치다. 우리처럼 상하 관계를 중시하는 문화를 가지게 되면 이런 생각은 이미 우리의 언어에 침투하고 우리의 일상 행동에도 침투한다. 그뿐만 아니라 정부와 국민들의 관계에도 영향을 미치고 기업들 간의 관계에도 영향을 미친다.

그런데 만일 어떤 사회를 구성하고 있는 사회 구성원들이 서로 신념과 가치를 달리하고 있다면 어떤 문제가 일어나겠는가? 갈등과 분쟁이 일어난다. 종교 간에 분쟁이 일어나고 이념 간에 분쟁이 일어난다. 많은 나라에서 기독교과 이슬람이 충돌하고 있고, 이슬람 내에서도 종파 간의 분쟁이 지속되고 있다. 종교의 자유가 중요한 것도 바로 이런 이유 때문이다. 이를 해결하는 방법은 서로에 대한 관용이다. 서로가 서로의 종교적인 신념과 자유를 인정하는 것이다.

만일 추구하는 이념이 다르다면 어떻게 해야 하겠는가? 이 경우에도 서로를 인정하는 길 외에는 정답이 없다. 어떤 방법이 사람들에게 진정으로 행복을 줄 수 있을 것인가? 사람마다 원하는 행복이 다르고 이를 달성하는 방법에 대한 생각도 다를 수 있다. 그런데 이런 가치에서 우열을 가리기는 어렵다. 가족 공동체적인 유대를 강조하는 동양적인 삶의 방식과 개인의 개성과 자유를 강조하는 서구적인 삶의 방식 중에서 어느 것이 더 사람들에게 행복을 주거나 또는 더 낫다고 말할 수 있는가? 그렇게 말하기는 어렵다. 어떤 삶의 방식을 택할 것인지는 각자의 선택이다. 자신의 삶의 방식이나 자신의 가치를 상대에게 강요하는 것 자체가 개인의 사상의 자유와 존엄을 침해하는 행동이다.

2 사회 현상에 관한 학문적 지식의 특성

1) 대응적 진리가 아니라 일관성에 근거한 진리

대응적 진리(correspondent truth)란 어떤 사항을 서술하고 있는 명제의 내용과 실제의 사실이 일치(correspondent)한다는 점에 근거해 정당화되는 진리다. 이런 종류의 진리에 대한 검증은 해당 명제와 실제 상태를 비교하는 방식으로 이뤄진다. 가령, '눈은 희다'라는 명제가 있다고 하자. 이를 검증하기 위해서는 실제 눈을 관찰하고 그 눈의 색깔을 확인하면 된다. 눈을 관찰했더니 항상 눈의 색깔은 흰색이었다면 '눈은 희다'는 대응적 진리가 된다. 자연과학의 지식은 대응적 진리다. 실제 사실에 대한 관찰과 분석을 통해 얻은 지식이기 때문이다.

반면, 사회 현상에 관한 이론은 일관성에 근거한 진리다. 사회 현상은 원인으로 작용하는 요소들이 너무나 복잡하다. 게다가 연구자가 애당초 관찰할 수 없는 행위자들의 심리적이고 이념적인 측면까지도 원인으로 작용한다. 이런 원인 요소들을 모두 관찰하는 것 자체가 불가능하므로 이를 단순화하기 위해 사전적인 가정을 도입하고, 이에 근거해 가설을 수립하고 자료도 수집해 검증한다. 그런데 이렇게 얻은 지식은 사전 전제에 근거해 연역적으로 가설을 수립하고 이를 검증했다는 점에서 일관성에 근거한 진리다. 설사 현실에 대한 관찰을 통해 명제의 내용을 검증했다고 하더라도, 이 명제는 어디까지나 사전적으로 전제한 가정이 실제로 맞을 때만이 진실이 되는 명제다.

가령, 후생경제학에서 설명하는 소비자와 생산자의 행동에 관한 이론들을 보자. 소비자와 생산자가 상품과 거래 상대방에 관해 필요한 모든 정보를 가지고 있고, 또한 각자가 자신의 이익을 기준으로 행동한다면 시장은 수요와 공급이 만나는 점에서 균형을 이룬다고 설명한다. 그리고 바로 이 균형점에서 소비자와 생산자의 이익이 극대화된다고 설명한다. 시장 균형에 관한 이와 같은 설명은 일종의 일관성에 근거한 진리다. 완전 정보와 행위자들의 이기성이라는 전제에 기초해 논리적으로 추리할 경우 얻을 수 있는 답이기 때문이다. 그런데 현실의 상황을 보면, 시장에서는 소비자와 생산자들이 완전한 정보를 가지고 있지 않다. 또 최소한의 규칙을 준수하면서 자신의 이익을 추구하는 것이 아니라 담합이나 과장 광고와 같은 기회주의적인 행동을 할 수도 있다. 이렇게 되면 시장 거래가 정상적으로 잘 일어나지 않을 수 있게 된다. 실제로 많은 사회에서 원활하게 작동하는 시장 질서를 잘 발전시키지 못하고 있다.

자연과학에서와 달리 사회 현상에 대해서는 연구자들 간에 상당한 이견이 발생하고 있고, 또 서로 어떤 문제에 대한 해석이나 처방에서 충돌하는 일이 빚어지는 일도 흔히 발생한다. 각자가 자신들이 중시하는 가치와 이념을 전제로 사회 현상을 관찰하고 이런 관찰에 근거해 지식을 수립하고 있기 때문이다. 일종의 일관성에 근거한 지식인 것이다. 이런 지식은 그것이 전제하고 있는 가치나 이념에 동의하고 있는 사람들 사이에서만이 진리다. 그러나 이런 자신의 이념이나 가치를 다른 사회 구성원들에게 강요하는 것은 생각할 수 있는 자유와 사상의 자유를 오히려 침해하는 결과를 초래할 것이다.

2) 사회 현상에서는 부분 지식의 총합이 전체 지식과 다름

영국의 철학자 러셀(Bertrand A. W. Russell)은 "고립화된 진리도 진리가 될 수 있다!(An isolated truth may be quite true!)."는 유명한 말을 했다. 그런데 실제 자연과학의 영역을 보면, 주어진 대상에 대해 더 이상 분해할 수 없을 때까지 가장 작은 단위로 구성 요소들을 분해하고 있다. 이런 부분들에 대한 지식을 축적해 전체적인 지식을 얻고 있으며, 종합적인 지식도 얻고 있다. 특정 부분에 대한 지식에서 서로 이견이 발생하기도 하지만 이런 이견들은 대상에 대한 관찰을 통해 해결되고 있다. 전자, 중성자, 양성자에 관한 지식에 기초해서 105가지 화학 요소들에 대한 지식을 얻고, 이런 지식에 기초해서 지구상에 존재하는 각종 물질과 생명체의 생화학적인 구성 요소에 대한 지식까지도 얻어낼 수 있다. 물리학, 화학, 생물학, 유전자공학, 의학 등의 지식들이 하나의 상호 보완적이며 종합적인 지식 체계를 이루고 있다. 내가 가진 지식이 굳이 전체에 대한 지식이 아니라 한 부분의 의학적인 지식이거나 화학적인 지식이거나 물리학적인 지식에 그치고 있더라도 문제가 생기지 않는다. 특정 분야에 관한 지식만을 가지고 있다면 그에 관한 문제에 대해서만큼은 내가 문제 해결에 도움을 줄 수 있다.

자연과학에서 부분적인 지식임에도 그것이 지식이 될 수 있는 것은 첫째, 해당 연구 대상을 부분으로 분리시켜 탐구하고 서술하는 것이 가능하고, 둘째, 그 밖의 요인들이 미치는 영향을 고려하지 않아도 되거나 또는 배제하는 것이 가능하기 때문이다. 가령, 한국에서 만든 자동차가 미국에서도 정상적으로 작동하는 것은 자동차의 작동에 필요한 자연적인 조건들이 사실상 거의 동일하기 때문이다. 만일 이처럼 주변 조건이 사실상 흡사하다면 이런 조건들에 대한 고려는 배제하고 자동차 자체만 튼튼하게 만들면 된다.

그런데 사회 현상이나 인간 현상은 그렇지 않다. 어떤 현상을 독립된 현상으로 분리시키는 것 자체가 어렵다. 이에 대해 하이데거(Martin Heidegger)는 인간과 세계는 서로 분리시키는 것이 불가능하다고 주장하고 있기도 하다. 내가 한국 사람이 된 이유는 한국에서 자랐기 때문이다. 그런데 한국 사회는 우리가 함께 만들어 간다. 가령, 어떤 사람이 특정한 행동을 한 이유를 설명한다고 해보자. 그 사람만의 개인적인 성격이나 심리 요인에서부터 가족, 친구, 학교, 지역, 학력, 종교, 소득, 국가, 전통, 취미, 특기 등 수많은 요인이 그의 행동에 영향을 미치게 된다.

이처럼 원인 자체가 이미 복잡하게 얽혀 있는 상황에서는 특정한 요인에 초점을 두는 부분적인 설명은 상당한 한계를 가진다. 우선, 그 요인 이외 다른 요인들의 영향을 배제시키는 것이 쉽지 않다. 각각의 상황에 따라 이 요인들이 미치는 영향이 얼마든지 서로 다를 수 있기 때문이다. 게다가 원인 변수 역시 그 자체로 독립시키는 것이 쉽지 않다. 사실은 원인 변수에 영향을 미치는 또 다른 원인들을 찾아서 무한히 거슬러 올라가야 하는 문제가 발생할 수 있다. 그래서 당사자 자신은 물론 다른 그 누구도 그가 그런 행동을 한 이유를 온전히 이해할 수 있는 위치에 있지 않다. 다시 말하면, 그의 행동에 대해 어떤 설명을 제공하든 그것은 부분적인 설명일 뿐이며 완전한 설명이 될 수는 없다는 것이다. 가족, 집단, 지역, 국가 등으로 연구 대상의 규모가 커지면 원인의 수는 사실상 무한대로 증가한다.

왜 사교육, 부정부패, 빈부 격차, 노사 갈등 등과 같은 사회 문제는 이를 해결하는 것 자체가 쉽지 않겠는가? 정부의 정책을 무력화시키고도 남을 만한 수많은 요인의 영향을 통제할 수 없기 때문이다. 자동차처럼 부분을 고쳐서 해결할 수 있는 상태로 대상 현상 자체가 존재하지 않기 때문이다.

3) 세계를 인식에 맞춰 바꾸는 것이 가능함

자연과학의 지식들은 지식을 세계에 맞추는 방식으로 검증되고 얻어진다. 즉, 자신이 생각했던 것이 실제 세상이 작동하는 방식과 다르다면 나의 생각을 버리거나 바꾼다. 내 생각에 맞춰 물리적인 세상을 바꾸려 하는 연구자는 없다. 그런데 사회과학도들은 매우 다른 관점에서 세계에 대응한다. 만일 내가 어떤 문제를 인식하고 바람직한 세계에 대해 희망을 가지게 되면 내 생각에 혹시 잘못된 것은 아닌지, 내가 편견에 빠져 있는 것은 아닌지 충분히 반성하기보다는 내 생각이 옳다고 믿고 그리고는 내 생각에 맞춰 사회 세계를 바꾸고자 하는 경향이 있다.

이에 대해 현상학의 창시자인 후설(Edmund Husserl)은 『수동적 생각과 적극적 생각에 관하여』라는 책에서, 연구자들이 저지르기 쉬운 잘못으로 자기망각(self-forgetfulness)을 지적하고 있기도 하다. 연구자들이 자신의 연구가 불확실한 가정에 근거하고 있음을 망각하기 쉽고, 결과적으로 자기 지식의 가치를 과대 평가하게 된다는 것이다. 과학철학자 포퍼(Karl R. Popper) 역시 『열린 사회와 그 적들』이라는 책에서 사회 세계를 유토피아로 만들고자 하는 연구자들의 생각이 오히려 세계를 지옥으로 만들고 있다고 비판하고 있다. 즉, 사회과학도들이 자기 지식의 한계를 충분히 이해하지 못한 채 다른 사람의 행동을 자기 관점에서 평가하고 사회 세계를 바꾸고자 할 때 사회는 오히려 혼란에 빠질 수 있다는 것이다.

3 사회 세계에 관한 지식의 종류

1) 일상적 삶에서 얻은 실천적 지식

사람이 살아가기 위해서는 있는 그대로의 세계에 대한 지식을 얻는 것이 중요하다. 물론 이론적인 지식도 도움이 되겠지만, 많은 경우 일반 사회 구성원들은 연구자들과 같이 이론적 지식에 기초해 주변의 상황을 이해하고 있지는 않다. 그럼에도 불구하고 그럭저럭 주변 세계에 대응하며 살아갈 수 있는 것은 일상의 삶 속에서 삶에 필요한 이런저런 지식과 기술들을 배우고 축적했기 때문이다. 이렇게 얻은 지식이 실천적인 지식이다. 그런데 사회 세계를 이해하는 데는 이론적인 지식에 못지않게 이런 실천적인 지식과 기술이 유용하다.

실천적이라는 말은 어떤 대상에 대해 이론적으로 배우고 이용하는 것이 아니라 일상의 사용이나 일상의 상호작용 속에서 배우고 이해하고 있다는 의미다. 예를 들면 이런 것이다. 우리가 언어를 어떻게 배워서 어떻게 사용하고 있는지 생각해 보자. 우리가 부모들에게 언어를 배울 때 문법을 배웠는가? 분명히 그렇지는 않다. 부모들은 이론적인 문법적 지식을 가르친 것이 아니라 그냥 말을 가르쳤다. "이것은 나무고, 저것은 산이다.", "그렇게 말하면 안 된다. 이렇게 말해라." 그냥 이렇게 가르쳤다. 그런데 어느 순간 우리는 말하는 방법을 터득해 자유자재로 언어를 구사할 수 있게 된다. 하지만 이렇게 자유자재로 말을 하는 단계에서도 우리가 말을 하면서 어떤 문법적인 생각을 가지고 그것에 맞춰 가면서 말하지는 않는다. 그냥 말한다. 그렇지만 말이 안 되는 소리는 금방 판단할 수 있다. 일상적인 경험 속에서 자신도 모르는 사이 어떤 규칙을 학습해 이용하고 있는 것이다.

행동 방식도 마찬가지다. 만나는 사람에 따라서 어떤 예법을 지켜야 하는지, 상황에 따라서 어떤 어법을 써야 하는지에 대해서도 이를 이론적이 아닌 그냥 삶 속에서 배운다. '예절'이 무엇인지, '겸손'이 무엇이고, '정직'이 무엇인지 선뜻 정의를 제시하기는 어렵다. 하지만 일상의 삶 속에서 이런 말들의 의미를 이해할 수 있고, 일상에서 이를 행동에 옮기는 데는 별 문제가 없다. 동일한 어휘라도 상황에 따라 얼마든지 다른 의미로 사용할 수 있다. 은유적인 표현도 사용할 수 있다. 언어를 이용해 지식을 서술하고 정보를 전달하기도 하지만, 동시에 언어를 이용해 상대의 마음에 큰 상처를 주기도 하고 언어를 이용해 용서를 구하기도 한다. 그뿐만 아니라 언어를 이용해 약속이나 명령과 같은 행동을 하기도 한다. 일상의 삶 속에서 자연스럽게 배워 거의 무의식적으로 이런 지식을 이용할 수 있는 것이 인간이다.

실천적인 지식이란 바로 이런 것이다. 명확한 개념이나 이론적인 지식을 학습함으로써 얻은 것이 아니다. 교실에서 이론을 배움으로써 학습한 것이 아니라 일상의 삶 속에서, 언어들이 그렇게 사용되고 행동들이 이뤄지는 상황 속에서 자라나면서 나도 모르게 다양한 규칙과 용법을 학습한 것이다. 또 이에 관해 이론적인 지식을 가지고 있지 않아도 얼마든지 이를 잘 사용하고 적용하고 있는 것이 실천적인 지식이다.

일상적인 예절이나 행동의 규범에 대해 우리가 가지고 있는 지식 역시 마찬가지다. 이론적인 지식이 아니라 실천적인 지식이다. 예절이 무엇인지 이론적으로 이해하고 있는 것이 아니라 일상의 삶 속에서 예절을 지키면서 행동할 수 있고, 어떤 행동이 무례한 행동인지 그때 그때 상황에 맞게 판단할 수 있는 능력이 예절에 대해 아는 것이다. 이런 행동의 규범들은 우리가 무심코 그것을 따르고 있을 때는 잘 인식하지 못한다. 그러나 이런 것을 어기는 사람을 보거나 또는 나 자신이 이를 지켜야 할 것인지 갈등할 때 그 모습을 내보인다.

학교에서 꼭 선생님을 통해 배워야 할 필요가 없다. 하이데거는 『존재와 시간』이라는 책에서 인간은 이미 세계 속에 던져져 있고, 살아남기 위해서는 자신의 탁월한 이해 능력과 통찰 능력을 이용해 주변 세계를 이해하고 도구화하지 않을 수 없다고 설명하고 있다. 자신의 주변 세계를 이해하는 속에서 세계에 대한 이해와 더불어 자신에 대한 이해까지도 얻는다고 설명하고 있다. 인간이 존재하는 방식 자체가 이미 세계에 대한 실천적인 지식을 얻고 대응 능력을 학습할 수밖에 없는 상황에 있다는 것이다. 일상의 삶을 살아가는 것 자체가 학습의 연속인 것이다.

현대 사회학자 가핑켈(Harold Garfinkel)은 『민속방법론 연구』라는 책에서 사회 현상의 경우 이론적인 지식이 실천적인 지식보다 반드시 우월하다고 할 수 없다고 말하고 있다. 어떤 문제에 대해서는 이론가들의 주장이 아니라 일반 사회 구성원들의 생각이 오히려 종합적이고 현실적일 수 있다. 일반 시민들은 이론 연구자들처럼 엄격한 개념을 사용하고 과학적인 조사의 방법을 동원하지는 않는다. 대신 사회 구성원들은 일상의 다양한 경험 속에서 매우 현실적인 지식을 얻을 수 있고, 이렇게 얻은 지식이 일상의 삶 속에서는 유용하다. 예를 들면, 정치학을 공부하지 않았어도 훌륭한 정치인이 될 수 있으며, 경영학을 공부하지 않았어도 훌륭한 경영인이 될 수도 있다. 분명 현실은 그렇다. 굳이 이론적으로 도덕적인 지식을 얻지 않아도 일상적인 도덕은 삶 속에서 얻을 수 있다.

서구 사회는 이론적인 지식이 아니라 이런 일상적인 지식에 기초해 민주주의도 발전시키고 기업과 시장제도 역시 발전시켰다. 사회에 대한 이론적인 연구는 사회의 변화를 뒤따르고 있다. 무엇보다 사람들은 이런 이론적인 지식에 무지하고 심지어는 굳이 알려고 하지도 않는다. 자신의 주변 세계를 가장 정확하게 이해하고 있는 것은 그 세계에 속해 그 세계를 살아가고 있는 구성원 자신들이다. 자신의 판단에 근거해 살아왔다면 그런 지식에 근거해 살아가고자 할 것이다. 실천적인 지식은 일상의 삶 속에서 자연스럽게 학습돼 일상의 삶에 활용된다. 하지만 이론적인 지식은 사회 구성원들이 이를 이해하고 자신의 판단에 고려하는 만큼만 영향을 미칠 수 있다.

2) 이론적 관점들

사람들은 자신들이 일상의 삶에서 얻은 사람들에 대한 이해와 사회 관습이나 규범에 대한 이해, 권력에 대한 이해와 경제 활동에 대한 이해에 기초해 일상의 삶을 살아간다. 사회 현상에 대한 연구는 특정한 시대의 특정한 사회에서 특정한 현상을 대상으로 이뤄질 수밖에 없으므로 어떤 시대, 어떤 사회, 어떤 측면을 연구의 대상으로 삼느냐에 따라 이론적인 설명의 주된 내용들은 달라질 수 있으며, 그만큼 사회 현상에 관한 이론들은 복잡하고 다양한 내용들로 구성돼 있다.

(1) 종교와 문화를 강조하는 연구들

미국 민주주의를 연구한 토크빌, 세계 각 문명의 역사를 연구한 토인비(Arnold J. Toynbee), 서구 사회의 발전을 연구한 베버, 벨라(Robert N. Bellah), 헌팅턴, 서구 경제의 발전사를 연구한 노스(Douglass North) 등 수많은 사회 연구자가 사회 현상을 설명하기 위해 일찍부터 공통되게 강조하고 있는 것은 종교다. 특히 많은 연구에서 기독교가 서구 사회의 정치 발전과 경제 발전에 결정적인 역할을 했다고 설명하고 있다. 일본이 동양의 국가들 중에서 가장 먼저 경제적인 발전을 이룰 수 있었던 것도 불교, 유교, 신도(神道)와 같은 일본 종교가 서구에서의 기독교와 유사한 비공식적 규범으로서의 역할을 했기 때문이라고 벨라는 설명하고 있다. 세계은행은 돈을 빌려주더라도 이자를 받을 수 없도록 한 이슬람의 율법이 이슬람 국가에서 경제적인 투자를 가로막는다는 연구를 제시한 바 있다. 송병락은 『마음의 경제학』에서 서구의 경제적 발전을 가능하게 한 자본주의는 재산권을 중시하는 기독교의 계명에 뿌리를 두고 있다고 설명하고 있다. 토크빌은 미국의 민주주의와 자치는 기독교에 근거하고 있다고 설명하기도 했다. 세계 인구의 약 70%는 종교를 가지고 있다. 종교는 일상의 삶의 규범으로 사람들의 일상 속에 살아 있는 것이므로 종교가 사람들의 행동과 사회의 발전에 미치는 영향은 필연적이다.

(2) 이해 관계와 이해 갈등에 관한 연구들

① 마르크스의 계급갈등이론

사회 구성원들은 서로 자신이 원하는 것을 더 많이 얻기 위해 경쟁하며 살아간다. 원하는 것이 정치적인 권력일 수도 있고, 경제적인 자원일 수도 있다. 원하는 것이 무엇이든 사회 구성원들이 향유할 수 있는 기회와 자원들은 제한돼 있다. 이를 얻기 위해 서로 경쟁하는 과정에서 여러 가지 갈등이 지속돼 왔다. 이에 관한 대표적인 이론의 하나가 마르크스(Karl Marx)의 계급갈등이론이다.

마르크스의 연구에 따르면 인류의 역사는 계급 간 갈등의 역사다. 그는 사회를 구성하는 다양한 관계들을 기본적으로 지배 계급과 피지배 계급으로 나누고, 이들 간의 갈등과 충돌에 의해 역사는 진화해 왔다고 설명한다. 특히 자본주의적인 대규모 기업들이 성장하면서 자본가들은 근로자들의 노동에 의해 창조된 부(富)를 부당하게 착취하며, 이로 인해 자본가 계급과 근로자 계급 간에 갈등이 발생하게 된다. 이런 상황에서 정부와 정치 역시 정치적으로 영향력이 있는 자본가 계급의 이익을 위해 봉사하는 자본가들의 이익을 위한 도구가 된다.

마르크스의 이런 주장에 대해 자본주의를 옹호하는 사람들은 첫째, 자본가들이 이익을 얻는 것은 기업 활동에서 발생할 수 있는 위험을 감수한 데 대한 정상적인 보상이며, 둘째, 노동계약은 어디까지나 자유계약의 원칙에 따라 이뤄진 것이며, 자유계약은 기본적으로 관련자들이 각자 자기 이익을 추구하는 과정에서 서로가 서로의 도움이 된다는 판단에 기초해 이뤄진 것임을 강조한다.

② 현대 정치경제학자들의 이해관계이론

스티글러(George J. Stigler), 프리드먼(Milton Friedman)과 같은 노벨 경제학상을 수상한 현대 경제학자들은 미국과 같은 민주적인 국가에서도 여전히 정부와 정치는 정치적으로 영향력이 있는 기업과 이익집단의 포로가 될 수 있으며, 결국은 다수 소비자를 위한 정책이 아니라 이들 이익집단의 이익을 위한 정책이 만들어지고 있다는 점을 설명하고 있다.

기업과 이익집단들은 자신들의 경제적인 이익을 위해 정치인들에게 로비할 수 있는 충분한 재원과 로비 능력을 가지고 있다. 반면, 일반 시민들은 각자 자신의 삶을 영위하기에 급급하기 때문에 설사 정치적으로 자신들에게 불리한 법이나 제도가 만들어지더라도 적극적으로 저항하는 경우가 드물다. 이런 상황에서 정책 결정이 이뤄지면 정치인과 관료들은 자신들에게 적극적으로 로비를 전개하고 선거자금을 후원하는 이익집단에게 유리한 정책을 결정하게 된다.

(3) 일상적인 상호작용과 사회적 구성을 강조하는 이론

쇼터(John Shotter)가 『대화적 존재』라는 책에서 소개하고 있는 간단한 예를 생각해 보자. 아침에 산책을 하고 있는데 지나가던 동네 사람이 가볍게 인사를 했다고 하자. 나는 그의 행동을 무시할 수도 있고, 나도 가볍게 웃어줄 수도 있다. 내가 어떤 선택을 하느냐에 따라 그의 행동은 인사가 될 수도 있고, 아니면 무의미하거나 또는 좀 무안한 행동이 될 수도 있다. 나도 가볍게 인사했다고 하자. 다음날 우연히 다시 만나게 됐다고 하자. 그는 다시 인사했다. 그런데 어제보다 더 반갑게 인사한다. 나 역시 더 분명하게 인사한다. 그런데 그 사람을 수퍼마켓에서 또 만났다고 하자. 그러자 이번에는 그 사람이 자신의 이름을 밝혔고, 나도 나를 소개했다. 그 다음 만남에서 그와 나는 같이 커피를 나눴고 우리는 점점 친해져서 마침내 매우 친한 친구가 됐다. 흔히 있을 수 있는 일이다.

간단히 말하면, 사회라는 것은 우리들의 이와 같은 작은 상호작용들이 모여서 점차 커다란 하나의 공동체적인 삶의 패턴을 이루게 된다. 그래서 만일 우리가 어떤 것을 무시하고 무의미한 것으로 다루게 되면 그것은 그런 것이 된다. 반대로 일상의 삶 속에서 소중하게 여기고 가치있는 것으로 여기며, 이런 생각들이 점차 확산되면 그것은 소중하고 가치있는 것이 된다. 결국 우리가 일상에서 선택하는 사소한 선택들이 상대방의 생각과 행동에 영향을 미치며, 그의 행동들은 다시 나의 생각과 행동에 영향을 미치게 된다. 이렇게 해서 사회 구성원들이 어떤 생각이나 삶의 방식을 점차 공유하게 되면 그것은 그 사회의 문화가 되고 관습과 규범이 된다. 즉, 문화나 관습이라는 것은 그것이 단지 문화이기 때문에 지속되는 것이 아니라 우리의 일상 속에서 살아 있기 때문에 지속되며, 우리가 일상적인 선택을 바꾸게 되면 얼마든지 변해갈 수도 있다는 것이다.

왜 여성의 인권이라는 것이 어떤 시대에는 문제가 되지만 어떤 시대에는 꿈도 꿀 수 없는 이야기가 되는가? 왜 어떤 사회에서는 여성들이 남성과 동등한 정치적 · 사회적 지위와 권리를 향유하지만 어떤 사회에서는 전혀 그렇지 못한가? 결국 우리가 함께 이런 것을 선택하고 규정하는 만큼 문제가 되기도 하고 가치가 되기도 하고 이념이 되기도 한다. 결국 우리의 선택이라는 것이다.

3) 사회 · 문화 현상을 이해하는 관점의 조화

위에 설명한 이론들은 사회 현상에 관한 이론들 중에서 극히 일부분을 제시해 본 것이다. 기억해야 할 것은 사회 현상에 관한 이론은 결코 어떤 하나의 이론이 그 현상에 대한 전체적인 설명이 될 수는 없다는 점이다. 위에서 제시한 것은 개인의 일상적이고 조그마한 선택이 가지는 힘에서부터, 정치와 경제를 움직이는 가장 중요한 힘과 이해 관계, 그리고 어떤 사회의 거시적인 진화를 제어하는 종교와 문화적인 요인을 함께 매우 압축적으로 설명하고자 했다. 아마도 이런 힘들이 사회 세계를 움직이는 가장 중요한 힘에 해당할 것이다.

제 2 절 사회 · 문화 현상의 탐구 방법

1 사회 · 문화 현상 연구의 근본적 장애들

1) 성공적인 연구를 위한 일반적 조건

(1) 연구 대상이 있어야 함

연구를 하려면 연구할 대상이 있어야 한다. '무엇'을 연구할 것인가? 알고자 하는 대상이 있어야 그것에 대해 조사도 하고 분석도 하고 실험도 할 것이 아닌가? 자연과학이 발전할 수 있었던 것은 자연 세계라는 연구의 대상물이 존재하고 있었기 때문이다. 그것도 인간의 관찰 여부와 상관없이 매우 안정적이고 규칙적인 방식으로 작동하고 있기 때문이다.

(2) 연구 내용을 서술할 수 있는 언어가 있어야 함

언어가 지식을 서술하는 수단이 되기 위해서는 그것이 의미하는 바가 명확하고 객관적이어야 한다. 무슨 뜻인지 알기 어려우면 지식을 서술하는 수단으로는 적합하지 않으며, 의미하는 바가 사람들의 생각에 따라 달라져도 곤란하다. 객관적이고 명확한 언어로 서술돼야 그것은 다른 사람들도 이용할 수 있는 지식이 된다. 또 이런 지식을 축적해 가면 세계에 관한 이해를 지속적으로 확대해 갈 수도 있다.

(3) 연구자가 편견에 빠져 있지 말아야 함

내가 빨간색 안경을 쓰고 있으면 세상은 이미 그렇게 보인다. 하나의 현상에 대해 여러 가지 경쟁적인 설명이 있을 수 있다. 예를 들어, 지구가 우주의 중심인지에 대해 이렇게 주장하는 연구가 있고, 반대로 지구는 태양의 주위를 돌고 있는 행성에 불과하다는 주장도 있다고 하자. 연구자가 편견에 빠지지 않는다는 것은 경쟁적인 이론이 제기됐을 때, 새로운 이론을 공정하게 검토하고 만일 새 이론이 옳다면 이를 인정하고 수용할 수 있는 열린 태도를 가지고 있다는 의미다.

2) 사회 현상에 대한 연구의 어려움

(1) 연구 대상 현상이 가변적

연구 대상으로서의 사회 현상은 분명 존재한다. 그런데 사회 현상은 사회 구성원들 간의 상호작용에 의해 지속적으로 형성되고 진화돼 가고 있다. 각 사회의 구성원들은 각자 자기 나름대로 자신들만의 독특한 제도와 문화를 가지고 있으며, 그것도 그나마도 계속 변화해 가고 있다. 연구의 대상이 되는 현상 자체가 지속적으로 변해가고 있는 것이다. 게다가 이런 변화에 영향을 미치는 요인들 역시 시대에 따라 달라지고 사회에 따라 달라진다.

(2) 연구의 대상인 인간은 스스로 생각하는 존재

사회 현상이 자연 현상과 근본적으로 다른 방식으로 존재하는 이유는 인간은 스스로 생각하고 판단하고 선택할 수 있는 존재라는 점에서 비롯된다. 하늘의 별들은 스스로 생각하지 않는다. 그냥 주어진 물리적 법칙에 의해 운행하고 있을 뿐이다. 지구상에 있는 동물들도 최소한 인간처럼 생각하지는 않는다. 오로지 자신들의 동물적인 본능에 충실하게 살아갈 뿐이다. 그래서 동물에 관한 지식도 다른 자연 대상과 같이 관찰을 통해 얻을 수 있다.

그런데 인간은 스스로 생각하는 존재다. 그가 하는 행동의 의미가 무엇인지는 엄밀하게 말하면 오로지 그만이 알 수 있다. 내가 문의 손잡이를 잡고 있는 것이 열고 나가기 위한 것인지 닫고 들어오려는 것인지는 오로지 당사자만이 알 수 있다. 사회 연구자는 사회 현상을 연구하기 위해 사회 구성원들과 그들이 살아가는 세계를 관찰하고 있다. 그런데 이들이 연구 대상으로 삼고 있는 사회 구성원들은 스스로 자신의 세계에 대해 생각하고 탐구하고 있다. 연구자는 자신이 가지고 있는 지식과 이론과 경험에 비춰 사회 구성원의 행동을 이해하고자 할 것이다. 그런데 사회 구성원들은 다시 자신들이 가지고 있는 경험과 자신들이 중시하는 가치를 기준으로 생각하고 행동한다. 결과적으로 연구자가 연구 대상인 사회 구성원의 생각과 행동을 온전히 정확하게 이해하는 일 자체가 쉽기 않게 된다.

(3) 객관적인 의미의 언어를 발전시키기 어려움

자연과학에서 사용되고 있는 어휘들을 생각해 보자. 연구 대상 자체에 관한 어휘들은 그것을 지시하는 방식으로 의미를 수립할 수 있다. 즉, '나무'가 무슨 뜻인지 묻는다면 나무를 지시하면 된다. 대상 현상이 가지고 있는 속성들에 대해서도 객관적인 의미를 갖는 어휘를 개발하고 있다. 무게, 길이, 속도, 압력, 온도, 색깔, 파장, 주파수, 강도 등 온갖 종류의 속성들에 대해 객관적인 측정의 도구들이 개발돼 있다. 모든 지식은 "무엇은 어떠하다"는 형식으로 서술된다. 그런데 주어와 술어의 의미를 객관적으로 명확하게 규정할 수 있다면 서술된 내용 역시 객관성을 가질 수 있다. 언어의 의미가 대상 현상이 가진 공통된 속성, 즉 본질을 지칭하는 방식으로 수립될 수 있다는 이런 입장을 현대 철학자들은 본질주의적 의미이론이라 부르고 있다.

그런데 사회 현상에서는 많은 경우 이런 본질주의적인 방식으로 언어의 의미가 수립되지 않는다. 우선 언어의 의미의 근거로 제시할 수 있는 지시체가 없다. 민주주의, 자본주의, 법, 정부, 정의, 평등, 사회, 가난 등 사회 현상을 지칭하는 말들의 의미는 지시하는 방식으로 의미를 규정하는 것이 쉽지 않다. 가령, 가난이 어떤 의미인지를 설명하기 위해 가난한 사람을 지시하는 것만으로는 설명하기 어렵다. 그의 상태가 가난이라는 점을 알려면 다른 사람들의 상태에 대한 지식을 참고해 그의 상태를 해석해야 한다. 그런데 이때 어떤 자료를 참고하느냐에 따라 가난의 의미는 달라진다. 가령 더 가난한 나라의 더 비참한 삶을 참고하면 별로 심각하지 않은 문제일 수도 있다. 또 그의 가난이 그의 게으름 때문인 경우에도 굳이 동정할 이유는 크지 않게 된다. 그리고 미국의 민주주의가 다르고 영국의 민주주의가 다르며 한국의 민주주의가 다르다. 무엇이 진정한 민주주의라고 규정할 수 있는 객관적인 기준이 있지 않다.

지시체가 없음에도 어떤 어휘들이 의미를 가질 수 있는 것은 다음과 같은 이유 때문이다. 첫째, 우리 인간의 의식은 직접 지시할 수 없는 대상에 대해서도 사고하고 상상할 수 있는 능력을 가지고 있다. 우리는 유니콘, 용, 봉황, 페가수스 등 상상 속의 동물들에 대해서도 얼마든지 생각하고 말할 수 있다. 심지어는 유토피아와 같이 아직 존재하지 않는 세계에 대해서도 얼마든지 꿈을 꾸고 열망할 수 있다. 즉, 참조 대상이 되는 지시체가 없더라도 새로운 의미가 담긴 어휘를 창조할 수 있고, 이렇게 창조된 의미라고 하더라도 우리가 그것에 기초해 행동을 하고 삶을 살아가게 되면 이런 가상의 어떤 것이 인간의 행동을 제약하고 조형하는 근거로서 작용할 수 있다.

둘째, 인간의 의식은 언어의 의미를 해석적으로 구성할 능력도 포함하고 있다. 이런 입장을 구성주의적인 의미이론이라 한다. 예를 들어, 어떤 사람의 행동에 대해 '이런 행동이 정직이다'라고 설명하면, 그 이야기의 전후 맥락을 고려해 정직의 의미를 구성하고 이해할 수 있는 능력을 가지고 있다. 물론 처음 이런 이야기를 접하면 무슨 의미인지 잘 이해하지 못할 수 있다. 그런데 이런 이야기들을 접하게 되면 서로 다른 이야기들이지만 그 이야기들 속에서 '정직'이라는 것이 어떤 의미인지를 추리하고 구성해 낼 수 있는 능력을 가지고 있다. '여성다움'이라는 어휘의 의미를 어떻게 이해할 수 있는가? 일상의 삶 속에서 다양한 여성들의 행동 방식을 경험하는 속에서 어떤 공통된 행동의 방식을 점차 이해하게 된다.

이처럼 일상의 삶 속에서 상황과 전후의 맥락을 고려해 의미를 이해할 수 있는 인간의 능력에 기초해 언어의 의미는 구성된다. 그래서 유사한 의미를 가진 어휘로 번역이 된다고 하더라도 사회, 문화, 지역, 세대에 따라 상당히 다른 의미를 가질 수 있다. 사회적인 행동이나 가치에 관한 어휘들이 갖는 언어의 의미는 그들의 일상의 삶에 기반을 둔다. 일상의 삶에 기초해 언어의 의미가 구성돼야 하기 때문이다. 일상의 삶에서 사람들이 실제로 정직하게 행동하는 방식, 그리고 그렇게 정직한 정도가 그 사회에서의 정직의 의미다. 즉, 언어의 의미는 우리의 실제의 삶에 기반을 두고 있다. 삶과 괴리돼 있는 어휘들은 허구일 뿐이다.

오스트리아의 철학자 비트겐슈타인(Ludwig J. J. Wittgenstein)은 『철학적 탐구』에서 "언어에서의 일치는 의견의 일치가 아니라 생활 양식의 일치다."라는 유명한 말을 했다. 세속적인 삶을 살고 있는 사람이 수도승이 하는 말의 의미를 이해할 수 있을 것인가? 매우 어려울 것이다. 행복하지 못한 사람이 행복한 사람의 말을 이해할 수 있을 것인가? 역시 쉽지 않을 것이다. 자본주의적인 사상과 이념을 가진 사람이 사회주의적인 사상과 이념을 가진 사람의 말을 이해하고 공감할 수 있을 것인가? 어려울 것이다. 객관적으로 존재하는 대상에 붙여진 객관적인 의미의 어휘들에 의해 현상을 서술하고 있다면 이해가 가능할 것이다. 나의 가치와 이론과 학문과 사상과 이념을 배경으로 해석해 낸 나의 주장을 담고 있는 언어이기 때문에 나와 사상을 달리하고 이념을 달리하는 사람들은 나의 말을 이해하기 어렵게 되는 것이다.

사회과학은 어떤 객관적 대상에 대해 그것들이 가진 공통된 본성을 지시하는 방식으로 구성된 객관적인 의미를 가진 언어를 이용해 대상 현상을 서술하고 있는 학문이 아니다. 사회과학은 이런 언어를 결여하고 있다.

(4) 연구자 역시 편견에 빠질 위험이 있음

자연과학도들과는 달리 사회과학도들은 흔히 사회 현상에 대한 연구에서 서로 간에 의견의 차이를 좁히지 못하고 충돌하는 일이 발생한다. 한국의 현대사에 대해 우리 역사학자들의 해석이 서로 나뉘어 있다. 예를 들면, 박정희 정부에 대한 평가에서도 일반 시민은 물론 사회 연구자 간의 평가 역시 서로 다르다. 어떤 연구자들은 경제적인 측면에 중점을 두어 긍정적으로 평가하지만 어떤 이들은 정치적인 이유로 부정적으로 평가하기도 한다.

연구자들이 동일한 사회 현상에 대해서도 서로 생각을 달리하는 것은 그들이 판단 근거로 삼고 있는 부분들이 서로 다르다는 점에서 일차적으로 기원한다. 누구도 어떤 사회 현상에 대해 완전한 정보를 얻을 수는 없다. 결국 그가 접하고 그가 획득할 수 있는 자료과 연구들에 근거해 결론을 내릴 수밖에 없다. 그러다 보니 어떤 이론과 어떤 학문적인 시각에서 접근하는지에 따라 결론이 달라진다.

인간의 인식을 연구하는 연구자들은 연구자들의 이런 편견이 사실상 불가피하다고 설명하고 있다. 예를 들면, 현상학자인 하이데거에 따르면, 주변 현상을 이해하기 위해서는 인간은 반드시 이용 가능한 선지식을 가지고 있어야 한다. 가령, 사람의 신체에 대한 해부학적인 지식이 없다면 MRI나 CT와 같은 영상진단장치들이 아무리 정밀하게 사람의 신체 상태에 대한 정밀한 사진 정보를 제공하더라도 이를 해석할 수 없다. 내가 이미 알고 있는 지식에 근거해 새로운 자료들을 해석하고 이해할 수밖에 없다. 선지식에 의지하는 이런 이해의 방법을 해석이라 한다. 해석적인 이해에서 핵심적인 역할을 하는 것은 선지식이다.

그런데 사회 현상은 그것이 발생하고 전개되는 과정에 영향을 미치는 요인들이 너무나도 많다. 또 인간의 심리나 의식과 같은 은밀하고 미세한 요인에서부터 문화적이고 전통적인 요소처럼 매우 거시적인 요인들까지도 영향을 미친다. 이처럼 상황 자체가 매우 복잡하기 때문에 연구자는 결국 어떤 부분에 대한 자료에 근거해 특정한 이론이나 이념적인 관점에서 현상을 추론적으로 설명해야 하는 상황에 직면한다. 그래서 결과적으로는 어떤 측면을 강조하느냐에 따라 동일한 현상에 대해 여러 가지 경쟁적인 설명이 제시된다.

문제는 여기에 그치지 않는다. 이렇게 이뤄진 연구를 참고해 다른 연구를 다시 진행하기 때문에 연구자들은 점점 자신들이 사상적으로나 이론적으로 채택하고 있는 입장에 깊이 빠져들게 된다. 그래서 결국 자기 입장, 자기 이론의 가치를 과대 평가하는 편견에 빠지게 된다. 이런 상황이 되면 이미 다른 생각을 가진 연구자들이 제시하는 설명을 공정하게 이해하고 평가할 수 있는 능력을 상실한다. 내가 이미 가지고 있는 이론적인 관점에서 현상을 이해할 수밖에 없기 때문이다.

역사 연구자인 카(Edward H. Carr)는 『역사란 무엇인가』라는 책에서 역사 연구자들이 역사적 사실로 서술하는 현상들은 마치 어부가 자기가 선택한 지점에서 자신이 선택한 그물을 사용해 자신이 원하는 종류의 물고기를 잡아 올린 것과 같다고 비유하고 있다. 그래서 역사에 대한 연구는 '가위와 풀'로 연구자가 원하는 사실들을 골라내고 잘라 붙여서 원하는 그림을 만들어 내는 과정이 될 수 있다고 경고하고 있다. 역사 연구에서 객관적인 서술이란 있을 수 없으며, 결국 사실은 무(無)가 되고 해석이 전부가 될 수 있다고 경고한다. 또 어떤 연구자들은 사회 현상에 관해서는 과학이 있을 수 없다고 주장하는 연구자들까지도 있다.[1] 과학 발전의 역사를 탐구한 쿤(Thomas S. Kuhn)은 자신의 책에서 사회과학을 어린이 수준의 학문이라 평가하기도 했다. 학문의 성립을 가능하게 하는 기본 조건을 제대로 충족시키기 어렵기 때문에 사회과학이 이런 평가를 받는 것일 것이다.

1) "There is no such thing as a social science." 대상은 지속적으로 변하고 있고, 객관적인 언어를 수립하기도 어려우며, 연구자 역시 편견에 빠지기 쉽다면 과학에 해당할 수 있는 객관적으로 수립된 보편적인 법칙을 기대하는 것은 애당초 힘들 것이다.

2 사회 · 문화 현상의 연구 방법

1) 실증주의적 연구 방법(양적 연구 방법)

(1) 실증주의적 연구 방법의 의미

사회 현상은 자연 세계와는 매우 다른 방식으로 존재하고, 그래서 이를 서술할 수 있는 객관적인 개념의 개발도 쉽지 않다. 또 사회 현상에서 부분(예: 개인)과 전체(예: 사회, 조직)는 서로 분명한 경계를 제시하는 것이 쉽지 않다. 연구자 역시 일정한 이론과 선지식을 배경으로 해서 대상 현상을 해석하는 방식으로 접근하고 있는 것이 엄연한 현실이다.

실증주의적 연구 방법은 자연과학의 발전에 자극을 받아 자연과학에서 적용하던 실증주의적 연구 방법을 사회 현상의 연구에도 그대로 적용하고자 하는 연구 방법이다. 실증주의라는 것은 경험적인 자료에 근거해 실제로 검증된 경우에만 지식으로 인정하는 방식이다. 바로 이런 방법으로 사회 현상도 연구해야 하며, 또 이렇게 해서 사회 현상을 연구할 수 있다고 생각한다.

대표적인 연구자는 프랑스 사회학자 콩트(Auguste Comte)다. 그는 사회 현상도 자연 현상과 마찬가지로 반복적이고 규칙적이어서 일정한 기준에 따라 계량화할 수 있으며, 이렇게 수립된 이론에 의해 사회 현상도 설명하고 예측할 수 있다고 생각했다.

(2) 실증주의적 연구 방법의 특징

실증주의적 연구 방법에서는 측정을 통해 수량화하거나 통제된 실험을 시행하고자 한다. 연구 대상의 특성을 측정해 이를 수량화하는 것은 분석의 표준화와 객관화를 위한 것이다. 물론 이렇게 표준화된 수치들은 통계적인 기법을 활용해서 좀 더 면밀하게 분석이 이뤄지게 된다. 이를 통해 어느 연구자이든 연구 대상에 대해 동일한 결론에 이를 수 있게 된다. 한편 통제된 실험이란 연구 대상을 인위적으로 조작된 일정한 환경에 노출시켜 두고 중요한 원인이라고 판단하는 조건들을 조금씩 변화시키는 상황에서 연구 대상의 변화를 관찰해 그 변화 정도를 분석하는 방법을 말한다. 이런 통제된 실험을 시행하는 이유는 연구 대상의 변화에 영향을 미치는 무수히 많은 변수 중에서 특정한 변수의 영향의 정도를 정확하게 파악해 보기 위한 것이다.

실증주의적 연구 방법에서 이런 접근을 취하는 것은 연구자가 제시한 가설을 입증함으로써 검증된 지식을 얻으려하기 때문이다. 가설이란 원인과 결과 사이의 인과적 관계에 대해 잠정적인 답을 제시하고 이것이 실제로 타당한지 검증할 필요가 있는 언명을 말한다. 이런 가설을 입증하기 위해서는 수량화를 통한 표준화 및 객관화, 통제된 실험을 통한 기타 변수의 통제 등의 방법이 필요하다. 또한 좀 더 정밀한 측정과 분석을 위해 개념을 조작적으로 정의할 필요도 있다. 조작적 정의란 직접 관찰하기 어려운 추상적인 개념을 경험적으로 검증이 가능하고 계량화가 가능한 지표로 바꿔 계량적인 측정과 분석이 가능하도록 개념을 다시 정의하는 것이다. 예를 들면, 어떤 사람의 근무 성실도를 측정하기 위해 그가 지각한 횟수나 또는 주당 근무 시간과 같은 측정이 가능한 기준으로 다시 정의하는 것을 말한다.

한편 실증주의적 연구 방법에서는 현상에 대한 서술보다는 설명을 목적으로 한다. 서술이란 굳이 인과 법칙을 탐구하지 않고, 있는 그대로의 현상을 행위자 당사자의 관점에서 서술하는 방식으로 대상 현상을 이해하는 방법이다. 반면, 설명이란 인과 관계에 기초해 원인과 결과 간의 법칙적인 관계에 근거해 현상을 이해하는 방법이다.

(3) 실증주의적 연구 방법의 장 · 단점

① 장점

실증주의적 연구 방법의 가장 큰 장점은 연구 대상과 가설을 체계적으로 제시하고 이를 위한 조작적 정의 등을 통해 개념화를 명확하게 시도할 뿐만 아니라, 연구 대상의 변화를 수량화하고, 경우에 따라서는 통제된 실험을 통해 연구를 수행하기 때문에 정확하고 정밀한 연구가 가능하다는 점이다. 또한 통계적인 기법을 활용해 보편적으로 적용될 가능성이 높은 일반적 법칙을 발견할 수도 있다. 체온은 매우 많은 변수에 의해 영향을 받지만 실증주의적 연구 방법을 동원하면 이런 변수들 중 겨울옷을 입었을 경우 체온에 얼마나 영향을 주는지를 파악할 수 있는 것이다.

한편 실증주의적 연구 방법에서는 최대한 연구자의 주관적인 가치를 배제하고 객관적인 결과를 제시할 수 있다. 물론 어떤 연구이든 연구자의 주관적 가치를 완전히 배제하기는 어렵기 때문에 이것이 얼마나 객관적일 것인지는 상당히 상대적이다. 연구자가 어떤 결과를 제시하든 적어도 사회 현상·인간 현상에 관한 것인 한 그것은 이미 연구자가 중시하는 가치를 반영하고 있을 가능성이 높기 때문이다. 그러나 실증주의적 연구 방법에서는 이런 한계에도 불구하고 다른 연구 방법, 즉 해석적 연구 방법에 비해서는 월등히 주관적 가치의 배제 가능성이 높다.

마지막으로 실증주의적 접근 방법에서는 사회 구성원들의 일반적인 행동 방식을 반영하고 있는 거시적인 원리를 탐구하는 데 유용하다. 인간은 유사한 동물적인 조건을 가지고 있고, 유사한 욕구를 자기고 있으며, 주변 세계에 대해서도 분명 유사한 대응의 능력을 가지고 있다. 설사 사회·문화적인 상황에 의해 달라지는 측면은 있다고 하더라도 주어진 자원을 놓고 최대한의 행복을 얻기를 원하는 인간의 생각과 소망은 동일할 것이다. 만일 연구 대상인 행동이 이처럼 모든 인간이 공통적으로 직면할 수밖에 없는 조건과 현상에 관한 문제라면 상대적으로 보편성이 높은 원리를 찾아낼 수도 있을 것이다. 경제학이 다른 사회과학들에 비해 상대적으로 높은 일반적인 적용 가능성을 가지는 것은 기본적으로 자신의 생존과 행복을 추구하고자 하는 모든 인간의 공통된 욕구의 실현에 관한 문제를 다루기 때문일 것이다.

② 단점

실증주의적 연구 방법에서도 기본적으로는 연구자인 인간의 주관성에 근거해 연구가 진행된다는 측면에서 주관성으로 인한 연구 결과의 왜곡에서 자유롭지 못하다. 연구 대상의 선택, 연구 방향의 선택, 통계적 결론에 대한 해석 등 중요한 연구 과정에서 연구자의 판단이 이뤄져야 하며, 이런 연구자의 판단에서 주관성의 개입은 일상적으로 일어날 수밖에 없는 것이기도 하다. 더구나 연구자는 자신의 이론적이고 학문적인 배경에 기초해 가설을 수립하고 이를 검증하고자 한다. 따라서 연구자가 가진 이념, 이론, 가치관, 선지식의 영향으로부터 자유롭지 못하다. 이로 인해 실증주의적 연구 방법을 통해 도출된 결론이 외형적으로는 마치 객관적인 자료를 보여주는 것처럼 보이지만 사실은 대상 현상의 특정 측면만을 부각시켜 제시함으로써 현상에 대한 객관적인 이해를 오히려 방해할 수도 있다.

이런 의미에서 실증주의적 연구 방법은 소위 '잘못된 구체성의 오류(the error of misplaced concreteness)'를 범할 수 있다. 즉, 주장하고 있는 사실은 연구자의 이론과 사상을 배경으로 추상화된 개념들이다. 그런데 이를 개념화하고 게다가 이를 조작적으로 정의해 측정까지 하게 되면 마치 그런 현상이 추상적인 관념에 불과한 것이 아니라 실제 사회 현상을 서술하고 있는 구체적인 개념인 것처럼 착각하는 것이 '구체성 오류'다. 간단히 말하면, '추상적 개념'을 '구체적인 개념'으로 오해하는 것이다. 자신이 구성한 개념을 객관적 대상에 붙여진 객관적인 이름인 것으로 오해하는 것이다. 만일 사회 현상에 대해 이와 같은 서술이 실제에 대한 구체적인 서술이라면 왜 이런 서술에 기초해 사회를 바꾸는 것은 마음대로 되지 않겠는가? 사회과학도들이 자신이 수립한 개념의 추상성에 대해 오해하기 때문이다.

실증주의적 연구 방법은 연구 대상을 정해놓고서도 일정한 연구 범위와 부분을 정해놓고 연구를 진행한다. 즉, 학생의 성적에 영향을 미치는 무수히 많은 요인이 있겠지만 이 중에서도 부모의 소득 등과 같은 연구자가 관심이 있는 주제를 채택해서 이것의 영향력을 분석하려는 것이다. 따라서 실증주의적 연구 방법은 언제든 부분에 대한 연구가 될 수밖에 없다. 그런데 이렇게 되면 현상에서 특정한 측면을 지나치게 부각할 위험이 있다. 즉, 전체적으로 볼 때는 큰 의미를 가지지 않는 현상도 매우 구체적이고 중요한 현상처럼 서술될 수 있는 것이다. 또한 연구의 결과 역시 이를 설명하기 위해 어떤 이론이나 이념을 동원하느냐에 따라 연구 결과의 의미가 달라질 수 있다. 이런 해석을 놓고 연구자들이 서로 이견을 보이는 일이 흔히 발생한다.

한편 실증주의적 연구 방법은 인간의 정신적·주관적 영역과 같이 계량화하기 어려운 분야는 연구가 곤란하다. 그 외, 인간 내면의 의식이 작동하는 원리와 이런 의식의 원리가 인간의 사고와 행동에 미치는 영향을 고려하지 않고 있다. 또 연구 대상이 인간이므로 통제된 실험 방법을 적용해 연구하기는 어렵다.

2) 해석적 연구 방법(질적 연구 방법)

(1) 의미

실증주의적 연구 방법과 같이 설명을 위해 개념을 수립하고 인과 관계를 따지고 분석을 하게 되면, 개념에 의해 관찰의 대상이 되고 측정의 대상이 되는 측면들은 연구의 내용으로 포함되지만 그 밖의 많은 요소는 연구자의 관심에서 멀어지게 된다. 그래서 연구를 위해 개념을 수립하고 이론을 수립하는 것이 한편으로는 특정한 측면을 부각시키면서 다른 한편으로는 그 밖의 모든 측면은 은폐하는 결과를 초래할 수도 있다. 현상학의 창시자 후설은 『유럽 학문의 위기와 선험적 현상학』이라는 책에서 갈릴레이(Galileo Galilei)는 "발견의 천재이면서 동시에 은폐의 천재"라고 말하기도 했다. 갈릴레이의 연구에 의해 수치화할 수 있는 측면의 물리적 현상들을 잘 밝혀졌지만 그런 현상이 실제 생활에서 갖는 다양한 의미들은 오히려 은폐돼 연구자들의 관심에서 멀어지는 결과를 초래했다는 것이다.

그런데 사회과학은 인간의 행동의 의미를 이해하고자 하는 학문이다. 인간의 행동을 이해하고자 한다면 무엇보다도 스스로가 생각과 판단의 주체인 당사자의 관점에서 어떤 행동의 이유가 설명되고 이해돼야 한다. 그런데 실증주의적인 방법을 채택한 연구자는 마치 자연과학에서의 연구와 같이 자신이 수립한 이론에 기초해 연구 대상자를 연구하게 된다. 결과적으로 사회 구성원들의 행동을 행위 당사자의 관점이 아니라 연구자의 관점에서 해석할 위험이 발생한다.

이처럼 연구자의 관점이 아니라 연구 대상인 당사자의 관점에서 당사자의 행동의 원인을 이해하고 해석하고자 하는 것이 해석적인 연구다. 여기서 해석한다는 것은 설명과 대비되는 개념으로 몇몇 요인 간의 법칙적인 인과 관계를 탐구해 어떤 사람의 생각이나 행동을 설명하는 것이 아니라 당사자의 관점에서 그가 실제로 고려했던 상황이나 그가 추구했던 가치와 목적 등의 이유들을 최대한 본래의 모습 그대로 이해하고 서술한다는 의미다.

(2) 연구의 절차

해석학적 연구 방법에서는 가장 먼저 연구 대상 현상에 대해 자신의 경험을 솔직하고 진솔하게 말해 줄 수 있는 조사 대상자를 대표성을 고려해 선정하고, 선정된 조사 대상자가 자신의 경험을 자신의 언어로 이야기할 수 있도록 하고, 이 이야기들을 정리한다. 이런 조사 과정을 조사 대상자가 자신이 하고자 하는 말을 거의 다했다고 느껴질 때까지 수차례 반복적으로 실시한다. 이와 같은 조사 대상자 입장에서의 서술이 연구의 출발점이다. 연구자가 자신의 이론과 가설에 기초해 설문을 만들거나 면담하는 방식이 아니다. 심지어는 연구자의 사전적인 문헌연구조차도 연구자를 편견에 빠뜨릴 수 있으므로 삼가야 한다는 주장이 제기되기도 한다.

연구자는 이렇게 얻은 연구 대상자들의 자기 경험에 대한 서술에서, 의미있고 중요한 서술들을 먼저 찾아낸다. 이 과정에서는 먼저 연구자는 자신이 이미 알고 있는 이론이나 개념에 근거해 판단해서는 안 된다. 이런 서술들을 연구 대상자의 입장이 아니라 좀 더 일반적인 개인 또는 동일한 집단에 속하는 사람들의 서술로 변환하면서 서술의 의미를 찾아낸다. 그리고 이렇게 서술된 의미들을 주제 또는 개념별로 분류한다. 이렇게 분류한 개념들의 전체적인 검토 속에서 대상 현상에 대한 전체적인 모습을 서술해 낸다. 이렇게 되면 연구자의 개념이나 이론이 아니라 연구 대상자의 입장에서 그의 서술에 기초해 대상 현상에 대한 서술을 얻어낼 수 있게 된다. 이렇게 서술된 내용의 타당성 역시 연구자가 판단하는 것이 아니라 연구 대상 집단의 검토를 통해 확인한다.

연구자는 이 과정에서 연구 대상자의 진술을 이해하기 위해 공식적인 조사자료 이외에 일기, 무의식적인 언행과 같은 비공식적인 자료들도 참고한다. 또 행위자의 감정적인 측면을 이해하기 위해 자신이 겪었던 유사한 경험을 고려하는 감정이입적인 이해를 추구한다.

(3) 해석적 연구 방법의 장 · 단점

① 장점

해석적 연구 방법에서는 연구자의 입장이 아니라 당사자의 입장에서 현상을 이해할 수 있다. 해석적 연구에서는 실증적 연구와는 달리 연구 대상과 연구자를 객관적으로 나눠놓고, 연구자의 입장에서 관찰하는 연구 방식이 아니라 연구자와 연구 대상과의 상호 교호(交互)를 통해 연구자가 연구 대상자의 입장에서 이해하려 하고 이를 위해 연구 대상자의 언어와 발화(發話)의 방식을 연구하는 등의 접근을 취하기 때문이다. 따라서 당사자의 생각이나 행동에 영향을 미친 다양한 이유들에 대해 깊이있는 이해가 가능하며 인간의 행위 동기나 목적과 같은 계량화가 곤란한 인간의 주관적인 문제들을 이해할 수 있다.

이런 해석적 연구 방법은 특히 사회과학 분야에서 그 의미가 점점 커지고 있기도 하다. 실증주의적 연구 방법이 연구자와 연구 대상을 나눠 연구자의 시각에서 연구 대상을 통제하고, 변수화한 후, 수량적 자료를 도출해 분석하는 일방적인 양상을 보인다면 해석적 연구 방법은 기본적으로 연구 대상의 관점에서 현상을 이해해 보려는 정반대의 입장을 보이기 때문이다. 이렇게 되면 실증주의적 연구 방법에서는 놓치기 쉬운 연구 대상의 미묘한 입장이나 해석을 포착할 수 있게 된다.

② 단점

해석적 연구의 가장 큰 단점은 수량화와 표준화, 그리고 이를 통한 객관적 해석의 방법이 아닌 연구 대상이 되는 개별 사례에 집중하기 때문에 일반화된 지식을 얻기는 어렵다는 것이다. 즉, 해석적 연구 결과는 연구 대상에 국한해서는 타당한 이해에 이를 수 있으나 이를 다른 연구 대상에 적용해서 해석하기에는 분명 한계가 존재할 수밖에 없는 것이다. 이런 의미에서 해석적 연구 방법에서는 깊이있고 심도있는 연구는 가능하나 계량화를 통해 얻을 수 있는 정밀한 연구나 비교 분석과 같은 연구를 수행하기는 어렵다. 해석적 연구의 중요성에도 불구하고 현실에서 이뤄지는 대다수의 연구가 실증주의에 기반해 이뤄지는 것은 어쩌면 이런 이유 때문이다.

3 자료의 수집 방법

1) 질문지법(설문지법)

질문지법은 조사 내용을 설문서로 작성해 조사 대상자들에게 응답하도록 하는 방법이다. 많은 정보를 많은 사람을 대상으로 얻고자 할 때 활용되며, 계량화된 자료를 수집하고자 할 때 활용되는 것으로 자료 수집 방법으로 가장 많이 활용되는 것이다. 질문지법에서는 여러 가지 방법이 동원되는데 인구주택 총조사와 같이 조사지를 만들어서 면접조사를 실시하는 방법, 여론조사와 같이 전화에 의한 조사, 우편조사, 인터넷을 이용한 조사 등의 방법이 있다. 이런 질문지법은 조사 대상 집단이 연구의 대상이 되는 전체 집단(모집단)을 잘 대표할 수 있도록 표본을 선택하는 것이 중요하다. 표본 추출이 잘못 이뤄지면 조사의 결과가 모집단의 본래 특성을 제대로 반영하지 못하게 된다.

질문지를 작성할 때는 다음과 같은 점에 유의할 필요가 있다. 즉, 하나의 질문 항목으로 두 가지 이상을 한 번에 물어서는 안 되며, 질문의 오해 가능성을 고려해 명료한 내용으로 구성해야 하고, 연구자의 주관적 가치를 배제해야 하며, 특정 대답을 유도해서는 안 된다. 또한 응답 문항은 상호 배타적이어야 하며, 응답 가능한 모든 경우의 수를 포괄할 수 있도록 구성해야 하고 가급적 본조사에 들어가기 전에 사전 검사(pre-test)를 실시해 질문서의 타당도를 확인할 필요가 있다.

한편 질문지법의 장점으로는 첫째, 많은 응답자를 대상으로 짧은 시간에 많은 자료를 수집할 수 있다는 점과 둘째, 조사 결과를 통계적으로 분석할 수 있고, 집단 간 비교 분석이 용이하다는 점을 들 수 있다. 그러나 질문지의 회수율이 낮거나 응답의 진실성을 확보하기 어려울 수 있으며, 응답자별로 세부적이고 깊이있는 의견을 파악하기 어렵다는 점은 단점이다.

2) 면접법

면접법은 조사자가 응답자를 직접 만나 묻고 답하는 방식으로 자료를 수집하는 방법이다. 비교적 적은 수의 인원을 대상으로 깊이 있는 정보를 수집할 때 사용된다. 면접법이 질문지법과 다른 점은 응답자에게 직접 질문지가 주어지지 않고 연구자의 대면 질문을 통해 응답자의 의견이나 대답을 얻는다는 점이다. 이런 면접법은 표준화된 질문지법만으로는 얻기 어려운 응답자의 심리적인 내용, 상황에 대한 좀 더 상세한 설명 등을 얻을 수 있게 된다.

면접법의 장점으로는 응답자가 문맹자라도 실시 가능할 수 있으며, 심층적인 자료를 얻을 수 있다. 응답률이 높고 질문에 대한 보충 설명을 할 수 있어 응답의 정확성을 기할 수 있다. 그러나 시간과 비용이 많이 소요되고, 연구자의 면접 능력에 영향을 받으며 연구자의 주관이 개입될 수 있다. 또한 많은 수의 표본을 대상으로 하는 연구에는 적합하지 않다.

3) 참여관찰법

참여관찰법은 연구자가 직접 연구 대상의 행동을 관찰하거나 직접 연구 대상과 일원이 돼 생활하는 가운데 자료를 수집하는 방법이다. 오지의 부족(部族)이나 직접 의사 소통이 어려운 조사 대상에 대해 자료를 수집하고자 할 때 이용할 수 있는 방법이다. 따라서 참여관찰법을 통해 현장에서 생생한 자료를 직접 관찰해 획득할 수 있고, 언어가 다른 집단에도 정보의 획득이 가능하다. 그러나 직접 참여해야 하므로 시간과 비용이 많이 소요되고, 관찰 현상을 기록하는 과정에서 연구자의 주관이 개입될 수 있다. 또 관찰 과정에서 예기치 못한 일이 발생할 수 있다. 예를 들면, 원주민과 문화적 차이로 갈등을 빚거나, 풍토병에 걸릴 수 있다. 그리고 연구 대상자에게 연구 의도가 알려지면 조사 대상자들의 행동이 달라져서 연구 결과가 왜곡될 가능성이 있다.

4) 실험법

실험법은 실험집단에게 일정한 조작을 가하고, 실험집단을 통제집단과 비교해 어떤 법칙을 찾아내는 연구 방법이다. 실험집단은 실험 조작(처치)을 가하는 집단을 의미하고 통제집단이란 실험집단과 비교하기 위해 실험 조작(처치)을 가하지 않는 집단으로, 비교집단이라고도 한다. 실험 조작한 조건 한 가지를 제외하고는 실험집단과 모든 면에서 동일해야 비교가 가능하다. 이런 실험법은 주로 원인과 결과 사이의 명확한 관계를 알아보기 위한 연구에서 활용된다. 실험집단에 일정한 조작을 가해 그로 인해 나타나는 변화를 측정하는 방식으로 진행한다.

실험법을 통해 인과 관계를 정확히 파악할 수 있으며, 효과적인 가설 검증을 통해 과학적인 연구가 가능하다 것이 장점이다. 반면, 실험 과정에서 외부 변인이 미치는 영향을 온전히 통제하기는 어렵다. 실험 대상이 인간이기에 법적・윤리적 문제가 제기될 수 있으며, 실험한다는 사실 자체가 실험 대상자의 행동에 영향을 줄 수 있다는 단점이 있다.

5) 문헌연구법

문헌연구법은 사회・문화 현상에 대해 기존 연구자들이 기록한 연구 결과인 역사 기록이나 통계 자료 등 기존에 존재하는 문헌 자료를 활용해 자료를 수집하는 방법이다. 연구 대상을 관찰해 직접적인 자료를 수집하기 어려운 경우에 주로 활용한다.

이런 문헌연구법의 장점으로는 실증적 연구와 해석적 연구에서 모두 적용 가능하고, 통계 자료를 분석할 경우 실증적 연구가 가능하며, 일기 등의 문헌 자료를 분석할 경우 해석적 연구도 가능하다. 시간과 공간의 제약을 적게 받으면서 폭넓은 연구가 가능하며, 다른 조사 방법에 비해 시간과 비용이 절약된다는 것도 장점이다. 연구 문제에 대한 기존의 연구 동향을 파악하는 데도 유익하다. 반면, 연구 문헌의 신뢰성에 문제가 있을 경우 연구 전체의 신뢰도에 문제가 발생할 수 있으며, 연구 문헌 해석 과정에서 연구자의 편견이 개입될 수 있다는 점은 단점이다.

제 3 절 사회 · 문화 현상에 대한 탐구의 태도와 윤리

1 인간 인식의 독특성과 편견화 위험

1) 인간 의식의 작동 원리: 지향성

우리의 경험은 항상 '무엇에 관한' 경험의 구조를 이루고 있는데, 이러한 의식의 구조를 지향성이라 한다. 사랑하든, 미워하든, 고마워하든 '어떤 대상'을 사랑하고, 미워하고, 고마워한다. [그림] 토끼-오리에 대한 지각도 마찬가지다. 토끼로 보일 수도 있고, 오리로 보일 수도 있다. 또 토끼와 오리의 합성으로 보일 수도 있다. 우리의 의식은 이 그림을 아무것도 아닌 것으로 내버려두려 하지 않는다. 그림을 보는 순간 이미 '무엇에 관한 것' 또는 '무엇'으로 본다. 주어진 자료 자체만을 보면, 이 그림은 단지 구불구불한 선분과 점의 집합일 뿐이다. 이 선의 모습을 그대로 서술하는 속에는 결코 토끼나 오리가 없다. 그렇지만, 우리는 이 그림을 보고, 그냥 아무 의미 없는 선분에 불과한 것으로 무시하지 않고, 토끼 또는 오리를 그린 것으로 인식한다.

토끼-오리

우리의 의식이 작동하는 몇 가지 특징을 생각해 보자.

우선 우리의 의식은 우리가 작동할 것을 요구하지 않아도 자료를 접하는 순간 이미 자기 스스로 작동한다. 내가 그 자료의 의미를 찾을 것을 의도적으로 요구하지 않아도 작동한다. 둘째, 이미 토끼나 오리로 보이기 때문에 이런 인식이 내 의식의 성취물이라는 것을 사람들은 잘 알지 못한다. 셋째, 사람들은 내가 이것을 오리로 보기 때문에, 또는 토끼로 보기 때문에 이 그림이 그렇게 보인다는 점도 잘 알지 못한다. 가령 토끼나 오리에 관한 경험이 전혀 없는 사람이 있다고 생각해 보자. 이 사람도 이 그림을 토끼나 오리로 볼 수 있을까? 그렇지 않다. 즉, 이 그림 자체만으로는 토끼나 오리가 되지 않는다. 넷째, 이 그림의 의미를 이해하기 위해 내가 이미 가지고 있는 지식이나 경험을 이용한다. 내가 굳이 요구하지 않아도 나의 의식은 이미 자신이 기억 속에 보유하고 있는 자료들을 이용해 이 그림의 의미를 해석한다. 다섯째, 주어진 그림은 일부분이지만 그럼에도 불구하고 토끼 또는 오리에 관한 것으로 이해한다. 굳이 전체에 관한 온전한 정보가 주어지지 않아도 자료의 의미를 이해할 수 있다. 스스로 자신이 가지고 있는 자료들을 이용해 이 그림은 토끼나 오리 또는 토끼-오리인 것으로 거의 자동적으로 구성해 낸다. 그러고는 이런 판단을 확신하고 특별한 계기가 없으면 잘 의심하지도 않는다.

2) 인간 인식의 편견화 위험

인간의 인식이 편견이 될 위험은 우리가 주어진 자료의 의미를 이해하는 방법에서 비롯된다. 내가 만일 새에 관해 아무런 지식이 없다면 공원을 걷다가 어떤 새를 보더라도 그 새가 무슨 새인지 알 수 없다. 내가 만일 어떤 사람의 말이나 행동을 이해하는 데 필요한 아무런 사전적인 지식이 없다면 나는 그의 말이나 행동을 제대로 이해하기 힘들다. 우리는 어떤 상황을 이해하기 위해 내가 이미 알고 있는 지식을 이용한다. 그래서 내가 알고 있는 선지식이 어떤 것이냐에 따라서 주어진 자료에 대한 나의 인식은 완전히 달라질 수 있다. 즉, 내가 만일 토끼는 보았어도 오리는 본 적이 없다면 나는 위의 그림을 토끼로 볼 것이다. 반대로 나는 토끼와 같은 동물을 전혀 본 적이 없고 내게 익숙한 것이 오리라면 나는 위의 그림을 오리로 볼 것이다.

그런데 이런 인식에서도 내가 굳이 요구하지 않은 나의 의식은 이미 자신이 가지고 있는 기억과 경험적인 지식을 이용해 자동적으로 의미를 해석해 내어 해석한 결과를 보여준다. 그래서 보는 순간 이미 '버릇 없는 행동', '비도덕적인 행동', '모욕적인 행동', '바람직하지 않은 행동'으로 느껴진다. 그런데 이때 내가 판단의 근거로 삼고 있는 근거 자료들은 어디까지나 내가 이미 가지고 있는 선지식이다. 그래서 선지식의 내용이 달라지면 동일한 행동이라도 얼마든지 달리 해석될 수 있다. 즉, 한국에서는 매우 버릇없는 행동으로 모두의 지탄을 받는 행동이 미국에서는 아무런 문제가 되지 않을 수 있다.

편견화의 위험은 바로 이런 해석적인 인식에서는 거의 필연적이다. 내가 이미 가지고 있는 지식이나 경험을 자신도 모르는 사이 적용했기 때문에 그렇게 인식됐다는 점을 잘 알지 못한다. 그러니 나의 판단에 이미 나의 주관적인 경험과 가치관이 개입돼 있다는 점도 잘 알지 못한다. 그래서 사실은 생각의 차이에 불과한 것임에도 나의 생각은 옳고 나와 생각을 달리하는 다른 사람의 생각은 잘못된 것이라고 판단하게 된다.

3) 사회이론은 편견화의 위험에 노출돼 있음

자연 세계에서는 내 판단의 정당성을 나의 판단과는 상관없이 주어져 있는 외부의 세계와 비교해 판단한다. 이처럼 나의 판단과 상관없이 존재하는 외부 세계가 내 생각의 편견성을 판단하는 기준이 돼준다. 만일 이견이 발생하면 실제 세계를 기준으로 옳고 그름을 판단할 수 있다.

사회 세계는 그렇지 않다. 사회 세계는 우리의 인식과 상관없이 객관적으로 주어져 있는 세계가 아니다. 설사 나의 인식이 편견적이라고 하더라도 이를 검증할 객관적인 세계가 없는 것이 사회 세계다. 가령 어떤 사람이 사회주의적인 생각을 가지고 있다고 하더라도 그의 생각이 잘못됐다고 주장할 수 있는 객관적인 근거는 없다. 반대로 자본주의적인 생각을 가진 경우도 마찬가지다. 우리가 원하는 대로 만들어 가고 창조해 갈 수 있는 것이 사회 세계다. 만일 우리 사회 구성원들이 다 같이 사회주의적인 제도를 원한다면 우리는 이런 제도를 선택할 수 있다. 반대로 자본주의적인 제도를 원한다면 이런 제도를 선택할 수도 있다. 즉, 지금 당장은 나의 편견인 것처럼 보여도 시간이 지나고 나의 생각에 동의하는 사람이 많아지면 나의 생각이 우리 모두의 생각이 될 수 있는 것이 사회 세계다.

4) 편견적 인식의 위험을 줄이는 방법

이런 편견적 인식의 위험을 줄이려면 우리는 누구나 나의 지식과 이론을 기준으로 해석적으로 이해한다는 사실을 기억할 필요가 있다. 이렇게 되면 나의 생각은 나의 지식과 이론을 기준으로 하고 있다는 점에서는 언제나 편견적인 특성을 가지고 있다는 것이 분명해진다. 즉, 나의 생각만이 정답이라는 생각은 자신의 생각은 자신의 경험과 자신의 지식을 기준으로 한 것임을 망각한 것임을 잊지 말아야 한다. 이를 망각하면 해석적 이해는 건전성을 상실한다. 자신만이 정답이라고 생각하게 되기 때문이다. 사회 세계에서는 자연 세계에서와 같은 객관적인 정답이 없음을 기억할 필요가 있다.

따라서 편견적인 생각이 문제가 되는 것은 단지 그것이 편견적이기 때문이 아니라 나의 생각이 편견적이라는 점을 모를 때 발생한다. 나의 생각이 나의 편견임을 알지 못할 때, 다른 사람의 생각은 틀린 것으로 생각하고 무시하기 쉽다. 그런데 사람들은 자신의 생각이 편견적이라는 점을 인식하기 힘들다. 왜냐하면, 세상이 이미 그렇게 보이기 때문이다. 그렇기 때문에 편견에서 벗어나는 것이 문제의 해결책이 아니라 건전한 방법으로 편견적인 이해를 이용하는 것이 더욱 중요하다. 이를 위해서는 다른 사람의 주장에 대해 이를 진지하게 듣고 이해하고자 노력하려는 열린 태도를 가져야 한다. 만일 나의 생각이 틀린 것이라면 과감하게 고쳐나갈 수 있어야 한다.

2 사회 · 문화 현상의 연구에 필요한 태도

1) 객관적 태도

객관적인 태도는 연구자가 자신의 가치관이나 이념을 완전히 배제한 상황에서 편견 없이 대상 현상에 접근하는 태도를 의미한다. 그러나 인간의 인식이 작동하는 원리로 인해 이런 태도를 유지하는 것은 매우 어렵다. 가령, 한국적인 도덕관에 익숙해지면, 어떤 행동을 보는 순간 이미 그 행동은 버릇없는 행동으로 보인다. 그런데 이는 어디까지나 한국의 도덕을 기준으로 할 때다. 하지만, 인식의 주체는 이런 점을 잘 인식하지 못하고, 상대방의 행동이 버릇없기 때문에 내가 그를 버릇없는 것으로 판단한 것으로 착각한다. 실은 그렇지 않다.

사회 현상을 연구하는 연구자도 마찬가지다. 어떤 개념, 이론, 사상에 익숙해지면 내가 굳이 의도적으로 이런 개념을 적용하려 하지 않아도 현상은 이미 그렇게 보인다. 그런데 이런 태도에서 대상 현상에 접근하는 것은 현상의 전체적인 양상에 대한 이해를 오히려 은폐하는 결과를 초래할 수도 있다. 즉, 다른 관점에서 보면 얼마든지 달리 보일 수 있고, 현상에 대한 이해 역시 달라질 수 있다는 점을 이해하지 못하게 만들기 때문이다.

연구자가 대상 현상을 좀 더 공정하게 이해하기 위해서는 이해는 어디까지나 자신이 가진 이론과 이념을 배경으로 할 때만이 그런 이해가 가능하다는 점을 기억해야 한다. 이를 망각할 경우 연구자들은 자기편견적인 이해에 빠지게 되고, 결국 자신의 이해가 대상 현상에 대한 객관적인 이해인 것처럼 착각하게 된다.

2) 개방된 태도

사회 현상에 대한 연구에서 연구자가 개방적 태도를 취하는 것은 쉽지 않다. 이미 누구도 자신이 가지고 있는 이론과 경험의 영향으로부터 자유롭지 않기 때문이다. 이미 내 생각이나 내 판단의 정당성과 가치는 높게 평가하고 나와 생각을 달리하는 사람들의 판단을 낮게 평가할 위험을 내재하고 있다. 이로 인해 편견에 빠지기 쉽다.

개방된 태도란 특정한 이론을 무조건적으로 추종하거나 또는 과대 평가하지 않는 태도다. 사회 현상은 동일한 현상이라도 다른 관점에서 다른 사상을 배경으로 연구하면 얼마든지 다른 이해에 도달할 수 있다. 설사 어떤 주장이 검증된 것이라고 하더라도 그런 검증 역시 관련된 모든 변수를 연구의 범위에 포함시키지는 못한다. 일부 변수를 포함하는 대신 훨씬 많은 요인은 연구의 범위 밖에 놓일 수 있다. 이런 이유로 사회 현상에서는 유일한 정답이 존재하는 경우는 매우 드물다. 어떤 분야든 그 분야의 연구자들이 모두 다 합의하는 경우도 드물다. 가령 맨큐(N. Gregory Mankiw)의 설명에 의하면, 경제정책에 관한 명제들에 대해 경제학자들의 78~93%가 동의하고 있다. 절대 다수가 동의하고 있지만, 분명히 이견도 존재한다. 맨큐는 가치 판단의 차이로 이러한 차이는 불가피하다고 설명하고 있다. 폐쇄적인 태도는 편견의 위험을 높이는 요인이 될 뿐이다. 자신의 태도에 대해 비판을 허용하고, 또 이런 비판이 정당한 것이 아닌지 냉정하게 검토하고 수용할 수도 있어야 한다.

3) 상대주의적 태도

어떤 삶의 방식이 최선인지에 대해 정답은 없다. 시대가 달라지고, 문화가 달라지고, 역사가 달라지고, 종교가 달라지면 사람들의 삶의 방식 역시 달라지게 마련이다. 한국에서와 같은 가족을 중시하는 삶의 방식은 그 나름대로 어떤 장단점이 있고, 미국 사람들처럼 개인의 자유와 개성을 강조하는 삶의 방식은 그 나름대로의 장단점이 있다. 어떤 행동이 비윤리적이기 때문에 비난하는 것이 아니라 우리가 어떤 행동을 비난하기 때문에 그런 행동은 비윤리적인 행동이 되는 것이다. 우리가 어떤 행동을 비난할 것인지는 사람에 따라, 사회에 따라, 문화에 따라 달라진다.

4) 성찰적 태도

성찰한다는 것은 자기 자신을 돌이켜본다는 의미다. 쉽지는 않지만 매우 중요하다. 나는 지금까지의 수많은 판단과 해석의 결과로 현재의 생각에 도달해 있다. 그러나 연구가 깊어질수록 편견적인 판단에 빠질 위험도 커지고, 자기 연구가 처음부터 가지고 있는 약점에 대해서는 망각하기 쉽다. 자연과학과는 달리 사회 현상에 대한 연구는 대상 현상에 대해 온전하게 객관적으로 접근할 방법이 없는 상황에서 출발한다. 부분적인 이해, 편견적인 이해를 출발점으로 삼는다. 그런데 연구가 깊어지면서 이런 점을 망각하기 쉽다.

5) 종합적 태도

사회 현상에서 부분에 대한 연구는 전체 연극에서 하나의 장면을 잘라 연구하는 것과 흡사하다. 특정 장면의 의미는 전체 연극의 내용과 구성에 따라 얼마든지 달라질 수 있다. 사회 현상에서 부분에 대한 연구가 갖는 의미는 자연과학에서와는 완전히 다르다는 것이다. 자연과학에서는 어디서나 물은 물이지만, 사회 현상에서는 결코 그렇지 않다. 개인이든 사회든 사회 현상은 서로가 서로를 형성하고 있기 때문에 부분을 이해하기 위해서는 전체를 이해하려고 노력하고 전체를 이해하려면 부분을 이루는 개인과 조직을 이해하려는 종합적인 태도를 가져야 한다.

3 사회 · 문화 현상의 탐구와 가치 문제

1) 사실과 가치

사실이란 실제 세계에 존재하는 대상, 현상 또는 이에 대해 있는 그대로 서술한 명제를 의미한다. 반면, 있는 그 자체의 모습이 아니라 어떤 바람직한 상태, 이뤄지기를 소망하는 상태 또는 이런 상태를 판단하는 기준이 되는 것이 가치다. 만일 인간의 인식과 상관없이 존재하는 대상에 대해, 그것이 어떻게 달라지거나 또는 어떤 상태가 되기를 소망하는 마음이 전혀 없이, 대상 현상을 관찰하고 이에 기초해 지식을 얻어낸다면 이런 지식은 과학이 될 수 있다. 사실을 있는 모습 그대로 서술한 것이기 때문이다. 그런데 어떤 가치가 개입되면 이미 개인의 주관적인 판단이나 바람이 개입되고, 결과적으로 있는 모습 그대로 현상을 서술하는 것이 어려워진다. 그래서 사회 현상에 대한 연구가 과학적인 지식이 되려면 가치가 연구에 영향을 미치는 것을 억제할 필요가 있다. 이처럼 특정한 가치의 영향으로부터 자유로운 상태를 가치 중립이라 한다.

2) 사회 현상의 연구와 가치 중립

어떤 현상에 대해 관심을 기울이고 연구를 하고 분석을 하는 이유가 무엇이겠는가? 그 현상이 인간에게 의미있고 소중하고 가치있기 때문이다. 사회 현상에 대한 연구가 궁극적으로 목표로 하는 것은 인간에 대한 봉사다. 그렇다면 사람들이 중시하는 가치를 배경으로 문제 현상을 연구하고 분석해야만 이런 가치를 높이는 데도 기여할 수 있을 것이다. 즉, 가치를 배경으로 한 연구가 사회 연구에서는 오히려 요구된다는 것이다.

그뿐만 아니라, 사람은 이미 태어나면서부터 어떤 사회의 일원으로서 던져지고, 그 사회 구성원들이 중시하는 가치를 자신도 모르는 사이 학습한다. 또 연구를 진행할 때도 이런 가치의 영향을 받을 수밖에 없다. 내가 학습한 것들은 나의 의식에 내재돼 있으면서 내가 굳이 요구하지 않아도 이미 나의 인식과 판단에 영향을 미치기 때문이다.

중요한 것은 가치 중립이 아니라 건전한 가치 판단의 순환이다. 가치의 다양성을 인정하는 개방적인 태도를 가져야 한다. 설사 경험적이고 실증적인 방법으로 자료를 수집하고 분석했다고 하더라도 이에 앞서 문제를 설정하고 가설을 수립하는 단계나 분석 결과를 해석하고 적용하는 단계에서는 어떤 가치를 기준으로 인식하고 서술할 수밖에 없다. 그것이 인간에게 봉사하고자 하는 사회 연구의 목적에도 부합된다.

그러나 이런 연구가 제시하는 삶의 방식이 모든 사회 구성원이 채택할 수 있는 유일하고도 가장 최선의 삶의 방식이라고 주장해서는 안 된다. 왜냐하면 사회 구성원 개인들의 생각의 자유를 제약하고, 판단하고 선택할 수 있는 자유를 제약하기 때문이다.

3) 가치 갈등과 가치 폭력

미국의 남북전쟁은 일종의 심각한 가치 갈등이었다. 지금 우리 사회도 복지, 지역 균형, 남북 문제, 근로자 권리 등에 대해 가치 갈등을 겪고 있다. 이런 가치 갈등에서는 정답은 없다. 오스트리아 태생의 영국 현대 철학자 비트겐슈타인은 가치에 대한 정당화는 "근거 없는 근거(groundless ground)에 의한 정당화"라고 칭하고 있다. 우리가 모두 합의하면 그런 가치를 선택할 수 있는 근거가 되지만, 우리가 서로 생각을 달리한다면 그러한 가치는 어떤 선택이나 행동의 근거로서 정당성을 상실한다는 의미다.

엄밀한 의미에서 나의 가치를 상대방에게 요구하는 것은 일종의 가치 폭력이다. 나는 이미 나의 이념과 나의 가치를 중심으로 현상을 보고 있기 때문에 결코 상대의 판단을 공정하게 인식할 수 있는 위치에 있지 않다. 나는 결코 상대의 생각과 행동에 대해 완전한 지식을 얻을 수 없고 완전한 공감을 얻을 수 없다. 그럼에도 불구하고 평등한 삶의 주체인 상대방에게 나의 가치를 수용할 것을 요구하는 것은 심각한 폭력이다. 인간의 평등권을 침해하고 생각과 자기 선택의 자유를 짓밟는 결과가 된다.

서로의 가치와 삶의 방식을 인정하는 관용의 태도를 취하거나 또는 대등한 위치에서의 설득을 통해서만이 개인의 존엄을 훼손하지 않으면서 가치 갈등의 문제를 해결할 수 있다.

참고 문헌

송병락(1990). 마음의 경제학. 박영사.

이투스(2012). 누드교과서(사회 · 문화). 이투스교육(주).

Carr, E. H., 김택현 옮김(1998). 역사란 무엇인가. 까치.

Garfinkel, Harold(1967). *Studies in Ethnomethodology*, Polity.

Heidegger, Martin (1962). *Being and Time*, trans. John Macquarrie and Edward Robinson, Harper & Row Publishers Incorporated.

Huntington, Samuel, 형선호 옮김(2006). 미국(*Who Are We*). 김영사.

Husserl, Edmund (1962). *The Crises of European Sciences and Transcendental Phenomenology: An introduction to Phenomenological Philosophy*, translated and with An Introduction by David Carr, Northwestern University Press.

___(2001). trans, Anthony J. Steinbock, *Analyses Conerning Passive and Active Synthesis: Lectures on Transcendental Logic*, Kluwer Academic Publishers.

Putnam, T. D. (1993). *Making Democracy Work: Civic Traditions in Modern Italy*, Princeton University Press.

Shotter, John (1994). *Conversational Realities: Constructing Life through Language Being*, SAGE Publications Ltd.

Tocquville, Alexis de, 임효선 옮김(1997). 미국의 민주주의. 한길사.

Wittgenstein, Ludwig (2009) *Philosophical Investigation*, trans. G. E. M. Anscombe, P. M. S. Hacker, & Joachim Schulte, Wiley-Blackwell.

제 2 장 개인과 사회 구조

제 1 절 인간의 사회적 성장

1 사회화

1) 사회화의 뜻

인간은 자연적 존재로서 탄생하지만 사회 안에서 인간에 필요한 소양을 습득해 사회적 존재로서 성장해 간다. 인간이 생물학적 존재로 태어나서 성장하는 과정을 설명하는 데 중요한 개념은 사회화란 용어다. 사회화란 개인이 여러 가지 가능성을 갖고 태어나서 그가 속한 사회집단의 규범이나 문화를 익히고 사회적 공동 생활을 영위할 수 있는 현실적 행동을 발달시키는 모든 과정을 말한다. 이는 다른 사람과의 상호작용을 통해 그 사회의 가치와 규범, 도덕, 신념 등을 내면화하고, 그 사회집단에 적합한 행동 양식을 발전시켜 그 사회가 바라는 인간다운 인간으로 성장하는 과정을 말한다.

이렇게 볼 때, 사회화 과정은 그 사회의 문화를 배워 가는 과정이라고도 볼 수 있다. 인간은 성장하면서 사회의 가치와 규범 · 신념 등을 받아들이고 자신의 지위와 그에 따른 역할을 알게 된다. 이렇게 해서 내가 속해 있는 사회에서 요구하는 한 성원으로 사회화된 인간으로 성장하는 것이다. 즉, 사회화된 개인이란 자아정체성이 형성되고 개인의 독특한 개성이 형성된 인간이다.

보통 사회화가 이뤄지는 시기는 유아기나 아동기, 청소년기 등에 집중적으로 이뤄지기는 하지만 특정한 시기에만 이뤄지는 것은 아니다. 사회화는 평생을 걸쳐서 이뤄진다고 봐야 할 것이다. 예컨대, 우리가 사는 사회는 새로운 지식과 가치 등이 끊임없이 변화되고 있다. 이렇게 변화된 사회에 적응하기 위해 누구나 새로운 지식과 규범들을 받아들이는 것이 필요하다. 이처럼 사회 변화에 맞춰 새로운 규범과 가치, 지식을 내면화하는 것을 재사회화라 한다. 그러나 가끔은 일차적 사회화에서 배운 내용을 다 버리고 새로운 가치와 규범을 요구하는 집단에 속하는 경우가 생긴다. 이때 그 집단이 요구하는 가치와 규범을 습득하게 되는데, 이것 역시 재사회화라고 할 수 있다.

2) 사회화를 보는 다양한 관점

사회화를 보는 관점에는 거시적 관점과 미시적 관점이 있다. 거시적 관점은 크게 사회화를 보는 관점으로 개인의 사회화에 사회 구조가 영향을 미친다는 관점이고, 미시적 관점은 세세한 영역으로 개인의 사회화가 개인 간의 상호작용에 의해 영향을 받는다는 관점이다. 거시적 관점은 기능론과 갈등론, 미시적 관점은 상징적 상호작용론으로 설명될 수 있다.

(1) 기능론과 갈등론

기능론에서는 사회를 하나의 통합된 기능적 체제로 가정하고 사회를 살아 있는 생물 유기체에 비유한다. 사회를 이루는 구성 요소는 사회 전체의 존속과 통합에 필요한 각각의 고유한 기능을 수행하며, 기능적으로 상호 연관돼 있다고 본다. 기능론은 부분들의 기능적 상호 의존 관계에 기초를 둔 통합성으로 균형 및 안정을 중심에 놓고 사회를 바라본다. 이런 기능론의 주요한 특징은 다음과 같다.

먼저 기능론에서 보는 사회는 상호 의존하고 있는 부분들의 유기적 통합체다. 따라서 사회의 구성 요소들은 같은 목적(사회 질서 유지)을 달성하기 위해 서로 합의해 필요한 기능을 분담해 수행하면서 상호 협력하고 있다. 그리고 사회는 기본적으로 안정 상태에 있으며, 일시적인 불균형 상태가 생기더라도 이를 극복해 조화와 균형을 회복하려는 경향이 있다. 이런 의미에서 사회가 원만하게 움직이고 운영되는 데 방해가 되는 것은 역기능적이다.

한편 갈등론은 이해 관계의 대립성에 따른 갈등과 변동을 중심에 놓고 사회를 바라본다. 즉, 갈등론은 사회를 구성하는 사회적 관계를 기본적으로 지배와 피지배 관계로 보고, 사회 안에 존재하는 다양한 갈등의 양상으로 사회를 해석한다. 사회 속에서는 희소자원을 획득하려는 세력 간의 경쟁과 투쟁으로 인해 언제나 갈등과 대립이 존재한다고 본다. 따라서 갈등론에서 보는 사회는 이해 관계를 달리하는 집단이 있을 뿐이며, 이들 사이의 대립과 갈등, 경쟁이 사회의 본질을 이룬다. 그리고 현재의 질서는 지배 계층의 이익을 위한 것이며, 이는 합의 때문이 아니라 강제와 탄압으로 유지된다고 본다. 이런 갈등은 기존 사회의 와해와 변동에 기여하며, 사회는 갈등을 원동력으로 삼아 끊임없이 변동하고 진보하는 과정에 있다.

(2) 상징적 상호작용이론

사회 구조보다는 사람들이 서로 주고받는 일상적인 상호작용과 의사 소통에 중점을 두어 사회를 설명하려는 입장이다. 이 이론에 따르면 개인은 사회적 산물이 아닌 주관에 따라 상황을 규정하고 의미를 부여하는 능동적 주체이며, 사회 현상을 능동적으로 만들어가는 존재다. 개인과 집단은 따로 존재하는 것이 아니라 서로 의존하고 상호작용하고 있다는 입장이다. 개인 속에 사회가 들어가 있으며, 이때 비로소 개인은 사회 속에서 구실을 할 수 있으며. 이 과정이 바로 사회화라는 것이다.

쿨리(Charles H. Cooley)는 영상자아이론을 통해 사회화를 보편적인 성숙 과정으로 봤다. 즉, 쿨리의 자아 개념은 타인들이 어떻게 나를 생각하는가에 따라서 영향을 받는다고 생각하고 영상자아(影像自我, the looking glass self) 또는 거울에 비친 자아라는 개념을 발전시켰다. 쿨리는 자아 개념을 고정된 것으로 보지 않고 주위 사람들과의 상호작용을 통해 형성된다고 본다. 즉, 다른 사람의 마음에 비친 나의 모습을 보고 '나'라고 인식하기 전에는 자아 개념이 확립되지 않는다고 본다. 상호작용 과정에서 다른 사람의 나에 대한 태도는 곧 나를 비춰주는 거울의 역할을 한다. 다른 사람의 마음속에 비친 나의 모습, 그것이 바로 '영상자아'다.

한편 미드(George H. Mead)는 상징적 상호작용이론을 통해 사회적 상호작용을 통한 자아 발달을 사회화의 핵심으로 본다. 미드는 자아 발달에서의 사회적 상호작용의 중요성을 강조해 자아는 사회에서 만들어진다고 역설한다. 이렇듯 자아정체감의 형성에 중요한 역할을 담당하는 사람은 내가 아닌 타자(他者)다. '중요한 타자(significant other)'는 주로 가족, 학교 선생님 등을 일컬으며, 자아 형성에 커다란 역할을 담당하는 사람을 일컫는다. 또한 특정한 상황에서 자신이 생각했을 때, 사회적으로 가장 바람직한 행동을 하게 되는 선과 악의 판단 기준이 되는 사람을 '일반화된 타자(generalized others)'라고 한다. '일반화된 타자'란 전체 사회를 대표하는 일반인을 의미하며, 사회의 규범과 가치를 내면화하는 일반인이다. 이들은 자아에게도 그들의 규범과 가치에 따라 행동하도록 기대하는 사람들을 의미한다.

미드는 일반화된 타자가 형성되는 사회화가 3단계에 걸쳐 일어나게 된다고 봤다. 먼저 1단계는 준비 단계로서, 다른 사람의 행동에 대해 이해 없이 타인의 행동이나 말을 단순히 모방이 일어나는 단계다. 아무런 의미나 뜻도 모르고 타인의 행동과 말을 모방하는 단계다. 2단계는 유희 단계다. 놀이를 통해 다른 사람의 시각을 이해하며 그들의 관점에서 맡은 역할을 수행해 보고자 하는 단계다. 소꿉놀이를 하며 엄마·아빠의 역할이 무엇이며, 그들의 행동의 의미가 무엇인가를 이해하고 자신들도 그런 역할을 흉내내어 행동한다. 즉, '타자의 역할 취하기' 단계다. 3단계는 게임(경기) 단계다. 좀 더 자란 어린이는 골목의 친구들과 게임을 하면서 성장한다. 특정 게임을 하기 위해서는 규칙을 준수해야 하고 자기 차례와 남의 차례를 기다릴 수 있어야 한다. 타인의 역할을 기대하고 그에 대응할 수 있는 방법도 생각할 수 있어야 한다. 이렇게 해서 타인의 역할을 학습하고 자기에게 기대되는 자신의 역할도 알게 되는 것이다. 미드는 게임 단계에 이르러서야 사회의 가치와 규범을 인식하고 행동을 억제할 수 있는 능력이 준비된다고 봤다.

(3) 사회화 기관

사회화는 가족 구성원과의 상호작용하는 과정에서, 친구나 또래집단을 형성하고 어울리는 과정에서, 학교 생활을 하는 과정에서 모두 이뤄질 수 있다. 이러한 사회화에 영향을 미치는 기관을 사회화 기관이라 한다.

4) 공식적 사회화 기관과 비공식적 사회화 기관

사회화 기관은 사회화를 목적으로 설립해 사회화를 체계적으로 수행하는 기관을 공식적 사회화 기관이라 한다. 예를 들면 학교, 유치원, 직업훈련소 등이 이에 해당한다. 학교는 가정을 떠난 최초의 사회로서 개인을 집단적으로 수용해 새로운 사회를 형성한다. 학교는 계획적이고 합리적이며 의도적인 사회집단으로서 인간관계를 형성해 서로 영향을 미치는 사회적 학습이 이뤄지는 곳이다. 이 속에서 교사는 가정의 부모와 같은 역할, 사회화의 모델로서 역할, 행동 수정자로서 역할을 수행함으로써 개인의 사회화에 기여한다.

또한 사회화를 목적으로 설립되지 않았으나, 일상 생활에서 사회화를 수행하는 기관이 비공식적 사회화 기관이다. 예를 들면 가정, 또래집단, 대중매체 등이 이에 해당한다. 이 중 가정은 인간의 가장 핵심적이고 기본적인 인격의 틀을 구축하는 곳으로서, 인간의 성장에 가장 중요한 퍼스낼리티가 형성되는 곳이다. 개인의 퍼스낼리티가 형성되는 가장 중요한 시기를 가정에서 보내기 때문에 가정은 사회화에 일차적으로 큰 영향을 미친다. 따라서 가족의 성격, 가치관, 태도, 동기 특성도 상호작용 과정에 크게 작용한다.

5) 1차적 사회화 기관과 2차적 사회화 기관

사회화 기관은 접촉 방식에 따라 1차적 사회화 기관과 2차적 사회화 기관으로 나누기도 한다.

1차적 사회화 기관은 자연 발생적이거나 혈연에 의해 만들어진 기관으로 비형식적이고 강한 유대감을 통해 기본적인 인성과 정체성을 형성하게 한다. 유아기와 유년기에 인간은 이들 기관을 통해 가장 기본적인 사회적 행동을 학습한다. 예를 들면 가정, 또래집단, 친척 등의 비공식적 기관이라 말할 수 있다. 반면에 2차적 사회화 기관은 특정 목적이나 이익을 위해 만들어진 기관으로 형식적, 인위적, 공식적 관계 속에서 초기에 이뤄진 사회화를 유지해 이를 강화하고 추가하는 역할을 한다. 특히 오늘날과 같이 복잡하고 다양한 사회에서는 사회화를 전문적으로 담당하는 학교와 같은 2차적 사회화 기관의 중요성이 강조되고 있다. 학교, 정당, 직장, 대중 매체 등의 공식적인 이들 기관은 전문적이고 고차원적인 사회화를 담당한다.

2 사회적 지위와 역할

인간은 다양한 집단 속에서 수많은 다른 사람과 사회적 관계를 맺고 상호작용하면서 살아간다. 그 과정에서 집단 내에서 자신의 위치(지위)와 해야 할 일(역할)이 무엇인지를 알고 그에 맞는 행동을 한다. 개인의 지위와 역할이 무엇인지에 대해서는 아래와 같이 정리해 보았다.

1) 지위

(1) 지위의 의미

지위란 한 개인이 집단 내에서 차지하는 위치다. 한 개인은 여러 집단에 소속돼 있으므로 여러 가지 지위를 동시에 갖는다. 자신이 어느 집단에 속해 있느냐에 따라 자신의 지위가 달라지는데, 한 사람이 하나의 집단에만 속해 있는 것이 아닌 여러 집단에 속해 있기 때문이다. 이러한 지위의 유형에는 귀속 지위와 성취 지위가 있다.

2) 지위의 유형

(1) 귀속 지위

귀속 지위는 인간이 태어나면서부터 자연적·선천적으로 가지게 된 지위로서 나이·성별·신분에 의해 주어진다. 이는 전통사회에서 강조된다. 예를 들면 남자, 여자, 아들, 딸 이외에 신분제 사회에서 양반, 노비 등을 일컬을 수 있다.

(2) 성취 지위

성취 지위는 개인적 노력으로 획득되고, 개인적인 업적에 기초해 부여되는 지위다. 현대 사회에서 강조된다. 예를 들면 아버지, 어머니, 교사, 학생 등이다. 여자는 귀속 지위이나 어머니는 성취 지위다. 태어나면서부터 어머니가 되는 것은 아니다.

귀속 지위와 성취 지위의 중요도는 변화하는데, 과거에는 태어날 때부터 주어지는 신분인 귀속 지위가 중요했으나, 현대 사회에서는 개인의 노력과 업적에 의해 얻어지는 성취 지위의 중요성이 높아지고 있다.

(3) 지위 불일치

사회적 지위 위계상 한 개인이 차지하고 있는 지위 중 하나 이상이 동일한 수평적 수준에 있지 않은 현상이다. 지위에 따른 여러 사회적 보상의 수준이 서로 일치하지 않는 상태를 말한다. 예를 들면, 조선 시대 역관(譯官)들이 경제적으로는 많은 부(富)를 누렸지만 사회적 신분은 그에 걸맞지 않았던 경우를 들 수 있다.

2) 역할과 역할 행동

(1) 역할

일정한 지위에 대해 사회적으로 기대되는 행동 양식이나 임무를 역할이라 한다. 예를 들어 자녀에게는 효도라는 역할, 학생에게는 공부라는 역할, 간호사에게는 아픈 환자를 잘 보살피는 역할이 주어져 사회에서는 역할의 행동을 기대하고 있다.

(2) 역할 수행

역할 수행은 어떤 역할에 대해 사회 성원들이 실제로 수행하는 구체적인 행동 방식이다. 한 사회에서 특정 지위에 대해 기대하는 역할은 동일하나, 역할 행동은 개인의 성격, 습관, 능력 등 다양한 요인에 따라 다르게 나타난다. 예를 들면 학생은 공부하는 것이 역할이지만, 학생마다 실제로 공부하는 모습인 역할 행동은 다르다.

역할 기대에 대한 역할 수행을 잘하는 경우는 포상, 칭찬, 승진 등의 사회적 보상이 따른다. 반면에 역할 수행을 제대로 수행하지 못하는 경우에는 처벌, 비난 등의 사회적 제재가 가해진다.

3) 역할 갈등

(1) 의미

한 개인이 지닌 지위와 관련된 여러 가지 역할을 수행하는 상황에서 역할 간에 모순이나 충돌이 발생하는 것을 역할 갈등이라 한다. 일반적으로 역할 갈등에는 두 가지 이상의 지위에서 서로 다른 역할이 요구되고 이를 동시에 수행할 때 발생한다. 동일한 지위에서 두 가지 이상의 역할이 상충됨으로써 발생하는 역할 갈등도 있다.

(2) 유형

첫째, 역할 갈등은 역할 내 갈등이다. 한 가지 지위에 대해 상반되는 복수의 역할이 요구되는 경우에 발생하는 갈등이다. 예를 들어 교사가 학생을 엄하게 해야 하는가, 자상하게 해야 하는가를 놓고 고민해야 하는 경우 일어나는 갈등을 말한다.

둘째, 역할 모순은 역할 간의 갈등이다. 여러 지위에 상반되는 복수의 역할이 요구되는 경우에 발생하는 갈등이다. 예를 들어 경찰관이 교통법규를 위반한 친구를 발견한 경우 이를 어떻게 처벌할 것인가를 놓고 겪는 심리적 갈등 등을 말한다.

4) 역할 갈등의 해결

갈등의 해결에는 여러 가지 방법이 있다. 서로 갈등하는 역할들 사이에 적당한 타협점을 찾는 방법, 또한 한 가지 역할만 하고 다른 것은 포기하는 방법, 그도 안 될 경우 그런 역할을 기대하는 지위 자체를 아예 그만둬 버리는 방법도 있다. 경우에 따라서는 기대에 따라 제대로 역할을 대행하지 못할 때에 그 지위를 버리도록 강요하든가 아니면 역할 자체를 바꿔 버리는 방법도 있을 수 있다.

한편 역할 갈등의 해소를 위한 개인적・의식적 해결 방안으로서 개인적인 역할의 우선순위를 정해 갈등을 처리하며, 개인들 스스로 합리적 의사 결정 능력을 배양해야 한다. 또한 상호 이해와 관용의 정신으로 서로가 역할 갈등에 대한 이해를 갖도록 노력해야 한다. 그리고 사회적 차원의 갈등 해결을 위한 절차와 제도를 통한 사회적・제도적 해결 방안을 마련해야 한다.

제 2 절 개인과 사회, 사회적 작용

1 사회적 상호작용

1) 사회적 상호작용의 의미

인간은 사회 안에서 삶을 영위하는 존재로 혼자서는 살아갈 수 없는 사회적 동물이다. 인간을 사회적 동물이라고 정의하는 이유는 인간이 사회 속에서 다른 구성원들과 다양한 상징 체계를 통해 관계를 맺고, 그 속에서 서로 간에 영향을 주고받으며 살고 있기 때문이다. 이러한 관계 속에서 주고받는 상호작용을 사회적 상호작용이라 한다. 상호작용은 긍정적인 측면에서는 좋은 인간을 만들지만 반대로 부정적인 측면에서는 나쁜 결과를 개인에게 가져다 주기에 그 중요성이 강조된다. 이러한 사회적 상호작용에는 협동, 경쟁, 갈등, 교환 등 크게 네 가지 유형이 있다.

2) 사회적 상호작용의 유형

(1) 협동

협동이란 구성원들이 공동의 목적을 달성하기 위해 여러 사람이 서로 힘을 합쳐 노력하는 것을 말한다. 무거운 짐을 함께 운반하는 것이나 축구 경기에서 승리하기 위해 팀 구성원들이 함께 잘하려고 애쓰는 것, 줄다리기에서 이기기 위해 힘을 모으는 것 등을 예로 들 수 있다. 협동은 참여를 할 수 있는 기회의 보장과 결과에 대한 공정한 분배가 보장될 때 잘 이뤄질 수 있다. 예를 들면 농촌의 공동 노동인 두레, 품앗이나 직장에서의 업무 분담 등을 들 수 있다. 또한 협동은 두 집단 간에 경쟁이나 갈등이 발생하면 해당 집단 내부에서는 협동이 강화되는 측면이 있다.

(2) 경쟁

경쟁이란 둘 이상의 행위자 혹은 집단이 공통의 규칙에 따라 공동으로 성취할 수 없는 배타적인 목표를 상대보다 먼저 성취하려고 노력하는 것을 말한다. 이러한 경쟁이 발생하는 이유는 사회적 가치의 희소성 때문이다. 먼저 목표를 달성한 사람에게만 혜택이 주어질 때 경쟁이 발생한다. 즉, 경쟁에서는 한쪽의 목표 달성이 다른 쪽의 목표 달성을 제한하는 결과를 가져온다. 누군가 먼저 목표를 달성하게 되면 다른 사람은 그 목표를 달성할 수 없게 되는 것이다. 따라서 경쟁의 조건은 공정하게 적용되는 규칙이 전제돼야 한다. 규칙이 공정하지 못해 경쟁이 무시될 때 갈등으로 전환될 수 있다. 예를 들면 입학시험, 운동경기 등을 들 수 있다.

(3) 갈등

갈등은 둘 이상의 행위자 또는 집단이 각각의 목표를 추구할 때 이해 관계가 충돌해 서로 상대방을 적대시하거나 대립하는 상태다. 이러한 갈등이 발생하는 이유 역시 사회적 가치의 희소성 때문이다. 또는 서로의 가치관이나 이념에 큰 차이가 있을 때 이를 조정하지 못한 상황에서도 발생하게 된다. 그러나 갈등이 역기능만 있는 것은 아니다. 한편으로는 사회 문제가 무엇인가를 알려 주고, 그 해결 방안을 모색하도록 한다는 점에서 사회 발전에 기여하는 측면도 있다. 예컨대, 노사 갈등을 통해 노동자의 권익이 향상되고, 시민혁명을 통해 민주주의가 발전하며, 남녀 간의 갈등을 통해 여성의 인권이 신장된 것 등이 그 본보기가 될 수 있다. 한편, 갈등은 집단 간의 갈등이 생기면 집단 내부의 갈등은 완화된다는 특징이 있다. 갈등은 당사자 간의 합의된 규칙이 존재하지 않는다. 예를 들면 노사분규, 가정 불화, 전쟁이나 혁명 등을 들 수 있다.

(4) 교환

교환은 상호 당사자 간에 어느 한쪽이 상대방에게 도움을 주거나 손해를 입히면, 그 상대방은 그에 따른 보상이나 보복을 하는 행위다. 교환은 일상 생활에서 화폐라는 매개물을 이용해 시장이라는 공간에서 진행된다. 주로 노동에 따른 보수의 지급이나 재화, 서비스의 교환을 통해 이뤄지게 된다. 예를 들면 시장에서 돈을 주고 물건을 구입하는 행위 등이다.

2 개인과 사회와의 관계

1) 미시적 관점: 사회명목론

사회명목론은 사회는 이름뿐이며, 실재는 개개인의 사람이라고 보는 입장으로 이는 미시적 관점에 속한다. 사회명목론은 "전체는 개개 구성원의 합 이외의 아무것도 아니다."라는 명제로 요약될 수 있다. 전체 곧 사회의 실재성이란 따로 존재하는 것이 아니라 구성원인 개개인의 합에 불과하다는 것이다. 개인을 떠난 사회는 존재할 수 없다. 그러므로 개개인의 특징과 별개의 집단적 특징은 존재하기 않는다고 본다는 입장이다. 사회명목론에서는 사회 자체보다 사회를 구성하는 개인의 특성과 행동 양식에 초점을 맞춰 사회 및 문화 현상을 파악하려 한다. 개인들이 자신들의 권리 보장을 위해 국가를 만들었다는 사회계약설은 사회명목론에 바탕을 둔다. 사회명목론의 다른 관련 사상으로는 개인주의, 자유주의, 자율적 인간관을 들 수 있다.

따라서 사회명목론의 특성은 사회 질서를 설명하는 데 개인의 의식·정서·심리 등을 중시하며, 사회 전체의 이익보다는 개인의 이익·권리를 중시한다는 것과 개인주의적 사회관이 그 바탕을 이루고 있다는 것으로 정리될 수 있다.

개인을 중시하는 사회명목론의 한계로는 사회 구조나 개인의 행위에 영향을 미치는 사회적 영향을 간과하고 있으며, 개별 성원들의 행위나 심리 상태만으로 설명할 수 없는 사회 현상들이 존재한다는 점을 미처 보지 못할 수 있다는 것이다. 또한 부정부패 문제의 경우 개인적인 차원에서의 노력만이 아닌 사회의 관습이나 제도를 개선해야 고쳐질 수 있다는 점 등을 지나칠 수 있다.

2) 거시적 관점: 사회실재론

사회실재론(social realism)은 인간과 사회와의 관계를 거시적 관점으로 보는 이론으로서 사회라고 하는 것은 현실적으로 견고하게 존재한다고 본다. 따라서 인간은 사회의 그림자에 지나지 않다고 보는 입장이다. 이 이론에서는 인간의 종속성과 의존성이 부정적으로 크게 부각되는 반면에, 사회의 실재성(實在性) 또는 실체성(實體性)은 긍정적으로 크게 부각된다.

그러나 사회실재론의 특징을 좀 더 뚜렷하게 이해하기 위해 우선 여러 사람이 어떤 목적을 관철하기 위해 모인 집단의 예를 들어 보려 한다. 그것은 거대한 회사 조직체, 또는 국가기관일 수도 있고, 또 국가 대항전 축구경기를 관람하고 응원하는 관객일 수도 있다. 이들 집단은 집단의 성격이 다양하지만 그것을 구성하는 한 사람 한 사람의 개인적 속성으로 환원되지 않는 그 자체의 독특한 속성, 특질 또는 본질을 갖고 있다. 그 독특한 속성은 집단심(集團心)이다. 이것이 애국심이든 그것 자체가 실재 또는 실체로 엄연히 객관적으로 존재한다고 생각한다. 따라서 사회실재론에서는 사회 현상에 대해 연구할 때 개인의 의식과 심리 상태에 초점을 맞추기보다는 사회 전체에 작용하는 법칙과 제도를 중시한다. 이 관점은 사회를 살아있는 유기체로 보는 사회유기체설에 바탕을 두고 있다. 다른 관련 사상으로는 전체주의, 집단주의, 기계론적 인간관을 들 수 있다.

사회실재론의 특성으로는 개인의 행동과 사회 현상을 분석하는 데 집단적·사회적 요인을 중시한다. 개인의 권리 이익보다는 공익을 중시하며, 전체주의적 사회관의 바탕이 된다는 것이다. 그러나 사회실재론의 입장에 서게 되면 전체를 위한 개인의 희생을 정당화할 수 있으며, 동일한 역할을 수행하는 개인들이라도 그들의 의식과 행동 양식 등이 다양한 이유를 설명하지 못한다. 그리고 인간의 타율성과 수동성을 심하게 강조하는 경향이 있다.

제 3 절 사회집단과 사회조직

1 사회집단

1) 사회집단의 의미

사회적 존재인 개인은 두 사람 이상의 모임 속에서 지속적이고 반복적인 상호관계를 맺으며 서로의 삶에 영향을 미친다. 사회집단이란 공동의 목표를 가지고 서로 상호작용을 하며 함께 소속해 있다는 일체감 및 공동체 의식을 가지고 있는 사람들의 집합체를 말한다. 사람들은 사회 속에서 다양한 관계를 맺고 상호작용하면서 살아가는데, 사람들이 맺고 있는 사회 관계 속에서 사회집단의 기능은 구성원의 자아정체감을 형성하게 하고 자아 실현의 장을 제공한다는 점이다. 또한 구성원의 사회적 관계를 형성하고 사회화의 기능을 담당하며 사회적 욕구를 충족시킨다. 마지막으로 사회집단은 구성원에게 사회적 지위와 역할 및 소속감을 부여한다.

2) 사회집단의 유형

사회집단의 종류를 구분하는 방식은 다양하다. 먼저 섬너(William G. Sumner)는 소속감을 기준으로 내집단과 외집단으로 나눴다. 쿨리(Charles H. Cooley)는 구성원의 접촉 방식을 기준으로 사회집단을 1차 집단(원초집단)과 2차 집단으로, 퇴니스(Ferdinand Tönnies)는 결합 의지에 따라서 집단을 공동사회(게마인샤프트)

와 이익사회(게젤샤프트)로 구분하고 있다.

(1) 소속감을 기준으로 한 내집단과 외집단

① 내집단=우리 집단

내집단은 한 개인이 그 집단의 일부라는 소속감을 가지며, 구성원 간의 '우리'라는 공동체 의식이 강한 집단을 말한다. 내집단의 특성은 첫째, 내가 실제로 속할 뿐 아니라 그 성원이 됨을 의식함으로써 자아정체감을 갖게 되고 그 집단을 비소속집단과 구별하는 사회심리학적 기준으로 삼게 되는 것이다. 둘째, 민족중심주의, 자기집단 지상주의의 원천이 된다. 셋째, 집단의 유대 강화와 단합이 잘 되나, 집단 간의 갈등을 유발하기도 한다. 내 집단은 우리나라, 우리 학교, 우리 동네, 우리 회사 등의 예를 들 수 있다.

② 외집단=그들 집단

나와 구별짓고 싶은 사람들이 속하고 나는 그 성원이 아닌 집단, 즉, 자신이 속한 조직이 아니며 이질감이나 적대감 및 공격적인 태도를 가지게 되는 집단이다.

외집단은 경쟁과 투쟁 등 대립적 관계를 형성하는 타인 집단으로서 이들 외집단의 존재로 인해 내 집단의 결속력을 강화할 수 있다. 또한, 이러한 외집단과의 비교를 통해 내집단의 성격을 잘 파악할 수도 있다. 이런 외집단은 운동경기 때의 상대팀, 다른 종교집단 등의 예를 들 수 있다.

(2) 접촉 방식을 기준으로 한 1차 집단과 2차 집단

① 1차 집단(원초집단)

1차 집단은 직접적 접촉에 의한 친밀감, 강력한 일체감을 바탕으로 형성된 집단을 말한다. 이는 자아 형성의 근원이 되고 사회 유지에 가장 중요한 기능을 담당한다. 가족이나 이웃, 놀이집단, 지역공동체 등이 여기에 속한다. 1차 집단은 구성원 간의 인격적이고 비형식적인 관계가 나타나게 되며 도덕, 관습 등에 의한 비공식적인 통제가 강조된다. 1차 집단은 사회 유지에 중요한 기능을 담당한다는 점에서 원초집단이라고도 한다.

② 2차 집단

2차 집단은 간접 접촉을 특색으로 하며, 특수한 이해 관계에 기초를 두고 의식적으로 조직된 집단으로서 공식적이고 부분적인 관계를 맺고 있는 집단이다. 학교,

정당, 대중매체, 국가 등이 여기에 속한다. 2차 집단의 특성은 규칙이나 법률과 같은 공식적인 수단에 의해 사회 통제가 이뤄지므로 구성원 간의 형식적인 인간 관계가 나타난다. 또한 구성원 간의 인간 관계가 일시적이며 집단의 크기가 대체로 대규모적이다.

(3) 결합 의지에 따른 공동사회와 이익사회

① 공동사회

혈연, 지연, 우정 등과 같이 인간에게 본래 갖춰져 있는 본질 의사에 따라 이뤄진 유기적 통일체로서의 사회를 공동사회라 한다. 공동사회(Gemeinschaft)의 결합 의지는 본질 의지(본인의 의사)에 의해 결합이 이뤄진다. 본질 의지란 일단의 행동을 배후에서 조종하는 선천적이고 본능적이고 무의도적인 의지를 말한다. 이는 구성원의 상호 이해와 공동의 신념 및 관습이 집단 구성의 바탕이 된다. 공동사회는 가입이나 탈퇴가 자유롭지 못하며 가족, 친지, 민족, 공동체, 농촌사회 등이 그 주를 이룬다.

② 이익사회

이익사회(Gesellschaft)란 사회 구성원들이 특수한 목적을 달성하기 위해 계약과 규칙에 따라 인위적으로 형성된 집단을 말한다. 이익사회의 결합 의지는 선택 의지(형성 의지)에 의한 결합에 의해 형성된다. 선택 의지란 인간의 행동을 미래와 관련시켜서 합리적으로 판단해 결정하는 후천적이고 의도적이며 인위적인 의지를 말한다. 이익사회의 목적은 특수한 목적을 달성하기 위한 수단이며, 구성원의 이해 관계에 따른 계약과 일정한 절차에 의해 마련된 규칙이 집단 구성의 바탕을 이룬다. 또한 이익사회는 구성원의 자유 의사에 따라 가입과 탈퇴를 자유롭게 할 수 있다. 이익사회에는 회사, 동호회, 정당, 조합, 협회 등이 있다.

(4) 준거집단

준거집단(reference group)은 개인이 신념이나 태도, 가치, 행동 방향을 결정하며, 자아정체감을 얻고 행동의 기준을 배우며 그 기준에서 지배적인 규범에 따라 판단하고 행위를 하는 집단을 말한다. 이런 준거집단에는 긍정적 준거집단과 부정적 준거집단이 있다. 긍정적 준거집단은 우리 집단으로서의 동일감을 갖고 그 속에서 정체감을 느끼는 집단으로 자신의 소속집단이 아닌 때에는 집단소속을 바꾸고 싶어하는 사람들이 기준으로 삼는 집단을 말한다. 이런 긍정적 준거집단에 대해서는 사람들이 자기가 원하는 집단에 들어가기 위해 이미 그 집단에 속한 사람들의 표준에 맞게 행동하고 그 집단이 원하는 특성들을 갖추려고 노력한다. 한편 부정적 준거집단은 그 집단에 대한 충성심을 잃고 그 집단을 배척, 거부, 의심함으로써 오히려 부정적인 준거로 삼는 집단을 말하는 것으로 사람들이 그 성원들과 다르게 행동하도록 영향을 주고 표준을 제공해 주는 집단을 의미한다.

2 사회조직

1) 사회조직의 의미

사회조직이란 사회 공통의 목적을 달성하기 위해 사회의 구성원이 일정한 질서 아래 유기적으로 협력하는 관계로 이뤄지는 체계를 지닌 집단을 의미한다. 사회조직은 특정한 목적을 달성하기 위해 구성원의 개인적인 행동을 상당히 제한·조정·관리하는 사회의 단위다.

이런 사회조직은 사회집단에 비해 지위와 역할이 분명하고 조직화돼 있으며, 조직의 공식적인 목표와 과업 달성에 대한 기여도가 구성원의 능력 평가 및 보상과 제재의 기준이 된다. 또한 구성원들의 공식적인 관계는 일정한 절차와 규범에 의해 구성원의 행동을 조정·통제하며, 구성원 간의 형식적이고 비인격적인 관계 형성 및 서열에 따른 명령과 복종 관계를 가지고 있다.

2) 사회조직의 분류

(1) 공식조직과 비공식조직

공식조직이란 인위적인 형식적 절차와 제도에 의해 만들어진 조직체로 법률·규칙·직제에 의해 형성되고 일정한 공동 목표 달성을 위해 제도화된 조직을 의미한다. 이러한 공식조직은 인위적·제도적·합리적으로 형성된 조직으로 전체적인 질서를 위한 활동으로써 공적 성격의 목적을 추구한다. 그리고 공식조직은 능률의 논리에 의해 구성되고 운영되며, 이를 위해 명문화되고 제도화된 조직으로서 수직적 계층구조를 가진다.

한편 비공식조직이란 구성원들의 정서적 측면을 강조하고 인간적 관계를 형성하고자 하는 동기에서 비롯된 구성원 상호간의 현실적인 인간 관계나 친근성을 토대로 형성되는 자연발생적 조직을 말한다. 이런 비공식조직은 자연발생적이고 비제도적·비합리적 조직이며 부분적 질서를 위한 활동으로서 사적 성격의 목적을 추구한다. 또한 비공식조직은 대면적인 접촉에 따라 자생적으로 구성되고 감정의 논리에 의해 구성·운영되며 비합리적인 조직으로서 수평적 대등 관계를 이룬다.

모든 조직은 공식적 측면과 비공식적 측면을 아울러 가지고 있다. 공식조직과 비공식조직이 각각 별개의 독립된 개체로 존재하는 것이 아니라 실제로 움직이고 있는 조직은 양 조직의 상호작용이 빚어낸 소산이다. 따라서 현실의 조직에서 양자는 공존하면서 협동적 관계에 있는 경우도 있고 때로는 대립적 관계에 있는 경우도 있다.

2) 자발적 결사체

자발적 결사체란 공동의 이해 관계에 관심을 가진 사람들이 공동의 사회적인 목표를 위해 자발적으로 조직된 집단을 말한다. 자발적 결사체는 구성원들의 자발적인 의사에 의해 형성되는 만큼, 구성원들의 지속적인 참여가 단체를 유지하는 데 가장 큰 원동력이 된다. 자발적 결사체는 조직의 관심과 목표의 성격에 따라 나눌 수 있다. 예로 소속원의 취미 또는 친목에 관심을 두는 친목집단, 소속원의 이익에 관심을 집중시키는 이익집단, 어렵고 힘든 사람들을 돕기 위한 사회봉사집단 등을 들 수 있다.

이런 자발적 결사체는 그 종류도 다양하고, 조직의 형태나 운영 방식도 일정하지 않지만 다른 조직체와 구별되는 몇 가지 특징을 지닌다. 먼저 강제력이나 경제적 또는 물리적 보상에 근거해서 조직이 운영되기보다는 구성원 각자의 자발적 참여를 통해 조직이 운영된다. 즉, 구성원들은 특정한 자격을 지닌 사람들이 아니라 가입 의사를 가지고, 조직 활동에 시간과 돈, 노력 등을 기울이는 사람들이다. 따라서 조직 구성원들은 조직의 목표에 대해 신념이 뚜렷하고, 조직 활동에도 적극적으로 참여한다. 자발적 결사체의 참여자들은 대부분 각자의 직장 생활 등을 하고 남은 시간을 이용해 단체 활동에 참여한다. 한편 구성원들의 토론과 합의를 통해 업무의 지속성이 유지된다.

오늘날 이런 자발적 결사체는 개인들의 이해 관계와 관심의 다양화, 인간 소외를 극복하기 위해 그 역할이 증대되고 있다. 또한 정치・사회적인 관행을 변화시키고, 국민의 의식을 개혁하는 등 활동의 범위와 영향력이 커지고 있다. 그러나 자발적 결사체가 지나치게 다른 집단을 배타시하고 자기 집단만의 이익만을 추구하게 되면 집단이기주의에 빠져 사회 발전을 저해할 경우도 발생한다. 또한 자발적 결사체에서 특수계층에게만 가입을 허용할 경우 배타적인 특권집단으로 변질될 수 있으며, 이렇게 되면 집단의 이익만을 주장하는 등 이익집단화해서 공익과 충돌할 수 있다. 그리고 자발적 결사체라 하더라도 조직의 규모가 커지면 관료화돼 비민주적으로 운영될 수 있다.

4) 관료제

(1) 관료제의 의미

관료제는 지극히 다의적이고 불확정적인 개념이다. 일반적으로 관료제란 사회구조의 복잡화, 기술의 고도화, 그리고 이에 수반한 관리 사무의 질적・양적 확대 등에 대응해 근대 사회가 필요로 하는 대규모의 합리성을 띤 기구를 말한다. 즉, 관료제란 사회가 합리적으로 변화하는 데 대응하기 위해 모색된 인간의 가장 합리적인 조직으로 그 전제는 고용 관계가 쌍방의 자유 의사에 따른 자유로운 계약으로써 이뤄진다는 점이다. 그리고 관료제가 추구하는 근본 가치는 능률성이며, 관료제는 탁월한 능률성을 발휘한다. 이런 관료제의 구체적인 특징은 다음과 같다.

첫째, 근대 관료제에서는 법규의 지배가 확립돼 있어 권위의 정당성은 법규에 기반해 이뤄진다. 관료의 직무 및 권한의 배분, 관료의 자격 요건 등이 명확하게 법규에 규정돼 있으며 모든 직무 수행은 법규에 따라 수행된다. 직무 수행의 몰주관성을 확보하기 위해서는 공사를 구별하도록 하며 문서주의 및 전문 자격이 요구된다. 부하와 상관과의 관계가 비인격적이며, 공적인 업무에 관해서만 복종한다. 따라서 사적 영역과 공적 영역이 엄격히 구별된다. 따라서 모든 행정행위, 결정 및 규칙은 공식화되고, 직무 수행은 문서로써 처리하는 것을 원칙으로 한다. 이런 관료제의 특징으로 계속성 및 예측 가능성이 확보되며, 질서와 안정이 유지된다.

둘째, 계층적 구조(계서제 구조)를 갖고 엄격한 위계 질서를 유지한다. 모든 구성원은 각 직위 간의 관계가 명백하게 정의된 계서제에 속하게 된다. 즉, 엄격한 수직적 업무 배분, 상하 간 지배 복종 체제에 따라 지휘·통제 체계로서의 계층제 구조를 지닌다. 한편, 구성원을 임명할 때의 기준은 전문적·기술적 자격이며, 이것은 시험 또는 자격증에 의해 증명되는 것이 일반적이다. 그래서 조직의 최상층, 즉 대통령이나 장관 등은 이를 순수한 의미의 관료제 구성원으로 보지 않는다.

2) 관료제의 병리 현상

관료제는 이처럼 근대 사회의 문제를 능률적으로 해결하기 위한 합리적으로 고안된 제도이기는 하지만 다음과 같은 역기능을 초래하기도 한다. 즉, 관료제가 본래의 의도된 것과는 다른 변화와 기능이 야기돼 조직 목표의 달성에 지장을 초래하는 것이다.

먼저 관료제에서 요구하는 문서주의(red tape)를 지나치게 강조하다보면 형식주의가 발생한다. 관료제에서는 사무 처리의 비합리성을 배제하고 책임의 한계를 명확히 하기 위해 주로 문서에 의한 업무 처리를 하지만 이로 인해 번문욕례(繁文縟禮), 문서 다작, 형식주의·의식주의 등의 현상이 나타난다.

관료제에서는 규칙의 준수를 강조하다 보면 본래 수단으로 간주됐던 규칙의 준수가 형식주의를 초래하게 돼 그 자체가 목표로 되는 현상이 일어난다. 즉, 규칙 준수의 강조는 관료들이 목표보다는 그 수단으로서의 규칙·절차에 지나치게 영합·동조하려는 경향을 가지게 한다. 이를 동조과잉과 수단의 목표화라고 한다.

관료제는 고도의 전문가를 요청하지만 이러한 전문가는 본인의 업무 영역에서는 전문성을 지니고 있으나, 다른 분야에 대한 이해가 부족할 뿐만 아니라 귀속주의를 초래한다. 결과적으로는 전문화로 인한 무능화(無能化)가 드러날 수 있다. 더구나 이처럼 전문화와 분업화가 강조됨으로써, 관료는 자기가 속하고 있는 조직 단위에만 관심을 가질 뿐 다른 조직에 대한 배려를 하지 않아 횡적인 협조와 조정이 잘 되지 않는다. 이를 할거주의 경향이라고 한다.

관료제에서는 문제 해결에 적극적·쇄신적 태도를 취하지 않으려 하고, 상급자의 권위나 선례에만 의존하려는 보수주의적·현상 유지적인 특징을 가짐으로써 시야가 좁고 변동에 대한 적응성이 결여될 수 있다. 또한 관료제 조직의 구성원들은 주어진 일정한 한정된 업무를 매일 반복적·기계적으로 처리하기 때문에 무감정화·권태화·욕구 불만화·시야 협소화·부속품화하기 쉽고, 인간으로서의 인격을 상실하게 되기 쉬우므로 인격성 상실이라는 병폐가 나타날 수 있다. 나아가 외적 가치·이익의 추구라는 관료제 외적 가치로서의 신분 보장·권력·지위 등을 추구하기 위해 공익을 망각하고 법규를 왜곡하며 출세주의나 관직(官職)의 사유화 경향이 나타날 수도 있다.

그 외 관료제에서는 부하에게 책임을 전가하려 들거나 책임을 회피하기 위해 상관의 권위 또는 SOP 및 선례에 의존하려 드는 경우가 빈번하며, 회의나 위원회를 이용해 책임을 분산하려고도 한다. 또한 대규모 조직에서는 언제나 자생집단이 탄생하기 마련이나 이것이 능력과 자격에 의한 것이 아니고 출신 학교·동향(同鄕)·취미 등과 같은 귀속적 관계에 의해 생겨날 경우에는 대인 관계에 문제점이 생기고 정실인사가 이뤄진다. 즉, 귀속에 의한 자생집단이 출현할 수 있다.

3) 탈관료제 현상

(1) 탈관료제 현상의 의의

탈관료제 조직이란, 관료제의 역기능을 비판하는 과정에서 새롭게 제시된 미래적 조직모형으로 미래 사회 관료제의 대안이라 볼 수 있다. 관료제의 대안적 형태로, 먼저 문제 해결 능력을 가진 사람에게 권위를 부여할 것을 요구하며, 유기체적인 조직으로서 상황적응적·변증법적 특성을 가진다고 할 수 있다. 또한 탈관료제 조직 하에서는 고객을 지배의 대상으로서가 아닌 동료처럼 대할 것을 요구하며, 계층의 구조가 많은 조직이 아닌 평평한 조직구조를 특징으로 한다.

(2) 탈관료제 조직의 유형

① 팀제

팀 조직이란 상호 보완적인 기능을 가진 소수의 사람이 공동의 목표 달성을 위해 상호 책임을 공유하고, 문제 해결을 위해 공동의 접근 방법을 사용하는 수평적 조직 단위다. 팀제는 자율성과 전문성을 필요로 하는 업무 수행을 위해 만들어진 조직으로, 업무 영역의 세분화보다는 특정 임무 달성을 위한 조직 형태다.

이런 조직은 팀에 대한 권한 부여와 자율적 업무 처리를 통해 계층이 축소되고 팀 간의 유기적 조정이 중시되므로 수평적 조직이 되며 환경 대응력과 창의적 문제 해결을 목적으로 하므로 개인의 직무는 다기능화가 요구되며 업무의 프로세스에 따른 조직화가 중시된다. 또한 관리자는 구성원에게 조언을 해 주는 코치로서의 역할과 함께 업무의 원활한 수행을 지원해 주는 촉진자로서의 역할을 하므로 구성원들과 리더십을 공유하는 참여적 리더십의 발휘가 중요한 덕목이 된다. 마지막으로 팀제에서는 개인주의보다는 팀 능력 위주로 일이 진행돼 공동으로 책임을 지게 된다.

이런 팀제의 장점은 상황적응적인 업무 분장과 동태적인 조직 운영으로 의사 결정 단계의 축소로 기동성을 확보할 수 있으며 자율성, 창의력 및 업무의 효율성 제고 및 능력과 성과·책임 중심의 조직관리가 가능하다는 점이다. 이기주의 및 파벌주의에서 탈피해 조직 내 단결심을 강화시킬 수도 있다. 그러나 팀제는 계층 구조의 부재로 인한 구성원의 긴장과 갈등이 유발되고, 관리자 능력 부족으로 갈등을 증폭시킬 가능성이 높고, 무사안일주의자가 있을 경우 업무 공동화 현상이 발생하기도 하며, 업무의 가변성으로 일관성 및 안정성이 결여될 수 있다. 마지막으로 법정 업무가 명확한 경우 적용하기 곤란한 경우도 있다.

② 학습조직

학습조직은 일상적인 업무 활동 속에서 지식과 지혜를 신속하고 효과적인 방법으로 창출해 이를 공유한다. 또한 이를 바탕으로 환경에 적응하고, 더 나아가 환경을 주도함으로써 고객을 만족시키며 조직원의 삶의 질을 높여가는 조직을 말한다. 학습조직은 효율성을 핵심적 가치로 생각하는 전통적 조직과는 달리 문제 해결을 그 핵심 가치로 둔다. 학습조직은 네트워크 조직이나 가상조직 등도 모두 포함한다.

학습조직의 특징은 조직의 효율성을 높일 수 있는 비공식적이고 신축성 있는 원칙을 중시하는 조직이며, 불확실한 환경에 요구되는 창조적인 변화를 촉진할 수 있는 능력을 가진 실험적 조직이다. 분권과 자율성을 토대로 하는 상향적 업무 수행을 중시하고, 학습자의 주체성이 존중되며, 개방 체제를 전제로 하는 조직관리 전략을 강조하는 조직이다.

셍게(Peter M. Senge)는 학습조직이란 “조직 구성원들이 진실로 원하는 성과를 달성하도록 지속적으로 역량을 확대시키고, 학습 방법을 서로 공유하면서 지속적으로 배우는 조직이다.”라고 설명하면서 조직 구성원들의 학습이 기초가 돼 개인 학습이 조직의 힘으로써 시너지를 발휘하기 위해서는 다섯 가지의 기본 원칙, 즉

비전 공유, 팀 학습, 개인적 숙련, 정신적 모델, 시스템 사고 등이 필요하다고 말한다.

③ 네트워크 조직

네트워크 조직은 최근에 점차 증가하는 탈관료제 조직 유형이다. 한 조직 내에서 모든 기능을 수행하는 방식에서 탈피해 조직의 자체 기능은 전략·계획·통제 등 핵심 역량 위주로 합리화했다. 여타 부수 기능은 외부 기관과의 계약 관계(아웃소싱)를 통해 수행하도록 했다.

네트워크 조직은 각기 높은 독자성과 자율성을 지닌 조직 내부 또는 조직과 조직을 유연하게 연결한 망구조로서, 정보통신기술의 확산으로 채택된 새롭고도 대단히 유기적인 조직구조다. 이러한 네트워크 조직은 고도로 분권화돼 있으면서도 상호 영향력과 의사 소통을 극대화하는 고도로 통합되고 군집화된 조직 체계다. 이런 네트워크 조직의 기본 원리는 다방면의 자발적 연결로 상호작용은 빈번해지고 신뢰가 전제 조건이 되며, 개별 조직 간 경쟁이 아닌 네트워크 간, 시스템 간 경쟁, 구조와 계층을 파괴한 실무자(사용자) 중심의 언더그라운드 조직(C. Savage)이 중시된다는 것이다. 또한 네트워크 조직에서는 의사 결정이 분권화돼 있지만 전체 통합을 위해 집권성도 추구하며 조직 간 네트워크를 관리하는 연계자의 역할을 강조한다.

네트워크 조직의 장점은 대단히 간소화된 조직 구조를 가지고 있으며, 감독을 위한 많은 지원 및 관리 인력이 필요하지 않아서 환경 변화에 신축적이고 신속한 대응할 수 있으며 개인들은 도전적인 과업을 수행하면서 직무의 확장과 확충에 따라 직무 동기를 유발할 수 있다는 점이다. 그리고 작은 규모의 독립적 조직으로의 분권화는 구성원들에게 자율과 책임, 동기 부여를 할 수 있다는 강점도 있다. 반면 네트워크 조직은 계약 관계에 있는 외부 기관을 직접 통제하기 어렵다는 점과 외부기관과의 대리인 문제가 발생되기 쉬워 조정 및 감시 비용이 증가하기 쉽다. 정체성이 약해 응집력이 있는 조직문화를 갖기 어려울 수도 있으며, 구성원의 충성을 기대하기 쉽지 않고 이직이 빈번하며 네트워크에 의해 행동이나 전략에 제약이 초래될 수 있다.

④ 가상조직

가상조직이란 특정한 물리적 속성을 가진 조직이 아닌 정보기술과 전자적 의사소통의 발달에 기반 한 조직으로 가상공간에서의 네트워크화된 조직이다. 가상공간이란 컴퓨터 네트워크상에 존재하는 조직을 말한다. 이러한 가상조직은 컴퓨터를 비롯한 정보기술의 비약적인 발전에 기반한 것으로 변화하는 상황을 신속하게 이용하기 위해 다수의 조직이 임시적인 네트워크 구조를 형성하는 조직구조다. 이러한 조직은 전통적 조직이론에서 말하는 조직의 구성 요소인 인간적 요소, 공동의 목표, 경계 확정 및 환경과의 교호작용 등의 요소를 모두 가지고 있다. 그러나 조직의 물리적 측면, 즉 공동의 물리적 공간의 공유나 대면 접촉과 의사 소통 등을 결여하고 있다는 점에서 기존 조직과 개념적으로 구별되는 조직이다.

제 4 절 사회 구조와 일탈행동

1 사회 구조

1) 사회 구조의 의미

(1) 사회 구조의 의미

사회 속에서 사람들 간의 상호작용이 오랜 시간 지속되면서 다양한 사회적 관계가 형성된다. 이러한 사회적 관계가 긴밀하게 조직돼 하나의 안정된 틀을 이루고 있는 상태를 사회 구조라고 한다. 이런 사회 구조는 사회제도나 사회집단, 그리고 개인의 사회적 관계를 포괄하는 개념이다. 따라서 개인과 집단의 행동은 사회 구조와 밀접한 연관을 맺고 있다. 일상 생활 속에서 개인이나 집단의 행동은 사회 구조의 영향을 받는다. 이 말은 사회 구조만 일방적으로 개인에게 영향을 주는 것이 아니라, 개인 역시 사회 구조에 영향을 미칠 수 있다는 의미가 된다.

사회 구조는 사회를 구성하는 구성원이 바뀌어도 계속 유지되는 지속성을 가진다. 또한 개인들이 구조화된 행동을 함으로써 사회적 관계가 고정적으로 유지되는 안정성을 가진다. 그러나 사회 구조는 고정된 것이 아니라 구성원의 변화나 개혁 의지에 따라 변동하는 변동성도 함께 가지고 있다. 그리고 사회 구조의 형성 과정은 사회적 행동이 상호 교환이 되면, 사회적 상호작용이 발생해 사회적 관계의 형성과 지속적으로 일정한 형태를 지니게 된다. 이로써 통일적이고 조직적 총체인 사회 구조가 형성되는 것이다.

(2) 사회 구조의 특성

사회 구조는 정형화된 안정적인 상호작용의 틀로 그 안에서 행위를 하는 구성원 개인들의 행동 양식을 서로 예측 가능하게 해서 사회 통합에 기여하지만 개인의 자율적 행동을 규제함으로써 개인의 행동을 제약해 자유를 구속시키기도 한다.

한편 사회 구조는 사회 구성원들이 교체되고 변화해도 그 구조는 달라지지 않고 오랫동안 지속되는 성격을 가지고 있으며, 사회 구조 속에서 사회 구성원들은 사회적으로 구조화된 행동을 함으로써 안정적이고, 예측 가능한 상호작용의 틀을 제공한다. 경우에 따라 사회 구조는 개인의 외부에 존재하는 사회 전체적 틀로서 구성원 개인의 행위에 강제력을 행사하기도 한다. 물론 사회 구조가 고정 불변하는 것은 아니다. 구성원들의 가치관, 관념 등의 변화에 의해 변화할 수 있다.

2 일탈행동

1) 일탈행동의 의미

일탈은 특정한 사회경제적 토대 위에서 지배적이고 표준적인 규범 및 가치 체계에 대한 집단 또는 개개인의 거부나 부적응을 의미한다. 또한 사회 통합을 강조하는 사회화 이론들에서는 사회 질서를 어지럽히고 사회 통합을 깨트리는 행위들을 '일탈'로 규정한다. 그래서 '일탈'은 부정적인 의미를 지니며 '사회의 실패'를 의미한다. 말하자면 보편적 규범들을 충분히 내면화시키지 못했다는 것이다.

2) 일탈행동의 기능

이런 일탈행동은 사회 조직의 해체, 붕괴 현상을 초래하며, 조직화된 사회 생활을 유지하는 데 필요한 신뢰감을 저하시키는 역기능을 갖는다. 그 밖에도 일탈행동에 대한 적절한 통제가 가해지지 않는다면 사람들은 규범을 준수하고자 하는 동기나 의지를 상실하게 되며, 일탈행동의 만연은 이를 통제하는 데 많은 비용이 소요되므로, 사회적 자원을 낭비하는 결과가 생기기도 한다.

그러나 일탈행동은 순기능을 갖기도 하는데 대표적으로는 사회 규범을 위반하는 데 따른 상응하는 처벌이 무엇인가를 분명히 규정해 주고, 사회 구성원들에게 용납될 수 있는 행동의 범위 한정해 준다는 것이다. 물론 이 과정에서 사회 규범을 기준으로 집단의 결속력을 강화시켜 줄 수도 있으며 축적된 욕구 불만을 해소시켜 줌으로써 그보다 더 심각한 무질서를 예방해 주는 안전판과 같은 역할을 하기도 한다. 그 밖에 사회 규범은 사회조직의 결함을 미리 알려주는 기능도 한다. 여권신장운동의 전개와 같이 새로운 사회 규범의 착근(着根)을 통해 사회 변동의 원인을 제공하기도 한다.

3) 일탈행동에 대한 이론

(1) 아노미론

아노미론에서는 빠른 사회 변동으로 인해 기존의 지배적 규범은 붕괴됐으나 새로운 규범이 정립되지 않아 사회 구성원들이 가치관의 혼란 상태에 빠짐으로써 일탈행위를 저지르게 된다고 본다. 이와 같이 아노미(anomie)에 의한 일탈행동을 막기 위해서는 무엇보다 사회적 합의에 바탕을 둔 지배적 규범의 정립이 필요하다. 아노미론의 대표적인 학자는 뒤르켐(Émile Durkheim)과 머튼(Robert K. Merton)을 들 수 있다.

뒤르켐은 사회규범이 약화되거나 부재할 때, 또는 두 가지 이상의 상반된 규범이 동시에 존재할 때, 개인의 행동에 지침을 상실할 때를 아노미 상태로 정의하고 있다. 즉, 뒤르켐은 인간의 목표를 성취하려는 욕구를 관리하고 규제하는 규범이 무너진 상태를 아노미라고 불렀다. 규범 와해를 가져오는 사회 구조 요인으로서는 갑작스런 경제적 호황과 공황, 급속한 기술 지식의 발전 등을 들고 있다. 한마디로 그는 단순한 농경사회 또는 분업이 단순했던 기계적 연대의 사회에서 분업 체계가 복잡한 현대 산업사회로 급속하게 변화되면서 아노미 상태가 번진다고 보았다. 이의 해결 방안은 사회적 합의에 바탕을 둔 사회적 규범을 정립해서 사회의 결속력을 강화하는 것이다.

머튼은 문화적 목표와 이러한 목표를 달성하기 위해 그 사회에서 제도적으로 인정하는 수단과의 괴리가 발생할 때 나타난다고 설명하고 있다. 머튼은 아노미에 대한 개인의 적응 양식을 다음의 다섯 가지로 구분했다.

먼저 동조형(conformity)이란 문화적 목표와 제도적 수단을 모두 수용하는 적응 양식으로서, 전혀 문제시되지 않는 행위다. 혁신형(innovation)은 문화적 목표는 수용하지만 사회적으로 용납된 수단에 따라 목표를 추구하지는 않는 적응 양식으로서, 대부분의 일탈행동은 이와 같은 유형의 적응 양식이다. 예컨대, 학교 성적을 올리기 위해 부정행위를 한다는지, 진급을 위해 상사에게 뇌물을 공여한다든지, 돈을 벌기 위해 탈세나 공금 횡령을 하는 등의 행위를 말한다. 의례형(ritualism)은 문화적 목표를 무시하거나 거부하고 제도적으로 마련된 수단과 절차에만 집착하는 유형의 적응 양식으로서, 의례주의는 극단적인 경우를 제외하고는 일탈행동으로 취급되지 않는 경향이 있다. 예를 들면, 조직의 목표에는 무관심하고 규칙이나 절차에만 집착하는 관료들의 행위를 들 수 있다. 도피형 또는 은둔형(retreatism)은 문화적 목표와 제도적 수단 모두를 포기 또는 부정하는 유형의 적응 방식을 말한다. 예들 들면, 마약이나 알코올 중독자, 은둔자, 부랑아 등처럼 현실 도피하는 경우 등이다. 마지막으로 반역형(rebellion)은 현존하는 문화적 목표와 제도적 수단 모두를 거부하고 새로운 목표와 수단으로 대치하려 하는 유형의 적응 방식을 말한다. 예를 들면 혁명가, 급진적인 여성해방 운동가, 히피족 등이다. 이의 해결 방안으로서 다양한 사회적 욕구를 적절하고 공평하게 해소시켜 줄 수 있는 사회제도의 정립이 필요하다.

머튼의 이론은 일탈의 사회구조적인 원인을 규명하고 왜 사람들은 어떤 특정의 일탈행동을 범하게 되는지를 설명하는 데 기초가 됐다.

〈머튼의 아노미론〉

적응 유형	문화적 목표	제도적 수단
동조형	+	+
혁신형	+	-
의례형	-	+
도피형 또는 은둔형	-	-
반역형	±	±

(2) 사회해체론

사회해체론에서는 사회 변동으로 인해 기존의 사회 구조가 해체돼 제 기능을 담당하지 못할 때 일탈행동이 발생한다고 본다. 즉, 구성 요소들 간의 조화와 균형이 깨짐으로써 일탈행동이 발생한다는 것이다. 예를 들어 갑작스런 경제 위기로 대량 실업과 빈곤에 의한 일탈이 증가했을 때, 사회복지제도가 제 기능을 한다면 일탈은 일어나지 않는다. 하지만, 그렇지 못하기 때문에 일탈이 일어난다고 본다. 따라서 사회해체론에서는 일탈행동을 막기 위해서 사회 변동에 적응해 해체된 상태를 다시 균형인 상태로 만들기 위한 제도적 노력이 필요하다고 본다.

(3) 사회병리론

사회병리론은 사회를 하나의 유기체와 같이 보고 일탈행동을 하나의 병리적인 현상으로 본다. 누군가 혹은 어느 집단이나 제도 등이 마치 질병에 거린 것처럼 제 역할을 해 주지 못하는 것을 일탈행동으로 본다. 마약이나 알코올 중독에 걸린 사람이 사회적으로 제 기능을 하지 못하고, 특정 종교집단이 반사회적인 행위를 하는 것 등이 이에 해당한다. 사회병리론에서는 사회가 요구하는 가치와 규범 등을 가정이나 학교 혹은 직장에서 적절히 사회화하지 못함으로써 일탈행동이 발생하게 됐다고 보기 때문에 올바른 사회화를 해결책으로 제시한다.

(4) 낙인론

낙인론에서는 어떤 한 사람 또는 그의 행위가 다른 사람들에 의해 '일탈'이라는 낙인 혹은 딱지가 붙여지면 그는 곧 '일탈자'가 된다고 주장한다. 낙인론자인 베커(H. S. Becker)는 일탈을 행위의 속성에 의해서가 아니라 다른 사람들에 의한 규칙과 제재의 적용의 결과로 봐야 한다고 주장했다. 즉, 일탈행동은 사람이 저지르는 행위의 속성으로 실재하는 것이 아니고, 사회적 정의의 산물로 보고 있다. 또한 특정 행위가 일탈인가 아닌가는 사회 또는 다른 사람이 그 행위에 대해 어떻게 반응하는가에 달려 있다고 본다.

낙인론에서는 애초부터 어떤 행위가 일탈적이라고 규정되는가를 문제시하고 있다. 어떤 행위가 시초부터 일탈적이라고 규정되는 것은 지배적 위치에 있는 집단 또는 사람들이 그러한 행위를 일탈이라고 정의했기 때문이다. 이런 상징적 상호작용의 측면을 강조해 일탈자라고 규정된 사람에 대한 사회적 반응이 그의 자아정체감에 어떠한 영향을 미치는지를 중요시하고 있다. 대표적인 낙인론자인 레머트(Edwin M. Lemert)는 일탈을 1차적 일탈과 2차적 일탈을 구분하고 있다. 먼저 1차적 일탈은 자기 자신을 일탈자라고 규정하지 않으면서 개인적, 상황적 이유 때문에 다소 경미한 일탈을 저지르고 넘어가는 경우다. 즉, 다른 사람의 눈에 잘 발견되지 않으며, 그러한 행동을 한 사람도 자신을 일탈자라고 생각하지 않는 것을 의미한다. 그리고 2차적 일탈은 일탈자의 일탈에 대해 다른 사람의 반응이 나타나서 자신을 일탈자라고 낙인찍는 경우다. 그 결과 자신은 의식적이든 무의식적이든 그러한 낙인을 수용하고 자신에 대한 새로운 자아상을 형성하게 된다고 한다. 이처럼 다른 사람 혹은 사회의 반응이 일어나 일탈자라는 낙인을 받게 되고 자기 자신이 일탈자라는 자아상을 갖게 되는 경우다.

(5) 차별적 교제론

인간은 서로 다른 또는 상극되는 가치관과 집단이나 개인과 접촉을 하게 되는데, 서로 가장 빈번하게 접촉하면서 의미있는 존재로 여기고 있는 타자의 가치나 규범을 내면화하는 경향이 있다. 서덜랜드(Edwin H. Sutherland)는 차별적 교제론을 통해 일탈행동은 사회적 환경 속에서 일탈자들과 접촉하면서 그들의 문화와 행동을 학습한 결과라고 주장했다. 사람들은 자신의 소속 집단에서 친밀한 관계를 맺은 사람들과 어울리면서 소속 집단의 행동과 문화를 통해 자신의 행위 규범을 형상하게 된다. 이처럼 사람들이 서로 다른 집단의 사람들과 어울리면서 서로 다른 행위 규범을 습득하게 되는 과정을 차별적 교제론이라고 한다. 상이한 집단의 범죄율이라든가 또 상이한 시기에 동일한 집단 내에서 나타나는 범죄율의 차이를 사회조직의 차이라는 개념으로 설명하고 있다.

한편 서덜랜드는 일탈적 사회화가 일어나는 사회심리적 과정을 다음과 같이 제시하고 있다. 먼저 범죄 행동은 의사 소통 과정에서 다른 사람과의 상호작용을 통해 습득되며 학습의 중요 부분은 소규모의 친밀한 원초집단(혹은 일차집단) 내에서 이뤄진다는 점이다. 범죄 행동이 학습될 때, 범죄 기법과 범죄 행동을 합리화시켜 주는 동기와 태도를 습득하는 일이다. 이때 동기와 욕구의 구체적인 방향은 법률적 규칙을 유리하게 정의하느냐 또는 불리하게 정의하느냐에 따라 습득하게 된다. 어떤 사람이 범죄자가 되는 것은 위법적인 행위에 유리한 상황 규정이 불리한 상황 규정을 능가할 때다.

서덜랜드의 차별적 교제론은 전문적 또는 조직범죄나 상습적인 범죄는 잘 설명해 줄지 모르지만 우연적 또는 충동적 범죄는 잘 설명해 주지 못하는 결함이 있다. 아울러, 어떠한 일탈행동은 법을 잘 준수하는 사람들과의 접촉을 통해서도 학습되는 경우도 있다. 예를 들어 다른 사람으로부터 경리 기술을 잘 배워서 공금을 횡령한다면, 이 경우 또한 제대로 설명되지 않는다.

참고 문헌

권기헌 (2011). 행정학원론. 학림.

김신일 (2010). 교육사회학. 교육과학사.

김중규 (2014). 선행정학. 에드민.

박선웅 외 (2012). 사회 · 문화. 금성출판사.

박용치 · 송재석 (2006). 최신 행정학. 경세원.

백영경 · 정준영 (2014). 인간과 사회. 한국방송대학교출판부.

비판사회학회 (2012). 사회학. 한울아카데미.

이광자 외 (2001). 21세기의 사회학. 학지사.

이투스 (2012). 누드교과서(사회 · 문화). 이투스교육(주).

하상군 (2005). 행정학원론. 대영문화사.

홍두승 (2009). 사회학의 이해. 다산출판사.

제 3 장 인간과 문화 현상의 이해

제 1 절 문화의 의미와 문화 이해의 태도

1 문화의 의미

미개인, 야만인의 반대로 쓰이는 말이 문화인이다. 지식이나 기술, 사회 전반의 발전으로 좀 더 교양있고, 세련된 것을 이르는 말이 문화인에 포함돼 있는 말이다. 문화에 대한 좁은 의미의 접근은 이처럼 더 나은 삶의 단계에 대한 평가적 개념을 담고 있다.

넓은 의미의 문화는 한 사회의 구성원들이 사고하고 행동하는 총체적이고 보편적인 삶의 양식과 같은 일반적 의미를 담고 있다. 즉, 환경에 적응하기 위해 어떤 사회의 인간들이 순간순간 선택을 통해 축적된 생활 양식이 문화인 것이다. 한국문화, 청소년문화, 히피문화, 대중문화와 같은 표현이 그 예다.

이런 문화와 문명은 차이가 있다. 문화가 보편적 삶의 양식 전체를 가리킨다면, 문명은 물질적인 문화를 한정해서 일컫는 말이다. 특히 문명이란 개념은 19세기 제국주의 시대에 만들어진 개념으로 서구적 방식이 아시아나 아프리카에 비해 좀 더 발전했다고 보는 관점을 수용하고 있다. 즉, 서구의 교양, 문학, 예술, 과학, 기술 양식이 더 나은 단계의 문화로 보는 소위 서구의 자문화 중심적 관점을 포함하고 있는 개념이다.

2 문화의 분류

문화는 물질문화와 비물질문화로 나눌 수 있다.

물질문화는 기술적 요소에 토대를 둔 것으로 의식주와 도구와 같은 인간이 만들어 사용하는 것과 그것을 만드는 기술을 의미한다. 이런 물질문화의 변화는 비물질문화보다 빠르게 진행되는 것이 일반적이다. 예를 들어 인터넷의 활용으로 물질문화의 변화는 급격하게 이뤄지고 있지만 여전히 상당수의 사람은 인터넷 환경 이전의 가치와 삶의 양식을 보편적으로 받아들이는 것에서 이를 확인할 수 있다.

한편 비물질문화는 규범이나 제도적 측면에 토대를 둔 것으로 문화를 담고 있는 공동체를 유지하고 운영하는 데 필요한 가족, 혼인, 법, 교육, 정치, 경제제도 등과 관련된 규범 체계를 말한다. 비물질문화에는 한 사회 내 인간의 가치 체계, 지식과 신념을 구성하는 신화, 철학, 언어, 문학, 예술과 같은 좀 더 심층적인 부분도 포함된다.

3 문화의 구성 요소

문화의 구성 요소로는 다양한 것이 존재하지만 크게 기술, 언어, 상징, 가치, 규범, 예술로 나눠 설명해 볼 수 있다.

기술은 인간이 도구나 삶의 기반을 창조하고 영위하기 위한 지식 체계를 말한다. 인간은 자신의 삶을 욕구에 부합하도록 설계하는 속성을 가지고 있는데, 기술은 이런 삶의 양식의 변화에 물질적 수단을 제공하게 된다. 그 과정에서 기술을 통해 새로운 문화가 만들어지기도 한다. 산업혁명으로 대량생산, 대량소비가 가능해지고, 그 결과 전통적 삶의 양식이 개인주의에 기반한 현대적 삶의 양식으로 변화하는 과정에서 모더니즘이라는 새로운 문화 양식이 나타난 것이 그 대표적인 예다.

언어는 의사 소통의 수단이자 문화를 담아내는 중요한 그릇이다. 사람들은 생각이나 느낌을 전달하는 과정에서 한 사회의 관습과 신념을 확인하고 공고화한다. 그리고 그 안에서 동류 의식을 느낀다. 언어가 다른 집단 사이에 문화적 공감을 느끼기 어려운 이유는 이 때문이다.

상징은 사물의 의미에 대한 해석이다. 사회에 따라 상징은 다르게 나타나므로 상징의 양식을 보면 문화의 차이를 쉽게 발견할 수 있다. 물론 이렇게 형성된 상징 체계는 한 사회 내 사람들의 관념이나 가치 판단에 중요한 영향을 미치게 된다. 예를 들어 남자아이의 성기를 만지는 행위는 서구에서는 성추행에 해당하지만, 최근까지 우리나라에서는 자손에 대한 확인이었다. 당연히 동일한 상징적 행위라도 사회에 따라 심각한 범죄가 되기도 하고 당연히 인용되는 관습이 되기도 한다.

가치는 사회 내 사람들이 가진 신념 혹은 감정 체계를 말한다. 각각 다른 문화적 배경에 속한 사람들은 가치도 다르다. 어떤 사회에서는 높은 관직에 이르러 공무원으로 성공하는 것이 가장 높은 평가를 받지만, 다른 사회에서는 돈을 많이 버는 기업인으로서의 성공이 높은 평가를 받는 것은 사회마다 인간의 행동에 대한 가치 판단이 다르다는 것을 의미한다.

규범은 한 사회의 구성원들이 준수해야 한다고 공유하는 규칙을 말한다. 어떤 사회이든지 반드시 해야 하는 것에 대한 구성원들 사이의 동의가 있다. 그리고 하지 말아야 할 것에 대한 동의인 금기(taboo)도 있다. 당연히 이런 금기를 어기면 사회적 제제가 따르게 된다. 조선 시대 사당은 제사가 있을 때만 들어갈 수 있는 것 등이 대표적이다.

예술은 인간의 아름다움에 대한 추구와 그 과정에서 창조된 결과물이다. 이런 예술 역시 문화에 따라 다르게 나타난다. 문화에 따라 상징과 가치의 양식이 다르기 때문이다.

4 문화의 기능

문화는 사회집단을 유지하는 기능을 한다. 같은 문화에 속한 사람들은 서로 동질감과 소속감을 가지기 때문이다. 해외여행 중에 같은 한국인을 만나면 친밀감을 느끼게 되는 것은 이런 문화의 기능 때문이다.

문화는 환경에 대한 적응 수단이다. 문화는 인간이 환경에 적응하는 과정에서 축적돼 온 것이기 때문에 사람들은 그런 문화적 양식에 적응하는 것이 환경에 대한 불확실성을 줄이는 방법이 되기 때문이다. 미국에 여행하기 전에 한국에는 없는 팁 문화를 배워 가는 것이 그 대표적인 예다.

문화는 지식이 축적되고 확장되는 데 기여한다. 인간은 문화를 통해 자신의 삶을 기록해 전승시킨다. 조선 시대에 축적된 전통문화를 학습하고 이를 기반으로 새로운 문화적 양식을 만들어 내는 것과 같이 문화를 축적하고 확장시키며, 이를 다시 다음 세대에 전승하는 것이 문화에서 보이는 대표적인 모습이다.

5 문화의 특징

문화의 보편성은 모든 사회나 시대에 보편적으로 나타나는 인간의 삶의 양식을 말한다. 인간 전체에서 이런 보편성이 나타나는 이유는 인간이 가진 생물학적, 유전적, 신체적인 특성이 비슷하기 때문이다. 실제로 인간의 미토콘드리아를 분석해 보면, 현재 전 세계의 모든 인간은 15만~20만 년 전에 아프리카에 살았을 것으로 추정되는 한 여성을 동일한 조상으로 두고 있다고 한다.

문화의 특수성은 사회와 시대에 따라 독특한 삶의 양식을 말한다. 이런 특수성의 원인은 개별 사회, 시대에 따라 자연 환경, 부존자원, 기술 수준, 역사적 전통, 가치 체계가 다르기 때문이다. 문화의 특수성은 인간의 창조성을 확장시켜 줄 수 있는 중요한 저장고가 된다. 각각 다른 문화와의 교류와 학습을 통해 이전과는 다른 새로운 문화적 양식의 가능성을 창조하고 전승할 수 있게 되기 때문이다.

6 문화 연구의 방법

현지 연구는 특정 문화를 가진 사회에 직접 참여해 그들의 일상 생활을 함께 겪으면서 그들의 삶의 양식을 관찰, 질문, 기록하는 방식으로 연구하는 것이다. 문화,

인간의 삶의 양식에 대해서는 실험실에서와 같은 통제된 실험이 불가능하기 때문에 실제성이 보장되는 현지 연구를 통해 문화 연구를 하는 것은 의미가 있다. 이런 현지 연구에는 민속지(民俗誌)의 작성과 같이 특정 사회의 삶의 양식 일체를 상세히 기록하는 것이 대표적이다.

질적 연구는 통계와 같은 양적 분석으로는 설명하기 어려운 문화 현상 연구를 사례 연구나 면접 등을 활용해서 좀 더 심층적으로 파악해 보려는 연구 방식을 말한다. 질적 연구를 통해 연구자는 문화, 혹은 문화의 구성 요소에 대해 좀 더 근접해 그 특수성을 분석할 수 있다. 특히 주관적 가치나 동기의 파악은 면접과 같은 질적 연구 방법으로만 가능하다.

비교 연구는 둘 이상의 문화를 서로 분석하는 것이다. 비교 연구를 위해서는 다른 문화의 중요성과 가치도 인정하는 문화상대주의적 자세를 견지해야 한다. 비교 연구를 통한 성과는 문화 사이의 공통점과 차이점을 발견함으로써 어떤 사회의 문화를 좀 더 객관적으로 해석해 볼 수 있다는 점에 있다.

제 2 절 문화의 속성과 일상 생활

1 문화의 속성

문화는 공유성을 가진다. 공유성은 한 사회 구성원에게 공통적으로 나타나는 행동 및 사고 방식을 말한다. 사람들은 문화를 공유함으로써 특정한 상황에서 상대방의 행동이나 반응을 예측할 수 있고, 이런 기대에 근거해 비교적 안정적인 의사결정을 할 수 있다. 이것은 한 사회가 효율적이고 안정적으로 유지되는 토대가 된다. 그러나 문화의 공유가 자칫 특정한 문화를 강요하는 수준이 되면 문화적 양식에서 벗어나는 행동에 대해 사회적 제제를 가하는 불합리한 결과가 초래될 수도 있다. 문화 공유성을 인정하되 문화 해석에 개방성이 필요한 것은 이 때문이다.

문화는 학습성을 가진다. 문화는 선천적이 아닌 출생 후 학습에 의해 획득된다.

같은 한국인이라도 미국에서 태어나 미국에서 자란 아이와 한국에서 자란 아이의 가치 정향이 전혀 다른 이유는 이런 이유다. 문화를 학습하는 수단은 가정학습, 학교학습, 친구집단과의 교류가 대표적이다.

문화는 축적성을 가진다. 문화는 한 세대, 한 계층, 한 사람이나 공동체만의 것이 아니라 세대 간의 전승을 통해 축적돼 형성되는 것이다. 문화 축적이 가능한 이유는 언어와 상징 체계의 공유, 그리고 이를 전승 체계라 할 수 있는 인간의 학습 능력 때문이다. 인간은 한 세대의 성과와 지식과 경험을 언어 혹은 비언어적 양식으로 기록해 다음 세대에 전달한다. 그리고 다음 세대는 이전 세대가 물려준 문화적 축적물을 학습하고 여기에 자기 세대의 경험을 보태 다시 다음 세대로 전승한다.

문화는 전체성을 가진다. 각 문화는 서로 유기적으로 연결되면서 하나의 체계를 이루게 된다. 한국 문화 안에는 무수히 많은 개별 문화 양식이 포함돼 있지만, 전체적으로 일본의 문화와는 무엇인가는 다른 특성이 있다. 따라서 어떤 사회에 대한 문화 분석에는 특정한 부분만을 발췌해서 해석하는 것에는 매우 신중해야 한다. 문화가 가진 이런 전체성의 특징으로 인해 한 사회 문화 내 한 구성 요소의 변화는 다른 구성 요소에도 연쇄적인 영향을 미쳐 종국에는 전체 문화 변동을 이끌어 내기도 한다.

문화는 변동성을 가진다. 문화는 고정 불변의 것이 아니라 지속적으로 변화한다는 것이다. 한 사회 내에서도 세대 변화에 따라 문화가 변화하면, 문화 간의 접변에 의해 새로운 문화적 양식이 이식되기도 한다. 따라서 과거에는 공유되는 사회적 양식이 곧 낯설게 되는 것은 문화 현상에서는 빈번하게 발생된다. 물론 문화 변동 과정에서 사람들은 기존 문화 양식에 대한 혼란을 겪기도 하며, 극단적으로는 기존 문화가 와해되고 새로운 문화가 구성되기도 한다. 여성의 사회적 지위에 대한 문화적 인식은 지난 100년간 지속적으로 변화해 왔으며, 현재도 변하고 있는 것이 대표적인 예다.

2 문화 이해의 관점

문화는 총체론적 관점에서 이해할 수 있다. 문화는 전체성, 즉 각 구성 요소가 상호 의존한 하나의 체계이기 때문에 하나의 문화를 이해하기 위해서는 전체적 관점에서 접근이 필요하다. 이는 개별 구성 요소의 합보다는 큰 한 사회의 전체 가치가 존재한다는 것을 전제로 한다. 예를 들어 한 지역의 학생들의 놀이문화를 이해하려면 한두 개 학교의 학생들만의 분석으로는 부족하며, 이 사회 전체를 구성하고 있는 교육제도, 놀이에 대한 문화적 이해 등을 이해해야 하는 것이다.

문화는 상대론적 관점에서 이해할 수 있다. 각각의 문화는 각각 나름의 환경, 사회, 역사적 토양에서 축적돼 온 것이기에 어느 것이 더 낫다는 식의 평가보다 해당 문화 그 자체가 가진 의미를 해석하는 것이 중요하다는 접근이다. 이를 위해서는 그 사회의 독특한 사회적·자연적·역사적 환경을 이해하는 것이 매우 중요하다. 따라서 한 사회의 문화적 양식은 그 사회의 상황에 비춰 해석해야지 다른 사회의 문화적 가치에 의해 평가하는 것은 바람직하지 않다.

문화는 비교론적 관점에서 이해할 수 있다. 비교론적 관점은 다른 문화에 대한 이해를 통해 자기의 문화를 한 걸음 떨어져 낯설게 보려 노력하는 것으로, 소위 '거울보기'라고도 일컬어진다. 문화는 보편성과 특수성을 함께 지니고 있기에 비교론적 관점에서는 이 두 가지 특성을 최대한 이해해 보려는 전제 아래 다른 문화와 자신의 문화에 대한 객관적 안목을 가지려 노력한다.

문화는 진화론적 관점에서 이해할 수 있다. 문화는 좀 더 합리적인 방식으로 변화한다고 보는 것이 이 관점의 핵심이다. 여기에는 더 나은 문화적 양식이 있다는 것을 전제로 하는 접근이므로 자칫 특정 문화가 더 우월하다는 가정을 받아들일 수 있게 된다. 흔히 서구의 문화가 원시문화보다 우수하다고 판단하는 것이 대표적인 예다.

3 문화를 이해하는 태도

1) 문화의 상대성을 인정하는 태도

문화상대주의는 다른 문화가 지닌 나름의 합리성을 인정하고, 그 사회가 처한 상황에 맞게 특정 문화를 이해하려는 태도를 말한다. 문화상대주의를 받아들이게 되면, 모든 문화는 나름의 가치가 있고, 문화를 평가하는 절대적인 기준은 없으며,

문화 간 우열도 평가할 수 없다고 본다. 각 문화의 독특성이 형성된 역사, 자연, 사회적 환경을 이해함으로써 문화적 다양성을 보전하는 것이 중요하다는 입장을 취하게 된다.

극단적 문화상대주의는 문화의 보편성을 소홀히 한 접근이다. 아무리 문화 간의 차이를 인정하더라도 모든 문화적 양식에 공통돼야 할 인간, 인류로서의 공동 가치의 존재를 받아들이지 않음으로써 자칫 한 사회의 비이성적인 양식조차 그 사회의 것으로 이해해 주는 것을 말한다. 북한에서의 인권 문제를 북한 내부의 문제로 접근하는 것처럼 생명 존중, 자유와 평등, 인간의 존엄성과 같은 가치를 외면한 이런 극단적 문화상대주의는 특정 사회의 가치를 이해한다는 명목으로 보편적 가치를 수용하지 않는 모순에 이르게 된다.

2) 문화의 상대성을 부정하는 태도

자문화 중심주의는 자기 문화가 우월하다는 가정에 성립한다. 즉, 자기 문화가 가장 정당하고 합리적이며, 이성적으로 평가하고 다른 문화도 그런 관점에서 평가하는 것을 말한다. 이런 자문화 중심주의는 해당 사회 내에 속한 사람들에게는 자기 문화에 대한 자긍심을 줄 수 있지만 자칫 다른 문화에 대한 배타적 자체를 형성할 수도 있어 경계해야 한다. 독일의 나치즘, 일본의 군국주의, 중국의 중화사상 등은 그 대표적인 예다.

문화사대주의는 자기 문화에 대한 열등 의식에 빠진 것을 말한다. 다른 문화를 우수하다고 보고 자기가 속한 집단과 공동체의 문화를 보잘것없게 평가하는 태도다. 이런 입장에 서면 설령 다른 나라 문화를 적극적으로 수용하는 데는 용이할지 몰라도 자기가 속한 사회의 특성을 고려한 주체적이고 비판적인 문화 수용과 해석이 이뤄지지 못하는 문제가 발생될 수 있다. 서구적 생활 양식에 대한 동경, 도시 양식에 대한 동경과 추종이 그 대표적인 예다.

문화제국주의는 자신의 문화가 우월하다고 믿고, 나아가 이를 다른 사회에도 강제적으로 이식하는 것이 바람직하다는 인식을 말한다. 흔히 개발도상국의 문화적 양식을 미개한 것으로 해석하고 합리성을 높이기 위해 서구의 가치관, 생활 양식 등을 강제로 이식하려는 모습이 자주 발견되는데 이것이 문화제국주의의 전형적인 모습이다.

제 3 절 문화 변동의 원인과 양상

1 문화 변동의 원인

1) 내부적 요인

문화 변동은 한 사회 내에서 기술의 발명, 정부 정책 변화, 자연 환경의 변화 등과 같은 내부적인 요인에 따라 발생할 수 있다.

발명은 현재 존재하지 않은 것을 인간이 새롭게 만들어 내는 것을 말하는 것으로, 여기에는 물질적인 것만이 아닌 종교나 이념과 같은 비물질적인 것도 포함된다. 1차적 발명은 활과 바퀴의 발명과 같은 이전에는 존재하지 않았던 문화 구성 요소를 창조하는 것을 말한다. 2차적 발명은 1차적 발명의 결과 이미 존재하는 원리를 재구성하거나 응용해 새로운 문화를 만들어 내는 것을 말한다. 바퀴를 이용한 자동차의 발명이 그 예다.

한편 발명과 유사한 용어로 발견이 있다. 이것은 이미 존재했지만 아직 알아내지 못했던 것을 찾아내거나 알아내는 것으로 자석, 불과 전기의 발견이 그 대표적인 예다.

2) 외부적 요인

문화는 다른 문화와의 접촉에 의해 변동이 이뤄지기도 하는데, 최근 교통과 통신의 발달로 인해 외부적 요인에 의한 문화적 변동이 매우 빈번하게 이뤄지고 있다.

문화 변동의 외부적 요인으로는 전파가 그 대표적인 예다. 전파는 한 사회의 문화적 요소가 다른 사회에 전해져서 그 사회의 문화로서 수용되는 것을 말한다. 이런 전파의 대상이 되는 문화적 요소는 물론 기술과 같은 물질적인 것도 있지만 민주주의와 같은 비물질적인 것도 있다.

직접 전파는 사람들 간의 직접적인 접촉에 의해 발생되는 것으로 교역, 혼인, 정복, 이민 등으로 인한 문화 전파가 그 예다. 몽골이 고려를 지배하면서 몽골의 문화 양식이 지금까지 우리나라에 남아 있는 것은 그 대표적인 예다.

간접 전파는 정보통신기술의 발달로 더욱 활성화된 것으로 인터넷, 텔레비전, 책 등을 통해 간접적으로 이뤄지는 문화 전파다.

자극 전파는 문화의 구체적인 내용이 아닌, 특정한 문화 요소에 대한 일반적인 개념이나 관념만이 전파돼 발명으로 유도되는 것을 말한다. 즉, 전파와 발명이 동시에 이뤄지는 것이다. 이런 자극 전파는 인구 이동을 수반하지 않는다. 한자(漢字)의 전파를 받아 이두문자를 만들어 낸 것이 대표적인 예다.

2 문화 접변의 유형과 결과

1) 문화 접변의 유형

자발적 문화 접변은 서로 수평적인 두 문화가 자발적으로 교류해 새로운 문화적 요소들이 각각의 문화 양식에 흡수, 수용, 통합되는 것이다. 이민과 유학을 통해 새로운 문화 체계 속의 삶의 양식을 자연스럽게 습득하는 것이 그 예다.

강제적 문화 접변은 정복이나 식민 통치와 같이 한 국가나 민족이 다른 국가나 민족을 통치하는 경우 일어나는 강제적 문화 수용 현상을 말한다. 일제 하의 한글 말살 정책 등이 그 예다. 강제적 문화 접변이 있더라도 자기 문화에 대한 정체성이 강하면 문화 저항이 발생하지만, 정체성이 약한 경우에는 문화 동화가 이뤄진다.

또한 문화 접변은 속도에 따라 문화 진화와 문화 개혁으로 나뉜다. 문화 진화는 문화 접변의 속도가 매우 장기간에 걸쳐 점진적으로 이뤄지는 것을 말한다. 문화 개혁은 갑오개혁과 같이 단기간에 급속하게 이뤄지는 문화 접변을 말한다.

2) 문화 접변의 결과

문화 저항은 한 문화에 다른 문화가 들어올 때 자기 문화에 대한 정체성이 높은 경우에 발생한다. 문화 접변이 강제적으로 이뤄지게 되면 문화 저항은 급격하게 높아지는 경향이 있으며, 물질적인 문화 접변보다 비물질, 즉 이념, 가치, 종교, 신념의 수용 과정에서 문화 저항이 높아진다. 문화 저항은 복고운동, 즉 새로운 문화 요소를 거부하고 자기 전통문화를 부활시키려는 운동과 현재의 문화 수용 양식에 저항하는 거부운동이 있다.

문화 병존은 한 문화에 들어온 다른 문화 체계가 각각 고유의 문화 특성을 보유하면서도 함께 존재하는 것이다. 신정과 구정을 함께 지내는 것, 입식문화와 좌식문화가 공존하는 것이 대표적인 예다.

문화 융합은 두 개의 문화가 서로 접촉해 새로운 문화를 만들어 내는 것을 말한다. 문화 융합은 보통 다른 문화의 수용 과정에서 자기의 문화에 부합하는 요소를 선택적으로 받아들이는 경우 발생한다. 전통 국악이 현대 음악의 요소를 수용해서 새로운 국악 양식을 만들어 내는 것이 그 예다.

문화 동화는 접촉한 두 개의 문화 체계 중에서 어느 한 문화가 다른 문화에 흡수돼 자신의 고유한 문화적 양식이 없어지는 것을 말한다.

3 문화 변동의 문제점과 대응 방안

1) 문화 변동의 문제점

문화 충격은 이질적인 다른 문화의 수용, 접변 과정에서 적응하지 못하고 사회가 혼란을 겪는 것을 말한다.

문화 정체성 혼란은 다른 문화가 수용돼 이것이 자기 문화 내에 확산되는 과정에서 자기 원래 문화의 정체성에 혼동을 겪는 것을 말한다.

문화 지체는 물질문화에 비해 비물질문화의 변화, 발달, 수용 속도가 현저하게 느리게 이뤄짐에 따라 발생하는 부조화 현상을 말한다. 이런 문화 지체는 사회 전체의 가치관의 혼란인 아노미 현상을 불러일으키고, 나아가 사회의 안정성을 유지시키는 기존 문화 자체의 해체를 유발하기도 한다.

아노미는 문화 변동이 이뤄지는 과정에서, 기존의 문화에 대한 혼동과 해체가 이뤄짐에도 새로운 규범과 가치와 같은 문화적 구성 요소가 구축되지 못해 나타나는 혼란 현상을 말한다.

2) 문화 변동의 대응 방안

문화 변동에 적극적이고 능동적으로 대응하려는 자세, 특히 다른 사회의 문화를 자기 문화에 대한 확고한 정체성을 가진 토대 위에 주체적으로 수용하는 자세가 필요하다. 이를 위해서는 자기 문화의 개선점에 대한 비판적 이해, 다른 문화와 그것이 자기 문화에 수용됐을 경우 자기의 문화에 미치는 영향에 대한 이해가 필요하다.

제 4 절 현대 사회의 다양한 문화

1 전체문화와 하위문화

전체문화는 한 사회의 구성원 대다수가 공유하는 삶의 양식으로 한 사회 전체의 구성원과 사회 전반에 영향을 미친다.

하위문화는 하나의 전체문화를 공유하는 공동체, 사회 내에 존재하는 특정한 집단에서 공유되는 문화를 말한다. 청소년문화, 세대문화, 도시문화 등이 대표적인 예다. 다양한 하위문화는 문화 다양성의 토대가 되며, 하위문화는 지속적으로 전체 문화와의 상호작용을 통해 변모해 간다. 하위문화가 주는 다양성은 문화의 획일화를 방지하고 문화적 동태성의 근거가 될 수 있지만 하위문화 내 구성원들이 다른 하위문화에 대한 개방적 태도를 갖지 못하면 사회 통합을 저해할 수 있다.

2 하위문화의 종류

청소년 문화는 일정 범위의 연령층이 공유하는 세대문화의 일종으로 한 사회의 청소년층이 독자적으로 공유하는 문화다. 기성 세대에 변화 지향적이고 저항적이며 충동적이라는 특징을 갖는다.

지역문화는 한 사회 내 특정 지역 내에서의 공통적인 생활 양식으로 해당 지역의 일체성과 정체성의 확립에 기여한다. 우리나라에서도 지역 내 고유한 문화적 양식이 다수 발견된다.

반문화(反文化)는 주류문화의 가치를 거부하고 저항하는 대항문화를 말한다. 주로 기존의 지배문화를 내면으로 수용하지 못한 젊은 층에서 많이 나타난다. 1960년대 미국의 히피문화가 대표적이다. 히피문화에서는 기존의 사회 통념, 제도, 가치관을 부정하고 인간성 회복, 자연으로의 회귀 등을 주장했다.

3 대중문화

대중문화는 중산층이 다수인 사회의 지배문화를 말한다. 대중문화는 보통선거, 대중매체의 발달, 근대 교육제도의 발달, 대량 생산과 대량 소비와 같은 대중사회의 등장으로 과거 귀족과 같은 지배층만이 누렸던 문화적 양식을 일반 사람들도 광범위하게 향유하게 됨으로써 등장했다. 이런 대중문화는 사회 내 계층 간의 차이를 줄이는 등 민주주의의 실현에 기여했지만, 문화 획일성·상업성으로 인한 문화에 의한 대중 조작을 가능하게 하는 부정적 측면이 있다.

대중문화의 형성과 전달은 조직화되지 않은 대중에 대해 대량의 정보를 전달하는 대중매체가 절대적인 역할을 한다. 이런 대중매체는 정보 전달, 오락과 휴식 제공 등을 통해 이런 기능을 수행하는 것으로 텔레비전, 라디오, 신문, 인터넷, SNS가 대표적인 예다. 특히 최근 활성화된 인터넷과 SNS는 과거의 대중매체와는 달리 정보 수용자인 대중의 적극적이고 활발한 참여를 특징으로 한다.

4 한국 문화의 정체성과 특징

1) 다문화와 세계화

다문화 사회는 다양한 문화적 배경을 가진 사람들이 서로 접촉하며 함께 살아가는 사회를 말한다. 한국 사회는 탈북자의 증가, 외국인 결혼의 증가, 외국인 노동자의 증가로 급격하게 다문화 사회가 돼가고 있다.

한국 사회의 다문화는 문화의 다양성을 높여주고, 이를 통해 새로운 문화적 양식의 형성을 가능하게 하는 등의 긍정적인 요인이 있으나, 다른 한편 고유문화를 훼손하고 문화 간 갈등이 유발될 가능성이 상존한다. 특히 이주집단의 문화에 대한 편견이 해소되지 않으면 이런 문제가 더욱 심각해질 수 있다.

2) 문화 정체성 문제

문화 정체성은 한 사회의 구성원들이 자신의 문화에 대해 가지는 일체감을 말하는 것으로 문화적 구성 요소에 대한 오랫동안의 경험을 공유하면서 형성된 것이다.

한국 사회에서 문화 정체성에 대한 과제는 다문화 사회로의 급격한 진행, 세계화로 인한 외국 문화와의 접촉의 증대 등을 맞아 어떻게 고유한 문화적 양식에 대한 주체성을 가지면서 다른 문화에 대한 개방성을 가질 것인가, 그 결과 새로운 문화적 양식을 어떻게 만들어 낼 것인가에 있다.

참고 문헌

김영평 · 정인화 (2004). 유교문화의 두 모습. 아연출판부.
에드워드 사이 (2007). 오리엔탈리즘. 현대사상신서.
에밀 뒤르켐 (2008). 자살론. 청아출판사.
이투스 (2012). 누드교과서(사회 · 문화). 이투스교육(주).
제레드 다이아몬드 (2013). 어제까지의 세계. 김영사.
존 스토리 (2012). 대중문화와 문화이론. 경문사.
필립 스미스 (2008). 문화이론. 이학사.

제 4 장 사회 계층과 불평등

제 1 절 사회불평등 현상과 계층화의 이해

1 사회불평등 현상

1) 사회불평등 현상의 의미

불평등은 부(富, wealth), 권력(power), 사회적 위신(prestige) 등에 대해 각각 다른 기회를 누리는 인간이나 집단들이 맺고 있는 불공평한 관계를 말한다. 사회불평등이란 어떤 사회 속의 개인들이 평등한 사회적 지위를 갖지 못한 상태를 말한다.

그러면 사회불평등 현상은 왜 생겨날까? 프랑스의 근대 계몽사상가인 루소(Jean Jacques Rousseau)는 인간의 불평등을 자연적·신체적 불평등과 사회적·정치적 불평등으로 나눠 설명했다. 그는 사유재산이 인간의 사회적·정치적 불평등을 낳는 근본 원인이라고 했다. 사회불평등의 첫 번째 이유는 사람이 살아가는 데 필요한 자원이 한정돼 있기 때문이다. 만일 자원이 무한정 존재한다면 서로 다툴 것도 없이 다 같이 마음껏 쓰고 살면 된다. 하지만, 사실상 쓸 수 있는 자원의 양에는 한계가 있기 때문에 자원을 가질 수 있는 하나의 기준을 정해서 그 기준에 따라 어떤 이는 남보다 많이 갖기도 하고 어떤 이는 남보다 적게 갖기도 하는 것이다. 조금 어려운 말로 '자원의 희소성'이 사회불평등 현상을 만든다고 할 수 있다.

자원의 희소성과 더불어 사회불평등 현상이 발생하는 두 번째 이유는 개인마다 능력, 학력에 차이가 있기 때문이다. 우리 사회를 구성하는 개개인의 능력이나 학력은 모두 다르다. 보통 사람들은 개인의 능력이 뛰어날수록 사회에 더 많은 기여를 할 수 있다고 보기 때문에 능력이 뛰어난 사람들은 오라는 곳도 많고 높은 임금을 받을 수도 있다. 이처럼 개인마다 다른 능력과 학력으로 인해 사회적 지위와 서열이 정해지고, 이에 따라 한정된 자원이 다르게 분배됨으로써 사회불평등 현상이 일어나게 된다.

이러한 사회불평등 현상은 개인 간에 나타나기도 하고, 집단 간에 나타나기도 한다. 먼저 개인 간에 나타나는 사회불평등 현상은 대부분 개인의 특성 혹은 하는 일의 중요성이나 희소성에 따라 나타난다. 같은 나이에 같은 학교를 졸업한 의사여도 수술을 더 잘하는 의사는 더 많은 돈을 받고 수술을 못하는 의사는 더 적은 돈을 받는 경우가 많다. 하지만 개인의 특성이나 능력과 관계없이 때로는 출신 지역이나 성별에 의해 개인 간 사회적 불평등이 발생하기도 한다. 병원 원장과 같은 지역 출신이라고 해서 혹은 남자라고 해서 더 많이 인정받고 돈은 더 받는 경우가 생기는 것이다.

사회불평등 현상은 집단 수준에서도 나타난다. 집단의 특성에 따라 사회적 희소가치가 불평등하게 배분되거나 사회적 보상의 정도가 달라지는 경우가 있다. 보통은 사회적인 인식에 따라 집단 간의 불평등 현상이 발생하게 된다. 예를 들면, 여러 인종이 섞여 살고 있는 미국 사회에서는 아직까지 백인이 흑인보다 우월하다는 인식이 있어서 백인이 흑인보다 중요한 일을 맡는 경우가 많고 임금도 훨씬 많다. 이러한 집단 간의 사회불평등 현상은 남자와 여자, 장애인과 비장애인, 빈곤층과 중산층 및 부유층 등 다양한 집단적 범주 사이에서 나타날 수 있다.

사회불평등 현상은 어느 사회에서나 존재하기 마련이다. 앞서 사회불평등 현상을 발생하게 만드는 요인 중의 하나는 사회적 자원이 희소하기 때문이라고 했다. 그런데 사회적 자원이 희소한 것은 어느 사회이든지 마찬가지다. 그러므로 사회불평등 현상이 없는 사회는 이 세상에 없다. 사회불평등 현상이 없는 이상향을 말하는 '유토피아', 즉 완전한 평등 사회를 찾는 것은 불가능하다고 할 수 있다.

그런데 어느 사회에나 사회불평등 현상이 존재한다고 해서 마냥 내버려 둘 수만은 없다. 사회불평등 현상의 정도가 심해지면 사회적으로 갈등이 발생해 큰 문제가 되기 때문이다. 그러므로 대부분의 사회는 이런 사회불평등 현상의 정도를 완화하기 위해 상당히 많은 정책적 관심을 기울이고 있다.

2) 사회불평등 현상의 유형

사회불평등 현상은 희소한 사회적 자원 때문에 나타나는데, 이 사회적 자원에는 다양한 종류가 있다. 이렇게 다양한 사회적 자원만큼 사회불평등 현상도 다양하게 나타난다. 여기에는 재산, 소득을 둘러싸고 일어나는 경제적 측면의 불평등 현상도 있고, 권력을 두고 일어나는 정치적 측면의 불평등 현상도 있다. 또한 지식, 교육, 명예 등의 희소자원을 놓고 일어나는 사회 · 문화적 측면의 불평등 현상도 존재한다.

첫째, 경제적 불평등은 돈이라는 희소한 자원, 즉 재산이나 소득 분배가 불평등하게 나타나서 발생하는 현상이다. 누구나가 똑같이 돈을 가질 수는 없다는 사실은 모두가 알고 있다. 세계 제일의 갑부인 빌 게이츠(Bill Gates)는 약 63조 8천억 원이 넘는 재산을 가지고 있고, 하루에만 120억 원 이상의 어마어마한 돈을 벌어들인다고 한다. 반면 길거리에서 폐휴지를 줍는 할머니, 할아버지들은 재산이 아예 없는 경우가 많고, 하루 만 원도 채 안 되는 소득으로 겨우 입에 풀칠만 하면서 어렵게 살아가기도 한다.

둘째, 정치적 불평등은 '권력'이라는 희소한 자원의 배분이 불평등하게 나타나서 일어나는 현상이다. 권력은 "타인의 의사에 반해 그 사람을 복종시키는 힘"이다. 우리 사회에서 높은 자리에 앉아서 말 한마디로 다른 사람의 운명을 좌지우지할 수 있는 사람이 있는가 하면, 반대로 남의 말 한 마디에 앞날이 결정되는 사람도 있다. 여기서 정치적 불평등이 존재함을 발견할 수 있다.

셋째, 우리 사회에는 사회 · 문화적 불평등도 존재한다. 사회 · 문화적 불평등은 사회적 희소자원인 명예나 위신이 사람마다 불평등하게 배분되어 나타나는 현상이다. 이러한 사회 · 문화적 불평등은 주로 교육 기회의 불평등이나 사회적 소수자에 대한 불평등과 관련해 나타난다. 우리나라에서 초등학교나 중학교만 졸업한 사람들은 사회에서 부당한 대우를 받는 경우가 많다. 반면, 교육을 많이 받은 사람들은 학식이 높다는 이유로 사회적 존경을 한 몸에 받는다. 장애인이나 외국인 노동자들은 비장애인과 다르다는 이유로 혹은 내국인이 아니라는 이유로 사회적으로 부당한 대우를 받곤 한다.

넷째, 최근에는 정보통신이 발달함에 따라 정보 불평등도 발생하고 있다. 정보 불평등에서의 사회적 희소자원은 '정보' 그 자체인데 이러한 정보가 각 개인들에게 차등적으로 분배돼 있는 것을 바로 정보 불평등이라 할 수 있다. 정보 불평등에는 정보 기기에 대한 접근 기회의 불평등과 고급 정보에 대한 접근 기회의 불평등이 있다. 우선 정보 기기에 대한 접근 기회의 불평등은 말 그대로 정보 기기, 즉 컴퓨터 구입 비용 및 인터넷 통신 요금을 부담할 능력이 없거나 정보 활용 능력이 없어서 발생하는 불평등이다. 그런데 아무리 정보 기기에 대한 접근이 보장된다고 해도 '질 좋은' 정보를 얻을 수 있는 기회는 한정돼 있는데, 이것을 고급 정보에 대한 접근 기회의 불평등이라고 한다. 고급 정보를 얻는 사람은 쉽게 사회적 자원을 얻을 수 있지만, 그렇지 못한 사람은 사회적 자원을 얻을 수 없다.

2 사회계층 현상

1) 사회계층 현상의 의미

현대 사회에는 젊은 시절의 홍길동이나 허준을 힘들게 만들었던 양반과 상민의 구분이 사라졌지만 계층의 차이는 엄연히 존재한다. 사회계층 현상이란 사회적 희소가치가 불평등하게 분배돼 개인 및 집단이 서열화돼 있는 현상이다. 사회불평등 현상이 굳어지면 사회계층 현상이 발생하게 된다. 사회계층 현상에서 각 계층은 마치 암석의 층처럼 고정돼 있고 각 계층마다 사회적 자원에 접근할 수 있는 기회가 차등적으로 주어지게 된다. 예를 들어 조선 시대에 우리나라의 계층은 백정, 노비와 같은 천민을 제외하고는 양반과 중인, 상민으로 나뉘어 약 600여 년 동안 단단하게 지속돼 왔다. 이 체제 아래에서는 양반들은 정치에 참여해 권력이나 부(富)를 누릴 수 있었지만 양인(良人)들은 이러한 기회가 사회 구조적으로 제한돼 있었다. 이와 같이 사회계층 현상은 사회 구조적으로 사람들에게 사회적 희소 가치에 접근할 수 있는 기회 자체를 제한한다.

2) 사회계층제도의 유형

사회계층 현상이 사회 전반에 받아들여져서 제도로 정착되면 사회계층제도가 형성된다. 사회계층제도는 사회마다 다양한 모습으로 나타나고 있는데, 각 계층을 구분짓는 요소와 계층 간의 이동이 얼마나 자유로운가에 따라 몇 가지로 나뉘게 된다. 대표적인 사회계층제도로는 카스트제도, 신분제도, 계급제도 등이 있다.

카스트제도는 혈연에 의해 계층이 나뉘고 계층 간의 이동이 불가능한 폐쇄적인 사회계층제도다. 즉, 태어나면서부터 부모님의 계층에 의해 자신의 사회적 계층이 정해지는 제도다. 노예제도는 말 그대로 노예라는 존재를 가지고 성립된 사회계층 제도로, 계층이 형성되는 방법도 다양하며 사회 이동의 가능성도 사회에 따라 다양하다. 즉, 노예는 다양한 이유로 다양한 사회에서 발생한 만큼 노예제도의 양상도 다양하게 나타났다. 고대에는 정복전쟁이 많이 발생해 점령당한 지역의 주민들이 전쟁 노예로 끌려가는 경우가 많았다. 근대에는 아프리카나 아메리카의 원주민들이 백인들에 의해 끌려가 노예가 되기도 했다. 조선 시대 말기에 보듯이 얼마의 돈을 주거나 공을 세우면 노예 신분에서 벗어날 수 있는 사회도 있었다.

한편 신분제도에서 계층은 대체로 혈연 관계에 의해 세습돼 결정되는 경우가 많았고, 계층 간의 사회 이동은 가능하나 제한적이었다. 신분제도의 대표적인 예로 조선 시대의 '반상(班常) 제도'가 있다. 반상 제도 하에서는 양반 집에서 태어나면 양반, 상민 집에서 태어나면 상민이 돼야 했다. 하지만 조선 시대에는 매우 제한적이기는 하나 신분 상승을 통한 사회 이동이 가능했다. 대표적으로 과거제도를 들 수 있는데, 과거 응시는 양반집의 자제들에게만 허용된 것이 아니라 법적으로 천민이 아닌 이상 누구나 과거에 응시할 수 있었다. 그렇기 때문에 평범한 농민도 과거에 응시해 합격하기만 하면 양반이 될 수 있었다. 하지만 상민들의 경우에는 먹고 살기 바빠 과거 시험을 준비할 여유가 없었기 때문에 실제로 과거에 합격해서 신분 상승을 하는 사람은 거의 없었다.

현대 자본주의가 발달하면서 나타난 계급 역시 사회계층 현상의 원인이 된다. 이런 계급제도는 개인의 능력과 노력에 따라 사회적 지위가 결정되며 계급 간 사회 이동이 가능한 제도다. 현대 자본주의 사회에서는 어려운 가정 환경에도 불구하고 개인이 부단한 노력을 통해 더 높은 사회계층으로 사회 이동이 가능하다. 이처럼 현대 사회에서는 개인의 능력과 노력이 지위 결정 및 사회 이동의 주요한 요인이 되고 있는 것이다. 계급제도는 사회학에서 중요하게 다루는 '계급'과 '계층'을 포함한다.

3) 계급과 계층의 이해

(1) 계급

계급(class)이란 근대 자본주의의 경제적 불평등 구조를 일컫는 말로 경제적 요소만을 기준으로 서열화된 위치 혹은 집단을 말한다. 이 개념을 처음 도입한 사람은 마르크스(Karl Marx)인데, 그가 말하는 경제적 요소란 구체적으로는 생산 수단의 소유 여부를 의미한다. 생산 수단이란 상품이나 서비스를 만들어 낼 수 있는 도구나 기계 같은 것들을 의미하며, 사회 내의 개인이나 집단이 생산 수단을 소유했을 경우 자본가 계급인 부르주아 계급에, 그렇지 못했을 경우 노동자 계급인 프롤레타리아 계급에 속하게 된다. 이렇게 계급은 불평등을 불러오는 다양한 요소 중 경제적 요소 하나만을 기준으로 삼기 때문에 일원론적 관점이라고도 불린다.

마르크스는 계급과 계급 사이의 이동이 제한되며, 계급들 사이의 이해 관계가 대립돼 사회는 갈등과 긴장 상태에 놓이게 된다고 보았다. 부르주아는 생산 수단을 가지고 있다는 이유 하나만으로 일도 하지 않으면서 프롤레타리아의 몫을 빼앗으려고 한다. 이 상황에서 부르주아는 프롤레타리아의 몫을 빼앗아 계속 생산 수단을 소유한 부르주아로, 자신의 몫을 빼앗긴 프롤레타리아는 계속 가난한 프롤레타리아로 살게 된다. 이러한 상황에서 프롤레타리아는 자신의 몫을 되찾기 위해 투쟁함으로써 부르주아와 프롤레타리아가 서로 대립하는 상황이 발생하게 된다. 이렇게 두 계급은 서로 적대적 관계로서 각 계급에 속한 사람들은 다른 계급에 대해서는 강한 적대 의식을, 그리고 자신의 계급에 대해서는 강한 계급 의식을 느끼게 된다. 이처럼 경제적인 요인으로 사회계층 현상을 설명한 '계급'은 생산 수단과 같은 경제적 자원을 놓고 일어나는 집단 간의 대립 현상을 설명할 때 유용한 개념이다.

(2) 계층

계층(stratification)은 넓은 의미에서 모든 형태의 불평등 체계를 일컫는 보편적 개념이기도 하지만, 좁은 의미에서는 개방성의 정도가 높고 사회 이동의 가능성이 큰 현대 산업사회의 불평등 체계를 일컫는다. 그래서 경제적 측면을 주로 해석하는 계급 개념과는 달리 계층 판별의 기준은 다양해진다. 이렇게 볼 때 계층이란 경제적 요소, 정치적 요소, 사회적 요소와 같은 다양한 사회적 자원을 고려해 서열화된 위치 혹은 집단을 뜻한다.

계층이론은 독일의 사회학자인 베버(Max Weber)에 의해 고안됐는데, 그는 계층이란 다양한 사회적 희소가치에 의해 서열화된 집단이라고 봤다. 여기서 말하는 사회적 희소가치의 대표적 요소로는 경제적 요소인 계급(class, property, 재산), 정치적 요소인 권력(power), 사회적 요소인 지위(status, prestige, 위신)가 있다. 때로는 이 세 가지 이외에 교육 수준이나 직업도 고려 대상에 포함된다.

계층이론은 경제적 요소뿐만 아니라 사회적·정치적 요소 등 다양한 요소를 고려하기에 다원론적 관점이라고도 한다. 계층은 계급이 고려하는 경제적 측면도 포함한다는 점에서 계급이론을 포함한다고도 볼 수 있다. 예를 들어 마르크스적 분류에 따르면 대학 교수는 생산 수단을 소유하지 못했으므로 노동자 계급에 속하게 된다. 하지만 베버의 계층이론에 따르면 커다란 부는 얻지 못한다고 해도 사회적인 명예와 지위를 인정받는 대학 교수는 상류 계층으로 분류될 수 있다. 그리고 계층의 경우 상류층 다음에 바로 하류층인 것이 아니라 중간에 중류층이 존재해 줄을 세우기 때문에 단절되지 않고 연속적이며 서열적인 것이다.

계급이 생산 수단의 소유 여부에 의해 두 계급으로 명확하게 나뉘었던 것과 달리 계층은 특정 개인이나 기관이 임의적으로 정한 범주에 불과하다. 상류층, 중류층, 하류층을 나누는 절대적인 기준이 있는 것이 아니라 연구하거나 조사하는 사람이 정하는 기준에 따라 달라진다는 말이다. 그래서 계층 간 구분은 언제든지 바뀔 수 있다.

4) 사회계층 현상을 보는 두 가지 관점

(1) 기능주의적 입장

기능주의의 핵심은 모든 사회의 구성 요소가 각자의 기능을 충실히 함으로써 사회 안정과 질서 유지에 기여한다는 것이다. 기능주의에서는 사회계층 현상도 사회 구성 요소의 하나로서 사회를 안정시키고 질서를 유지하는 데 중요한 역할을 한다고 본다. 기능주의는 사회계층 현상이 사회 질서 유지와 발전을 위해 불가피한 현상이라고 말한다. 또한 사회계층 현상이 개인이 열심히 노력할 수 있게 동기를 유발하고 인재를 적재적소에 배치함으로써 사회의 발전에 기여한다고 본다.

기능주의는 두 가지를 전제로 한다.

첫째는 사람마다 하는 일은 다양한데, 이 다양한 일이 각각 사회에 기여하는 기능적 중요성이 달라 각 직업 간의 보상이 다르다는 것이다.

둘째는 특정한 일을 할 수 있는 사람의 수는 제한돼 있다는 것이다. 기능적으로 중요한 일은 대체로 어렵고 이러한 일을 수행하기 위해서는 더 많은 훈련을 받아야 한다. 그런데 기능적으로 중요한 일을 할 수 있는 인재가 흔한 것이 아니다. 그래서 사회는 재능있는 사람이 꼭 기능적으로 중요한 일을 하도록 해야 하는데 재능있는 사람이 시간과 비용 및 노력을 투입해서 그 일을 할 수 있도록 유인하려면 높은 보상을 해야 한다. 여기서 보상은 경제적 보상뿐만 아니라 위신이나 권력 등 다양한 측면의 보상을 포함한다. 결국 직업의 기능적 중요도에 따라 보상이 다르게 되면서 사회계층이 생겨나게 되는 것이다.

기능주의에서 바라보는 사회계층 현상의 첫 번째 역할은 구성원들 개인이 사회에 미치는 기여도에 따라 합리적인 보상을 함으로써 사회를 안정시키고 발전시키는 것이다. 그런데 이런 차등적 보상은 사회 구성원들의 합의와 동의에 의해 합법적으로 이뤄진다. 즉, 대다수의 사회 구성원은 기능적 중요도에 따른 차등적 분배가 공정하다고 생각하고 있기 때문에 이 사회계층 현상이 지속될 수 있는 것이다.

사회계층 현상의 두 번째 역할은 차별적 보상을 통해 개인과 사회가 최선의 기능을 할 수 있도록 동기를 부여하고, 인재를 적재적소에 배치한다는 점이다. 각 분야에 적합한 능력과 자질을 갖춘 사람들이 해당 분야와는 동떨어진 일을 하게 된다면 개인적으로도 불행한 일이지만 사회적으로도 엄청난 손실이 발생할 것이다. 사회계층 현상은 능력을 갖춘 인재를 적재적소에 배치함으로써 개인과 사회 모두 자신의 역량을 최대한으로 발휘하게 만드는 것이다.

(2) 갈등론의 입장

갈등론의 입장에서는 사회가 희소한 자원을 둘러싸고 대립하는 집단들로 구성돼 있고, 지배 계급은 피지배 계급을 계속 지배하기 위해 불공평한 사회 구조를 만들어 간다고 본다. 사회계층 현상이 지배층과 피지배층 사이의 대립과 갈등을 발생시켜 사회 통합에 악영향을 미치는 것으로 파악한다. 갈등론의 입장에서 보면 계층이라는 것이 겉보기에는 개인의 능력과 자질에 따라 결정되는 것처럼 보이지만 사실은 지배집단이 기득권을 유지하기 위해 만들어 낸 것에 불과하다고 주장한다. 지배집단이 자기들에게 유리하도록 각 과업들의 중요도를 마음대로 정해놓았다는 얘기다.

예를 들어 의사와 환경미화원을 생각해 보자. 의사는 아픈 사람을 치료하는 역할을 하고, 환경미화원은 거리를 청소하는 역할을 한다. 일반적으로는 사람의 생명을 살리는 일이 거리를 청소하는 것보다 중요하게 여겨진다. 하지만 과연 그럴까? 의사가 없다면 아픈 사람들은 큰 불편을 겪어야 하겠지만 환경미화원이 없을 때도 불편을 겪기는 마찬가지다. 불편하기는 마찬가지인데 누가 자신있게 이 둘 중 하나가 다른 하나보다 더 중요하다고 말할 수 있는 것인가? 이렇게 환경미화원의 중요도가 낮게 평가되는 것은 순전히 지배집단의 판단 때문이라는 것이 갈등론의 입장이다. 남보다 먼저 기득권을 차지하고 높은 수준의 교육을 받은 지배집단이 자기들에게 유리한 방향으로 사회적 자원에 가치를 부여한다는 것이다. 이런 관점으로 보면 교육 수준이 높을수록 좋은 직업을 얻는 것이나, 정신노동이 육체노동보다 높은 보수를 받는 것은 합리적 근거가 전혀 없으며, 순전히 지배집단의 의도에 따라 결정된 결과인 셈이다.

인재를 적재적소에 배치할 수 있다는 기능주의적 입장과는 달리, 갈등론의 입장에서는 기회의 불평등으로 인해 기존의 불합리한 사회 구조가 계속 유지된다고 본다. 왜냐하면 높은 봉급을 받는 직업에 대한 접근 기회가 개인의 자질, 노력, 능력보다는 가정 배경에 따라 불공정하게 제한되기 때문이라는 것이다.

이렇게 특정 집단의 이해 관계에 의해 불합리하게 자원의 배분이 결정되기 때문에 사회계층 현상은 사회 구성원들에게 상대적 박탈감(relative deprivation)을 안겨줄 뿐이다. 이런 식으로 사회가 지속되면 피지배집단의 불만이 계속 쌓여가게 돼 지배집단에 대한 반발이 생겨날 것이고, 결과적으로 집단 간의 대립이 심해질 것이다. 결국 갈등론적 관점에서 봤을 때 사회계층 현상은 반드시 사라져야 할 부정적인 관습으로 평가된다.

제 2 절 사회계층 구조와 사회 이동

1 사회계층 구조의 의미와 유형

사회계층 구조는 한 사회의 희소한 자원이 불평등하게 분배된 사회계층의 모습이 일정한 구조로 짜여 정형화된 형태를 말한다. 즉, 사회계층 구조는 한 사회의 희소한 자원을 동등하게 갖고 있는 계층이 사회적으로 어떻게 나타나는지를 보여주기에, 사회적으로 희소한 자원이 어떤 형태로 분배돼 있는지를 잘 보여준다. 이런 사회계층 구조는 구성원의 비율에 따라 그리고 사회의 이동 가능성에 따라 구체적으로 설명해 볼 수 있다.

1) 계층 구성원 비율에 따른 사회계층 구조

(1) 피라미드형 계층 구조와 다이아몬드형 계층 구조

사회계층 구조는 계층 구성원의 비율에 따라 피라미드형 계층 구조와 다이아몬드형 계층 구조로 구분할 수 있다. 먼저 피라미드형 계층 구조는 아래로 갈수록 넓어지는 피라미드의 생김새대로 하류층으로 갈수록 계층 구성원의 비율이 높아지는 구조다. 다시 말해서, 수적으로 극소수에 불과한 상류층이 사회의 부(富)와 자원을 대부분 독점하게 되는 구조인 것이다. 이런 구조는 주로 전근대적이고 폐쇄적인 사회나 오늘날의 개발도상국에서 찾아볼 수 있다. 전근대 사회에서 상류층은 아무런 노력 없이 지배집단에 속하는데다가 생산적인 일이라고는 하지 않고 풍류로 세월을 보내니 이들을 다 먹여 살리려면 하류층의 수가 많아야 했다.

그리고 다이아몬드형 계층 구조는 상류층과 하류층의 비율은 작고 중간층의 비율이 높은 구조다. 중간층의 비율이 높기 때문에 중간층이 상층과 하층 사이에서 완충 작용을 함으로써 다른 사회들보다 비교적 안정돼 있고, 사회 통합에 유리한 형태를 갖는다. 또한 다른 계층 구조보다 민주주의가 발전할 가능성이 더 크다. 이런 다이아몬드형 계층 구조는 사회 이동이 자유로운 현대 복지사회, 개방사회, 산업사회에서 주로 나타나는 계층 구조다.

(2) 다이아몬드형 계층 구조의 형성 원인

다이아몬드형 계층 구조가 형성된 원인은 신분제도의 폐지, 의무교육의 확대 시행 등으로 하류층이 중산층이 될 수 있는 기회를 만들어 줌으로써 중산층의 수를 늘릴 수 있게 된 때문이다. 그 외 다이아몬드형 계층 구조가 형성된 다른 이유는 산업화가 진행되고 사회 각 부분의 기능이 분화되는 과정에서 전문직, 관리자, 사무직 등 중간관리 계층이 늘어났기 때문이다. 예를 들어 농경 위주의 사회였던 전통 사회에서는 경제적으로 땅을 가진 지주와 농사를 지어 소작료를 내는 소작농으로 나뉘어 있었다. 하지만 산업사회가 도래하면서부터 중간 계층이 크게 늘어났다. 대기업의 경우 회장과 사원 사이에 사장, 상무, 이사, 부장, 차장, 과장, 대리 등 굉장히 많은 중간관리 계층이 있다. 바로 이 중간관리 계층이 경제적으로도 중산층을 형성하게 된 것이다. 또한 경제적 혹은 사회적으로 중간층이라 할 만한 여러 가지 다양한 직업이 새로이 등장했기 때문이기도 하다.

정부의 복지정책 역시 다이아몬드형 계층 구조의 형성에 기여했다. 산업사회가 진행되면서 정부에서는 전반적인 복지 수준을 높이고 계층 간의 격차를 줄이려고 노력해 왔다. 그래야만 사회 분위기가 안정되고 불필요한 갈등을 제거해 순조롭게 사회가 발전할 수 있기 때문이다. 예를 들어 생활이 어려운 하류층에 생활비를 보조해 준다거나 소득에 따라 세율을 정하는 누진세율의 시행은 사회의 경제적 격차를 줄이고 다이아몬드형 계층 구조를 형성하는 데 기여해 왔다.

2) 사회 이동 가능성에 따른 사회계층 구조

사회계층 구조는 사회 이동의 가능성과 조건에 따라 폐쇄적 계층 구조와 개방적 계층 구조로 구분할 수도 있다. 폐쇄적 계층 구조란 말 그대로 계층 간의 사회 이동 가능성이 차단돼 있는 계층 구조를 말한다. 폐쇄적 계층구조 하에서는 태어날 때부터 타고난 지위, 즉 귀속 지위에 의해 계층이 정해지며 한 번 정해진 계층적 위치가 바뀔 가능성은 거의 없다고 할 수 있다. 다시 말해, 세대 간 이동이 불가능하며 세대 내의 이동도 거의 제한돼 있다고 할 수 있다. 또한 수직적 계층 이동은 불가능하며, 다만 수평적 이동만이 일어날 수 있다. 이런 사회에서는 혁명 등을 통해 사회 구조 자체가 완전히 변하지 않는 이상 사회 이동이 거의 불가능하다고 할 수 있다. 조선의 신분제도, 인도의 카스트제도, 고대 노예제도, 중세의 봉건제도 등이 폐쇄적 사회 구조의 예라고 할 수 있다.

한편 개방적 계층 구조는 성취 지위를 기준으로 삼는 계층 구조라고 할 수 있다. 즉, 태어날 때 어떤 계층에 속해 있느냐는 중요하지 않고, 그 이후에 자기 의지로 무엇을 이뤘느냐가 중요하다. 따라서 개방적 계층 구조에서는 세대 간, 세대 내 이동의 가능성이 높다. 전통 사회에서의 신분제가 폐지된 이후 대부분의 현대 사회가 이러한 개방적 계층 구조의 형태를 지니고 있다고 할 수 있다. 물론 전통 사회에서도 어느 정도는 개방적 계층 구조가 나타나기도 했다. 예를 들어 우리나라 조선 후기에는 족보를 사고 팔면서 평민이 양반으로 신분이 상승하는 경우가 종종 있었다.

2 사회 이동의 의미와 유형

1) 사회 이동의 의미

사회계층 구조에서 개인과 집단의 위치가 변화하는 현상을 사회 이동(social mobility)이라고 한다. 자원의 불평등한 분배 상태에 따라 개인은 어느 한 계층에 속하게 된다. 하지만 개인이 속해 있는 소속 집단이 항상 고정돼 있는 것은 아니다. 때로는 본인의 노력 여하에 따라, 또는 사회의 구조적 변화에 따라 이 집단에서 저 집단으로 옮겨갈 수도 있다. 특히 귀속 지위가 중시되던 전근대 시대와는 달리, 성취 지위가 중시되는 현대 사회에서 사회 이동이 일어날 가능성이 높다. 또한 정적(靜的)인 농촌 사회보다는 동적(動的)인 도시 사회에서 사회 이동이 더욱 뚜렷이 나타난다.

2) 사회 이동의 유형

(1) 이동 방향에 따른 분류: 수직 이동과 수평 이동

사회 이동은 이동 방향에 따라 수직 이동과 수평 이동으로 나뉜다. 수직 이동

(vertical mobility)은 계층적 위치가 위, 아래로 변화하는 것을 말한다. 즉, 계층이 바뀌는 계층 간 이동을 의미한다. 가난한 집안에서 태어났지만 열심히 공부해서 판검사가 됐다거나, 불우한 학창 시절을 보냈지만 춤과 노래에 재능이 있어 가수로 성공한다든지 하는 경우가 있다. 이를 상향 이동(upward mobility)이라고 한다. 물론 반대로 계층적 위치가 하강하는 경우도 있다. 사업을 하다가 실패했을 경우, 부유한 집에서 태어났지만 낭비를 일삼다가 결국 가진 재산을 다 날려버리는 경우에는 계층이 위에서 아래로 떨어지게 된다. 이런 이동을 하향 이동(downward mobility)이라고 한다. 일반적으로 계층 구조가 개방적일수록 수직 이동의 가능성이 높아진다.

수평 이동(horizontal mobility)은 계층적 위치의 높낮이는 바뀌지 않은 상태에서 비슷한 위치의 다른 직업이나 소속으로 옮겨가는 것을 말한다. 즉, 같은 계층 안에서 이동이 일어나는 계층 내 이동이다. 회사 내에서 과장이라는 직급은 유지하되 소속 부서만 물류팀에서 기획팀으로 옮기는 것은 수평 이동이라고 할 수 있다. 즉, 계층적 지위에는 변함이 없는 사회 이동을 의미한다.

(2) 이동 기간에 따른 분류: 세대 간 이동과 세대 내 이동

사회 이동은 이동 기간에 따라 세대 간 이동과 세대 내 이동으로 구분할 수도 있다. 세대 간 이동(intra-generational mobility)이란 한 세대와 그 다음 세대 간에 계층적 차이가 존재하는 것을 의미한다. 세대 간 이동의 예로 부모 세대에는 비교적 낮은 계층에 속해서 어렵게 살았는데, 그 자식 세대에는 성공해서 돈도 벌고 명예도 얻고 해서 높은 계층에 속하게 됐을 때를 들 수 있다. 소위 말하는 자수성가한 사람들이 전부 여기에 속하는 것이다. 뒷받침해 줄 만한 타고난 배경, 다시 말해 부모의 도움이 전혀 없는 상태에서 자기 자신의 노력과 의지로 성공해 높은 자리에 오른 사람들이기 때문이다. 만약 세대 간 이동이 잘 일어나지 않는다면 이전 세대와 다음 세대 간의 계층이 같아지기 때문에 지위가 계속 세습될 가능성이 크다.

세대 내 이동(intergenerational mobility)이란 한 개인의 생애에 걸친 계층적 위치 변화를 말한다. 연암 박지원이 쓴 『허생전』의 주인공은 처음에는 글만 읽을 줄 아는 선비에서 장사꾼으로, 섬마을의 통치자로, 초야에 묻힌 은둔자로 한 사람의

생애 동안 다양한 계층의 변화가 있었다. 이게 바로 세대 내 이동이다. 실직을 당해 어려움을 겪던 사람이 기발한 아이디어로 창업해서 성공하는 경우, 반대로 잘 돌아가던 공장이 문을 닫게 돼 사장이던 사람이 순식간에 거리로 내몰리게 된 경우 모두 세대 내 이동의 예로 볼 수 있다.

(3) 이동 원인에 따른 분류: 개인적 이동과 구조적 이동

이동의 원인이 누구에게 있는가에 따라 사회 이동은 개인적 이동과 구조적 이동으로 나뉜다. 개인적 이동은 주어진 사회계층 구조에는 아무런 변화가 없는 상태에서 순전히 개인의 의지와 노력으로 만들어 낸 이동을 말한다. 만약 개인의 노력에 의해 사회계층적 위치가 변할 수 있다면 누구나 다 출세를 꿈꾸며 열심히 공부하고 일할 것이다. 이처럼 개인적 이동이 활발한 사회에서는 개인이 노력할 동기가 유발되고 개인의 자기 계발을 유도해 사회는 발전하게 된다. 하지만 이런 개인적 이동이 제한될 경우에는 각 계층 간의 갈등이 심화돼 사회 통합에 어려움을 겪게 된다.

구조적 이동은 사회 자체의 변동에 의해 기존의 사회계층 구조가 변하는 과정에서 발생하는 이동을 말한다. 예를 들어 국제통화기금(IMF)으로부터 구제금융을 지원받던 시기에는 국내 거의 모든 기업이 구조 조정을 단행했는데, 이때 발생한 실업자들은 개인의 실력이 떨어진다거나 노력이 부족해서라기보다는 사회의 전반적인 상황 때문에 직장 밖으로 내몰린 경우라고 할 수 있다. 또한 갑오개혁 이후 천민의 신분이 사라지고 모든 사람이 평등해진 것도 구조적 이동으로 볼 수 있다.

3 사회 이동의 결과

사회 이동의 결과에 따라 개인은 만족감 또는 좌절감을 느끼게 된다. 기존의 사회적 지위에서 상향하는 사회 이동을 하는 사람들은 만족감을 느낄 것이고, 반대로 하향하는 사회 이동을 하는 사람들이나 또는 사회 이동을 원했지만 그렇지 못한 사람들의 경우에는 좌절감을 느끼게 된다. 또한 사회 이동의 결과로 가족, 친구와 같은 원초집단과의 단절을 가져올 수도 있다. 예를 들어 자수성가한 사람이 여

전히 하류층인 자신의 부모나 친구들을 창피해하고 멀어지고 싶어하는 경우가 발생할 수 있다. 그리고 개인의 사회 이동에 대한 열망과 실제 사회 이동 기회 사이에 차이가 있을 때, 사회적 혼란과 갈등이 발생할 수도 있다. 개인이 상류층으로 올라가고 싶지만 그럴 방법이 없을 때 절도나 상류층을 표적으로 한 범죄가 늘어나는 등의 혼란과 갈등이 발생하기도 한다.

반면 사회 이동으로 사회적 통합이 이뤄질 수 있다. 누구에게나 공평한 기회가 주어지고 능력 있는 사람을 우대해 주는 개방형 계층 구조가 폐쇄형 계층 구조에 비해 사회 통합 수준이 높다는 연구 결과도 있다. 그만큼 사회 이동이 활발히 이뤄지는 사회가 더 '공정한' 사회로 인식되기 때문이다. 오늘날 대부분의 민주주의 사회에서는 사회 구성원들에게 공평한 기회를 제공해 주고, 그 속에서 공정한 경쟁에 따라 사회 이동을 할 수 있도록 장려하고 있다.

제 3 절 사회복지와 복지제도

1 사회복지의 의미와 복지제도의 발달

복지사회, 복지국가, 오늘날 많은 사람에 의해 회자되는 말이다. 오늘날 많은 사람이 복지정책의 필요성을 역설하고 있으며 문제점을 지적하기도 한다. 그렇다면 '복지'의 의미는 무엇인지 그리고 구성원들의 복지를 위해 우리 사회가 나아갈 길은 무엇인지 알아보도록 하자.

1) 사회복지의 의미

사회복지(social welfare)란 사회 구성원들이 행복하게 생활할 수 있도록 해 주는 사회 체계다. 사회 구성원들이 행복하려면 어떻게 해야 하는 것일까? 사람이 행복하게 살아가기 위해 물질적으로 부족함이 없는 것도 중요하지만 정신적인 행복도 중요하기 때문이다. 이를 종합해 보면 사회복지는 사회 구성원들이 물질적 · 정신적으로 행복을 느낄 수 있도록 해주는 사회 체계라고 할 수 있다.

'사회복지'라는 개념은 자본주의의 폐해가 심화되는 가운데 이를 극복하기 위해 만들어졌다. 초기 자본주의 사회는 스미스(Adam Smith)가 주장한 '자유방임주의'의 원칙에 의해 정부의 간섭 없이 개인 간의 자유 경쟁을 추구했다. 당연히 경쟁에서 승리하는 사람들이 있다면 패배하는 사람도 있기 마련이다. 문제는 이런 승리자들은 소수인데 반해, 경쟁에서 뒤처지는 사람들이 다수라는 데 있다. 경쟁에서 뒤처진 집단은 인간으로서 누려야 하는 최소한의 삶조차 보장받지 못한 채 힘겹게 살아갔다.

이런 상황에서 '사회주의'라는 개념이 등장하게 됐다. '자유'보다는 '평등'을 추구하는 사회주의 이념 때문에 경쟁에서 뒤처진 많은 사람, 특히 노동자들이 사회주의를 따르게 됐다. 이에 사회주의와 경쟁하던 자본주의는 사회주의 편으로 돌아선 노동자들을 다시 자기 편으로 만들기 위해 인간의 존엄성과 행복한 삶을 살 권리를 국민의 기본적 권리로 인정하는 '사회복지'의 개념을 만들어 냈다.

그리고 국가 주도로 사회복지를 실현하려는 '복지국가론'이 확산됐다. 복지국가론에서는 국가가 최소한의 인간다운 생활을 보장해 국민들에게 일정한 생활 수준을 유지시켜 주어야 한다고 주장한다. 이전까지의 국가는 국민이 굶어죽거나 말거나 최소한의 치안만 담당하던 야경국가였다. 그런데 이제는 국가가 교육, 주택, 소득 재분배, 의료 등 국민의 삶의 질을 높일 수 있는 각종 제도를 마련해 국민들에게 제공해야 하는 복지국가가 되는 것이 마땅하다는 것이다.

2) 복지국가의 유형

복지국가는 탈(脫)상품화 수준을 기준으로 세 가지 유형으로 구분된다. '상품화'라는 것은 제품이 시장에서 거래가 된다는 뜻인데, '탈상품화'는 제품이 시장에서 거래되는 것이 아니라, 정부에 의해 국민들에게 제공된다는 의미다.

사회민주주의 복지제도는 탈상품화의 수준이 상당히 높다. 즉, 복지가 정부에 의해 거의 모든 국민에게 보편적으로 제공된다는 뜻이다. 우리가 흔히 복지국가 하면 떠올리는 북유럽의 스웨덴이나 덴마크, 네덜란드의 경우가 이에 해당된다.

보수적 조합주의는 탈상품화의 수준이 비교적 높지만, 개별적으로 보편적 복지를 제공하지는 않는 복지제도다. 쉽게 말해 개개인에게 복지를 제공하는 것이 아니라, 단체에 복지 혜택을 제공하는 것이다. 특히 이 단체는 대개 가족을 말하는데, 복지를 가족 단위로 제공한다는 것을 의미한다. 대표적으로는 독일, 프랑스의 예를 들 수 있다.

자유주의 복지제도는 탈상품화 수준이 매우 낮은 복지제도인데, 미국이 이를 시행하는 대표적인 나라다. 자본주의의 나라 미국답게, 미국은 복지 서비스 역시 시장에서 판매된다. 예를 들어 우리나라는 의료보험을 공공기관에서 운영하지만, 미국은 자신이 직접 민간보험회사의 보험 상품에 가입해야 한다. 또 복지는 보편적으로 모두에게 제공되는 것이 아니라 개인의 재산에 근거해 가난한 사람들에게만 지급되기 때문에, 복지 혜택을 받는 사람들에게는 복지 수혜자라는 사회적 낙인이 찍히게 된다.

3) 사회복지의 발달 과정

사회가 변화하면서 복지사회의 이념 또한 변화하게 됐다. 예전에는 사회복지의 중심이 개인과 가족이었다. 즉, 이들의 따뜻한 마음에 기초한 자선적인 의미의 복지가 대부분이었다. 도움이 필요한 사람이 있으면 다른 가족들이 보살펴 주거나 이웃 사람들이 십시일반(十匙一飯)으로 돈을 조금씩 모아 도와주는 것이 과거의 복지였다. 하지만 현대 사회에서는 국가가 중심이 되는 복지가 대부분이다. 국가가 주체가 돼 복지정책을 시행하다 보니 사회복지가 국민들을 대상으로 어려운 사람이 있으면 의무적으로 지원을 해주어야 하는 성격으로 변화하게 됐다.

또한 전통 사회에서는 최저 생계를 보장해 빈곤을 구제해 주는 것이 사회복지라고 생각했다. 하지만 현대 사회의 사회복지는 최저 생계 보장뿐만 아니라 최적의 삶의 질을 보장하는 수준으로 그 의미가 확대됐다. 과거 전통 사회에서의 복지가 정말 더 이상 방치해 두면 굶어 죽을 사람들에게 라면을 제공해 주는 것이었다면, 현대 사회의 복지는 라면을 먹는 사람들에게 김치와 단무지를 제공해 주어 식사의 질을 높여주는 것이라 할 수 있다.

다음 [그림]에서 횡축은 복지 서비스의 대상을, 종축은 복지 서비스의 제공 주체를 나타낸다. A는 빈곤을 개인의 책임으로 보고 사회적 약자로 선별된 사람만을 대상으로 개인 또는 사회가 하는 자선 활동, 구호 활동에 해당한다. B의 경우는 모든 이에게 열려 있는 개인 또는 민간의 복지 서비스를 말하는데, 사회보험이 대표

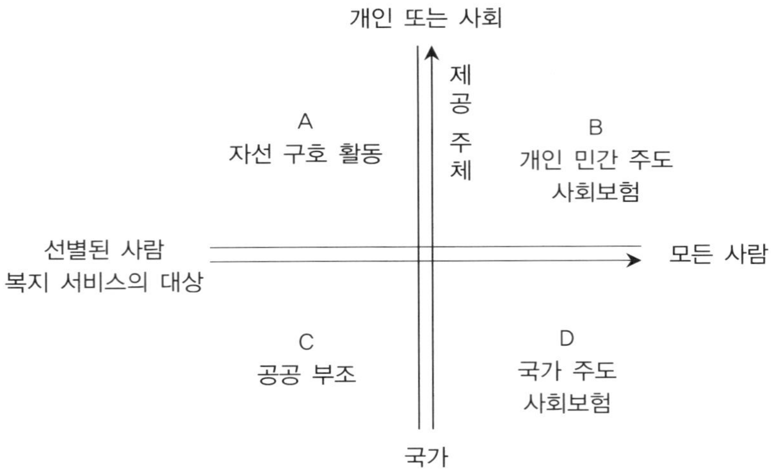

사회복지의 발달 과정

적이다. C의 경우는 국가가 선별된 특정한 사람들에게 직접 급여를 지급하는 공공부조의 경우를 들 수 있다. D는 빈곤을 국가의 책임으로 보고 모든 국민을 대상으로 국가가 복지를 제공하는 것으로 국민 연금과 같은 국가 주도의 사회보험이 대표적이다. 이를 사회복지의 발달 과정에 비춰보면 과거의 사회복지는 A, 현재의 사회복지는 D라고 할 수 있다.

전통 사회에서는 국가가 아닌 민간이 중심이 돼 약자를 위해 베푸는 자선 혹은 은혜를 베푸는 시혜적 성격이 강했다. 하지만 오늘날에는 국가가 중심이 돼 '복지국가'라는 목표 아래 국민의 삶의 질을 보장하는 권리의 성격이 강해졌다.

〈복지사회의 발달 과정〉

엘리자베스의 구빈법(1601)	영국에서 빈민 구제에 대한 국가의 책임을 유럽에서 최초로 명시했지만 빈곤에 대한 개인의 책임이 여전히 컸음.
독일의 사회보장법(1871)	비스마르크에 의해 세계 최초로 사회보장제도 실시
미국의 사회보장법(1935)	대공황으로 인한 실업 문제를 해결하기 위해 도입
영국의 베버리지 보고서(1942)	'요람에서 무덤까지'라는 구호로 유명한 영국의 처칠 내각이 제출한 보고서로, 분산된 사회보험을 통합하고 전 국민을 대상으로 포괄적인 사회 보험을 실시
제3의 길	경제적 효율성의 달성과 복지 증대 달성 동시에 추구

2 사회보장제도

1) 사회보장의 의미

사회복지를 위해 정부가 노력하는 것을 복지국가라고 했는데, 그렇다면 국가는 어떤 방법을 통해 국민들에게 사회복지를 실현해 주는지 알아보도록 하자.

복지국가는 사회복지를 실현하기 위해 사회보장제도를 시행한다. 사회보장제도는 국민의 최저 생활을 보장하고, 국민들의 높은 삶의 질을 영위할 수 있도록 국가가 정책적으로 지원해 주는 제도다. 예를 들어 실업 상태에 처했을 때 국가가 어느 정도 생활을 보장해 주는 제도가 있다.

사회보장이라는 단어는 미국의 「사회보장법」에서 기원했지만, 널리 사용하게 된 계기는 영국의 「베버리지 보고서」가 발표된 이후다. '요람에서 무덤까지'라는 말은 「베버리지 보고서」를 요약해 주는 핵심적인 말인데, 말 그대로 국민이 태어나서 죽을 때까지 국가가 사회의 위험으로부터 최소한의 삶을 제도적으로 보장해 주겠다는 의미다. 우리나라에도 국민들을 사회적 위험으로부터 보호하기 위한 사회보장제도가 마련돼 있다.

2) 사회보장제도의 종류

(1) 사회보험

사회보험(social insurance)이란 수혜 대상자가 질병·노령·사망 등으로 소득이 줄거나 아예 끊기게 됐을 때, 혹은 소득은 그대로이나 써야 할 경제적 부담이 늘어났을 때 이를 보조해 주는 제도다. 우리는 흔히 보험을 든다. 보험이라는 것은 사람들이 공동의 기금을 모아놓고 특정 사건이 발생했을 때 공동 기금에서 돈을 지급해 주는 것이다. 보험료 납부는 앞으로의 예기치 못한 상황에 대비해 앞으로 들게 될 비용의 일부분을 미리 부담하는 것이다. 사회보험은 사회적 위험을 이러한 보험의 형태로 대비하는 것이라고 생각하면 된다. 하지만 일반 사회보험은 가입과 탈퇴가 자유로운데 비해 사회보험은 가입이 강제적이고 자신의 의지대로 보험을 해지할 수 없다는 점에서 차이가 있다.

사회보험을 실행하는 데에 필요한 기금은 수혜를 받게 될 대상자(당사자)와 그의 고용주 그리고 국가가 공동으로 부담하게 된다. 물론 그 비율은 각 국가마다 다르다. 사회보험의 경우에는 많이 버는 사람들이 많이 내고 적게 버는 사람들은 적게 내는데 그에 비해 혜택은 동일하게 돌아가므로 어느 정도 소득의 재분배 효과가 있다.

대표적인 사회보험으로는 국민건강보험과 국민연금보험, 고용보험, 산업재해보상보험이 있다. 이 네 가지를 가리켜 4대 사회보험이라고 한다. 먼저 국민건강보험은 의료복지를 통해 국민의 건강을 보장하려는 것이다. 그리고 국민연금과 고용보험은 퇴직이나 실업으로 인해 생활의 어려움을 겪게 됐을 때를 대비하려는 것이다. 또한 산업재해보상보험은 노동자가 산업 현장에서 재해를 당해 노동을 할 수 없게 됐을 때를 대비하는 사회보험이다. 이 4대 사회보험 외에 공무원연금, 군인연금 등이 사회보험에 해당한다.

사회보험은 국민들의 근로 의욕을 높일 수 있다는 점이 큰 장점이다. 사회보험에 가입돼 있는 개인들은 살면서 부딪히는 질병, 실업 등의 걱정으로부터 해방돼 자신의 일에 전념할 수 있다. 하지만 다른 사회보장제도에 비해서는 소득 재분배 효과가 떨어진다. 공공부조제도는 국가가 어려운 사람을 100% 지원해 주는 제도인데 반해, 사회보험은 그 정도의 차이는 있지만 어려운 사람도 보험료를 납부해야 하기 때문이다.

(2) 공공부조

공공부조(사회부조, social assistance)란 사회보험과는 달리 보험료를 부담할 능력이 없는 사람들을 대상으로 최저 생활을 보장해 주는 제도를 말한다. 어느 정도 경제적 능력을 가진 사람을 대상으로 하는 사회보험과는 달리, 공공부조는 국가나 지방자치단체의 책임 하에 자력으로는 생활이 거의 불가능한 국민을 도와주는 역할을 한다.

공공부조는 국가에서 전적으로 모든 비용을 부담하기 때문에 당사자, 고용주, 국가가 비용을 부담하는 사회보험과는 다르다. 공공부조에서는 국가가 돈이 많은 사람에게 세금을 걷어 어려운 사람에게 나눠 주게 된다. 그런 만큼 소득 재분배 효과도 크다.

공공부조의 대표적인 예로는 생활보호와 의료보호가 있다. 생활보호에는 생계보호, 교육보호, 주거보호 등이 있다.

2000년 10월부터 시행돼 온 국민기초생활보장제도는 대표적인 생활보호제도다. 2000년 이전에는 생활보호제도가 그 역할을 하고 있었는데 자선적이고 시혜적인 느낌이었던 것을 국민기초생활보장제도를 수립함으로써 최소한의 삶 보장을 국민의 당연한 '권리'로 규정하고 한 차원 더 높은 수준의 복지를 선보이고 있다. 국민기초생활보장제도 하에서 어려운 사람들은 사회적 지원을 받게 되는데, 이때 받게 되는 돈이나 물품들을 급여라고 한다. 급여는 일을 할 수 있는 사람과 없는 사람으로 나눠서 지급하게 된다. 일할 수 있는 사람들은 일을 해서 자립할 수 있도록 해주기 위함이다. 물론 일을 할 수 있는 사람은 자활지원사업에 참여해서 일을 하거나 앞으로 일할 수 있는 능력을 키운다는 조건 하에 급여가 지급된다. 일을 할 수 없는 사람은 돈을 벌 수 있는 방법이 없기 때문에 당연히 국가에서 최저 생활비 전액을 지원해 준다.

의료보호제도는 경제적 어려움을 겪고 있어서 의료비를 부담할 능력이 되지 않는 국민을 위해 국가가 의료 비용을 지원하는 제도다. 하루하루 살아가는 것이 힘겨운 이들에게 병원비는 큰 부담이다. 한번 가는데 진료비, 약값은 물론이고 수술이라도 하려고 하면 어마어마한 비용이 든다. 이렇게 사람 목숨이 왔다 갔다 하는 상황에서 어려운 사람들이 돈 때문에 곤란을 겪는 경우를 방지하기 위해 국가가 나서서 의료비를 지원해 주고 있다.

공공부조는 사회보험에 비해 소득 재분배 효과가 훨씬 크다는 장점이 있다. 다른 사람의 소득을 그대로 없는 사람에게 주는 셈이 되기 때문이다. 하지만 수혜자의 비용 부담 없이도 보조금이 지급되므로 근로 의욕이 떨어지고 국가와 지방자치단체의 재정 부담이 커질 수 있다는 문제점이 있다.

(3) 사회복지 서비스

사회복지 서비스(social welfare service)는 상대적으로 소외돼 있거나 도움을 필요로 하는 구성원들이 정상적인 생활을 할 수 있도록 국가에서 비경제적으로 지원해 주는 제도다. 사회복지 서비스에는 노인복지, 여성복지, 아동복지, 장애인복지 등이 있다. 예를 들면, 노숙자들에게 쉼터를 제공하는 일이라든가 주부들에게 직업을 알선해 주는 일, 장애인들에게 사회복지시설을 이용할 수 있게 하는 일, 저소득층 자녀들과의 상담이 여기에 해당한다.

사회복지 서비스의 가장 큰 특징은 '비경제적' 지원이라는 것이다. 사회보험과 공공부조는 모두 국민들이나 사회 취약계층에게 경제적인 지원을 해 주는 제도다. 하지만 사회복지 서비스는 상담이나 재활 등의 비경제적 지원이다. 그리고 사회복지 서비스에 들어가는 비용은 국가나 지방자치단체 및 민간 부문에서 함께 부담한다.

사회복지 서비스는 취약계층의 자립과 생활 안정을 지원해 줄 수 있다. 실업 때문에 고민하는 사람들에게는 일자리를 알선해 주고, 정신적으로 불안한 사람에게는 상담 서비스를 제공해 줌으로써 불안의 원인을 해결해 줄 수 있다. 하지만 사회복지 서비스를 통해 소득 재분배 효과를 기대할 수는 없다. 비금전적 지원이므로 직접적으로 소득 격차를 줄이기는 어렵다. 그러므로 사회복지 서비스는 사회보험과 공공부조 같은 금전적 지원의 보조적 사회보장제도에 불과하다는 단점이 있다.

3) 우리나라의 사회보장제도

우리나라의 사회복지제도는 사회보험, 공공부조, 사회복지 서비스로 나눌 수 있다. 그중에서도 기초노령연금은 국가가 100% 지급하므로 국민기초생활보장제도와 더불어 공공부조에 해당하는 것이다. 공공부조란 국가와 지방자치단체의 책임하에 생활 유지 능력이 없거나 생활이 어려운 국민의 최저 생활을 보장하고 자립을 지원하는 제도다. 비용은 국가나 공공기관이 전액 부담해 저소득층에게 혜택을 주기 때문에 공공부조는 부담자와 수급자가 일치하지 않고, 사회보험에 비해 소득 재분배 효과가 크게 나타난다. 하지만 공공부조는 국가의 재정 부담을 가중시키고 수혜자의 자립을 방해할 수 있다는 단점을 지닌다.

우리나라에서 현대적인 의미의 사회보장제도가 실시된 것은 1963년 「사회보장에 관한 법률」이 만들어지면서부터다. 그 이후 1964년 「산업재해보상보험법」이 시행돼 근로자가 업무상 재해를 당한 경우에 치료와 보상을 받을 수 있게 됐다. 하지만 복지제도가 더욱 활성화된 것은 1970년대 후반에 들어서다. 1977년에 '의료보험제도'가 처음 도입된 이후 그 수혜 범위가 계속 확대됐고, 2000년에는 그동안 분산돼 있던 의료보험이 '국민건강보험'으로 통합되기에 이른다. 그리고 노후 소득보장을 목표로 한 '국민연금'이 1988년에 도입돼 1999년에는 모든 국민을 대상으로 확대됐다.

1988년에는 '산업재해보험'이 5인 이상 사업장의 근로자들에게까지 확대 적용되면서 사회보험제도로서 자리를 잡아 왔다. 그리고 직업 훈련과 실직수당 지급 등을 주요 내용으로 하는 '고용보험제도'는 1995년부터 시행되고 있다. 또한 2000년부터는 소득이 최저 생계비에 미치지 못하는 모든 국민을 대상으로 생계비를 지급하는 「국민기초생활보장법」이 시행되고 있다. 이것은 기존의 생활보호제도보다 자활을 강조하는 특징이 있다.

그러나 그간의 많은 노력에도 불구하고 아직 우리나라의 사회보장제도는 그렇게 성숙한 수준에까지 이르지 못했다. 더불어 사회보장을 비롯한 각종 사회복지제도에 대한 국민들의 의식도 성장해야 할 필요가 있다.

3 복지제도의 역할과 한계

1) 복지제도의 역할

복지제도는 우리 사회에서 중요한 역할을 수행하고 있다. 복지제도의 역할은 첫째, 우리 헌법에서 보장하고 있는 인간의 존엄성 보장이다. 헌법에도 규정돼 있을 정도로 모든 인간의 존엄성은 마땅히 보장돼야 하는 것인데, 실제로는 여러 사회불평등 현상으로 인해 존중받지 못하는 경우가 많다. 복지제도는 이런 인간의 존엄성을 보장하는 역할을 한다. 즉, 복지제도는 국민의 최저 생활과 삶의 질을 보장함으로써 모든 인간이 인간답게 살 수 있도록 해주는 역할을 한다.

둘째, 복지제도는 사회불평등 현상을 극복하고, 사회 통합을 가능하게 한다. 요즘에는 빈곤 현상, 성 불평등 현상, 사회적 소수자 차별 현상처럼 다양한 사회불평등 현상이 많이 발생하고 있다. 이런 사회불평등이 심화되면 사회가 불안해지기 마련이다. 사회적으로 차별받거나 불리한 위치에 있는 사람들의 불만이 커지면 크고 작은 소요나 범죄가 많이 일어날 수 있기 때문이다. 복지제도는 사회불평등 현상을 완화시킴으로써 이러한 사회적 불안을 어느 정도 해소시킬 수 있다. 이는 사회 안정을 유지하는 데 도움을 준다.

2) 복지제도의 한계

사회에서 이렇게 좋은 역할을 하는 복지제도에도 단점은 분명 존재한다.

첫째, 복지제도에 의한 근로 의욕 저하 현상을 들 수 있다. 일을 하지 않아도 사회보장제도에 의존해 생계를 유지할 수 있기 때문에 국민들은 더 이상 일하고 싶지 않아 하는 것이다. 이것은 사회의 생산성을 떨어뜨리는 결과를 가져오게 된다. 과거 영국에서는 사회보장제도로 인한 근로 의욕 저하가 '복지병'이라는 이름이 지어질 정도로 심각한 사회 문제가 됐다. 당시 영국에서는 실업률이 무려 10%에 육박했고, 물가도 굉장히 빠르게 오르고 있었다. 일을 하지 않아도 국가에서는 먹고 살 만한 돈을 주니 일하려는 사람이 적었고, 돈을 주기 위해 국가에서 화폐를 계속 찍어내다 보니 물가가 오를 수밖에 없었던 것이다. 영국의 철혈수상으로 불리는 대처(Margaret Thatcher)는 '복지병'을 해결하기 위해 영국의 사회보장제도를 축소시키려고 부단히 노력했다. 대처가 교육부 장관을 하던 시절 7~11세 아동의 우유 무상 급식을 중단해서 '우유 도둑'이라는 오명을 얻은 것은 유명한 일화다.

둘째, 지나친 사회보장제도는 국가의 재정을 악화시킨다. 국가가 사회보장제도를 시행하려면 많은 돈이 필요하기 때문에 국가의 재정에서 그 많은 돈을 꺼내 쓸 수밖에 없다. 그래서 사회보장제도가 과도해질 경우 국가의 곳간이 텅 비어 버릴 수도 있다. 실제로 아르헨티나의 경우 국민의 80%가 혜택을 받을 정도의 과도한 복지로 인해 2011년에는 국가 부도의 위기를 맞기도 했다.

3) 복지제도의 새로운 방향

20세기 세계적인 경기 호황에 힘입어 복지제도는 전 세계적인 붐을 일으켰다. 너나 할 것 없이 국가의 이념을 말하며 복지제도를 확장시켰다. 그러나 1970년대 이후 세계 경제가 불황에 빠지면서 상황이 많이 바뀌게 됐다. 유럽의 복지국가 중 대부분이 '복지병'으로 인한 생산성 저하와 재정 악화에 허덕이게 된 것이다.

이로 인해 많은 유럽의 복지국가들이 '신자유주의' 이념을 도입했다. 즉, 복지제도를 마련하기 이전의 상황으로 돌아가려는 것이다. 이로 인해 '복지병'은 많이 줄어들게 됐지만, 다시 빈부 격차가 심해지고 삶의 질에 대한 요구가 증가하게 됐다. 정말 난감한 상황이 복지를 하자니 '복지병'이 문제이고, 그렇다고 신자유주의로

가자니 빈부 격차가 문제가 돼 또다시 복지를 선택해야 하는 복잡한 상황이 됐다.

이런 상황에서 등장한 개념이 바로 '생산적 복지'다. 생산적 복지란, 바로 수혜 대상자에게 '낚시하는 법'을 알려주는 것이다. 즉, 지나친 복지제도로 인한 부작용을 막기 위해 실업자에게 지급하는 보조금을 줄이고, 대신에 자립하는 데에 필요한 직업 훈련이나 직업 알선을 해 주려는 것이다. 생산적 복지는 국가적으로 봤을 때 정부의 부담이 줄어드는 경제적 효율성과 개인의 삶이 보장되는 복지의 형평성이라는 두 마리의 토끼를 다 잡을 수 있는 방식이다. 생산적 복지는 영국 노동당이 1997년 이후 도입한 기든스(Anthony Giddens)의 『제3의 길(*The Third Way*)』이라는 개념과도 일맥상통한다. 이처럼 생산적 복지는 새롭게 각광받고 있는 복지 개념으로, 우리나라에도 이와 비슷한 개념들이 도입되기 시작했다. 국세청의 근로장려 세제나 서울시의 희망 플러스 통장이 생산적 복지의 좋은 예라고 할 수 있다.

물론 생산적 복지에도 문제점은 있다. 일할 능력이 없는 사람의 경우에는 생산적 복지의 개념을 적용하기 힘들다. 따라서 이렇게 일할 능력이 없는 사람에게는 기존의 복지제도를 통해 최소한의 삶의 질을 유지시켜 주는 노력도 동반돼야 한다.

참고 문헌

강신택 · 정홍익(1990). 사회이론. 한국방송통신대학출판부.

김경동(1990). 현대의 사회학: 사회학적 관심. 박영사.

김창수(2009). 관료제와 시민사회: 비판과 협력의 이중주. (주)한국학술정보.

이은정(2011). 소득보장. 현외성 외 공저. 사회복지학의 이해. 양서원.

이장현 외(1989), 사회학의 이해: 대학생을 위한 교양사회학. 법문사.

이투스(2012). 누드교과서(사회 · 문화). 이투스교육(주).

최무열(2011). 사회복지의 역사와 철학. 현외성 외 공저. 사회복지학의 이해. 양서원.

최재현(1993). 사회계층. 안계춘 외 공저. 현대사회학의 이해. 법문사.

현외성(2011). 사회복지학의 개념과 학문적 체계. 현외성 외 공저. 사회복지학의 이해. 양서원.

Coser, Lewis Alfred (1977). *Masters of Sociological Thought: Ideas in Historical and Social Context*. 2nd edition. Harcourt Brace Jovanovich, Inc. 신용하 · 박명규 옮김(1992).

사회사상사. 일지사.

Giddens, Anthony (1998). *The Third Way: The Renewal of Social Democracy*. Polity Press.

___ (2001). *Sociology,*(4th ed.), Polity Press. 김미숙 등 옮김 (2003). 현대사회학. 을유문화사.

Hodges, H. M. (1974). *Conflict and Consensus,* 2nd ed., New York: Harper and Row.

Kaletzky, Anatole (2010). *Capitalism 4.0: The Birth of New a Economy*. 위선주 옮김 (2011). 자본주의 4.0. 컬쳐앤스토리.

Piketty, Thomas (2013). *Capital in the Twenty-First Century*. 장경덕 외 옮김 (2014). 「21세기 자본. 글항아리.

Stiglitz, E. Joseph (1994). *Whither Socialism.* Cambridge, Massachusetts: The MIT Press.

___ (2012). *The Price of Inequality*, 이순희 옮김 (2012). 불평등의 대가: 분열된 사회는 왜 위험한가. 도서출판 열린책들.

Weber, Max (1922). Bureaucracy, in *Classics of Public Administration*, 4th ed., Schafritz & Hyde (1997). Harcourt Brace and Company.

제 5 장 일상 생활과 사회제도

제 1 절 사회제도의 의미

1 사회제도의 의미와 특징

1) 사회제도의 의미

사회제도란 사회적으로 중요한 문제를 해결하고 사회 구성원끼리 원활하게 상호작용을 할 수 있게 해 주는 관습화되고 공식화된 규범과 절차를 말한다.

2) 사회제도의 기능과 특징

(1) 사회제도의 기능

사회제도의 기능은 개인적 차원과 사회적 차원으로 나눠 살펴볼 수 있다. 개인적 차원에서 사회제도는 의식주와 같은 인간의 본능적 욕구와 자아 실현 등의 사회적 욕구를 충족시키며, 사회적으로 인정되는 욕구 충족의 범위와 욕구 충족 시 허용되는 사회적 절차를 제시한다. 사회적 차원에서 사회제도는 사회화를 통해 문화유산을 전수하고 다양한 개인의 신념과 행동 방식을 통합하며, 사회 통합과 유지에 필요한 요건들을 충족시켜 사회 질서 유지 및 발전에 기여한다.

이 밖에도 사회제도의 기능에는 명확하게 드러나는 기능과 드러나지 않는 숨은 기능들이 있다. 전자를 현재적(顯在的) 기능이라고 하는데, 사회 구성원들에 의해 의도되고, 모든 사람에게 일반적으로 인식되고 있는 기능을 말한다. 후자는 잠재적(潛在的) 기능으로, 명확하게 드러나거나 의도적이지도 않고, 대다수의 사람에게 거의 인식되지 않는 측면의 기능을 말한다.

(2) 사회제도의 특징

사회제도는 사회 유지를 위한 중요한 역할을 하고 있으면서, 몇 가지 특징을 가지고 있다.

첫째, 사회제도는 인간에 의해 만들어지지만 일단 확립되고 나면 구성원들의 행동을 구속하고 규제하는 힘을 가지게 된다.

둘째, 사회제도가 한번 형성되고 나면 일종의 사회적 관습으로 굳어져 안정적으로 유지되며 쉽게 변하지 않는다.

셋째, 사회제도는 인간이 사회 생활을 하는 곳이면 어디에나 존재하지만, 구체적인 절차 및 규범 체계는 시대 및 지역에 따라 다르게 나타난다.

2 사회제도의 유형과 변화

1) 사회제도의 유형

사회가 발전할수록 사회 구성원의 욕구도 다양해지고 공동체의 문제 또한 복잡해지고 있다. 이에 따라 사회제도 또한 다원화되고 전문화되고 있다. 그러나 기본적으로 대부분의 사회에 존재하는 핵심적인 사회제도로 가족제도, 정치제도, 경제제도, 종교제도, 교육제도, 대중매체가 있다.

가족제도는 혼인 및 출산, 가족 구성원 간의 관계, 가족의 범위와 형성, 재산 상속과 가계 계승 등을 정형화하는 체계로 사회 성원의 재생산 기능, 사회화 기능, 양육과 보호 기능, 정서적 안정 기능 등을 수행한다.

정치제도는 권력을 획득하고 행사하는 방법, 그리고 정부의 구성과 역할 등에 관한 체계로 갈등을 조정해서 사회의 통합과 질서를 유지할 수 있게 하는 기능 등을 수행한다.

경제제도는 인간의 생존에 필요한 재화와 서비스를 생산, 분배, 소비하는 경제 활동과 관련된 활동을 조직하고 규제하는 제도로 경제 활동에서 발생하는 문제를 해결하는 기준을 제공하는 기능 등을 수행한다.

종교제도는 초자연적 현상 및 사후 세계에 관한 신념, 의례 등에 관련된 제도로 개인적으로는 삶의 의미와 위안을 제공하며, 사회적으로는 사회 통합, 사회 통제 기능 등을 수행한다.

교육제도는 사회 구성원에게 사회 생활에 필요한 지식・기능・가치・태도를 체계적으로 습득하도록 하는 제도로 사회화 기능, 문화 및 가치관의 전승, 인재의 양성 및 선발 기능 등을 수행한다.

대중매체는 불특정 다수인 대중에게 동일한 메시지를 대량으로 전달하는 수단으로 정보 제공 기능, 사회화 기능, 해석과 평가 기능, 오락 기능 등을 수행한다.

2) 사회제도의 변화

사회제도는 기본적으로 지속성과 안정성이라는 특징을 가지고 있지만, 사회가 변화하면서 사회에 적응하기 위해 사회제도도 변화한다. 이렇게 사회제도가 변화하게 된 이유로는 가치관의 변화, 기술 발달, 다른 사회와의 접촉 등의 요인들을 찾아볼 수 있다.

그런데 현대의 사회제도의 변화는 과거의 사회제도와는 사뭇 다른 양상을 띠고 있다. 먼저 전통적 제도가 담당해 온 기능들이 여러 가지 제도로 세분화・전문화되고, 그 영향으로 특정 사회제도가 강화되거나 약화되기도 할 뿐만 아니라, 보편적이라고 생각했던 제도가 특수하게, 특수하다고 생각했던 제도가 일반적이 되기도 한다. 그리고 사회제도는 한 사회의 외부에서 전파되기도 하고, 시대와 사회적 상황의 변화에 따라 보완되거나 수정되기도 한다. 그러므로 사회제도는 시대 및 사회와 지속적으로 상호작용하면서 변화하고 있으며, 사회제도들 간에도 유기적인 관계를 맺고 있으므로 다양한 방식으로 서로에게 영향을 미치고 있음을 알 수 있다.

제 2 절 다양한 사회제도

1 결혼 및 가족제도

1) 결혼의 의미

결혼이란 성인 남녀가 그들이 거주하는 사회의 법률에 따라 정서적 관계와 서로에 대한 법적 책임, 공적인 의식을 갖는 부부 관계를 맺는 것을 의미한다.

2) 결혼의 기능과 형태

(1) 결혼의 기능

결혼의 기능은 대부분의 사회에서 보편적으로 비슷하지만, 그 형태는 사회마다 다르게 나타날 수 있다. 보편적인 결혼의 기능으로는 먼저 혈족 외에 배우자와 인척을 포함한 새로운 친족 관계를 형성, 둘째, 자녀 출산과 양육을 통한 세대 전승 및 사회 유지에 기여, 셋째, 혼외 성행위 및 근친 간의 혼인을 금지하는 등 성적(性的) 남용을 규제하는 것 등을 들 수 있다.

(2) 결혼의 형태

결혼의 형태 역시 사회마다 다르게 나타나는데 먼저 배우자 선택 범위에 따라 족내혼(族內婚)과 족외혼(族外婚)으로 구분된다. 족내혼은 일정한 집단 내에서 배우자를 선택하는 것이고, 족외혼은 일정한 집단 밖에서 배우자를 선택하는 것이다. 다음으로 배우자 구성 기준에 따라 단혼제(單婚制)와 복혼제(複婚制)로 구분된다. 단혼제는 일부일처제와 같은 말로서, 한 남자와 한 여자로 이뤄지는 결혼 형태를 말하고, 복혼제는 일부다처제 혹은 일처다부제와 같은 말로서, 두 명 이상의 배우자와 결혼하는 형태를 말한다.

3) 가족의 의미와 기능

(1) 가족의 의미

가족이란 결혼, 혈연, 입양의 관계로 맺어진 두 사람 이상의 집단을 의미한다.

(2) 가족의 기능

가족은 가장 기본적인 사회 구성 단위이며, 사회 집단이자 사회제도다. 최근에는 가족을 결혼 및 혈연 등의 관계를 넘어서 경제적·정서적으로 함께하는 결합체로 인식하기도 한다.

가족의 기능으로는 먼저 사회 구성원을 재생산하는 기능이 있다. 이는 자녀의 출산으로 새로운 사회 구성원을 충원해 사회의 영속성을 보장하는 기능으로, 가족의 가장 본질적인 기능에 해당한다.

둘째, 양육과 보호의 기능이 있다. 이는 어린이와 노인 등 도움이 필요한 가족 구성원을 양육하거나 보호하는 기능이다.

셋째, 사회화 기능이 있다. 이는 사회 생활에 필요한 기본적인 욕구 충족 방법, 인성과 태도를 형성하는 1차적 사회화를 담당한다.

넷째, 성적 욕구 충족 및 규제 기능이 있다. 이는 개인의 성적 욕구를 충족하고 규제해 사회 질서를 유지하는 역할을 담당한다.

다섯째, 심리적 만족감과 정서적 안정을 주는 기능이 있다. 이는 가족 구성원 간 애정과 신뢰를 바탕으로 친밀한 유대 관계를 형성하는 것을 말한다. 특히 최근에 상대적으로 그 중요성이 증대되고 있는 기능이다.

이 밖에 가족은 생산과 소비의 단위로서 경제적 기능을 수행하기도 한다.

그러나 최근에는 사회제도의 분화와 전문화로 인해 가족 기능의 일부가 다른 사회기관으로 이전됨에 따라 양육과 보호 기능, 사회화 기능, 생산 기능이 약화되고 있다. 한편 사회 구성원의 재생산 기능은 가족의 필수적인 기능이라고 할 수 있으며, 정서적 안정 기능은 현대 사회에서 더 중시되는 경향이 나타나고 있다.

(3) 가족의 형태

각 사회의 시대와 문화에 따라 다양한 가족 형태가 존재한다. 통상적으로 배우자의 수에 따라 일부일처제, 일부다처제, 일처다부제 등의 가족 형태가 있으며, 아버지나 어머니의 권력 중 어느 쪽이 강하느냐에 따라서 가부장적 가족과 모가장적 가족도 있다.

근래에는 가족의 형태를 주로 가족의 구성 방식과 범위 등을 기준으로 확대가족과 핵가족으로 분류한다.

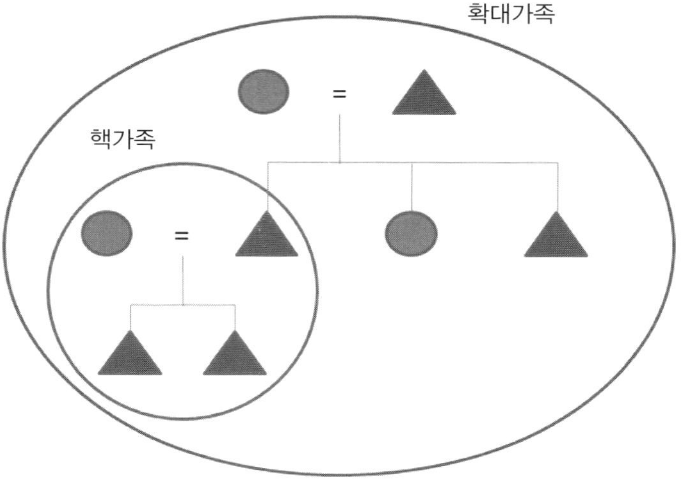

확대가족과 핵가족

① 확대가족

확대가족은 부부와 기혼 자녀로 이뤄진 2세대 이상의 가족의 형태를 의미한다. 확대가족은 농업 중심의 전통 사회에서 보편화돼 있었던 가족 형태다. 가족 구성원 전체의 결속과 유대를 중시하는 위계적인 가족 관계다. 따라서 전통 계승 및 가풍 전수가 용이하고, 가족 내에 많은 조정자가 있어서 부부 갈등 해소가 원활했으며, 가족 구성원 결손 시 역할을 대리하는 것이 유리한 장점을 갖는다. 반면에 가부장제의 전통에 따른 여성의 희생을 강요한다는 점과 의사 결정이 비민주적이라는 점, 그리고 가문의 존속을 중시해 구성원의 개성 발휘가 곤란하다는 단점을 가지고 있다.

② 핵가족

핵가족은 부부 또는 부부와 미혼 자녀로 구성된 가족의 형태를 의미한다. 핵가족은 산업화 이후 사회 이동성이 증가, 즉 가족과 일터가 분리되고 가족 단위의 이동이 늘어나게 되면서 확산하게 됐는데, 부부간 애정과 행복을 중시하고 수평적인 가족 관계를 통해 가족보다 개인의 자유를 상대적으로 중시하는 가족 형태다. 따라서 현대 사회 노동과 여가 생활에 적합하고, 개인의 자유성과 창의성을 존중하며, 의사 결정 과정이 민주적인 장점을 가지고 있다. 반면에 전통 계승 및 가풍 전수에 어려움이 있으며, 자녀 양육 문제, 노인 부양 문제, 이혼 문제 등의 심화로 가족 구성원 간의 가치와 규범이 달라, 각자의 역할이나 가족 전체의 기능이 잘 수행되지 못하는 가족 해체 현상이 나타날 가능성이 높다는 단점을 가지고 있다.

③ 가족 형태의 변화

현대 사회에 들어 사회가 급속하게 변화하면서 가족의 형태에도 많은 변화가 생기게 됐다. 산업화 이후 확대 가족이 감소하고 핵가족이 증가했으며, 고령화에 따른 노인 단독 가구가 늘어났고, 세계화의 진전에 따른 다문화 가족의 비중이 증가했다. 이 밖에도 결혼에 대한 사회 인식 변화에 따른 독신 가구, 한 부모 가족 및 재혼 가족 등이 증가하고 있다.

4) 가족 문제의 양상과 해결 방안

(1) 가족 문제의 의미와 양상

가족 문제란 가족의 여러 가지 기능 중 하나 혹은 그 이상을 수행하지 못하면서 발생하는 상태를 의미한다. 가족이 기능을 제대로 수행하지 못하는 것은 가족 내적 요인과 가족 외적 요인으로 구분할 수 있다. 먼저 가족 내적 요인으로는 가족 구성원 사이의 소통의 부재, 가족 구성원의 가치관이나 태도의 차이, 가족 내 희소한 자원을 둘러싼 불평등한 관계 등이 있다. 가족 외적 요인으로는 사회 변동을 반영한 제도와 정책의 부재, 경쟁 중심의 사회 구조 및 문화의 확산, 그리고 특정 현상에 대한 사회적 인식 등이 있다.

이로 인해 가족 문제는 크게 가족 해체 문제와 가족의 기능 약화라는 양상을 띠게 된다. 먼저 가족 해체 문제는 이혼, 별거, 가출 등으로 정상적인 가족 관계가 붕괴되면서 가족의 기본적인 기능을 수행하지 못하게 되는 것으로 나타났으며, 가족의 기능 약화는 먼저 보호 기능 약화로 핵가족과 맞벌이 부부 증가로 자녀 양육 문제와 노인 부양 문제가 발생하게 됐다. 다음으로는 재생산 기능 약화로 저출산으로 인한 노동력 부족으로 사회의 안정적 유지와 존속이 위협받는 문제가 발생하게 됐다. 마지막으로 정서적 기능 약화로 가족 간 유대나 신뢰가 약화되면서 부부 갈등, 청소년 비행 문제 등이 발생하게 됐다.

(2) 가족 문제의 해결 방안

가족 문제는 앞에서 살펴본 바와 같이 다양한 요인이 복합적으로 연결돼 있다. 따라서 이를 해결하기 위해서는 개인의 의식 개혁과 제도적 차원의 접근이 모두 이뤄져야 한다. 먼저 개인의 의식을 개혁하기 위해서는 교육 프로그램이나 캠페인 등과 같은 방식으로 개인의 가치관을 변화시킴으로써 사회 구성원들이 가족 내의 평등한 관계를 인정하고, 대화와 타협 등의 민주주의적 관계를 형성하려는 노력을 하도록 해야 한다. 그리고 서로에 대한 신뢰와 애정을 토대로 가족 공동체 의식을 형성하도록 해야 한다.

사회제도의 개선을 통한 접근은 먼저 바람직한 가족 관계를 정립할 수 있도록 전문적인 상담 기구와 다양한 프로그램을 개발해야 한다. 그리고 다양한 복지정책을 마련해 가족의 기능이 원활하게 수행될 수 있도록 지원하는 것이 필요하다.

2 교육제도

1) 교육의 의미와 발달

교육이란 사회 구성원이 사회에서 필요로 하는 지식, 기술, 사고 방식, 행동 양식 등을 습득하는 과정으로 모든 사회에 존재하는 보편적인 사회제도 중 하나다. 교육은 교육기관에서 공식적으로 이뤄지기도 하고, 일상 생활에서 비공식적이고 무의도적으로 이뤄지기도 한다.

교육은 전통 사회에서는 주로 가족 내에서 교육 기능을 수행했으며, 따라서 체계적 교육 기회는 특정 집단에만 한정됐다. 근대 이후 사회에서는 산업화 이후 대중 교육의 필요성이 높아지면서 교육제도가 발달하게 됐다. 이에 따라 학교를 중심으로 공교육 체제가 확립되고 의무 교육과 무상 교육이 확대됐다.

현대 사회에서는 학생의 발달 단계와 교육 내용에 따라 초등, 중등, 고등과 같은 교육과정과 유치원, 초등학교, 중학교, 고등학교, 대학교와 같이 교육기관이 분화됐다. 또한, 오늘날 급속한 사회 변동과 함께 성인들의 재사회화가 부각되면서 평생 교육의 중요성이 인정받고 있다.

2) 교육의 기능

교육은 기본적으로 개인적 차원에서는 삶을 살아가는 데 필요한 지식과 가치, 기능 등을 습득하게 해주며, 사회적 차원에서는 인간의 지식과 문화를 전수하는 과정이라고 한다. 그러나 교육을 어떻게 바라볼 것인가에 따라 기능론적 관점과 갈등론적 관점으로 교육의 기능을 바라다보는 시각에 차이가 있다.

(1) 기능론적 관점

기능론적 관점을 취하는 사람들은 개인이 교육을 통해 지식을 얻고 자신의 능력을 개발함으로써 사회적으로 필요한 구성원이 될 수 있도록 사회화 과정을 거친다고 한다. 이들이 교육의 기능을 바라보는 기본 입장은 네 가지로 정리할 수 있다.

첫째, 사회적으로 필요한 인재를 양성하고 선발해 적재적소에 배치한다.

둘째, 사회적 역할을 수행하는 데 필요한 지식, 가치, 규범들을 습득할 수 있도록 사회화시킨다.

셋째, 현 세대의 문화를 다음 세대로 전승해 사회 안정 도모에 기여한다.

넷째, 개인의 능력·노력에 따라 수직적 계층 이동을 가능하게 하는 수단으로 작용해 사회 불평등을 완화시킨다.

그러나 기능론적 관점은 부모의 사회적·경제적 지위에 따라 자녀에게 교육 격차가 나타나고 있는 현상을 설명하지 못하는 한계를 안고 있다.

(2) 갈등론적 관점

갈등론적 관점을 취하는 사람들은 교육은 불평등한 사회 구조를 재생산하는 데에 가장 핵심적인 역할을 한다고 주장한다. 이들이 교육의 기능을 바라보는 기본 입장은 다음과 같이 네 가지로 정리할 수 있다.

첫째, 지배집단의 이익을 유지하고 불평등한 사회 구조를 재생산한다.

둘째, 학교에서는 개인의 능력보다 학생의 사회·경제적 배경이 더 중시된다.

셋째, 학교 교육을 통해 지배집단의 가치가 전수되며, 학생들이 사회의 불평등한 지배 구조를 당연한 것으로 수용하게 한다.

넷째, 불공평한 선발을 통해 계층적 지위 세습을 정당화해 사회불평등을 강화한다.

그러나 갈등론적 관점은 개인의 노력과 업적을 통해 사회 이동과 성취가 가능한 측면을 설명하지 못하는 한계를 가지고 있다.

3) 교육의 기회 균등 문제와 해결 방안

(1) 교육의 기회 균등

교육의 기회 균등이란 모든 사회 구성원이 능력에 따라 균등하게 교육을 받을 수 있는 상태를 의미한다. 교육의 기회 균등은 접근 기회의 평등과 결과의 평등으로 구분해 볼 수 있다. 먼저 접근 기회의 평등은 성별, 종교, 인종, 신체적 조건의 이유로 차별받지 않고 동등한 교육 기회를 제도적·법적으로 보장하는 것을 의미한다. 교육 결과의 평등은 모든 학생이 일정 수준의 학업 성취도를 얻을 수 있도록 적극적인 조치를 취하는 것을 의미한다. 그러므로 상대적으로 불리한 입장에 처해 있는 사람에게 더 많은 지원을 해야 한다는 것이다.

최근에는 교육이 개인의 행복과 사회 발전에 미치는 영향이 매우 크기 때문에 접근 기회의 평등을 넘어 교육 결과의 평등에 대한 관심이 증대되고 있다.

〈교육의 기회 균등과 관련된 법〉

▷ 대한민국 헌법

제31조 ① 모든 국민은 능력에 따라 균등하게 교육을 받을 권리를 가진다.

▷ 교육기본법

제4조(교육의 기회 균등) ① 모든 국민은 성별, 종교, 신념, 인종, 사회적 신분, 경제적 지위 또는 신체적 조건 등을 이유로 교육에서 차별을 받지 아니한다.

② 국가와 지방자치단체는 학습자가 평등하게 교육을 받을 수 있도록 지역 간의 교원 수급 등 교육 여건 격차를 최소화하는 시책을 마련하여 시행하여야 한다.

[전문 개정 2007.12.21.]

제8조(의무교육) ① 의무교육은 6년의 초등교육과 3년의 중등교육으로 한다.

② 모든 국민은 제1항에 따른 의무교육을 받을 권리를 가진다.

[전문 개정 2007.12.21.]

(2) 교육의 기회 균등 문제의 해결 방안

교육의 기회 균등 문제의 해결 방안도 역시 앞에서 살펴본 바와 같이, 접근 기회의 평등과 결과의 평등 측면으로 구분해 해결 방안을 모색해 볼 수 있다.

먼저 접근 기회의 평등 측면에서는 첫째, 국가 중심의 공교육 체계 확립 및 무상·의무 교육제도를 확대해야 한다.

둘째, 경제적 소외계층을 대상으로 한 장학금·학자금 지원 등의 교육비 지원을 강화해야 한다.

셋째, 장애 학생들을 위한 엘리베이터 설치, 경사로 완화 등 학교 시설을 개선해야 한다.

다음으로 결과의 평등 측면에서는 첫째, 교육 낙후 지역에 대한 예산의 우선 투입, 우수 교사의 우선 배정 등이 이뤄져야 한다. 둘째, 다문화 가정 등 언어·문화적 차이가 있는 학생을 대상으로 전문화된 교육 과정을 운영해야 한다.

3 대중매체

1) 대중매체의 의미와 유형

(1) 대중매체의 의미

대중매체란 많은 사람에게 대량의 정보나 시사적 내용 등을 전달하는 매체나 수단을 의미한다. 그러나 워낙 사회 전반에 미치는 영향력이 크다 보니 사회제도 중 하나로 기능하고 있다. 공식적으로 이뤄지기도 하고, 일상 생활에서 비공식적이고 무의도적으로 이뤄지기도 한다.

(2) 대중매체의 유형

대중매체는 크게 인쇄매체, 음성매체, 영상매체, 뉴미디어로 구분해 살펴볼 수 있다. 먼저 인쇄매체는 신문, 잡지, 책 등으로 시각적 이미지를 통해 정보를 전달한다. 장점으로는 상세한 정보 전달이 용이하며, 반복 활용이 가능하다. 단점으로는 다른 매체에 비해 신속한 정보 전달이 어렵다.

음성매체는 라디오, 음반, 녹음기 등으로 음성을 통해 정보를 전달한다. 장점으로는 비교적 적은 비용으로 신속하게 정보를 전달할 수 있고, 정보 전달 범위가 넓다. 단점으로는 시각적인 정보의 전달이 이뤄지지 않는다.

영상매체는 텔레비전(공중파 방송, 유선 방송), 비디오 등으로 대중의 일상 생활에 큰 영향을 미친다. 장점으로는 현장감 있는 생생한 정보 전달이 가능하며, 시청각 이미지를 전달할 수 있다. 단점으로는 휴대하기가 어렵고, 정보를 생산하는 비용이 높다는 것이다.

뉴미디어는 인터넷, 스마트폰, 소셜 네트워크(SNS) 등으로 쌍방향적으로 소통이 가능하며, 여러 매체의 융합이 가능하다. 장점으로는 정보 생산 과정에 대중의 의사 반영이 용이하고, 정보의 복제와 전송이 용이해 시공간을 초월한 정보 확산이 가능하다. 단점으로는 정보의 객관성과 신뢰성이 상대적으로 취약할 수 있다.

2) 대중매체의 기능

(1) 대중매체의 순기능

대중매체는 정보 전달을 주목적으로 하지만 우리의 일상 생활 전반에 영향을 미치고 있기 때문에 개인과 사회에서 여러 기능을 수행하고 있다.

첫째, 사람들에게 다양한 지식과 정보를 제공한다. 이를 통해 사회가 지향하는 가치관을 갖게 하고 사회제도의 정상적인 운영에 도움을 주기도 한다. 또한 사회현상에 대한 지식과 정보를 제공해 개인의 합리적인 의사 결정을 돕는다.

둘째, 사람들에게 사건에 대해 해석·평가하고 처방을 제시해 여론을 형성하도록 한다. 이를 통해 사회 문제에 대한 여론을 형성하고, 정부·기업을 감시하고 견제하는 역할을 수행한다.

셋째, 사회적 차원에서 사회 구성원으로 필요한 행동 양식과 사고 방식을 내면화한다. 이를 통해 문화 유산을 전수하고 공통의 가치와 규범을 사회 구성원이 공유하게 함으로써 사회의 안정과 통합을 강화한다.

넷째, 휴식을 제공하는 오락의 기능을 담당한다. 이를 통해 기분 전환 및 휴식에 도움을 주며, 고급 예술의 대중화를 통해 문화적 수준을 향상시킬 수 있다.

다섯째, 국가 정책을 수행하는 데 대중을 동원하는 기능을 한다. 이를 통해 국민의 적극적인 참여로 국가의 위기 상황을 극복하고 사회 문제를 해결할 수 있다.

(2) 대중매체의 역기능

첫째, 대중매체가 개인과 사회에서 여러 긍정적인 기능을 수행하고 있지만, 동전의 양면과 같이 역기능도 가지고 있다. 먼저 과장되거나 잘못된 정보 등의 유포를 통해 사람들의 의사 결정 과정에 부정적 영향을 미치기도 하고, 심한 경우 사회 혼란을 초래하기도 한다.

둘째, 여론 조작에 이용돼 권력에 유리한 방향으로 정보를 해석하게 될 경우 대중의 비판적 사고를 저하시키기도 한다.

셋째, 지나친 상업주의를 통해 문화의 수준이 하락될 수 있으며, 정치적 무관심을 심화시켜 민주정치의 발전을 저해할 수 있다.

넷째, 지배집단에 유리한 기존 사회 구조를 맹목적으로 전수할 경우, 사회 개혁이 지연될 뿐만 아니라 사회 구성원의 사고를 획일화할 수도 있다.

다섯째, 전쟁이나 권력 투쟁 등 부당한 목적을 달성하기 위한 선동에 악용될 수 있다.

3) 대중매체의 비판적 수용

(1) 대중매체에 대한 비판적 수용의 중요성

대중매체가 전달하는 정보는 앞에서 살펴본 바와 같이 순기능과 역기능이 동시에 나타날 수 있는 개연성이 높기 때문에 역기능에 따른 우려를 지속적으로 감안해야 한다. 특히, 대중매체를 생산하는 주체들의 대다수가 영리를 목적으로 하는 기업이기 때문에 공익성을 추구한다고 하더라도 본질적으로 상업성을 띨 수밖에 없으므로 유해하고 저급한 문화가 양산될 수 있다. 또한 생산되는 각종 정보가 조작될 수 있기 때문에 객관성과 공정성이 결여된 정보가 제공될 우려도 있다.

그러므로 사람들이 대중매체를 수용하기 위해서는 그 안에 담긴 정보를 무조건적으로 받아들일 것이 아니라 정보를 비판적으로 수용하고 해석하는 미디어 리터러시(media literacy)의 능력, 즉 다양한 매체를 이해할 수 있는 능력이며, 다양한 형태의 메시지에 접근해 메시지를 분석하고 평가하고 의사 소통할 수 있는 능력을 기르는 것이 중요하다.

(2) 대중매체의 비판적 수용 자세

첫째, 비판적 의문의 제기를 통해 대중매체의 보도 내용을 일방적으로 수용하기보다는 다양한 매체를 통해 다양한 시각에서 정보를 탐색하고 비교해야 한다.

둘째, 비판적 관점에서 인식을 통해 각 대중매체가 지향하는 가치관 및 이해 관계를 파악함으로써 매체에서 제공하는 정보에 대한 이해도를 높여야 한다.

셋째, 올바른 해석 및 검토를 통해 다양한 대중매체가 제공하는 정보를 선별해 주체적으로 수용하고, 대중매체가 제공하는 정보의 오류·왜곡 등이 발견될 경우 적극적으로 수정을 요구해야 한다.

4 종교제도

1) 종교의 의미와 구성 요소

(1) 종교의 의미

종교란 인간의 행위를 올바른 방향으로 유도하고 한 개인을 도덕적 공동체로 통합시키는 성스러운 혹은 초자연적인 신념 체계를 의미한다. 종교에는 초월적인 존재의 신이나 자연물 등과 같이 절대적 존재에 대한 신앙이 존재한다. 이러한 신앙이 유지되기 위해서는 지속적으로 종교 의례가 치러지는데, 이를 통해 함께 소속감을 갖는 공동체를 통해 종교는 유지된다.

(2) 종교의 구성 요소

종교는 믿음 체계, 의례, 공동체로 구성돼 있다. 종교가 되기 위해서는 지역과 시대를 초월하고, 초자연적인 성격을 지닌 성스러운 믿음의 대상이 있어야 하며, 성스러운 대상에 접근하기 위한 의례가 있어야 한다. 이러한 의례는 사회 공동체의 수준에서 공개돼야 한다. 따라서 믿음 체계는 종교를 믿는 사람들에게 행동 기준을 제공하고, 의례는 종교 체험을 지속시키며 집단 응집성을 강화한다. 공동체는 공통의 믿음 체계와 의례를 수행함으로써 종교를 유지시킨다.

2) 종교의 기능

(1) 종교의 사회적 기능과 역할

종교는 순기능적 측면에서 개인적 차원과 사회적 차원에서 기능과 역할을 담당하고 있다. 먼저 개인적 차원에서 종교는 삶의 의미와 목적, 심리적 안정과 만족감을 제공하며, 인간이 당면하는 근본적 질문에 대한 해답을 제공한다. 또한 육체적 고통·정신적 박탈감에 빠진 개인에게 심리적 위안을 제공하기도 한다.

사회적 차원에서 종교는 사회 구성원에게 공통의 가치와 규범을 제공하는 사회 통합 기능과 종교적으로 여러 가지 금지 규정을 마련해 사회 규범에 어긋나는 개인의 행위에 대해 도덕적 제재를 가하는 사회 통제 기능, 그리고 사람들의 의식, 태도, 행위 등에 영향을 주어 사회 변화를 촉진시키는 사회 변동 기능을 수행한다.

그러나 종교도 동전의 양면과 같이 역기능을 보이기도 한다. 즉, 사회 통합 및 사회 통제 기능은 사회의 안정적 유지에 기여하나, 기존 사회 구조와 질서, 그리고 지배적 가치와 규범을 정당화하는 보수적 기능을 수행하기도 한다. 이 경우 오히려 종교가 체제 유지의 방편이 되기도 하는 것이다.

(2) 종교의 기능을 보는 관점

종교도 종교를 어떻게 바라볼 것인가에 따라 기능론적 관점, 갈등론적 관점, 상징적 상호작용론적 관점으로 바라보는 시각에 차이가 있다.

① 기능론적 관점

기능론적 관점은 종교의 사회 통합 기능에 주목해 종교의 긍정적인 기능과 역할에 관심을 가진다. 종교는 삶의 의미와 목적을 제공하는 역할을 수행한다고 본다. 또한 종교는 같은 종교를 믿는 사람들끼리의 공동체 의식을 증진시키고, 개인에게 정서적인 위안을 주고 사회적인 결속력을 증진시키는 역할을 수행한다고 본다. 더불어 종교의 가르침과 의례를 통해 사회를 통제하고 질서를 유지하는 기능도 담당한다고 본다.

② 갈등론적 관점

갈등론적 관점은 종교의 부정적인 기능과 역할에 관심을 가진다. 종교는 지배계급의 가치와 규범을 사회화함으로써 현재의 사회적 불평등을 정당화하고, 구성원들이 기존 질서에 순응하도록 유도한다고 본다. 종교는 왜곡된 현실을 위장하기 위한 허위 의식에 불과하다고 본다.

③ 상징적 상호작용론

상징적 상호작용론은 종교는 사회 구조 유지 및 변화의 도구라기보다 그 종교를 믿는 사람들이 스스로 자신의 정체성과 삶의 방향을 찾아가는 데 도움을 주는 준거집단의 역할을 수행한다고 본다. 또한 종교는 모든 사람에게 똑같은 의미를 지닌다기보다는 서로 다른 사람들에게 서로 다른 상징과 의미를 부여하고 서로 다른 역할 기대를 만들어 낸다고 본다.

3) 종교 갈등의 양상과 해결 방안

(1) 종교 갈등의 원인과 양상

종교는 태생적으로 절대자에 대한 믿음을 전제로 하기 때문에 다른 종교에 대한 배타성을 지닐 수밖에 없다. 이러한 배타성은 극심한 사회적 갈등을 유발해 사회문제의 원천으로 작용하기도 한다. 종교 갈등은 종교 간 갈등과 종교 내 갈등으로 구분할 수 있다. 종교 간 갈등은 다른 종교를 배척하고 자신의 종교를 확산시키기 위해 종교 갈등이 발생하는 것이다. 대표적으로 이스라엘과 팔레스타인 분쟁, 그리고 인도 카슈미르 지방의 힌두교도와 이슬람교도 간 분쟁 등이 있다.

종교 내 갈등은 종교의 가장 중요한 핵심인 교리에 대한 해석, 이해 관계를 두고 종교 갈등이 발생하는 것을 말한다. 경우에 따라서는 종교 내에서의 권력이나 경제적 이권 다툼과 같은 비종교적인 이유로 갈등이 발생하기도 한다. 대표적으로 이슬람교의 수니파와 시아파 간 갈등은 이란-이라크 전쟁과 최근 이라크 내전을 통해 잘 알 수 있다.

(2) 종교 갈등의 해결 방안

현대 사회에서 발생한 주요 종교 갈등은 결국 다른 종교에 대한 배타적 태도에서 비롯된 경우가 많아 근원적인 해결책을 찾는 것이 쉽지 않다. 하지만 『맹자(孟子)』의 '이루편(離婁編)' 상(上)에 나오는 '역지즉개연(易地則皆然)'이라는 표현에서 비롯된 '역지사지(易地思之)', 즉 '다른 사람의 입장에서 생각하라'는 말이 종교 갈등을 풀 수 있는 중요한 열쇠가 될 수 있을 것이다.

이러한 측면에서 볼 때, 종교 갈등의 해결 방안은 첫째, 종교 간의 차이를 인정하고 다른 종교의 입장을 존중하고 이해하는 관용적인 자세를 가져야 한다. 추가적으로 다른 종교를 가졌다는 이유로 그 사람이나 집단 자체에 대해 편견을 가지는 태도를 버리고 열린 마음으로 포용할 수 있어야 한다.

둘째, 법·제도적으로 종교의 자유 및 종교에 따른 차별 금지를 보장해야 한다.

참고 문헌

구인환(2006). Basic 고교생을 위한 국어 용어사전. 신원문화사.

김정옥 외(2009). 새로 보는 가족과 결혼. 신정.

이상수(2002). 고교생을 위한 사회 용어사전. 신원문화사.

이투스(2012). 누드교과서(사회 · 문화). 이투스교육(주).

제 6 장 현대 사회와 사회 변동

제 1 절 사회 변동과 근대화

1 사회 변동의 의미와 요인

1) 사회 변동의 의미

사회 변동이란 정보화, 세계화, 다문화 등과 같은 모습과 같이 일정한 시간을 두고 물질적·비물질적인 것이 원인이 돼 사회의 전반적인 사회적 관계, 생활 양식, 의식 구조 등이 변화되는 현상을 말한다.

2) 사회 변동의 요인

사회 변동을 일으키는 요인으로는 기술의 발달, 가치관과 신념 및 이데올로기, 사회 구성원 간의 갈등, 인구학적 요인, 자연환경적 요인, 문화적 요인 등 다양한 것을 들 수 있다.

먼저 기술의 발달은 중요한 사회 변동의 원인이다. 예를 들어 청동기나 철기 등을 이용한 농기구의 발명이 농업사회를, 증기 기관 등의 발명에 따른 산업혁명이 산업사회를, 컴퓨터와 인터넷 등 정보통신기술의 발달이 정보사회를 초래한 것이 여기에 해당된다. 가치관, 신념, 이데올로기 등과 같은 정신적 요인 역시 사회 변동의 원인이다. 자유주의와 민주주의의 도입이 시민들의 정치 참여의 확산을 가져온 것을 예로 들 수 있다.

사회 구성원 간의 갈등이 사회 변동의 요인이 될 수 있다. 예들 들면, 독재정권에 불만을 품은 민중들에 의한 민주화 운동으로, 민중의 투표권 취득 등 정치 참여가 폭넓게 허용되는 민주사회가 실현되는 현상이 이에 해당된다. 또한 문화적 요인이 사회 변동을 초래할 수 있다. 외부로부터 문화의 유입으로 인한 사회의 변동이 대표적인 현상이다. 한복을 입던 우리 사회에 외국 문화를 접변하면서부터 외국에서 유입된 양복을 입는 모습을 예로 들 수 있다.

자연환경적 요인에 의해 사회 변동이 초래될 수 있다. 어떤 사회가 처해 있는 자연환경의 변화에 적응하고 대응하기 위해 사회가 변화한다는 것이다. 산업화로 인한 환경오염이 심각해지자 생수 산업이 발달하는 것을 예로 들 수 있다. 인구학적 요인이 사회 변동의 요인이 될 수 있다. 즉, 한 사회의 인구 구성의 특성이 사회적 변동을 초래할 수 있다는 것이다. 의학기술의 발달로 생명이 연장됨에 따라 고령화 사회로 접어들면서 노인복지 정책이 강화되고 실버 산업이 활성화되는 것을 예로 들 수 있다.

이 밖에도 사회 변동을 일으키는 요인에는 다양한 것이 있을 수 있다. 이와 같은 사회 변동의 요인들은 어느 한 가지 요인만 작용하는 것이 아니라, 다양한 요인이 복합적으로 작용해 사회 변동을 가져온다.

2 사회 변동의 설명 이론

1) 사회 변동의 방향에 대한 이론: 진화론과 순환론

(1) 진화론

① 기본 내용

사회 변동의 방향에 대해 진화론은 사회 변동이 일정한 방향성을 가지고 발전하며 진보한다고 주장한다. 진화론의 관점에서 사회 변동은 단순하고 낡은 것에서 복잡하고 분화된 것으로 변화한다. 따라서 사회 변동은 발전과 진보를 의미하며, 바람직한 현상으로 간주된다. 개발도상국이 근대화 과정을 거쳐서 선진국으로 발전해 가는 과정을 그 예로 들 수 있다.

② 장·단점

진화론은 과거의 사회 발전 모습을 설명하는 데 유용한 이론이다. 세계의 대부분 국가들이 농업사회를 거친 뒤 공업사회가 나타나고, 이후 정보사회로 발전하는 모습을 보여주었다. 진화론은 이와 같은 세계 각국의 발전 모습을 잘 설명해 준다.

그러나 진화론은 여러 가지 단점이나 한계점을 지니고 있다.

첫째, 사회 변동의 방향은 같더라도 모든 사회에서 변화의 양상은 동일하지 않다. 예를 들어 선진국과 개발도상국 모두 농업사회에서 산업사회로 발전해 나가는 방향은 같지만, 그 구체적인 변화의 모습은 차이가 있다. 즉, 서구 선진국의 경우에는 시민들의 스스로의 노력에 의해 이와 같은 사회 변동이 이뤄졌지만, 개발도상국의 경우에는 국가 주도로 산업사회로의 발전이 이뤄졌다.

둘째, 진화론은 사회의 발전 정도를 평가하는 기준에 따라 사회의 발전 여부에 대한 평가가 달라질 수 있다는 점을 간과하고 있다. 즉, 진화론의 시각에서 좀 더 발전됐다고 평가되는 사회가 모든 측면에서 항상 우위에 있는 것은 아니다. 진화론에서는 산업사회가 농업사회보다 더 발전된 사회라고 주장한다. 그러나 경제적 측면에서는 산업사회가 싸고 질 좋은 상품들을 많이 생산할 수 있으므로 농업사회보다 우월하다고 볼 수 있지만, 산업사회가 환경오염을 유발해 환경을 파괴시킨다는 측면에서 보면 농업사회보다 더 발전된 사회라고 보기 어렵다.

셋째, 진화론은 문화제국주의를 정당화시키는 논리로 이용될 수 있다. 진화론은 하나의 발전 경로를 주장하기 때문에 사회의 발전 수준의 서열화가 가능하다. 따라서 변화를 일찍 경험한 선진국이 자신들의 문화를 더 우월한 것으로 보고 후진국의 문화에 영향을 미쳐 문화적 식민지를 확대하는 문화제국주의를 합리화하는 데 활용될 가능성이 있다.

(2) 순환론

① 기본 내용

사회 변동에 관한 순환론은 사회 변동은 사회가 항상 진보하는 것이 아니라 탄생, 성장, 쇠퇴, 해체의 과정을 반복한다고 주장한다. 순환론은 역사 속에서 반복되는 사회 변동 현상을 설명하고 있으며, 문명이 발전한 현대 사회가 전통 사회보다 모든 면에서 우월하다고 보지는 않는 관점이다. 예를 들어 과거 로마제국은 작은 소도시에서 출발했지만 강한 군사력과 실용적인 문화로 제국을 확장시켜 나갈 수 있었다. 그러나 성공에 도취한 로마는 도덕적 타락과 향락에 빠져 게르만족의 침입에 의해 몰락했다. 그리고 그 자리에 프랑크왕국이 탄생해 또다시 생성-발전-쇠퇴의 과정을 밟았다.

② 장 · 단점

순환론은 앞에서 예로 든 로마제국과 같이, 과거 역사 속에서 일어났던 사회의 흥망성쇠를 잘 설명해 준다는 점에서 장점이 있지만, 다음과 같은 단점도 존재한다.

첫째, 과거의 사회 변동을 설명하는 데에는 유용하지만, 미래 사회의 변동을 예측하고 대응하는 데 적합하지 않다. 예를 들어, 고조선→삼국 시대→통일 신라→고려→조선→대한민국으로 내려오는 우리나라의 역사를 설명하는 데에는 순환론적 관점이 유용하지만, 그 이후에 어떤 사회가 올 것인지에 대해서는 순환론에 기초해서는 알기 어렵다.

둘째, 순환론이 주장하는 순환 과정은 매우 오랜 시간에 걸쳐 일어나는 것이기 때문에 중 · 단기적 사회 변동 과정을 설명하기는 어렵다.

2) 사회 변동의 요인에 대한 이론: 기술결정론과 문화결정론

(1) 기술결정론

① 기본 내용

사회 변동의 요인에 관한 기술결정론은 사회 변동의 요인으로 기술의 중요성을 강조한다. 기술의 발달이 경제 변화를 이끌고, 또한 정치 · 사회적 변화는 물론 인간의 의식 구조마저도 바꾼다고 본다(변종순 외, 2014). 이동통신 기술이 발전하면서 휴대전화를 이용한 통화가 일상화되고 공중전화 이용이 급속히 축소된 현상을 예로 들 수 있다.

② 장 · 단점

기술결정론은 기술의 발전이 사회 변동을 이끄는 현대 사회를 설명하기에 유용한 장점이 있다. 그러나 사회 변동에서 기술 측면을 지나치게 강조한 나머지 사회 변동 요인이 오직 기술 하나이고, 그 과정이 모든 사회마다 같다고 보고 있다는 단점이 있다.

(2) 문화결정론

① 기본 내용

문화결정론은 의식이나 정신 등 비물질 문화가 정치, 경제, 사회 등 다른 부분의 사회 변동을 초래하는 주요 요인이라는 이론이다. 즉, 인간의 의식과 정신 생활이 경제를 비롯한 사회 구조의 전반적인 변동을 가져온다고 본다.

서구의 청교도 정신이 자본주의의 발달을 가져온 것을 예로 들 수 있다. 서구에서 부(富)를 축적하는 것이 종교적 죄악으로 여겨지던 시대에는 자본의 축적이 이뤄지기 어려웠다. 그러나 청교도들이 돈을 많이 버는 것이 하나님의 구원을 받을 수 있다고 믿기 시작하면서 열심히 일해 돈을 모으기 시작했고, 결과적으로 자본이 축적돼 자본주의를 발달시키고 경제 발전을 가져올 수 있었다.

문화결정론에서는 설령 기술의 유입으로 인해 사회가 변동한다고 해도 사회마다 정신, 즉 의식, 사고, 가치관이 다르기 때문에 사회 변동의 모습은 각 사회마다 다르게 나타난다고 본다.

② 장·단점

문화결정론은 인간 외부의 기술이 아니라 인간 내부의 의식, 즉 인간의 힘으로 사회를 변동시키는 부분에 대해 잘 설명할 수 있다는 장점이 있다. 반면에 기술, 경제, 국가의 정책과 같은 인간 외부의 영향에 의해 인간의 정신 세계가 변화하는 현상을 명확하게 설명해 주지 못한다는 단점을 지니고 있다.

3) 사회 변동의 구조에 대한 이론: 기능론과 갈등론

(1) 기능론

① 기본 내용

사회 변동의 특성이나 구조를 바라보는 이론으로 먼저 기능론을 들 수 있다. 기능론에서는 사회 변동을 사회의 균형 유지를 위한 조정 과정으로 이해한다. 즉, 사회의 균형이 붕괴됐을 때 사회가 전체적으로 균형을 유지하기 위해 각 부분이 조정되는 과정에서 나타나는 변화를 사회 변동으로 보고 있다. 예를 들면, 경제적 불황으로 실업자가 대량으로 양산되고 생계형 절도가 횡행하는 등 사회 질서가 흔들릴 때, 정부가 실업자 구제 대책을 마련하고 사회를 안정화시키는 과정에서 사회가 변동을 겪게 된다.

② 장·단점

기능론은 사회의 질서와 안정성에 대한 설명력이 뛰어나고 또한 질서와 안정을 바탕으로 한 점진적 사회 변동 과정을 잘 설명할 수 있는 장점이 있다.

그러나 기능론은 사회 갈등과 급진적인 사회 변동을 설명하는 데에 한계가 있으며, 사회 변혁보다는 사회 안정을 추구하는 보수적인 관점이라는 비판을 받고 있다.

(2) 갈등론

① 기본 내용

사회 변동의 구조에 관한 갈등론은 한 사회 내부에 지배적 세력과 피지배 세력 사이의 대립과 갈등이 있고, 이 사회 내의 갈등이 사회를 변동시키고 그 변동에 의해 사회가 발전된다고 보는 이론이다.

갈등론에서는 사회 변동을 긍정적인 현상으로 본다. 장애인, 여성 등과 같은 사회적 약자 혹은 피지배 집단이 자신들의 권익 향상을 위한 투쟁을 제기하고, 그 과정에서 그들과 대립되는 집단과의 갈등이 야기되며, 갈등의 해법을 찾는 과정에서 이들 피지배 집단의 권익 향상을 위한 방향으로 사회의 변동이 유도되기 때문이다.

또한 갈등론에서는 사회 변동이 어느 사회에서나 존재하는 보편적이고 자연스러운 현상이라고 본다. 어느 사회나 할 것 없이 지배 집단과 피지배 집단이 존재하고 이들 간의 갈등도 존재하므로, 갈등 때문에 일어나는 사회 운동이나 사회 변동 역시 어느 사회에나 존재하는 보편적인 현상으로 보기 때문이다.

② 장·단점

갈등론은 혁명과 같은 급격한 사회 변동을 설명하는 데 유리하며, 갈등에 의한 사회 변동의 긍정적 측면을 인정하고 있다는 장점이 있다. 그러나 사회가 안정성을 가지고 질서를 유지하고 전체적인 조화와 균형을 이루는 부분에 대해서는 설명을 하지 못한다는 한계를 지니고 있다.

3 근대화의 의미와 양태

1) 근대화의 의미

근대화란 전통 사회가 근대 사회로 바뀌는 과정을 의미하며, 사회 모든 분야에서 후진적인 상태가 선진적인 상태로 전환되는 과정을 말한다. 근대화의 의미는 좁은 의미와 넓은 의미의 개념으로 구분해 설명 가능하다.

좁은 의미에서의 근대화는 기존의 농촌 중심 사회에서 공업사회로 변화하는 과정을 근대화로 보는 관점이다. 이처럼 근대화를 좁은 의미로 이해하는 관점에서는 서구화를 근대화로 본다.

넓은 의미에서의 근대화는 정치 · 경제 · 사회 · 문화 등 모든 영역에서 구조적인 변화가 나타나 총체적으로 더욱 개선된 생활 양식으로 변화돼 가는 과정을 근대화로 본다.

이제 넓은 의미에서 근대화의 내용을 구체적으로 살펴보기로 하자.

첫째, 경제적 차원에서의 근대화는 앞에서 살펴본 좁은 의미의 근대화를 의미한다. 즉, 경제적 차원에서의 근대화는 경제 활동의 중심이 농업 위주에서 공업 위주로 변화하는 산업화로 인해, 국민의 소득이 증가하고 물질적 풍요가 이뤄지는 것을 말한다.

둘째, 정치적 차원에서의 근대화는 민주화를 의미한다. 즉, 민주주의의 실현으로 국민의 정치 참여의 기회가 확대되고 그들의 자유와 권리가 보장되는 것을 말한다.

셋째, 사회 · 문화적 측면에서의 근대화는 합리적 사고의 확산, 문맹 퇴치, 사회적 기회의 평등이 실현되는 것을 의미한다.

2) 근대화의 형성 배경

근대화의 형성 배경을 정치 · 경제 · 사회 · 문화적 측면으로 나눠 살펴볼 수 있다.

첫째, 경제적 측면에서의 근대화는 산업혁명을 계기로 이뤄졌다. 산업혁명을 통한 생산 능력의 향상으로 자본주의적 경제 체제가 형성됐으며, 농촌 중심의 사회에서 도시 중심의 사회로 발전하게 됐다.

둘째, 정치적 측면에서의 산업화는 시민혁명에 의해 이뤄졌다. 프랑스대혁명 등 시민혁명을 통해 절대 왕정이 몰락하고, 시민계급이 주도하는 민주주의 사회가 건설됨에 따라 근대화가 이뤄졌다.

셋째, 사회·문화적 측면에서의 근대화는 계몽주의의 확산에 의해 이뤄졌다. 신이나 운명에 의지하던 전통 사회에서 과학혁명과 계몽주의가 확산됨에 따라 인간 중심의 합리적인 가치관이 형성됐으며, 개인의 특성과 권리가 강조됐다.

3) 근대화의 형태

각 국가마다 역사적, 정치적, 사회·문화적, 경제적 배경이 다르기 때문에 근대화는 각 국가마다 다양한 형태로 전개됐다. 근대화의 형태는 크게 선진국과 개발도상국으로 구분할 수 있다. 또한 선진국의 근대화 형태를 다시 선발 선진국과 후발 선진국으로 구분할 수 있다.

(1) 선발 선진국

선발 선진국은 산업혁명과 시민혁명을 통해 가장 먼저 근대화를 이룬 영국, 프랑스, 미국 등의 국가를 말한다. 이 국가들은 시민계급에 의해 주도된 산업혁명과 시민혁명을 통해 근대화가 이뤄졌다는 공통점이 있다. 즉, 18~19세기를 거치면서 기술의 발전으로 이룩한 산업혁명과 자유민주주의를 갈망하는 민중들에 의한 영국 혁명, 미국 독립혁명, 프랑스대혁명이 발생하게 되고, 이 과정을 통해 이들 나라는 자주적으로 근대 사회로 이행하게 됐다.

선발 선진국의 근대화는 시민들에 의해 주도됐으며 오랜 기간에 걸쳐 완만하게 근대화가 이뤄졌다. 또한 이들 국가들에서는 과학기술이 급속도로 발달하면서, 자연스럽게 생산력이 증대돼 안정적인 경제 성장을 이루게 됐다.

(2) 후발 선진국

후발 선진국은 19세기 후반 들어 근대화가 시작된 독일, 일본 등의 국가를 말한다. 선발 선진국의 근대화가 시민계급에 의해 주도된 데 비해, 후발 선진국들은 처음부터 국가의 개입이 강하게 작용했다. 당시 이들 국가는 정치 상황이 불안정하고 경제 발전이 시급했기 때문에, 국가의 개입에 의한 근대화가 추진됐다. 이와 같은 국가 주도의 근대화 과정에서 중앙집권적이고 권위주의적인 체제가 수립됐다. 결과적으로 경제적인 근대화는 빠른 기간 안에 달성할 수 있었지만, 나치즘과 군국주의 등의 전체주의가 출현하는 등 많은 부작용이 발생했다.

(3) 개발도상국

개발도상국은 20세기 중반에 근대화가 시작된 한국, 싱가포르 등의 아시아 국가들과 브라질, 아르헨티나 등 라틴아메리카 국가와 같은 신흥 공업국가들을 의미한다. 개발도상국은 후발 선진국과 같이 빠른 속도의 근대화를 이룩하기 위해, 정치적으로 중앙집권적인 권위주의 정부가 등장해 정부 주도의 압축적 경제 성장과 근대화를 추구했다.

개발도상국은 이와 같은 급속한 정부 주도의 근대화를 추진하는 과정에서 여러 가지 부작용을 낳았다.

첫째, 경제적 측면에서는 극심한 노동 탄압과 저임금 정책 하에 경제 성장을 추진한 결과, 심각한 빈부 격차가 발생하게 됐다.

둘째, 이들 국가는 권위주의적 정부가 경제 발전을 주도했기 때문에, 정치적으로 비민주적 성격을 띠게 됐다.

셋째, 이와 같은 급속한 경제 개발은 엄청난 환경오염을 낳기도 했다.

4 근대화의 설명 이론

근대화는 사회 변동의 하나의 형태라고 볼 수 있다. 이와 같은 근대화를 바라보고 설명하는 이론들에 대해 살펴보기로 한다.

1) 서구 사회를 발전 모델로 제시한 이론

(1) 근대화이론

근대화이론은 앞에서 살펴본 진화론에 바탕을 두고 발전된 이론이다. 진화론의 영향을 받은 근대화이론은 진화론과 마찬가지로 사회는 한 방향, 즉 발전이라는 방향으로 변화해 간다고 주장한다. 다만, 진화론과 구분되는 점은 모든 나라가 따라가는 방향이 선발 선진국이 걸어왔던 발자취라고 규정한다는 것이다. 그 발자취를 따라가면 목적지에는 선발 선진국의 모습이 있다는 것이다. 결국 근대화이론은 전통 사회가 서구화되는 것을 근대화로 본다.

근대화이론은 개발도상국들이 선진국이 거쳐왔던 근대화 과정을 그대로 따라간다면, 최종적으로는 정치·경제·사회·문화 등 모든 측면에서 선진국의 모습으로 발전할 것이라고 주장한다. 그래서 먼저 근대화를 이룬 선진국이 개발도상국을 도와주면 개발도상국이 더욱 빠르게 근대화될 수 있다고 생각한다.

근대화이론은 전통 농업사회가 서구식의 산업사회로 이행해 발전하는 모습들을 잘 설명해 주는 장점이 있다. 그러나 이 이론은 다음과 같은 비판을 받고 있다.

첫째, 서구 중심적이고 이분법적 관점으로 전통 사회에 대한 잘못된 개념 정의에 근거하고 있다.

둘째, 개발도상국의 주체성 및 개별성과 다원성을 무시하고 있다.

셋째, 진화론적 관점을 전제로 해서 서구 자본주의 국가들이 제3세계 국가들을 지배하는 것을 정당화해 준다.

(2) 수렴이론

수렴이론은 각 사회마다 일어나는 근대화의 모습이 다양해 보여도 후진 사회들이 발전한 사회의 발전 경로를 모방함으로써, 결국에는 하나의 형태로 발전할 것이라는 관점의 이론이다. 하나의 발전 모델을 지니고 있다는 측면에서 수렴이론은 진화론적 시각을 가지고 있다고 볼 수 있다.

수렴이론은 주로 공산권 국가들의 근대화 과정에서 몰락을 겪고 서구식 사회로 변동되는 현상을 설명하는 과정에서 나타난 이론이다. 따라서 이 이론은 사회주의의 몰락을 가장 잘 설명해 줄 수 있는 이론이다. 그러나 사회주의 체제의 몰락이 서구식 근대화 모델에 따르고자 하는 노력에 의해서가 아니라, 사회주의 내부의 문제 때문이라는 점에서 적용상의 한계를 지니고 있다.

2) 서구 사회를 발전 모델로 보는 이론에 대한 반론과 수정

(1) 종속이론

종속이론은 1960년대에 중남미의 학자들이 근대화이론을 비판하면서 제기한 이론이다. 근대화이론에서는 근대화가 안 된 나라들은 기술 부족 등과 같은 내부적 역량이 부족하기 때문이라고 주장한다.

그러나 종속이론은 후진국의 저발전 이유가 후진국 내부의 문제가 아니라, 선진국의 착취 때문이라고 본다. 종속이론에서는 세계 국가들을 중심부와 주변부로 나누는데, 중심부는 미국·영국·프랑스 등의 선진국이고, 주변부는 동남 아시아나 아프리카 국가들 같은 후진국을 가리킨다. 종속이론에서는 중심부가 주변부를 원료 공급자와 상품 판매지로서 착취하고 있기 때문에, 주변부가 저발전의 상태에 있다고 주장한다. 즉, 중심부가 주변부로부터 싼 가격에 원료를 구입해서 생산된 상품을 주변부에 비싸게 판매하기 때문에, 주변부는 중심부에 착취를 당하게 되는 셈이며, 이것이 주변부의 저발전 상태의 원인이라고 주장한다. 이와 같은 관점에서 종속이론은 후진국이 발전하기 위해서는 선진국의 자본에 의존하지 말고 주체적인 발전을 해야 한다고 주장한다.

종속이론은 사회 발전을 방해하는 외부적 요인들에 주목했고, 후진국에게 선진국과의 종속 관계에서 벗어나 주체적인 발전을 해야 한다는 메시지를 던졌다는 점에서 큰 의의를 찾을 수 있다. 그러나 종속이론은 중남미 국가들의 경험을 토대로 제시된 이론이기 때문에, 모든 국가에 이 이론을 일반화할 수 없다는 한계가 있다. 또한 종속이론은 사회 발전의 내부적 요인을 경시하는 측면이 있다. 국가 내부적으로 부패하고 게을러서 사회 발전이 되지 않은 경우도 선진국의 착취 때문이라고 저발전을 합리화하는 도구가 될 수 있다.

(2) 신근대화이론

신근대화이론은 근대화는 곧 서구화라는 근대화이론의 한계를 극복하기 위해 등장한 것으로서, 서구식 근대화 과정의 한계를 인정하며 근대화 모델이 다양하게 존재할 수 있음을 인정한다. 즉, 특정 국가의 고유한 전통이 반드시 근대화에 걸림돌이 되는 것이 아니라, 근대성과 조화를 이룰 수 있다고 본다. 이 이론은 서구 사회의 근대화 모델을 수정 없이 다른 나라에 적용하는 것이 아니라, 각각 사회의 특수성에 맞춰 수정해야 한다는 것을 강조한다.

제 2 절 사회 변동과 사회 문제

1 산업화와 노동 문제

1) 산업화의 의의

산업화란 전체 산업에서 공업이 차지하는 비중이 높아지고 생활 양식이 변화하는 현상을 의미한다. 즉, 산업화란 산업구조가 1차 산업 중심에서 2차 산업 중심으로 바뀌는 것을 말한다. 앞에서 살펴본 바 있는 경제적 측면에서의 근대화가 곧 산업화라 할 수 있다.

산업화가 이뤄진 산업사회의 특징을 살펴보자. 산업화는 경제적 측면의 근대화이므로 산업혁명을 배경으로 나타났다. 산업혁명이 일어날 당시에 과학기술과 기계의 발달로 생산성이 증가한 결과 대량 생산과 대량 소비의 경제 구조가 나타나게 됐는데 이것이 바로 산업사회의 하나의 특징이 된다. 또한 대량 생산과 대량 소비가 이뤄지면서 기업 등 조직이 대규모화됐고, 이와 같은 대규모 조직을 관리하기 위한 관료제의 원리가 확산됐다.

산업사회에서는 자본을 최고의 가치로 여기는 자본주의가 발달하게 됐다. 그리고 상품의 효율적 생산을 위해 분업화가 진행되면서 직업의 분화가 이뤄졌고, 자연스럽게 각 직업의 전문성이 높아지게 됐다. 또한 산업사회에서 도시에 공장이 증설됨에 따라 사람들이 공장의 일자리를 찾아 도시로 몰려드는 이촌향도(離村向都) 현상이 나타났다.

2) 산업화에 따른 노동 구조의 변화

노동은 개인의 삶과 사회에서 없어서는 안 될 중요한 생산 요소다. 즉, 개인은 노동을 통해 얻게 되는 수입으로 의식주를 해결해 삶을 영위할 수 있게 된다. 사회적으로도 사회 구성원들이 열심히 일을 해야만 사회에 필요한 물품이나 식량을 생산될 수 있고, 따라서 사회의 존속과 발전이 가능하게 된다.

산업 구조의 변화에 따라 노동의 구조나 모습도 달라진다. 특히 산업화의 진전에 따라 노동 구조는 획기적으로 변화했다. 따라서 산업화에 따른 노동 구조의 변화 모습을 살펴보기로 한다.

산업화 이전에는 1차 산업인 농업 중심의 사회로서 토지를 매개로 하는 노동 구조가 형성돼 있었다. 즉, 토지를 중심으로 토지의 주인인 지주와 노동자인 소작농이 연결돼 있었다. 자기 땅이 없는 소작농은 지주의 땅을 빌리고 그 대가로 지주의 땅에서 일을 도와주거나, 지주에게 고용돼 노동을 제공하고 그 대가로 임금을 받았다.

산업화가 이뤄지면서 2차 산업인 제조업이 산업의 중심으로 됐다. 따라서 많은 공장이 세워지고, 자본(공장이나 기계 설비)을 가진 자본가와 자본을 갖지 못한 노동자로 계급이 구분됐다. 자본가들은 노동자들을 고용해 노동을 제공받고 그 대가로 노동자에게 임금을 지불했다.

산업화 이후에 기술의 발달로 인해 정보사회가 도래되면서 산업 구조도 2차 산업에서 3차 산업인 서비스업 중심으로 바뀌게 됐다. 정보화 사회에서는 지식과 정보가 부가가치 창출의 주요 원천이 된다. 따라서 프로그래머 등과 같이 지식 수준이 높고 정보를 창출하는 지식 노동자들이 노동자집단의 중심이 된다.

3) 노동 문제의 유형별 원인 및 대책

(1) 실업 문제

실업이란 일을 할 의사와 능력은 있으나 일자리가 없는 상태를 말한다. 실업 상태는 개인적 측면에서는 생계 유지 및 자아 실현의 기회를 박탈당하는 문제가 있고, 사회적으로는 폭동이나 절도 등을 유발해 사회를 불안정하게 만들 수가 있다.

실업의 유형과 원인은 여러 가지가 있다.

첫째, 경기 침체로 인해 노동에 대한 수요 부족이 초래하는 경기적 실업이 있다. 불경기에 기업은 투자 및 생산 활동을 줄이고, 따라서 노동에 대한 수요가 줄어들어 실업이 증가한다. 실업의 증가는 가계의 소득의 감소를 초래하며 상품에 대한 수요를 감소시킴으로써, 기업의 투자 및 생산 활동을 더욱더 감소시키는 악순환이 이뤄진다.

둘째, 산업 구조의 변화, 새로운 기술의 등장, 생산 및 사무의 자동화 등으로 인해 나타나는 구조적 실업이 있다. 예를 들면, 산업 구조가 공업에서 서비스업으로 전환됨으로써 공업이 위축되고, 따라서 공업 부문 종사자들이 일자리를 잃게 된다. 더 효율적인 새로운 기술이 등장하면 구식의 기술자들은 일자리를 잃게 된다. 생산 활동의 자동화로 기계나 컴퓨터가 기존에 사람들이 하던 일을 대신하게 되면 그들은 일자리를 잃게 된다.

셋째, 계절 변화의 영향으로 특정 산업이나 사업의 노동력 수요가 줄어들 때 발생하는 계절적 실업이 있다. 예들 들면, 겨울에 아이스크림에 대한 수요의 감소로 아이스크림 생산에 대한 투자와 노동 수요가 감소함으로써 실업이 발생하는 것이다.

넷째, 직업을 찾거나 바꾸는 과정에서 노동시장에 대한 정보가 부족하기 때문에 일시적으로 실업이 발생하는 마찰적 실업이 있다.

이와 같은 실업 문제를 해결하기 위한 정부의 대책은 실업의 유형별로 다양하다.

첫째, 경기적 실업에 대해, 정부는 정부 예산으로 공공사업을 수행하는 등의 방법으로 정부 지출을 늘리고, 세율 인하로 조세 수입을 감소시킴으로써 투자를 유발하는 방법으로 경기를 회복시켜 많은 일자리를 늘려야 한다. 또한 중앙은행에서 통화량을 늘려 이자율을 낮춤으로써, 기업으로 하여금 자금을 대출해 투자를 하도록 유도하고, 현금 보유자들로 하여금 저축보다는 기업에 주식 투자를 하도록 유도해 기업의 투자를 늘림으로써 일자리를 창출할 수 있다.

둘째, 구조적 실업에 대해, 산업 구조에 대한 예측을 통해 노동력의 수요와 공급을 미리 조절하고, 노동자의 직무 향상 훈련이나 직업 훈련을 시행함으로써 새로운 변화된 산업의 일자리에 고용될 수 있도록 한다.

셋째, 계절적 실업이 문제의 경우에, 특정 산업의 활동이 중단되는 계절에 대비해 새로운 산업과 일자리를 창출함으로써 계절적 유휴 노동력을 흡수할 수 있다.

넷째, 마찰적 실업이 문제가 되는 경우에, 구직자들에게 취업정보 제공, 일자리 알선, 취업지원센터 설립 등을 통해 가급적 빠른 시일에 고용이 되는 것을 도울 수 있다.

(2) 임금 문제

임금이란 근로자가 노동의 대가로 사용자로부터 받는 보수, 급료, 봉급, 수당, 상여금 등을 의미한다. 임금을 둘러싸고 나타나는 주요 사회적 문제로는 임금 격차와 저임금의 문제를 들 수 있다.

임금 수준은 근로자의 노동 가치가 노동시장에서 어떻게 평가되느냐에 달려 있다. 노동시장에서 노동의 가치가 높게 평가될수록 높은 수준의 임금을 받게 된다. 또한 임금 수준은 근로자가 노동시장에 공급할 수 있는 노동의 양에 따라서도 좌우된다. 즉, 노동을 공급하는 시간이 많을수록 많은 임금을 얻을 수 있다.

이와 같은 근로자의 노동에 대한 시장 평가나 근로자의 노동 시간은 개인, 산업, 직종, 기업의 규모, 성별 등에 따라 차이가 있을 수 있다. 이와 같은 임금의 격차가 지나치면 사회적 위화감 조성, 집단 간 갈등 등의 사회적 문제가 발생할 수 있다.

임금을 둘러싼 또 하나의 사회적 문제는 저임금의 문제다. 지나치게 임금이 낮을 경우 해당 근로자와 그의 가족의 생계 유지가 곤란해지거나 삶의 질이 악화되는 심각한 사회적 문제가 발생하게 된다.

정부는 이상과 같은 임금 문제를 해결할 수 있는 대책을 마련할 필요가 있다. 우선 성별에 따른 임금 격차 등과 같은 임금 격차 문제를 해소하기 위해 개인 간 혹은 집단 간에 불합리한 사회적 차별을 억제하는 사회적 규제를 강화할 필요가 있다. 또한 비정규직 노동자들과 정규직 노동자들 간의 임금 격차를 해소하기 위해 비정규직을 정규직으로 전환하는 유인을 마련할 필요가 있다. 저임금 문제를 해소하기 위해 가장 흔히 사용되는 방안으로는 최저임금제의 도입 또는 이미 도입돼 있는 최저임금제의 현실화 등의 방안을 생각할 수 있다.

(3) 노사 문제

노사란 노동자와 사용자를 말한다. 따라서 노사 문제란 노동자와 사용자 사이에 노동자의 근로 조건, 복지 등에 대해 이해 관계가 충돌돼 서로 대립하고 갈등하는 문제를 의미한다. 노동자는 더 많은 임금과 더 나은 작업 환경을 요구하는데 반해, 사용자는 생산 비용을 줄여서 더 이윤을 남기기 위해 근로자에게 가급적 낮은 임금을 지불하고자 하며 작업 환경 개선에도 소극적인 태도를 취하는 경우가 많다. 따라서 양자 간에는 이해 관계가 충돌할 가능성이 크다.

노사 간에 이해 관계의 충돌이 심해질 경우에는 파업이나 직장 폐쇄와 같은 쟁의행위가 일어날 가능성이 있다. 이와 같은 작업 중단 상황에서 생산에 차질이 발생함으로써 노동자는 생계의 위협을 느낄 수 있으며, 수출 차질 등으로 인해 국가

경제적으로도 큰 피해가 있을 수 있다.

이와 같은 노사 문제의 해결을 위해서는 노사 상호간에 동반자 의식을 바탕으로 지속적인 협상과 타협을 통해 상생할 수 있는 방안을 찾아야 할 것이다. 또한 국가는 노동자와 사용자 사이를 조화시켜 줄 수 있는 법규범을 만들고, 양자간 갈등이 발생했을 때 합의를 도출할 수 있도록 중재자로서의 역할을 잘 수행해야 할 것이다.

2 도시화와 도시 문제

1) 도시화의 의미와 도시의 특성

(1) 도시화의 의미

도시화란 도시로 인구가 집중되면서 도시적 특성과 생활 양식이 증가하고 확산되는 과정을 의미한다. 도시화는 산업화, 즉 공업화와 밀접한 관련이 있다. 공업화 이전에도 도시 지역이 존재하긴 했지만, 공업화가 진행되는 과정에서 도시 지역에 공장이 우후죽순으로 생겨나면서 많은 일자리가 생겨나자, 일자리를 찾아 인구가 도시로 몰려드는 이촌향도 현상이 나타나고 도시적 특성이 확산됐다.

(2) 도시의 특성

도시화로 인해 많은 인구가 도시에 집중돼 있으므로 도시지역에는 그만큼 인구 밀도가 높다. 도시화가 공업화로 인해 나타난 현상이므로 도시지역의 사람들은 대부분 공장을 중심으로 한 제조업(2차 산업)에 종사하게 된다. 또한 일정한 지역에 많은 사람이 몰려 있으므로 그들을 대상으로 한 서비스산업(3차 산업)이 활성화되므로 3차 산업 종사자들도 증가하게 된다. 2, 3차 산업에 속하는 직업들이 다양하므로 도시 지역 사람들의 직업 구성도 다양하게 된다. 직장과 거주지가 떨어져 있어 출퇴근을 해야 하고, 직업의 변동과 거주지 이전도 잦으므로 사회적 이동성이 심하며 사회적 변동 속도도 상당히 빠르다. 이촌향도로 다양한 지역으로부터 몰려든 많은 사람이 도시의 구성원을 형성하므로, 가족과 친지를 중심으로 한 1차적 인간 관계보다는 상호 이해 관계를 바탕으로 한 2차적 인간 관계가 형성된다. 따라서 개인 간의 익명성이 높다.

2) 도시 문제

도시화로 인해 좁은 공간에 많은 사람이 모여 살게 됨으로써 이와 관련해 도시 지역에는 많은 문제가 발생한다.

(1) 주택 문제

도시화로 인해 도시지역의 인구가 수용 능력을 넘어 과도하게 늘어남으로써, 주택 부족 문제가 발생한다. 주택의 부족은 자연스럽게 주택 가격을 상승시키고, 빈곤층은 주택 마련의 기회를 갖기 어려워짐으로써 열악한 주거 환경에 직면하게 된다. 주택 가격이 급상승하게 되면 일부 사람들에 의한 주택 투기 현상이 심하게 나타난다.

(2) 교통 문제

도시 지역의 인구 증가는 심각한 교통 문제를 낳게 된다. 많은 인구와 더불어 차량이 증가함으로써 교통이 혼잡해지고 교통사고도 증가하게 된다. 한정된 공간에 차량이 증가되므로 주차 공간 부족 문제도 발생한다.

(3) 환경오염

공장 증가, 인구 밀집, 교통량 증대 등으로 인해 도시 지역은 환경오염 문제가 발생한다. 공장의 매연과 차량의 배기가스로 인해 대기오염 문제가 발생한다. 공장의 폐수와 가정의 생활하수로 인해 수질이 오염된다. 인구 증가에 비례해 쓰레기 증가 및 처리 문제가 심각해진다. 공장의 기계 소리, 차량의 경적 소리 등으로 인한 소음 및 진동 문제가 심각하다.

(4) 범죄 증가

도시화는 산업화와 더불어 진행된다. 산업화에 따른 문제로 저임금으로 인한 생계 유지의 어려움과 근로자 간 임금 격차로 인한 상대적 박탈감이 있을 수 있다. 이와 같은 산업화의 문제는 도시화로 인해 생겨난 도시 지역에 범죄를 양산하게 된다. 또한 도시 지역 인간 관계의 익명성, 2차적 인간 관계로 인한 친밀성 부족 등의 특성도 범죄율의 증가를 초래한다.

3) 도시 문제에 대한 대책

이상과 같은 주요 도시 문제를 해결하기 위해 정부는 다양한 대책을 마련할 필요가 있다.

첫째, 주택 문제와 관련해, 주택 부족 문제를 해소하기 위해 주택 공급을 증가시킬 필요가 있다. 공원 조성 등을 통해 열악한 주거 환경도 개선해야 한다.

둘째, 교통 문제와 관련해, 교통 혼잡 문제를 해소하기 위해 도로와 주차공간을 확충해야 한다. 교통이 혼잡한 출퇴근 시간에 버스와 지하철 등 대중교통을 이용하도록 유도한다. 차량 10부제, 버스 전용 차선 등과 같은 제도를 도입하는 등 교통문화를 개선할 필요가 있다.

셋째, 환경오염과 관련해 공장마다 환경오염 방지시설을 갖추도록 하거나 공해배출부담금을 부과하거나 환경세를 부과해 공장의 환경오염을 감소시킨다. 쓰레기 분리수거제도의 도입으로 쓰레기의 용량을 줄이고 처리를 용이하게 한다. 도시 내 녹지공간을 확보해 친환경적인 삶의 여건을 갖춘다. 시민들에게 자전거 타기 운동이나 쓰레기 줄이기 운동과 같은 캠페인 등을 전개해 친환경적인 생활 체계를 강화한다.

넷째, 범죄 증가와 관련해 저소득층에 대한 복지제도 확충으로 빈부 격차 및 그로 인한 위화감을 완화하고 생계 유지에 도움을 줌으로써 범죄를 감소시킬 수 있다. 소규모 공동체를 형성해 1차적 인간 관계를 회복시키는 것이 중요하다.

3 인구 변천과 인구 문제

1) 인구 변천의 요인

인구의 변천이란 출생과 사망, 사회적 인구 이동 등으로 인한 인구의 증가 내지 감소 현상을 의미한다. 이런 인구 변천에 영향을 미치는 요인은 크게 자연적인 요인과 사회적인 요인의 두 가지가 있다. 먼저 자연적인 요인은 출생과 사망으로 인해 인구가 자연적으로 늘거나 줄어드는 현상을 의미한다. 반면에, 사회적인 요인은 인구 이동으로 인한 인구의 증가되거나 감소되는 현상을 말한다. 인구 이동은 국내 이동과 국제 이동으로 구분될 수 있다. 국내 이동은 한 국가 내에서 지역 간에 이동이 이뤄지는 전입과 전출이 있다. 국제 이동은 국가 간에 이동이 이뤄지는 이입과 이출이 있다.

2) 인구 변천 과정

인구의 변천은 다산다사형(多産多死型), 다산감사형(多産減死型), 감산소사형(減產小死型), 소산소사형(小產小死型) 등의 네 가지 단계 혹은 과정을 거치면서 이뤄진다.

(1) 다산다사형

인구 변천의 1단계는 다산다사형이다. 이 단계에서는 출생률도 높고 의료 기술 및 위생 환경이 나빠서 사망률도 높은 단계다. 출산율과 더불어 사망률도 높기 때문에 인구 증가가 거의 없다. 주로 산업혁명 이전의 사회에 해당된다.

(2) 다산감사형

2단계는 다산감사형이다. 출산율은 여전히 높지만 의료 기술의 발달과 경제 성장으로 인한 물질적 풍요 및 위생 환경의 개선으로 사망률이 급격하게 낮아지는 단계다. 출산율은 높으나 사망률이 급격히 감소하므로 급격한 인구 증가가 이뤄지는 단계다. 서구의 산업혁명 시기와 현재 아프리카나 아시아의 개발도상국에 해당되는 형태다.

(3) 감산소사형

3단계는 감산소사형이다. 사망률은 낮은 상태에 안정적으로 머물면서 출산율이 급격히 감소하는 단계다. 사망률이 낮고 출산율은 사망률보다 높지만 급격히 줄어드는 상태이므로, 인구 증가는 둔화된다. 출산율이 감소하는 이유는 산업화가 지속됨에 따라 여성의 사회 진출 증가, 가족계획의 정착 등과 같은 이유 때문이다. 경제 개발이 한창 추진되고 있는 개발도상국에 해당되는 유형이다.

(4) 소산소사형

인구 변천의 마지막 4단계는 소산소사형이다. 출생률이 낮은데 사망률도 낮아서, 노년층의 인구 비율이 증가하며 인구 증가는 거의 정체된다. 이 유형은 주로 고도의 산업화가 이뤄진 선진국에서 나타난다.

3) 인구 변천으로 인한 문제

앞에서 살펴본 인구 변천의 단계별 유형은 국가에 따라 혹은 국가의 경제 발달 수준에 따라 다르다는 것을 알 수 있다. 따라서 인구 변천으로 인해 나타나는 문제점 역시 국가나 국가의 경제 발달 수준에 따라 다를 것이다.

(1) 개발도상국의 인구 문제

개발도상국에서는 주로 다산감사형의 인구 변천 모형을 보이기 때문에 인구가 너무 많음으로 인한 문제가 발생한다. 즉, 급속한 인구의 증가로 인해 식량 및 자원 부족 문제가 심각해진다. 결과적으로 특히 저소득층의 의식주가 불안정하거나 잘 해결되지 못하는 상황이 초래된다.

(2) 선진국에서 인구 문제

개발도상국과 달리 선진국은 소산소사형의 인구 변천 모형에 해당되기 때문에 저출산과 고령화라는 인구 문제가 나타난다.

인구의 고령화로 인해 나타나는 문제로는 먼저 경제 활동 인구의 부족으로 인해 사회의 생산성이 떨어진다는 것이다. 국가는 노인들을 위한 노인 복지정책을 강화해야 하므로, 정부의 재정 부담이 강화된다. 또한 이와 같은 노인 복지정책에 소요되는 비용을 현재의 경제 활동에 참가하는 세대로부터 세금 등으로 충당해야 하기 때문에, 세대 간 불공평성 문제나 세대 간 갈등 문제도 제기된다.

저출산으로 인한 사회 문제는 사회 유지와 경제 성장에 심각한 위협이 될 수도 있다는 점이다. 출생률 저하로 경제 활동에 참여해야 할 젊은 층의 인구가 줄어들면, 노동인구 및 소비 감소로 이어져 경제가 활력을 잃고 성장률이 떨어질 가능성이 높다.

4) 인구 문제에 대한 대책

(1) 개발도상국의 인구 문제 대책

인구의 급증으로 인한 식량 부족 문제와 자원 부족 문제의 해결책을 마련해야 한다. 식량 부족 문제를 해소하기 위해 새로운 영농기법이나 새로운 농업 품종 개발로 농업 생산성을 향상시켜서 식량을 증산시켜야 한다. 다른 한편으로는 산아 제한 정책을 추진해 출산율을 낮출 필요가 있다. 그리고 에너지 절약 캠페인을 실시해 에너지 자원의 낭비를 막고, 새로운 대체 자원의 개발을 모색해야 한다.

(2) 선진국의 인구 문제 대책

선진국에서 나타나는 고령화로 인한 사회 문제를 해소하기 위해, 무엇보다 노인 복지 지원을 확대해야 한다. 노령인구의 노동력을 활용하기 위한 방안을 마련해야 한다. 이를 위해 정년을 연장하는 것을 고려할 필요가 있고, 퇴직 고령자들에게 적합한 업무를 개발할 필요가 있다.

저출산 문제 해소하기 위해, 출산율을 높이기 위한 출산 장려정책과 같은 제도를 마련해야 한다. 이를 위해 정부에서는 출산장려금 지원, 육아비용 및 보육시설에 대한 지원 등을 확대해야 한다. 학부모들에게 자녀의 교육비 부담을 감소시키는 방안을 마련해야 한다. 직장 생활을 하는 여성들을 위해 육아 휴가제도, 직장 내 보육시설 설치 및 운용 등과 같은 방안을 시행할 필요가 있다.

제 3 절 현대 사회의 변동과 대응

1 정보화 사회와 대응

1) 정보화 사회의 의미와 특징

(1) 정보화 사회의 의미

정보화 사회는 정보가 가장 중요한 생산 요소로 여겨지며 정보의 경제적 가치가 높게 평가되는 사회다. 지식과 정보가 부가가치를 창출하는 원천이며, 이 지식과 정보를 생산・소비・분배하는 활동이 중심이 되는 사회라고 볼 수 있다.

정보화 사회의 형성 배경은 기술적, 경제적, 사회・문화적 측면에서 살펴볼 수 있다.

첫째, 기술적 측면에서 기술의 발달이 정보화 사회를 이루는 동력이 됐다. 특히 컴퓨터의 발명과 보급 및 정보통신기술의 발달로 신속한 정보 처리 및 전달이 가능해졌고, 지식과 정보의 공유로 시간적·공간적 제약을 극복하게 됐다.

둘째, 경제적 측면에서는 자원에 대한 인식의 변화가 정보화 사회를 만드는 동력이 됐다. 사회적으로 자원의 고갈이 심해지자 자원의 효율적 이용 및 생산성 향상의 필요성이 증대됨에 따라 기술과 정보의 중요성이 부각됐으며, 이를 새로운 경제적 자원으로 인식하게 됐다.

셋째, 사회·문화적 측면에서 정보 욕구의 다양화가 정보화 사회의 형성에 배경이 됐다. 산업사회의 대중문화가 갖는 획일성에서 벗어나려는 욕구가 증대되자 자신의 취향에 맞는 정보를 선택하려는 경향이 확산되고, 이러한 현상이 정보화 사회를 초래하는 원동력이 됐다.

(2) 정보화 사회의 특징

정보화 사회는 산업사회와 구분되는 다음과 같은 여러 가지 특징을 지니고 있다.

첫째, 부가가치를 창출하는 원천으로써 산업사회에서는 자본이나 토지가 중시됐지만, 정보화 사회에서는 지식과 정보가 중심이 된다. 즉, 정보화 사회에서는 부(富)나 부가가치를 창출하는 데에 지식과 정보를 얼마나 잘 창출하고 활용하느냐가 가장 중요한 요소가 된다. 이러한 현상은 사회 전반에 걸쳐 3차 산업의 확대를 초래했다. 특히 정보화 사회에서 가장 두드러지게 발달하고 있는 산업 분야는 인터넷 쇼핑몰, TV 홈쇼핑 등 전자상거래 산업이다.

둘째, 정보화 사회에서는 생산자와 소비자의 경계가 모호해지고, 전통적 관점에서의 소비자들이 생산자들이 담당하던 생산 활동에 직접 참여하는 현상이 나타난다. 이러한 경제적 주체를 프로슈머(prosumer)라고 칭한다. 프로슈머란 생산자(producer)와 소비자(consumer)가 결합된 용어로서 생산적 소비자를 일컫는다. 예를 들면, 예전에는 소비자가 사진을 찍어서 생산자인 사진관의 사진사에게 사진의 현상 및 인화(공급)를 맡겼지만, 최근에는 소비자들이 직접 컴퓨터나 인쇄기를 활용해 자신이 찍은 사진을 현상 및 인화하는 경향이 많다.

셋째, 정보화 사회에서는 정보통신기술의 발달로 재택근무도 가능해졌다. 직장에 출근하지 않고 자기 집에서 화상 커뮤니케이션이나 인터넷 등을 활용해 의사소통하면서 업무를 처리하는 것이 가능하다.

넷째, 산업사회에서 소품종 대량생산 방식이 상용됐다면 정보화 사회에서는 다품종 소량생산 방식이 생산과 소비의 중심이 된다. 즉, 정보화 사회에서는 소비자의 다양한 수요가 표출되고 그것을 전달할 수 있기 때문에, 생산자는 소비자의 다양한 수요에 대한 맞춤형으로 다양한 상품의 생산이 이뤄진다.

다섯째, 정보화 사회에서는 인간 관계의 양상이 간접적인 면모를 띠게 된다. 즉, 인간 관계의 양상이 서로 얼굴을 맞대는 직접적인 접촉 방식에서 휴대폰, 위성통신, 쌍방향 TV, 인터넷 등을 이용한 간접적인 접촉 방식으로 옮겨가게 된다.

여섯째, 정보화 사회에서는 전통 사회에서 중요한 비중을 차지하던 대규모의 관료제 조직이 점차 영향력을 잃고, 소규모의 전문화된 탈관료제조직이 대세를 이루게 된다. 정보통신 기술의 발달로 최고 결정권자와 하위층 직원들 사이에 직접적인 의사 소통이 원활해지면서 중간 관료층의 필요성이 약화되고, 결과적으로 조직의 중간층이 대폭 축소된 네트워크형 사회조직과 같은 탈관료제조직이 발달하게 된다.

일곱째, 정보화 사회에서는 정보통신기술의 발달로 인해 인터넷, 스마트폰, 페이스북 등과 같은 매체를 통해 관계하는 상대방의 범위가 크게 확산되고 여러 사람과 동시다발적인 관계를 맺을 수 있다.

여덟째, 정보화 사회에서는 다양한 정보통신 매체를 활용해 쉽게 자신의 관심 분야를 체험할 수 있고 원하는 다양한 정보를 얻을 수 있기 때문에 개인들의 개성과 전문성이 존중될 뿐만 아니라, 이를 개발할 수 있는 기회도 증가하게 된다.

2) 정보화 사회를 보는 관점

정보화 사회를 보는 관점은 크게 낙관론과 비관론으로 구분된다. 이 두 가지 관점의 차이를 정치, 경제, 사회, 문화의 네 가지 측면에서 살펴보기로 한다.

첫째, 정치적 측면에서, 정보화 사회에는 인터넷 포털 사이트, 정부기관 홈페이지의 게시판 등을 통해 시민의 정치 참여 기회가 확대되고, 이와 같은 사이트 등의 통로를 통해 정보에 대한 접근이 용이해 직접민주주의의 실현 가능성이 높다는 낙관론이 있다. 반면에 국가가 각종 정보를 통제하거나 독점해 국민을 통제함으로써 새로운 형태의 독재정권이 출현할 우려가 있으며, 인터넷 정보통신 매체를 통한 시민의 과잉 참여로 인해 정치적 불안과 혼란이 야기될 가능성이 높다는 비관적 시각도 있다.

둘째, 경제적 측면에서, 컴퓨터 및 정보통신 기술의 발달로 사무자동화 등이 실현돼 생산성이 향상되며, 정보통신 매체 등을 통해 소비자들의 불만과 욕구 표출 및 충족의 가능성이 높아짐으로써 소비자 주권의 실현 가능하다는 낙관론이 존재한다. 반면에 사무자동화로 인해 기존에 사람이 하던 일을 기계나 컴퓨터가 대체하고 3차 산업이 확대됨으로써 구조적 실업 문제가 심각해질 수 있으며, 개인 간 및 조직 간 정보 격차로 인해 빈부의 격차가 심해질 수 있다는 비관론도 있다.

셋째, 사회적 측면에서 볼 때, 인터넷 동호회나 커뮤니티에서 남녀노소 구분 없이 다양한 사람이 가상적인 인간 관계를 맺으면서 교류함으로써 사회적 통합이 증진될 수 있다는 낙관적인 견해가 있다. 반면에, 인터넷 사이트 등 다양한 정보통신 매체에 개인 정보가 쉽게 노출됨으로써 개인의 사생활이 침해될 수 있으며, 노출된 정보를 활용한 사이버 범죄가 증가된다는 비관론이 있다. 또한 인터넷 사이트 등을 통한 인간 관계가 주로 형성됨으로써 인간 관계가 피상적으로 변화된다는 비관론도 존재한다.

넷째, 문화적 측면에서 볼 때, 개인적 창의성과 개성이 강조됨으로써 문화적 다양성이 증대된다는 낙관적인 견해가 있다. 또한 정보통신 매체를 통해 국가 간 교류의 활성화로 국제적 문화 교류가 확대됨으로써 지구촌 공동체의 의식이 증진될 수 있다는 낙관론도 존재한다. 반면에, 개인의 개성이 지나치게 강조됨으로써 개인들이 자신의 기호나 취미에 맞는 문화에 집착하게 됨에 따라 문화적 편식 현상이 증대된다는 비관론이 존재한다. 또한 선진국 문화가 후진국으로 쉽게 침투됨으로써 후진국의 문화가 선진국 문화에 종속되는 문화제국주의가 심화될 수 있다는 비론적 견해도 존재한다.

3) 정보화 사회에 대한 대응

앞에서 살펴본 정보화 사회에 대한 비관론적 관점에서 지적한 사항들이 정보화 사회의 문제점들로 지적된다. 이와 같은 정보화 사회의 문제점들을 극복하기 위해서는 적절한 대응 방안을 마련하는 것이 중요하다. 정보화 사회에 대한 대응을 개인적 차원과 사회적 차원으로 구분해 살펴보기로 한다.

(1) 개인적 차원

정보화 사회는 정보가 부가가치 창출의 주요 원천이므로 개인은 정보의 생산 및 활용 능력을 함양해야 한다. 다양한 정보가 생산 및 유통되는 가운데 정보 중에는 왜곡되거나 허위의 정보도 많으므로 정보의 비판적 분석 능력과 선택 능력을 배양하는 것이 중요하다. 정보의 오용과 남용을 막기 위해 정보 윤리를 함양하고 주체적 판단과 행동 능력을 길러야 한다.

(2) 사회적 차원

국가 및 사회적 차원에서 정보 생산 및 소비의 활성화를 위해 정보 인프라 구축을 통해 국가의 경쟁력을 확보해야 한다. 개인 간, 집단 간, 지역 간 정보 격차를 해소하기 위한 장치를 마련해야 한다. 특히 사회적 약자인 저소득층 및 농어촌 지역에 대한 통신망 확충이 요구된다. 정보와 지식 창출을 적극적으로 유도하기 위해 지적 재산권 보호를 위한 법과 제도를 마련하고, 사이버 범죄를 방지하기 위한 법과 제도를 마련하는 것도 중요하다. 이와 더불어 음란, 폭력물 등 유해 정보를 차단하고 건전한 사이버 문화를 형성시키기 위한 제도를 마련해야 한다.

2 세계화와 대응

1) 세계화의 의미와 특징

(1) 세계화의 의미

세계화란 탈냉전과 과학 및 정보기술의 발달로 인해 국경을 넘어 세계 전체의 상호 의존성이 높아지고, 단일한 체계로 통합돼 가는 현상을 의미한다. 오늘날 세계화는 경제적 차원뿐만 아니라 정치, 사회, 문화, 환경, 그리고 더 나아가 정보, 군사, 범죄의 영역에 이르기까지 매우 광범위한 영역에 걸쳐 빠른 속도로 진행되고 있으며, 국가 간 전통적인 경계는 느슨해지고 국가가 독점해 왔던 국민에 대한 장악력도 상대적으로 약화되고 있다.

세계화의 요인은 경제, 정치, 사회·문화적 측면으로 구분해 살펴볼 수 있다.

첫째, 경제적 측면에서, 국가 간 자본이 자유롭게 이동하고 기업의 활동무대가 전 세계로 확장됐다.

둘째, 정치적 측면에서, 공산권의 몰락으로 탈냉전의 시대가 도래했으며, 국가 간의 교류와 협력이 증대됐다.

셋째, 사회·문화적 측면에서, 과학 및 정보통신기술이 발달했으며, 이로 인해 인적·물적·문화적 교류의 범위가 확장됐다.

(2) 세계화의 특징

① 상호 의존성의 증대

특정 지역에서 발생하거나 발생 원인을 제공한 문제가 전 세계에 걸쳐 영향을 미친다. 또한 국가 간에 상호 교역과 물적·인적 교류의 증가가 심화되고 있다.

② 공간적·시간적 제약의 감소

교통 및 통신기술의 발달로 물리적 거리와 시간이 극복되면서 문화적 교류 및 상품과 자본의 거래가 활발해지고 있다. 특히 국가 간에 사이버 공간을 통한 교류와 거래가 활발해지고 있다.

③ 특정 문화와 생활 양식의 확산

서구식 민주주의와 시장경제 체제, 그들의 의식주, 언어, 학문, 기술문명 등이 세계로 확산됨으로써 개발도상국의 문화가 약화되거나 소멸돼 문화적 다양성이 감소하고 있다.

2) 세계화의 문제점과 대응

(1) 세계화의 문제점

세계화에 진전에 따라 다양한 문제점이 나타나고 있다. 국가 간 무한경쟁이 심화돼 경쟁력이 약한 개발도상국의 산업이 위축됨에 따라, 선진국과 개발도상국 간의 빈부 격차가 심화될 가능성이 있다. 선진국 문화의 확산으로 인해 약소국이나 소수민족의 문화가 소외되기도 하며, 이에 따라 문화 정체성이 상실되고 있다. 또한 국가 간 상호 의존성 증대에 따른 국제기구의 역할이 강화되고 다국적 기업과 거대 자본의 영향력이 강화됨에 따라 정부 정책의 자율성이 침해되기도 한다.

(2) 세계화에 대한 대응

세계화와 이에 따른 국가 간 경쟁에서 뒤처지지 않기 위해 우리 상품의 국제적 경쟁력을 강화시킬 필요가 있다. 국가나 기업 외에도 시민, NGO 등 여러 주체에 의한 우리의 문화적 정체성을 지키려는 움직임이 필요하며, 세계화의 부작용에 대비해 세계화의 성과가 일부 강대국에 집중되는 현상을 방지하기 위해 노력해야 한다. 그리고 다른 문화를 무조건 배척하기보다는 이에 대한 상대주의적 태도와 관용의 자세가 요구되며, 세계 공동체 의식과 같은 세계 시민으로서의 자질 함양이 요구된다.

참고 문헌

강윤호 (2014). 한국 ODA(공적개발원조) 제도의 문제점과 개선 방안. 한국행정논집, 26(3).
박종화 · 윤대식 · 이종열 (1998). 도시행정론: 이론과 정책. 대영문화사.
변종순 (2012). 사과수 공무원 열린 통합 사회. 도서출판 top.
신무호 (2000). 도시정책론. 학문사.
위종욱 · 공시출제연구회 (2012). 공단기 사회. ST & BOOKS.
이준구 · 이창용 (2010). 경제학 원론. 법문사.
이투스 (2012). 누드교과서(사회 · 문화). 이투스교육(주).
정충식 (1999). 멀티미디어 시대의 행정. 나남출판.
최병선 (1992). 정부규제론. 법문사.
EBS 편집부 (2014). EBS 수능특강 사회 · 문화. EBS.

Hawley, A. (1971). *Urban Society*. New York: Roland.

제**3**부

경제

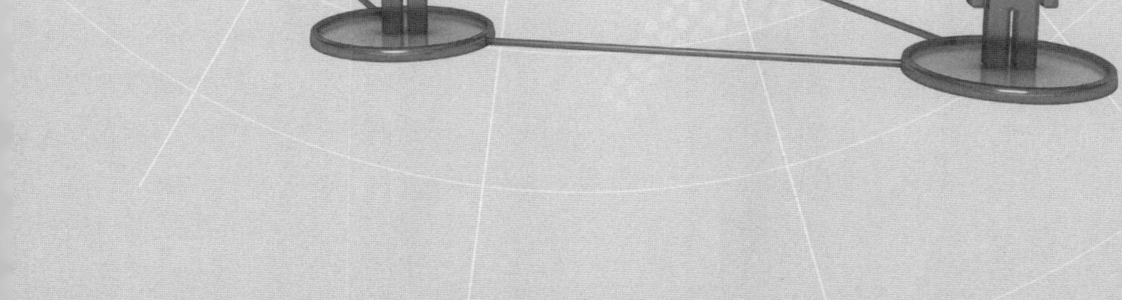

제 1 장 경제 활동에 대한 이해

경제는 인간이 살아가기 위해 필요한 것을 생산하고 그것이 전달되어 최종적으로 소비되는 과정을 의미한다. 이때 누가 생산하고 소비하는가의 문제가 발생한다. 그리고 생산, 소비의 과정에서 누가 무엇을 획득하느냐의 문제가 발생하고 이를 분배라고 한다. 그리고 생산, 분배, 소비를 위해서는 선택이 필요하다. 그 선택의 기준은 무엇일까? 선택은 개인의 차원과 사회의 차원으로 나뉜다. 개인이 선택하는 합리적인 기준이 발생하고, 사회 전체적으로도 이러한 선택을 하는 기준도 발생한다.

제 1 절 경제 활동의 의미

1 경제 활동

경제 생활이라는 표현도 있고 경제 활동이라는 표현도 있지만 결국은 같은 의미다. 살아가는 데 필요한 활동을 의미하기 때문이다. 즉, 살아가는 데 필요한 재화와 서비스를 획득해 인간의 욕구를 충족하는 과정을 설명하는 개념이다.

1) 경제 활동의 객체: 재화와 서비스

경제 활동을 통해 우리가 필요로 하는 것을 충족하게 된다. 이때 무엇을 필요로 하는가를 재화와 서비스로 구분한다. 이를 경제 활동의 객체라고 한다.

첫째, 재화라는 것은 물질적인 형태를 가진 것이다. 책, 옷, 주택 등 유형의 물질이다.

둘째, 서비스라는 것은 보고 만질 수 있는 것이 아니라, 행위나 활동을 의미한다. 교사의 수업, 의사의 환자 진료, 음악가의 연주 등이다. 여기서 조심해야 할 것은 우리가 일상 생활에서 "이것은 서비스로 주는 것입니까?" 하는 표현과 구분해야 한다는 것이다. 이때의 의미는 "공짜로 주는 것입니까?"의 의미이기 때문이다. 여기서 중요한 것은 우리가 하는 많은 사회 생활 중에서 직접·간접으로 대가를 치르는 일과 연결된 활동을 경제 활동이라고 한다는 점이다. 공짜는 경제 활동의 범주가 아니다.

물론 재화와 서비스의 두 가지가 결합된 형태도 가능하다, 예컨대 가수의 노래가 담긴 CD를 생각해 보면 노래는 서비스이지만, CD 자체는 재화다.

2) 경제 활동의 유형

경제 활동은 재화나 서비스를 만들고(생산), 그것은 전달하고(분배), 마지막으로 그것을 소비하는 것이다. 따라서 경제 활동의 유형은 생산, 분배, 소비로 구분된다.

(1) 생산 활동

생산은 재화나 서비스를 만들어 내거나 그 가치를 증대시키는 활동이다. 여기서 중요한 것은 만들어 내는 것뿐만 아니라 가치를 증대시키는 활동을 포함한다는 것이다. 이에 제조, 판매, 운송, 저장 등의 활동이 전부 생산에 해당된다.

생산을 위해 필수적으로 필요한 요소가 있다. 이를 생산의 3요소라고 한다.

첫째는 노동이다. 인간의 육체적·정신적 활동이 필요하다. 공장에서 물건을 생산할 때 사람이 투입돼 조립을 하거나 포장을 하는 활동이다.

둘째는 토지다. 공장을 건설하려면 토지가 있어야 한다. 물론 여기에는 자연자원도 포함된다. 종이를 생산하려면 나무가 있어야 하는 것이다.

셋째는 자본이다. 공장을 건설하려면 돈이 있어야 철근을 구입할 수 있기 때문이다.

물론 낮은 단계에서는 육체적 노동이 필요하지만, 점차 고도의 지식을 필요로 하는 단계로 바뀌게 된다. 이에 인간의 육체적 노동이 아니라 점차 지식이 중요한 요소가 된다. 이럴 경우 지식을 생산 요소로 분리하기도 한다.

(2) 분배 활동

분배는 생산 과정에 참여한 사람들이 생산의 결과물을 나눠 갖는 활동이다. 즉, 생산 과정에 참여한 대가를 받는 활동이다. 이러한 분배의 유형에는 임금·지대·이자로 나뉘며, 이는 생산 활동의 참여와 연관돼 이뤄진다.

첫째, 노동에 참여한 대가는 임금이다. 1개월에 주는 월급, 1주일에 주는 주급 등이다.

둘째, 토지를 제공한 대가는 지대(地代)다. 집이나 가게를 소유한 사람이 다른 사람에게 빌려주고 받는 임대료가 여기에 해당된다.

셋째, 이자는 자본을 제공한 대가다. 은행의 예금이자, 주식에 대한 배당금이 여기에 해당된다.

(3) 소비 활동

재화나 서비스를 사용해 만족감 또는 효용을 얻는 활동으로 경제 활동의 궁극적 목적이다. 그런데 소비를 위해서는 재화나 서비스를 구입하기 위한 소득이 있어야 한다. 이러한 관점에서 보면 생산, 분배, 소비는 밀접한 관련이 있게 된다. 특히 소득과 관련해 분배가 중요한 문제가 된다는 것을 알 수 있다.

최근 재분배라는 개념이 등장하고 있다. 이는 첫 번째 분배 과정에서 발생한 문제를 해결하기 위해 다시 누군가가 개입해 이를 다시 조정하는 과정을 의미한다. 그 조정자는 정부가 하게 된다. 즉, 악화된 분배 상태를 정부에 의해 교정, 수정하는 과정을 재분배라고 한다.

3) 경제 활동의 주체

생산, 분배, 소비와 관련된 경제 활동을 수행하는 집단이나 개인을 주체라고 한다. 이는 가계(개인), 기업, 정부, 외국을 포함한다. 가계와 기업만으로 구성되는 경우에는 민간경제라고 한다. 가계, 기업 이외에 정부가 포함되면 이를 국민경제라고 한다. 특히 정부는 생산과 소비 활동을 같이 한다. 국방이나 경찰 서비스는 민간기업이 생산하지 못하기 때문에 정부가 생산한다. 이러한 것을 민간재(사적 재)와 구분해 공공재라고 한다, 마지막으로 외국, 즉 해외 부문이 포함되면 국제경제라고 한다.

한편 이러한 경제 주체가 활동하는 영역을 생산물 시장과 생산 요소 시장으로 구분한다. 생산물 시장은 기업이 생산한 재화나 서비스가 거래되는 시장이다. 이 경우에 가계는 이를 소비하는 수요자가 되고, 기업을 이를 제공하는 공급자가 된다. 반면 생산 요소 시장은 생산 과정에 투입되는 노동, 자본, 토지 등의 생산 요소가 거래되는 시장이다. 이 경우에 가계(개인)는 노동이나 자본 등을 제공하는 공급자가 되고, 반면 기업은 이를 구입해 생산을 하는 수요자 역할을 한다. 이러한 과정에서 재화나 서비스와 같은 실물이 움직이는 실물 경제와 생산 요소를 제공한 대가로 받는 화폐가 움직이는 경제가 구분된다. 이 두 가지 흐름에 의해 경제 활동이 연계돼 작동된다.

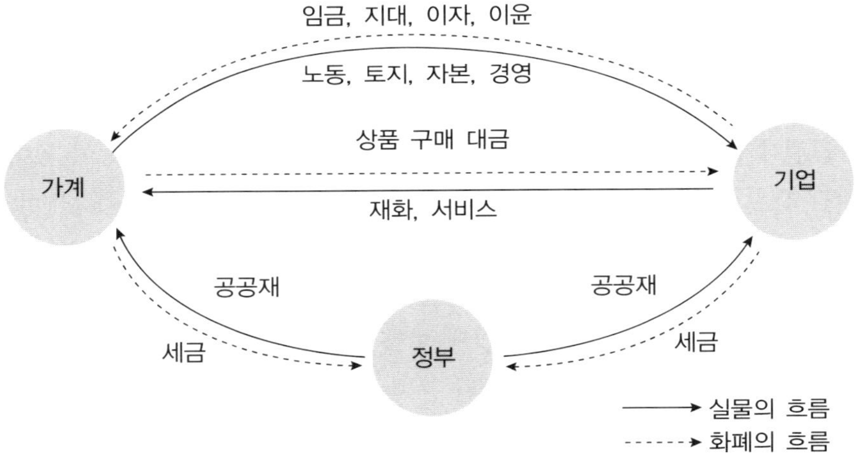

생산 요소와 생산물 시장의 경제 순환 과정

이러한 경제 활동 주체의 목적은 서로 다르다. 가계의 경우에는 재화나 서비스를 구입해 자신의 만족(효용)을 극대화하려고 한다. 이때 만족을 경제학에서는 후생(welfare)이라고 표현한다. 기업은 이윤을 극대화하고 정부는 사회 전체의 입장에서 후생을 극대화한다. 외국은 자국의 이익을 극대화하려고 한다. 여기에서 주목할 단어는 극대화다. 즉, 모든 경제 주체는 극대화를 추구하고 있는 것이다.

〈경제 주체의 활동과 목적〉

경제 주체	주요 활동	목적
가계	• 소비 활동의 주체 • 생산물 시장의 수요자 • 생산 요소 시장의 공급자	효용 극대화
기업	• 생산 활동의 주체 • 생산물 시장의 공급자 • 생산 요소 시장의 수요자	이윤의 극대화
정부	• 경제정책의 주체 • 조세 부과, 민간 경제 활동의 규제 · 조정 • 생산 활동과 소비 활동을 모두 수행함.	사회적 후생의 극대화
외국	• 교역(수출 · 수입)의 주체 • 다른 나라의 가계, 기업, 정부를 포괄하는 개념 • 세계화의 진전에 따라 중요성 증대	자국 이익의 극대화

2 경제 활동과 사회 생활

이상에서 살펴본 경제 활동은 이와 관련된 다양한 다른 활동과 관련을 가지고 있다. 이러한 맥락을 이해하는 것이 경제 활동을 이해하는 데 도움이 된다.

1) 경제 활동과 정치

정치는 경제가 제대로 작동할 수 있도록 제도를 마련하는 것이다. 이러한 과정에서 경제 활동에 대한 지원과 규제의 역할을 한다. 산업혁명이 가장 먼저 발생한 영국은 가장 먼저 자유민주주의를 채택한 나라다. 이럴 경우 자유민주주의라고 하는 정치적 체제가 경제 활동을 자극하는 요인이 되는 것이다. 반면에 가난한 상황에서는 독제 체제가 유지되다가 경제가 발전하고 중산층이 등장해 자신의 권리를 주장하면서 민주화가 되기도 한다. 이럴 경우에는 경제 발전이 정치 발전을 유도하기도 한다.

2) 경제 활동과 법

법이라고 하는 것은 사회 구성원들의 합의에 의한 규칙을 규정한 것이다. 국민이 직접 참여하는 것이 아니라 국회의원을 선출하고 이들이 국민을 대신해 합의에 의해 법률을 결정한다. 이러한 합의에 의한 법률은 경제 활동의 예측 가능성과 안정성을 보장하는 장치라고 할 수 있다.

법은 자유롭고 공정한 경쟁을 보장하면서 경제 질서를 유지하는 역할도 하면서 한편으로 이를 어기는 경우에는 통제하고 규율하는 역할도 한다. 최근에는 이러한 법률 집행의 원칙과 방법을 경제적 관점에서 연구하는 법경제학의 영역이 발달하고 있다.

3) 경제 활동과 문화

과거에는 문화라고 하면 단순한 여가 활동으로만 생각했다. 그러나 최근에는 문화 활동이 고부가 가치를 생산하는 경제 행위로 인식되고 있다. 예컨대 한국의 드라마를 수출해 외화를 버는 것과 같다.

다만 인간의 감성과 관련된 예술 활동이 지나치게 돈벌이로만 접근되는 상업화는 경계해야 한다. 그러나 그것이 예술가는 가난해야 한다는 것을 의미하지는 않는다. 자유로운 창조 활동은 하되 이를 잘 분배해 예술가들에게도 적절한 보상이 주어지는 것은 필요하고, 이를 통해 예술 활동을 더욱 활성화할 수도 있다. 그런 관점에서 문화 활동을 경제의 관점에서 연구하는 영역이 발전하고 있다.

4) 경제 활동과 윤리

앞에서 경제 주체의 목적은 개인이든, 기업이든 전부가 극대화라고 했다. 이를 잘못 해석하면 수단과 방법을 가리지 않고 자신의 목적만 달성하면 되는 것으로 오해하기 쉽다. 이는 기업이 이윤을 극대화하기 위해 질 낮은 제품을 소비자를 속여서 비싸게 받을 우려가 있다.

실제 베버(Max Weber)의 『청교도 정신과 자본주의 정신』이라는 저서가 보여주듯이 중세 봉건사회를 지나 자본주의가 도입된 것은 기독교 윤리 정신과 관련이 있었다. 반면 부정부패를 통해서라도 이윤만 추구하려는 것을 천민자본주의(pariah capitalism)라고 한다. 이러한 비윤리적 경제 활동은 오래가지 못한다는 것이 그간의 경험에서 보여주고 있다.

자본주의 발전을 위해 경제 활동에서 윤리성을 확보하도록 하는 것이 중요하다. 개인의 자각에 의해 되지 못하는 경우에는 정부가 강제할 수도 있다. 예컨대 「독점규제 및 공정거래에 관한 법률」을 통해 소수 사업자가 불공정 행위를 하지 못하도록 강제하는 것이다.

특히 최근에는 윤리 경영, 기부 문화가 확산되면서 이러한 윤리를 경제에 연계시키는 노력이 진행되고 있다. 조합 활동을 통해 발생하는 이윤을 구성원이 나눠갖는 협동조합이 그러하다. 아프리카의 원주민을 착취해 이윤을 확보하는 다국적 기업에 의한 커피가 아니라, 원주민의 공동체 이익을 보장하는 제품을 공급하는 공정무역(fair trade)도 그러한 맥락이다. 장애인들이나 소외계층이 모여서 활동하는 사회적 기업이 생산한 제품을 우선 구매해 주는 것도 그러한 맥락이다.

5) 경제 활동과 환경

과거 경제 성장을 위해서는 환경 파괴가 불가피하다고 생각했다. 산을 없애고 그 자리에 공장을 짓는 경우가 그러하다. 그러나 그러한 활동으로는 장기적으로 경제 발전을 보장하지 못하기 때문에 환경과 경제 발전의 조화가 중요한 문제로 제기되고 있다. 녹색성장, 지속 가능한 성장이 이러한 맥락에서 등장하는 개념이다. 지속 가능한 개발이란 미래 세대가 그들의 필요를 충족시킬 수 있는 가능성을 손상시키지 않는 범위에서 현 세대의 필요를 충족시키는 방식이다. 이럴 경우 비용은 더 소요되지만, 미래를 위한 비용이라고 생각하는 것이다.

제 2 절 경제 문제의 발생 원인

1 희소성

경제 문제는 경제 주체가 생산, 분배, 소비의 문제를 해결하기 위해 선택하는 과정에서 발생한다. 생산자는 어떤 물건을 얼마의 가격으로 생산할 것인지를 결정한다. 소비자 역시 어떤 물건을 얼마에 구입할 것인지를 결정한다. 이때 생산자와 소비자가 생각하는 물건의 가격이 일치할 때 매매가 될 것이다. 따라서 어떤 재화가 시장에서 거래된다는 것은 경제 활동의 가장 중요한 현상이 된다.

이때 거래가 되는 이유는 무엇일까. 그것은 희소성(scarcity)에서 출발한다. 인간의 욕망은 무한한데, 자원은 유한하다. 그래서 생산자는 어떤 재화를 생산해야 팔릴 것인가를 고민한다. 소비자 역시 자신의 무한한 욕망을 채우기 위해 재화를 구입한다. 거래를 하지 않더라도 손쉽게 구할 수 있는 것은 구매하지 않는다. 따라서 공급자도 이러한 희소성이 없는 재화는 거래가 되지 않기 때문에 생산하지 않는다.

결론적으로 모든 경제 문제는 선택의 문제이며, 이는 자원의 희소성 때문에 발생한다.

2 자유재와 경제재

경제 문제는 희소성에서 출발한다고 했다. 이러한 희소성의 수준에 따라 재화는 구분된다.

자유재(free goods)는 존재량이 무한하기 때문에 희소성이 없어서 대가를 치르지 않고 얻을 수 있는 재화로서 경제 활동의 대상이 아니다. 예컨대 공기, 햇빛과 같은 것이다. 이는 사용 가치는 있지만, 시장에서 생산과 매매의 대상이 되지 않는 것이다. 자유재는 자유자재로 구할 수 있다는 개념이기는 하지만, 최근에는 무상재 또는 무료재로 부르기도 한다.

경제재는 존재량이 제한돼 있어서, 즉 희소성이 있어서 일정한 대가를 치러야 구입이 가능한 재화로서 경제 활동의 대상이 된다.

그러나 이는 상대적인 개념이다. 공기, 물이라고 해서 무조건 자유재는 아니다. 사막 지역에서 물이 희소해 거래가 된다면 경제재가 된다. 대동강을 물을 팔았다는 봉이 김선달 이야기가 우스갯소리로 전해지지만, 지금의 관점에서 물을 파는 것은 당연한 시대가 됐다. 일본에서는 산에서 채취한 공기를 혼탁한 도시에서 판매하고 있다.

또한 특허권, 저작권, 상품권과 같은 것은 물질은 아니기 때문에 관계재라고 구분하기도 하지만, 매매·양도·담보 등의 대상이 되기 때문에 넓은 의미에서 경제재에 포함된다.

〈자유재와 경제재의 비교〉

구분	희소성	교환 가치 (가격)	시장가격	생산비용	사용 가치 (사용에 따른 만족)
자유재	×	×	×	×	0
경제재	0	0	0	0	0

한편 희귀성과 희소성은 구분될 필요가 있다. 희귀성은 절대적인 양이 부족해 구하기가 어렵다는 개념이다. 조선 시대 백자는 존재하는 숫자가 적어서 희귀한 물건이다. 그러나 새로운 스마트 폰이 출시되면 많은 사람이 줄서는 이유는 희귀해서가 아니다. 욕구를 충족시켜 줄 만큼 충분하기 않기 때문에 또는 빨리 구매하려는 희소성 때문이다. 이런 관점에서 보면 희소성이 있다는 것은 원하는 사람이 있다는 것이 전제가 돼야 한다. 컬러 텔레비전이 보급되면서 흑백 텔레비전은 희귀한 제품이 됐지만 희소하지는 않다. 원하는 사람이 없기 때문이다. 또한 세상을 떠난 유명 화가의 그림 복제품은 희소성은 있으나 희귀하지는 않다.

3 가치의 역설: 스미스의 역설

재화는 사용 가치와 교환 가치가 구분된다. 사용 가치는 소비로 인해 개인이 느끼는 만족도다. 반면 교환 가치는 쉽게 말해 가격이다. 그런데 재화의 효용과 가격이 비례하지 않는다는 쟁점이 있다.

물과 공기는 우리에게 매우 중요하다. 그러나 가격은 매우 낮다. 이유는 희소성이 없기 때문에 교환 가치가 낮기 때문이다. 반면 다이아몬드는 사용 가치는 낮으나 교환 가치가 크기 때문에 가격이 비싸다. 흔하지 않기 때문이다.

이를 발견한 스미스의 이름을 따라 '스미스의 역설'이라고 한다.

4 경제 문제의 유형

경제재는 경제 영역의 대상이다. 이때 경제재를 해결하는 것과 관련한 경제 문제는 어떤 재화를 얼마나, 어떻게 생산해 누가 소비하게 할 것인가의 문제로 연결된다.

1) 무엇을 얼마나 생산할 것인가?

어떤 생산물을 생산할 것인가의 문제다. 이와 관련해 수요가 공급을 결정하는지 공급이 수요를 결정하는지를 생각해 볼 필요가 있다. 누군가 원하는 상품이 있을 때 공급이 된다. 그러나 새로운 통신기술은 원하는 사람이 있어서가 아니라 누군가가 그것을 창조적으로 생각해 만들어 내면 사람들이 그것을 구입해 사용하게 된다. 하여간 생산자는 끊임없이 어떤 상품을 얼마나 생산할 것인가를 생각해야 한다. 그런데 사회적으로 꼭 필요한 물건인데 시장의 생산자가 공급하지 않으면 정부가 나서서 생산하기도 한다. 예컨대 가난한 계층을 위한 임대주택을 공급하는 것이다. 또는 국방이나 경찰도 그러하다. 이러한 상품을 시장의 재화와 구분해 공공재(public goods)라고 한다.

2) 어떻게 생산할 것인가?

어떤 방식으로 생산할 것인가의 문제는 기술적인 문제다. 사람을 투입해 생산하게 되면 인건비가 상승해 비용이 증가한다. 이에 사람 대신에 기계로 생산하게 된다. 이처럼 노동, 자본, 토지의 구성을 어떻게 해서 생산 비용을 최소화할 것인가의 문제다.

3) 누구를 위해 생산할 것인가?

생산물을 누가 소비할 것인가의 문제다. 부유한 계층을 위해 생산할 것인가, 가난한 계층을 위해 생산할 것인가의 문제다. 또는 경제 활동의 결과 발생하는 배분의 기준 설정도 여기에 해당된다. 예컨대 기업이 확보한 이윤을 기업 내부에 유보하는 것과 주주에게 배분하는 것을 결정하는 것도 여기에 해당된다.

제 3 절 기회비용

1 선택과 상실된 가치

우리가 무엇을 선택한다는 것은 무엇을 포기해야 한다는 것을 의미한다. 예컨대 가수가 되고 싶은 사람은 대학에 가는 것이 중요하지 않을 것이다. 그런데 사회적 가치관에 따라 대학을 가서 듣기 싫은 강의를 받는다면 대학 진학을 한다는 선택에는 진정 하고 싶었던 것을 하지 못하는 포기된 부분이 있다.

그래서 경제학에서는 포기해야 하는 가치를 중요하게 생각한다. 이는 경영학이나 회계학과 구분되는 영역이 된다. 사냥을 갔는데 사슴과 토끼가 있었다. 그래서 화살 하나로 사슴을 잡았다고 하자. 회계학에서 화살 하나의 가치로 사냥한 사슴의 가치를 비교한다. 즉, 비용을 중시한다. 그러나 경제학에서는 포기된 가치, 즉 토끼의 가치도 같이 고려한다. 희소한 자원으로 선택을 해야 하기 때문에 포기된 부분을 고려하는 것이다.

국방비 유지에 따른 비용이 얼마인가를 질문했다고 하자. 회계학이나 경영학에서는 군인에게 지급하는 월급, 피복비, 무기 구입비 등을 계산할 것이다. 그러나 경제학에서는 이외에 20대 전후의 건장한 남성이 입대하지 않고 민간 부문에서 일을 했을 때 벌 수 있는 금액을 같이 고려한다. 즉, 입대함으로써 벌 수 있는 돈을 벌지 못하는 가치, 즉 기회비용을 고려하기 때문이다.

이제는 모든 선택에서 획득에 따른 소요 비용뿐만 아니라, 포기한 가치를 비용에 포함해야 한다는 것을 꼭 기억해야 한다.

2 기회비용의 계산 방식

이상의 설명으로 통해 이해할 수 있듯이 기회비용은 직접 투입된 비용뿐만 아니라 상실된 가치를 같이 계산해야 한다. 이에 기회비용은 명시적 비용과 암묵적 비용을 합해야 한다. 명시적 비용은 직접 비용이라고 생각하면 된다. 위의 예를 생각하면 사냥에 따른 화살 비용, 대학에 지급하는 등록금, 군대를 유지하는 비용 등이다. 암묵적 비용은 포기로 인해 발생하는 직접 보이지 않는 비용이다. 대학에 다니거나 군 입대로 인해 벌지 못하는 수입 등이 해당된다.

기회비용의 산출과 관련해 정립된 주요한 원칙은 다음과 같다.

① 기회비용은 현재 선택함으로써 포기해야 하는 다른 것의 대가 중에서 가장 큰 것을 의미한다. 즉, 대학을 진학하면서 포기해야 하는 많은 것이 있지만 그중에서 가장 큰 것을 계산한다.

② 기회비용은 현 시점에서 포기해야 하는 가치다.

③ 기회비용은 상대적이다. 무엇과 비교하기 때문이다.

④ 기회비용은 재화뿐만 아니라 시간, 명예 등도 포함한다.

⑤ 기회비용은 경제적 측면에서 의사 결정의 기준이다.

⑥ 기회비용은 암묵적 비용(다른 곳에 있는 비용)과 명시적 비용(직접 비용)을 모두 포함한다.

3 매몰비용

기회비용과 더불어 이해해야 할 중요한 개념은 매몰비용(sunk cost)이다. 매몰비용은 이미 투자돼 회수할 수 없는 가치다. 도로를 3년에 걸쳐서 10km 건설하기로 하여 1차 연도에 2km, 2차 연도에 또 4km를 건설했다고 하자. 3차 연도에 검토를 해 보니 도로가 필요없다고 판단됐다. 그러나 이미 투자한 6km가 있기 때문에 이를 포기하지 못하고 그냥 나머지 구간을 건설하게 된다. 이때 이미 투자한 6km가 매몰비용이 된다.

대학에서 보면 1학년 때에는 이 학과를 계속 다닐 것인지 재수를 할 것인지 고민한다. 그러나 2학년이 되면 고민하는 숫자가 줄어든다. 3학년에는 거의 하지 않는다. 이왕 지불한 등록금이 아까우니 일단 졸업하고 다른 대학원을 간다든지 하는 것이다.

매몰비용은 기회비용과 어떤 관계에 있을까. 매몰비용은 기회비용에 따른 판단을 저해한다. 상실된 가치를 고려하지 않고, 이미 투자된 기득권에만 관심을 갖기 때문이다. 이러한 맥락에서 보면 매몰비용은 기득권이라고 이해해도 좋다.

4 의사 결정의 상충 관계

기회비용은 하나를 선택함에 따라 다른 하나를 포기해야 한다는 것을 강조했다. 이에 의사 결정에 상충 관계(trade off)가 발생한다는 것을 이해하는 것도 중요하다. 정부의 예산 규모는 정해져 있는데 국방비를 늘리면 복지비가 줄어든다. 이에 국방비와 복지비는 상충 관계에 있게 된다. 의사 결정을 할 때 어느 부분이 상충 관계에 있는가를 확인하는 것은 합리적 선택에서 매우 중요한 요소가 된다는 것을 이해할 수 있다.

이론적으로 매우 중요한 경제학적 상충 관계는 물가와 성장이다. 성장을 하려면 경제가 활성화돼야 하고, 이에 물가 인상이 따른다. 물가가 너무 올라 가격을 안정시키면 경기가 살아나지 않는다. 예컨대 노무현 정부에서 지나친 아파트 가격을 통제하다 보니 부동산 경기가 침체되는 것과 같은 것이다. 이에 경기 상황에 따라 물가와 경기 활성화의 조화가 필요하다.

한편 최근 우리 사회에 문제가 되는 것처럼 성장과 복지(형평)도 상충 관계다. 성장을 추구하다 보면 가난한 사람들이 불리해진다. 반면 복지를 강조하다면 배분을 해야 하고 성장할 수 있는 힘을 잃게 된다.

이에 경제학에서는 개인이든 국가이든 의사 결정에 따른 상충 관계를 고려해야 한다. 물론 이러한 상충 관계가 발생하는 궁극적인 원인은 재화가 한정적이기 때문이다. 예산의 규모가 정해져 있을 때, 어느 하나를 늘리면 다른 하나가 감소한다. 그러나 예산 규모 자체가 증가하는 상황이라면 방위비, 복지비를 다 늘릴 수가 있다.

제 4 절 경제적인 합리적 의사 결정

1 이기적인 인간

경제적으로 선택한다는 것은 비용과 효용을 비교해 가장 큰 효과를 가져다 주는 것을 선택하는 것이다. 이때 비용은 기회비용을 의미한다. 효용(utility)은 개인에게 주는 만족이다.

이러한 맥락에서 명확하게 이해할 것이 있다. 경제학에서 합리적으로 선택한다는 것은 이기적으로 판단한다는 것을 의미한다. 이때 이기적이라는 것은 무엇이 자신에게 가장 이로운 것인가를 판단한다는 것이다. 경제학에서는 상대를 고려하지 않는다. 기업은 기업의 입장, 개인은 개인의 입장에서만 자신에게 가장 유리한 것을 고려한다. 이것을 경제학에서는 합리적인 인간이라고 한다.

결론적으로 경제학에서는 합리적인 인간이란 이기적인 인간으로서 그것은 무엇이 자신에게 가장 이로운가를 판단할 수 있는 인간이다.

2 선택과 유인

유인이란 사람들이 선택함에 따라 행동에 변화를 만드는 요인이 되는 것을 의미하는 것이다. '유(誘)'는 '유혹한다', '이끈다'의 의미이고, '인(因)'은 원인의 의미가 결합된 단어다. 예컨대 성적이 우수하면 장학금을 준다고 하여 열심히 공부하게 하는 것이다. 또 빨간 신호등에 길을 건너면 벌금을 부과한다고 해서 사람들이 교통 신호를 지키게 하는 것이다.

이러한 측면을 생각하면 유인에는 긍정적 유인과 부정적 유인으로 구분된다. 긍정적 유인은 편익을 증진시켜 그와 관련된 행위를 증가시킨다. 물질적 이익, 보상, 명예, 칭찬 등이다. 부정적 유인은 비용을 증가시켜 그와 관련된 행위를 감소하게 한다. 물질적 손해, 벌금, 처벌, 꾸중 등이다.

3 가격과 유인

경제학에서 유인, 즉 인간이 의사 결정을 하게 하는 가장 중요한 것은 가격이다. 가격에 따라 의사 결정을 한다고 보는 것이다. 시장 가격이 오르면 소비자에게는 부정적 유인으로 작용해 소비를 줄인다. 반면 공급자에게는 비싸게 팔게 되니 긍정적 유인으로 작용해 공급량을 늘리게 된다. 이러한 상호작용에 의해 시장에서 물건이 생산되고 소비되는 과정이 발생한다고 본다.

4 정부와 유인

시장에 맡겨두면 가격을 기준으로 해서 모든 사람이 행동을 하게 된다. 그러나 이럴 경우 많은 사회의 문제가 발생한다. 사람들이 도덕이나 윤리의 문제를 고려하지 않기 때문이다. 그리고 다른 사람에 대한 배려 없이 자신의 입장에서만 판단하기 때문이다.

예컨대 어부들은 수입을 극대화하기 위해 물고기를 마구 잡아서 다음 세대가 이용하지 못하게 할 수도 있다. 또한 쓰레기를 함부로 버릴 수도 있다. 그래서 정부가 필요하다. 정부가 나서서 사회적으로 필요한 행동은 이를 더 많이 하도록 유인하고, 사회적으로 해서는 안 되는 일은 이를 줄이도록 유인해야 한다. 즉, 정부도 긍정적 유인과 부정적 유인의 체계를 가지고 활동한다. 긍정적 유인은 보조금이고, 부정적 유인은 벌금 등과 같은 처벌이다.

5 선택의 과정

대안을 선택하는, 즉 의사 결정을 하는 선택의 과정을 생각할 수 있다, 예컨대 여름에 바닷가로 휴가를 간다고 생각해 보자. 어떻게 갈 것인지, 즉 버스로 갈 것인지, 기차로 갈 것인지 등 다양한 대안을 모색한다. 그리고 각 대안에 따른 비용과 편익을 계산한다. 즉, 버스로 가는 경우의 비용과 속도 그리고 기차로 가는 경우의 비용과 속도를 계산할 것이다. 그리고 가장 좋은 비용 대비 속도, 즉 편익이 좋은 대안을 선택하게 된다.

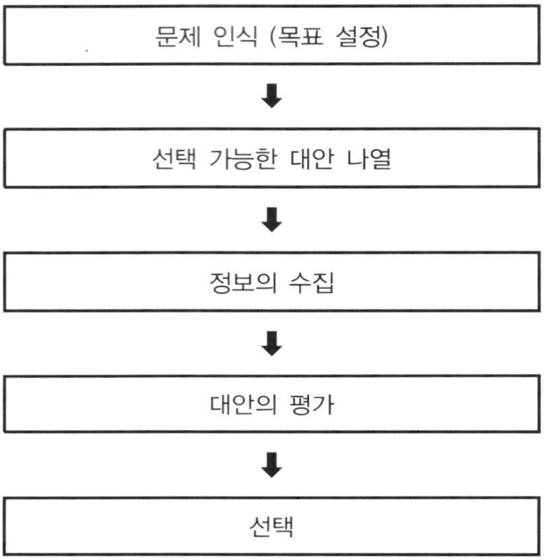

여기에서 주목해야 할 부분은 목표를 결정해 두고 대안을 모색하는 과정을 설명했다는 점이다. 즉, 바다로 간다는 것을 전제로, 어떤 방법으로 갈 것인가를 합리적으로 선택하는 과정이었다. 그러나 바다로 갈 것인지, 산으로 갈 것인지의 목표를 결정하는 과정은 포함하고 있지 않다. 즉, 목표 설정과 관련한 가치 판단의 문제는 제외하고 있다.

제 5 절 경제 체제의 유형

1 경제 문제의 해결 기준

앞에서 경제 문제를 해결한다는 것은 무엇을 생산할 것인가, 어떻게 생산할 것인가 그리고 누구에게 배분할 것인가의 문제라고 했다. 이제 누가 그것을 해결하는가를 생각해 보자. 이에 따라 경제 체제가 구분된다.

여기에서 무엇을 생산할 것인가와 어떻게 생산할 것인가의 문제는 자원을 활용하는 문제다. 예컨대 컴퓨터를 생산하기 위해 노동과 자본, 그리고 자원을 결합하는 방식의 문제다. 기술의 영역이기도 하다. 그래서 얼마나 적은 비용으로 좋은 제품을 많이 만들어 낼 것인가 하는 문제다. 이에 효율성이 쟁점이 된다.

그러나 누구에게 분배할 것인지의 문제는 소득 분배의 문제가 된다. 그래서 여기에는 잘사는 사람에게 유리한가, 가난한 사람에게 유리한가를 결정한다. 이에 형평성의 문제가 개입된다.

경제 문제	내용	성격	선택의 기준
무엇을 얼마나 생산할 것인가?	재화나 서비스의 종류와 수량	자원 배분	효율성
어떻게 생산할 것인가?	생산 요소의 선택과 결합 방법		
누구에게 분배할 것인가?	분배 대상 및 분배의 몫	소득 분배	효율성과 형평성

2 경제 체제의 구분 기준

경제 체제를 구분하는 기준은 두 가지 영역이 있다.

첫째로 운용 방식에 따른 구분이다. 시장에서 결정된 가격을 기준으로 생산되고 배분되는 경우에 이를 시장경제 체제라고 한다, 반면 국가의 명령이나 계획에 의해 생산되고 배분되는 경우에는 계획경제 또는 명령경제 체제라고 한다.

둘째로 소유 형태에 따른 구분이 있다. 즉, 생산을 위해 활용되는 수단인 기계, 설비, 토지 등을 누가 소유하느냐의 문제다. 자본주의는 주요 생산 수단을 개인이 소유한다. 반면 국가가 소유하는 경우에는 사회주의라고 한다.

시장경제는 사적 소유가 인정되는 자본주의가 연계되고 사회주의는 계획경제에 연계된다. 한 국가에서 어떤 신발을 얼마나 생산할 것인가를 생각해 보자. 사회주의는 국가가 모든 생산 요소를 통제해 필요한 신발을 만들어 낸다. 그러나 자본주의는 기업을 운영하고자 하는 사람이 노동자를 고용하고 원료를 구입해 이윤이 되는 방식으로 자유롭게 생산하게 되는 것이다.

3 경제 체제의 발전 과정: 봉건경제, 자본주의, 사회주의, 수정자본주의

경제 체제는 역사의 발전과 더불어 변화를 했다. 이는 역사적 단계로 구분해 이해할 필요가 있다.

1) 중세봉건 사회

중세봉건 사회는 농업을 중심으로 경제 활동을 했다. 그리고 계급사회였다. 지주가 있고, 농노는 농업에 종사하는 노비로 개인의 소유였다. 철저한 신분사회였다. 이에 사회의 발전은 기대하기 어려웠다. 그리고 개인은 종교에 의지하면서 살았다.

2) 자본주의 시장 경제

새로운 기술이 발전하고 다양한 제품이 생산되면서 시장이 형성되고, 이러한 활동이 활성화되는 도시가 발전하기 시작했다. 자본주의, 즉 '돈'을 중시하는 체제가 형성된 것이다. 이때는 가격을 중심으로 모든 활동의 결정이 이뤄지던 시기다. 이러한 시기를 설명하는 개념이 '보이지 않는 손(invisible hand)'이 사회를 조화롭게 만든다는 이론이다. 스미스(Adam Smith)는 1776년 『국부론(國富論)』이라는 책에서 개인이 자신들의 개인적인 이기적 유인에 따라 행동하면 사회적으로 바람직한 상태가 보장된다는 주장을 했다. 이를 자유방임주의라고 한다. 이때 보이지 않는 손은 바로 '가격'을 의미하는 것이었다. 그리고 인간 사회는 물질적으로 급속한 발전을 하게 됐다.

3) 사회주의 계획 경제

시장경제가 발전하는 과정에서 두 가지의 새로운 길이 발생하기 시작했다. 그 첫 번째는 사회주의 경제 체제의 등장이다. 자본주의 시장경제가 발전하는 과정에서 잘사는 사람과 못사는 사람의 계층 차이가 점차 커지고 경제에 묻혀 인간의 존재가 생산 수단으로만 전락하는 문제가 노정됐다. 이에 근로자의 권리를 보장하자는 프롤레타리아 혁명이 발생했다. 바로 러시아의 사회주의 혁명이었다. 그래서 생산 수단을 개인들에게 맡기지 말고 국가가 관리하자는 것이었다. 그리고 생산과 공급도 국가에 의한 계획에 따라 관리하는 체제, 즉 사회주의 경제가 발전하게 됐다.

4) 자본주의의 발전 과정

농업사회를 지나 시장경제로 전환되는 과정에서 자본주의의 몇 단계를 거치게 된다.

(1) 상업자본주의

르네상스와 종교개혁으로 자본주의가 출발하던 초기에는 생산보다는 상업적 유통을 중시했다. 중상주의의 시기로 절대왕정의 후원을 통해 식민지를 개척해 엄청난 양의 은(銀)이 유입되던 시기이기도 하다.

(2) 산업자본주의

절대왕정의 붕괴, 시민사회의 형성, 산업혁명을 배경으로 각종 산업이 일어나고 상품의 유통이 활성화되는 시기다.

산업혁명을 통해 방적기, 증기 기관차 등이 등장해 공장제 기계공업이 발전하고, 인간 사회의 생산성이 급속하게 발전한 시기다. 스미스가 보이지 않는 손을 강조한 시기이기도 하다.

(3) 독점자본주의

산업혁명을 통해 생산성이 증가하자 각종 원료를 필요로 하게 됐다. 이에 원료의 공급지와 생산된 제품의 소비지를 찾아서 서구 열강들이 식민지를 확장하기 위해 경쟁하던 시기다. 이를 제국주의라고 한다.

결국 제1차 세계대전의 발생을 이러한 경제의 원리로 해석할 수 있다.

(4) 수정자본주의

자본주의 체제를 유지한 미국에서는 1929년 대공황이라는 엄청난 사태를 맞이하게 됐다. 바로 자본주의의 문제점을 인식하게 된 사건이었다. 급속한 자본주의 발전은 생산성 증가를 수반했다. 공장에서 많은 물건을 생산했지만, 소비자들이 소비할 수 있는 이상을 생산하기 시작했다. 초과 공급이 발생한 것이다. 이에 물건이 팔리지 않는 상황이 발생했고, 그러자 이윤을 확보할 수 없는 기업이 문을 닫기 시작했다. 공장이 문을 닫는다는 이야기는 종업원들이 해고된다는 것이다. 실업 상태에 빠진 종업원들은 돈이 없어서 물건을 구입하지 못하고 그래서 다시 문을 닫는 공장이 늘어나는 악순환이 발생한다. 그래서 1929년에서 1933년의 대공황은 초과 공급, 실업 등으로 대표되는 현상이었다.

이러한 공황을 보면서 새로운 경제이론이 등장했다. 사회는 '보이지 않는 손'만으로는 작동할 수 없기 때문에 보이는 손이 필요하다는 것이다. 보이는 손의 기구는 바로 정부였다. 즉, 시장에 의해 경제 운용을 하되 나중에 발생하는 문제에 대

<table>
<tr><th>경제 문제</th><th>전통경제 체제</th><th>시장경제 체제</th><th>계획경제 체제</th><th>수정자본주의</th></tr>
<tr><td>무엇을 얼마나 생산할 것인가?</td><td rowspan="3">전통과 관습에 따라 해결</td><td rowspan="2">경제 주체의 자유로운 의사 결정</td><td rowspan="2">정부의 계획과 명령</td><td rowspan="3">시장과 정부의 혼합</td></tr>
<tr><td>어떻게 생산할 것인가?</td></tr>
<tr><td>누구에게 분배할 것인가?</td><td>생산 기여도에 따른 분배</td><td>필요에 따른 정부의 분배</td></tr>
<tr><td>추구하는 가치</td><td>계층의 유지</td><td>효율성</td><td>형평성</td><td>사익과 공익의 조화</td></tr>
<tr><td>문제점</td><td>발전의 저해</td><td>부의 불평등</td><td>비효율성</td><td>정부실패</td></tr>
</table>

해서는 시장에 맡겨두지 않고 정부가 개입해 이를 해결하도록 한다는 것이다. 미국의 루스벨트 대통령에 의해 추진된 이러한 새로운 실험을 뉴딜(New Deal), 즉 새로운 도전이라고 명명하고 있다.

이러한 경향을 수정자본주의라고 한다. 시장과 정부가 혼합돼 있다고 해서 혼합경제라고도 한다. 수정자본주의는 결국 정부의 역할을 강조하는 것이고, 이는 작은 정부가 아니라 큰 정부를 유도하게 된다. 복지정책, 각종 경제 수단에 의한 시장경제에 대한 통제를 특징으로 하고 있다.

4 새로운 실험

사회주의와 수정자본주의로 발전해 오던 세계 역사는 1980년대 후반에 들어 모두 새로운 변화를 모색하게 된다.

사회주의 경제의 모습을 모이던 러시아가 고르바초프 대통령에 와서 개방과 개혁이라는 이름으로 시장경제를 도입하기 시작했다. 이러한 연장에서 1986년에 동유럽의 사회주의 국가, 즉 헝가리 · 체코 · 불가리아 · 유고 등의 국가들이 자본주의로 전환하기 시작했다. 사회주의 경제 체제의 한계를 선언하는 시기였다.

한편 자본주의 경제에서도 변화가 모색됐다. 1960년대 이후로 복지국가, 경기 안정 등의 이유로 정부가 너무나 많은 영역에 개입하면서 큰 정부가 됐다. 이에 작은 정부를 주장하면서 신자유주의가 주장됐다. 자유주의라고 하면 경쟁 체제를 의미한다. 즉, 정부의 독점에 의한 강제를 시장의 유인 체제로 전환하자는 주장이다. 1930년대 이후로 시장실패를 극복하기 위해 정부 개입이 정당화됐지만 다시 정부실패의 문제가 등장한 것이었다. 이에 개방, 경쟁 등을 강조하는 신자유주의가 주창됐다.

5 우리의 경제 체제에 대한 평가

이상의 내용을 우리의 현실에서 대한민국 체계와 북한 체계를 비교할 수 있다.

우선 대한민국 헌법은 다음과 같이 돼 있다.

첫째는 사유재산을 인정하는 조항을 담고 있다.

대한민국 헌법

제23조 제1항 모든 국민의 재산권은 보장된다. 그 내용과 한계는 법률로 정한다.
제119조 ①대한민국의 경제 질서는 개인과 기업의 경제상의 자유와 창의를 존중함을 기본으로 한다.
제126조 국방상 또는 국민 경제상 간절한 필요로 인하여 법률이 정하는 경우를 제외하고는 사영 기업을 국유 또는 공유로 이전하거나 그 경영을 통제 또는 관리할 수 없다.

그러나 한편 사유 재산에 대한 제한적 요소도 가지고 있다.

대한민국 헌법

제119조 ②국가는 균형있는 국민경제의 성장 및 안정과 적정한 소득의 분배를 유지하고, 시장의 지배와 경제력의 남용을 방지하며, 경제 주체 간의 조화를 통한 경제의 민주화를 위하여 경제에 관한 규제와 조정을 할 수 있다.
제122조 국가는 국민 모두의 생산 및 생활의 기반이 되는 국토의 효율적이고 균형있는 이용·개발과 보전을 위하여 법률이 정하는 바에 의하여 그에 관한 필요한 제한과 의무를 과할 수 있다.

결국 사유재산을 인정하고 시장경제를 존중하면서도 제한적 한계가 있는 점으로 보아 수정자본주의의 의미가 있다.

한편 북한 헌법은 다음과 같이 소유권이 국가에게 소유돼 있는 계획경제를 천명하고 있다.

북한 헌법

제20조 조선 민주주의 인민 공화국에서 생산 수단은 국가와 사회 협동 단체가 소유한다.
제21조 국가 소유는 전체 인민의 소유이다. 국가 소유권의 대상에는 제한이 없다. 나라의 모든 자연 자원, 철도, 항공, 운수, 체신 기관과 중요 공장, 기업소, 항만, 은행은 국가만이 소유한다.

참고 문헌

도모노 노리오(友野典男) 지음, 이명희 옮김(2011). 행동경제학. 지형출판사.

Mankiw, N. Gregory 지음, 김경환 · 김종석 옮김(2007). 맨큐의 경제학. 제4판. 교보문고.

Smeick, David M. 지음, 이영준 옮김(2006). 세계는 평평하지 않다. 세계는 평평하지 않다(*The World is curved*). 현대경제연구원.

Taylor, John 지음, 이상규 외 옮김(2005). 경제학. 시그마프레스(주).

제 2 장 경제 주체의 역할과 의사 결정

제 1 절 가계의 경제 활동

1 경제 주체로서의 가계

1) 가계의 경제적 역할

가계(家計)는 경제 활동을 이루는 가장 기초적인 단위로서, 수입과 지출의 경제 생활을 해나가는 최소 집단을 의미한다. 가계는 동일한 소득에 의존해서 생활하는 집단으로서 경제적 개념을 바탕으로 한다. 이와 같이 경제적 단위라는 점에서 일반적으로 이야기하는 가족이나 가정과는 차이가 있다. 한 가족의 식구들이 모두 같이 산다고 해도 각각 서로의 수입과 지출을 공유하지 않고 각자 독립적인 생활을 하면 한 가족 안에 여러 개의 가계가 존재하는 것이다. 부부 간에도 서로의 소득을 공유하지 않고 각자의 경제 활동을 하면서 살고 있다면 이 가족은 2개의 가계로 구성돼 있는 것이다.

가계는 경제 주체로서 소비자, 공급자, 납세자의 역할을 한다. 소비자로서의 가계는 시장에서 재화와 서비스를 소비하는 주체로 기업이 생산한 물건을 구입해 생활을 유지한다. 또한 가계는 시장에서 생산 요소를 공급하는 공급자이기도 하다.

기업은 가계를 통해 생산에 필요한 노동·토지·자본을 공급하고 그에 대한 대가로 임금·지대·이자를 얻는다. 이렇게 획득한 대가는 가계의 소득이 되고 다시 가계의 소비 활동에 쓰이게 되는 것이다. 시장에서의 가계는 소비자이면서 공급자인 핵심 경제 주체다.

가계는 경제 활동을 할 때마다 정부에 세금을 납부하는 납세자이기도 하다. 정부는 세금을 통해 정부의 기능을 수행하기 위한 재정을 마련한다. 납세는 국민의 의무로 규정돼 있으며, 가계가 낸 세금으로 정부는 가계가 경제 주체로서의 역할을 수행할 수 있도록 돕는다. 예를 들면 정부는 가계가 생산 활동에 참여할 수 있도록 도로·항만 등 사회 인프라 시설을 구축하고, 가계가 실업으로 인해 경제적인 어려움에 빠졌을 때 실업급여를 제공하거나 재취업을 위한 직업교육을 지원하는 등 가계의 경제 활동에 직·간접적인 서비스를 제공한다.

2) 소득

가계의 소득은 가계가 재화 및 서비스의 생산 과정에 노동, 토지, 자본, 경영 등의 생산 요소를 제공한 대가로 받은 것으로 소비와 지출의 원천이다.

가계의 소득은 크게 경상소득과 비경상소득으로 구분된다. 경상소득은 비교적 일정하게 지속적으로 얻는 소득으로 근로소득, 재산소득, 사업소득, 이전소득이 이에 포함된다. 경상소득 중 근로소득은 시장에서 노동을 제공한 대가로 받는 소득으로 월급, 연봉, 성과급 등이 해당된다. 대부분의 경제 주체는 근로소득을 통해 소득을 얻는다. 재산소득은 자본이나 토지 등의 재산을 통해 획득하는 소득으로 건물 임대료, 저축에 대한 이자, 주식배당금 등이 이에 해당된다. 사업소득은 경영 활동, 부업 등을 통해 얻는 소득으로 사업을 통해 벌어들인 이윤, 부업으로 인한 소득이 해당된다. 소득이 옮겨간다는 의미에서 붙여진 명칭인 이전소득은 생산에 직접 참여하지 않고 무상으로 다른 것으로부터 얻는 소득으로 실업수당, 구호금, 정부 보조금 등이 해당된다.

비경상소득은 예상치 못한 요인이나 일시적인 요인에 의한 소득으로 퇴직금, 상여금, 상속재산, 복권 당첨금 등이 해당되며, 변동이 심하고 일시적인 소득이다.

이러한 소득 구분은 상황에 따라 달라지기도 한다. 퇴직금의 경우도 일시적으로 받을 때 비경상소득에 해당되지만 분할 지급을 받는 경우 근로소득인 경상소득으로 구분된다. 또한 정부 보조금의 경우에도 일시적으로 받는 경우에는 비경상소득이지만 지속적으로 받는 경우에는 이전소득으로 구분돼 경상소득으로 구분된다.

〈가계 소득의 유형〉

구분		내용	예
경상소득	근로소득	노동을 제공한 대가로서의 소득	월급, 연봉, 성과급
	재산소득	자본이나 토지 등 유·무형의 재산에서 얻는 소득	임대료, 이자, 주식배당금
	사업소득	경영 활동, 사업, 부업 등을 통해 얻는 소득	사업 이윤, 부업 소득
	이전소득	생산에 참여하지 않고 무상으로 얻는 소득	실업수당, 구호금
비경상소득		예상치 못한 요인이나 일시적인 요인에 의해 얻는 소득	퇴직금, 상여금, 상속재산

2 노동 공급과 직업 생활

1) 노동의 의미

노동이란 생산을 목적으로 하는 인간의 육체적·정신적 활동을 의미한다. 생산 요소에서 노동은 인간이 제공하는 노동력을 의미한다. 노동력은 인간의 힘과 노력, 그리고 인격이 결부된 생산 요소이며, 자본과 같은 다른 생산 요소들과 결합할 수 있다. 노동력은 교육과 훈련을 통해 질적으로 향상된다. 근래에는 고부가가치를 창출하는 지식 기반의 산업이 성장하면서 노동력의 양적 향상보다는 질적 향상이 중요시되고 있다.

개인에게 노동은 가계 소득의 원천으로 대다수의 가계는 노동의 대가로 얻은 소득으로 생계를 유지한다. 노동은 생계 유지를 위한 수단뿐만 아니라 또한 개인의 잠재적인 능력을 실현하는 하나의 방법이 될 수도 있다. 자신에게 맞는 직업을 선택할 경우 노동을 통해 성취감과 자아 실현의 기회를 얻을 수 있다.

사회적으로 노동은 경제 성장의 중요한 요소이기도 하다. 노동은 사회에서 가장 중요하게 인식되는 생산 요소로 생산의 기초가 되는 중요한 자원이다. 기술 발달로 인해 노동력이 점차 기계화되고 있긴 하지만 여전히 노동력이 없으면 기업은 제품을 생산할 수 없다. 예를 들면 휴대폰에 들어가는 부품을 만들어 낼 때 부품은 기계가 생산할 수 있지만 어떤 부품을 만들어야 하는지를 결정하고 설계하는 일은 사람을 통한 지식노동으로 이뤄진다. 또한 부품을 만들기 위해 기계를 작동시키는 일에도 노동력이 필요하다. 그러므로 일정 수준의 노동력이 확보돼야 기업의 생산이 가능하고 안정적인 경제 성장도 가능하다.

일반적으로 노동의 공급량은 임금이 높을수록 늘어나고 노동의 수요는 임금이 높을수록 낮아진다. 즉, 노동자의 입장에서는 돈을 많이 주면 더 많은 사람이 일하고 싶어하고 기업의 입장에서는 임금이 비싸면 기업에게 부담이 되기 때문에 많은 사람을 고용하지 않는 것이다.

가계는 노동을 공급할 때 임금만을 고려하는 것이 아니라 기회비용인 여가를 고려한다. 여가를 즐기고자 하는 욕구와 노동에 투자하는 시간과 노력을 고려해 일을 할 것인지를 결정한다. 이는 개인의 욕구에 따라 다르다. 누군가는 여가를 줄이는 대신에 돈을 많이 벌고 싶다면 그 시간에 일을 하는 반면 또 다른 누군가는 소득이 적더라도 여가를 즐기는 것이 중요하다고 생각하면 일하는 데 쓰는 시간과 에너지를 줄이고 여가 활동을 선택한다.

산업 구조가 제조업 중심에서 서비스업 중심으로 변화하고 정보통신기술 등 신기술이 발달함에 따라 노동에도 변화가 일어나고 있다. 지식정보 사회로의 전환은 지식과 결합된 노동의 중요성이 커지고 있음을 의미한다. 이에 따라 전문직·기술직 등 고도의 정보와 지식을 다루는 새로운 직업군이 등장하고 하고 있다.

3 가계의 경제적 의사 결정

1) 소비

가계의 소비는 개인과 국가, 기업 모두에게 영향을 미친다. 개인의 경우 재화나 서비스를 소비하는 행위를 통해 경제적인 필요와 욕구를 충족시켜 만족감을 얻는다. 기업은 기업이 생산한 상품을 가계가 소비함으로써 이윤을 얻는다. 또한 기업은 가계의 소비를 통해 소비 성향을 파악해 기업이 어떤 상품을 얼마나 생산할지를 결정하기도 한다. 국가의 큰 경제적 흐름 또한 가계의 소비에 영향을 받는다. 가계의 소비가 줄어들면 기업의 생산 활동이 줄어들게 된다. 기업이 생산 활동을 줄이게 되면 생산 활동을 하던 사람들의 일자리가 줄어들게 되어 실업이 늘어난다. 실업이 늘어나면 가계의 소득이 줄어들기 때문에 가계는 소비를 줄이게 되어 다시 기업의 생산 활동에 영향을 미치게 된다. 이러한 악순환이 반복되면서 결국 국가 전체의 경제 침체로 이어지기도 한다. 반대로 소비가 지나치게 증가하게 되면 물가 상승을 가져와 서민들의 생활이 어려워지게 된다. 그러므로 가계의 합리적인 소비는 개인, 기업, 국가에 걸쳐 영향을 주는 중요한 역할이다.

가계의 소비는 사회·문화적인 요인에 의해 영향을 받는다. 예를 들면 인구 고령화로 노인 관련 재화 및 서비스의 소비가 증가하고 있다. 이른바 실버마켓이 새로운 시장으로 떠오르면서 예전에는 없었던 노인에 맞춘 생활용품의 생산이 증가했고, 이러한 상품들을 판매하는 전문매장도 많이 생겨나고 있다. 맞벌이 가족, 1인 가구 등 새로운 가족 유형이 늘어남에 따라 시간을 절약할 수 있고 편리함과 효율성을 지닌 제품에 대한 선호도가 높아진 것도 하나의 예가 될 수 있다. 이에 따라 이전에는 없었던 1인용 전자레인지, 밥솥 등 새로운 상품들이 생산되고 많이 판매되고 있다. 또한 많은 양을 선호하던 예전과는 달리 필요한 만큼의 양과 질 좋은 상품을 소비하려 하는 욕구가 높아져 가격이 조금 비싸더라도 고급 제품을 구매하는 사람들이 많아졌고, 친환경 소비에 대한 관심이 높아짐에 따라 제품의 생산과 판매 과정에서 친환경적인 방법을 사용한 제품들의 인기가 높아졌다.

가계의 실질소득의 증가도 소비 패턴에 영향을 미친다. 소득이 증가함에 따라 의식주에 소비하는 비중이 낮아졌기 때문에 문화상품에 대한 소비가 증가했다. 따라서 전체 소비 비중에서 공연, 전시 등과 같은 문화 생활에 지출하는 비율이 높아졌다.

2) 저축

저축은 미래를 위해 지금 쓸 수 있는 돈을 아껴서 모아놓은 돈을 의미한다. 가계의 저축은 가계의 돈을 사용하지 않고 은행으로 지출된다는 면에서 기타 지출의 한 형태로도 볼 수 있다. 월급 통장에서 매달 일정 금액이 적금으로 빠져나가는 경우가 그러한 예가 될 수 있다.

저축을 하는 이유는 개인적인 측면에서 미래에 예기치 못한 지출에 대비해 자산을 축적해 놓는 것이다. 저축해 놓은 돈이 없다면 갑자기 사고가 나거나 질병에 걸렸을 때 금전적인 어려움을 겪을 수 있게 된다. 또한 비싼 대학 학자금 등 미래의 소비를 예상하고 저축을 하기도 한다.

국민경제적 측면에서는 저축은 경제 상황에 따라 다른 의의를 지닌다. 생산 능력이 부족한 국가의 경우 저축이 많으면 기업은 은행을 통해 돈을 비교적 쉽게 빌릴 수 있게 되기 때문에 투자자금이 늘어나게 된다. 그 결과 기업의 생산이 증가함에 따라 노동력을 제공하는 가계의 소득도 증가하게 되고, 경제 성장에 도움이 된다. 반면 선진국이나 경기가 불황인 경우 저축이 증가하면 저축의 역설이 발생할 수 있다. 사람들이 저축을 늘려 상대적으로 소비가 줄게 되면 기업의 생산 활동이 감소하게 되고, 이에 따라 실업 증가로 이어지게 된다. 실업의 증가는 소득의 감소로 이어져 경제가 더욱 어려움에 빠질 수 있게 된다. 이와 같은 상황을 '저축의 역설'이라고 한다.

3) 합리적 소비와 비합리적 소비

(1) 합리적 소비

합리적인 소비는 주어진 소득 범위 내에서 최소의 비용으로 최대의 만족을 얻을 수 있는 소비 활동이다. 즉, 소비를 통한 만족감은 최대화하고 비용은 최소화하는 것이다. 여기에서 최대의 만족은 개인마다 다 다른데 이러한 주관적 만족감을 효용이라고 한다. 개인이 중요하게 생각하는 효용에 따라 소비하는 재화의 종류와 양이 결정된다. 예를 들면 같은 비용을 사용해도 어떤 사람은 음식을 먹는 데 쓰는 것으로 큰 만족감을 얻는다. 반면 다른 누군가는 먹는 것보다는 옷을 사는 것이 더 큰 만족감을 주기 때문에 각자 다른 곳에 소비하게 된다. 즉, 각 재화마다의 효용은 주관적으로 결정된다. 또한 효용은 소비량이 증가할수록 증가한다. 예를 들면 먹는 것을 좋아하는 사람일 경우 소비하는 음식의 종류나 양이 늘어날수록 효용이 증가한다.

그러나 효용이 소비량이 늘어난다고 해서 무한정 증가하지는 않는다. 음식을 어느 정도 먹어 배가 부르게 되면 처음에 음식을 먹을 때 느꼈던 만족감이 줄어드는 것과 같다. 즉, 어떤 품목에 대한 소비가 증가할 때마다 효용의 증가분은 점차 줄어들게 된다. 효용의 증가분을 경제학에서는 한계효용이라고 한다. 한계효용이란 상품을 한 단위 더 소비할 때 얻을 수 있는 추가적인 효용으로 소비가 점차 증가함에 따라 감소한다. 이를 한계효용 체감의 법칙이라고 한다. 예를 들자면 처음 사탕 한 개를 먹었을 때 엄청 맛있었다고 느껴졌던 것이 두 개째에는 그보다 덜 맛있게 느껴지고, 세 개째가 됐을 때는 먹고 싶지 않게 되는 것과 같다. 여기서 사탕 한 개를 더 먹었을 때 줄어드는 만족감의 크기를 한계효용이라고 생각할 수 있다.

이러한 한계효용은 한정된 소득 내에서 수많은 재화 중 어떤 재화를 얼마만큼 소비하는 것이 만족감을 극대화시키는가를 분석할 수 있게 하기 때문에 가계의 합리적인 소비를 가능하게 한다. 다양한 재화나 서비스를 동시에 소비할 때 각 재화나 서비스가 가진 한계효용이 같지 않다면 한계효용이 낮은 재화, 즉 소비를 늘렸을 때 만족감이 낮은 재화를 소비하는 대신에 한계효용이 높은 다른 재화, 즉 소비를 늘렸을 때 만족감이 높은 재화를 소비함으로써 총 효용이 극대화되도록 하는 것이 합리적인 소비가 된다. 각 재화의 1원어치의 한계효용이 모두 같아질 때 소비자가 느끼는 효용은 극대화된다. 이를 한계효용 균등의 법칙이라고 한다.

주관적인 개념인 효용을 수치로 정확히 나타내는 것은 불가능하지만 보통 재화의 선호도와 충족되는 양을 고려해 소비의 분배를 결정할 수 있다.

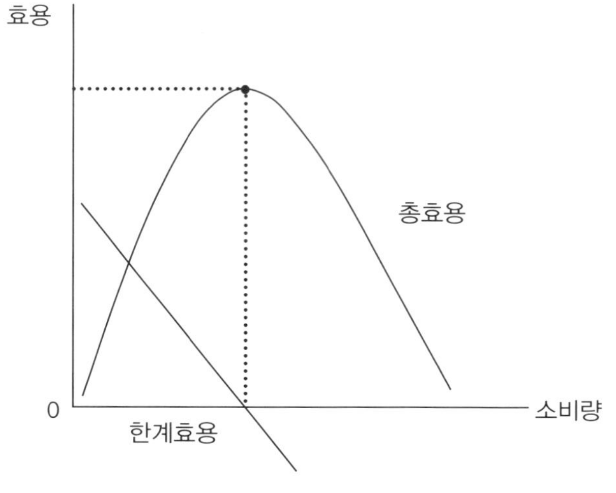

총효용 곡선과 한계효용 곡선

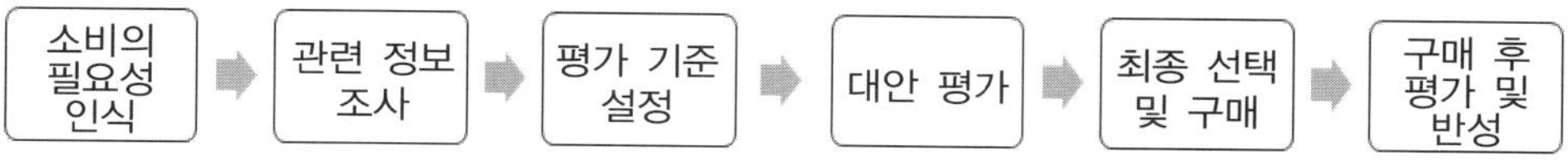

합리적 소비를 위한 의사 결정 과정

합리적인 소비를 위해서는 소비의 필요성을 인식하고 관련 제품이나 서비스의 정보를 조사한 후 구매를 위한 평가 기준을 설정해야 한다. 그 후에 몇 가지 대안 중 어떤 것이 평가 기준에 부합하는지를 고려한 후 가장 적합한 것을 최종 선택 후 구매한다. 구매 후에는 구매에 대한 평가 및 반성을 통해 다음 소비 결정에 반영한다.

(2) 비합리적 소비

다양한 재화와 서비스가 넘쳐나는 현대 사회에서 합리적 소비를 위한 충분한 고려 없이 소비를 하게 되면 자칫 비합리적 소비로 이어질 가능성이 높다.

비합리적 소비의 대표적인 예로 먼저 과소비를 들 수 있다 과소비는 소득 수준에 비해 소비 지출이 과도하게 많은 것으로 과소비가 계속될 경우 개인적인 측면에서는 가계 운영에 어려움이 발생할 수 있고 국가적으로는 물가 상승을 초래한다. 과시 소비는 자신의 부(富)와 지위를 타인에게 보여주기 위한 소비로 자신을 남들과 구분하기 위해 고가품의 상품도 기꺼이 구매하는 것을 말한다. 가격이 오름에도 불구하고 일부 계층의 과시욕이나 허영심으로 인해 수요가 줄어들지 않는 이 같은 소비 현상은 미국의 사회학자 베블런(Thorstein B. Veblen)이 주장한 것에서 유래돼 '베블런 효과'라고도 한다.

모방 소비는 필요하지 않은 제품인데도 불구하고 다른 사람들의 소비를 보고 덩달아 소비하는 현상으로 예를 들면 유명인이 사용한 제품을 무조건적으로 따라 소비하는 경우가 이에 해당된다. 드라마에서 인기있는 연예인이 착용한 옷이나 가방, 액세서리가 유행하게 되면 금방 상품 재고가 소진돼 해당 상품을 구매하기 위한 경쟁이 벌어지기도 한다. 이와 같은 소비는 편승 효과, 부화뇌동 효과, 밴드왜건 효과(band wagon effect)라고도 한다.

속물 효과는 모방 소비에 반대되는 개념으로 특정 상품을 다른 사람들이 많이 구매하게 되면 구매를 꺼리는 현상이다. 이러한 속물 효과는 값비싼 명품의 소비에서 많이 나타난다. 타인과의 차별화를 위해 소비하는 현상으로 백로(白鷺) 효과, 스놉(snob) 효과라고도 한다.

또한 필요하지 않은 제품을 가격 또는 디자인 등 외부의 자극에 이끌려 구매 계획이 없이 즉흥적으로 소비하는 충동 소비의 경우에도 비합리적인 소비의 대표적인 예라고 볼 수 있다. 최근에 자주 볼 수 있는 동일 상품을 두 개 사면 하나를 더 주는 소위 2+1 행사도 충동 소비를 부추기는 예라고 할 수 있다. 당장은 이익인 것 같아 보이지만 필요없는 물건을 대량으로 구매해 결국 버리게 되는 경우도 많으므로 주의해야 한다.

투기 소비는 미래의 가격 상승을 기대하고 가격 상승에 대한 투기 이익을 목적으로 미리 상품을 구매하는 것으로 사재기가 이에 해당된다. 이러한 투기 소비는 상품의 가격을 오르게 할 수 있어 실제로 필요로 하는 사람들에게 피해를 주게 된다.

디드로 효과(Diderot effect)로 인한 소비도 비합리적인 소비의 한 예다. 이는 하나의 제품 구입을 통해 모든 제품들을 일관된 수준으로 맞추기 위한 소비를 의미한다. 프랑스의 철학자 디드로(Denis Diderot)가 서재 가운을 선물받은 후 옷에 맞춰 책상 등 다른 것들도 바꾸게 됐다는 데에서 유래됐다. 실제로 기업들은 이러한 소비를 부추기기 위해 다양한 관련 상품을 만들고 구매를 유도하기도 한다.

4 가계의 소득과 소비의 관계

가계의 소득과 소비는 밀접하게 관계돼 있다. 일반적으로 소득이 높으면 그만큼 많은 소비와 저축을 늘리게 된다. 경제학자인 케인스(John M. Keynes)는 현재 시점에서 절대 소득이 증가하면 소비가 증가하지만 전체 소득에서 지출하는 돈의 비중은 작아지고 저축의 비중은 증가한다고 했다. 이를 절대소득 가설이라고 한다. 이와는 다른 입장으로 프리드먼(Milton Friedman)은 현재 시점의 소득을 항상 소득과 일시적 소득으로 구분하고 소비는 일시적 소득보다는 항상 소득의 크기에 의해 결정된다고 했다. 이를 항상 소득 가설이라고 한다. 즉, 케인스는 어떤 소득인지 상관없이 소득이 증가하게 되면 소비와 저축이 늘어난다고 보았고, 프리드먼은 소득 중 일시적인 소득, 예를 들면 잠깐의 부업으로 벌게 된 소득과 같은 소득은 소비 패턴에 영향을 주지 않고 일정한 소득이라고 볼 수 있는 항상 소득의 크기에 따라 소비가 결정된다고 보았다.

소득과 소비는 생애주기에 따라서도 달라진다. 태어나서 성인이 되어 경제 활동을 하기 전까지는 소득보다는 부모 등의 도움으로 인한 소비의 비중이 크고 한창 경제 활동을 할 연령인 청·장년기에는 소득이 소비보다 더 크게 된다. 여기서 소비를 하고 남은 소득은 보통 노후자금으로 저축한다. 이 시기를 거쳐 노년기로 접어들면 은퇴 등으로 인해 다시 소득보다는 소비가 증가하는데, 여기에서 필요한 소비는 청·장년기에 마련한 저축으로 부족한 부분을 보충하게 된다. 이와 같은 평생에 걸친 소득과 소비의 패턴을 염두에 두고 소비자가 현재의 소득이 아니라 평생의 소득을 생각해 소비하는 것을 생애주기 가설이라고 한다.

또한 소득과 소비는 상대적인 요인에 의해서도 영향을 받는다. 사람들은 자신의 소득만 고려해 소비하는 것이 아니라 다른 사람들의 소비 수준에 맞춰 상대적으로 소비하는 경향이 있다. 이러한 상대적인 소비는 다른 사람과의 비교에서뿐만 아니라 개인이 경험한 최고의 소비 수준에 따라서도 나타난다. 즉, 한번 높아진 소비 수준이 다시 낮아지기 힘들다는 것을 의미한다.

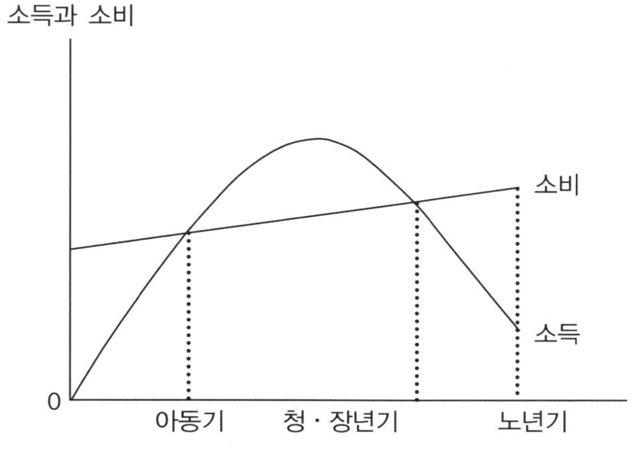

생애주기별 소득과 소비

제 2 절 기업의 경제 활동

1 경제 주체로서의 기업

1) 기업의 목적과 이윤

기업은 이윤을 얻기 위해 재화나 서비스를 생산하고 판매하는 경제 주체 중 하나다. 기업은 생산 수단의 소유와 노동의 분리를 기초로 해서 영리 추구를 목적으로 하는 독립적인 생산 경제 단위를 이루고 있다. 기업은 또한 생산 요소의 수요자로서 재화나 서비스를 생산하기 위한 노동이나 원료 등의 생산 요소를 제공받고 공급자들에게 그에 대한 대가로 소득을 배분하는 역할을 한다. 기업 활동을 위해 사용되는 생산 요소로는 노동, 토지, 자본, 경영이 있다.

〈기업의 생산 과정에서 사용되는 요소〉

노동	생산을 위한 인간의 정신적·육체적 노력
토지	자연으로부터 얻은 일체의 생산 요소
자본	기계, 건물, 공장 등과 같이 인간에 의해 만들어진 생산 요소
경영	생산 요소를 효율적으로 결합하고 조직하는 능력

기업의 유형은 소유와 운영 주체에 따라 민간기업과 공기업으로 구분된다. 민간기업에는 개인이 자금을 출자하고 경영하는 소규모의 개인기업과 다수의 투자자가 자본을 투자하고 선임된 전문 경영인에 의해 운영되는 회사기업이 있다. 개인기업은 주로 동네 상권에서 볼 수 있는 상점이나 작은 규모의 공장 등이 해당된다. 회사기업에는 우리가 흔히 알고 있는 주식회사 형태의 대기업들이 해당된다. 개인기업과 회사기업은 모두 민간기업으로 이윤 추구를 목적으로 한다.

공기업은 정부가 투자하고 설립해 운영하는 기업으로 공익성 향상을 목적으로 한다. 한국전력공사, 한국철도공사 등이 이에 해당된다. 공사합동기업은 공익을 추구하는 공기업과 효율적인 이윤 추구를 목적으로 하는 민간기업의 장점을 살려 공공단체와 사적 단체가 공동으로 출자하고 경영하는 기업의 형태다.

〈기업의 종류〉

구분		특성	예
민간기업	개인기업	개인이 자금을 전액 조달하고 기업 운영에 따른 위험을 모두 부담하는 형태	개인 상점, 노점상 등
	회사기업	기업 운영에 필요한 자금을 여러 사람이 조달하고 기업 운영에 따르는 위험을 출자한 모든 사람이 지는 형태	주식회사, 합명회사, 합자회사, 유한회사 등
공기업		국가나 공공단체가 소유하고 운영하는 기업	한국전력공사, 한국철도공사 등
공사합동기업		국가나 지방 공공단체와 개인 또는 사적 단체 등이 공동으로 설립한 기업	한국수자원공사, 한국담배인삼공사 등

기업은 생산·분배·소비 중 주로 생산의 주체가 돼 소비자들이 필요로 하는 재화와 서비스를 공급한다. 생산 활동은 다양한 형태로 이뤄진다. 예를 들면 손에 쥐고 있는 휴대폰 기기를 만드는 것도 생산 활동일 뿐만 아니라 통신망 제공과 같이 무형의 서비스를 제공하는 것도 생산 활동에 포함된다.

우리가 재화와 서비스를 이용한 대가로 기업은 이윤을 얻는다. 이윤은 기업이 재화의 판매를 통해 벌어들인 총수입에서 재화나 서비스를 생산하는 데 들어간 원료비, 임금, 임대료, 이자 등의 총비용을 뺀 것이다. 기업의 이윤은 다른 형태로 표현될 수도 있는데 부가가치에서 생산 요소 비용을 제한 것으로 계산될 수 있다. 부가가치란 생산 원료가 제품화되면서 새로 덧붙여진 가치다. 예를 들어 쇠못 하나의 가격이 100원이라고 할 때 만드는 데 들어간 원료인 철의 가격이 10원이라고 하면 원재료인 철이 쇠못으로 제품화되면서 발생한 부가가치는 90원이 된다.

이윤 = 총수입(재화의 가격 × 판매량) − 총비용(원료비 + 임금 + 임대료 + 이자 등)
이윤 = 부가가치(생산에 의해 증가 된 가치의 증가분) − 요소비용(임금 + 임대료 + 이자 등)

기업의 이윤은 또한 경제적 이윤과 회계적 이윤으로 구분될 수 있다. 회계적 이윤은 총수입에서 실제로 제품 생산에 사용된 원료비, 인건비 등의 비용을 뺀 나머지이고 경제적 이윤은 총수입에서 실제로 제품 생산에 사용된 비용(명시적 비용) 뿐만 아니라 보이지 않는 비용인 암묵적 비용까지 제한 이윤이다. 암묵적인 비용은 실제로 계산되지는 않지만 선택하지 않고 포기함으로써 발생하는 비용인 기회비용을 의미한다.

회계적 이윤=총수입−명시적 비용
경제적 이윤=총수입−(명시적 비용+암묵적 비용)

예를 들어 사탕을 만들어 파는 소규모 사업을 하는 갑의 한 달 수입이 500만 원이라고 하고, 원료인 설탕의 값이 50만 원, 가게 임대료가 50만 원, 종업원 임금이 100만 원이라고 하고, 갑이 사업을 하지 않고 회사에 취직할 경우 받을 수 있는 임금을 200만 원이라고 하자. 이 경우에 회계적 이윤은 300만 원이고 경제적 이윤은 100만 원이 된다.

총수입-(원료비+임대료+임금)	= 회계적 이윤
500만 원-(50만 원+50만 원+100만 원)	= 300만 원
총수입-(원료비+임대료+임금)-갑의 취직했을 시의 임금에 대한 기회비용	=경제적 이윤
500만 원-(50만 원+50만 원+100만원)-200만 원	= 100만 원

기업은 이윤의 창출뿐만 아니라 사회적인 측면에서도 역할을 한다. 가계는 기업에 노동, 토지, 자본 등의 생산 요소를 제공하고 이에 대한 대가로 소득을 얻게 된다. 이와 같은 소득은 국민 경제의 기반이 된다. 특히 고용을 창출하는 역할은 기업이 국민 경제 발전을 위해 담당하고 있는 큰 역할이다. 또한 기업은 기업의 이윤 추구 과정에서 발생하는 각종 세금의 납부를 통해 정부의 재원 마련에도 기여한다.

2) 기업가 정신

기업의 생산 활동을 통해 얻은 이윤은 기업가에게 돌아가는 보상이라고 할 수 있다. 기업이 이러한 이윤을 꾸준히 창출하기 위해서는 끊임없이 발전하고자 하는 노력이 필요하다. 소비자의 욕구는 갈수록 세분화되고 다양해지고 있어 이 같은 소비자의 욕구를 만족시킬 수 있는 새로운 상품과 서비스를 개발하지 않으면 기업이 살아남기 힘든 시대가 됐다. 음악을 듣는 도구를 생각해 보자. 지금은 거의 보기 힘들지만 예전에는 음악을 듣기 위해 LP레코드와 턴테이블을 이용했다. 휴대성이 불편한 LP레코드를 보완해 나온 것이 카세트 테이프와 휴대용 카세트 플레이어다. 당시로서는 이동하면서 음악을 듣는다는 것은 혁신적인 발상이었다. 일본의 한 전자제품의 회사가 처음 개발한 카세트 플레이어는 상표명이 이 전자제품을 지칭하는 고유명사가 돼 버렸을 정도로 대인기를 누렸고, 해당 전자기기 회사는 큰 이윤을 얻을 수 있었다. 이러한 혁신적인 제품의 개발은 성공하면 기업에 큰 이윤을 가져다 주지만 불확실성에 대한 위험 부담도 크다. 세계적인 경제학자 슘페터(Joseph A. Scuhumpeter)는 위험과 불확실성을 무릅쓰고 과감하게 새로운 것에 도전함으로써 이윤을 추구하고자 하는 자세를 기업가 정신이라고 했다. 또한 기존의 것을 파괴하고 신기술로 변화를 일으키는 과정이라는 의미에서 기업가들이 혁신을 해가는 과정을 창조적 파괴라고 했다.

기업의 혁신은 새로운 제품 개발에만 적용되는 것이 아니라 새로운 생산 방법의 채택, 신시장의 개척, 새로운 자원의 사용, 새로운 경영조직의 형성 등 생산 및 경영 과정 전반에 걸쳐 일어날 수 있다.

2 기업의 경제적 의사 결정

1) 기업의 의사 결정의 내용

기업의 1차적 목적은 이윤을 극대화시키는 것이다. 기업은 이윤을 극대화하기 위해 총수입을 최대로 하고 총비용은 최소가 되도록 경제적인 의사 결정을 한다.

기업이 합리적인 생산을 하기 위해서는 먼저 어떤 제품을 생산할지를 결정해야 한다. 이를 위해서는 소비자의 욕구를 정확히 파악해야 한다. 특히 최근에는 소비자의 욕구가 매우 다양해져서 어떤 소비자를 목표로 하는 제품을 생산할 것인가 결정하는 것이 중요해졌다. 예를 들면, 같은 제품이더라도 젊은 층을 겨냥할 경우

성능보다는 디자인과 가격에 초점을 맞춰야 한다.

또한 어떻게 생산할 것인지 제품의 생산 방법을 잘 고려해야 한다. 생산 과정에서 이윤을 극대화할 수 있는 방법은 생산에 들어가는 총비용을 줄이는 것이다. 임금, 이자, 지대, 원료비 등 생산 요소에 소모되는 비용을 줄일 수 있는 방안을 검토해야 한다. 예를 들어 지대가 너무 비쌀 경우 회사의 부지를 옮기거나 기존 원료값이 오를 경우 다른 원료로 대체하거나 신원료를 개발해 생산비용을 절감할 수 있다.

적정 가격과 생산량을 결정하는 것도 중요한 요소다. 즉, 얼마만큼 만들어 얼마에 팔까를 결정하는 것이다. 만약 수요보다 지나치게 많은 양을 생산할 경우 재고가 남게 돼 기업의 이윤이 감소하게 된다. 예를 들어 유통 기한이 있는 식품의 경우 과잉 생산하게 되면 재고가 그대로 손실이 돼 기업에 큰 타격을 줄 수 있다. 기업은 결국 최대한 이윤을 얻을 수 있도록 합리적인 생산량을 결정해야 한다. 합리적인 생산은 상품을 1단위 추가 생산했을 때 얻는 수입인 한계수입과 이에 따른 추가 지출비용인 한계비용이 일치하는 지점에서 생산량을 결정해야 한다. 즉, 한계비용보다 한계수입이 낮을 경우(Q_3) 생산량을 늘릴수록 손실이 발생하기 때문에 생산량을 줄여야 한다. 반대로 한계비용보다 한계수입이 높으면(Q_1) 추가 생산을 통해 이윤을 얻을 수 있기 때문에 생산량을 증가시켜야 한다. 기업의 이윤이 극대화되는 생산량은 한계수입과 한계비용이 같아지는 지점(Q_2)이 최적 생산량이 된다.

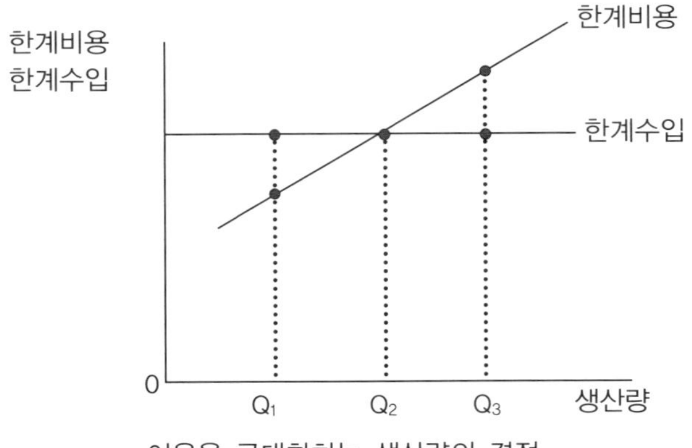

이윤을 극대화하는 생산량의 결정

또한 판매 가격도 기업의 이윤과 밀접하게 관련돼 있다. 기업의 입장에서는 판매 가격이 높을수록 많은 이윤을 남길 수 있지만 이윤이 지나치게 높을 경우 소비자들이 물건을 구입하지 않게 돼 오히려 기업의 이윤이 감소할 수 있다. 아무리 좋은 제품의 상품이더라도 지나치게 높은 가격이라면 소비자들은 구매를 포기하거나 대체 상품을 찾게 되기 때문이다.

2) 기업의 의사 결정 시 고려 사항

기업은 의사 결정 시 고려해야 할 다양한 이해 관계를 가진 집단이 있다. 먼저 투자자는 기업 운영을 위해 필요한 자본을 제공하는 사람들로 가장 큰 영향력을 가진 중요한 집단이다. 기업은 투자자에게 기업 활동을 통해 창출한 이익을 공정하게 배분하고 재무 상태나 경영 실적에 대한 정보를 투명하게 제공해야 한다. 그렇지 않으면 투자자는 투자했던 자본을 회수하게 되고 기업은 경영을 지속하기 위해 필요한 자본이 없어지게 돼 도산 위기에 처할 수 있다. 다음으로는 소비자다. 제품이나 서비스를 구매하는 소비자가 없으면 기업의 이윤 추구도 불가능해지기 때문에 기업은 생산 활동에서 소비자들을 최우선적으로 고려해야 하고 소비자의 권리를 존중해야 한다. 또한 기업은 생산 활동에 필요한 노동력을 제공하는 노동자집단을 고려해야 한다. 기업이 원만한 노사 관계를 유지하지 못할 경우 당장 파업으로 인한 막대한 손실이 발생할 수 있을 뿐만 아니라 주인 의식이 없는 노동자들로 구성된 기업은 장기적인 관점에서 성장 가능성이 낮다. 그러므로 노동자와 기업이 동반자라는 의식을 가질 수 있도록 상호 노력해야 한다.

기업은 또한 지역주민 및 시민단체와 관계를 잘 유지하도록 고려해야 한다. 기업도 결국 해당 지역사회의 구성원이므로 지역사회 발전을 위해 노력해야 한다. 예를 들면, 지역사회에 필요한 시설을 구축하는 데 투자하거나 자원봉사 활동 등을 통해 지역사회 주민들과 원만한 관계를 유지할 수 있도록 해야 한다.

환경단체나 인권단체 등의 시민단체들의 의견을 고려하는 것도 중요한 요소다. 그렇지 않을 경우 불매운동이나 시위로 이어질 수 있고 기업의 이미지에도 악영향을 미치게 된다.

다른 경쟁 기업과의 관계도 중요하다. 특히 같은 종류의 재화나 서비스를 제공하는 기업이 소수일 경우 지나친 경쟁은 모두에게 손실을 가져다 주기 때문에 경쟁 기업 간의 관계도 선의의 경쟁을 할 수 있도록 노력해야 한다. 반대로 경쟁 기업 간 비윤리적인 담합 행동도 단기적으로는 많은 이윤을 창출할 수 있겠지만 장기적으로는 기업과 국가의 발전에 악영향을 끼칠 수 있으므로 경쟁 기업 간의 관계는 투명하고 공정하게 유지되도록 해야 한다.

정부는 기업이 활동에 필요한 환경을 마련해 주기도 하고 비윤리적이거나 위법적인 활동을 규제하기도 한다. 그러므로 정부의 정책은 기업이 의사 결정을 할 때 항상 고려해야 할 상황이다. 예를 들어 오래된 아파트의 재건축을 추진하는 건설사가 자본의 조달과 주민의 동의 등 사업에 대한 모든 의사 결정을 완료했더라도 정부의 재건축 허가가 떨어지지 않으면 기업은 아무것도 할 수 없게 된다.

법과 정치, 경제, 국제 환경의 변화와 같은 사회적 요인도 기업의 의사 결정에 영향을 미친다. 예를 들어 근로기준법과 노동조합법의 경우 기업에 고용된 노동자의 권리를 보호하기 위한 법으로 기업의 입장에서는 일부 의사 결정을 제한하는 법이다. 또한 대기업에 비해 상대적으로 약자의 입장에 있는 중소기업을 보호하고 중소기업을 육성하기 위한 여러 가지 제도적 장치가 있다. 중소기업에 대한 세제 혜택을 주는 것이 대표적인 예다. 정치적인 상황도 기업의 의사 결정에 영향을 미친다. 특히 우리나라와 같은 분단국가의 경우 정치적인 이슈가 발생하면 국제시장에서의 기업의 위치가 불안해지면서 외국 투자자들이 투자금을 회수해 나가는 기업 경영에 타격을 주게 되는 일이 종종 벌어진다.

경제적인 요인은 기업의 의사 결정에 가장 큰 영향을 미친다. 물가나 금리, 환율 등이 변화하게 되면 기업은 직접적으로 영향을 받게 되는데, 예를 들어 환율이 폭락할 경우 수출에 주력하고 있는 기업은 국제시장에서 상품의 가격경쟁력을 잃기 때문에 큰 타격을 입게 된다.

문화적인 요인 또한 기업이 의사 결정에 영향을 미친다. 새로운 문화가 생겨나기도 하고 기존의 가치관과 관습이 변화함에 따라 소비 패턴이 달라지기 때문이다. 마지막으로 글로벌화되고 있는 시장과 맞물려 국제적인 요인은 기업의 의사 결정에 영향을 미치는 주요 요인이 됐다. 세계무역기구(WTO)가 출범하고 국가 간 자유무역협정(FTA)이 증가하면서 기업은 세계 기업을 상대로 경쟁하게 됐다. 예를 들면 상대적으로 가격이 저렴한 중국산 제품들에 대한 경쟁력을 갖추기 위해 기업은 품질 혁신이나 서비스 품질 제고 등의 전략을 취하고 있다.

3 기업의 사회적 책임

경쟁이 점차 심화되고 있는 상황에서 기업이 지속적으로 이윤을 얻고 생존하기 위해서는 사회와 사회 구성원 간의 조화로운 관계의 유지가 필수적이다. 이에 따라 사회 전체의 목적이나 가치에 부합하는 바람직한 행동을 하도록 요구되는 기업의 사회적 책임이 강조되고 있다. 기업은 소비자, 투자자, 노동자, 지역사회 및 환경 등을 고려해 책임있는 의사 결정을 해야만 한다. 그렇지 못할 경우 기업은 이미지 손실로 인한 매출 감소, 시민단체를 중심으로 한 불매운동 등으로 인해 직접적인 영향을 받는다.

기업은 소비자에게 적정한 가격의 품질 좋은 제품을 제공하고 사후관리 서비스를 제공할 뿐만 아니라 소비자가 피해를 입었을 경우 적절한 보상을 할 수 있도록 해야 한다. 노동자에게는 공정한 배분과 원만한 노사 관계를 유지하도록 책임을 다해야 한다. 또한 기업이 속해 있는 지역사회가 함께 발전할 수 있도록 취약계층에게 일자리를 제공하고 환경을 보호하도록 하는 책임도 가지고 있다.

기업의 사회적 책임 중에는 기업의 이윤을 사회에 되돌려 주는 자선적인 책임도 있다. 이에 대한 관심이 높아지면서 기업은 직접적인 이윤과는 무관한 사회 활동 참여에 적극적으로 동참하고 있다. 예를 들면 전자회사의 직원들이 저소득층 아동들을 위한 지역사회 공부방에서 자원봉사를 한다든지 결식 노인을 위한 급식사업 등에 참여하는 등 다양한 방면의 사회 활동에 참여한다. 기업의 사회적 책임에 대한 중요성이 높아지면서 국제연합(UN)에서는 인권, 노동, 환경, 반부패 등 기업의 사회적 책임에 관한 열 가지 원칙을 포함하고 있는 국제 기준을 제시하고 있다. 또한 국제 표준화 기준(ISO)은 기업조직 지배 구조의 개선, 인권, 노동, 환경, 공정 운영 관행, 소비자, 지역 사회 참여와 발전 등 7개 항목으로 구성된 ISO26000을 발표해 기업의 사회적 책임을 강조하고 있다.

기업은 사회적 책임을 다함과 동시에 회사 경영 및 기업 활동에서도 윤리적인 자세를 가지고 있어야 한다. 기업의 윤리적인 경영이란 기업 경영의 최우선 가치를 투명하고 공정하며 합리적인 업무 수행에 두는 것이다. 기업이 비윤리적인 방법으로 이윤을 획득해서 사회적 신뢰를 잃으면 경영 성과가 아무리 좋아도 결국 기업이 발전하지 못하고 망하게 될 수밖에 없다. 정경 유착, 불공정 거래, 소비자를 보호하지 않는 행위, 근로자의 노동 착취 등이 비윤리적인 경영에 해당된다. 예를 들어 기업이 로비를 통해 기업에게 유리하도록 정부 규제를 완화하거나 하는 비윤리적인 행태는 우리 사회에서 없어져야 할 비윤리적 경영의 대표적인 예다. 또한 같은 종류 혹은 유사한 상품을 생산하는 기업들끼리 경쟁을 피하고 일정 수준의 이윤을 확보하기 위해 담합하는 경우도 비윤리적인 경영의 예다. 담합 중에서도 명시적으로 드러난 것을 카르텔이라고 한다.

기업은 비윤리적인 경영으로 단기적으로는 큰 이익을 누릴 수 있지만 장기적으로는 결국 소비가 감소하게 돼 기업의 손실로 돌아오게 되므로 도덕적인 가치를 중시하는 윤리적 경영을 통해 조화로운 발전을 해 나가야만 한다.

제 3 절 정부의 경제 활동

1 정부의 경제적 역할

1) 자원의 효율적 배분

가계는 효용을 목적으로 기업은 이윤을 목적으로 경제 활동을 한다면 정부는 공익을 목적으로 경제 활동을 하는 주체다. 정부는 기본적으로 자율적인 경쟁을 통해 개인과 기업의 이익을 창출하는 자본주의 경제 체제에서 발생하는 시장실패를 보완하기 위해 시장에 개입한다. 시장실패란 자원이 효율적으로 배분되지 않는 것을 의미한다. 한 나라의 총자원이 100이라면 이 자원은 다양한 방식으로 배분될 수 있다. 예를 들면 자원의 99%가 기업의 이익 창출에 사용되고 1%만 그 밖의 것들에 사용된다고 가정해 보자. 이럴 경우 기업의 입장에서는 자원 투입이 많아져 이윤 창출이 유리해지겠지만 그 외 국민의 삶의 질의 향상을 위해 투입돼야 할 자원이 너무 작아 사회 전체적으로 봤을 때 비효율적인 배분이 된다. 정부는 모든 분야를 고려해 자원이 가장 효율적으로 배분될 수 있도록 돕는 역할을 한다.

예를 들어 자본주의 시장경제 체제에서 독점적 지위를 가진 독과점 기업은 제품의 가격을 기업의 이익이 최대가 되는 것에만 초점을 맞추기 때문에 생산원가에 비해 지나치게 높은 가격을 받아 소비자에게 피해를 주는 경우가 많다. 이러한 독과점 기업의 횡포는 기업의 입장에서는 실제 취해야 할 이윤보다 많은 이윤을 취하는 것이기 때문에 이익이지만 소비자 측면에서는 상품의 가치에 비해 비합리적으로 높은 가격을 지불한 것이기 때문에 사회 전체적으로 봤을 때 비효율성을 초래한다. 정부는 이와 같이 독과점으로 발생하는 자원의 비효율적 배분을 막기 위해 독점규제 및 공정 거래에 관한 법률을 제정해 기업들을 감시하는 역할을 한다.

독과점 기업은 주로 고도의 기술을 요하는 산업이나 자원 투자가 많이 필요해서 다른 경쟁 기업이 쉽게 진입할 수 없는 산업에 존재한다. 예를 들면 노트북과 같은 전자제품의 경우 제품 개발과 생산에 많은 자본이 투입되는 제품이기 때문에 소수의 대기업만이 사업을 할 수 있다. 그리하여 자연스럽게 독과점이 생성되고 이에 따라 소비자는 몇몇의 대기업이 제시하는 가격대에 제품을 구매할 수밖에 없게 된다. 실제로 국내에서도 이런 담합 행위가 적발된 사례가 있고, 정부는 이들 기업에 수백억 원대의 과징금을 부과했다. 이러한 정부의 규제 활동을 통해 기업의 불공정한 행위가 단속되면 결과적으로 그만큼 자원을 더 공정하고 효율적으로 배분하게 된다.

정부는 또한 수익성이 낮지만 국민들의 삶을 위해 반드시 필요한 재화를 생산하는 역할을 통해 자원을 효율적으로 배분한다. 예를 들면, 철도・항만・도로・치안 등과 같은 공공재는 엄청난 투자가 필요하지만 그에 비해 얻을 수 있는 이윤은 적기 때문에 시장에서 자발적으로 공급되기가 어렵다. 정부가 공공재를 생산하지 않는다면 기업의 생산 활동에 필요한 공공재라 하더라도 당장 이익을 얻을 수 있는 곳으로 자원이 투자되기 때문에 자원이 비효율적으로 배분되게 된다. 그러므로 정부는 시장이 생산하기를 꺼리는 공공재를 직접 생산해 국민들에게 꼭 필요한 재화나 서비스를 공급함으로써 자원을 효율적으로 배분한다.

또한 정부는 외부 효과를 해결함으로써 자원의 효율적 배분을 돕는다. 외부 효과란 한 경제 주체가 생산과 소비 과정에 제3자에게 의도치 않은 피해를 주거나 아니면 반대로 혜택을 주고도 이에 대한 대가를 주지도 받지도 않는 경우를 의미한다. 이러한 상태가 제3자에게 이익을 주는 경우를 긍정적 외부 효과라고 하고 손해를 주는 경우는 부정적 외부 효과라고 한다. 긍정적 외부 효과는 보통 이익을 준 것에 대한 적절한 대가를 보상받기 어렵기 때문에 적게 발생되고, 부정적 외부 효과는 피해를 준 것에 대해 보상을 지불하지 않기 때문에 많이 발생한다. 즉, 외부 효과가 발생하면 어떤 것은 부족하고 어떤 것은 넘치게 돼 자원이 비효율적으로 배분된다. 정부는 이러한 외부 효과를 장려하거나 혹은 억제하기 위해 세금이나 보조금 등을 통해 조절한다.

예를 들면 한 기업이 제품을 생산하는 데 공장 주변에 오염물질을 발생시킬 경우 이러한 기업의 활동이 제품을 구입하는 소비자에게 직접적인 영향을 주지는 않지만 공장 인근 주민들에게는 피해를 입히는 부정적 외부 효과를 발생시킨다. 이럴 경우 정부는 해당 기업에 환경오염에 대한 세금이나 벌금을 부과해 부정적인 외부 효과가 발생하지 못하도록 억제시키는 역할을 한다.

2) 소득 재분배로 인한 소득 격차 개선

자본주의 시장경제 체제 아래에서 소득은 개인이 가지고 있는 자본, 능력, 기회 등 수많은 변수에 의해 결정된다. 예를 들면 누군가는 부자인 부모 밑에서 태어나 노동을 하지 않고도 물려받은 재산소득으로 편히 살아가지만 반대로 누군가는 가난한 집에서 태어나 열심히 노동을 하는데도 월급 가지고 생계를 이어가기 힘든 경우도 있다.

이와 같이 자본주의 사회에서는 개인의 노력과는 무관하게 소득 분배에서 불평등이 생길 수 있기 때문에 정부는 가계와 기업이 벌어들인 소득을 재분배함으로써 형평성을 유지하고자 한다. 만약 정부의 이런 역할을 하지 않는다면 시장경제 체제에서는 소득과 부의 양극화가 점점 심해질 가능성이 높다. 양극화가 심해지게 되면 사회적인 분열로 이어질 수 있기 때문에 소득의 재분배 정책을 통해 형평성을 유지하는 정부의 역할은 중요하다. 정부는 이러한 소득 재분배의 역할을 조세제도를 통해 실현한다. 이에 해당하는 대표적인 세금이 누진세다. 누진세는 소득이 증가할수록 세율도 증가하는 것인데, 쉽게 말하면 많이 번 사람은 소득의 많은 비율을 세금으로 내고 적게 번 사람은 상대적으로 소득의 적은 부분을 세금으로 내는 것이다. 개별소비세도 소득 재분배를 위한 대표적인 세금이다. 개별소비세는 일명 사치세라고도 하는데 고가의 명품 브랜드의 제품, 골프채, 귀금속 등에 부과되는 세금으로 이를 소비하는 고소득층에게 세금을 더 많이 내도록 하는 것이다. 생필품을 비롯해 거의 모든 제품에 부과되는 10% 안팎의 부가가치세와는 다르게 일부 사치 품목에 대해 제품 가격의 30% 혹은 그 이상도 세금을 부과하는 것이다. 즉, 저소득층을 포함해 대부분의 사람이 내는 부가가치세율을 줄이고 개별소비세를 늘리면 소득 재분배 효과가 나타날 수 있다.

정부는 이와 같이 거두어들인 세금을 어려운 계층을 위해 직접 사용함으로써 소득을 재분배한다. 이와 같은 정부의 지출은 소득이 없거나 매우 낮은 저소득층이 기본적인 생활을 할 수 있도록 생활비를 지원하고, 이외에도 식품·의료·주택 등을 다양한 방식으로 보조한다.

이와 같이 국가가 국민의 최소한의 삶을 보장하기 위한 장치를 사회안전망이라고 한다. 예를 들면 기초생활보장제도는 사람이 사는 데 필요한 최저의 생활비용보다 소득이 적은 사람들에게 정부가 최저 생활을 유지할 수 있도록 생활비 지원을 해 주는 것이다. 또한 저소득층 아동들이 끼니를 거르지 않도록 이용할 수 있도록 음식을 구매할 수 있는 바우처(voucher)를 제공하기도 한다. 사회안전망은 결국 거두어들인 세금으로 유지되는 것이기 때문에 세금을 상대적으로 많이 내는 고소득층의 소득이 저소득층으로 분배되는 직접적인 효과가 있다.

3) 경기 변동의 조절

정부는 국가의 경기가 호황과 불황을 오고가는 불안정한 상태를 조절해 국민 경제가 안정적으로 돌아갈 수 있도록 하는 역할을 한다. 불황을 정부가 조절하는 것은 당연하게 생각되겠지만 호황기도 조절한다는 말은 자칫 이해가 안 갈 수도 있다. 그런데 호황기도 너무 지속되면 물가 상승을 유발하게 되기 때문에 장기적으로 봤을 때 국가 경제에 악영향을 끼칠 수 있다. 호황기가 되면 사람들이 일시적으로 소비를 늘리게 되고, 이는 수요 공급의 법칙에 따라 수요가 증가하게 돼 물가가 상승하게 된다. 물가가 상승하게 되면 대부분의 서민의 가계에 오히려 부담이 된다. 그렇게 되면 결국 소비가 또다시 줄어들게 되고 경기 침체로 돌아설 수 있게 되기 때문이다. 경기가 불황일 경우에는 소득이 감소되기 때문에 지출도 감소하게 된다. 지출이 감소하게 되면 물가가 하락하고 물가 하락은 기업에게 부담을 주게 돼 결국 고용을 줄이게 된다. 고용 감소는 실업률 증가로 이어지게 되고, 이는 안정적인 소득을 어렵게 하기 때문에 또다시 소비 감소로 이어지게 돼 경기 불황의 늪에 빠질 수 있게 된다. 즉, 호황기와 불황기 모두 정부가 적절하게 조절하는 것이 필요하다.

정부는 경기를 조세제도와 통화정책을 통해 조절한다. 경기가 호황일 경우 정부는 세금을 높이거나 재정지출을 줄이는 방법으로 국민 소득을 상대적으로 감소시켜 소비심리를 조정함으로써 물가 상승을 억제한다. 또한 시중에 돌고 있는 돈의 양인 통화량을 조절해서 시장에 돌고 있는 돈의 양을 줄여 경기가 안정되도록 한다. 통화량은 보통 대표적으로 이자율을 통해 조정하는데, 우리나라는 시중은행의 이자율을 국가의 은행이라고 볼 수 있는 중앙은행에서 결정하기 때문에 이자율을 통해 경기 조정이 가능하다. 정부는 호황이 계속돼 경기가 과열되면 중앙은행을 통해 이자율을 높인다. 그렇게 되면 사람들은 돈을 소비하는 대신 저축을 하게 된다. 이는 통화량 감소로 이어져 시중의 돈이 줄어들기 때문에 물가가 안정된다.

경기가 불황일 경우 정부는 세금을 줄여서 사람들이 실제로 쓸 수 있는 수입을 늘려 줌으로써 지출을 유도하거나 정부 재정 지출을 늘려 시중에 돈이 많이 돌게 함으로써 가계의 소비를 활성화시킨다. 가계가 소비 지출을 늘리게 되면 기업의 생산량이 증가하고 투자를 확대하게 돼 고용이 증가하게 된다. 고용 증가는 실업률을 낮추고 가계의 안정적인 소득을 보장하게 돼 경기가 활성화된다. 또한 호황기 때와는 반대로 이자율을 낮춰서 시중의 통화량을 늘리는 방법이 사용된다. 이자율이 낮아지게 되면 저축을 하고자 하는 동기가 낮아지게 되고, 시장에 돈이 많이 풀림으로써 소비가 증가하게 되는 것이다.

2 정부의 경제 활동

1) 재정 활동과 예산

재정이란 정부의 경제 활동에 필요한 재원을 조달하고 지출하는 것을 의미한다. 재정 활동은 세입과 세출 활동으로 구성되는데, 세입은 정부가 나라 살림을 운영하기 위해 세금을 거두어들이는 것과 같은 조달 활동을 의미하고, 세출은 재원을 각 분야에 지출해 자원을 배분하는 것을 의미한다.

정부의 재정 활동은 이전 해의 수입과 지출을 바탕으로 다음해의 예산을 편성한다. 이렇게 정해진 예산을 기준으로 세입과 지출을 결정하기 때문에 정부가 무엇을 통해 재원을 조달하고 어떻게 배분하는지는 예산 체계를 보면 알 수 있다.

국가의 예산은 일반적이고 통상적인 활동을 지원하는 일반회계와 정부가 특정한 목적을 가지고 추진하는 사업을 지원하기 위한 특별회계로 구분된다. 예를 들면 일반회계는 공공사업, 사회보장, 외교, 국방, 교육 등 국가의 일반적인 행정에 관한 예산이고, 특별회계는 대규모 도로 확장사업이나 올림픽 등의 국제행사 등 특정 활동에 필요한 예산이 이에 해당된다. 또한 예산과는 별도로 정부가 특정한 공공사업을 안정적이고 지속적으로 수행하기 위해 설치한 자금인 기금이 있다. 예를 들어 정부는 중소기업 창업을 위해 기금을 만들어 지원하고 있다.

예산은 편성 방법에 따라 본예산과 추가경정예산, 준예산으로 구분된다. 본예산은 한 해 예산을 편성할 때 처음부터 고려된 예산으로 국회에서 심의·의결한 예산이다. 추가경정예산은 예산이 결정된 후에 부득이한 사유로 인해 확정된 예산에서 변경된 예산이다. 예를 들어 예산을 편성할 때는 고려되지 않았던 사업을 필요에 의해 급하게 진행해야 할 때 추가경정예산을 편성해 집행할 수 있다. 준예산은 새로운 회계연도가 시작할 때까지 지난 해까지 있었던 예산에 대해 어떻게 할 것인지 결정이 내려지지 않은 경우 의결이 될 때까지 정부가 일정 범위 내에서 전년도 예산에 준해 집행하는 예산이다.

2) 정부의 세입과 세출

(1) 세입

정부의 세입은 재정 활동에 필요한 모든 현금수입을 의미한다. 세입은 조세수입과 세외수입으로 결정된다. 조세수입은 국민들로부터 거두어들이는 세금으로 마련된 것으로 세입의 대부분을 차지한다. 세외수입은 조세수입 외의 모든 수입을 말하는데, 예를 들면 정부기관의 임대료 수입, 공공사업의 수입 등이 있다. 세외수입의 비중은 조세수입에 비하면 아주 미미하다. 즉, 조세수입이 정부 재정에 미치는 영향이 크다.

조세는 조세를 부과하는 주체, 조세 부담의 전가 여부, 조세가 쓰이는 용도 등으로 분류할 수 있다. 먼저 조세를 부과하는 주체에 따라 구분할 경우 국세와 지방세로 나눌 수 있다. 국세는 중앙정부가 거두어들이는 세금으로 다시 여섯 가지 종류의 세금으로 분류된다. 국세에는 국내에서 이뤄지는 경제 활동에 대한 소득이나 상품에 대해 부과되는 세금인 내국세, 내국세와는 반대로 수입에 관련해 부과되는 관세, 교육세, 교통·에너지·환경세, 농어촌 지역 개발을 위한 농어촌특별세, 일정 수준 이상의 부동산을 가진 사람에게 더 많은 세금을 적용하는 종합부동산세가 있다. 지방세는 지방정부가 거두어들이는 세금으로 도에서 걷는 도세와 시·군에서 거두어들이는 시·군세가 있다. 지방세는 지방자치에 필요한 재정을 충당하는 목적으로 쓰인다.

우리나라의 조세 체계

조세 부담의 전가 여부에 따른 분류로는 직접세와 간접세로 구분된다. 직접세는 말 그대로 세금을 부담하는 담세자와 세금을 정부에 납부하는 납세자가 같은 것으로 부과된 세금을 직접 정부에 납세하는 것을 의미한다. 반면 간접세는 담세자와 납세자가 다른 것이다.

직접세의 예에는 소득세, 재산세, 법인세, 상속세, 증여세 등이 있다. 직접세는 소득이나 재산 금액, 상속 금액 등이 커질수록 세율이 높아지는 누진세다. 즉, 소득이 많아 담세 능력이 큰 사람에게는 더 많은 세금을 내도록 하는 것으로 조세의 형평성이 높고 소득 재분배 효과가 있다. 이러한 직접세는 다른 사람에게 전가할 수 없고 세금고지서를 통해 직접 눈에 보이기 때문에 세금을 내지 않으려는 조세 저항이 큰 특징을 가지고 있다. 그래서 세금을 안 내고 버티는 사람들에게 세금을 추징하기 위한 국세청 전담부서가 있을 정도로 조세 저항이 강하다. 돈이 없어서 안 내기보다는 일부러 회피하는 사람들도 많아서 연체된 세금의 규모가 엄청나다. 계속해서 이러한 세금의 자진 납부를 거부할 경우 국가는 체납자의 자동차, 고가의 물건 등의 차압을 통해 세금을 추징하기도 한다.

간접세의 예에는 사람들이 소비하는 품목에 포함돼 있는 부가가치세, 사치품에 부과되는 개별소비세, 술의 생산과 판매에 대한 주세 등이 있다. 이러한 세금은 상품이나 서비스를 소비할 때 소비자가 지불하는 가격에 포함돼 있기 때문에 잘 인식하지 못하는 경향이 있다. 이러한 세금을 간접세라고 부르는 것은 세금을 부담하는 주체는 소비자인데 그 세금을 납부하는 사람은 생산자이기 때문이다. 예를 들어 기업에서 소비자 가격이 1,100원짜리인 볼펜을 만들었다고 치자. 1,100원에는 기업이 볼펜을 만드는 데 소모된 비용 이외에 기업이 정부에 내야 하는 세금 100원도 포함돼 있다. 보통 부가가치세는 10% 안팎인데 정부가 만약 부가가치세율을 20%로 올린다면 기업은 볼펜의 가격을 100원 더 올려 1,200원에 판매하고 200원의 세금을 정부에 내게 된다. 즉, 소비자는 200원의 세금을 정부에 직접 납부하는 것이 아니기 때문에 잘 느끼지 못하지만 볼펜을 구매하면서 항상 200원의 세금을 간접적으로 내고 있는 것이다. 이와 같은 세금은 생산자가 소비자에게 부담을 전가시키는 세금으로 볼 수 있다. 소비자는 보통 물건이나 서비스를 이용할 때 총비용만을 고려하기 때문에 세금에 대한 인식이 낮다. 즉, 조세의 저항이 약하다. 모든 사람에게 같은 비율로 부과되는 특성 때문에 이러한 세금은 저소득층에게 상대적으로 불리하다.

세금을 사용 목적에 따라 분류하면 보통세와 목적세로 나뉜다. 보통세는 사용용도나 목적이 정해지지 않은 세금이고, 목적세는 특정한 목적을 가지고 있다. 예를 들면, 교육세·농어촌특별세와 같이 세금 명칭에 사용 목적이 나타나 있다.

또한 세율 적용 방식에 따라 분류하기도 하는데, 세금을 부과하는 대상의 가치가 높으면 높을수록 높은 세율을 적용하는 세금을 누진세라고 하고, 그것과 상관없이 동일한 세율을 부과하는 것을 비례세라고 한다. 또한 세금을 부과하는 대상의 가치가 높아질수록 세율이 낮아지는 역진세도 있는데, 우리나라에는 역진세에 해당하는 세금은 없다. 누진세에 해당되는 세금은 소득세, 재산세 등이 있다. 비례세에 해당되는 세금은 부가가치세가 있다. 역진세의 경우 주세, 담배세 등이 역진적인 성격을 띤다.

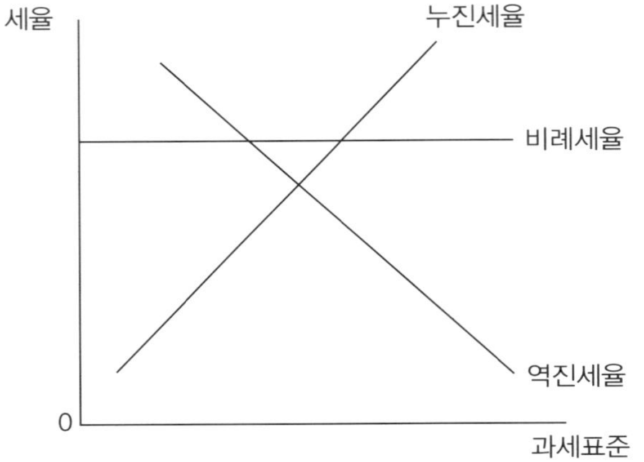

비례세, 누진세, 역진세 그래프

일반적으로 정부가 세율 조정을 통해 세입을 늘리려고 할 때 세율을 증가시켜서 더 많은 세금을 거두어들인다. 그런데 경제학자 래퍼(Authur Laffer)는 정부가 세율을 어느 수준 이상으로 높이면 오히려 세입이 감소하게 된다고 주장했다. 즉, 세

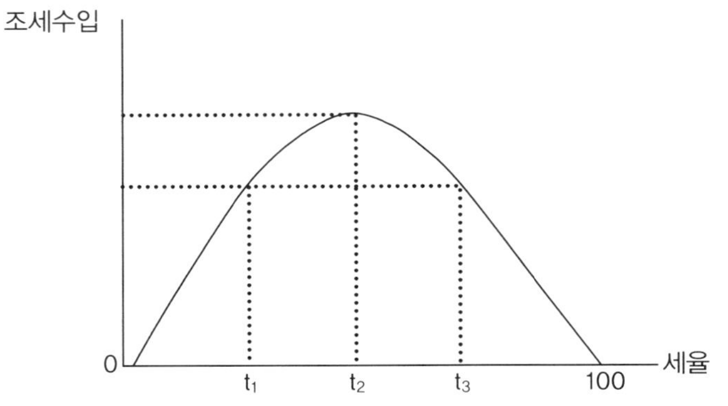

래퍼곡선(세율이 높아질수록 조세 수입이 증가하다가 최적 세율 지점(t_2)을 지나면서 점차 감소)

금이 지나치게 높아지게 되면 노동에 대해 세금을 내는 사람들의 근로 의욕이 줄어들고 기업의 입장에서도 생산의 의지가 줄어들기 때문에 결국 정부가 이들로부터 거두어들이는 전체적인 세금의 액수도 감소하게 되는 것이다. 이에 따라 정부는 조세수입이 낮은 경우 무조건적으로 세율을 높여 징수액을 늘리는 정책뿐만 아니라 상황에 따라 세율 인하를 통해 경제 활동을 촉진하는 방법으로 조세수입을 증가시킬 수 있다.

(2) 세출

정부가 일반공공행정, 공공질서 및 안전, 국방, 교육, 복지, 노동, 사회간접자본 건설 등 다양한 활동을 하면서 지출하는 것을 세출이라고 한다. 우리나라 세출의 규모를 살펴보면 1960~1970년대 경제 성장이 한창이던 시기에는 경제개발비나 사회개발비의 비중이 높았다. 그 이후 1980년대까지는 국방비와 교육비의 비중이 증가했고, 최근 들어서 가장 큰 비율을 차지하는 것은 보건·복지·노동 분야다. 경제와 사회가 발전함에 따라 복지에 대한 국민들의 욕구가 높아짐에 따라 정부 지출도 증가하게 된 것이다.

〈세출의 분류〉

구분	내용
일반행정비	정부 활동을 위해 지출되는 일반적인 인건비와 제반 비용
국방비	국토 방위에 소요되는 경비
사회개발비	국민의 복지 증진을 위한 사회보장제도, 환경 개선 등에 지출되는 비용
경제개발비	경제 발전에 필요한 사회간접자본을 제공하고 산업을 육성하기 위한 비용
교육비	교육환경을 개선하기 위한 비용
지방재정 교부금	지방자치단체의 부족한 살림을 돕기 위해 정부가 지방정부에 지원하는 경비

3 정부의 경제적 의사 결정에 영향을 미치는 요인

정부의 재정정책은 국가의 예산과 결산의 과정을 통해 이뤄진다. 정부가 다음해의 예산에 대한 사전 계획인 예산안을 편성해 국회에 제출하면 국회는 이를 심의하고 확정하는 역할을 한다. 확정된 예산은 정부를 통해 계획대로 지출되고 예산이 어떻게 집행됐는지에 대해 감사원이 결산을 검사한다. 마지막으로 국회에서 결산에 대한 심사를 함으로써 한 해 예산에 관한 사항이 마무리된다.

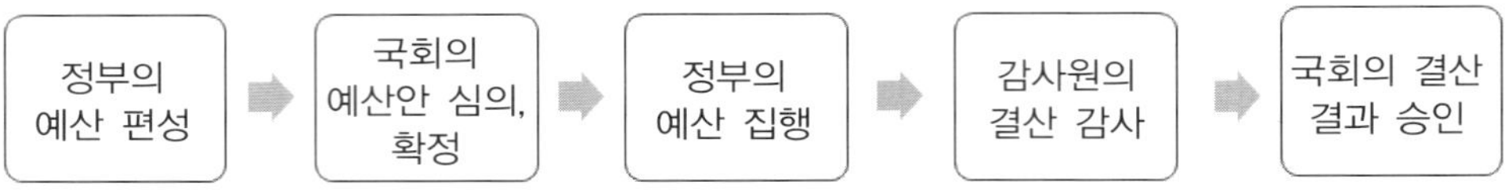

정부의 재정 운용 과정

정부는 경제적 의사 결정을 할 때 기본적으로 효율성과 형평성을 모두 고려해야 한다. 정부는 자원을 효율적으로 배분하고 소득을 형평성있게 배분하도록 경제적 의사 결정을 해야 한다. 예를 들면 정부는 정부정책에 소요되는 자원을 효율적으로 배분하기 위해 비용-편익 분석(cost-benefit analysis)을 한다. 우리나라는 총사업비가 500억 이상이면서 국가의 재정 지원 규모가 300억 이상인 공공 신규 사업의 경우 비용-편익 분석을 통해 예비타당성 조사를 실시하고 비용 대비 편익이 큰 사업일 경우에 한해 예산에 반영한다.

그러나 정부가 지나치게 효율성만 고려할 경우 정말 필요한 사업임에도 추진이 되지 않을 가능성이 있고 빈부의 격차가 발생할 가능성이 높아진다. 그렇기 때문에 정부는 형평성도 고려해야 한다. 가령 정부가 저소득층을 지원하기 위해 예산을 편성하고 집행하는 것이 이에 해당된다. 형평성도 지나치게 되면 복지병과 같은 부작용이 발생할 가능성이 있기 때문에 정부는 적절한 수준과 방법을 잘 고려해야 한다.

정부는 또한 경제적 의사 결정을 할 때 재정건전성을 고려해야 한다. 재정건전성이란 정부가 채무 불이행을 하지 않으면서 재정수지를 균형적으로 유지할 수 있는 능력이다. 정부가 불경기를 회복시키기 위해 지출을 늘려야 하는 상황에서 돈이 부족하다고 가정하자. 그러면 정부는 은행이나 국민 혹은 다른 나라로부터 돈을 빌려 쓰고 갚아야 할 의무인 채무를 잘 지켜서 빌린 돈을 상환 기한까지 갚을 수 있어야 한다. 그렇지 못해 채무가 불이행될 경우 그 국가는 재정 능력이 없는 것으로 판단돼 국제 사회에서 국가의 신용도가 하락하게 된다. 또한 채무를 갚기 위한 세입을 늘리기 위해 조세 비율도 높아질 뿐더러 정부가 지출한 돈의 영향으로 통화량이 많아져 물가 상승으로 인해 서민들의 생활이 어려워진다. 그렇기 때문에 정부가 재정건전성을 지속적으로 확보하는 것은 매우 중요하다.

정부는 세입과 세출을 결정할 때 세입에 맞춰 세출을 결정하기도 하고 세출에 맞춰 세입을 결정하기도 한다. 현실적으로는 세입의 크기를 먼저 고려하고 한정된 세입의 예산 내에서 세출 항목의 우선순위를 결정하지만 특수한 상황인 경우에는 세출에 맞춰 세입을 결정하기도 한다. 예를 들어 국가적으로 큰 스포츠 행사인 월드컵의 개최를 위해 경기장 건설비용이 필요할 경우 정부는 세입을 늘려 건설비용을 마련하기도 한다.

또한 경제 상황에 따라서도 세입과 세출을 결정한다. 경기가 과열돼 인플레이션의 우려가 예상되면 정부는 세출보다 세입을 늘려 흑자재정을 편성한다. 즉, 정부 입장에서 쓰는 돈보다 거두어들이는 돈이 더 많은 흑자 상태가 되도록 해 시중의 돈을 거두어들여 경기를 안정시키는 것이다. 반대로 경기가 침체됐을 때 정부는 세입보다 세출을 늘리는 적자재정을 편성한다. 이와 같이 경제 상황도 정부의 경제적 의사 결정에 영향을 미치는 중요한 요인이라고 볼 수 있다.

정부는 또한 사회·문화적 요인을 고려해 의사 결정을 한다. 예를 들면 최근 정부는 저출산 문제가 점점 심각해짐에 따라 정부는 출산 장려를 위해 영유아 양육비를 소득에 관계없이 지원하고 있다. 이러한 정부의 결정은 출산율이 계속 낮아질 경우 노동 인력 부족으로 겪게 될 사회 문제를 염두에 둔 결정이다. 또한 결혼이민자의 증가를 고려해 외국인 배우자가 한국 사회에 적응할 수 있도록 지원하는 것도 문화적 요인을 고려한 의사 결정이다.

마지막으로 정부의 의사 결정 과정에는 국민의 감시와 참여가 필요하다. 정부는 국민의 선호를 반영해 재정을 운영해야 하는데 이를 재정민주주의라고 한다. 민주주의 국가에서는 보통 국민의 대표기관인 국회의 의결에 따라 재정이 결정된다. 예산안의 편성과 집행은 정부가 담당하지만 예산안의 심의와 확정은 국회에서 하기 때문에 정부는 경제적 의사 결정에 국민을 대신하는 국회의 영향을 받는다. 국민은 정부정책에 대한 공식적인 논의의 자리인 공청회에 참석해 의견을 제시하거나 투표, 시민단체나 비정부조직 활동을 통해 의견을 전달하고 잘못된 점에 대한 개선을 요구하는 등의 방법으로 직·간접적으로 정부의 경제적 의사 결정에 참여할 수 있다. 정부 정책이 실패할 경우 결국 피해가 국민에게 돌아가기 때문에 국민은 국가의 주인으로서 정부의 재정 운용의 공정성과 투명성, 효율성을 확보하기 위해 적극적으로 참여할 필요가 있다.

참고 문헌

이영환(2007). 경제학강의. 율곡출판사.
이준구(2012). 경제학 들어가기. 법문사.
한국은행(2013). 일반인을 위한 한국은행의 알기 쉬운 경제 이야기(6판). 한국은행출판부.

Krugman, Paul (2014). 크루그먼의 경제학(제3판). 시그마프레스.
Mankiw, N. Gregory (2013). 맨큐의 경제학(제6판). CENGAGE Learning.

제 3 장 경제 이론

제 1 절 시장의 형태

1 시장과 가격의 기능

1) 시장의 의의

시장(market)이란 특정한 재화나 서비스를 사고파는 사람들의 모임을 말한다. 하나의 집단으로서 구매자들은 상품에 대한 수요를 결정하고, 판매자들도 하나의 집단으로서 상품의 공급을 결정한다. 따라서 남대문시장, 모란시장 등 시장이라는 이름의 시장뿐만 아니라 포장마차, 주유소, 노점상, 복덕방도 일종의 시장이라고 할 수 있다. 나아가 증권거래소나 법률사무소와 같이 주식이나 법률 서비스를 사고자 하는 사람과 팔고자 하는 사람이 모이는 곳, 선수와 구단 사이에 연봉 계약이 이뤄지는 경우, 연예인과의 사이에 출연 계약이 맺어지는 방송국, 인터넷상의 홈쇼핑과 같은 사이버 마켓도 수요와 공급에 따른 거래가 이뤄진다는 점에서 시장이라고 볼 수 있다.

결국 수요와 공급에 관한 정보가 교환되고 매매가 이뤄지는 매개체라는 점이 시장의 핵심이며, 이러한 시장에서 상품을 판매(공급)하려는 공급자는 좀 더 비싼 가격으로, 상품을 구매(수요)하려는 수요자는 좀 더 싼 가격으로 거래하려고 하는 과정에서 거래의 균형이 이뤄진다.

2) 가격의 기능

시장에서 형성되는 균형 가격 수준에서 수요자는 돈을 지불하기만 하면 상품이나 서비스를 마음대로 소비할 수 있고, 기업은 그 상품을 판매할 목적으로 생산 활동을 한다. 이러한 균형 가격은 경제 내에서 매우 중요한 역할을 한다.

가격은 우선 경제 주체들에게 정보를 전달하는 신호의 역할을 한다. 생산자와 소비자가 무엇을 얼마나 생산하고 구매할 것인지를 결정하는 데 필요한 정보를 제공한다. 가격의 높고 낮음은 소비자가 그 상품을 얼마나 원하고 있는지, 그리고 생산자가 그 상품을 생산하는 데 얼마나 많은 비용이 드는지에 관한 정보를 전달해준다. 또한 생산을 통해 기업이 얼마나 이익을 얻을 수 있는지에 대한 정보도 제공한다.

가격은 또한 경제 활동의 동기를 제공하고 자원을 자율적으로 배분하는 기능을 한다. 어떤 상품의 가격이 상승한다는 것은 그 상품을 생산하는 기업에 더 많이 생산할 동기를 부여하고, 다른 사람에게 새롭게 그 상품의 생산에 참여할 유인을 제공한다.

2 경쟁과 시장의 형태

1) 경쟁이란 무엇인가?

국립국어원 『표준국어대사전』에서는 경쟁(競爭)을 "같은 목적에 대하여 서로 이기거나 앞서려고 다투는 것" 또는 "생물이 환경을 이용하기 위하여 다른 개체나 종과 벌이는 상호작용"으로 정의하고 있다. 시장경제에서도 이러한 경쟁이 나타난다. 각 경제 주체는 자신의 이익을 위해 자율적으로 시장에서 경제 활동에 임하면서 가격 경쟁, 원가 경쟁, 시장 개척 경쟁 등 다양한 경쟁을 하기 때문이다.

경쟁은 시장경제에서 시장의 가격 기구가 잘 작동하도록 하는 전제 조건이 된다는 점에서 매우 중요한 의미를 가진다. 만약 가격 기구가 시장지배력을 가진 몇 개의 기업에 의해서만 정해진다면 가격은 자원의 상대적 희소성을 나타내 주는 신호의 구실을 하지 못하게 되고, 결국 사회적으로 자원이 비효율적으로 배분되고 만다.

아울러 경쟁은 기술 진보를 촉진하는 역할을 한다. 치열한 시장 경쟁이 인력 개발과 기술 진보를 가져와 경제 발전에 기여하는 반면에, 경쟁이 없고 독점이윤을 장기적으로 누리는 기업이나 산업은 기술 개발의 필요성을 덜 느끼게 되는 것이다.

그렇다고 경쟁이 항상 긍정적인 결과만을 가져온다는 보장은 없다. 자유롭고 공정한 경쟁이 전제될 때에만 가능하다는 점이 중요하다. 즉, 자유로운 시장 참여와 경쟁, 그리고 자율적 의사에 의한 거래가 전제돼야 하며, 이때 거래에서 강매·기만·우월적 지위 행사 등이 배제되고, 경쟁이 가격, 품질, 서비스 등을 수단으로 해서 합리적으로 이뤄져야 한다.

2) 경쟁에 따른 시장의 형태

일반적으로 시장은 경쟁의 강도에 따라 경쟁시장, 과점시장, 독점시장으로 구분하며, 만약 공급자 수를 기준으로 본다면 각각 경쟁시장에는 공급자 수가 다수, 독점시장에는 하나, 과점시장에는 소수인 경우다. 비록 수요 측면에서도 독점이 있기는 하지만 대부분 상품의 경우 수요자 수는 매우 많기 때문에 공급자 수를 기준으로 해서 시장을 구분하는 것이 일반적이다.

(1) 경쟁시장

경쟁시장(competitive market)은 수요자뿐만 아니라 공급자가 매우 많아서 개별 수요자나 공급자가 시장가격에 거의 영향을 미치지 못하는 시장을 말한다. 특히 완전경쟁시장(perfect competitive market)은 이상적인 시장 상황으로서 현실에 존재하는 여러 가지 시장조직을 평가하는 기준 역할을 한다.

구체적으로 완전경쟁시장은 ① 판매되는 재화들이 동일하며, ② 소비자와 판매자의 수가 너무 많아서 각 소비자와 판매자는 시장가격에 영향을 미치지 못하는 두 가지 조건을 우선 갖춰야 한다. 완전경쟁시장에서는 소비자나 판매자 모두 시장에서 결정되는 가격을 받아들여야 한다는 점에서 이들을 가격 수용자(price takers)라고 표현하며, 시장가격에서 소비자는 원하는 만큼 살 수 있고 판매자는 원하는 만큼 팔 수 있게 된다. 특히 경쟁시장에서는 개별 기업이 가격에 영향을 미칠 수 없고 시장에서 형성된 가격을 그대로 받아들이게 되는데, 만약 시장가격보다 가격을 높이면 상품이 팔리지 않고 가격을 낮추면 이윤이 줄어들 것이기 때문이다.

이와 함께 완전경쟁시장이기 위해서는 ③ 모든 시장 참가자(수요자와 공급자)는 거래와 시장 여건에 관한 완전한 정보(perfect information)를 가지고 있으며, 이때 정보 수집과 이용에 따른 어떠한 시간적 금전적 비용도 발생하지 않아야 한다. 마지막으로 ④ 시장 참가자들은 자유롭게 시장에의 진입과 이탈이 가능하고, 생산 요소 또한 자유로운 이동이 보장돼야 한다. 다시 말해, 특정 상품 시장에 새로운 공급자가 참여하는 데 방해가 되는 진입장벽이 존재하지 않아 언제든 참여할 의사와 생산 요소를 갖추고 있으면 아무런 제한 없이 진입할 수 있어야 한다.

(2) 독점시장

앞에서 언급한 완전경쟁시장의 조건들을 모두 갖추는 경우는 거의 존재하기 어렵다. 극단적으로 어떤 시장에 판매자가 하나만 있어서 이 판매자가 가격을 결정하는 경우 이를 독점(monopoly)이라고 한다. 독점시장에서는 경쟁 기업이 없기 때문에 독점기업이 가격을 마음대로 설정할 수 있으며, 이에 따라 독점기업의 이윤을 극대화하기 위한 생산량을 결정하고 그 생산량에서 받을 수 있는 가장 높은 가격으로 판매한다. 이에 따라 독점시장에서는 완전경쟁시장에 비해 상대적으로 생산량은 적고 가격은 높게 결정된다.

독점시장에서는 독점기업의 전략 내지 특정 제도에 의해 진입장벽이 존재해 새로운 기업의 진입 기회가 제한되며, 이러한 진입장벽은 여러 가지 이유로 발생할 수 있지만 대표적으로 다음의 몇 가지 이유를 들 수 있다.

우선 규모의 경제(economy of scale)다. 규모의 경제는 생산량을 증가시킬수록 생산에 들어가는 평균비용이 감소하는 경우를 말한다. 규모의 경제가 존재하면 한 개의 기업이 시장 수요량을 모두 생산하는 것이 복수의 기업이 나눠 생산하는 것보다 비용이 적게 들어 하나의 기업이 비용 측면에서 다른 기업들에 비해 매우 유리한 위치에 서게 되고, 이에 따라 독점기업이 될 가능성이 높다. 이처럼 규모의 경제로 인해 생성되는 독점을 자연독점(natural monopoly)이라 하며, 전력·전화·수도 등과 같이 설비 투자에 거액이 소요되는 산업의 초기 육성 단계에서 주로 발생한다.

다음으로 정부가 특허권·판매권·인허가 등을 특정 기업에 법적으로 부여함으로써 독점적 지위를 일시적으로 인정하는 경우다. 이는 정부가 진입장벽을 인정하거나 직접 만드는 경우라 할 수 있는데, 이로 인해 독점기업이 나타날 수 있다. 정부의 이러한 일시적 조치는 기술 개발, 발명, 창작 등에 대한 인센티브를 부여하기 위한 목적을 가지고 있다. 일반적으로 발명가에게 발명까지의 비용을 보상하는 차원에서 법적 보호를 받는 동안 제품 가격은 높아지며, 법적인 보호가 소멸되고 경쟁이 발생하게 되면 다시 제품 가격은 낮아지고 이에 따라 소비자의 이득은 많아지며 경제적 효율성도 높아지게 된다. 그 밖에 정부가 특수한 목적을 위해 직접 독점력을 행사하는 경우에도 정부가 진입장벽을 만드는 경우라 할 수 있다. 재정수입을 목적으로 하는 소금 전매, 담배 또는 홍삼을 원료로 하는 제품의 전매 등이 이러한 예에 해당한다.

이른바 네트워크 외부 효과(network externality, 또는 망외부성)가 존재하는 경우에도 독점기업이 나타날 수 있다. 네트워크 외부 효과는 다른 사람들이 같은 재화나 서비스를 더 많이 사용할수록 그 재화나 서비스의 가치가 더 높아지는 현상을 의미한다. 예를 들어 일반적으로 더 많은 사람이 인터넷에 연결돼 있을수록 인터넷 연결의 가치도 높아진다고 볼 수 있다. 네트워크 효과가 있을 때에는 가장 많은 고객의 네트워크를 가진 기업이 새로운 고객을 유치하는 데 유리하기 때문에 그 기업은 독점기업이 될 가능성이 높다. 완전한 독점기업은 아니라 하더라도 최소한 지배적인 기업이 경쟁자들보다 더 높은 가격을 책정할 수 있어 더 높은 이윤을 얻을 수 있게 된다. 아울러 자금이 가장 많은 기업은 고객을 더 많이 확보하기 위해 손해를 보면서라도 가장 많은 제품을 판매할 수 있다는 점에서 네트워크 외부 효과는 자금력이 가장 풍부한 기업을 좀 더 유리하게 만드는 경향이 있다.

어떤 상품을 만드는 데 쓰이는 원재료를 독점적으로 소유하는 경우에도 독점기업이 나타날 수 있다. 즉, 어느 한 기업이 한 산업에 필수적인 자원이나 생산 요소를 장악하면 다른 기업이 시장에 진입하는 것을 막을 수 있다. 예를 들어 알루미늄 원광인 보크사이트를 독점으로 소유하면 알루미늄을 독점적으로 생산하는 독점기업이 될 수 있으며, 한 기업이 세계 다이아몬드의 상당량을 생산하는 광산을 장악하게 되면 다이아몬드 시장의 독점기업이 될 수 있다.

충분한 이윤이 보장돼 있는 독점기업 체제는 경영자나 근로자 어느 누구도 구태여 열심히 일해야 할 필요를 느끼지 못하기 때문에 비효율을 유발할 가능성이 매우 높다. 또한 독점 체제의 유지를 목적으로 진입장벽을 쌓는 데 막대한 자금을 쏟아붓는 것도 비효율의 원인이 되기도 한다. 일반적으로 독점기업의 이윤을 극대화시키는 공급량은 완전경쟁시장의 공급량보다 적으며, 가격은 완전경쟁시장의 가격보다 높다. 결국 소비자는 필요한 것보다 적은 양에 더 많은 비용을 지불하게 돼 사회 전체의 후생은 줄어들게 된다.

(3) 과점시장

과점(oligopoly)이란 시장에 소수의 공급자만이 존재하는 경우를 말한다. 과점시장은 완전경쟁과 완전독점의 중간적 성격을 띠며, 주로 자동차나 가전제품 같은 공산품 시장에서 찾아볼 수 있는 시장 형태다. 과점의 발생 원인은 독점의 경우와 많은 부분 유사하지만, 그보다는 약화된 형태로 볼 수 있다. 여러 원인 중에서도 규모의 경제가 가장 일반적인 원인이라고 볼 수 있다. 규모의 경제가 매우 강력할 때에는 독점이 나타나지만, 규모의 경제가 그렇게 강하지 않을 때에는 소수의 기업이 경쟁하는 과점시장이 발생한다. 예를 들어 대규모 잡화점이 일반적으로 소규모 잡화점에 비해 비용이 낮지만 규모의 우위는 적정 수준을 넘어서면 약화되기 때문에 작은 도시에서도 대개 두세 개 정도의 상점은 살아남게 된다.

과점시장은 소수의 기업이 시장에서 치열한 경쟁을 하게 되고 경쟁 기업보다 더 많은 상품을 판매하기 위해 광고 등에 더 많은 지출을 하게 된다. 이와 같은 기업 간의 과당 경쟁은 개별 기업 입장에서는 손해이기 때문에 소수의 기업은 담합하려는 유인을 가지게 된다. 즉, 담합을 통해 소수의 기업이 마치 하나의 독점기업처럼 행동하는 것이다. 석유수출국기구(OPEC) 회원국들이 원유 가격의 상승을 위해 담합해 생산량을 줄이는 것이 그 대표적인 예다.

과점기업이 진입장벽을 유지하기 위해서는 많은 비용이 발생하기 때문에 이러한 부담은 대부분 소비자에게 전가될 가능성이 높다. 과점시장에서의 가격 수준은 다양한 요인에 의해 영향을 받을 수는 있지만 일반적으로 독점시장보다는 낮고 경쟁시장보다는 높은 것으로 평가된다. 이에 비해 공급량은 독점에 비해 많지만 경쟁시장보다는 적은 것이 일반적이다. 따라서 사회 전체의 후생은 독점시장보다 높지만 경쟁시장에 비해서는 여전히 낮다고 볼 수 있다.

제 2 절 시장가격의 결정과 변동

1 시장가격의 결정

시장경제에서 상품의 가격은 공급자뿐만 아니라 수요자의 의도가 동시에 작용해 결정된다. 즉, 수요와 공급이 일치하는 점에서 균형 가격이 결정된다. 이하에서는 수요곡선과 공급곡선, 나아가 양자에 따른 시장가격의 결정 메커니즘을 살펴본다.

1) 수요곡선: 가격과 수요량의 관계

수요량(quantity demanded)이란 소비자들이 값을 치르고 구입할 의사와 능력이 있는 재화의 양을 말한다. 즉, 특정 가격에서 소비자가 사고자 하는 실제 수량을 의미한다. 수요량을 결정하는 변수에는 여러 가지가 있지만 시장 기능을 분석하는 데는 가격이 매우 중요한 역할을 한다. 어떤 재화 내지 서비스의 가격이 오른다면 소비자는 해당 재화 내지 서비스 대신 다른 재화 내지 서비스를 소비할 것이다. 반대로 가격이 내린다면 해당 재화 내지 서비스를 더 소비할 것이다. 결국 다른 조건이 같을 때 어느 재화의 가격이 상승하면 그 재화의 수요량은 감소하고 가격이 하락하면 수요량은 증가하게 되는데, 이러한 관계를 수요의 법칙(law of demand)이라고 부른다.

다음 그림에는 가격과 수요량의 관계가 우하향하는 그래프로 나타나 있다. 경제학의 관행에 따라 가격은 수직축에, 수량은 수평축에 표시한다. 이러한 가격과 수요량의 마이너스의 상관 관계를 보여주는 곡선을 수요곡선(demand curve)이라고 한다.

사실 수요곡선에는 가격 변화에 따른 개인의 수요량 변화를 나타내는 개별 수요곡선(individual demand curve)과 이러한 개별 수요곡선을 합한 시장 수요곡선(market demand curve)이 있다. 시장이 어떻게 움직이는지 분석하기 위해서는 시장 수요를 알아야 하는데, 시장 수요곡선은 개별 수요곡선을 수평으로 더해 구한다는 사실에 주의할 필요가 있다. 예를 들어 어느 상품에 대해 갑과 을 두 사람의 개별 수요곡선이 존재한다고 할 때 시장 수요곡선은 두 사람의 개별 수요곡선을 더한 것이 된다. 즉, 각 가격에서 시장 수요량을 구하기 위해서는 그 가격에 대응하는 개별 수요곡선의 가로축에 나타난 수요량을 더하게 된다. 결국 시장 수요곡선은 소비자가 구매하고자 하는 재화의 양에 영향을 미치는 다른 요소들이 변하지 않는 상태에서 재화의 가격이 변하면 그 재화의 시장 수요량이 어떻게 변하는지 나타낸다.

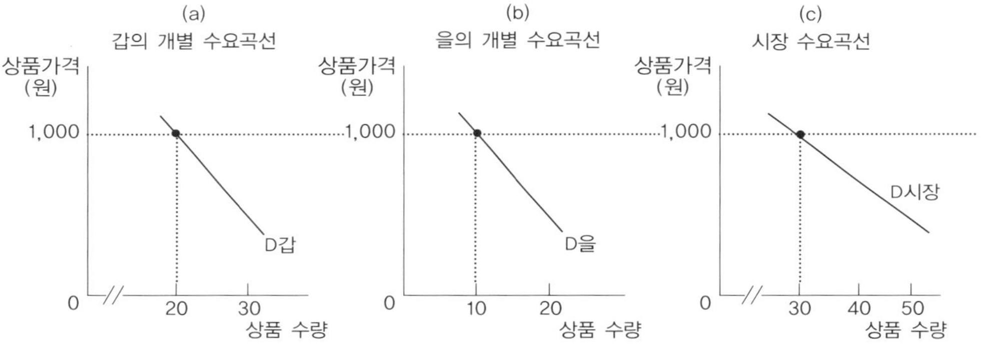

2) 공급곡선: 가격과 공급량의 관계

어느 재화나 서비스의 공급량(quantity supplied)은 판매자가 팔 의사와 능력이 있는 수량을 말한다. 즉, 특정 가격에서 사람들이 팔려고 하는 재화나 서비스의 실제 수량이다. 수요량과 마찬가지로 공급량을 결정하는 변수에는 여러 가지가 있지만, 그중 가격이 가장 중요한 변수라고 할 수 있다.

재화 내지 서비스의 가격이 높으면 해당 재화 내지 서비스로부터의 판매 수익이 높아지므로 공급자는 공급량을 늘리려 할 것이다. 반대로 가격이 낮으면 사업의 채산성이 낮아지므로 해당 재화 내지 서비스의 생산량을 줄일 것이다. 가격이 어는 수준 이하로 떨어지면 아예 폐업을 하고 생산을 중단할 수도 있을 것이다. 다른 조건이 불변일 때 어느 재화의 가격이 상승하면 그 재화의 공급량이 증가하고, 가격이 하락하면 공급량이 감소하는 사실을 공급의 법칙(law of supply)이라고 하며, 이러한 공급의 법칙을 표현한 그래프를 공급곡선(supply curve)이라고 한다. 다른 변수들이 동일하다면 가격이 높을수록 공급량이 증가하기 때문에 공급곡선은 우상향한다.

시장 수요가 모든 소비자의 개별 수요의 합인 것처럼 시장 공급도 모든 공급자의 개별 공급을 합한 것이다. 시장 수요곡선의 경우와 마찬가지로 개별 공급곡선을 수평으로 더해서 시장 공급곡선을 구한다. 즉, 어떤 가격에서 시장 전체의 공급량을 구하기 위해서는 개별 공급곡선의 가로축에 나타난 공급량을 합하면 된다. 시장 공급곡선은 가격 이외에 공급량에 영향을 미치는 모든 변수는 고정됐다고 가정하고, 어떤 재화의 가격이 변함에 따라 그 재화의 시장 공급량이 어떻게 변하는지 보여준다.

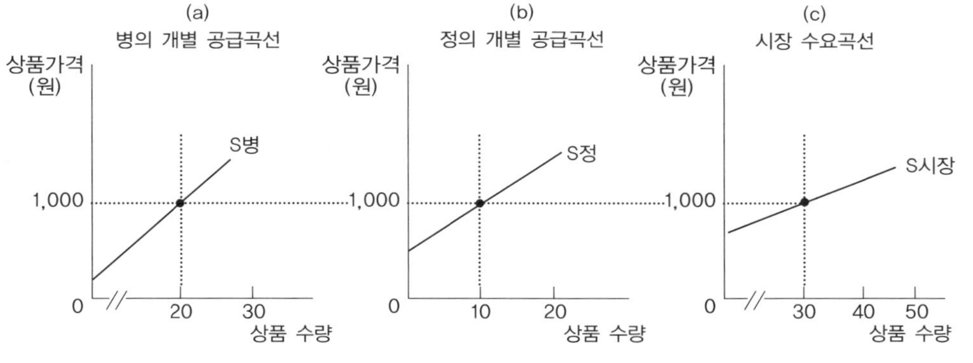

3) 수요와 공급의 결합: 시장 균형

아래 그림에는 시장 수요곡선과 시장 공급곡선이 함께 그려져 있다. 여기서 시장 수요곡선과 시장 공급곡선이 만나는 점을 균형(equilibrium), 두 곡선이 만나는 점의 가격을 균형 가격(equilibrium price), 그리고 이때의 거래량을 균형거래량(equilibrium quantity)이라고 한다.

시장 수요곡선과 시장 공급곡선이 교차하는 점에서 균형 가격과 균형거래량이 형성되는 직접적인 이유는 다음과 같다. 예를 들어 균형가격보다 낮은 수준에서 가격이 형성돼 있어 수요가 공급보다 많은 상태에 놓이게 되면 주어진 해당 가격 수준에서는 상품을 사고자 하는 사람들이 원하는 수량을 모두 얻지 못한다. 이때 현재의 가격에서 상품을 구입하지 못한 사람들 가운데 일부는 좀 더 높은 가격을 지불해서라도 이 상품을 사려고 할 것이므로 가격이 오르게 된다. 가격이 오르면 오른 가격만큼의 값어치를 느끼지 못하는 사람들은 소비를 일정 부분 포기하게 되어 수요량이 줄어들게 된다. 동시에 그 상품을 공급하는 기업의 입장에서는 가격 상승으로 이윤이 많아지므로 생산을 늘릴 것이고, 새로운 기업이 더 생겨나기도 해서 공급량은 증가하게 된다. 즉, 시장에서 수요량 감소→공급량 증가→가격 상승이라는 조정 과정을 통해 새로운 균형을 찾게 된다.

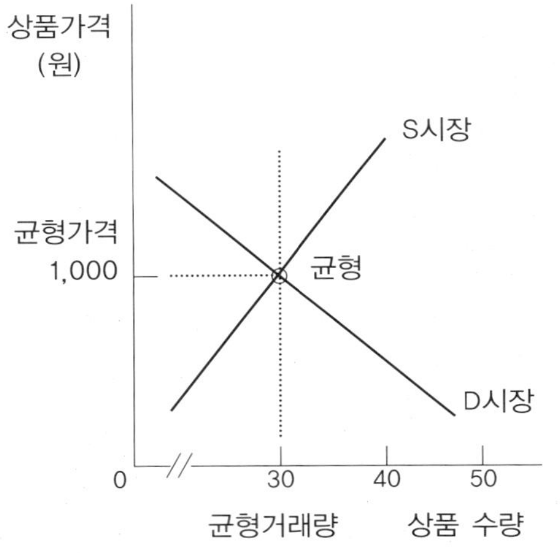

2 시장가격의 변화

균형가격은 공급과 수요의 변동에 의해 움직이게 되는데, 이때 공급곡선의 이동(shift of supply curve)을 공급의 변동이라고 하며, 수요곡선의 이동(shift of demand curve)을 수요의 변동이라고 한다. 수요가 증가하면 가격이 상승하고 반대로 수요가 감소하면 가격은 하락한다. 마찬가지로 공급이 증가하면 가격은 하락하고 공급이 감소하면 가격은 상승한다. 수요와 공급이 동시에 증가 또는 감소하는 경우에는 어느 힘이 더 큰가에 따라 가격의 움직이는 방향이 결정된다.

1) 수요곡선의 이동

주어진 가격에서, 즉 가격 변화 이외에 수요량에 영향을 미치는 일이 벌어지면 수요곡선은 이동한다. 이러한 수요곡선의 이동은 이른바 수요곡선상의 이동(movements along the demand curve)과 구별된다는 점에서 주의를 요한다. 수요곡선상의 이동은 재화 내지 서비스의 '가격 변화'에 따른 수요량의 변화이기 때문이다.

아래 그림은 수요곡선의 이동을 보여주고 있다. 수요곡선의 이동 중 오른쪽으로의 이동을 수요의 증가(increase in demand)라고 하며, 반대로 왼쪽으로의 이동을 수요의 감소(decrease in demand)라고 표현한다.

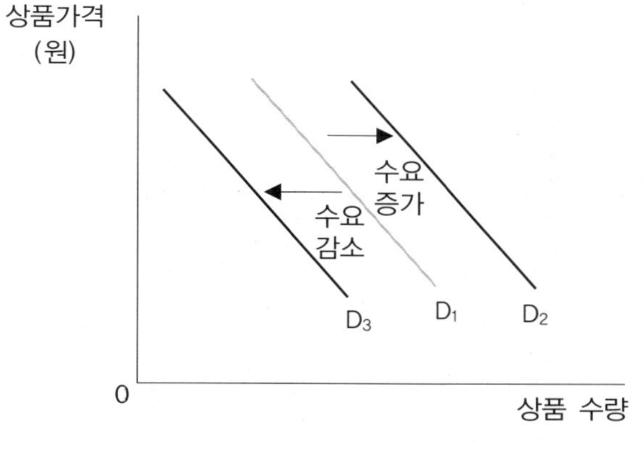

수요곡선을 이동시키는 변수는 매우 많으며, 그중 다음과 같은 변수들이 가장 중요하다.

① 소득: 어떤 사람이 소득이 많아졌다면 주어진 가격에서 전에 비해 더 많이 구매하려 할 것이다. 이때 소득이 증가(감소)함에 따라 수요가 증가(감소)하는 재화를 정상재(normal good)라고 한다. 반면 소득이 증가(감소)함에 따라 수요가 감소(증가)하는 재화를 열등재(inferior good)라고 하는데, 대중교통 수단이 한 예가

될 수 있다. 소득이 증가하면 자가용을 사서 타거나 택시를 타고 버스를 덜 이용할 것이기 때문이다.

② 관련 재화 내지 서비스의 가격 변화: 한 재화의 가격이 하락함에 따라 다른 한 재화의 수요가 감소하는 경우 두 재화를 대체재(substitutes)라고 한다. 핫도그와 햄버거, 영화와 비디오테이프 등이 예가 될 수 있다. 반대로 한 재화의 가격이 하락함에 따라 다른 한 재화의 수요가 증가하는 경우 두 재화를 보완재(complements)라고 한다. 승용차와 휘발유, 컴퓨터와 소프트웨어, 스키 장비와 스키장 리프트 이용권 등이 그 예에 해당한다.

③ 취향(기호)의 변화: 수요를 결정하는 가장 분명한 변수는 소비자의 취향이다. 유행이나 신념, 혹은 문화적인 변화를 기호 혹은 선호의 변화라고 볼 수 있다. 예를 들어 불과 얼마 전까지도 화장품은 남성들에게는 그리 중요하지 않은 상품이었지만, 피부 미용에 대한 가치관이 변함에 따라 남성들의 화장품에 대한 소비는 크게 증가하고 있으며 소비 패턴 또한 다양화되고 있다.

④ 미래에 대한 기대의 변화: 소비자들이 구매 시기를 결정할 때, 현재 그 재화에 대한 수요는 미래의 가격에 대한 기대에 적지 않은 영향을 받게 된다. 만약 다음 달부터 소득이 증가할 것으로 기대한다면 현재 저축을 줄이고 지출을 늘려 관심있는 재화 내지 서비스를 더 소비할 수 있을 것이다. 또한 가까운 미래에 관심있는 재화 내지 서비스의 가격이 하락할 것으로 예상된다면 오늘 해당 재화 내지 서비스를 덜 소비하게 될 것이다.

⑤ 소비자의 수 변화: 구입자의 수가 늘어나면 시장 수요량은 모든 가격에서 늘어나므로 수요곡선은 오른쪽으로 이동하게 된다. 예를 들어 한 사람당 곡물 수요량은 변함이 없다 하더라도 인구가 증가하게 되면 전체 곡물 수요량은 증가하게 된다.

2) 공급곡선의 이동

시장 공급곡선은 다른 요소들이 불변이라고 가정하기 때문에 다른 요소들 중 하나만 변하더라도 공급곡선은 이동하며, 많은 변동 요인 중 경제학자들은 다음과 같은 변수를 주요 원인으로 보고 있다.

① 투입 요소 가격의 변화: 투입 요소는 다른 재화를 만드는 데 사용되는 모든

재화다. 만약 투입 요소 가격이 상승하면 해당 재화 사업의 채산성이 낮아져 해당 업체는 생산량을 줄일 것이다. 요소 가격이 너무 높아지면 재화 제조업체가 생산을 중단할 수도 있다. 따라서 어느 재화의 공급량은 그 재화의 생산에 투입되는 요소 가격과 반대 방향으로 변한다.

② 기술의 변화: 기술은 투입 요소를 재화로 만드는 데 사용되는 모든 방식을 말한다. 이러한 기술이 진보하면 생산자가 같은 상품을 만드는 데 더 적은 요소를 사용할 수 있게 되어 생산비용이 절감된다. 예를 들어 자동화된 설비가 발명되면 해당 재화의 생산에 투입되는 인력이 절감돼 비용이 낮아진다. 따라서 재화의 공급량은 늘어난다.

③ 미래에 대한 기대의 변화: 오늘의 재화의 생산량은 미래에 대한 기대로부터 영향을 받을 수 있다. 앞으로 재화의 가격이 오를 것으로 예상되면 공급자는 현재 생산량의 일부를 재고로 보관하고 공급량을 줄일 것이다. 예를 들어 휘발유 가격이 여름에 상승할 것이 예상된다면 석유 정제사들은 봄에 생산한 휘발유를 여름에 판매하기 위해 저장해 놓을 것이다. 이에 따라 봄 시기에 휘발유의 공급량은 줄어들 것이다.

④ 판매자의 수: 시장 공급량은 개별 공급자들의 공급량을 변화시키는 변수와 함께 시장에 존재하는 판매자의 수에 따라서도 영향을 받는다. 개별 사업자 중 일부가 해당 사업을 그만둔다면 시장 공급량은 줄어들 것이다.

3) 시장 균형의 변화

(1) 수요 변화에 따른 시장 균형의 변화

소비자의 소득이 증가하거나, 연관 재화의 가격이 상승하거나, 해당 재화에 대한 소비자의 취향이 좋아지거나, 미래 소득 증가 내지 미래의 재화가격 상승이 예상되거나, 구입자의 수가 늘어나는 경우 수요곡선은 우측으로 평행 이동하게 된다.

주어진 가격에서 수요량을 증가시키는 사건은 수요곡선을 오른쪽으로 이동시킨다. 이에 따라 균형가격은 상승하고 균형거래량은 증가한다.

(2) 공급 변화에 따른 시장 균형의 변화

가격 이외에 요소가격이 하락하거나, 기술이 발전하거나, 해당 재화의 미래 가격

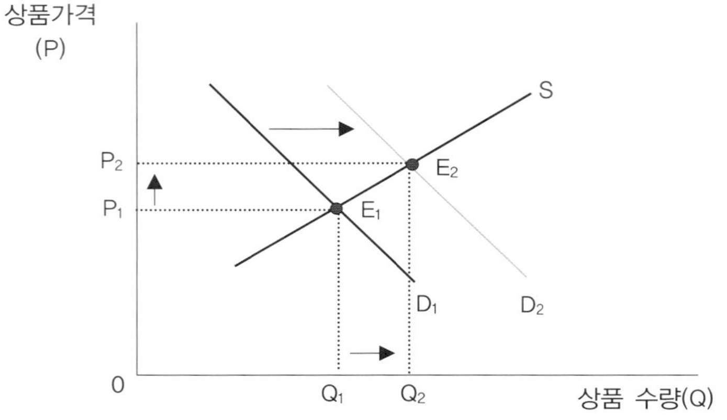

이 내릴 것으로 기대하거나, 시장에 존재하는 판매자의 수가 증가하는 경우 공급곡선은 우측으로 평행 이동하게 된다.

주어진 가격에서 공급량을 증가시키는 사건은 공급곡선을 오른쪽으로 이동시킨다. 이에 따라 균형가격은 하락하고 균형거래량은 증가한다.

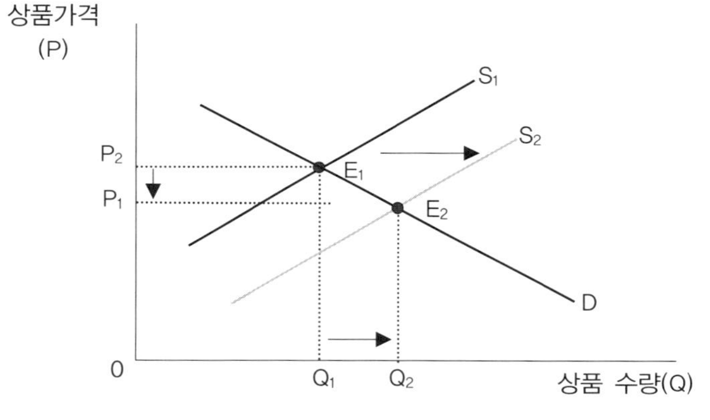

(3) 수요곡선과 공급곡선이 함께 이동하는 경우

수요와 공급은 서로 반대 방향으로 이동할 수도 있고, 반대로 같은 방향으로 이동할 수도 있다. 일반적으로 수요와 공급이 같은 방향으로 변하는 경우에는 거래량에 대한 변화는 예측 가능하지만 가격의 변화는 일률적으로 예측하기 어렵다.

반면 수요와 공급이 서로 반대 방향으로 변하는 경우에는 가격의 변화는 예측 가능하지만 거래량 변화는 일률적으로 예측하기 어렵다.

우선 수요와 공급이 같은 방향으로 이동하는 경우를 살펴본다. 만약 수요와 공급이 모두 증가한다면(수요곡선과 공급곡선 모두 우측 이동) 거래량은 명백히 증가하지만, 가격은 상승하는지 아니면 하락하는지 일률적으로 말하기 어렵다. 다만 공급의 증가폭이 상대적으로 크다면 가격은 하락할 가능성이 높다고 할 수 있다.

수요와 공급이 서로 다른 방향으로 이동하는 경우로서, 만약 수요는 증가하고(수요곡선 우측 이동) 공급은 감소한다면(공급곡선 좌측 이동) 가격은 명백히 증가하지만, 거래량은 증가하는지 아니면 감소하는지 일률적으로 말하기 어렵다. 마찬가지로 공급의 감소폭이 상대적으로 크다면 가격은 하락할 가능성이 높다고 할 수 있을 것이다. 요컨대 일반적으로 더 큰 폭으로 이동하는 곡선이 가격과 거래량의 변화에 더 큰 영향을 미치게 된다.

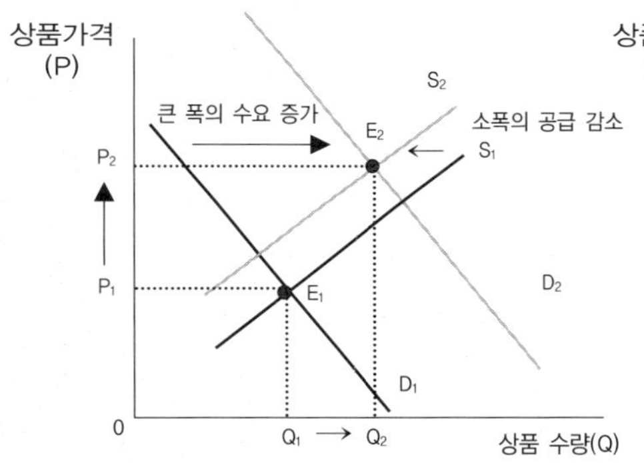

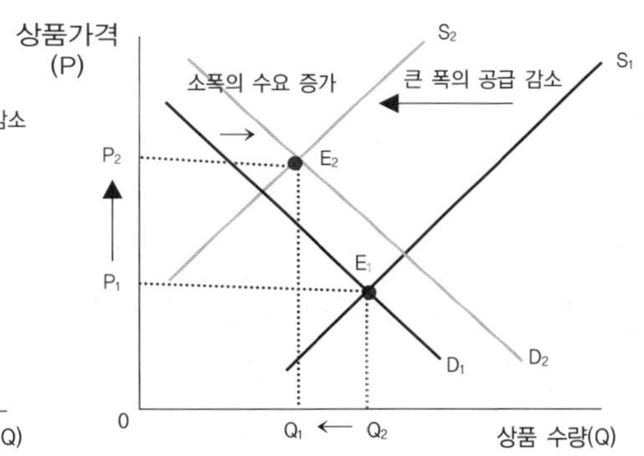

제 3 절 탄력성 심화

1 탄력성이란 무엇인가?

탄력성(elasticity)은 물체가 외부에서 힘을 받았을 때 튀기는 힘이 있는 성질을 의미한다. 경제에서 탄력성은 "충격에 대해 반응하는 정도"로 정의할 수 있다. 어떤 종류의 충격이 왔느냐에 따라 소득탄력성, 가격탄력성, 교차탄력성이라고 하고, 반응하는 대상에 따라 '수요 또는 공급의 ○○탄력성'이라고 말을 붙여 사용한다. 충격을 주는 쪽과 반응하는 쪽이 서로 다르기 때문에 측정 단위를 변화율로 통일해 탄력성을 계산하게 된다. 이에 따라 측정 단위에 따라 탄력성 값이 영향을 받아 달라지는 일을 막을 수 있게 된다.

2 수요의 가격탄력성

1) 수요의 가격탄력성

수요의 가격탄력성(price elasticity of demand)은 가격이 변할 때 수요량이 얼마나 변하는지 나타내는 지표다. 즉, 수요곡선 상에서 수요량의 변화 비율과 가격의 변화 비율(백분율)을 비교해서 계산해 낼 수 있다.

$$\text{수요의 가격탄력성} = \frac{\text{반응을 하는 쪽의 변화율(\%)}}{\text{충격을 주는 쪽의 변화율(\%)}} = \frac{\text{수요량 변화율}}{\text{가격 변화율}}$$

한 재화의 수요량이 가격 변화에 대해 민감하게 변하면 그 재화의 수요는 탄력적(elastic)이라고 한다. 가격이 변할 때 수요량이 약간 변하면 수요는 비탄력적(inelastic)이라고 한다. 가격 변화율과 수요량 변화율을 비교해 같은 경우, 즉 탄력성이 1인 경우 단위 탄력적이라고 하고, 수요량 변화율이 가격 변화율보다 더 크면 탄력적, 작으면 비탄력적이라고 한다.

2) 수요의 가격탄력성 결정 요인

이러한 탄력성을 결정하는 요인으로는 네 가지 정도를 언급할 수 있다. 비슷한 대체재가 존재하는지, 그 재화가 사치재인지 혹은 필수재인지, 해당 재화에 대한 소비가 소비자들의 소득에서 어느 정도 비율을 차지하는지, 또한 가격 변화 이후에 시간이 얼마나 많이 흘렀는지가 중요한 요소들이다.

① 밀접한 대체재의 존재: 수요의 가격탄력성은 다른 비슷한 재화가 있어서 소비자들이 어떤 재화 대신에 다른 재화를 사용할 의향이 많을 때에는 높아지게 되며, 반대로 비슷한 대체재가 없을 때에는 수요의 가격탄력성이 상대적으로 낮아지게 된다.

② 필수품과 사치품: 어떤 재화가 꼭 필요한 것일 때에는 그 재화에 대한 수요의 가격탄력성은 매우 낮아지며, 반대로 그 재화가 없어도 살아가는 데 아무런 지장이 없는 사치재인 경우 수요의 가격탄력성은 상대적으로 높아지게 된다.

③ 해당 재화에 대한 소비가 소비자들의 지출에서 차지하는 비율: 수요의 가격탄력성은 해당 재화에 대한 소비가 소비자들의 지출에서 차지하는 비율이 낮을 때 낮게 나타나는 경향이 있는데, 이 경우 가격 변화는 소비자들의 지출에 별 영향을 미치지 않는다.

④ 가격 변화 후 시간의 경과: 수요의 가격탄력성은 소비자가 가격 변화에 대해 적응한 시간을 더 많이 가질수록 높아지게 된다. 이것은 수요의 장기적인 가격탄력성이 단기적인 가격탄력성보다 일반적으로 더 높다는 것을 의미한다.

3) 수요의 가격탄력성에 따른 수요곡선의 모습

수요의 가격탄력성은 수요량이 가격 변화에 얼마나 민감하게 반응하는지를 나타내는 개념이므로 가격탄력성은 수요곡선의 기울기와 밀접한 관계가 있다. 일반적으로 어느 한 점을 통과하는 수요곡선의 기울기가 완만할수록 수요의 가격탄력성이 크고, 수요곡선의 기울기가 가파를수록 수요의 가격탄력성은 작다고 볼 수 있다.

우선 수요곡선이 수직선 모양을 하고 있는 경우 어떤 가격 변화에도 수요량이 변화하는 비율은 0이기 때문에 수요의 가격탄력성은 0이 됨을 알 수 있다. 즉, 이 때 수요를 완전비탄력적(perfectly inelastic) 수요라고 한다. 반대로 수요곡선이 수평선 모양을 하고 있는 경우에는 어떤 가격 변화에 대해 수요량의 변화 비율이 무한대이기 때문에 수요의 가격탄력성도 무한대가 된다. 이러한 경우 수요를 완전탄력적(perfectly elastic) 수요라고 한다. 대부분의 재화에 대한 수요의 가격탄력성은 이 두 극단적인 경우의 중간에 존재하며, 이 중에서 수요의 가격탄력성이 1인 경우를 단위탄력적 수요(unit-elastic demand)라고 부른다. 수요의 가격탄력성이 1

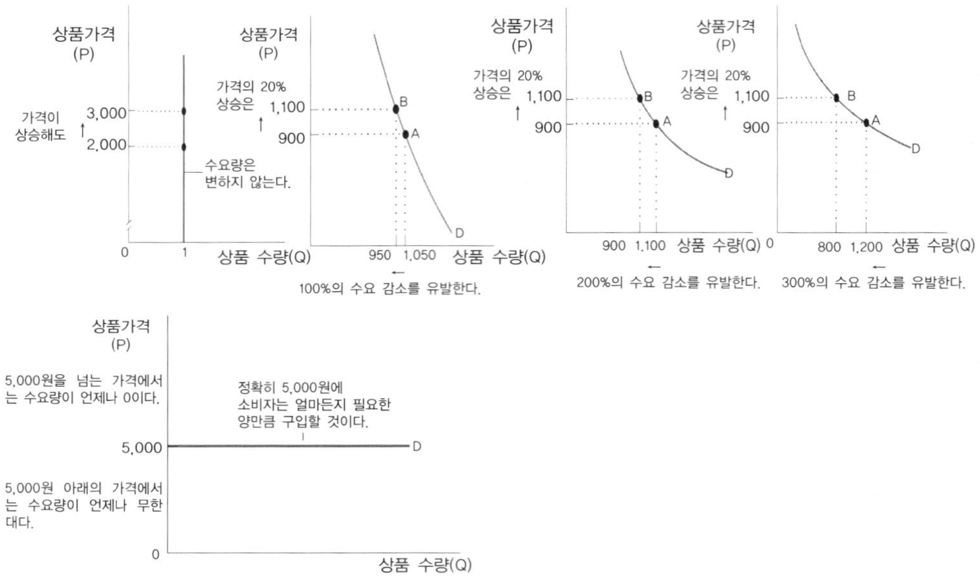

보다 큰 경우 탄력적이라고 하고, 1보다 작은 경우 비탄력적이라고 한다. 이러한 수요의 가격탄력성이 커질수록 수요곡선은 점점 더 완만해진다.

4) 수요의 가격탄력성과 총수입의 관계

지금까지 살펴본 수요의 가격탄력성은 흥미롭게도 생산자가 제품 판매를 통해 얻게 되는 총수입(total revenue)의 크기에 영향을 미치게 된다는 점에서 수요의 가격탄력성 여부는 중요한 의미를 지닌다. 이때 생산자의 총수입은 재화나 서비스의 총판매액의 가치를 의미하며, 팔린 재화의 양에 가격을 곱해 계산된다.

수요의 가격탄력성이 완전비탄력적이거나 완전탄력적인 경우와 같이 극단적인 경우를 제외하고는 판매자가 가격을 인상시키려 할 때 다음과 같은 두 가지 상반된 효과가 함께 나타난다.

① 가격 효과(price effect): 가격 인상 이후에 각각의 재화에 더 높은 가격을 매기게 되므로 수입의 증가를 가져온다.

② 수량 효과(quantity effect): 가격 인상 이후에 더 적은 재화가 판매되므로 수입을 감소시키는 효과가 나타난다.

수요가 가격에 대해 비탄력적인 경우(수요의 가격탄력성이 1보다 작은 경우) 가격 효과가 수량 효과보다 크게 나타나 판매자의 총수입은 결과적으로 감소하게 된다. 반대로 수요가 탄력적인 경우(수요의 가격탄력성이 1보다 큰 경우)에는 가격효과가 수량 효과에 비해 작게 나타나기 때문에 판매자의 총수입은 증가하게 된다. 흥미롭게도 수요가 단위탄력적인 경우(수요의 가격탄력성이 1인 경우)에는 이러한 두 가지 효과가 정확히 상반되어 가격 변화가 총수입에 아무런 영향을 미치지 않는다.

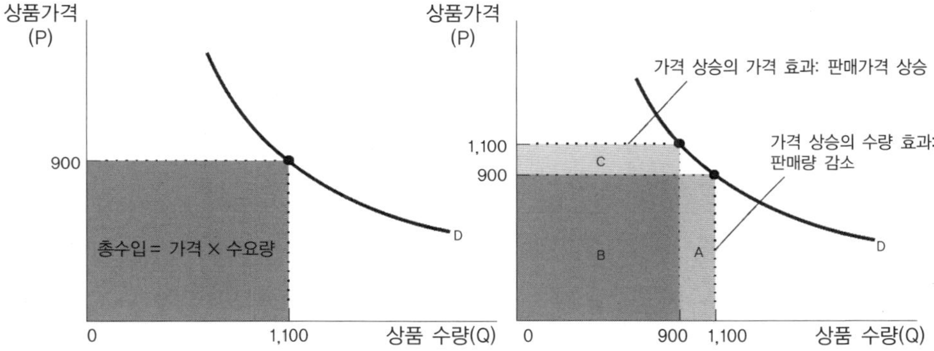

결국 수요의 가격탄력성과 총수입과의 관계는 다음과 같이 정리할 수 있다. 수요의 가격탄력성이 1보다 작아 비탄력적인 경우에는 가격을 상승시키면 총수입이 증가하고, 가격을 내리면 총수입은 감소한다. 반대로 수요의 가격탄력성이 1보다 커 탄력적인 경우 가격이 상승하면 총수입이 감소하고, 가격이 하락하면 총수입은 증가한다. 수요의 가격탄력성이 정확히 1(단위탄력적)이라면 가격이 변해도 수입은 변하지 않는다.

5) 가격 이외의 요인에 의한 수요탄력성

어떤 특정 상품의 수요는 해당 상품의 가격 이외에 관련 상품의 가격 변동으로도 영향을 받을 수 있다. 특히 수요곡선은 관련된 재화의 가격 변화나 소비자의 소득 변화에 영향을 받는다. 관련 상품의 가격 변동으로 인한 수요 변화 효과는 수요의 교차탄력성을 통해, 그리고 소비자의 소득 변화로 인한 수요 변화 효과는 수요의 소득탄력성을 통해 측정할 수 있다.

(1) 수요의 교차(가격)탄력성

어떤 상품의 가격이 올랐을 때 특정한 다른 상품의 수요가 줄어드는지 늘어나는지 나타내는 것을 수요의 교차(가격)탄력성이라고 한다. 즉, A재화와 B재화 사이의 교차(가격)탄력성은 B재화의 가격 변화로 인해 A재화의 수요량이 어느 정도로 민감하게 반응하는지를 나타내며, 다음의 식과 같이 표현할 수 있다.

$$\text{재화 } A\text{와 } B \text{ 사이의 교차(가격)탄력성} = \frac{\text{재화 } A \text{ 수요량의 변화율(\%)}}{\text{재화 } B \text{ 가격의 변화율(\%)}}$$

만약 두 재화 간의 교차(가격)탄력성이 양(+)의 값으로 나타나면 두 재화는 대체재(substitutes) 관계를 가지며, 반대로 음(-)의 값을 가지면 두 재화는 보완재(complements) 관계에 있는 것이다. 예를 들어 쇠고기 가격이 올라갈 경우 이를 대체하는 돼지고기의 수요가 증가하는 경우 두 재화 간의 교차(가격)탄력성은 양(+)이 되며, 따라서 두 재화 간에는 대체재 관계가 존재한다고 말할 수 있다. 반면 커피 가격이 많이 오르면 커피에 첨가하는 설탕의 수요가 줄어드는 것을 볼 수 있는데, 이러한 경우 커피 가격에 대한 설탕 수요의 교차탄력성은 음(-)의 부호를 가지게 되므로 두 재화 간에는 보완재 관계가 존재한다고 할 수 있다. 물론 재화들 간에 양(+)이든 음(-)이든 서로 관련성이 있을 수 있지만, 특정 재화들 간에는 전혀 상관이 없는 경우도 존재할 수 있다. 이 경우 교차탄력성은 0이 되며, 이러한 재화를 독립재(independents)라고 한다. 배추와 낚싯대, 운동화와 칠판 등은 한 재화의 가격 변화가 다른 재화의 수요에 영향을 미치지 않는 경우라고 볼 수 있으므로 서로 독립재 관계에 있다고 할 것이다.

(2) 수요의 소득탄력성

수요의 소득탄력성(income elasticity of demand)은 소비자의 소득 변화에 따라 재화의 수요량이 얼마나 영향을 받는지를 측정하는 개념이다. 소득이 늘었을 때 수요의 반응 정도를 나타내는 것이 수요의 소득탄력성이다.

$$\text{수요의 소득탄력성} = \frac{\text{수요량의 변화율(\%)}}{\text{소득의 변화율(\%)}}$$

소득이 늘면 수요도 증가하는 것이 일반적(정상)이므로 소득탄력성이 양(+)인 경우 정상재(normal good)라고 부른다. 이러한 정상재는 다시 소득탄력성이 1보다 큰 경우와 1보다 작은 경우로 나눌 수 있으며, 전자와 후자를 각각 사치재와 필수재라고 부른다. 집이나 해외 여행과 같은 사치재는 소득탄력적일 가능성이 높다. 반면 의류나 음식 같은 필수재는 소비탄력적일 가능성이 높다.

한편 소득이 늘었을 때 수요가 감소해 소득탄력성이 음(-)인 경우 열등재(inferior good)라고 한다. 소득이 늘어남에 따라 보리의 수요가 감소한 바 있는데, 이 경우 보리는 열등재에 해당되는 예라고 볼 수 있다.

3 공급과 탄력성

1) 공급의 가격탄력성

수요의 가격탄력성과 마찬가지로 공급의 가격탄력성은 어느 재화의 가격이 상승했을 때 공급량이 얼마나 민감하게 변하는지를 나타내는 지표다.

$$\text{공급의 가격탄력성} = \frac{\text{공급량의 변화율}(\%)}{\text{가격의 변화율}(\%)}$$

만약 공급의 가격탄력성이 0이어서 재화 가격의 변화가 공급량 변화에 전혀 영향을 미치지 못하는 경우 완전 비탄력적인 공급(perfectly inelastic supply)이라고 하며, 이때 공급곡선은 수직 형태로 그려진다. 반면 매우 작은 가격 변화에도 아주 큰 공급량 변화가 생기고 극단적으로 공급탄력성이 무한대가 될 때 완전탄력적인 공급(perfectly elastic supply)이라고 하며, 이때 공급곡선은 수평선 형태로 나타낼 수 있다.

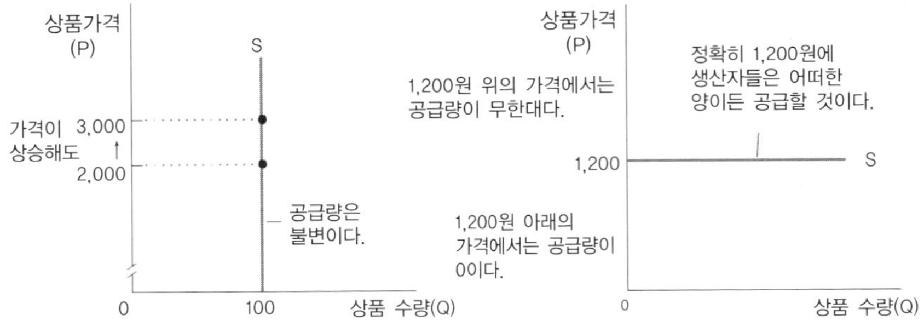

2) 공급의 가격탄력성에 영향을 미치는 요인

공급의 가격탄력성은 주로 생산 요소의 사용 가능성과 함께 시간의 장단(長短)에 영향을 받을 수 있다.

① 생산 요소의 사용 가능성: 생산 요소가 상대적으로 낮은 비용으로 생산에 투입되거나 배제될 수 있다면 공급의 가격탄력성은 일반적으로 크다. 반면 생산 요소를 구하기가 힘들거나 생산에 투입되거나 배제되는 데 상대적으로 많은 비용이 든다면 그 탄력성은 일반적으로 작다.

② 기간: 공급의 가격탄력성은 주로 가격이 올랐을 때 공급자들이 생산량을 얼마나 신축적으로 증가시킬 수 있는가에 좌우된다. 따라서 생산에 소요되는 기간도 공급의 가격탄력성을 결정하는 주요 요인이다. 즉, 장기의 공급탄력성은 단기의 공급탄력성보다 크다. 예를 들어 쌀의 경우 이번 달에 가격이 올라갔다고 해도 새로운 쌀을 공급하려면 1년의 시간이 필요하므로 바로 공급을 늘릴 수 없어 비탄력적이지만, 반도체나 TV같은 공산품은 가격이 오를 경우 바로 공장 가동률을 높여 공급을 늘릴 수 있기 때문에 탄력적일 가능성이 높다고 할 것이다.

4 탄력성의 응용: 상품세의 부담은 누가 지게 되는가?

어떤 재화에 대해 상품세를 부과하면 소비자와 생산자 가운데 누가 실제로 세금을 내게 될 것인가는 수요와 공급의 가격탄력성을 비교해 알 수 있다.

만약 수요의 가격탄력성이 낮고 공급의 가격탄력성이 높을 때 상품세의 부담은 대부분 소비자가 안게 된다. 낮은 수요의 가격탄력성은 소비자들이 높은 가격의 재화에 대해 취할 수 있는 대체재나 대안이 거의 없다는 것을 의미한다. 반면 높은 공급의 가격탄력성은 생산자들이 재화의 생산에서 많은 대체 수요가 있다는 것을 의미한다. 따라서 생산자들은 낮은 재화 가격을 받아들이지 않고 거절할 수 있는 여지가 더욱 많이 생기기 때문이다. 따라서 가장 대처할 여지가 없는 집단이 세금 부담을 대부분 지게 된다. 이와 반대로 수요의 가격탄력성이 높고 공급의 가격탄력성이 낮을 때 상품세의 부담은 대부분 생산자가 떠안게 된다는 것은 이해하기 쉽다.

아래 그림은 탄력성에 따라 세금 부담이 어떻게 배분되는지를 보여주고 있다. (a)에서 상대적으로 가파른 수요곡선은 재화에 대한 낮은 수요의 가격탄력성을 나타내고 있다. 상대적으로 평평한 공급곡선은 높은 공급의 가격탄력성을 보여준다. 상품 1단위의 세전 가격이 2,000원이고 단위당 1,000원의 조세가 부과되고 있는 상황이다. 소비자들이 지불하는 가격은 2,000원에서 2,950원으로 오르게 되며, 이는 조세의 부담이 대부분 소비자들에게 귀착된다는 사실을 의미한다. 이에 비해 생산자들이 직면하는 가격은 2,000원에서 50원 하락한 1,950원이 되므로 생산자들의 부담은 소비자들에 비해 매우 작다고 할 수 있다.

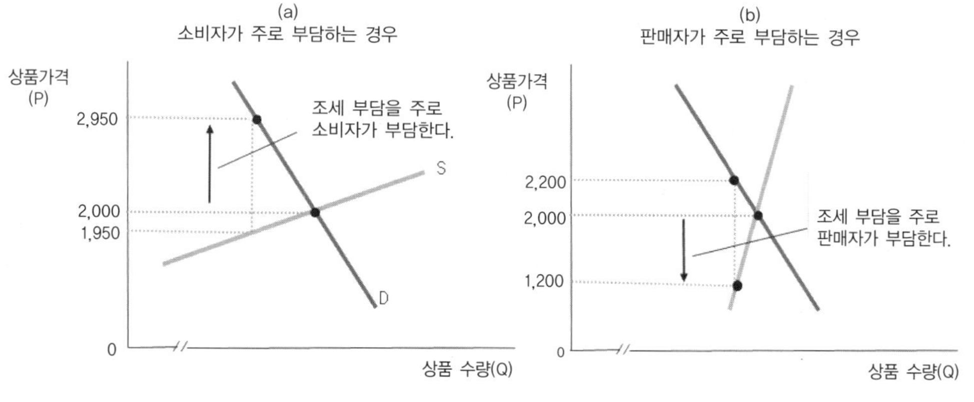

(b)에서의 수요곡선은 (a)에서의 수요곡선과 동일한 가운데 이번에는 공급곡선이 매우 가파르며, 마찬가지로 단위당 1,000원의 조세가 부과되는 경우를 상정해 본다. 이에 따르면 소비자들이 지불하는 가격은 세전 가격 2,000원에서 200원 오른 2,200원인 반면, 생산자들이 직면하게 되는 세후 가격은 2,000원에서 800원 하락한 1,200원이 된다. 결국 세금 부담의 대부분을 이번에는 생산자들이 부담하고 있음을 알 수 있다. 요컨대 이러한 예로부터 누가 세금 부담을 지는가의 문제는 법적·공식적 문제라기보다는 사실 수요와 공급의 탄력성의 문제라는 사실을 알 수 있게 됐다.

제 4 절 가격통제정책

1 소비자잉여와 생산자잉여

사람들이 재화나 서비스의 교환에 기꺼이 응하는 것은 그로부터 이득을 얻을 수 있다고 생각하기 때문이다. 교환은 이에 참여하는 양 당사자 모두에게 이득을 가져다 줄 수 있다. 즉, 상품을 구입하는 소비자에게도 이득이 생길 뿐 아니라 이를 파는 생산자에게도 이득이 생기는 것이다. 그러면 상품의 거래에서 소비자와 생산자가 얻게 되는 이득이 과연 무엇인지 구체적으로 살펴보기로 한다.

1) 소비자잉여와 수요곡선

어느 재화를 구입할 때 지불하고자 하는 최대한의 금액을 잠재적 구매자의 지불할 용의(willingness to pay)라고 말한다. 잠재적 구매자는 재화의 실제 가격이 지불할 용의보다 높으면 그 재화를 구입하지 않고, 낮을 경우에는 그 재화를 구입할 것이다. 재화의 가격이 지불 용의 가격과 같다면 그 재화를 구입하는 것과 그렇지 않는 것이 무차별할 것이다.

소비자는 어떤 물건을 살 때, 언제나 그가 지불한 금액 이상의 만족감을 얻는다.

그 만족감을 화폐 단위로 표시하고 여기에서 지불한 금액을 빼면 바로 그 교환에서 소비자가 얻는 이득이 된다. 이것은 소비자가 교환에서 얻는 잉여(surplus)라는 뜻에서 소비자잉여(consumer surplus)라고 부른다.

소비자잉여는 수요곡선과 가격선을 가지고 그 크기를 표시할 수 있다. 주어진 가격에서 재화를 구입함으로써 발생하는 소비자잉여는 수요곡선 아래이면서 가격선 위의 면적에 해당한다.

2) 생산자잉여와 공급곡선

재화의 구매자가 재화에 대해 실제로 지불한 가격보다 더 많이 지불할 의사가 있는 것처럼, 재화의 판매자도 실제로 받는 가격보다 더 낮은 가격에 그것을 판매할 의사가 있다. 따라서 소비자들이 시장에서 구매함으로써 소비자잉여를 얻을 수 있는 것과 유사하게 생산자들도 시장에서 판매함으로써 생산자잉여를 얻을 수 있다.

생산자잉여(producer surplus)는 물건을 팔고 얻은 수입이 그것에 대해 최소한 받아야겠다고 생각하는 금액을 초과하는 부분을 뜻한다. 생산자잉여를 공급곡선과 가격선을 이용해 표시할 수 있는데, 바로 공급곡선 위에 존재하면서 가격선 아래에 속하는 면적이라고 할 수 있다.

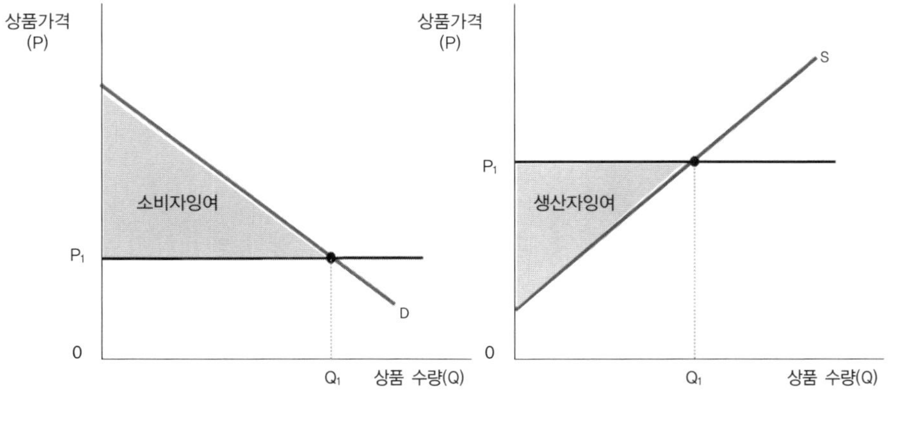

3) 교환으로부터의 이익: 사회적 잉여

사회 전체의 관점에서 보면 시장 교환을 통해 소비자잉여와 생산자잉여를 합친 것에 해당하는 '사회 후생의 증가'가 생긴다. 이를 사회적 잉여(social surplus)라고 부르는데, 사람들이 아무런 제약 없이 자유로이 상품을 교환할 때 이것이 가장 커질 수 있다.

소비자잉여, 생산자잉여, 그리고 이를 합친 사회적 잉여에 대한 분석은 시장이 왜 효율적인지에 대한 이해를 도와 준다는 점에서 의의가 크다. 뒤에서 이어지는 가격상한제와 가격하한제와 같은 가격통제 수단이 왜 비효율성을 유발한다고 말할 수 있는지에 대한 직관적인 판단 기준으로 바로 이러한 잉여 개념이 활용될 수 있다.

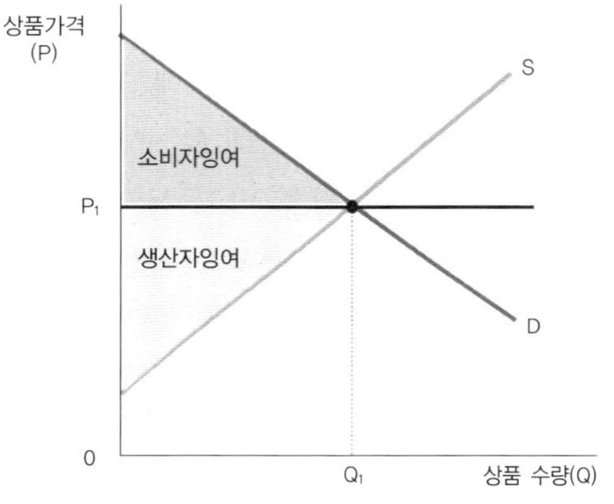

2 가격상한제와 가격하한제

시장은 균형을 향해 움직인다. 즉, 시장가격은 수요량과 공급량이 일치하는 수준으로 움직인다. 그러나 구매자는 더 적게 지불하려고 하며, 공급자는 좀 더 많은 돈을 받기를 원하는 경우 이를 위해 각각 정부에게 시장에 개입하라는 강력한 도덕적 · 정치적인 요구를 할 수 있다. 이에 부응해 정부가 가격을 통제하기 위해 시장에 개입하는 경우 이를 가격규제(price control)라고 하며, 이러한 규제는 대개 가격상한제(price ceiling)나 가격하한제(price floor)의 형태로 실현된다.

1) 가격상한제

가격상한제란 어떤 상품의 가격이 정부가 고시한 수준 이상으로 올라가지 못하게 만든 제도를 말한다. 가격 상한은 시장 균형가격보다 낮은 수준에서 설정되는데, 만약 시장 균형가격보다 가격 상한이 더 높게 설정되면 이러한 제약은 시장가격과 거래량에 아무런 효과를 미치지 않기 때문이다.

시장 균형가격보다 낮은 수준에서 정부에 의해 가격 상한이 설정되면 시장 수요와 공급에 따라 가격은 균형가격으로 움직이려 하지만 일단 가격 상한에 도달하면 더 이상 오를 수 없게 된다. 이에 따라 가격 상한 그 자체가 시장가격이 된다. 가격 상한 수준에서는 수요량이 공급량보다 더 많아 이른바 초과 수요(공급 부족)가 발생한다.

가격상한제는 그 나름의 목적에도 불구하고 심각한 비효율성을 유발할 수 있다는 점에 주의를 기울일 필요가 있다. 가격상한제가 비효율성을 유발하는 몇 가지 이유에 대해 살펴보면 다음과 같다.

우선 가격상한제는 공급량을 시장 균형거래량 이하로 줄여 사회적 잉여의 감소를 초래한다는 점이다. 아래 그림에서 보는 바와 같이 이때 삼각형으로 표시된 사라져버린 사회적 잉여 부분을 자중손실(deadweight loss)이라고 부르기도 한다.

다음으로 가격상한제가 실시되면 재화를 몹시 원해서 높은 가격을 지불할 의사가 있는 사람과 상대적으로 재화를 덜 좋아해서 낮은 가격을 지불할 의사가 있는 사람 간에 재화에 대한 배분이 비효율적으로 일어난다는 점이다. 예를 들어 아파

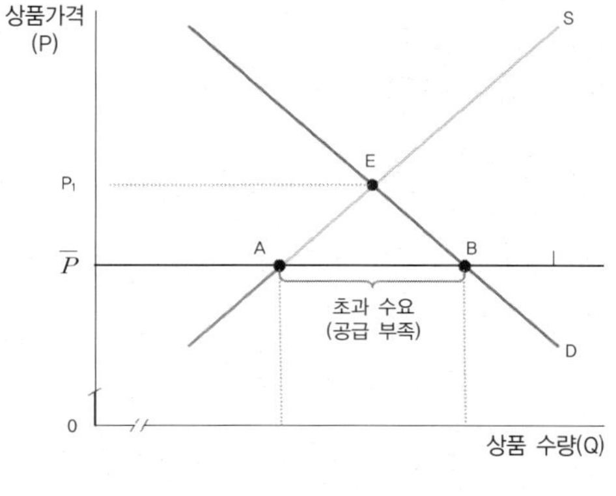

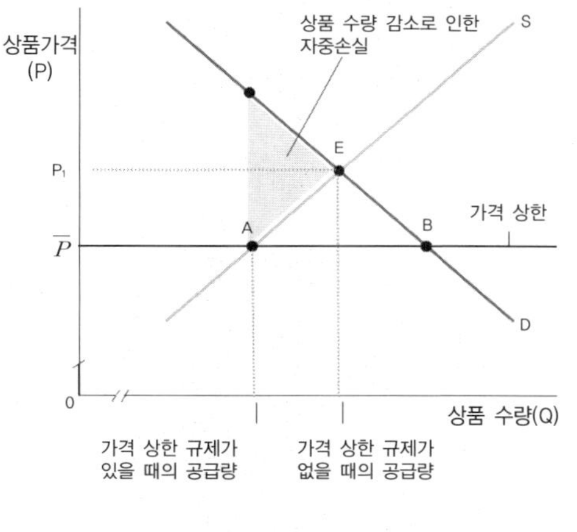

트 매매가격에 대한 가격 상한 규제가 실시되면 아파트의 공급 부족이 발생하게 되는데, 이에 따라 더 높은 가격을 지불하고서라도 아파트를 좀 더 간절히 구매하고자 하는 사람이 아파트를 구매할 수 없게 될 수도 있고, 반대로 별로 간절하지 않은 사람이 시장 균형가격보다 낮은 수준으로 아파트 가격이 형성돼 있기 때문에 아파트를 구매해 보유할 수도 있다. 결국 이러한 가격 상한 규제는 소비자에 대한 비효율적인 배분을 초래하게 된다.

이 밖에 가격상한제 실시로 인해 공급 부족이 발생하면 사람들은 이에 대처하기 위해 추가적인 돈과 노력을 들여야 하는 경우도 발생할 수 있다. 예를 들어 아파트 가격 상한 규제로 인해 공급 부족이 발생하게 되면 집을 구하지 못하는 사람들은 집을 구하기 위해 추가적인 시간과 노력을 들여야 할 것이다. 아울러 가격상한제는 공급자로 하여금 시장 균형가격보다 낮은 수준의 가격을 수용하게 강제하므로 공급자 입장에서는 재화의 질을 좋은 상태로 유지시킬 유인이 줄어들게 된다. 이에 따라 재화의 품질은 가격상한제 실시 이전보다 나빠질 가능성이 높다. 마지막으로 가격상한제는 재화의 거래와 관련해 암시장(black market)과 같은 불법행위를 유발할 수 있다는 문제점을 가지고 있다.

이러함에도 왜 정부는 가격상한제를 시행하는 것일까? 그 이유는 특정 사람들에게는 이익을 가져다 주기 때문이다. 특히 시장에서 결정된 가격이 불공평하다고 판단하는 경우 정부는 가격상한제를 실시한다. 예를 들어 가난한 사람들을 도울 목적으로 아파트 거래가격 규제 등이 시행될 수 있다. 일반적으로 가격통제로부터 이익을 얻는 사람들은 손해를 보는 사람들보다 조직화돼 있는데, 그 조직화 정도가 높을수록 가격상한제의 유지 가능성 또한 더 높아진다고 할 수 있다.

2) 가격하한제

정부가 시장 균형가격보다 더 높은 수준에서 가격 규제를 실시하는 것을 가격하한제라고 한다. 가격하한제는 가격상한제와는 달리 시장가격을 내리는 것이 아니라 올리기 위해 정부가 시장에 개입하는 것이다. 최저임금제도가 가격하한제의 대표적인 예라고 할 수 있다.

정부가 시장 균형가격보다 더 높은 수준에서 가격 하한을 설정하게 되면 시장에서는 수요보다 공급이 더 많은 초과 공급이 나타나게 된다.

가격하한제에서도 가격상한제와 마찬가지로 여러 가지 이유에서 비효율성을 발생시킨다. 우선 가격하한제의 실시로 인해 거래량은 시장 균형 거래량보다 줄어들고 이에 따라 사회적 잉여가 감소하게 되는 자중손실이 발생한다.

다음으로 가격하한제는 공급자들 간에 공급 배분을 비효율적으로 만들게 된다. 즉, 가격하한제 하에서는 가장 낮은 가격에 재화를 팔고자 하는 공급자가 항상 그것을 팔 수 있는 것은 아니기 때문이다.

그 다음으로 가격하한제는 자원의 낭비를 가져올 수 있다. 가격하한제의 한 예인 최저임금제에서는 노동의 초과 공급이 나타나고, 이에 따라 더 낮은 임금으로도 일할 의사가 있는 사람들이 고용되지 못하고 구직에 시간을 더 할애해야 하는 상황이 발생한다. 아울러 가격하한제에서는 구매자가 낮은 가격에 낮은 품질의 재화를 더 선호해도 판매자는 높은 가격에 높은 품질의 재화를 제공하기 때문에 종종 비효율적으로 높은 품질의 재화가 제공된다는 점에서 비효율성을 야기한다.

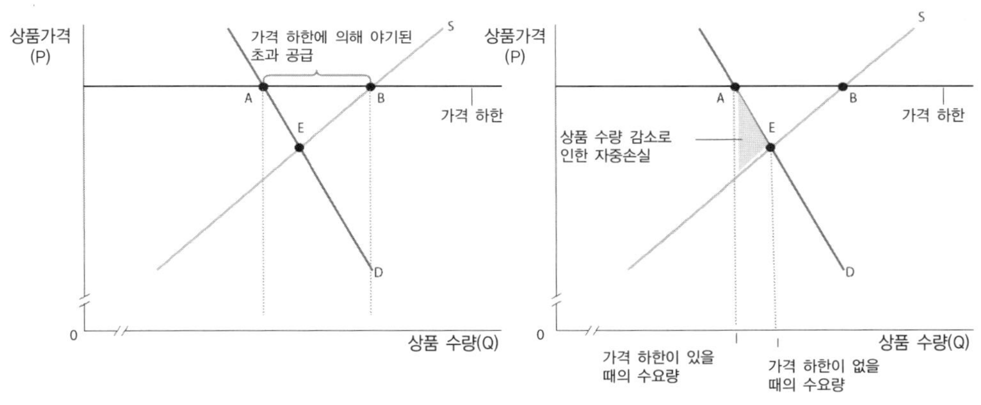

마지막으로 가격상한제에서 암시장 발생의 문제가 있는 것과 마찬가지로 가격하한제에서도 불법행위에 대한 유인이 존재하게 된다. 예를 들어 최저임금은 시장 균형 임금보다 높은 수준에서 설정되기 때문에 노동의 초과 공급(실업)이 발생하게 되는데, 이에 따라 일자리를 찾고자 하는 근로자는 최저임금 이하 수준에서라도 일을 하기 위해 고용주와 '불법 고용계약'을 맺게 되는 경우가 있다.

제 5 절 시장의 기능 한계: 시장실패

1 시장의 기능 한계와 원인

1) 시장의 기능 한계: 시장실패

시장에서는 수많은 사람이 서로 다른 욕구와 목표를 가지고 때로는 무질서해 보이는 방식으로 경제 활동을 한다. 하지만 놀라운 일은 이러한 경제 활동이 누군가의 지시나 강요를 받지 않는데도 불구하고 나름대로의 질서와 조화를 이룬다는 것이다. 사람들은 이러한 질서와 조화를 연출하는 그 무엇인가가 시장에 존재한다고 생각했는데, 스미스(Adam Smith)는 그것을 '보이지 않는 손(invisible hand)'으로 표현했다. '보이지 않는 손'은 바로 시장경제에서 희소한 자원을 효율적으로 배분하는 역할을 하는 가격 기구를 뜻한다.

사실 시장이 효율적이라는 결론은 몇 가지 가정 하에서 성립된다. 이 가정들이 성립하지 않을 경우 시장 균형이 효율적이라는 결론은 성립하지 않을 수 있다. 즉, 어떠한 원인들로 인해 시장이 효율적이기 위한 가정이 성립되지 않으면 '보이지 않는 손'은 제대로 작동하지 못하게 돼 결국 시장에서의 자원 배분이 효율적으로 이뤄지지 않는 일이 발생하게 되는 경우를 효율적인 자원 배분에 실패한다는 의미에서 시장실패(market failure)라고 부른다.

2) 시장실패의 원인

시장실패가 왜 일어나는지를 구체적으로 살펴보자. 이는 결국 앞서 언급한 시장이 효율적이기 위한 몇 가지 가정이 성립되지 않는 경우에 대한 설명에 해당한다.

(1) 불완전 경쟁

먼저 시장이 독점이나 과점 기업에 의해 지배되는 불완전한 경쟁 상태에 있게 되면 시장 기능이 제대로 발휘되기 어렵다. 독과점시장에서는 시장 지배력을 가진 기업이 상품의 가격과 수량을 마음대로 정하기 쉽다. 어느 한 기업이 시장을 독점하게 되면 그 기업은 더 많은 이익을 얻기 위해 가능하면 높은 가격에 적은 공급량을 유지하려 할 것이다. 즉, 완전경쟁시장에 비해 소비자는 더 높은 가격에 더 적은 재화를 소비할 수밖에 없게 되는 것이며, 이는 결국 사회적 잉여의 감소(자중손실)를 가져오게 된다.

시장을 몇 개의 기업이 지배하고 있는 과점시장의 경우에도 기업들이 더 많은 이익을 얻기 위해 담합을 하면 비슷한 문제가 나타날 수 있다. 이러한 독과점시장에서는 수많은 기업이 경쟁할 때에 비해 상품의 가격은 높아지는 반면 공급량은 줄어들게 된다. 또한 불량품으로 소비자들을 속인다거나 자신의 우월적 지위를 이용해 거래 상대방에게 불리한 거래를 강요하는 행위도 독과점시장에서 나타나는 문제들이다. 시장 참가자들의 공정한 경쟁을 제한하는 이러한 행위들은 결국 자원을 비효율적으로 배분하게 된다.

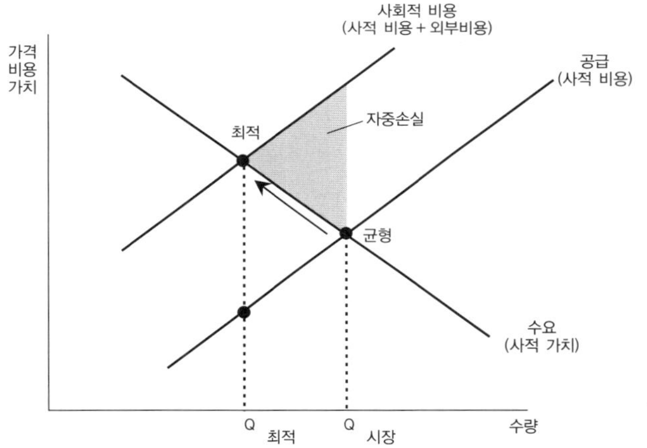

(2) 외부 효과

경제 활동 과정에서 발생하는 외부 효과(external effects)도 시장실패를 야기한다. 어떤 경제 주체의 행위가 본인 의도와 관계없이 다른 경제 주체에게 영향을 미치지만 이에 대해 어떠한 대가를 요구하거나 비용을 지불하지 않는 경우 외부 효과가 발생한다고 한다. 외부 효과에는 해로운 것과 이로운 것이 있다. 해로운 외부 효과를 외부불경제라 부른다. 자동차의 배기가스나 소음, 공장의 매연이나 폐수 등이 여기에 해당한다. 반대로 이로운 외부 효과를 외부경제라고 하며, 새로운 첨단기술 개발, 꽃길 가꾸기 등을 예로 들 수 있다.

그러면 왜 해롭든 아니면 이롭든 외부 효과는 자원 배분의 비효율을 초래하는가? 외부 효과에 대해 우리는 어떠한 대가를 요구하거나 비용을 지불하지 않기 때문에 해로운 외부 효과를 만들어 내는 개인이나 기업은 굳이 외부 효과를 줄이려고 하지 않는다. 이로운 외부 효과를 가져다 주는 개인이나 기업도 굳이 외부 효과를 많이 만들어 낼 필요를 느끼지 못하게 된다. 결국 시장 기구에 전적으로 맡겨놓을 경우 해로운 외부 효과는 필요 이상으로 많이, 이로운 외부 효과는 적정 양보다 적게 만들어질 수 있다. 따라서 외부 효과가 있는 경우 자원은 비효율적으로 배분된다. 이러한 논리는 그림을 통해서도 확인할 수 있다. 그림에서는 해로운 외부비용으로 인해 공급(사적 비용)과 사회적 비용(사적 비용+외부비용)이 괴리돼 있는 것을 볼 수 있다. 이때 사회적으로 최적 수준의 생산은 외부비용을 고려한 $Q_{최적}$이지만, 이러한 부정적인 외부 효과를 시장에서 고려하지 못하게 되면 $Q_{시장}$ 수준이 생산돼 최적 수준보다 과다한 생산이 이뤄지게 된다. 이로 인해 $Q_{최적}$과 $Q_{시장}$ 사이의 수량에서 각 단위당 수요(사적 가치)를 넘어서는 사회적 비용이 발생하게 되고, 이러한 초과 비용의 누적치는 삼각형 형태의 면적으로 나타난다. 이는 곧 자중손실을 의미하며, 외부 효과로 인한 자원 배분의 비효율성이라고 할 수 있다.

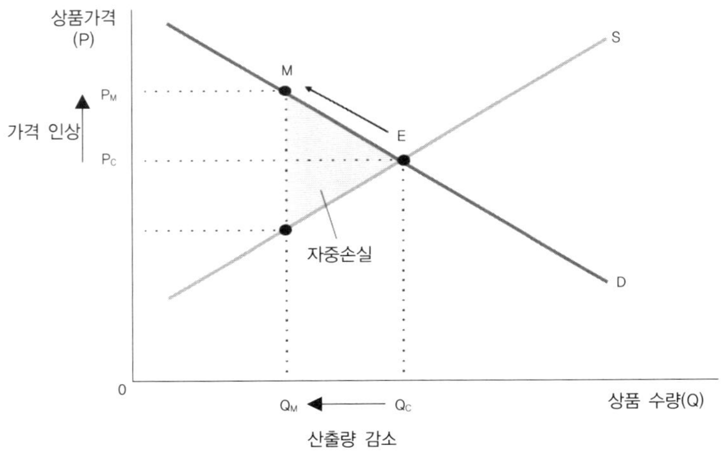

(3) 공공재와 공유자원

공공재의 존재 역시 시장실패를 초래한다. 공공재는 어떤 사람이 먼저 소비하면 다른 사람이 소비할 수 없는 사용재(私用財)와 달리 여러 사람이 동시에 사용할 수 있으며(소비의 비경합성, non-rivalry) 어떤 특정인이 소비하지 못하도록 막기 어렵다(소비의 비배제성, non-excludability). 국방, 치안, 외교, 소방 등이 이에 해당된다.

이러한 공공재의 특성은 무임승차자 문제(free-rider problem)를 일으킨다. 무임승차자 문제란 사람들이 어떤 재화와 서비스의 소비를 통해 혜택을 얻지만 이에 대해 아무런 비용도 부담하지 않으려는 데서 생기는 문제를 말한다. 공공재는 수많은 사람에게 혜택을 주기 때문에 반드시 생산돼야 한다. 그러나 공공재의 생산에는 막대한 비용이 드는데도 일단 생산되면 사람들은 아무 대가를 지불하지 않고 소비하려고 할 것이다. 따라서 공공재의 생산을 시장 기능에 맡겨놓을 경우 이윤을 목적으로 하는 기업은 공공재를 생산하려고 하지 않을 것이다. 결국 공공재는 시장에서 자율적으로 생산되지 않거나 생산돼도 사회적으로 필요한 양에 훨씬 미치지 못할 것이다.

재화의 유형

경합성 \ 배제성	없다	있다
없다	순수 공공재 –국방, 치안, 외교 –한산한 무료도로	자연독점 –전기, 철도 –통신, 방송
있다	공유자원 –주인 없는 목초지 –혼잡한 무료도로	사용재 –아이스크림, 과일 –옷, 볼펜 등

아울러 공유자원(common resources)의 특징으로 인해 시장에서 효율적으로 자원 배분이 이뤄지지 못할 수도 있다. 공유자원은 원하는 사람이면 누구나 사용할 수 있지만 소비에서 경합성이 존재해 한 사람이 공유자원을 사용하면 다른 사람은

사용에 제한을 받게 된다. 이러한 특징을 때문에 공유자원 사용에 대해 특별한 관심을 기울이지 않을 경우 공유자원은 사회적 관점에서 볼 때 과다하게 사용돼 결국 고갈될 우려가 커지게 된다. 이러한 문제를 이른바 공유지의 비극(tragedy of the commons)이라고 부른다. 정부 내지 공동체가 공유자원에 대해 관심을 가지고 관리를 하는 이유가 바로 여기에 있다고 할 것이다.

2 정부의 시장 개입과 한계

1) 정부의 시장 개입

정부가 시장에 개입하는 첫째 이유는 시장실패를 보완해 자원 배분의 효율성을 높이는 데 있다. 이를 위해 정부는 시장 참가자들 사이에 공정한 경쟁이 유지되도록 여러 가지 규칙과 제도를 만들고 그것이 잘 지켜지도록 감시한다. 독과점 사업자가 가격을 부당하게 정할 때 시정명령을 내리고 담합과 같은 공동행위를 단속할 뿐만 아니라 기업 상호간 부당한 거래에 대해서도 규제하고 있다.

아울러 기업에 비해 상대적으로 불리한 위치에 있는 소비자의 권리를 보호하기 위한 장치도 마련하고 있다. 정부는 이러한 일들을 수행하기 위해 「독점규제 및 공정거래에 관한 법률」이나 「소비자기본법」 등을 만들어 시행하고 공정거래위원회와 한국소비자원 같은 기구를 두어 불공정한 거래 행위를 막고 있다.

또한 공장의 매연이나 폐수와 같은 외부불경제를 줄이기 위해 정부는 오염물질 허용 기준치를 정하고 이를 어기는 기업들에 벌과금을 부과한다. 반대로 외부경제 효과가 큰 기술 개발을 장려하기 위해 지원금을 지급한다.

이와 함께 시장에 맡길 경우 생산되지 않거나 충분한 생산이 어려운 공공재를 정부가 직접 또는 공기업을 통해 생산한다. 그리고 다양한 정책 수단을 써서 물가 안정과 고용 증대를 위해 노력한다.

정부가 시장에 개입하는 이유 가운데 다른 하나는 소득 분배의 불균형을 개선하기 위해서다. 개인의 능력과 노력에 따른 분배가 바람직하다면 시장경제는 공정한 분배를 보장한다고 할 수 있다. 그러나 경제 활동의 결과인 소득을 시장 원리에 의해 분배되도록 놓아둘 경우 사회구성원들 사이의 소득 불균형이 커질 수 있으며,

노인 · 소년소녀 가장 · 장애인과 같은 경제적 약자들은 자기 능력만으로 살아가는데 큰 어려움을 겪을 것이다.

소득 격차의 확대와 이로 인한 부익부 빈익빈 현상의 심화, 실업 · 질병 · 사고 · 은퇴 등으로 인한 소득의 갑작스런 변동은 사회 불안을 더욱 키울 수 있다. 이러한 현상이 지속되면 국민경제 전체적으로 생산성은 물론 사회 활력이 낮아지게 되고, 나아가 범죄율이 높아지는 등 경제적 · 사회적으로 심각한 문제들을 낳을 수 있다. 소득의 분배와 관련해 조정자로서 정부의 역할이 중요한 이유가 바로 여기에 있다.

2) 정부 개입의 한계: 정부실패

오늘날 정부는 국민경제에서 다양한 경제 활동을 하고 있다. 국민은 우리 마을에 다리를 놓아 달라, 우리 지역에 복지시설을 지어 달라, 교육예산을 늘려 달라는 등 정부에 많은 요구를 한다. 이러한 국민의 다양한 요구를 들어주고 시장실패를 보완한다는 이유로 정부는 시장 개입을 정당화해 왔으며 이 과정에서 '큰 정부'를 지향하게 됐다.

그러나 정부의 개입과 규제가 반드시 바람직한 결과를 가져다 주는 것은 아니다. 정부 역시 완전하지 못하다. 정부의 적절치 못한 대응이나 지나친 개입은 시장실패를 더욱 악화시킬 수 있다. 이와 같이 정부의 개입이 자원 배분의 효율성을 높이기보다 오히려 해치는 경우가 있는데 이를 시장실패에 빗대어 정부실패(government failure)라고 한다.

그렇다면 정부실패는 왜 발생할까? 정부는 대부분의 업무 영역에서 독점적인 지위를 갖고 있어 민간기업처럼 경쟁을 해야 할 필요가 없다. 공기업도 경쟁자가 없기 때문에 공공재 생산비용을 자발적으로 낮출 유인이 적다고 할 수 있다. 부실하게 운영되더라도 민간기업처럼 망할 염려가 없으며 열심히 일해서 얻어낸 성과에 따라 보상을 받는 유인제도(incentive system)도 부족하다. 따라서 경쟁력을 높이고 비용을 줄이려는 노력이 소홀해지고 조직이 방만해지기 쉬워 경제 활동의 효율성이 민간기업에 뒤질 수밖에 없다. 정부실패는 상당 부분 이러한 정부 부문의 속성 때문에 비롯되는 것이다.

또한 정부는 다양한 배경과 이해 관계를 가진 사람들의 집단이기 때문에 경제 원리에 따른 합리적 의사 결정을 하기 어려운 경우가 많다. 즉, 투표로 선출된 사람은 다음 선거에서의 당선이 중요한 관심사이기 때문에 근시안적이고 정치적인 이해 관계와 타협할 가능성이 높으며, 임명되거나 고용된 관리들도 항상 완전한 정보를 갖고 있지는 못하다. 이러한 이유 때문에 정부가 가장 좋다고 생각해서 추진한 정책이 실제는 엉뚱한 결과를 초래하는 경우도 있다.

정부실패를 최소화하기 위해서는 우선 각종 제도의 개선을 통해 민간의 경제 활동을 제약하는 불필요한 규제를 과감히 완화 · 철폐할 필요가 있다. 동시에 정부의 정책 결정 과정을 국민에게 투명하고 자세하게 밝혀야 할 것이다. 아울러 정부 부문 운영에도 경쟁 원리와 적절한 유인제도를 도입해 효율성을 높이려는 노력이 병행돼야 한다. 이와 함께 입법부와 감사원, 그리고 시민단체 등에 의한 예산감시 활동도 정부의 실패를 줄이는 데 활용될 수 있으며, 정부의 경제정책, 예산, 기구 등에 대한 국민의 감시와 비판 기능은 강화돼야 할 것이다.

참고 문헌

이윤재 (2011). 시사와 함께하는 거시경제학. 탑북스.
이준구 (2012). 경제학 들어가기. 법문사.

Krugman, Paul (2014). 크루그먼의 경제학(제3판), 시그마프레스.
Mankiw, N. Gregory (2014). 거시경제학(제8판). 시그마프레스.

제 4 장 현실 경제

제 1 절 국민경제 지표

1 국민경제와 경제 순환

1) 국민경제의 의미

경제 활동 전체를 국가 단위로 해서 종합적으로 파악한 것을 국민경제라고 한다. 국가가 정치의 기본 단위이고, 경제 생활 관련 법률이나 제도도 국가적 영역에서 통일적으로 시행된다. 경제 주체인 정부(중앙정부, 지방정부) 및 기업과 가계의 경제 활동은 법률과 제도에 따라 만들어지며, 이는 국가 영역과 결합돼 있다. 즉, 국가를 단위로 한 경제 활동의 총합이 국민경제다.

2) 경제의 순환

국민경제의 경제 주체인 가계, 기업, 정부와 해외 등의 경제 주체들이 재화와 서비스를 생산, 분배하고 소득을 획득하는 과정이 순환적으로 반복되는 것이다. 가계는 생산 요소 시장을 통해 기업에 노동, 토지, 자본 등을 제공한다. 그 대가로 얻은 임금, 지대, 배당 등의 소득을 받고 이를 생산물 시장에서 기업이 생산한 재화와 서비스를 구입한다. 기업은 가계로부터 생산 요소를 구입해 재화와 서비스를 생산한다. 이를 시장에서 판매하며, 기업은 생산 요소를 구입한 대가를 임금, 지대, 배당 등으로 지불하고 이는 가계소득이 된다. 정부는 세금 등으로 세입을 충당하며, 다양한 공공 서비스를 공급하기 위해 재정을 지출한다. 해외는 외국으로부터 재화와 서비스를 수입하거나, 외국에 재화와 서비스를 수출하는 것을 말한다.

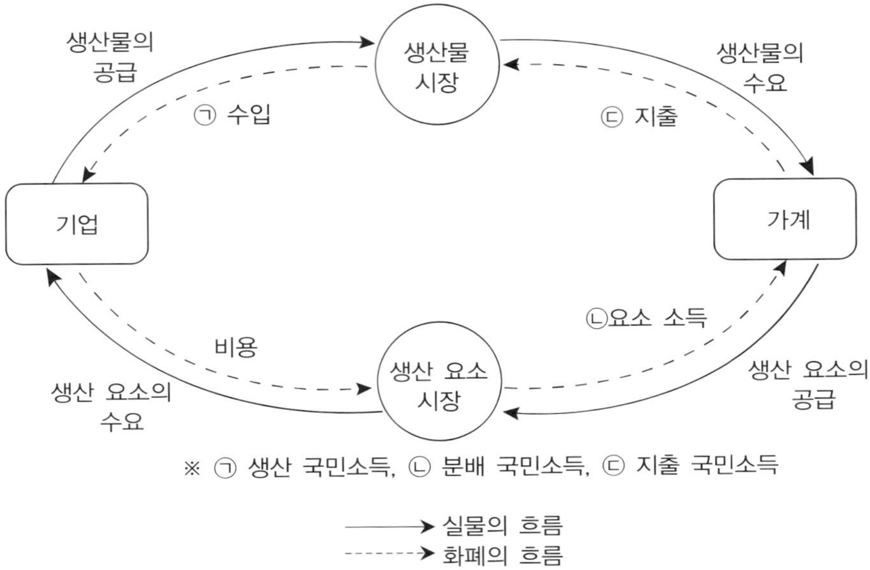

국민경제의 순환 과정: 가계와 기업을 중심으로

2 국민소득

국민경제는 생산과 분배, 그리고 지출의 순환으로 이뤄진다. 이에 따라 국민소득은 생산, 분배, 지출의 세 측면에서 측정할 수 있다.

1) 생산 국민소득

생산 국민소득은 생산 활동 과정에서 창출된 부가가치의 합계다. 국내총생산

(Gross Domestic Production: GDP)은 최종 생산물의 총합으로서 한 국가의 국경 안에서 일정 기간 동안에 새롭게 생산한 재화와 서비스의 부가가치 또는 모든 최종 재화와 서비스의 값을 화폐 단위로 합산한 것이다.

한 경제의 재화와 용역의 생산량인 GDP는 생산 요소(factors of production)의 규모와 생산함수(production function)에 의해 결정된다. 생산 요소는 재화와 용역을 생산하기 위해 사용되는 투입 요소로서 가장 대표적인 것이 자본과 노동이다. 자본은 건설 중장비, 사무실의 컴퓨터 등 노동자가 사용하는 수단들을 말한다. 노동은 일하는 데 소비한 시간을 의미한다. 생산함수는 주어진 생산 요소를 이용해 얼마나 생산하는가를 나타내 주는 함수다. 생산량을 Y, 자본을 K, 노동을 L이라고 하면, 다음과 같은 생산함수가 만들어진다.

$$Y = F(K, L)$$

2) 분배 국민소득

노동, 자본, 토지 등의 생산 요소를 제공하고 얻은 요소 소득의 합계를 분배 국민소득이라고 한다. 국내총소득(Gross Domestic Income: GDI)은 국내총생산이 국민들에게 분배된 총액을 의미한다. 국내총소득은 요소 소득인 임금, 이자, 지대, 이윤 등의 총합이다.

국민소득의 분배는 요소 가격에 의해 결정된다. 요소 가격(factor price)이란 생산 요소에 지급된 금액으로서 자본과 노동이 있는 경제에서는 노동자가 받는 임금과 자본의 소유주가 받는 자본 임대료가 요소 가격이다. 각 생산 요소들은 해당 요소의 공급과 수요에 의해 결정된다. 국민경제를 노동자, 자본소유주, 기업소유주 등의 세 주체가 있다고 가정하면 총소득은 임금, 자본에 대한 보상, 경제적 이윤으로 분배된다. 노동자가 받는 임금은 노동의 한계생산물(marginal product of labor: MPL), 자본소유주가 받는 보상은 자본의 한계생산물(marginal product of capital: MPK)에 의해 결정되며, 임금과 자본 보상을 제외한 것이 기업소유주의 경제적 이윤(economic profit)이다. 이를 수식화하면 다음과 같다.

$$Y = (MPL \times L) + (MPK \times K) + \text{경제적 이윤}$$

자본과 노동만이 있는 생산함수에서 각 생산 요소들이 언제나 한계생산물을 받는다고 가정할 경우 자본소득을 αY라고 할 수 있다. 즉, α는 0과 1 사이의 상수로서 소득 중에서 자본의 몫이다. 노동소득은 $(1-\alpha)Y$가 된다. 이를 함수로 표현하면 다음과 같다.

$$F(K, L) = AK^{\alpha}L^{1-\alpha}$$

여기에서 A는 0보다 큰 매개변수로서 기술의 생산성을 의미한다. 이 함수가 바로 콥-더글러스 생산함수(Cobb-Douglas production function)다. 이 생산함수는 규모에 대한 수익 불변이다. 즉, 자본과 노동이 동일한 비율로 증가할 경우 생산량도 역시 같은 비율로 증가한다.

3) 지출 국민소득

지출 국민소득은 분배된 소득으로 소비하거나 투자한 금액의 합을 일컫는다. 국내총지출(Gross Domestic Expenditure: GDE)은 분배된 국민소득이 소비를 위해 지출된 총액이다. 국내총지출은 소비지출, 투자지출, 정부지출, 순수출의 총합이다. 소비 지출은 가계가 필요로 하는 재화와 서비스를 구입하는 데 사용한 지출이다. 모든 형태의 소비는 GDP의 3분의 2를 구성한다. 가계는 노동력을 제공하거나 자본을 소유함으로써 소득을 얻고 이 중에서 일부를 조세로 납부하고 나머지로 소비와 저축을 결정한다. 투자 지출은 기업이나 가계가 자본재 구입에 사용한 지출이다. 기업은 자본을 증대시키고 기존 자본의 감가상각을 대체하는 투자 지출을 한다. 기업의 투자는 자금의 비용이라고 할 수 있는 이자율에 의해 결정된다. 이자율이 상승할 경우 기업은 투자에 대해 소극적으로 바뀌며, 투자재의 수요량은 감소한다. 정부 지출은 정부가 공공 서비스 공급 및 공무원 급여 등에 사용한 지출이다. 정부가 구입하는 국방 무기, 공무원의 노동력과 함께 학교를 짓거나 도로와 교량을 건설하는 비용이 정부 지출에 속한다. 아울러 저소득층에 대한 복지 혜택과 노인에 대한 사회보장 등도 정부 지출에 포함되며, 이는 가계에 대한 이전지출이다. 순수출은 수출한 금액에서 수입한 금액을 제외한 것이다.

4) 국민소득 3면 등가의 원칙

국민소득은 생산, 분배, 지출의 어느 측면에서 측정하더라도 사후적으로는 그 크기가 동일하다. 이를 국민 소득 3면 등가의 원칙이라고 한다.

생산 국민소득		분배 국민소득		지출 국민소득
국내총생산(GDP)	=	국내총소득(GDI)	=	국내총지출(GDE)

3 국민경제 지표

국민경제 지표는 국민경제 활동을 총량화해 측정한 값이다. 즉, 국민경제의 생산, 고용, 물가 수준 등에 대한 수치를 국민경제 지표라고 한다. 이러한 지표는 일정한 기간 동안의 한 국가의 생산 및 소득 수준, 소비와 지출, 고용 수준, 물가 수준 등을 파악하는 데 활용된다. 국민경제 지표에는 국내총생산, 경제성장률, 물가상승률, 실업률, 국제수지 등이 있는데, 국내총생산과 국민총생산에 대해 설명하겠다.

1) 국내총생산(GDP)

국민경제의 전체적인 생산 수준과 경제 규모를 나타내는 국민경제 지표다. 한 나라의 경제 규모 및 전반적인 경제 활동 수준을 파악할 수 있다. 국가 간의 경쟁력과 경제적 후생 수준의 비교가 가능하다. 개방 경제에서는 국민총생산(GNP)에 비해 더 중요시된다.

(1) 국내총생산의 의미

한 나라의 국경 안에서 일정 기간(보통 1년) 동안 생산된 최종 생산물의 시장가치를 합산한 것으로, 자국민의 국내 생산과 외국인의 국내 생산을 합한 것이다. 국적을 불문하고 한 나라 국경 내에서 이뤄진 생산 활동을 모두 포함하는 개념이다. 한 나라의 영역 내에서 가계, 기업, 정부 등 모든 경제 주체가 일정 기간 동안 생산 활동에 참여해 창출한 부가가치 또는 최종 생산물을 시장가격으로 평가한 합계로서, 여기에는 국내에 거주하는 비거주자(외국인)에게 지불되는 소득과 국내 거주자가 외국에 용역을 제공함으로써 수취한 소득이 포함된다.

(2) 국내총생산의 계산 방법

첫째, 최종 생산물의 가치를 총합한 것이 국내총생산이다.

둘째, 총생산물의 가치에서 중간 생산물의 가치를 뺀 것이 국내총생산이다. 총생산물은 최종 생산물과 중간 생산물의 합이다. 최종 생산물은 최종적으로 소비되거나 투자되는 생산물을 일컬으며, 중간 생산물은 생산 과정에서 다른 재화의 생산에 사용된 원재료 및 반제품을 말한다.

셋째, 모든 생산 단계의 부가가치의 총합이다. 생산의 단계마다 덧붙여진 가치를 합한 것이 국민총생산이다.

한편, 국내총생산에 포함되지 않는 것에는 중간 생산물, 자국민의 해외 생산분, 지하 경제의 생산물, 자가 소비를 위한 생산물, 재고품이나 중고품의 거래, 부동산의 거래, 상속이나 증여분, 이전소득 등이 있다.

(3) 국내총생산의 한계

첫째, 계산상의 어려움 때문에 시장을 통하지 않고 거래되는 것(주부의 가사 활동, 자가 소비를 위한 생산 활동, 지하 경제 등)은 추계에서 제외되는 한계가 있다.

둘째, 국내총생산에는 여가의 가치, 환경오염, 교통사고, 범죄 증가 등이 질적으로 반영되지 않기 때문에 국민의 삶의 질과 관련한 측정을 정확하게 나타내지 못한다.

셋째, 국내총생산은 총량 개념이기 때문에 개인별 소득 분배 상황을 나타내지 못한다. 즉, 1인당 GDP가 높아도 소득 분배가 불공평할 수 있다.

넷째, 재화와 서비스의 품질 변화를 제대로 측정하지 못하는 한계가 있다.

2) 국민총생산(GNP)

국민총생산은 한 나라의 국민이 국내외에서 일정 기간(보통 1년) 동안 새로이 생산한 최종 생산물의 시장 가치를 합산한 것으로, 자국민의 국내 생산과 자국민의 해외 생산을 합한 것이다. 국민총생산은 일정 기간 동안 한 나라의 국민이 국내외에서 새롭게 생산한 재화와 용역의 부가가치 또는 최종재의 값을 화폐 단위로 합산한 것이다. 이에 비해 국내총생산은 일정 기간 동안 한 나라 안에서 생산돼 최종적으로 사용되는 모든 생산물(재화와 용역)의 가치를 합해 화폐 단위로 나타낸 것이다. 국민총생산(GNP)이 사람, 즉 국민을 기준으로 한 통계라면, 국내총생산(GDP)은 나라, 즉 영토와 국경을 기준으로 경제 활동을 파악한 것이다. 이에 따라 외국인이나 외국 기업이 한국에서 생산한 것은 국내총생산에 포함되지만 국민총생산에는 포함되지 않는다. 반대로 한국인 혹은 한국 기업이 외국에서 생산 활동을 하면 한국의 국민총생산에는 포함되지만 국내총생산에는 포함되지 않는다.

최근에는 국민총생산보다 국내총생산을 중심 지표로 이용하는 나라들이 늘어나고 있다. 이는 세계화 현상과 더불어 국가 간의 교류가 활발해짐에 따라 인적 자원과 자본의 국제 이동이 활발해, 경제 주체의 국적보다는 한 나라 안에서 생산해 낸 총 생산물이 경제 활동을 더 정확하게 반영하기 때문이다. 이에 따라 세계은행(IBRD)이나 경제협력개발기구(OECD)의 통계 조사도 GDP를 채용하고 있으며, 우리나라의 한국은행도 1994년부터 국내총생산(GDP)로 기준을 바꿔 통계를 작성하고 있다.

국내총생산은 외국인의 국내 생산과 자국민의 국내 생산을 포함한 것이고, 국민총생산은 자국민의 국내 생산과 자국민의 해외 생산을 포함한 것이다. 국내총생산과 국민총생산의 관계를 그림으로 나타내면 다음과 같다.

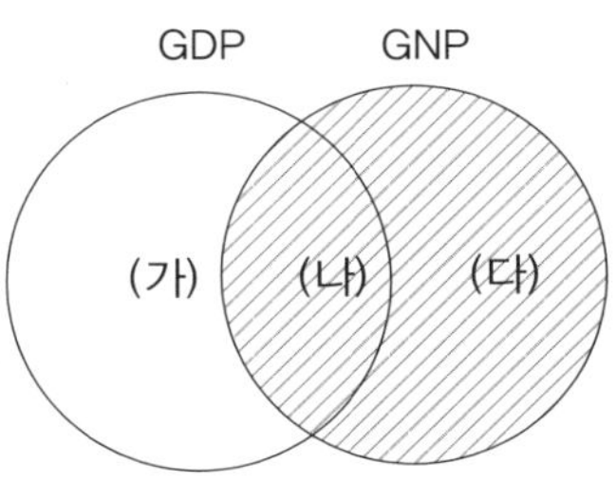

- (가) 외국인의 국내 생산
- (나) 자국민의 국내 생산
- (다) 자국민의 해외 생산
- (가)>(다) ➡ GDP>GNP
- (가)<(다) ➡ GDP<GNP

2) 국민경제 지표에 관한 논의

(1) 명목 GDP와 실질 GDP

먼저 명목 GDP와 실질 GDP를 구별해야 한다. 명목 GDP는 해당 연도의 가격(경상가격)으로 계산한 GDP이고, 실질 GDP는 정해진 기준 연도의 가격(불변가격)으로 계산한 GDP이다. 명목 GDP는 당해 연도 시장 가격을 기준으로 측정한 것이므로 생산량에 변화가 없이 물가만 상승한 경우에도 증가하게 된다. 이에 비해 실질 GDP는 기준 연도의 시장 가격을 기준으로 측정한 것이므로 물가의 변동을 제거하고 나타낼 수 있다. 그리고 GDP 디플레이터는 (명목 GDP/실질 GDP) × 100을 한 것이다.

(2) 다양한 국민경제 지표

국민경제 지표에는 GDP, GNP, NNP, NI, DI 등이 있다.

- GDP(국내총생산): 한 나라의 국경 안에서 일정 기간에 걸쳐 새로이 생산한 재화와 용역의 부가가치 또는 모든 최종재의 값을 화폐 단위로 합산한 것을 의미한다.
- GNP(국민총생산): 한 나라의 국민이 국내와 국외에서 생산한 것의 총합을 의미한다.
- NNP(국민순생산): 국민총생산에서 감가상각비를 제외한 금액이다.
- NI(국민소득): 국민순생산에서 간접세를 빼고 정부 보조금을 더한 합계액으로 요소 소득의 합계액이다.
- DI(가처분소득): 개인이 자유롭게 처분할 수 있는 소득이다.

한편, 기존의 국민경제 지표가 국민의 생활 수준을 제대로 반영하지 못하는 특성을 고려해 국민후생 지표가 제안됐으며, 환경 가치를 반영한 지표 또한 사용되고 있다. 예를 들어 경제후생 지표(measure of economic welfare: MEW)가 있는데 이는 노드하우스(W. D. Nordhaus)와 토빈(J. Tobin)이 GNP의 일부 항목을 조정해 만든 지표로서 GNP는 주부의 가사노동·여가·공해 등 국민 복지에 영향을 미치는 많은 요인이 포함되지 않기 때문에 이를 개선하기 위해 만든 지표다. 즉, GNP에 주부의 가사노동과 여가 등의 후생적 요소를 더하고 공해 등 비후생적 요소를 비용으로 환산해 뺀 것으로서 GNP보다 국민의 복지 수준을 잘 나타내는 지표라고 할 수 있다. 하지만, 경제의 후생 측정을 객관적으로 계량화하기 어렵기에 널리 사용되지 못하고 있다. 이에 '순경제 후생지표(NEW)', '녹색 GDP', '3차원 사회지표', '인간개발 지수' 등 더 정확하게 국민복지를 측정하는 방법들이 제시되고 있다.

제 2 절 총수요와 총공급

1 총수요와 총공급의 이해

한 나라의 경제 주체들이 일정 기간 동안 소비와 투자를 위해 사려고 하는 재화와 서비스의 총합을 총수요라고 하며, 민간 소비, 민간 투자, 정부 지출(정부 소비+정부 투자), 수출 등이 포함된다.

총공급은 한 나라의 경제 주체들이 일정 기간 동안 공급하고자 하는 재화와 서비스의 총합을 말하는 것으로 국내총생산(GDP)과 수입의 합을 일컫는다.

총수요는 민간 소비, 민간 투자, 정부 지출, 수출로 구성되며, 총공급은 국내 총생산과 수입으로 구성된다. 총수요의 구성 요소를 파악할 때 해외 부문을 고려해 국내 실질 GDP에 대한 총수요를 구성할 때는 순수출(수출-수입)이 들어가고, 총공급을 실질 GDP에 수입까지 넣어서 볼 때는 수출이 된다. 따라서 총수요가 민간 소비, 민간 투자, 정부 지출, 순수출로 구성되면 총공급은 국내 총생산만으로 구성된다.

2 총수요와 총공급의 균형

1) 총수요 곡선과 총공급 곡선

국민경제에 대한 분석은 한 국가의 총수요 곡선(AD)과 총공급 곡선(AS)을 유도해 균형 소득과 물가를 도출하는 것을 기본으로 한다. 총수요 곡선은 생산물 시장과 화폐시장의 동시 균형의 연결 곡선이다. AD 곡선은 생산물 시장의 균형을 나타내는 투자(investment)와 저축(saving)의 곡선(IS 곡선)과 화폐시장의 유동성 선호(liquidity preference)와 화폐 공급(money supply)의 곡선(LM 곡선)에 의해 만들어진다. 즉, IS 곡선과 LM 곡선의 교차점에서 모든 시장이 동시에 균형이 되는 일반균형이 성립하고 이러한 균형점을 연결한 것이 AD 곡선이다. 총공급 함수는 노동시장과 총생산 함수에서 도출되는데, 단기의 총공급은 자본과 기술은 주어진 것(혹은 고정된 것)으로 보기에 총공급곡선은 노동시장에서의 노동 수요와 노동 공급이 일치하는 균형점을 연결한 것이다. 결국 총생산은 노동량에 의해 결정되고, 노동시장의 조건에 의해 노동량은 결정된다.

총수요 곡선은 물가 수준과 총수요는 역(逆)의 관계에 있기 때문에 우하향한다. 이와 반대로, 총공급 곡선은 물가 수준과 총공급은 정(正)의 관계에 있기 때문에 우상향한다. 이 두 곡선의 형태는 다음과 같다.

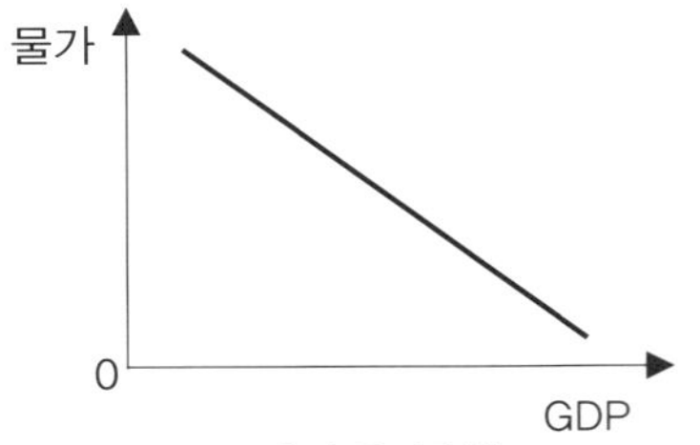

총수요 곡선

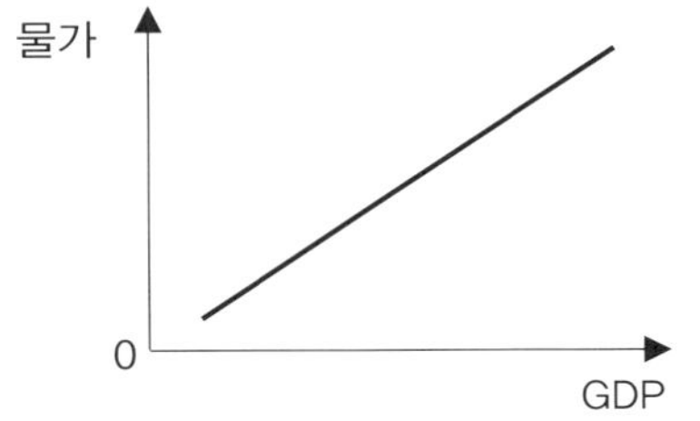

총공급 곡선

2) 총수요와 총공급의 균형과 불균형

총수요와 총공급이 균형일 때와 불균형일 때 발생하는 경제 현상은 다음과 같이 정리된다.

구분		영향
균형	총수요=총공급	균형 국민소득과 균형 물가 수준이 결정됨
불균형	총수요>총공급	재고 감소, 생산 증가 ➡ 물가 상승
	총수요<총공급	재고 증가, 생산 감소 ➡ 실업 증가

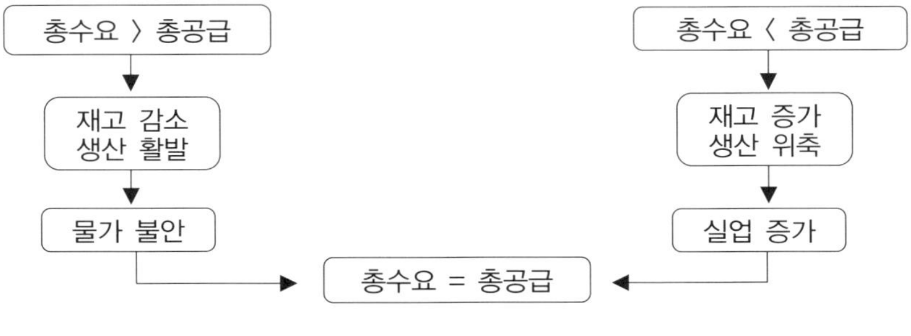

3) 총수요와 총공급의 변동

총수요와 총공급은 각각 다른 원인에 의해 변동한다. 총수요는 주요하게 민간 소비와 투자, 정부 지출의 변화에 의해 변동하며, 총공급은 임금과 원자재 가격의 변화, 생산기술의 향상 등에 의해 변동한다.

구분	원인	영향
총수요의 변동	• 민간 소비와 투자의 변화 • 정부 지출의 변화	• 총수요 증가 ➡ 국민소득 증가(실업률 하락), 물가 상승 • 총수요 감소 ➡ 국민소득 감소(실업률 증가), 물가 하락
총공급의 변동	• 임금과 원자재 가격의 변화 • 생산 기술의 향상	• 총공급 증가 ➡ 국민소득 증가(실업률 하락), 물가 하락 • 총공급 감소 ➡ 국민소득 감소(실업률 증가), 물가 상승

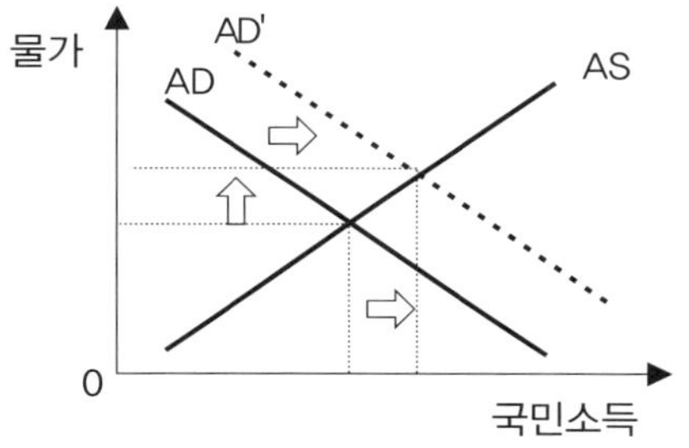

총수요 증가

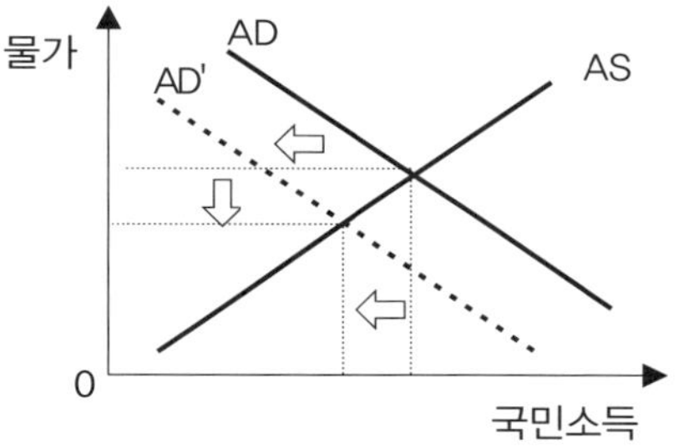

총수요 감소

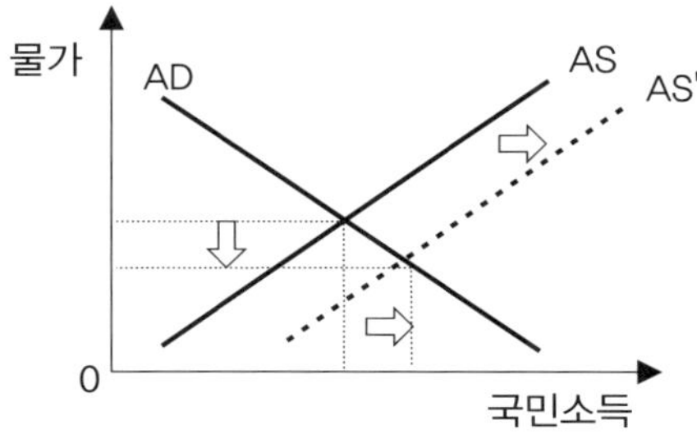

총공급 증가

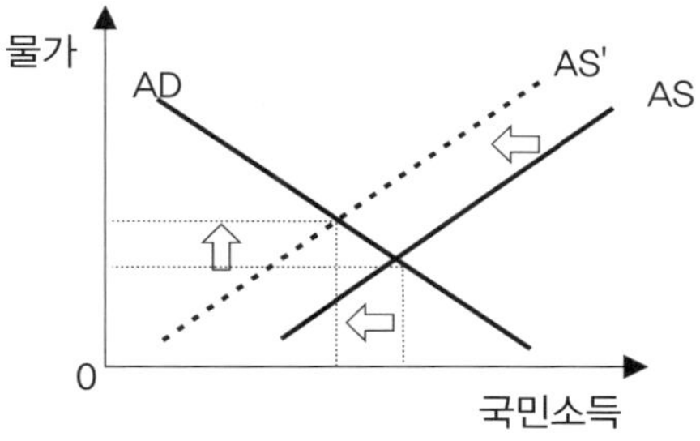

총공급 감소

제 3 절 경기 변동

1 경기 변동과 경기 순환

1) 경기와 경기 순환

국민경제의 총체적인 활동 수준을 경기라고 하며, 경기 순환은 경기가 일정한 주기로 활성과 위축을 반복하는 현상을 말한다. 경기는 장기적으로 확장, 후퇴, 수축, 회복의 과정을 반복하는데, 단순화하면 확장 국면(회복기와 호경기)과 수축 국면(후퇴기와 불경기)으로 나눌 수 있다.

호경기는 경기가 정점까지 계속 상승하는 시기이며, 생산과 투자, 소비가 지속적으로 증가한다. 그리고 재고가 감소하고 투자 활동이 증대해 임금과 물가가 빠른 속도로 상승하게 된다.

후퇴기는 경기가 정점을 지나 하강하는 시기다. 생산 감소, 일자리 감소, 소득 감소 등의 현상이 발생한다.

불경기는 경기 침체가 가속화돼 저점을 향하는 시기이며, 투자가 위축되고 생산 활동이 저조해진다. 그리고 재고 누적, 기업 도산 증가, 실업자 급증 등의 문제점이 나타난다.

회복기는 경기 침체에서 벗어나 조금씩 나아지는 시기다. 이때에는 투자 증가로 인해 생산량이 증가하고 일자리도 증가하게 된다. 실업 감소, 고용과 소득의 증가, 소비 지출 증가 등의 현상이 나타난다.

경기	생산	실업	고용소득	물가 임금	주가	재고
호경기	최고	최소	최고	최고	최고	최소
후퇴기	감소	증가	감소	하락	하락	증가
불경기	최저	최대	최저	최저	최저	최고
회복기	증가	감소	증가	상승	상승	감소

앞의 표는 이러한 경제 현상을 경기별로 정리한 것이다.

2) 경기 순환의 유형

경기 순환에는 콘트라티에프 파동(Kontratieff Cycle), 쿠즈네츠 파동(Kuznets Curve), 주글라 파동(Juglar Wave), 키친 파동(Kitchin Cycle) 등이 있다. 각각의 경기 순환은 서로 다른 주기를 갖고 있으며, 각각의 다른 원인과 특징을 갖고 있다. 이를 정리하면 아래의 표와 같다.

유형	주기	원인과 특징
콘트라티에프 파동	약 50년	기술 혁신, 전쟁이나 혁명 등 주요 사회 변동
쿠즈네츠 파동	약 20년	인구 증가율의 변동과 이에 따른 경제 성장, 건축 투자의 변동(건축 순환)
주글라 파동	10~12년 (주순환)	19세기 중엽 이후 서유럽에서 나타난 파동, 기업 설비 투자의 변동
키친 파동	3~4년 (소순환)	대부분의 나라에서 뚜렷하게 나타나고 있는 파동, 재고의 변화, 이자율의 변화

이 중에서 주글라 파동과 키친 파동에 대해 상술하면 다음과 같다. 주순환은 주로 기업의 설비 투자의 변동으로 일어나는 중기 파동을 일컫는다. 설비 순환이라고도 하는 주글라 파동은 프랑스 경제학자 주글라(Clement Juglar)가 영국, 프랑스, 미국의 주기적인 경기 침체를 규명하기 위해 1803년부터 1882년 사이의 가격, 이자율, 중앙은행 잔고 등의 시계열 자료를 분석한 결과 일정한 주기에 걸쳐 호황, 침체, 파산 등 3단계의 현상이 반복되는 것을 발견한 것이다. 이것이 주글라 파동으로서 주순환이라고도 한다.

소순환은 키친(Joseph Kitchin)이 발견한 단기 파동을 말하며, 1890~1922년 사이의 영국과 미국의 어음 교환액·도매 물가·이자율의 변동을 분석해 40개월을 주기로 하는 단기 파동이 존재함을 알게 됐다.

주순환이 설비 투자의 변동을 중심으로 하고 있는데 반해, 소순환은 시장의 예상과 현실의 매출의 불일치에서 오는 재고 투자의 순환적 변동에 의해 발생하는 것으로 설명되고 있다.

2 경기 변동의 원인

경기 변동의 원인은 총수요와 총공급의 변동이라고 할 수 있다. 즉, 총수요의 증가 혹은 감소, 총공급의 증가 혹은 감소에 의해 경기가 변동한다고 하겠다.

총수요의 증가는 민간 및 정부 지출의 증가, 수출의 증가를 말하는 것이며, 이에 따라 생산·고용·소득 증가와 물가 상승이 일어난다. 총수요의 감소는 민간 및 정부 지출의 감소, 수출의 감소를 말하며, 생산·고용·소득 감소·물가 하락으로 나타난다.

총공급의 증가는 기술 혁신, 원자재 가격의 하락을 말하며, 이에 따라 생산 증가·물가 하락 등이 나타난다. 총공급의 감소는 임금과 이자율 상승, 원자재 가격의 상승에 의해 일어나며, 생산 감소·물가 상승 등이 나타난다.

총수요가 총공급보다 많으면, 호경기가 발생하고 이에 따라 물가가 상승한다. 이와 반대로 총수요가 총공급보다 적으면, 불경기가 발생하고 물가는 하락한다.

1970년대 이후 우리나라의 경기 순환은 약 50개월이며 이 중에서 확장기(회복기와 호경기)는 31개월, 수축기(후퇴기와 불경기)는 18개월로 확장기가 수축기에 비해 긴 것으로 나타났다.

3 주요 경기 지표

경기의 상태를 알 수 있는 경기 지수에는 다양한 형태가 있다. 이 중에서 종합 경기 지수는 국민경제의 각 부분을 대표하고 경기에 민감하게 반응하는 각종 경제 지표들을 선정한 후에 이를 가공하고 종합해 작성하게 되는데, 경기 선행 지수, 경기 동행 지수, 경기 후행 지수 등으로 구별한다. 각각의 지수에 대한 설명은 다음의 표와 같다.

경기 선행 지수	• 보통 3~10개월 후의 경기 동향을 예측하는 지표 • 중간재 출하 지수, 내구 소비재 출하 지수, 건축 허가 면적 등
경기 동행 지수	• 조사 시점의 경기 수준을 나타내는 지표 • 노동 투입량, 산업 생산 지수, 제조업 가동률 지수 등
경기 후행 지수	조사 시점으로부터 3~10개월 전의 경기 상황을 나타낸 지표

경기 선행 지수에는 구인·구직 비율, 제조업 재고순환 지표, 소비자 기대 지수, 기계 수주액, 자본재 수입액, 건설 수주액, 종합주가 지수, 총유동성, 장단기 금리차, 순상품 교역 조건 등이 있다. 경기 통행 지수는 비농가 취업자 수, 산업생산 지수, 제조업 가동률 지수, 건설 기성액, 서비스업 활동 지수(도소매업 제외), 도소매액 판매액 지수, 내수출하 지수, (실질)수입액 등이 포함한다. 경기 후행 지수에는 제조업 이직자 수, 상용근로자 수, 생산자 제품 재고 지수, 도시가계 소비지출, 소비재수입액, 회사채 수익률 등이 있다.

한편, 종합 경기 지수 이외에도 다양한 형태의 체감지표가 있다. 즉, 기업이나 소비자 등 경제 주체들의 경제에 대한 심리 상태를 조사해 나타낸 자료로서 체감지표라고 한다. 대표적으로 기업 경기 실사 지수, 소비자 동향 지수 등이 포함된다. 자세한 설명은 아래의 표와 같다.

기업 경기 실사 지수 (BSI)	• 현재의 경기가 전기에 비해 호전되었는지 아니면 악화됐는지에 대한 기업가들의 전망을 알아보는 지표 • $\frac{(\text{긍정적 응답 기업 수} - \text{부정적 응답 기업 수})}{\text{전체 응답 기업 수}} \times 100 + 100$ • 지수가 100을 넘으면 긍정적이고 넘지 않으면 부정적임.
소비자 동향 지수 (CSI)	• 소비자의 현재와 장래의 재정 상태, 소비자가 보는 경제 전반의 상황과 물가, 구매 조건 등에 대해 설문 조사를 실시하고 그 결과를 지수로 환산해 나타낸 지표 • 소비자 평가 지수: 6개월 전과 비교한 소비자들의 평가 수준 • 소비자 기대 지수: 앞으로 6개월 후의 소비자들의 기대 수준

제 4 절 경제안정화정책

1 경제안정화정책의 의미와 한계

경제안정화정책은 정부가 경제 상황에 맞춰 경제를 안정화시키기 위해 펼치는 정책을 말한다. 이때 경제의 안정화는 물가의 상승을 억제하고 실업을 해소하는 것을 의미한다. 즉, 정부가 물가 상승과 실업 문제를 해결하기 위해 정책 수단을 사용하는 것을 말하는 것으로서, 국민경제를 완전 고용에 가까운 수준에 이르게 하면서 물가를 안정된 상태에 접근하도록 하는 정책이다.

이러한 경제안정화정책은 경기 상황별로 다른 정책 수단을 사용하는데, 각 시기별 정책의 내용은 다음의 표와 같다.

구분	시행 시기	내용	효과
확장 정책	경기 침체 시	• 재정 확장정책: 세입 감소, 세출 확대 ➡ 총수요 증가 • 통화 확장정책: 금리 인하, 자금 방출 ➡ 통화량 증가	경기 확장
긴축 정책	경기 과열 시	• 재정 긴축정책: 세입 증가, 세출 축소 ➡ 총수요 감소 • 통화 긴축정책: 금리 인상, 자금 회수 ➡ 통화량 감소	경기 진정

국민경제는 양대 과제를 갖고 있다고 할 수 있다. 물가 안정(안정)과 실업 해소(성장)다. 하지만 경제 성장과 물가 안정 간에는 상충 관계가 존재하기 때문에 동시 달성이 어렵다. 이에 따라 경제적 선택의 문제가 발생한다. 실업을 줄이기 위해 확장정책을 시행하게 되면 어느 정도의 물가 상승을 감수해야 하고, 물가를 안정시키기 위해 긴축정책을 시행하게 되면 어느 정도의 실업 증가를 감수해야 한다. 이는 경제정책에서 경제 목표의 상충(trade-off) 관계라고 한다.

이러한 상충 관계를 잘 나타낸 것이 필립스 곡선이다. 임금 상승률과 실업률 사이에 있는 역(逆)의 상관 관계를 나타낸 곡선이다. 필립스(A. W. Phillips)는

1861~1975년에 영국의 시계열 자료를 토대로 임금 상승률과 실업률 간의 일정한 함수 관계를 발견했다. 실업률과 임금 상승률이 역의 상관 관계에 있다는 것이다. 즉, 필립스 곡선이란 실업과 화폐 임금의 상승률과의 관계를 도표로 나타낸 것으로, 각국은 자국 고유의 필립스 곡선을 갖게 된다. 근래에 와서는 임금 상승률 · 실업률보다는 물가 상승률 · 실업률의 관계로 보는 것이 일반적이다. 실업률이 낮을수록 물가 상승률이 높고, 반대로 물가 상승률이 낮을수록 실업률은 높다. 다시 말하면 물가 안정과 완전 고용이라는 두 가지 경제 정책 목표는 동시에 달성될 수 없으며, 어느 한쪽의 달성을 위해서는 다른 한쪽을 희생해야 한다.

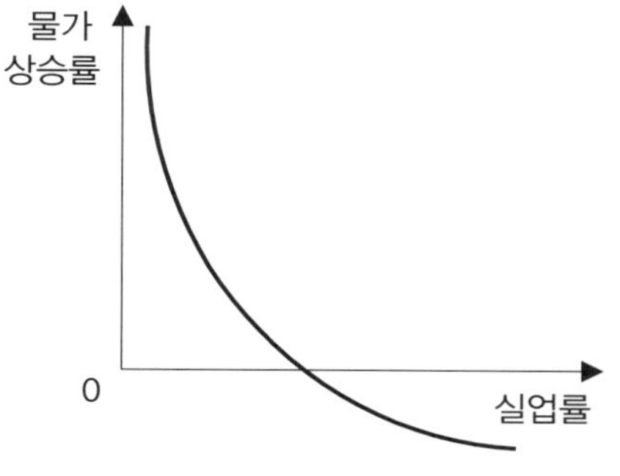

필립스 곡선

한편, 경제정책을 사용할 때 어려운 상황이 있는데, 소위 말하는 스태그플레이션(stagflation) 현상이 발생한 경우다. 이는 경기 침체에도 불구하고 물가가 오히려 오르는 현상으로, 1970년대 석유 파동 시에 등장한 용어로서 이러한 인플레이션의 원인을 총공급의 감소로 설명하고 있다. 이러한 스태그플레이션 상황에서는 경제 정책의 효과가 나타나기 어렵다.

2 재정정책

재정정책은 정부가 세입과 세출을 조정해 경제의 안정적 성장을 도모하는 정책이다. 크게 세입정책과 세출정책으로 구별한다. 세입정책은 정부 수입(세입)의 조절을 통해 의도하는 효과를 달성하기 위한 정책이고, 세출정책은 정부 지출(세출)의 조절을 통해 의도하는 효과를 달성하기 위한 정책이다.

각각의 재정정책의 예상 효과는 다음과 같다.

구분		가처분 소득	소비와 투자	총수요	경제 활동
세입정책	세율 인상	감소	감소	감소	위축
	세율 인하	증가	증가	증가	확대
세출정책	세출 증가	증가	증가	증가	확대
	세출 감소	감소	감소	감소	위축

재정정책은 흑자 재정정책과 적자 재정정책으로 구별할 수 있는데, 재정 수입이 재정 지출보다 많은 경우 흑자 재정 상태가 되는 정책을 흑자정책이라고 하며, 흑자 재정정책은 경기 과열 시 정부가 경기를 안정시키기 위한 경우에 시행된다. 한편 적자 재정정책은 재정 수입보다 재정 지출이 많은 경우이고, 적자 재정정책은 경기를 부양하기 위한 경우에 시행한다.

경제정책 목표에 따라서 사용하는 재정정책의 구체적인 수단은 다음과 같다.

경제 안정화	• 경기 침체 시: 세입을 줄이고 세출을 늘려서 경기를 회복시킴. • 경기 과열 시: 세입을 늘리고 세출을 줄여서 경기를 안정시킴.
경제 발전	• 세입: 조세를 감면해 투자와 저축 증대를 유도함. • 세출: 연구 개발, 사회 간접 자본에 투자 등
소득 재분배	• 세입: 상속세 등의 직접세에 누진세 적용, 사치품에 고율의 개별 소비세 부과 • 세출: 사회보장비 지출 확대
자원 배분	• 세입: 생활필수품의 세율 인하, 사치품의 세율 인상으로 자원이 사치품에서 생활필수품으로 전용되게 함. • 세출: 특정 부문에 정부 지출을 확대해 자원이 특정 부문으로 집중

3 통화정책

통화정책은 중앙은행이 통화량이나 이자율 조정을 통해 경제의 안정적 성장을 도모하려는 정책이다. 일반적 통화정책 수단에는 지급준비율 정책, 재할인율 정책, 공개시장 조작 정책 등이 있다. 이러한 수단을 간접규제 수단, 양적 조절 수단이라고 한다. 이와는 달리 선별적 통화정책 수단이 있는데, 이러한 수단을 직접규제 수단, 질적 조절 수단이라고 한다.

경기 상황에 따라 통화정책을 다르게 사용할 수 있는데, 다음의 표와 같이 정리할 수 있다. 즉, 경기 과열 시에는 통화 긴축, 경기 침체 시에는 통화 확장정책을 사용한다.

시기	종류	수단
경기 과열 시	통화 긴축정책	금리 인상, 지급준비율 인상, 국·공채 매각 ➡ 물가 안정
경기 침체 시	통화 확장정책	금리 인하, 지급준비율 인하, 국·공채 매입 ➡ 경기 회복

1) 일반적 통화 정책 수단

일반적 통화정책 수단에는 지급준비율 정책, 재할인율 정책, 공개시장 조작 정책 등이 있다.

(1) 지급준비율 정책

지급준비율이란 은행이 고객으로부터 받아들인 예금 중에서 중앙은행에 의무적으로 적립해야 하는 비율을 말한다. 지급준비율제도는 본래 고객에게 지급할 돈을 준비한다는 고객 보호 차원에서 도입됐으나 지금은 통화정책의 주요 수단으로 활용되고 있다. 지급준비율 정책은 일반 은행의 지급준비금 비율을 조정해 통화량을 조절하는 것이다. 즉, 지급준비율을 인상하면 은행의 대출이 감소하고, 결국 통화량은 감소한다. 반대로 지급준비율을 인하하면, 은행의 대출이 증가하고 통화량이 증가한다.

(2) 재할인율 정책

재할인이란 예금 은행이 고객에게서 받은 상업 어음을 중앙은행에 제시해 자금을 차입하는 것으로서, 이때 중앙은행이 예금 은행에 대해 적용하는 이자율을 재할인율이라 한다. 결국, 재할인율 정책이란, 중앙은행이 일반은행에 제공하는 대출금에 대한 이자율을 조정해 통화량을 조절하는 것이다. 재할인율을 인상하면, 은행의 이자율이 상승하고, 은행의 대출 감소로 이어지면, 결국에는 통화량의 감소로 나타난다. 반대로 재할인율을 인하하면, 은행의 이자율이 하락하고 대출이 증가하며, 최종적으로 통화량은 증가한다.

(3) 공개시장 조작 정책

공개시장 조작에는 구매 조작과 판매 조작이 있다. 구매 조작은 중앙은행이 증권을 사들여 매입 대금을 치르는 일로서(중앙은행이 지불하는 돈은 모두 현금임), 그 대금은 증권 판매자의 거래 은행에 예금돼 그 은행의 현금 준비가 그만큼 증가한다. 판매 조작은 중앙은행이 증권을 팔아 매각 대금을 받는 일로서(중앙은행이 받는 돈은 모두 현금임), 그 대금은 증권을 사들인 자의 거래 은행 예금에서 지불돼, 그만큼 그 은행의 현금 준비가 감소한다. 즉, 공개시장 조작 정책은 중앙은행이 국·공채의 매매를 통해 통화량을 조절하는 것이다. 국·공채를 매각하면 시중 자금이 중앙은행으로 흡수돼 통화량이 감소하고, 국·공채를 매입하면 중앙은행 자금이 시중으로 방출돼 통화량이 증가한다.

2) 선별적 통화 정책 수단

특정 산업을 지원하고 특정 정책을 실현하기 위해 자금의 흐름을 직접적이고 질적으로 규제하는 강력한 금융정책을 선별적 통화정책이라고 하며, 대출한도제·이자율 규제 등이 속한다.

대출한도제는 대출액의 상한선을 설정하고 그 범위 안에서 대출해 주도록 하는 제도이며, 이자율 규제 정책은 시중은행의 저축 및 대출에 대한 이자율을 정하거나 그 상한선을 설정하는 정책이다.

제 5 절 소득 분배 지표

1 소득 분배의 의의

경제 성장의 과실이 고루 분배되지 못하고 특정 계층이나 소수에게 독점되는 성장은 불완전한 성장이다. 완전한 균등 분배는 가능하지도 않고 바람직하지도 않으며, 또한 소득불평등 정도가 심한 것도 정의롭지 않기 때문에 합리적인 소득불평등이 요구된다.

소득 분배란 경제 활동을 하고 있는 사회에서 분업에 의한 생산 과정을 통해 산출되는 생산물이나 소득이 사회 구성원 사이에서 분배되는 것이다. 소득 분배는 기본적인 경제 문제의 하나로, 해결 방법은 사회 경제의 방식이나 경제 체제에 따라 다르게 나타난다. 소득 분배는 개인적 분배와 기능적 분배로 구별하는데, 개인적 분배는 개개인 또는 개개 세대 사이의 분배이며, 기능적 분배는 생산 요소(노동, 토지, 자본) 등의 생산 과정에서 기능에 따른 분배를 의미한다.

국민의 평균 소득보다도 소득의 분배 상황이 국민 전체의 후생 수준을 결정한다. 이에 따라 소득불평등도 지수에 주목할 필요가 있다. 이는 현실의 분배 상태가 균등한 분배 상태에서 얼마나 떨어져 있는가를 객관적인 수치로 나타내 주는 지표다.

2 소득 분배 지표

1) 로렌츠 곡선

소득 분포의 불균등을 나타내기 위해 미국인 통계학자 로렌츠(M. O. Lorenz)가 고안해 낸 누적 도수 분포 곡선의 특수한 예다. 가로축에는 누적 인구의 비율을, 세로축에는 전체 소득 중의 점유 비율을 표시한 그래프로서 대각선에 가까울수록 평등한 분배를 나타낸다.

2) 지니 계수

로렌츠 곡선상에서 삼각형 면적에 대한 불평등 면적의 비율이다. 지니 계수는 0에서 1까지의 값을 지니며 작을수록 평등한 분배를 나타낸다. 즉, 0으로 갈수록 평등한 소득 분배를 의미하고, 1로 갈수록 불평등한 소득 분배를 의미한다.

3) 십분위 분배율

국민 전체를 소득 순으로 10단계로 나눠 가장 못사는 40%의 국민들이 차지하는 소득 점유율을 가장 잘사는 20%의 국민들이 차지하는 소득 점유율로 나눈 값이다. 값이 클수록 평등한 분배를 나타낸다.

$$10\text{분위 분배율} = \frac{\text{최하위 40\% 소득 계층의 소득 점유율}}{\text{최상위 20\% 소득 계층의 소득 점유율}}$$

4) 소득 5분위 배율

국민 전체를 소득 순으로 5단계로 나눠 가장 잘사는 20%의 국민들이 차지하는 소득 점유율이 가장 못사는 20%의 국민들이 차지하는 소득 점유율의 몇 배가 되는지를 나타내는 값이다. 값이 작을수록 평등한 분배를 나타낸다.

$$\text{소득 5분위 배율} = \frac{\text{최상위 20\% 소득 계층의 소득 점유율}}{\text{최하위 20\% 소득 계층의 소득 점유율}}$$

3 소득재분배정책

소득재분배정책은 정부의 정책 수단에 의해 소득 불평등의 문제를 해결하기 위해 사용하는 정책을 말한다. 특히 정부의 조세 및 지출, 공공부조 정책으로 소득의 불평등을 완화할 수 있다. 소득재분배정책에는 누진세제도, 부의 소득세제, 공공부조정책 등이 있다.

누진세제도는 소득이 많을수록 높은 세율을 적용해 소득 격차를 완화하는 제도다. 부(−)의 소득세제는 아주 가난한 사람들에게 오히려 정부가 돈을 지급하는 제도로서 소득재분배 효과가 크다. 공공부조 정책은 생활 무능력자의 최저 생활을 보장해 주는 사회보장제도로서 소득재분배 효과가 크다.

정부는 세입 측면에서 누진세제도, 상속세 및 증여세 강화, 직접세 비중의 증대 등을 할 수 있으며, 세출 측면에서 사회보험과 공공부조 등 사회보장제도 확충, 최저임금제 등을 실시할 수 있다.

한편, 잘못된 소득재분배정책은 경제의 전반적인 효율성 저하, 근로 의욕의 감퇴, 복지병의 문제 발생, 정부의 재정 부담 가중 등의 부작용을 발생시킬 수 있다.

참고 문헌

이윤재(2011). 시사와 함께하는 거시경제학. 탑북스.

이준구(2012). 경제학 들어가기. 법문사.

Krugman, Paul (2014). 크루그먼의 경제학(제3판), 시그마프레스.

Mankiw, N. Gregory (2014). 거시경제학(제8판). 시그마프레스.

제 5 장 국제경제학

제 1 절 세계화와 국제무역

1 세계화와 국제무역의 필요성

1) 세계화

20세기 중반 이후 교통과 통신이 급속히 발전하면서 국가와 국가 사이의 군사, 정치, 경제, 문화적 경계인 국경의 의미가 약화되고 있다. 이러한 현상을 설명하는 용어로 국제화, 세계화, 세방화 등의 용어가 사용되고 있다. 국제화(internalization)는 국민국가(nation-state)[1]의 단위에서 정치, 경제, 사회, 문화적인 교류가 증대되는 현상을 의미한다. 특히 육상, 해상, 항공 운송과 관련된 교통기술이 발달함에 따라 경제적 측면에서 국가 간의 교역이 급격히 증가하고, 국가 간 의존성이 더욱 확대되고 있다. 20세기 후반 이후에는 교통기술과 함께 인터넷, 무선전화 등 통신기술이 급속히 발전함에 따라, 국민국가 단위의 교류뿐만 아니라 기업, 국제기구, 지

1) 공통의 사회·경제·정치 생활을 영위하고 공통언어·문화·전통을 지닌 국민공동체를 기초로 해서 성립된 국가를 말한다. 역사적 관점에서 볼 때, 근대 유럽에서 시민혁명을 거쳐 형성된 근대국가를 지칭하는 의미로 많이 사용되며, 민족국가(民族國家)와 유사한 의미로 사용되기도 한다(이종수, 2009).

방정부, 비정부조직 및 개인 단위에서도 국경을 넘어서는 정치, 경제, 사회, 문화적 교류가 매우 활발해지는 세계화(globalization)가 진행되고 있다.

경제적 측면에서 세계화는 모든 국가 사이에 존재하는 국경이 약화됨에 따라 다양한 행위자들이 국경을 넘나들면서 상품과 서비스의 교류를 확대해 가고 있는 것을 의미한다. 이는 구체적으로 다양한 경제 주체들의 자유로운 경제 활동을 제약했던 국경과 이로 인한 관세장벽 및 비관세장벽이 점진적으로 소멸되는 것을 의미한다. 따라서 부분적으로 지역 중심의 경제 통합, FTA 등을 통해 세계화를 달성한 국가들 사이에는 사실상 경제 활동의 국경이 소멸돼, 국내에서 거래하는 것과 동일한 시장경제 활동이 이뤄지게 된다고 볼 수 있다.

세방화(glocalization)란 세계화와 지방화(localization)를 합성한 단어로 세계화를 지향하면서도 지역적 특성을 동시에 고려하는 전략을 의미한다.[2] 지방정부나 기업은 세계화가 진행되는 과정에서 세계적인 표준(global standard)을 맞춰 가는 동시에 지방 또는 지역의 고유한 특성을 동시에 고려하는 전략을 통해 기업 및 지역 발전을 추구하고 있다.

경제학의 원론적 측면에서 세계화는 인간들의 경제 활동을 자급자족 경제에서 자국 내 교환경제로, 자국 내 교환경제에서 국가 간 교환경제로, 국가 간 교환경제에서 전 지구적 교환경제로 확대시켜 나가고 있다고 볼 수 있다. 시장을 매개로 한 교환경제의 확대는 전 지구적 단위에서 분업과 전문화를 촉진시킴으로써 전체 국가들의 부(富)를 증진한다고 볼 수 있다.[3]

그러나 이러한 세계화의 진전은 다양한 부작용을 발생시키기도 한다. 특히 세계화는 국가 간, 개인 간 소득의 불균형을 심화시키고, 기술적 우위를 확보한 선진국의 패권적 지배를 강화하며, 일부 국가들의 경우 식량·문화 등과 관련된 주권이 침해를 받을 수 있다.

2012년 우리나라의 무역의존도는 94.5%에 이른다. 이는 OECD 국가 중에서 가장 높은 수준이다. 무역의존도는 전체 국내총생산(GDP) 대비 수출입 총액의 비중을 의미한다. 부존자원이 부족하고, 국내 시장 규모가 작은 우리나라가 세계에서

---

2) 세계화는 지구상에 존재하는 모든 국가들의 다양한 규범이 하나의 규범의 일원화 또는 수렴하는 현상을, 지방화는 지역적 특성을 중심으로 다양한 규범을 형성하는 분산(diversion)하는 현상을 의미한다고 볼 수 있다.

3) 이러한 입장은 주류경제학의 주장으로 신자유주의(neo-liberalism)로 불린다.

15위 수준의 경제 규모로 성장할 수 있었던 것은 모두 무역에 힘입은 결과다. 향후에도 우리나라가 지속적인 경제 발전을 이룩하기 위해서는 세계 시장을 상대로 기술력을 바탕으로 더 좋은 상품과 서비스를, 더 낮은 가격에 생산해 수출할 수 있어야 한다. 이러한 측면에서 자유무역의 확대는 해외 기업의 국내 시장 잠식이라는 위협이기도 하지만, 국내 기업의 해외 시장 확대라는 기회를 제공해 준다고 볼 수 있다.

참고 무역의존도

한 나라의 경제가 무역에 얼마나 의존하고 있는가를 나타내는 지표로, 수출의존도는 국민총생산(또는 국민소득)에 대한 수출액의 비율을, 수입의존도는 국민총생산(또는 국민소득)에 대한 수입액의 비율을 말한다. 따라서 무역의존도는 일정한 기간(보통 1년)에 있어서 국민총생산에 대한 수출입 총액의 비율을 의미한다.

무역의존도 =[무역액(수출액 + 수입액)] ÷ 국민총생산(또는 GNP)

한 나라의 무역의존도는 그 나라 경제 규모의 절대적 크기나 경제 발전의 정도 등의 산업구조의 발전 여하에 따라 크게 좌우되며, 무역의존도가 크다는 것은 무역이 외국의 경기 변동 등 경제 사정에 따라 좌우될 수 있어 국민경제가 그만큼 불안정하다는 것을 의미하기도 한다. 이러한 무역의존도는 구조변동기에는 변화가 심하지만 보통 단기적으로는 비교적 안정된 수치를 나타낸다.

2) 국제무역의 의의와 필요성

(1) 국제무역의 의의

국제무역이란 국가 간에 이뤄지는 재화와 서비스의 거래를 의미한다. 즉, 국제무역은 재화와 서비스가 거래되는 시장이 국내 시장에서 해외 시장으로 확대되는 것을 의미한다. 그러나 국제 거래는 국내 거래와 물리적 · 사회경제적 측면에서 상당한 제약이 따르게 된다. 이러한 제약은 경제적 거래에서는 불확실성 또는 위험이 더 증가하는 것을 의미한다.

국제 거래는 물리적으로 생산물의 이동성에 제한을 받게 된다. 가까운 국가들 사이에서는 수송비가 크게 증가하지 않지만, 멀리 떨어져 있는 국가들 사이에 거래가 이뤄지기 위해서는 육상 · 해상 · 항공 등을 통한 수송비용이 발생하게 된다.

그러나 이러한 수송비용의 문제는 급속한 교통 기술의 발달로 상당 부분 해소되고 있다. 이에 따라 국제 거래에서 물리적 제약 조건보다 더 중요한 것은 각국이 지니고 있는 서로 다른 사회경제 시스템을 극복하는 것이라 할 수 있다. 특히 국경을 넘어서는 거래에 대해 관세 또는 비관세 장벽을 통해 자국 산업을 보호하거나, 특정한 재화와 서비스의 거래를 아예 금지시키는 규제 등이 국제 거래의 중요한 제약 요인이 되고 있다.

그러나 이러한 제약 요인에 대해서도 1980년대 이후 세계화가 진전되고, 각국이 무역에 대한 규제를 완화하면서 국제 거래가 지속적으로 증가하고 있다. 특히 특정 국가 사이에 자유무역협정(FTA)을 체결한 경우에는 사실상 경제적 거래에 대해서는 국제 거래와 국내 거래 사이에 사회경제적 제한이 거의 소멸된다고 볼 수 있다.

국제 거래는 일국의 관점에서 볼 때, 국경을 중심으로 수출과 수입으로 구분될 수 있다. 일반적으로 수출은 국내에서 생산된 재화와 서비스가 국외로 유출되고, 대신에 화폐가 국내로 유입되는 거래를 말한다. 반대로 수입은 국외에서 생산된 재화와 서비스가 국내로 유입되고, 대신에 화폐가 국외로 유출되는 거래를 말한다.

〈우리나라 주요 수출 · 수입 품목〉

수출품	수입품
자동차	원유
반도체	전자기기
선박	기계
무선통신기기	정보통신기기
컴퓨터	의약품
석유화학제품	카카오
섬유	화학공업 원료
철강	밀
가전제품	철금속

(2) 국제무역의 필요성

국제무역은 경제원론의 입장에서 국가 간 분업과 전문화를 확대함으로써 사회적 후생을 증대시킨다. 이는 시장을 매개로 교환이 이뤄짐으로써 사회적 후생이 증가하는, 즉 시장에 참여하는 모든 사람이 이익을 보게 되는 원리가 국가 경계를 넘어서도 적용된다는 것을 의미한다. 시장에 참여하는 주체로서 생산자는 이윤극대화를 위해, 소비자는 효용극대화를 위해 최선의 노력을 한다. 이들은 특정 재화와 서비스에 대해 생산자로서, 다른 재화와 서비스에 대해서는 소비자로서 시장에 참여해 교환을 하게 된다. 이렇게 시장경제가 작동됨에 따라 사회의 모든 구성원은 자급자족 경제보다 더 큰 이익을 누리게 되는 것이다.

국제무역은 이러한 시장경제의 원리가 국내 시장의 경계를 넘어 타국까지 적용된다는 것을 의미한다. 국제무역에 참여하는 전체 국가의 사회적 후생이 증가하게 되는 것이다. 따라서 더 나은 경제적 상황을 소망하는 국가들은 국제무역에 참여하게 된다. 특히 후술하게 될 비교 우위의 원리는 모든 제품에 대해 생산성이 떨어지는 국가일지라도 무역에 참여함으로써 이익을 향유할 수 있음을 논리적으로 보여주고 있다.

2 국제무역의 원리

1) 절대우위론

서구 유럽은 15세기 이후 18세기까지 중상주의에 기초한 경제정책을 추구했다. 중상주의란 국가가 보유한 금과 은 같은 귀금속(화폐)을 국부로 간주했고, 국가가 수출을 촉진함으로써 나라를 부강하게 할 수 있다고 믿는 사상이다. 이는 기본적으로 국가 간의 경제적 관계를 제로섬게임으로 보는 것으로 수출입 차이를 확대함으로써 국부를 증대시킬 수 있다는 입장이다. 중상주의의 관점에서 보면, 국제무역을 통해 특정 국가가 이익을 보게 되면, 상대 국가는 손해를 보게 된다.

그러나 스미스(A. Smith)는 『국부론』에서 절대생산비설을 통해 국제무역이 무역에 참여하는 모든 국가에 이익이 될 수 있다는 주장을 펼치면서 자유무역주의를 주창하게 된다. 예를 들어, A국과 B국이 각각 옷과 포도주를 생산하고 있다고 가정하자. A국은 포도주와 옷 각각 1단위를 생산하는 데 각각 1명, 6명의 노동이 필요한 반면, B국은 각각 6명, 4명의 노동이 필요하다고 하자. 이때 양 국가는 생산비의 측면에서 A국은 포도주를 생산하는 데, B국은 옷을 생산하는 데 절대적인 우위(absolute advantage)를 지니고 있게 된다. 양국이 국제무역에 참여해 A국은 옷에, B국은 포도주에 특화해 생산하고, 이를 국제시장에서 교환을 하게 되면 양국은 모두 이익을 누리게 된다.[4)]

구체적인 교환의 이익은 무역 전후의 상태를 비교해 봄으로써 도출된다. 무역 이전에 양국은 모두 포도주 10병, 옷 10벌을 생산, 소비하고 있었다고 가정하자. 이는 A국의 노동이 70명, B국의 노동이 100명임을 의미한다. 이제 절대우위론에 기초해 A국은 포도주만 생산할 경우, 70병의 포도주를 생산하게 된다. B국은 25벌의 옷을 생산하게 된다. 이후 국제무역을 통해[5)] A국과 B국 사이에 포도주 10병과 옷 10벌을 교환할 경우, A국은 포도주 60병과 옷 10벌을, B국은 포도주 10병과 옷 15벌을 소비할 수 있게 된다. 결국 무역 이전과 비교할 때, A국은 포도주 50병을, B국은 옷 5벌을 더 소비할 수 있는 이익을 누리게 되는 것이다.[6)]

〈절대우위론에 기초한 무역의 이익〉

	무역 이전				무역 이후				무역 후 이익
	생산		소비		생산		소비		
	포도주	옷	포도주	옷	포도주	옷	포도주	옷	
A국	10병	10벌	10병	10벌	70병	0벌	60병	10벌	포주도 50병
B국	10병	10벌	10병	10벌	0병	25벌	10병	15벌	옷 5벌

스미스의 절대생산비설에 기초하면, 국제무역은 단순히 일방 국가에만 이익을 주는 것이 아니라, 모든 국가에 이익을 줄 수 있는 것이다. 또한 각국은 절대생산비의 관점에서 우위에 있는 상품의 생산에 집중하고, 열위에 있는 상품과 교환하면 모두 국제무역의 편익을 누리게 된다. 이는 양국의 경제적 관계가 영합게임(zero-sum game)의 상황이 아니라 정합게임(positive-sum game)의 상황에 처하게 됨을 의미한다. 이러한 관점에 서게 될 경우, 국제무역은 특정 국가의 손실을

4) 이론적 측면에서는 여기에 양국의 노동 동질성, 완전고용, 생산 수단의 산업 간 자유 이동 등이 전제돼야 한다.

5) 두 생산물의 교환은 1:1로 이뤄진다고 가정한다.

6) 이러한 무역의 이익은 굳이 국제무역이 아니라도 모든 교환을 통해 가능한 시장경제 논리의 확장이라 할 수 있다.

전제로 자국의 이익을 증대하는 것이 아니라, 양국의 이익을 동시에 증대시키는 경제정책이 되는 것이다.

그러나 스미스의 절대생산비설 또는 절대우위론은 한 나라가 두 상품에 대해 모두 절대적 우위를 지니고 있는 경우에 이뤄지는 국제무역을 논리적으로 설명할 수 없는 한계를 지니고 있다.

2) 비교우위론

스미스의 절대우위론에 의하면 국제무역에 참여하는 양국은 절대 우위가 있는 재화나 서비스가 있는 경우에만 생산의 특화와 생산물의 교환을 통해 이익을 누릴 수 있다. 그러나 리카도(David Ricardo)는 양국이 특정 상품에 대해 절대적 우위가 없더라도, 교역을 통해 양국이 모두 이익을 향유할 수 있다는 이론을 제시함으로써 자유무역의 기초를 더욱 확고히 했다. 즉, 리카도는 생산비에 대해 절대 우위가 있어야만 교역이 이뤄지는 것이 아니라, 상대 우위적 우위(comparative advantage)만 있어도 교역을 통해 양국이 이익을 누릴 수 있다고 주장한다.

예를 들어, A국과 B국이 각각 옷과 포도주를 생산하고 있다고 가정하자. A국은 포도주와 옷 각각 1단위를 생산하는 데 각각 1명, 2명의 노동이 필요한 반면, B국은 각각 6명, 4명의 노동이 필요하다고 하자. 이때 포도주와 옷에 대한 절대 우위는 모두 A국이 가지게 되고, 절대우위론에 기초한 국제교역은 이뤄질 수 없다. 그러나 비교우위론에 기초할 때, 양국은 상대적인 비교 우위에 있는 상품의 생산에 특화를 하고, 이후 교역을 통해 생산물을 교환함으로써 모두 사회적 후생이 증가하게 된다. 먼저 비교 우위의 판단은 생산비(기회비용)의 비교를 통해 가능하다. 포도주의 경우, A국은 옷의 1/2배, B국은 옷의 6/4배의 비용으로 생산한다. 옷의 경우, A국은 포도주의 2배, B국은 포도주의 4/6배의 비용으로 생산한다. 결국 두 상품의 상대적인 생산비를 비교할 때, 포도주는 A국이, 옷은 B국이 상대적으로 더 낮은 비용으로 생산할 수 있다는 것을 의미한다. 이에 따라 A국은 포도주를 생산하고, B국은 옷을 생산해, 이후 생산물을 국제적으로 교환할 경우, 양국은 모두 무역을 통한 이익의 증가를 누리게 된다.

구체적인 교환의 이익은 무역 전후의 상태를 비교해 봄으로써 도출된다. 무역 이전에 양국은 모두 포도주 10병, 옷 10벌을 생산, 소비하고 있었다고 가정하자. 이는 A국의 노동이 30명, B국의 노동이 100명임을 의미한다. 이제 비교우위론에 기초해 A국은 포도주만 생산할 경우, 30병의 포도주를 생산하게 된다. B국은 25벌의 옷을 생산하게 된다. 이후 국제무역을 통해[7] A국과 B국 사이에 포도주 10병과 옷 10벌을 교환할 경우, A국은 포도주 20병과 옷 10벌을, B국은 포도주 10병과 옷 15벌을 소비할 수 있게 된다. 결국 무역 이전과 비교할 때, A국은 포도주 10병을, B국은 옷 5벌을 더 소비할 수 있는 이익을 누리게 되는 것이다.

〈비교우위론에 기초한 무역의 이익〉

	무역 이전				무역 이후				무역 후 이익
	생산		소비		생산		소비		
	포도주	옷	포도주	옷	포도주	옷	포도주	옷	
A국	10병	10벌	10병	10벌	30병	0벌	20병	10벌	포도주 10병
B국	10병	10벌	10병	10벌	0병	25벌	10병	15벌	옷 5벌

3 국제무역과 정책

1) 자유무역 정책의 효과와 한계

자유무역주의(free trade movements)란 국가 간의 교역이 국가 권력에 의한 간섭 없이 자유롭게 이뤄지도록 해야 한다는 주장이다. 이러한 사조는 19세기에 중상주의에 대한 반발로 시작됐고, 이론적으로는 스미스(A. Smith)의 절대우위론과 리카도(D. Ricardo)의 비교우위론을 통해 확립됐다. 각국은 국가 간 교역이 자유롭게 이뤄지도록 규제와 통제를 철폐해야 상호간에 이익을 증대시킬 수 있다는 주장이다. 이는 국가가 수출은 확대하는 한편, 수입은 최소화해 수출입 차액을 확대함으로써 국부를 증대해야 한다는 영합게임에 입각한 중상주의에 대치되는 이념이다. 즉, 자유무역주의는 기본적으로 영합게임이 아닌 정합게임으로서 무역에 참여하는 모든 국가가 함께 이익을 누릴 수 있다고 본다.

자유무역주의를 지향하는 국가들은 무역에 대한 관세 및 비관세 장벽을 제거하

7) 두 생산물의 교환은 1:1로 이뤄진다고 가정한다.

는 방향으로 무역정책을 추진하게 된다. 관세(tariff)는 재화와 서비스가 국가의 경계를 넘어설 때 부과하는 세금으로 국내 소비자의 입장에서는 관세만큼 더 높은 가격에 해외에서 생산된 재화와 서비스를 소비하게 만드는 기능을 한다. 이는 국내 기업의 관점에서는 해외 기업보다 더 높은 가격경쟁력을 보유하게 되는 것을 의미한다. 비관세 장벽(non-tariff barrier)은 관세 이외의 방법을 통해 국내 산업을 보호하는 것으로 수입수량 제한(quoter), 국내 산업에 대한 보조금, 수출품에 대한 금융 지원과 세제상의 혜택 부여 등이 포함될 수 있다. 자유무역주의는 국가가 국내 기업을 보호하기 위해 추진하고 있는 관세 및 비관세 정책을 철폐하는 방향으로 나아갈 때, 모든 국가의 사회적 후생이 증대된다고 보는 것이다.

참고 **한미 FTA … 자동차 · 섬유 '쾌청', 농약 · 제약 '흐림'**

한국무역협회에 따르면 자동차와 자동차 부품, 석유제품, 섬유, 의류 및 섬유제품이 한미 FTA 발효로 인해 가장 큰 수혜를 누려 '쾌청'할 것으로 전망됐다.

자동차의 경우 단기적으론 현지 공장의 원활한 부품 조달, 중장기적으론 완성차 수출이 늘어날 것으로 전망된다. 자동차 부품 역시 미국 현지에 진출한 한국 기업뿐만 아니라 미국 내 완성차 업체로 새로운 수출을 모색할 가능성이 높다.

석유제품은 윤활유 · 제트유 · 경유의 관세가 발효 즉시 철폐되고, 섬유 업종은 기존의 고관세가 폐지됨에 따라 수출이 확대될 것으로 보인다.

의류 및 섬유제품은 중소기업의 수출 확대가 예상된다. 타이어와 일반 기계, 전자, 석유화학, 가공식품, 녹색 관련 품목들도 수출전선은 '맑음'이다.

반면 한미 FTA로 관세장벽이 허물어져 미국산 체리와 오렌지 등 농산물과 소고기 등 육류가 몰려들어 국내 농업과 제약업계에는 상당한 타격이 예상된다.

미국산 소고기는 향후 15년간 40%의 관세가 단계적으로 없어지고, 돼지고기(냉동)는 25%의 관세가 2016년 1월에 철폐된다. 특히 구제역 파동으로 미국산 제품에 대한 소비가 늘면서 부정적인 인식도 많이 개선돼 FTA 발효로 저렴해진 미국산 육류의 수입 물량은 더욱 늘어날 것으로 보인다. 과일도 즉시 관세가 철폐되는 체리와 레몬 등의 가격이 저렴해져 과일 소비 패턴을 바꿀 것으로 전망된다.

이와 함께 한미 FTA 발효로 상대적으로 칠레와 유럽산에 밀려 있는 미국 캘리포니아산 와인이 국내 시장을 공략할 좋은 기회를 맞게 된다.

한편 한미 FTA 체결로 가장 긴장하고 있는 곳은 바로 제약업계다. 한미 FTA가 발효되면 지식재산권이 강화돼 신약을 보유한 다국적 제약사가 유리해진다. 반면 국내 제약사들은 제네릭(복제약)이나 개량신약 등을 출시할 여지가 줄어들게 된다.

[뉴시스, 2012.2.22]

자유무역주의는 기본적으로 경제적 발전 단계가 비슷한 국가 간에 적용돼야 한다는 점, 자유무역을 통한 이익이 각국에 조화롭게 배분된다는 점, 금본위제에 의해 가격과 국제수지가 자동적으로 조정된다는 점 등의 조건이 충족될 때 그 효과를 거둘 수 있다. 그러나 현실적으로 이러한 조건들이 모두 충실히 만족되는 국제무역은 그리 흔하지 않다. 먼저 경제적 발전 단계가 비슷하지 않은 국가 사이에 무역이 이뤄질 경우, 흔히 선진국은 기술 및 자본집약적인 상품을, 후진국은 노동집약적인 상품에 특화하게 되는데, 시간이 경과함에 따라 선진국과 후진국 사이의 경제적 격차는 더욱 확대되는 문제가 발생할 수 있다.[8)]

또한 자유무역을 통해 공리주의적[9)] 관점에서 사회적 후생(부의 총액)이 증가할지라도, 세부적인 참여자 사이의 분배는 매우 복잡한 게임의 양상을 보이게 된다. 즉, 국가 사이에 무역의 이익이 조화적일 수 있는가의 문제, 무역을 통해 창출된 이익을 국내 참여자 사이에 배분하는 문제는 매우 복잡하다. 일례로 한미 FTA를 통해 양국의 사회적 후생은 모두 증가할지라도 국내적으로 볼 때, 피해를 보게 되는 농민들은 생존권, 식량 주권을 주장하며 자유무역에 대해 심하게 반대할 수 있는 것이다.

2) 보호무역 정책의 효과와 한계

보호무역주의(protectionism)란 국가가 상황에 따라 외국과의 무역에 제한을 가해야 한다는 입장이다. 이는 역사적으로 중상주의에 기초를 두고 있다. 17~18세기를 풍미했던 중상주의는 19세기 산업혁명이 진행되면서 영국을 중심으로 등장한 자유무역주의에 의해 쇠퇴했다.

그러나 19세기 후반 유럽의 경기 침체와 민족주의의 등장으로 중상주의가 보호무역주의의 형태로 부활했고, 제1차 세계대전 이후 1930년대 세계 대공황이 진행

8) 이러한 문제는 일찍이 남미를 중심으로 유행했던 종속이론, 매판자본론에서 강하게 지적된 바 있다.
9) 공리주의(功利主義, utilitarianism)는 공리성(utility)을 가치 판단의 기준으로 하는 사상으로, 19세기 중반 영국에서 벤담(Jeremy Bentham), 밀(John S. Mill) 등의 철학자를 중심으로 확립됐다. 공리주의의 가치 판단은 '최대 다수의 최대 행복'으로 집약되는데, 어떤 행위의 옳고 그름은 그 행위가 사회 전체의 이익과 행복을 늘리는 데 얼마나 기여하는가 하는 유용성과 결과에 따라 결정된다고 본다. 그러나 증가된 이익과 행복의 분배 문제에 대해서는 보상을 통해 해결할 수 있다는 입장에 섬으로써 평등주의자들의 비판을 받고 있다.

됨에 따라 정점에 달하게 됐다. 제2차 세계대전 이후에는 미국이 주도하는 자유무역주의가 다시 부활하게 됐고, 현재까지 세계 경제는 자유무역을 확대하는 방향으로 진행되고 있다고 볼 수 있다. 그러나 현재에도 여전히 국가들은 전면적이지는 않을지라도 다양한 형태의 보호무역 정책을 통해 보호무역주의를 실현하고 있다.

보호무역주의를 뒷받침하는 대표적인 이론은 유치산업보호론(infant industry protection)이다. 이 이론은 미국의 해밀턴(Alexander Hamilton)에 의해 주장되었고, 독일의 리스트(Friedrich List)에 의해 체계화됐다. 선진국은 이미 산업에 대한 경쟁력을 확보하고 있기 때문에 자유무역을 통해 수출을 촉진하는 것이 유리하다. 그러나 아직 기술 수준이 낮은 개발도상국의 경우에는 자유무역을 지향할 경우, 중요한 산업에 대한 경쟁력을 확보할 기회를 상실하게 된다. 따라서 개발도상국은 중요 산업에 대해 해외로부터 수입을 제한하지 않을 수 없다는 것이다. 우리나라가 전략적 관점에서 1990년대까지 해외 자동차, 특히 일본 자동차의 수입을 제한함으로써 자국 산업의 발전을 도모했던 것이 전형적인 유치산업보호론이 적용된 사례라 할 수 있다.

유치산업보호론 이외에 보호무역주의를 뒷받침하는 주장으로 국내 고용의 창출, 식량 주권, 재정재원의 확보 등이 제시되기도 한다. 국내 고용의 창출은 국가가 국내 산업의 성장을 통해 고용이 창출될 수 있도록 해외로부터의 수입을 제한할 수 있다는 입장이다. 식량 주권은 농산물과 같은 상품은 자유무역에 기초해 시장을 전면적으로 개방할 경우, 국내 산업이 쇠퇴하게 되고, 이후 농산물을 생산하는 국가가 식량을 무기화할 경우, 국가 안보에 심각한 문제가 발생할 수 있다는 입장이다. 재정재원의 확보는 정부가 수입품에 대해 관세를 부과함으로써 국방, 치안, 복지 등 각종 기능을 수행하기 위해 필요한 재원을 조달할 수 있다는 입장이다.

이러한 보호무역주의를 반영하는 경제정책은 크게 관세정책과 비관세정책으로 구분된다. 먼저 관세정책은 일종의 가격정책으로 해외로부터 수입되는 상품에 대해 일정한 세금을 부과해 가격을 상승시킴으로써, 동일한 상품을 생산하는 국내산업의 가격경쟁력을 제고하는 정책이라 할 수 있다. 그러나 소비자의 입장에서는 수입품에 대한 관세의 부과로 가격이 상승함에 따라 비의도적으로 국내 상품의 소비를 늘리게 되며, 이는 사회 전체적인 후생의 손실을 가져오게 된다.

다음으로 비관세정책은 관세 이외의 수단을 통해 무역 활동에 제한을 가하는 것으로 수입할당제, 보조금정책 등이 있다. 수입할당제는 특정한 수입품에 대해 일정한 수량 이상의 수입을 제한하는 것으로 경제적으로 이러한 상품에 대해서는 암시장이 형성되는 문제가 발생할 수 있다. 보조금정책은 특정한 국내 산업에 대해 정부가 보조금을 지급함으로써 해외 시장에서 경쟁력을 갖도록 하는 정책으로 농업 등에 흔히 적용된다.

제 2 절 환율과 국제수지

1 외환시장과 환율

1) 외환시장

국가는 교환경제가 원활히 작동될 수 있도록 통화제도를 운영한다. 통화제도는 물건과 물건을 교환하는 경제에 비해 교환의 양을 대폭 증대시킴으로써 시장경제를 활성화한다. 이러한 통화제도의 원활한 운영을 위해 각국은 정부로부터 독립된 중앙은행을 설립해 운영하고 있다. 그런데 각국이 서로 다른 통화제도를 운영하기 때문에 국제무역이 이뤄질 때, 어느 나라의 통화를 기준으로 거래할 것인가가 문제가 된다. 자국 통화가 아닌 타국 통화(외환)로 거래를 하게 될 경우 해당국의 기업은 외환, 특히 국제적으로 통용되는 외환을 보유하고 있어야 한다. 또한 상품이나 서비스의 거래가 아니더라도 특정 기업이 국제 금융시장에 투자하기를 원하는 경우에도 외환이 필요하게 된다.

그렇다면 외환이 필요한 사람 또는 기업은 어디에서, 어떻게 외환을 구입할 수 있을까? 바로 외환시장이다. 외환시장은 물건이 아닌 외국 화폐가 매매되는 시장을 말한다. 그러나 외환시장은 실제 외환을 거래하는 물리적 시장이라기보다는 일정한 시스템을 구축하고, 그 시스템 속에서 구매자와 판매자 사이에 거래가 체결되는 개념적 시장이라 할 수 있다. 즉, 실질적으로는 은행 또는 중개업자가 구축해 놓은 거래 시스템 및 거래실(dealing room)에서 은행 간 거래[10] 및 은행과 개인 사이의 거래가 이뤄진다. 중앙은행 또는 통화 당국은 일정 규모 이상의 외환을 보유함으로써 외환시장을 안정화하는 역할을 수행한다.

한 나라의 통화 당국이 대외 지급 준비자산으로 보유하고 있는 외화자산을 외환보유고(foreign exchange holding)라고 부른다. 외환보유고는 금, SDR, IMF 포지션, 달러를 비롯한 주요국 통화로 구성되는데, 일반적으로 각국의 외환보유고 비교는 미국 달러를 중심으로 이뤄진다.

여기서 국제적 거래에서 중요도가 높은 통화를 기축통화라고 한다. 기축통화(基軸通貨, key currency)란 금과 더불어 국제간 결제나 금융거래에서 통용되는 통화를 가리킨다. 현재 국제금융시장의 기축통화로는 미국 달러, 유로화 등이 사용되고 있다.

참고 **외환보유액 11개월째 사상 최대! "이렇게 많아도 되나?"**

5월 외환보유액이 11개월째 사상 최대를 기록했다. 우리나라 외환보유액이 11개월째 사상 최대 행진을 이어가는 가운데 이는 외화자산 운용 수익이 늘었기 때문이라는 분석이 설득력을 얻고 있다. 나아가 최근 가파른 원·달러 환율 하락세에 외환 당국이 달러 매수에 나선 것도 영향을 미친 것으로 보인다. 그러나 연일 외환보유액 최고 기록을 갈아치우는 기세를 걱정하는 의견이 만만치 않다. 넉넉한 외환보유고는 환율 방어의 수단이 되지만 방어 수준을 넘어선 외환보유액은 오히려 부담이 되기 때문이다. 이는 원화 강세를 지속시키면서 수출시장에서 국내 기업의 입지가 좁아질 수 있다는 우려를 낳고 있다.

한편, 4월 말 기준으로 한국의 외환보유액 규모는 세계 7위 수준이었다. 외환보유액 11개월째 사상 최대 기록 소식에 네티즌들은 "외환보유액 11개월째 사상 최대 기록, 환율 여기서 얼마나 더 떨어지려나" "외환보유액 10개월째 사상 최대 기록, ECB가 이번 주 양적 완화한다고 하면 그 영향은 또 어떻게 될까?" "외환보유액 10개월째 사상 최대 기록, 제2의 IMF는 걱정 없겠다" 등의 다양한 반응을 보이고 있다.

[조선 닷컴, 2014.6.5]

외환은 통화 당국이 허용하는 거래시장을 통해 거래된다. 우리나라의 경우, 외국환 중개회사들이 외환거래 시스템을 구축하고 있으며, 그 회사들은 외환을 구매하고자 하는 사람과 판매하고자 하는 사람의 호가가 일치하는 경우에 거래가 이뤄지도록 하고 있다. 이러한 외국환 거래는 주로 은행 간 거래를 포함한다. 소액을 거

10) 실질적으로 외환거래의 대부분은 은행 간 거래를 통해 이뤄진다.

래하는 개인의 경우에는 상업은행을 방문해 외환을 매매하게 되는데, 상업은행은 매매 기준율과 살 때 환율, 팔 때 환율 등을 미리 공지해 준다. 여기서 매매기준율이란 실제 체결된 거래의 거래 수량과 거래가격을 시장 평균한 금액을 의미한다.

환율을 어떻게 표시할 것인가는 자국 통화 표시 환율 또는 타국 통화 표시 환율 등으로 구분된다. 우리나라는 자국 통화 표시 환율을 주로 사용하고 있으며, 1달러에 대한 원화의 환율을 '1,000원/달러'로 표시한다.

2) 환율의 결정과 변동

(1) 외화의 수요와 공급

외화가 거래되는 시장에서는 외화에 대한 수요와 공급에 따라 균형가격이라 할 수 있는 환율이 결정된다. 즉, 외화에 대한 매매가격은 외화에 대한 수요곡선과 공급곡선이 일치하는 지점에서 결정되며, 공급량보다 수요량이 더 많은 경우에는 외화의 가치(환율)가 상승하고, 수요량이 공급량보다 더 많은 경우에는 외화의 가치(환율)가 하락하게 된다.

미국의 달러를 원화로 사고 파는 외환시장을 상정해 보자.

먼저 외화인 달러에 대한 수요는 누가 왜 달러를 필요로 하느냐를 살펴보면 알 수 있다. 첫째, 자국민이 해외에서 상품을 수입하고자 하는 경우에 달러로 대금을 지불해야 하기 때문에 달러가 필요하다. 둘째, 자국민이 해외에서 자산을 매입하거나, 자본시장에 투자하기 원하는 경우에 달러가 필요하다. 셋째, 자국민이 해외에 여행을 가게 될 경우, 현지에서 사용할 수 있는 달러를 필요하게 된다. 넷째, 당장 달러가 필요하지 않더라도 미래에 달러로 결제를 해야 할 상황에 대비해 예비적으로 달러를 확보하려는 경우 달러를 필요로 하게 된다. 마지막으로 원-달러 환율의 변화를 미리 예측해 달러를 매수함으로써 시세 차액을 얻고자 하는 투자자들[11]의 수요다.

다음으로 외화인 달러에 대한 공급은 누가 왜 달러를 팔려고 하느냐를 살펴보면 알 수 있다. 첫째, 자국 기업이 해외에 상품을 수출해 달러로 대금을 지급받은 경우에 달러를 팔아 원화를 확보하게 된다. 둘째, 외국인이 국내의 자산을 매입하거

11) 이들은 종종 국제 투기자본으로 불린다. 그러나 투자와 투기는 개념상 모호하며, 이러한 투기자본의 존재로 시장의 균형이 적절히 이뤄지기도 하기 때문에, 도덕적으로 매도하는 것은 옳지 못한 면도 있다.

나, 자본시장에 투자하기 원하는 경우 달러를 팔고, 원화를 구입하게 된다. 셋째, 외국인이 국내에 여행을 올 경우, 우리나라에서 사용할 수 있는 원화를 구입하기 위해 달러를 매도하게 된다. 넷째, 당장 원화가 필요하지 않더라도 원화로 결제할 상황에 대비해 원화를 확보하려는 경우 달러를 매도하고, 원화를 매입하게 된다. 마지막으로 원-달러 환율의 변화를 미리 예측해 달러를 매도함으로써 시세 차액을 얻고자 하는 경우다.

〈외화의 수요와 공급 요인〉

	요인
외화 수요	• 외국 화폐를 필요로 하는 사람들에 의해 형성 • 해외상품 수입, 해외자산 매입 및 자본시장 투자, 해외 유학 및 여행, 외화 결제 상황 대비, 시세 차액
외화 공급	• 외국 화폐를 외환시장에 제공하는 사람들에 의해 형성 • 자국 상품 수출, 외국인의 국내 자산 매입, 해외 투자자의 국내 자본 시장 투자, 외국인의 국내 여행, 원화 결제 상황 대비, 시세 차액

(2) 외환시장에서 균형 환율의 결정

외환시장에서는 앞에서 검토한 외화의 수요 및 공급 요인에 따라 매 시간마다 달러와 원화 사이의 매매가 이뤄진다. 그렇다면 달러의 원화 가격인 환율은 어떠한 과정을 통해 결정되는 것일까? 이는 달러에 대한 수요곡선과 공급곡선의 특징을 파악해 보면 잘 알 수 있다.

먼저 달러에 대한 수요곡선은 독립변수를 가격(환율)으로 하고, 종속변수가 수요량인 함수로 이해될 수 있다.[12] 달러에 대한 수요곡선은 가격(원-달러 환율)이 상승하면 수요량이 감소하고, 가격이 하락하면 수요량이 증가하는 우하향의 곡선으로 표현된다. 다음으로 달러에 대한 공급곡선은 독립변수를 가격(환율)으로 하고, 공급량을 종속변수로 하는 함수로 이해될 수 있다. 달러에 대한 수요곡선은 가격(원-달러 환율)이 상승하면 공급량이 증가하고, 가격이 하락하면 공급량이 감소하는 우상향의 곡선으로 표현된다.

12) 일반적으로 함수를 그래프로 표현할 때, 독립변수를 수평축으로, 종속변수를 수직축으로 하는 경우가 대부분이다. 그러나 경제학에서 수요, 공급함수를 표현할 때에는 독립변수를 수직축으로, 종속변수를 수평축으로 하는 특징이 있음을 유념할 필요가 있다.

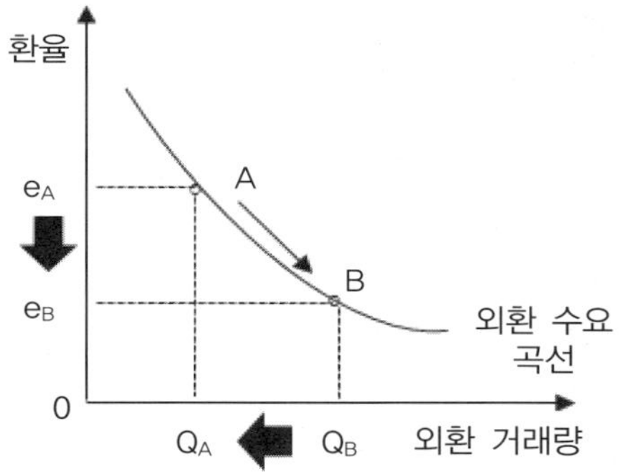

외환의 수요곡선

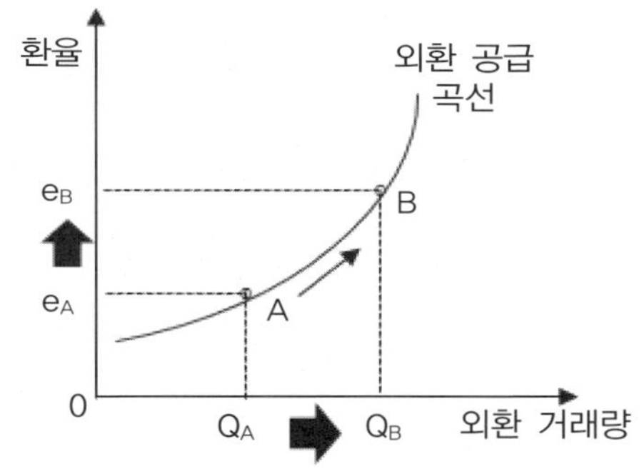

외환의 공급곡선

이제 외환시장에서 수평축을 달러에 대한 수요량 및 공급량으로, 수직축을 달러에 대한 가격(원-달러 환율)으로 하는 평면에 수요곡선과 공급곡선을 동시에 그려보면, 특정한 가격에서 수요량과 공급량이 일치하게 된다. 이때의 특정한 가격(원-달러 환율)을 균형가격 또는 균형 환율이라고 부른다.

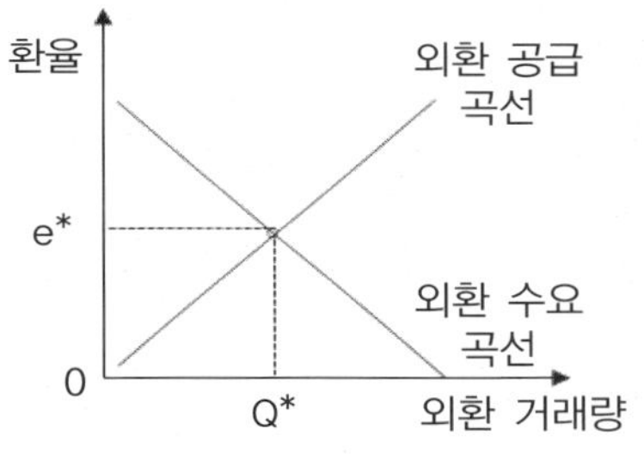

환율의 결정

만일 균형 환율보다 실제 환율이 높게 형성된다면, 수요량보다 공급량이 더 많은 초과 공급이 발생해 환율이 하락하게 된다. 반면, 균형 환율보다 실제 환율이 낮게 형성된다면, 공급량보다 수요량이 더 많은 초과 수요가 발생해 환율이 상승하게 된다. 따라서 실제 시장에서의 환율이 균형 환율에서 벗어나게 되면, 초과 공급 또는 초과 수요의 발생으로 다시 균형 환율로 되돌아오는 성질을 지니게 되기 때문에, 이를 '균형' 환율이라고 부른다.

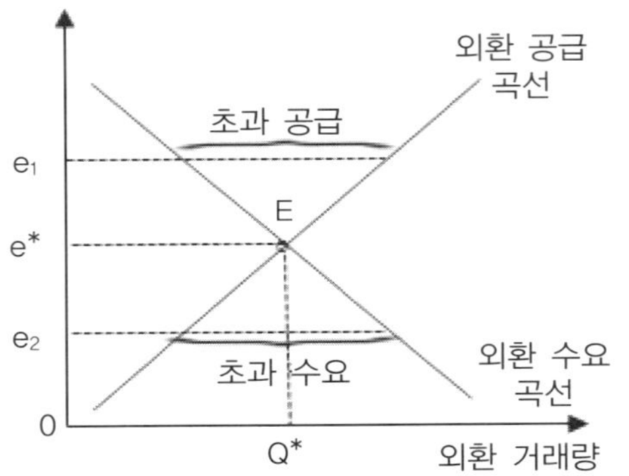

외환시장의 초과 수요와 초과 공급

그렇다면 균형 환율은 어떻게 변화되는 것일까? 수요곡선의 이동 또는 공급곡선의 이동이 있을 때에 환율은 변동하게 된다. 먼저 수요곡선이 이동하는 경우를 살펴보자. 수입의 증가, 해외 투자의 증가 등으로 수요곡선이 오른 쪽으로 이동하게 되는 경우에는, 다른 조건이 동일하다면, 달러에 대한 수요량이 증가하게 됨에 따라 환율이 상승하게 된다. 반대로 수입의 감소, 해외 투자의 감소 등으로 수요곡선이 왼쪽으로 이동하게 되는 경우에는, 다른 조건이 동일하다면, 달러에 대한 수요량이 감소하게 됨에 따라 환율이 하락하게 된다. 다음으로 공급곡선이 이동하는 경우를 살펴보자. 수출의 증가, 외국인의 국내 투자 증가 등으로 공급곡선이 오른

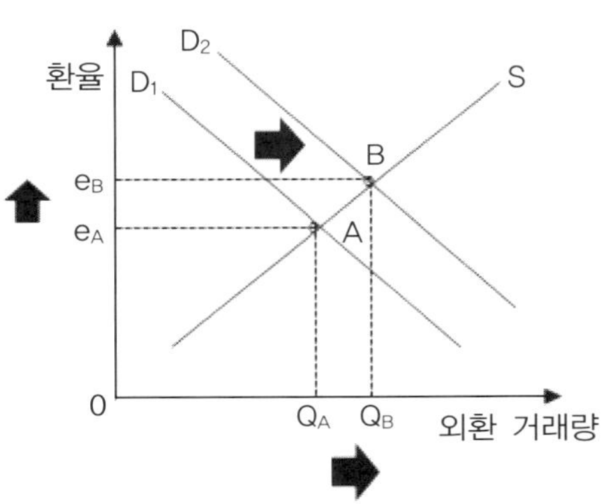

외환 수요의 증가

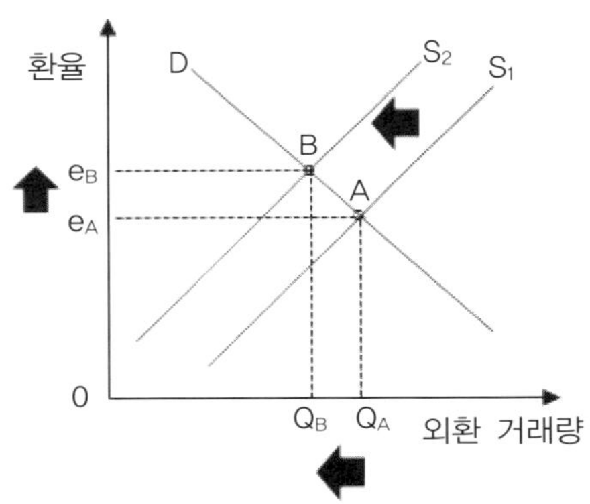

외환 공급의 감소

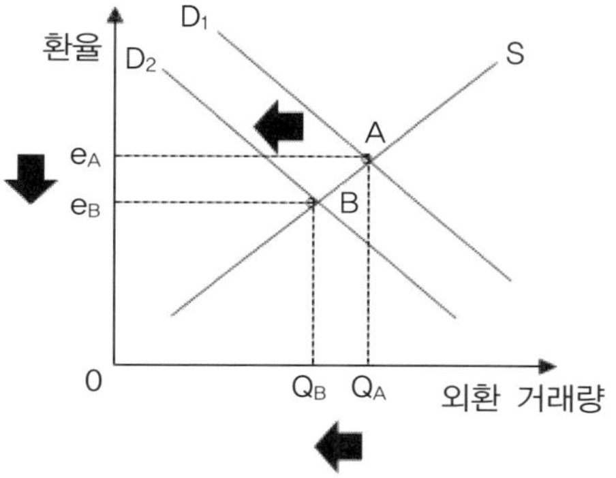

외환 수요의 감소

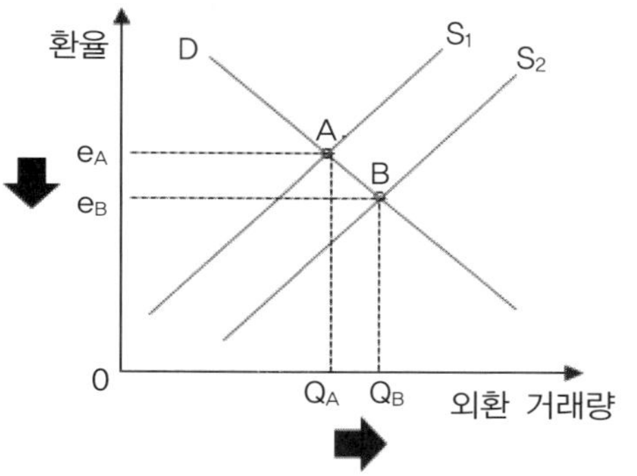

외환 공급의 증가

쪽으로 이동하게 되는 경우에는, 다른 조건이 동일하다면 달러에 대한 공급량이 증가하게 됨에 따라 환율이 하락하게 된다. 반대로 수출의 감소, 외국인의 국내 투자 감소 등으로 공급곡선이 왼쪽으로 이동하게 되는 경우에는, 다른 조건이 동일하다면 달러에 대한 공급량이 감소하게 됨에 따라 환율이 상승하게 된다.

(3) 환율 변동의 경제적 효과

이제 가격 변수인 환율의 변동이 다른 경제 변수에 어떠한 변화를 가져오는지 살펴보자. 시장경제에서는 수출입과 같은 실물경제 및 다양한 경제 변수의 변화는 환율의 변화를 가져오고, 다시 환율의 변화는 실물경제 및 경제 변수에 영향을 미치는 상호작용이 일어나게 된다.

어떤 요인에 의해 환율이 지속적으로 상승하고 있다고 가정하자. 수출업자의 입장에서 환율의 상승은 해외에서 판매되는 상품의 가격경쟁력을 높여주는 효과가 있다. 해외에서 더 낮은 가격에 판매를 하더라도 원화 기준으로 동일한 수입을 얻을 수 있기 때문이다. 반면 수입업자의 입장에서 환율의 상승은 수입품의 가격을 높이는 효과가 있다. 이에 따라 환율이 상승하는 경우, 수출은 증가하고 수입은 감소하고, 경상수지 흑자가 확대되는 효과가 있다. 또한 환율의 상승은 수입품의 가격을 높임에 따라 국내 물가를 상승시키며, 경상수지 흑자의 증가분만큼 외화 유입이 증가함에 따라 국내 통화량을 증가시키는 효과가 있다.

반대로 어떤 요인에 의해 환율이 지속적으로 하락하고 있다고 가정하자. 이때는 위에서 살펴본 결과와 반대 방향으로 경제에 영향을 미치게 된다. 수출업자 입장에서 환율의 하락은 해외에서 판매되는 상품의 가격경쟁력을 낮추는 효과가 있다. 해외에서 동일한 가격에 판매한다 할지라도 국내에서 환산되는 수입이 낮아지기 때문이다. 반면 수입업자의 입장에서 환율의 하락은 수입품의 가격을 낮추는 효과가 있다. 이에 따라 환율이 하락하는 경우, 수입은 증가하고, 수출은 감소하며, 경상수지의 흑자를 축소하거나, 적자를 확대하는 효과가 있다. 또한 환율의 하락은 수입품의 가격을 낮춤에 따라 국내 물가를 하락시키며, 경상수지 흑자의 감소분만큼 외화 유입이 감소함에 따라 국내 통화량을 감소시키는 효과가 있다.

(4) 환율정책

환율의 변화가 실물경제 및 다른 경제 변수에 큰 영향을 미치게 됨에 따라, 한 국가의 경제정책을 결정하는 당국은 어떤 식으로든 환율에 개입하고자 하는 유혹을 받게 된다. 그러나 시장경제를 표방하는 국가에서는 이러한 '환율 조작국'에 대해 경제적 제재를 가함으로써 그에 상응하는 대가를 치르게 한다. 따라서 당국이 환율에 관한 경제정책을 어떻게 결정할 것인가는 매우 중요한 문제라고 할 수 있다. 일반적으로 환율을 어떻게 결정할 것인가에 대한 정책은 고정환율제도와 변동환율제도로 구분해 설명될 수 있다.

고정환율제도란 환율이 당국에 의해 일정 수준에서 고정돼 있는 제도를 말한다. 이렇게 환율이 일정 기간 동안 고정돼 있는 경우, 경제 주체들은 환율 변동에 따른 위험을 피할 수 있게 된다. 이에 따라 무역과 투자 등 국제 거래가 촉진될 수 있고, 기업의 경우 수출입과 관련된 장기 계획을 수립하는 데 용이할 수 있다. 반면 외화의 수요와 공급에 영향을 미치는 다양한 실물경제의 변화에도 불구하고, 환율이 이를 적절히 반영하지 못함에 따라, 특정 시점에서 급격하게 환율을 변동시켜야 하는 부담을 갖게 된다. 또한 당국이 외환시장 개입에 필요한 외환을 보유해야 하는 문제도 발생한다.

변동환율제도란 환율이 시장에서 수요와 공급의 변화에 따라 자유롭게 결정되는 제도를 말한다. 이 제도 하에서 환율은 매일매일의 경제 변수의 변화를 반영해 자동적으로 조정됨에 따라 고정환율제도 하에서 발생하는 일시적인 급격한 조정은 쉽게 일어나지 않는다. 반면 세계 경제의 변화가 그대로 외환시장에 반영됨에 따라 경제의 불확실성이 높아지고, 기업의 경우에는 수출입에 관한 장기적이고 안정적인 계획을 수립하기 어려운 점이 없지 않다.[13]

우리나라는 건국 이후 상당 기간 동안 고정환율제도를 채택했으나, 1990년 3월부터 변동환율제도를 채택하고 있다. 다만, 1997년 12월까지 변동환율제도의 일종인 시장평균환율제도를 실시했으며, 1997년 12월부터 자유변동환율제도를 실시하고 있다. 시장평균환율제도란 원화의 대미 달러 환율을 전일의 외국환은행의 평균환율로써 산출된 시장 평균 환율로 결정해 외국환은행들의 대고객 거래 및 은행간 외환 거래에서 기준 환율의 역할을 수행하도록 하는 제도다. 반면 자유변동환율제도란 환율을 외환시장의 수요와 공급에 의해 자유롭게 결정되도록 하는 환율제도를 말한다.

2 국제수지

1) 의의와 구성

기업에서는 분기 또는 연간 단위로 손익과 재무 상태를 정리한 손익계산서와 재무상태표를 작성한다. 기업의 이해관계자들은 일목요연하게 정리된 표를 통해 기업의 영업 실적 및 재정 상태를 파악하게 된다. 국가 간의 거래에 대해서도 일정 기간 동안 특정한 국가가 다른 나라와 행한 모든 경제적 거래를 표로서 정리한 것을 국제수지표라고 부른다. 국제수지는 일정 기간 동안의 거래를 정리한다는 점에서 특정 시점의 상태를 보여주는 '스톡(stock)'의 개념이 아니라 '플로(flow)'의 개념이다.[14]

우리나라의 국제수지표는 IMF 국제수지 매뉴얼에 따라 한국은행이 매월 작성하고 있다. 국가 간의 거래는 크게 재화와 서비스를 사고 파는 경상적 거래와 자본을 주고받는 자본적 거래로 구분될 수 있다. 경상적 거래는 상품, 서비스, 소득 등

---

13) 다만, 이러한 위험을 통제하기 위해 기업들은 선물환(先物換) 등 소위 파생금융상품의 거래를 하기도 한다. 그러나 이러한 파생금융상품이 투기적 자본에 의해 좌지우지되는 경우, 외환시장의 불확실성이 커질 수도 있다.

14) 기업회계에서는 재무상태표(대차대조표)는 stock의 개념이고, 손익계산서는 flow의 개념에 해당한다.

이 거래된 것을 포함하며, 일반적으로 경상수지가 흑자라고 하면, 일정 기간 동안 수입보다 수출이 많았다는 것을 반영한다. 자본적 거래는 상품, 서비스, 소득 등과 무관하게 자본이 이전되는 거래를 의미한다.[15)]

역사적으로 우리나라의 국제수지는 1970년대까지 수출보다는 수입이 많아 경상수지 적자를 기록하다가, 1970년대 후반 중동 건설 붐을 타고 잠시 경상수지 흑자를 기록했으나, 이후 제2차 석유파동이 일어나면서 다시 경상수지 적자로 전환됐다. 1980년대 중반 이후에는 소위 3저(低) 현상이 지속되면서 경상수지 흑자가 한동안 지속된 바 있다. 1990년대 이후로는 대외적 경제 여건에 따라 경상수지 흑자와 적자가 반복됐다.

국제수지는 기업의 손익계산서와는 달리 흑자가 반드시 바람직한 것만은 아니다. 일국의 흑자는 다른 국가의 적자를 의미하기 때문이다. 국가 간 교역의 증대로 각국의 사회적 후생이 증대되는 것은 바람직하다고 볼 수 있다. 그러나 일국이 지속적으로 경상수지의 흑자를 기록하고, 반대로 일국은 지속적으로 경상수지의 적자를 기록하는 경우에, 적자를 지속하는 국가는 무역 보복 등을 통해 적자 문제를 해소하려고 하게 된다. 이렇게 특정 국가에 대한 무역분쟁이 발생하게 되면 국제교역은 위축된다.

한국은행이 IMF 기준에 따라 작성하는 국제수지표는 국제수지를 크게 경상수지, 자본/금융계정, 오차 및 누락 등 세 가지로 구분한다. 경상수지는 재화, 서비스, 생산 요소 등의 거래에 따른 외화의 수취와 지급의 차액을 의미하며, 상품수지, 서비스수지, 본원소득수지,[16)] 이전소득수지[17)] 등으로 세분화된다. 자본/금융계정은 자본수지와 금융계정으로 구분된다. 자본수지는 해외 이주비나 채무 변제 등의 자본이전, 특허권, 상표권, 저작권 등 지적재산권의 거래를 포함한다. 금융계정은 해외 기업에 대한 경영 참여나 인수 목적 등의 직접 투자, 주식과 채권 거래 등의 증권 투자, 차관 도입이나 제공 등이 포함된다. 오차 및 누락은 국제수지와 관련된 통계가 일치하지 않는 경우, 이를 보정하기 위해 두고 있는 계정이다.

---

15) 국제수지표상 경상수지와 자본/금융계정의 합은 0이 되는 관계에 있다. 즉, 오차와 누락을 제외한다면, 경상수지의 흑자(+)는 자본/금융계정의 적자(-)와 같은 값을 갖게 된다.

16) 해외 취업 근로자의 임금, 국내 외국인 근로자의 임금, 해외 투자에 대한 배당이나 이자 등이 포함된다.

17) 대가 없이 주고받는 원조, 국제기금 출연금, 해외 유학생 및 교포에 대한 송금 등이 포함된다.

〈우리나라 국제수지표〉

(단위: 백만 달러)

	2007	2008	2009	2010	2011	2012	2013
경상수지	11,795	3,190	33,593	28,850	18,656	50,835	79,884
상품수지	32,838	12,198	47,814	47,915	29,090	49,406	80,569
서비스수지	-13,247	-6,543	-9,590	-14,238	-12,279	-5,214	-7,927
본원소득수지	-3,409	-1,198	-2,436	490	6,561	12,117	11,425
이전소득수지	-4,387	-1,267	-2,195	-5,317	-4,716	-5,474	-4,182
자본수지	6	26	-70	-63	-112	-42	-28
자본이전	28	27	0	11	0	-4	3
비생산 비금융자산	-22	0	-69	-74	-112	-38	-31
금융계정	-17,494	6,592	-28,884	-23,190	-24,316	-51,582	-76,881
직접투자	-13,247	-8,445	-8,414	-18,783	-19,932	-21,136	-16,952
증권투자	-27,078	-2,421	49,469	42,365	13,143	6,748	-8,287
파생금융상품	5,445	-14,369	-3,093	829	-1,031	2,628	3,840
기타 투자	32,515	-24,619	1,820	-20,631	-2,543	-26,637	-41,004
준비자산	-15,128	56,446	-68,666	-26,971	-13,953	-13,185	-14,479

자료: 한국은행 국제수지표 통계.

2) 국제수지와 국민경제

국제수지 특히 경상수지는 국민경제에 다양한 경로를 통해 영향을 미친다. 일국의 경상수지가 흑자라는 것은 해외에 판매한 재화와 서비스가 해외로부터 사들인 재화와 서비스보다 많다는 것을 의미한다. 이는 국내적으로 자국민의 소득을 증가시키고, 고용을 확대할 수 있다. 또한 경상수지 흑자는 수입을 초과하는 수출액만큼 외환을 보유하게 된다는 점에서 외채 상환 능력이 증가하는 것을 의미한다. 반대로 경상수지 적자는 수출보다 수입이 많은 것을 의미하며, 그만큼 국민소득과 일자리를 축소시킬 수 있다. 이에 따라 특정 국가가 경상수지 흑자를 지속하는 반면, 특정 국가는 적자를 지속하게 되면 소위 통상분쟁 또는 무역 마찰이 발생할 수 있다. 국제교역은 쌍방이 함께 경제적 번영을 누리는 방향으로 진행돼야 하기 때문이다.

경상수지는 외화의 유출입과 밀접한 관련을 맺고 있기 때문에 환율에도 영향을 미친다. 경상수지 흑자는 외화를 기준으로 볼 때, 수입 등을 통한 유출액보다 수출

등을 통한 유입액이 더 많은 것을 의미한다. 경상수지 흑자가 지속되는 경우, 외환시장에서 외화의 공급이 증가하게 되고, 외화의 가치는 하락하게 된다. 즉, 우리나라의 경상수지 흑자가 지속되는 경우, 다른 조건이 동일할 때, 외환시장에서 원-달러 환율은 하락하게 된다. 반면 경상수지 적자가 지속되는 경우, 외환시장에서 외화의 공급은 줄어들고, 외화의 가치는 상승하게 된다. 즉, 우리나라의 경상수지 적자가 지속되는 경우, 다른 조건이 동일할 때, 외환시장에서 원-달러 환율은 상승하게 된다.

참고 문헌

김인준 · 이영섭 (2013). 국제경제론. 다산출판사.
애덤 스미스 지음, 유인호 옮김 (2008). 국부론. 동서문화사.
이종수 (2009). 행정학사전. 대영문화사.
표학길 (2009). 국제무역론. 무역경영사.
한국은행 (2014). 경제통계시스템(http://ecos.bok.or.kr/).

제 6 장 화폐와 금융제도

제 1 절 화폐의 일반적 이해

1 화폐의 역할

우리들의 일상 생활에서 화폐(돈)는 필수적이다. 돈이 없는 경제, 즉 물건과 물건을 교환(물물교환)하는 경제를 생각해 보자. 뭔가 원하는 것이 있어도 자신이 원하는 물건을 가지고 있는 사람을 찾아야만 하고, 찾았다 하더라도 상대방이 자신이 가지고 있는 것을 원하지 않으면 교환은 성립하지 않는다. 또 있어도 서로가 원하는 양만큼 교환할 수 없을 가능성도 존재한다.

그런데 돈이 있으면 자신이 가지고 있는 물건을 팔고 그 돈과 교환으로 자신이 원하는 것을 가지고 있는 사람에게서 살 수가 있다. 또 돈에 의해 물건의 가치가 측정되기 때문에 교환할 물건의 가치에 대해 정확한 금액을 지불할 수 있다. 게다가 현재 원하는 것이 없더라도 장래 원하는 물건이 생길 때까지 화폐의 상태로 계속 가지고 있을 수 있다.

화폐의 기원은 로마 시대 이후부터 19세기 말까지 사용됐던 금화(金貨)였다. 금을 사용하는 것이 불편해짐에 따라 현재 우리가 사용하고 있는 지폐라는 것이 통용되기 시작했다. 이러한 지폐는 그 자체로는 가치가 없지만 정부 혹은 중앙은행이 교환을 보장하기 때문에 가치를 가지게 된다. 경제 규모가 확대되면서 지폐 대신에 은행이 지불을 보증하는 고액 지폐인 수표가 등장하게 된다. 최근에는 신용카드나 전자 화폐 등이 등장하면서 전통적인 교환의 매개체 수단으로 사용됐던 지폐나 수표를 빠르게 대체하고 있다.

돈은 교환의 수단뿐만 아니라 모든 재화와 용역의 가치를 비교하는 가장 기본적인 척도이면서 가치를 저장하는 수단이 되기도 한다. 특히, 돈이 없으면 재화 그 자체를 저장해야만 하는데 이렇게 되면 재화의 손실이 있을 수도 있고, 장기간 저장에 따른 비용이 발생할 수 있다. 따라서 생산과 소비를 포함한 모든 경제 활동은 돈을 매개로 해서 이뤄지는데 이를 위해서는 생산과 소비를 하고자 하는 사람들 사이에서 돈이 원활하게 회전돼야 한다. 돈이 좀 더 원활하게 돌아가기 위해서는 돈이 필요한 사람들은 돈을 가지고 있는 사람들로부터 돈을 융통(融通)해야 한다. 이처럼 여유 있는 사람이 돈을 빌려주고 부족한 사람이 빌려 쓰는 현상을 우리는 금융(金融)이라고 하며, 금융은 국가 경제에서 신체의 혈액으로 비유될 수 있다. 따라서 금융산업은 심장과 같은 역할을 한다고 볼 수 있다.

이처럼 돈이 있으면 낭비가 줄어들어 효율적인 경제 활동을 영위할 수 있다. 화폐의 역할은 다음의 네 가지로 구분할 수 있다.

1) 가치의 척도

돈이 가지는 기능의 하나가 가치의 척도다. 한 국가에서 제공되고 있는 재화와 서비스에 대해 금액이라는 척도로 평가함으로써 각각의 가치를 상대적으로 나타낼 수 있게 된다. 예를 들면, 수박이 5천 원, 멜론이 6천 원, 참치가 1천 원 등 물건이나 서비스에 가격이라는 척도를 매기는 것으로 가치를 판단하기 쉽도록 한다. 만약 가치의 척도를 가지는 화폐가 없는 경우 멜론을 먹고 싶을 때 그 가치를 알 수가 없다. 물물교환 사회에서는 수박 2개와 멜론 1개, 혹은 수박 몇 개를 멜론하고 교환할지 알 수 없다는 것이다. 그러나 멜론 1개에 대한 척도가 있으면 수박 2개, 참치 10마리 등으로 가치의 산출이 간단히 해결될 수 있다.

2) 가치의 저장

이는 돈이 가지는 성질이다. 지폐는 시간이 경과하면 오래 되어 낡기는 하지만 썩거나 가치가 없어지지는 않는다. 가치의 저장 수단으로서의 기능이 있기 때문에 장래의 지불에 대비해서 오랜 기간 비축해 둬도 썩지 않고 그 가치를 계속 유지할 수가 있다. 즉, 신권 5만 원과 오래돼 낡은 지폐 5만 원의 가치는 그 형태와는 상관없이 가치는 동일하다는 것이다. 이것을 가치의 저장이라고 한다. 반면에 상품권 등의 유효 기간이 있는 경우 그 기간이 지나면 가치가 없어지기 때문에 가치의 저장 기능은 없다고 할 수 있다.

3) 교환의 수단

이는 그 경제사회에서 제공되고 있는 재화와 서비스의 가치와 동일한 가치를 가지는 화폐를 줌으로써 교환할 수 있다는 기능이다. 즉, 돈을 지불하고 물건을 살 수 있다고 하는 기능이다. 화폐에 교환 수단으로서의 기능이 있기 때문에 물건의 거래가 활발하게 일어난다. 물물교환의 경우는 물건과 물건의 교환이 이뤄지기 때문에 필요없는 물건과의 교환은 발생하지 않는다. 이것에 대해 화폐의 경우는 다른 모든 상품과 교환할 수 있기 때문에 거래가 활발하게 일어난다.

4) 지불의 수단

이는 돈이 가지는 신뢰의 기능이다. 즉 신용, 다시 말해 외상으로 상품을 샀을 때와 손해배상의 지불 등 나중에 화폐로 지불할 수가 있다.

2 화폐의 흐름

돈은 돌고 도는 것이라고 곧잘 말한다. 이 말대로 돈의 흐름에는 시작과 끝이 없고 온 세상에서 유통되고 있다. 어떤 기업이 돈을 가지고 있다고 해 보자. 이 기업은 생산 활동을 위해 원재료의 구입과 경비 혹은 종업원의 임금을 화폐로 지급한다. 구입이나 경비에 지불한 화폐는 다른 기업의 소득이 되고 임금은 개인의 소득이 된다. 개인은 소득의 대부분을 생활비에 충당하고 소비한다. 예를 들면 소매업자에게서 제품을 구입한 경우 소매업자에 들어간 돈의 일부는 재료 구입 비용으로서 도매업자에게 넘어가고, 도매업자는 다시 생산자(기업)로부터 제품을 구입하고 생산자는 다시 임금으로 지급함으로써 돈은 끊임없이 순환하게 된다.

화폐의 원활한 유통을 가능하게 하는 것이 은행이다. 은행은 자금의 중개 역할을 한다. 개인이나 기업이 돈을 모아 예금의 형태로 은행에 맡긴 돈은 그 돈을 필요로 하는 기업이나 개인에게 대출된다. 오늘날은 '현금 없는 시대'라고 한다. 쇼핑을 할 때에 현금을 사용하지 않고 카드로 지불하는 사람이 늘어나고 있고 공공요금 등의 지불도 계좌 이전을 통해 이뤄진다. 이는 은행계좌에 현금이 있어야 비로소 현금 없는 시대가 가능하기 때문에 그 점에서도 은행의 존재는 대단히 중요하다.

화폐의 흐름에서 은행은 '신용 창조'의 형태로 화폐량에 중요한 역할을 하고 있다. 은행은 돈을 예금으로 받으면 그 중의 일부를 지불 준비로 남겨두고 나머지는 대출로 돌린다. 돈을 빌린 차입자가 그 돈을 다시 다른 은행에 맡긴다고 하면 그것이 되풀이되고 은행 전체의 예금 총액은 최초의 예금(본원적 예금)에 비해 증가하게 된다. 이 기능을 은행의 신용 창출이라고 한다. 그렇다면 세상의 화폐량은 무엇으로 알 수 있을까. 그 대략적 척도로 되는 것이 '화폐 공급'이라는 것이다. 이것은 간단히 말하면 민간 부문이 가지고 있는 화폐량을 나타낸 것이다.

3 중앙은행의 역할

사람이나 기업이 물건을 사거나 만들기 위해서는 돈이 필요하다. 그러나 언제나 이 돈을 필요한 만큼 가지고 있는 것은 아니다. 이때 돈을 빌려주는 곳이 은행이다.

경제는 통화, 즉 돈의 거래에 의해 성립하지만 그 통화는 통상 은행을 중심으로 해서 거래된다. 그렇다고 은행은 자유롭게 통화를 대출해 주는 것은 아니다. 통화의 대부분은 중앙은행(한국은행)에 의해 발행되고 관리된다(발권은행). 즉, 중앙은행은 은행의 위에 서서 그때그때의 경제 상태를 고려하면서 한 사회에 적정량의 통화가 유통되도록 한다.

또 중앙은행은 일반기업이나 개인과는 거래를 하지 않고 은행하고만 거래를 한다(은행의 은행). 중앙은행은 은행을 상대로 통화를 조절하고 있는 것이다. 은행은 중앙은행이 가지는 자신들에 대한 포지션으로부터 중앙은행의 정책 의도를 파악하고 그 의도를 반영해서 개인이나 기업과 거래를 한다. 이러한 중앙은행을 정점으로 하는 은행제도는 중앙은행이 매일 은행과의 거래를 통해 기술적으로 금융정책을 실시하고 통화를 관리하는 대단히 뛰어난 구조로 돼 있다.

상기의 내용을 정리하면 중앙은행의 다음과 같은 역할을 한다.

① 국가의 금융 시스템을 감독한다.
② 금융정책의 형태로 이자율과 화폐 공급을 조절한다.
③ 은행 지폐의 인쇄와 동전을 주조한다.
④ 일반 시중은행에 대한 은행의 역할을 한다.
⑤ 정부가 필요로 하는 자본을 조달하는 정부에 대한 은행의 역할을 한다.
⑥ 시중 금리를 조절해 통화 보유량을 안정시킨다.
⑦ 도산의 위험에 놓인 일반은행을 구제하는 최종 대부자로서 행동한다.

4 금리의 결정

금리란 돈을 빌린 경우의 '빌린 값'을 말한다. 물건 값과 마찬가지로 금리도 돈을 빌려주고 싶은 공급과 돈을 빌리고 싶은 수요의 균형에 의해 결정된다. 통상 빌리는 대가가 금액으로 표시되는 것에 대해 금리는 퍼센티지(percentage: %)로 표시된다. 우리들에게 가장 친근한 금리는 은행의 예금 금리다. 은행예금도 은행이 개인이나 가계로부터 돈을 빌려서 그 대가로서 특정 기간 동안(주로 1년 기준)에 예금자에게 금리를 지불한다.

지금까지 은행의 예금 금리는 과거에는 일률적으로 모든 은행에서 동일한 금리를 제공했지만 1990년대의 '금리 자유화'에 의해 은행마다 예금 금리가 달라졌다. 금리에서 가장 중요한 것은 중앙은행인 한국은행이 정하는 기준 금리다.

단기 금융시장은 금융기관, 기관투자가, 기업(법인사업체) 등이 1년 미만의 자금을 조달하고 운용하는 시장이다. 단기 금융시장에서 가장 중요한 것은 금융기관이 기업 등으로부터 자금을 조달할 때 발행하는 CD(양도성 예금증서)의 발행이자율이다.

장기금리는 1년 이상의 금리로 장기국채(10년 만기)의 유통 이자율이 대표적이다. 장기국채의 발행 조건은 채권에서의 유통 이자율을 반영해서 결정되고 있지만 다양한 장기금리(5년 만기, 주택대출 금리 등)는 이 국채 금리를 기준으로 결정된다. 채권시장에서의 채권 가격, 즉 금리도 다른 상품과 마찬가지로 기본적으로는 시장의 수요와 공급에 의해 결정된다. 채권은 금융상품의 한 종류이므로 시장 내부의 수급 이외에 그때그때의 금융 정세와 한국은행의 금융정책, 자금 수급, 해외 금리의 움직임, 외환시장의 움직임, 국제 상품시장의 움직임 등에 의해 가격이 변동한다. 주가가 발행 주체에 따라 다양한 움직임을 보이는 것에 대해 채권은 금융 정세 등에 따라서 변동하는 경향이 있다.

5 금리의 종류

금리에는 고정금리, 변동금리, 명목금리, 실질금리 등 다양한 종류가 있다.

1) 고정금리와 변동금리

고정금리는 정해진 기간 동안 금리가 고정된 형태의 금리다. 통상 정기예금이나 채권의 쿠폰(이자) 등은 고정금리에 해당한다. 고정금리는 변하지 않기 때문에 안정적이기는 하지만 시장 환경이 달라져 시장 금리가 자신에게 유리(불리)하게 되더라도 금리 수준이 변하지 않는다는 특징이 있다.

단, 금융기관 측에서 보면 금리를 고정한다고 하는 것은 장래의 금리 변동에 의한 '리스크'가 발생하는 것이 되기 때문에 변동 금리에 비해 리스크 프리미엄이 발생할 경우가 있다. 이는 주식 투자 등 리스크가 있는 투자에 대해 투자자가 그 리스크 상당분에 대해 요구하는 초과 수익(상승 이익)을 말한다. 변동 금리는 금리가 일정 조건에 의해 계속 변동하는 형태의 금리다. 통상은 기준 금리나 CD금리 등을 기준으로 변동한다. 통상은 변동형의 주택담보 대출이나 보통예금 금리 등이 변동 금리의 대상이 된다.

2) 명목금리와 실질금리

통상 우리들이 보는 금리라는 것은 '명목금리'로 불리는 표면상의 금리다. 예를 들며, 정기예금 금리가 연 5%라고 표시돼 있는 경우 이 5%는 명목상의 금리다. 실질 금리는 이 금리에서 인플레이션 비율을 뺀 것이다. 인플레이션에 의해 화폐가치가 하락한 경우를 고려한 것이다. 예를 들면 100만 원의 정기예금의 명목금리가 5%라고 하자. 이 100만 원이 다음 해에는 인플레이션(물가 상승)으로 인해 105만 원이 된 경우 100만 원에 구입한 것이 105만 원이 됐기 때문에 실질상의 금리(실질금리)는 제로다.

제 2 절 금융기관과 금융시장

금융시장(financial market)은 금융이라는 경제 활동이 이뤄지는 시장을 의미하며, 바로 금융시장을 통해 기업들은 기업 활동에서 중요한 투입 요소 중에 하나인 자본(capital)을 조달하게 된다. 금융시장은 자금의 중개 방법에 따라 간접 금융시장과 직접 금융시장으로 구분된다. 간접 금융시장이란 은행 등 금융 중개기관이 예금자(투자자)와 기업 사이에 개입돼 있는 시장으로 예금자(투자자)는 돈을 빌리는 기업을 알 필요 없이 금융기관이 제공하는 금융상품에 저축하고, 기업은 금융기관에서 돈을 빌리는 금융시장이다. 직접 금융시장은 예금자(투자자)와 기업이 직접 거래를 하는 금융시장이다. 간접 금융시장의 대표적인 금융기관인 은행은 직접 금융시장에서는 금융 거래를 대행해 주는 기관으로서 증권회사나 투자신탁회사 등이 이러한 업무를 맡아서 한다.

1 금융과 금융기관

1) 금융

금융이란 "금전(돈 혹은 자금)의 융통"이라는 줄임말이고, 글자 그대로 돈을 주고받는 것을 의미한다. 크게는 자금이 남아도는 사람에게서 부족한 사람에게 돈을 융통하는 것을 의미한다. 예를 들면 어떤 상품을 구입하고 싶은데 돈이 부족한 경우 은행으로부터 돈을 빌리는 것은 금전의 융통이고 '금융' 거래다. 금융 거래는 돈의 여유가 있는 사람으로부터 돈이 부족한 사람으로 돈의 융통이 이뤄진다. 비즈니스에서는 어음 등과 같은 금융상품의 만기일을 지키기 않으면 신용이 상실된다. 경제사회에서 기업은 신용을 지키기 위해 은행에서 돈을 빌려 자금을 융통한다. 개별 기업은 은행과 거래하고 매일매일의 운영자금이 잘 돌아가도록 하지 않으면 생존이 불가능하다. 따라서 금융은 자본이라는 자원을 효율적으로 배분하는 과정이므로 한 나라의 경제에서 대단히 중요하다. 금융은 직접금융과 간접금융으로 구분된다.

(1) 직접금융

직접금융은 중개기관을 거치지 않고 자금의 거래가 최종 대부자와 최종 차입자 간에 직접 주로 본원적 증권의 매매 형태로 이뤄지는 시장을 말한다. 간단히 설명하면 자금 조달을 하고 싶은 사람과 자금이 남아도는 투자가가 직접적으로 금전을 융통하는 것을 의미한다. 주식이나 회사채의 발행에 의한 자금 조달이 여기에 해당되며, 일반적으로 직접금융은 브로커나 딜러 등 시장 중개기관의 중개를 통해 직접 증권의 거래가 이뤄진다.

주식은 그 회사의 주식(경영권)을 주식이라는 유가증권으로 해서 투자가가 직접 기업에 대해 투자를 하는 것이다. 채권의 경우도 마찬가지로 그 회사에 투자가가 직접 돈을 빌려주는 것이다. 직접금융에서는 빌려주는 사람(투자자)이 기업 등에 직접 자금을 융통한다는 금융의 형태다. 그 사이에 증권회사 등이 중개를 하지만 직접 관계는 투자자와 기업이라는 양자간의 관계로 된다.

(2) 간접금융

간접금융은 최종 대부자와 최종 차입자 간에 금융 중개기관(은행)이 개입해 직접 또는 간접증권의 매매 형태로 자금의 거래가 이뤄지는 시장을 말한다. 다시 말해, 빌리는 쪽이 발행하는 본원적 증권(차용증서)을 금융 중개기관(은행)이 구입하고, 은행도 금융채무(간접증권, 요컨대 예금통장 등)을 발행함으로써 최종적으로 빌려주는 쪽에서 자금을 조달하고 금융을 중개하는 방법이다. 간단히 설명하면 개인이나 기업이 은행에 가서 돈을 빌리는 경우는 간접금융에 해당한다. 간접금융의 경우는 은행과 기업이라는 관계로 되고 자금을 빌려주는 예금자와의 직접적 관계는 아니다.

2) 금융기관의 형태

금융을 주된 영업으로 하는 조직을 금융기관이라고 한다. 금융기관에는 다양한 종류가 있다. 현재 우리나라에 있는 금융기관은 은행의 은행인 한국은행을 비롯해 예금과 대출 업무를 주로 하는 예금 수취 금융기관(은행)과 비은행금융기관이 있다.

(1) 예금 수취 금융기관(은행)

예금 수취 금융기관은 예금을 취급하는 금융기관을 말하며, 일반은행과 특수은행으로 구분된다. 우리가 일반적으로 은행이라고 하는 경우는 예금자로부터 예금을 수취해 그 돈을 빌려주는 일반 시중은행을 지칭한다.

은행의 주된 역할은 첫째, 은행은 예금이라는 형태로 돈을 맡는다. 고객은 화재나 도난 등의 위험이나 금고나 경비 시스템 설치 등의 비용을 동반하지 않고 돈을 안전하게 보관, 관리할 수 있다. 또 은행은 예금을 기업에 융자하는 등, 운용을 해서 수익을 올릴 수가 있기 때문에 맡고 있는 돈에 이자를 붙여서 고객에게 제공할 수 있다. 즉, 은행은 저장의 운용 수단을 제공하고 있다.

둘째, 은행에 맡겨진 예금은 돈을 필요로 하는 개인이나 기업, 국가, 지방단체에 대출된다. 돈을 빌린 개인, 기업 등은 은행에 대해 이식을 지불한다. 즉, 은행은 개인, 기업 등의 중요한 자금 조달의 수단으로 돼 있다.

셋째, 은행은 송금, 수표나 어음에 의한 지불 결제, 공공요금, 신용카드의 이용대금 등의 구좌 이체를 한다. 예금자는 지불하고, 영수에 수반되는 시간이나 노력, 현금 운반에 동반하는 도난 위험을 회피할 수 있다. 즉, 은행은 지불 결제 수단을 제공함으로써 경제 활동을 효율화하고 확대한다.

(2) 비은행금융기관

비은행금융기관은 취급 업무가 은행과 비슷하지만 은행에 비해 요구불예금을 수취하지 않고 수취하더라도 그 비중이 대단히 낮다. 여기에는 보험회사, 종합금융회사, 방카쉬랑스 등이 있다. 보험회사는 리스크를 분산해 개개인의 위험을 줄이는 리스크 인수 기능, 보험 가입자로부터 받은 보험료를 산업자본으로 전환해 각 부문으로 배분하는 금융 중개의 역할을 하는 기관이다. 종합금융회사는 영국의 머천트은행과 미국의 투자은행의 기능을 혼합해 설립된 금융기관으로 발행시장에서 증권의 발행을 인수하고 그런 다음 이들 증권을 거래하며 증권 간의 시장을 형성하게 한다. 종합금융회사는 자금 조달을 원하는 회사들을 지원한다. 그러나 이들의 주된 역할은 증권 발행의 분배와 인수업이다. 분배는 증권의 구입자(통상 기관투자가와 은행)를 찾아서 이들 간의 거래를 성사시키는 활동을 말한다. 일부 비은행 금융기관은 펀드 매니지먼트, 보험이나 연금 운영과 같은 서비스를 제공한다. 한편 은행 업무와 보험업을 겸하는 형태를 방카쉬랑스라고 한다.

3) 금융상품의 종류

은행, 보험회사, 증권회사가 다루는 상품을 말한다. 예금, 주식, 투자신탁, 채권, 외환, 보험 등과 이들 상품에서 파생돼 나온 파생상품이 있다.

(1) 예금

이는 은행, 신용금고 등의 금융기관에 돈을 맡기는 것, 즉 맡긴 돈을 말한다. 은행은 자금을 필요로 하고 있는 기업이나 개인에 대해 돈을 융자하고 이자를 받는다. 융자를 하기 위해서는 운전자금이 필요하게 된다. 그 때문에 기업이나 개인으로부터 돈을 맡아 둘 필요가 있다. 예금자에게는 이자를 주고 돈을 안전하게 보관하며 편리한 서비스를 제공해 예금자의 돈을 모은다.

(2) 주식

이는 기업이 유가증권을 발행해서 일반 출자자(투자자)로부터 거액의 자금을 조달해 회사를 운영하고 그 회사가 올린 이익을 출자자에게 배분하는 구조다. 많은 사람으로부터 돈을 출자해 받는 대신에 회사가 이익을 올리면 출자자에게 이익을 배분한다. 이 배분을 받는 권리를 형태로 한 것이 주식이고 이익을 배분하는 것을 배당이라고 한다. 또 주식에 의해 자본금을 모아서 성립한 회사가 주식회사다.

(3) 투자신탁

이는 투자가로부터 자금을 모아 그 자금을 기초로 자금 운용의 전문가가 채권이나 주식 등으로 운용하고, 그 운용 성과에 따라서 수익을 배분하는 금융상품이다. 투자신탁은 일반적으로 '판매회사', '운용 회사', '관리 회사'의 세 가지 형태가 있고, 경제 · 금융 등에 관한 지식을 가진 각각의 전문가가 역할을 분담해서 운용하고 있다. 투자신탁은 운용이 잘 되면 예금 이상의 수익을 올릴 수가 있지만 운용이 잘 되지 않으면 원금의 손실을 입을 경우도 있다.

(4) 채권

채권이란 국가와 지방자치단체, 공공기관, 주식회사 등이 일반 출자자로부터 거액의 자금을 빌리는 경우에 발행하는 일종의 채무 증서이고 그 발행자에 대한 채권 관계를 표시한 유가증권이다. 채권은 주식과는 달리 배당은 없지만 그 대신에 이자가 붙는다.

(5) 외환 거래

외환 거래는 통화가 다른 국제 간의 돈의 거래를 의미한다. 외환 거래의 가격은 항상 변동하고 환율이라는 가격으로 거래된다.

(6) 보험

화재, 사망 등 우연히 발생하는 사고에 의해 생기는 경제적 불안에 대비해서 다수의 사람이 납부금을 내고 그것을 자금으로 해서 사고를 만난 자에게 일정 금액을 급부하는 제도다. 저축과는 달라서 보험을 이용하면 보험료를 지불한 때부터 큰 보장(보상)을 얻을 수 있다. 보험상품에는 크게 생명보험과 손해보험의 두 종류가 있다.

(7) 파생상품

파생금융상품이라고도 하고 주식이나 채권과 같은 현물에서 파생한 금융상품이기 때문에 불리는 명칭이다. 미래의 환율시장의 변동을 예측하고 매매의 '예약'을 거래 재료로 하는 선물거래, 주식을 매매하는 권리를 거래 재료로 하는 옵션 거래와 서로 다른 통화의 채권, 채무와 다른 종류의 금리를 교환하는 스왑(swap) 거래 등이 있고, 모두가 높은 수익성을 기대할 수 있는 거래로서 개인 투자자로부터도 주목받고 있다.

2 금융시장

금융시장은 금융상품이 거래되는 시장으로 여기에는 만기 1년 이내의 단기 금융상품을 취급하는 화폐시장과 만기 1년 이상의 장기 금융상품을 다루는 자본으로 구분된다.

1) 화폐시장

화폐시장에 대한 정확한 정의는 없지만 통상 1년 이내의 만기를 가진 금융상품을 사고 파는 시장이다. 일반적으로 기업, 금융기관, 투자자와 단기자금의 흐름을 다루는 정부 간의 네트워크를 의미한다. 기업이 제품을 팔고 돈을 받을 때까지 수개월 동안 현금이 필요하다고 하거나 혹은 은행이 예금자들이 언제든지 인출할 수 있는 돈을 투자하고 싶을 때 혹은 정부가 세입에서 어떤 계절적 변동에 직면해 입금 장부의 총액을 맞추려고 할 때 단기적으로 돈을 빌리고 빌려주는 시장이 화폐시장이다.

화폐시장은 금융기관이 단기간 동안 대규모 자금을 거래하는 일종의 금융 도매시장으로 중앙은행(한국은행)이 실행하는 화폐의 공급량과 이자율은 이 시장을 통해 결정되며 한 국가의 경제 전체에 중요한 영향을 미치는 곳이다. 따라서 일반개인 투자자들의 참여보다는 대규모 자금을 가진 금융기관이 참여하는 시장이다.

화폐시장은 특정 장소에만 존재하거나 혹은 통일된 규정의 틀에서 운영되지 않는다. 화폐시장은 차입자와 대출자가 얽히고설킨 거미줄 모양으로 모든 거래는 전화와 컴퓨터를 통해 발생한다. 각 화폐시장의 한가운데에는 해당 국가의 단기 이자 금리를 결정하는 중앙은행이 있다. 중앙은행의 주변으로 은행들과 정부기관들이 질서정연하게 늘어서서 다양한 비즈니스를 수행한다. 화폐시장을 통해 이들은 좀 더 안전하고 이익이 많이 남는 방법으로 여유자금을 투자하며 필요한 경우는 가장 낮은 금리로 돈을 빌린다.

요약하면 화폐 시장은 다음과 같은 특징을 가지고 있다.

첫째, 화폐시장은 금융 중개업자(은행)가 만기 1년 이내의 단기 금융상품의 거래를 위해 주요 차입자와 대출자를 연결하는 시장이다.

둘째, 무담보로 자금을 대출한다.

셋째, 주로 은행과 은행, 은행과 대기업, 혹은 은행과 지방자치단체 간에 발생하는 대규모 금융 도매시장이다.

2) 화폐시장의 금융상품

화폐시장이 취급하는 금융상품에는 초단기 금융상품(콜시장), CD(양도성 예금증서), CP(기업어음) 등이 있다.

(1) 초단기 금융상품

은행과 은행 간에 일시적으로 자금의 과부족이 발생한 경우 이를 조절하기 위해 만기 30일 이내(주로 익일물 = 만기 24시간 이내의 금융상품)의 초단기 금융상품을 말한다. 화폐시장에서 가장 중요한 금융상품이며, 이 상품이 거래되는 시장을 콜시장(call market), 거래되는 금리를 콜금리(call rate)라고 한다.

(2) 양도성 예금증서(Certificate of Deposit: CD)

이는 은행의 단기 차입 방법으로 통상 도매 예금에 대해 만기가 도래했을 때 원금과 이자를 함께 지급하는 은행의 약속 증서다. CD는 화폐시장에서 대단히 중요한 금융상품으로 이자율을 근거로 해서 거래가 발생하며 타인에게 매매가 가능하다.

(3) 기업어음(Commercial Paper: CP)

기업어음은 기업이 스스로의 신용을 기초로 투자자로부터 직접적으로 자금 조달을 목적으로 발행하는 단기 금융상품이다. 기업어음은 통상 무담보로 발행되며, 기업의 신용평가와 신용 등급이 기업어음의 발행 여부를 결정한다. 신용이 높으면 발행 기업의 어음 할인 가격이 낮아진다.

3) 자본시장

금융시장은 금융자산의 만기 1년 이내의 단기 금융상품이 거래되는 화폐시장(money market)과 만기 1년 이상의 장기 금융상품이 거래되는 자본시장(capital market)으로 구분된다. 증권시장(security market)은 정부와 기업이 장기 자본을 조달하는 장소이며 자본시장의 일부이고, 직접 증권이라 할 수 있는 주식과 채권 등이 발행돼 투자자 상호간에 거래되는 시장을 말한다. 일반적으로 주식과 채권을 거래하는 증권시장은 자본시장을 말한다.

증권시장은 다시 발행시장과 유통시장으로 구분된다. 발행시장은 주식과 채권 등을 매개로 자금을 필요로 하는 기업과 증권회사 및 투자자 사이에서 거래가 이뤄지는 추상적인 개념의 시장이다. 유통시장은 다수의 매매 쌍방이 일정한 시간, 일정한 장소, 일정한 매매 거래 질서 하에서 유가증권을 거래하는 구체적인 시장이다. 우리나라에서는 한국증권선물거래소(Korea Exchange: KRX)가 관리 및 운영하는 유가증권시장, 코스닥시장, 선물시장과 한국증권업협회가 개설해 운영하고 있는 프리보드시장(제3시장), 채권시장 등이 있다.

흔히 증권시장을 '자본주의 경제의 꽃'이라 할 정도로 자본주의 경제 내에서 증권시장이 차지하는 중요성과 비중은 높다. 증권시장은 경제 주체인 가계, 기업, 정부 등에 대해 중요한 기능을 수행한다.

(1) 증권의 의의

일반적으로 금전적인 청구권을 증서로 표시한 것을 유가증권 또는 줄여서 증권(securities)이라고도 한다. 즉, 넓은 의미의 증권은 재산적 가치를 가진 모든 증서를 의미한다. 넓은 의미에서의 증권은 크게 운반 중이거나 창고에 보관 중인 상품을 찾을 수 있는 권리를 가진 상품증권과 지폐나 수표, 어음과 같이 일정액의 화폐에 대한 청구권을 가지는 화폐증권, 주식이나 채권과 같이 자본의 일정 부분의 소유와 그에 대한 배당이나 이자 등의 청구권을 나타내는 자본증권으로 분류할 수 있다.

증권에는 우선 이를 소지한 사람에게 언제, 얼마의 금액을 어떤 방법으로 지불하겠다는 계약 조건이 기재돼 있다. 증권이 가치를 갖기 위해서는 증서에 기재된 내용을 발행할 때에 증권을 발행한 주체가 성실히 이행할 것이라는 믿음이 따라야 한다. 만일 이러한 믿음이 깨지는 경우에 증권은 가치를 상실한 휴지 조각에 불과하다. 이처럼 증권의 가치는 신용에 근거하므로 신용이 확실한 증권은 높은 가격을 가지는 반면, 신용이 불확실한 증권은 낮은 가격을 가지게 된다.

4) 채권시장

채권(bond)은 정부, 지방자치단체, 기업 등이 자금 조달을 목적으로 투자자에게서 빌린 자금에 대한 차입증서(IOU)다. 간단히 말하면, 채권은 빌린 돈에 대한 영수증이다. 채권을 구입했다는 것은 채권을 발행한 기관(정부, 기업 등)에 돈을 빌려주었다는 의미다. 그러므로 채권은 특정 조건에 따라 이자와 원금을 상환하겠다는 발행자의 계약적 약속, 합의 혹은 보증을 의미한다. 채권시장은 빌린 돈에 대한 영수증인 차입증서, 즉 채권을 사거나 팔 수 있는 시장이다.

(1) 채권과 은행 대출의 차이

은행에서 돈을 빌리는 것과 투자자에게 채권을 발행하는 것은 큰 차이가 있다. 가장 큰 차이점은 은행에서 빌리는 경우는 은행과 차입자 간의 단순한 조정 관계다.

〈채권과 은행 대출의 차이〉

	채권	대출
차입자(발행자)	정부, 기업	기업, 개인
대출자(소유자)	투자자	은행, 비은행 금융기관
이자	고정 금리(통상)	고정 또는 변동 금리
상환 날짜	고정(통상)	고정 또는 갱신 가능
관계	일인 이상의 투자자(투자기관)	일대일
유동성	매매 가능	거래 불가
가격	손쉽게 이용 가능	해당되지 않음.

채권과 은행 대출의 차이는 채권은 고정 기간을 가진다. 고정 기간은 채권 보유자와 발행자에게 어떤 권리를 부여한다. 발행된 모든 채권은 서로 간에 교환 가능하다. 이는 주식과 마찬가지로 채권의 규모에 상관없이 시장에서 사고 팔고 하는 것이 가능하다는 것을 의미한다.

(2) 채권과 주식의 차이

주식이란 기업에 대한 일정의 투자 금액을 표시한 유가증권이며, 기업의 소유권의 일부를 가지는 것으로 주식을 가진 투자자를 주주라고 한다. 주식에 관한 하나의 중요한 포인트는 기업이 도산할 경우 가장 나중에 보호를 받는 금융상품이다.

채권과 주식의 차이점은 채권은 이자를 보장하며 고정된 상환 기간을 가지지만 주식은 불확실한 수익을 가지며, 가격은 언제나 시장의 변화에 따라 변동한다. 안전성과 관련해 채권의 채무 불이행(이자 지급의 보류와 나아가서는 만기 상환의 거절)이 발생하기도 하지만 주식보다는 채권은 안전하고 리스크가 낮다.

〈주식과 채권의 차이점〉

	채권	주식
발행자	정부, 기업	기업
이자/배당	고정	변동 혹은 없음.
안전도	자산에 대한 우선권	없음.
가격 변동성	낮음.	높음.
총 손실 위험	극히 제한적	가능성 있음.
수익의 주요 구성	소득	자본
의존 관계	확고한 금융 보장	기업의 성장에 따른 이익
외부 요인	이자율	시장의 민감성

주식시장에서 주식을 손쉽게 거래할 수 있는 것처럼 채권도 브로커를 통해 손쉽게 구입할 수 있다. 주식과 마찬가지로 채권도 온라인에서 구입할 수 있다.

상기의 내용을 요약하면, 첫째, 채권은 정부와 회사에 의해 발행된 거래 가능한 차용증서(IOU)이며, 주식과 마찬가지로 시장에서 매매 가능하다. 둘째, 채권은 고정 수익과 고정 상환 날짜를 가지며 따라서 수익을 예측할 수 있다. 그렇지만 채권 가격은 변동할 수 있고, 따라서 전적으로 리스크가 없는 금융상품은 아니다. 셋째, 채권 소유자는 주주보다 상당히 안전하다. 만약 회사가 도산하면 채권자는 청산 절차에서 주식보다 우선순위에 있다. 넷째, 채권 가격은 상대적으로 주식가격보다 덜 변동한다.

제 3 절 파생금융시장

최근에 유가(물가), 환율, 금리 그리고 주가 등의 급격한 변동에 의해 경제 주체들이 높은 불확실성 내지는 위험에 직면하고 있다. 예컨대 국제 유가의 급등으로 인한 국제 원자재 가격 상승은 기업들의 수익성을 낮춘다. 또한 환율의 변동으로 인해 많은 수출 기업이 큰 손실을 입기도 한다. 그뿐만 아니라 금리와 주식 가격의 변동은 새로운 사업 추진을 위해 자금 조달을 시도하는 기업에도 많은 영향을 미친다. 이러한 상황은 투자자에게도 영향을 미쳐 투자의 불확실성을 높이게 된다. 따라서 기업이나 투자자들은 가격 변동에 따른 위험을 합리적으로 관리해야 하고 이에 부응하기 위해 자연발생적으로 출현하게 된 것이 바로 파생상품(derivatives)이다. '파생(派生)'의 사전적 정의는 "사물이나 현상이 본체로부터 갈려 나와 생기는 것"으로 영어의 'derivatives'도 원래 "유래하다, 파생하다"라는 의미에서 출발한 것이다. 파생상품은 곡물(옥수수, 쌀 등), 원유, 주식, 채권 등의 가격 변화에 따라 변하게 되는 일종의 금융상품을 말한다. 흔히들 선물(先物, futures)을 파생상품과 같은 개념으로 받아들이고 있는데, 파생상품에는 선물을 비롯해 옵션(option), 스왑(swap) 등이 있다(아래 그림 참조).

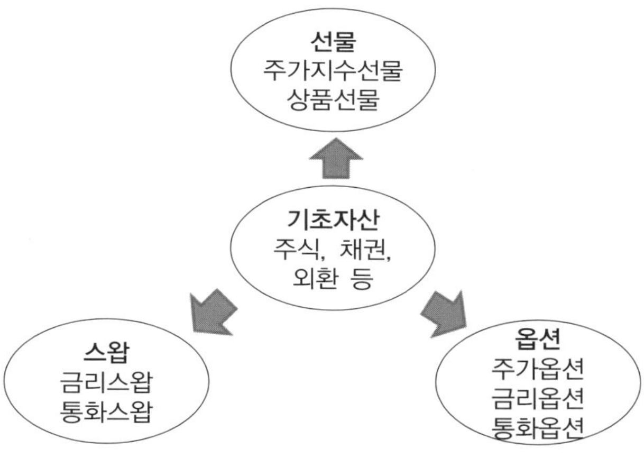

파생상품의 종류

1 선물시장

1) 선물거래의 시작

우리나라와 가까운 일본에서 17세기에 선물거래와 비슷한 거래가 이뤄지고 있었다. 17세기경 도쿠가와 막부(德川幕府) 시절에 지방 제후들의 세력 확장 방지를 위해 이들을 매년 6개월 동안 오사카(大阪: 당시 수도)에 강제로 살도록 했다. 이렇게 오사카에 묶여 지내던 제후들 중 일부는 경비가 부족해 가을에 수확 예정인 쌀을 담보로 '물표(物票)'를 발행해 경비를 조달해 사용하곤 했다. 이 물표들은 상인들 사이에서 거래되는 증서였다. 상인들 중 요도야라는 거상이 있었는데 오사카 근교 도지마(堂島)에 있는 그의 집은 항상 많은 상인이 몰려들어 정보를 교환하고 거래를 성사시키는 거래소 역할을 했다. 지금 '도지마 쌀거래소'로 이름이 알려진 일본 최초의 상품거래소는 선물거래와 일치하지는 않지만 매우 흡사한 기능을 갖추고 있었다.

우리나라에도 선물거래와 유사한 거래 형태는 오래전부터 있었다. 농촌에서 흔히 행해지는 '밭떼기' 거래가 바로 그것이다. 밭떼기 거래는 농작물을 재배하는 농부와 이를 중개 매매하는 중간상인이 수확기의 가격을 미리 확정해 매매 계약을 맺는 방법이다. 농부와 중간상인 모두 매매 가격을 고정해 가격 변동에 따른 위험을 관리하게 된다. 우리나라에서 본격적인 선물거래가 이뤄진 것은 1996년 과거 한국증권거래소가 KOSPI 200 주가지수를 거래 대상으로 하는 선물을 상장하면서부터다. 1999년 한국선물거래소의 설립으로 국채·금·달러 등 다양한 상품이 거래됐으며, 2005년 한국증권거래소와 한국선물거래소가 통합되면서 현재 한국증권선물거래소(KRX)에서 주가지수선물과 국채 등 선물이 모두 거래되고 있다.

2) 선물거래의 개념

중동지역의 전쟁 위기감으로 향후 원유가격이 상승할 것이라고 예상하고 있는 항공 회사와 향후 전쟁은 일어나지 않고 다른 산유국들의 원유 산출량의 증가로 가격이 하락할 것이라고 예상하고 있는 원유 생산업체가 있다고 하자. 이때 항공회사는 가격 상승의 위험을, 원유 생산업체는 가격 하락의 위험을 가지게 된다. 이 둘의 욕구를 모두 충족시킬 수 있는 것이 바로 선물거래다.

선물거래는 일반적인 거래인 현물 거래와 달리 현재 시점에서 계약을 체결하고, 미래의 일정 시점에서 대상물의 인·수도 및 대금 결제를 하게 된다. 이때 선물거래는 거래소를 통해 계약이 체결된다. 그 이유는 거래소를 거치지 않고 거래 상대방 사이에서 계약을 체결하게 되면 거래 당사자 중 누군가가 계약을 지키지 않을

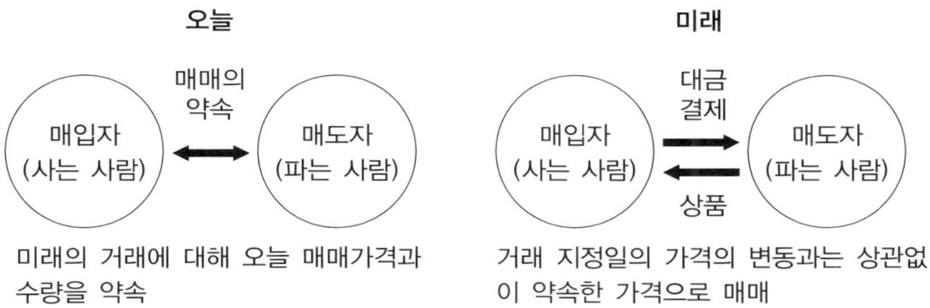

선물거래

위험이 존재하기 때문이다. 예를 들어 3개월 후 배럴당 100달러에 매매하기로 계약을 했는데 3개월 후 항공 회사의 예상과 달리 가격이 폭락해 배럴당 90달러가 되면 항공 회사는 비싸게 매입하게 되므로 계약 이행을 하지 않으려고 할 수도 있다. 그 반대의 경우도 발생할 수 있다. 또한 거래소를 통하지 않으면 거래 상대방을 직접 찾아서 계약 조건을 맞춰야 하는 불편함도 있다.

3) 선물거래의 손익

선물을 매입하거나 매도하면 이에 따른 손익은 어떻게 될까? 결론적으로 현물거래의 손익과 동일하다. 즉, 특정일 거래 대상의 가격에서 계약을 체결한 당시의 가격을 뺀 것이 선물 매입 또는 매도의 손익이다.

(1) 선물 매입의 손익

금세공업자가 금선물 1계약을 1,500만 원에 산(매입)다고 하자. 3개월 후에 금의 가격이 2,000만 원으로 올랐다면 금세공업자가 이를 즉시 시장에 팔게 된다면 2,000만 원의 금을 1,500만 원에 사게 되므로 500만 원(2,000만 원-1,500만 원)의 이익을 얻을 수 있다. 3개월 후 금의 가격이 상승하면 상승할수록 이익은 더 커지게 된다. 반대로 금의 가격이 하락한다면 금세공업자의 손실이 커지게 된다.

(2) 선물 매도의 손익

금도매업자는 금세공업자와 금선물 1계약을 1,500만 원에 파(매도)는 계약을 체결했다고 하자. 3개월 후 금의 가격이 2,000만 원으로 올랐다면 금도매업자는 2,000

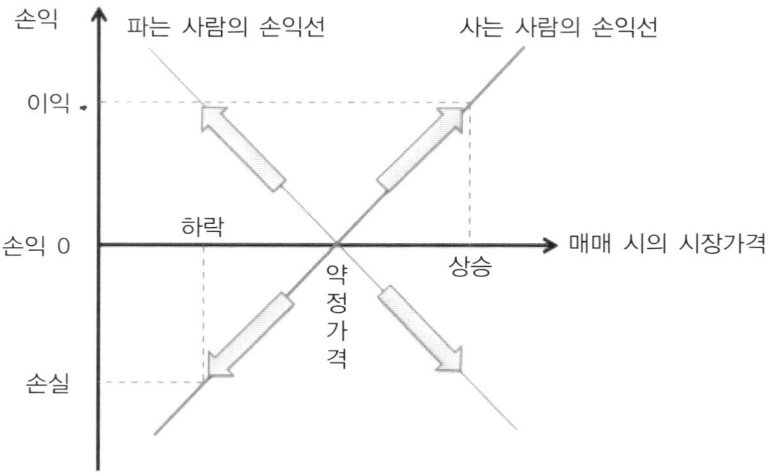

선물거래의 손익 관계

만 원에 팔 수 있는 금을 1,500만 원에 팔아야 하므로 500만 원의 손실을 입게 된다. 3개월 후 금의 가격이 상승하면 상승할수록 손실은 더 커지게 된다. 반대로 금의 가격이 하락한다면 금세공업자의 이익이 커지게 된다.

4) 선물거래의 특징

과거와는 달리 현재의 선물거래에서는 거래소가 계약 이행을 보증하고 계약 조건을 표준화하기 때문에 투자자가 안전하고 편리하게 거래에 참여할 수 있다. 이를 위해 선물거래에는 몇 가지 특징이 있다.

(1) 정산소의 존재

선물거래에서는 매수자와 매도자 양 당사자가 직접 거래하는 것이 아니라 매수자와 매도자 사이에 제3자가 개입해 거래 상대방이 되어 주는데 이런 역할을 담당하는 기관이 바로 정산소(clearing house)다. 매도자에게는 정산소가 거래 상대방인 매입(수)자가 돼 주고, 매입(수)자에게는 정산소가 매도자가 돼 줌으로써 거래 상대방이 계약 이행에 대해 걱정할 필요 없이 안심하고 매매를 할 수 있게 한다. 우리나라는 한국증권선물거래소가 정산소의 기능을 수행하고 있다.

(2) 증거금제도

증거금이란 계약 불이행의 위험을 방지하기 위해 거래소가 매매 당사자로 하여금 계약과 동시에 납부하도록 하는 일정 비율의 보증금을 말한다. 증거금의 수준은 거래소와 대상 자산의 가격 변동성에 따라서 차이가 있으며, 주식 상품의 경우 15%다. 일반적인 매매 거래에서는 100%의 금액을 가지고 거래를 해야 되지만 선물거래를 위해서는 총 계약 금액의 10% 정도만 있으면 거래가 가능하므로 레버리지 효과(leverage effect)가 상대적으로 크다. 레버리지 효과란 투자자가 '현물'로 금을 1,000만 원으로 1kg을 매입했거나 또는 투자자가 '선물'로 1계약당 1,000만 원 하는 금선물을 10계약 매입했다고 가정하면 투자자가 '선물' 투자에 소요된 비용도 역시 1,000만 원(1,000만 원(1계약)×10%×10계약)이 된다. 1개월 후 금가격이 1,050만 원일 경우와 950만 원일 경우의 수익률을 계산해 보면 '현물' 투자는 가격 상승 시와 가격 하락 시 각각 수익률이 ±5%에 불과하지만 투자자 '선물' 투자는 ±50%로 큰 수익률 차이를 보인다. 증거금에는 개시증거금, 유지증거금, 추가증거금이 있다. 계약과 동시에 납부해야 하는 것이 개시증거금이고, 일정 수준으로 유지하도록 규정된 증거금을 유지증거금이라고 한다. 매일의 선물가격의 변화에 따라 증거금의 수준이 변하게 되고 유지증거금 수준 이하로 떨어지면 개시증거금 수준으로 추가 증거금을 납부하도록 요구하는 이른바 마진콜(margin call)이 있게 된다. 그리고 이익이 발생해 개시 증거금을 초과한 경우 초과된 금액을 인출할 수 있다.

(3) 일일정산제도

정산소는 당일 장이 끝난 후 종가를 기준으로 해서 모든 거래 참여자의 이익과 손실을 정산한다. 이러한 정산의 결과 증거금의 수준이 유지증거금 이하의 수준으로 하락하면 추가 증거금을 납부해야 하며, 반대로 기본 증거금을 초과하는 이익에 대해서는 현금 인출이 가능하도록 한다. 일일정산제도는 증거금제도와 함께 계약 불이행 위험을 미연에 방지하는 제도다.

5) 선물거래의 기능

(1) 가격 변동 위험관리

선물거래가 원래 가격이 급변해 손실을 입는 것을 막기 위해 시작됐듯이 제일 중요한 기능은 가격 변동 위험의 관리다. 즉, 선물거래를 통해 위험을 제거할 수 있다는 의미다. 이는 엄밀히 말하면 자신의 위험을 다른 사람에게 전가하는 것으로 볼 수 있는데 위험에는 미래에 발생할 수 있는 손실과 이익이 모두 포함돼 있으므로 거래 상대방도 무조건 손해만 보는 것은 아니다.

(2) 가격 예시

선물거래는 미래에 물건을 주고받는 거래이므로 미래에 거래 대상의 가격이 어떻게 형성될 것인가를 예측하는 단계가 필요하다. 선물가격에는 이러한 예측이 반영되기 때문에 사람들은 선물가격을 미래의 시장가격을 판단하는 근거로 삼기도 한다.

(3) 새로운 투자 수단

낮은 투자자금으로 높은 투자 수익을 거둘 수 있는 선물거래는 고위험-고수익(high risk-high return)을 선호하는 투자자들에게 새로운 투자 수단을 제공한다.

6) 선물거래의 유형

선물시장의 참여자는 크게 헤지 거래자, 투기 거래자, 차익 거래자로 나눈다. 헤지(hedge) 거래자는 위험 전가가 목적인 투자자들로서 가격의 등락에서 초래되는 위험을 회피하기 위해 미래에 필요한 상품을 미리 사거나, 자신이 소유하거나 소유하게 될 상품을 미리 파는 선물계약을 맺는 사람을 말한다. 앞에서 언급했듯이 선물거래의 손익과 현물 거래의 손익은 동일하기 때문에 현물을 보유하고 있는 경우 선물을 매도하는 경우와 미래에 현물을 매입하고자 하는 경우 선물을 매입하는 경우가 있다. 선물은 기본적으로 이러한 헤지 거래자를 위해 생겨났기 때문에 흔히 위험관리 수단이라고 지칭하기도 한다.

투기 거래자는 현물과는 관계없이 선물시장에서 가격 변동의 위험을 감수하면서 자기 책임 하에 선물을 매매해 시세 차익을 얻으려는 사람을 말한다. 이들은 선물시장에서 유동성 제공, 시장정보 수집·분석·전달 및 헤지 거래자의 위험을 인수하는 거래 상대방 역할을 한다.

차익 거래자는 현물과 선물 간에 일시적인 가격 차이가 발생했을 때 이익을 취하기 위해 현물과 선물거래를 동시에 행하는 투자자를 말한다. 이러한 차익 거래를 위해서는 신속한 거래를 위한 컴퓨터 시스템이 뒷받침돼야 하므로 주로 기관투자자들에 의해 이뤄진다.

2 옵션시장

1) 옵션거래의 시작

최초 옵션거래는 네덜란드의 튤립 투기 붐이 있었던 17세기 무렵에 시작됐다. 1630년대에는 네덜란드에서는 튤립 재배가 유명했는데 작황에 따라 가격 변동의 폭이 커짐에 따라 재배자들과 중개업자들은 안정적인 가격으로 거래하는 방법을 찾게 됐다. 이때 옵션을 이용하게 됐다. 이후 주식을 대상으로 하는 옵션거래는 1690년대에 런던에서 최초로 시작됐고, 그 후 뉴욕의 월가(Wall Street)에서 장외거래 형태로 거래되던 19세기 말부터 현대적인 옵션거래로 발전하게 됐다. 우리나라에는 1997년 7월 7일 KOSPI 200 주가지수 옵션이 도입됐다.

2) 옵션거래의 개념

옵션거래란 특정 일자에 서로 약정한 가격으로 대상 자산을 사거나 팔 수 있는 권리를 거래하는 것을 말한다. 흔히 자동차를 구매할 때 내비게이션, ABS 등은 옵션으로 장착한다는 말이 있는데 옵션은 바로 '선택'이라는 의미를 가지고 있다. 옵션거래에서 옵션을 구입한 사람은 권리를 행사할 것인가 말 것인가를 선택할 수 있다. 이렇게 옵션을 보유할 경우 권리를 행사할 수 있는 권한이 주어지므로 이에 대한 대가를 지불하게 된다.

예를 들면, 시장에서 10만 원에 거래되는 금반지를 1년 후에 9만 원에 살 수 있는 권리가 매매되고 이러한 옵션을 매입했다고 가정하자. 만약 1년 후에 금반지 가격이 15만 원이 된다면 옵션을 보유한 사람은 15만 원짜리 반지를 9만 원에 사게 되므로 권리를 행사할 것이다. 반면에 금반지 가격이 5만 원으로 하락한다면 옵션 보유자는 5만 원짜리 반지를 9만 원에 사게 되므로 권리를 포기하게 될 것이다.

3) 옵션거래의 주요 용어

(1) 거래 대상

옵션거래에서 거래 대상이 되는 자산 또는 옵션의 행사 대상을 의미하는 것으로, 기초자산(underlying asset)이라고도 한다. 거래 대상이 곡물·금·은 등과 같은 일반 상품인 옵션은 상품옵션(commodity option)이라고 하고, 주식·채권·주가지수·통화 등의 금융상품인 옵션은 금융옵션(financial option)이라고 한다.

(2) 만기

옵션은 미래의 일정 시점에서 행사할 수 있는 권리인데 이 시점을 옵션의 만기일이라고 한다. 만기까지 옵션의 권리를 행사하지 않으면 옵션의 효력은 상실된다.

(3) 행사가격

옵션거래에서 거래 대상이 되는 자산을 살 수 있는 가격은 미리 정해져 있는데 이를 행사가격(strike price)이라고 하며, 권리 행사 시에 이 가격을 적용하게 된다. 행사가격은 기초자산의 시장가격을 기준으로 정하는데 이에 따라 옵션은 기초자산의 시장가격보다 높은 옵션, 시장가격과 같은 옵션, 시장가격보다 낮은 옵션이 있다.

(4) 프리미엄

옵션을 보유할 경우 권리를 행사할 수 있는 권한이 주어지므로 이에 대한 대가를 지불하게 되는데 이를 옵션가격, 즉 옵션 프리미엄(option premium)이라고 한다.

4) 옵션의 종류

일반적으로 옵션은 살 수 있는 권리인 콜옵션(call option)과 팔 수 있는 권리인 풋옵션(put option)으로 구분된다. 따라서 옵션의 매수자는 옵션 프리미엄을 지급하고 매도자는 권리를 제공하게 된다. 옵션은 권리 행사를 언제 할 수 있느냐에 따라서 구분되기도 한다.

옵션을 구매한 시점부터 옵션 계약이 끝나는 날까지 언제든지 행사할 수 있으면 미국식 옵션(American option)이라고 하고, 옵션 계약이 끝나는 날에만 권리를 행사할 수 있으면 유럽식 옵션(European option)이라고 한다. 우리나라의 경우 대부분 옵션들이 유럽형 옵션에 해당한다. 또한 옵션도 선물과 마찬가지로 거래 대상의 자산에 따라 구분할 수 있는데 우리나라에서는 KOSPI200옵션, 개별 주식 옵션(30개 종목), 미국 달러 옵션이 있다.

5) 옵션거래의 손익

옵션거래의 손익은 콜옵션과 풋옵션의 매입과 매도로 구분해 설명할 수 있다.

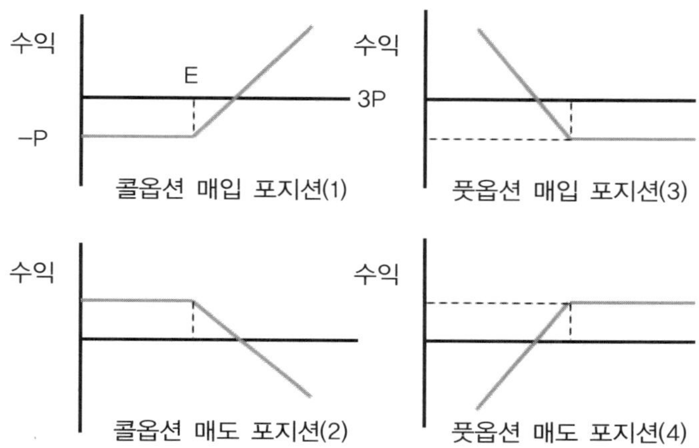

콜옵션과 풋옵션의 손익

(1) 콜옵션의 손익

옵션거래에서 특정한 기초자산을 만기일이나 만기일 이전에 미리 정한 행사가격으로 살 수 있는 권리를 말한다. 예를 들어, 시장에서 10만 원에 거래되는 금반지를 6개월 후에 9만 원에 살 수 있는 권리가 매매되고, 이러한 콜옵션을 1만 원에 매입했는데 6개월 후에 금반지 가격이 15만 원이 됐다고 가정해 보자. 이때 옵션을 보유한 사람은 15만 원짜리 반지를 9만 원에 사게 되므로 당연히 권리를 행사할 것이다. 반면에 금반지 가격이 5만 원으로 하락한다면 옵션 보유자는 5만 원짜리 반지를 9만 원에 사게 되므로 권리를 포기할 것이다. 매도자의 입장에서 보면 1년 후 반지 가격이 15만 원이 되면 매입자가 권리를 행사하기 때문에 손실이 발생하게 된다. 반대로 금 가격이 9만 원 이하로 떨어진다면 매수자가 권리를 행사하지 않아 당초 받았던 1만 원의 프리미엄은 매도자의 이익으로 남게 된다.

(2) 풋옵션의 손익

시장에서 10만 원에 거래되는 금반지를 1년 후에 11만 원에 팔 수 있는 권리가 매매되고 이러한 풋옵션을 1만 원에 매입했다고 가정하자. 만약 1년 후에 금반지 가격이 5만 원이 된다면 옵션을 보유한 사람은 5만 원짜리 반지를 11만 원에 팔게 되므로 권리를 행사할 것이다. 반면에 금반지 가격이 15만 원으로 상승한다면 옵션 보유자는 15만 원짜리 반지를 11만 원에 팔게 되므로 권리를 포기하게 된다. 매도자의 입장에서 보면 1년 후 반지 가격이 5만 원이 되면 매입자가 권리를 행사하기 때문에 손실이 발생하게 된다. 반대로 금 가격이 11만 원 이상으로 상승한다면 매수자가 권리를 행사하지 않아 당초 받았던 1만 원의 프리미엄은 매도자의 이익으로 남게 된다.

6) 옵션거래의 헤지 기능과 레버리지 기능

(1) 헤지 기능

옵션은 선물과 마찬가지로 위험을 관리하는 수단으로 이용되는데 이를 헤지(hedge)라고 한다. 옵션은 미래 특정 시점에 특정 가격으로 사거나 팔 수 있는 권리를 매매하는 계약으로 헤지 거래자는 프리미엄을 지급하고 옵션을 매수해 권리를 사두게 되고 옵션 만기일까지 가격 변동에 대한 걱정 없이 지낼 수 있게 된다. 옵션 매수자는 옵션 프리미엄의 지급으로 권리를 소유하고 있기 때문에 증거금을 납부할 필요가 없어 선물에 비해 간단하게 위험을 관리할 수 있다. 또한 옵션을 보유하게 되면 손실이 옵션의 프리미엄으로 한정되기 때문에 선물을 이용해 헤지한 경우 손익이 제로로 되는 것보다 효율적이라 할 수 있다. 예를 들어 현물을 보유하고 있는 경우 가격 하락에 따른 손실을 보게 된다. 그렇다면 옵션 중에 가격이 하락하면 이익을 볼 수 있는 것은 풋옵션을 매입하는 것이다. 따라서 가격이 하락하더라도 일정 수준 이상 손실을 보지 않고 가격이 상승하는 만큼 이익을 얻을 수 있다.

(2) 레버리지 기능

선물거래에서는 증거금 제도로 인해 투자 성과의 확대 효과인 레버리지 효과(leverage effect)가 있는 것과 마찬가지로 옵션거래에서도 상대적으로 적은 투자

비용인 프리미엄으로 레버리지 효과를 기대할 수 있다.

예를 들어 투자자 '현물'은 금을 1,000만 원으로 1kg을 매입했다고 가정하자. 투자자 '선물'은 1계약당 1,000만 원 하는 금선물을 10계약 매입을 했다고 가정하면 투자자 '선물'의 투자에 소요된 비용도 역시 1,000만 원(1,000만 원(1계약)×10%×10계약)이 된다. 그리고 투자자 '옵션'은 행사가격이 1,000만 원인 금 콜옵션을 계약당 10만 원씩 지급하고 옵션 100계약을 매수했다고 하자. 1개월 후 금가격이 1,050만 원일 경우와 950만 원일 경우의 수익률을 계산해 보면 투자자 '옵션'은 가격 상승 시와 가격 하락 시 각각 수익률이 400%와 -100%로 나타난다. 따라서 옵션의 레버리지 효과가 선물보다 더 크다는 것을 알 수 있다.

참고 문헌

강병호 · 김대식 · 박경서(2013). 금융기관론. 박영사.
강병호 · 김석동 · 서정호(2014). 금융시장론. 박영사.
심재승(2004). 영국 금융시스템의 경제학. 세창출판사.
이준구 · 이창용(2012). 경제학 들어가기(제3판). 법문사.
이필상 · 정은호 · 조한용(2005). 선물 · 옵션(제2판). 법문사.

찾아보기

[인명]

[사항]

ㄱ

ㄴ

ㄷ

ㄹ

ㅁ

ㅂ

ㅅ

ㅇ

ㅈ

ㅊ

ㅋ

ㅌ

ㅍ

ㅎ

저자 소개 (가나다 순)

강윤호 한국해양대학교 해양행정학과 교수

김원중 청주대학교 법학과 교수

김창수 부경대학교 행정학과 교수

김철회 한남대학교 행정학과 교수

문광민 대전대학교 행정학과 교수

박승용 평택대학교 행정학과 교수

박종관 백석대학교 법정경찰학부 교수

박준휘 한국형사정책연구원 연구위원

사공영호 평택대학교 행정학과 교수

서순복 조선대학교 법학과 교수

성시경 단국대학교 공공관리학과 교수

심재승 청주대학교 행정학과 교수

유준석 백석대학교 법정경찰학부 교수

이원희 한경대학교 행정학과 교수

이정만 공주대학교 행정학과 교수

이종수 한성대학교 행정학과 명예교수

이혁우 배재대학교 행정학과 교수

최성락 동양미래대학교 경영학부 교수

황성원 군산대학교 행정학과 교수

일반사회

펴낸날 제1판 제1쇄 2015년 8월 10일
지은이 이종수 · 박종관 외
펴낸이 임춘환
펴낸곳 도서출판 대영문화사
주소 서울 용산구 청파동 1가 178-2 ㊞ 140-869
등록 1975년 12월 26일 제3-16호
전화 (02)716-3883, (02)714-3062
팩스 (02)703-3839
홈페이지 http://www.dymbook.co.kr

ISBN 978-89-7644-526-1
값 28,000원